열왕기하 강해설교

열왕기하

윤 석 희

기독교개혁신보사

지은이 | 윤석희

저자는 전통적인 유교와 불교 그리고 샤머니즘이 혼합된 시골 집안에서 태어났으나 어릴 때부터 4km떨어진 교회를 다녔다. 이 일로 집안에서 온갖 고통을 당했지만 오히려 모든 가족들을 전도해서 교회로 인도할 정도로 신앙과 열심을 가지고 있었다.

1980년 4월 20일 현재 담임하고 있는 천성교회를 개척, 오직 '하나님의 영광을 위하여' 그리고 '개혁교회를 세우겠다'는 생각으로 지금까지 목회에 전념해 오고 있다. "어떤 한 가지 방법론에 집착하는 것보다 목회자는 기본적인 것이 갖추어져 있어야 하며 목회는 종합예술과 같다"는 신념을 지금까지 잃지 않고 있다.

총신대(B.A.)와 합동신학대학원대학교(M.Div.)를 거쳐 Birmingham 신학대학원(D.Min.)에서 수학했다.

대한예수교장로회(합신) 총회장과 한국장로교총연합회 대표회장, 기독교개혁신보사 사장, 합동신학대학원대학교 이사를 역임했으며, 현재, 천성교회 담임목사로 교단과 교계를 위해 봉사하고 있다.

저서

- 창세기 강해 『창세기』(2008년, 서울: 기독교개혁신보사)
- 출애굽기 강해 『출애굽기』(2008년, 서울: 기독교개혁신보사)
- 민수기 강해 『민수기』(2009년, 서울: 기독교개혁신보사)
- 신명기 강해 『신명기』(2010년, 서울: 기독교개혁신보사)
- 여호수아 강해 『여호수아』(2012년, 서울: 기독교개혁신보사)
- 사사기 강해 『사사기』(2012년, 서울: 기독교개혁신보사)
- 사무엘상 강해 『사무엘상』(2015년, 서울: 기독교개혁신보사)
- 사무엘하 강해 『사무엘하』(2016년, 서울: 기독교개혁신보사)
- 열왕기상 강해 『열왕기상』(2017년, 서울: 기독교개혁신보사)
- 마태복음 강해 I 『왕과 백성 그리고 하나님 나라』(2004년, 서울: 기독교개혁신보사)
- 마태복음 강해 II 『교회와 하나님 나라』(2005년, 서울: 기독교개혁신보사)
- 마가복음 강해 『마가복음』(2017년, 서울: 기독교개혁신보사)
- 누가복음 강해 『누가복음』(2011년, 서울: 기독교개혁신보사)
- 요한복음 강해 『요한복음』(2013년, 서울: 기독교개혁신보사)
- 사도행전 강해 『성령께서 인도하신 초대교회 역사』(2005년, 서울: 기독교개혁신보사)
- 로마서 강해 『로마서』(2014년, 서울: 기독교개혁신보사)
- 고린도전후서 강해 『하나님의 교회』(2006년, 서울: 기독교개혁신보사)
- 에베소서 강해 『에베소서』(2007년, 서울: 기독교개혁신보사)
- 공동서신 강해 『하늘가는 나그네』(2005년, 서울: 기독교개혁신보사)
- 요한계시록 강해 『그리스도의 재림과 하나님의 나라』(2004년, 서울: 기독교개혁신보사)
- 윤석희목사 사진집 『길에서 길을 만나다』(2012년, 서울: 기독교개혁신보사)
  저자는 시공간 앞에서 자신을 내려놓는 마음으로 사진을 대한다. 그래서 저자의 사진집에서는 눈이 시리도록 아프게 하는 서정적인 이야기들이 고스란히 드러난다. 이것은 창조주 하나님 앞에서 살아가는 목회자만이 가지는 또하나의 삶의 고백일 것이다.

열왕기하 강해설교

열왕기하

강해설교
열왕기하

윤석희 지음

초판 인쇄 2018년 7월 12일
초판 발행 2018년 7월 19일

발행처 기독교개혁신보사출판부
발행인 황인곤

등록번호 제1-2489호
등록일자 1999년 5월 7일

주간 송영찬
편집 신명기
디자인 최성실

서울시 종로구 대학로 19 기독교연합회관 710호
전화 02-747-3600(대표) 팩스 02-747-3601
rpress@rpress.or.kr
www.rpress.or.kr

값은 표지에 있습니다.
ISBN 978-89-97241-29-3 03990

열왕기하 강해설교

열왕기하

기독교개혁신보사

머리말

하나님께서는 하나님의 나라 발전을 위하여 이스라엘에 세상 나라에는 없는 선지자, 제사장 그리고 왕을 세우셨다. 그런데 여러 왕들은 자기의 사명을 감당하지 못했다. 때때로 제사장이나 선지자를 통하여 하나님의 뜻을 선포했지만 믿음으로 순종하는 사람은 소수였다.

히브리 성경 원전에는 열왕기 상·하, 사무엘 상·하, 역대기 상·하가 분리되지 않았기 때문에 열왕기 상·하는 '왕들'이라고 되어 있다. 한글판 성경은 70인역(LXX)을 따라서 열왕기상, 열왕기하로 명명했다.

열왕기하는 무슨 내용인가? 북이스라엘의 제8대 왕 아하시야 시대인 주전 852년경부터 남유다가 멸망할 때까지 신정 왕국 이스라엘의 역사를 비판적인 시각에서 회고했다.

열왕기하를 내용에 따라 구분해 보면 제1부가 1-13장까지이고, 제2부가 14-17장까지이며, 제3부는 18-25장까지이다. 제1부에서는 엘리사의 사역을 중심으로 한 분열 왕국시대 중반기와 역사를 다룬다. 제2부는 남북 분열 왕국의 공존시대 후반기의 사역을 다루고, 남북 열한 명의 왕의 통치와 북이스라엘의 멸망 과정을 다룬다. 제3부는 남유다 잔존 시기의 열왕의 통치와 남유다가 멸망하는 과정을 다룬다.

두 가지 특징은 첫째는 같은 시대의 남유다의 왕들과 북이스라엘의 왕들을 동시에 볼 수 있도록 기록한 것이고, 둘째는 한 왕의 등극과 죽음에 대한 언급이 거의 정형화된 구조로 제시되었다는 점이다.

전체적인 메시지는 다음과 같다.

첫째로, 복과 저주의 기준이 무엇인가?

신명기 사관적 관점에서의 이스라엘 왕정시대의 역사적인 사실을 기록한다. 하나님께 순종할 때 축복과 평화를 누리게 되고 불순종할 때는 저주와 고난을 받게 된다. 앗수르나 바벨론의 공격으로 포로가 된 이스라엘 백성들에게 다시 회개하고 하나님께 돌아와서 축복을 받으라고 권고하는 내용이다.

둘째로, 인간의 죄성을 지적한다.

북이스라엘은 주전 930년 여로보암이 나라를 건국한 이후 주전 722년 앗수르에 의해 나라가 멸망할 때까지 아홉 왕조에 걸쳐 열아홉 명의 통치자가 있었다. 그런데 열아홉 명의 왕 중에 단 한 명도 선한 왕이 없었다. 여호와 보시기에 악을 행하였다. 예후가 나타나 바알과 그 산당, 바알 우상숭배자를 척결하지만 여로보암의 죄에서 떠나지 않았다.

208년 동안 아홉 왕조가 바뀌게 되고 죄에 대한 하나님의 심판을 보면서도 답습한 것이 특징이다. 인간의 뿌리 깊은 죄성, 타락한 증거를 보여준다. 그러므로 인간은 자신의 힘으로는 구원을 받을 수 없는 존재이다.

셋째로, 하나님의 신실하심을 드러낸다.

하나님께서 북이스라엘이 범죄할 때마다 징계하셨고, 왕가까지 버리셨다. 남유다는 범죄할 때는 징계하셨지만 왕가를 버리지는 않으셨다. 왜 그러셨을까? 하나님께서 다윗과의 언약을 기억하셨기 때문이다.

넷째로, 인간의 불순종을 볼 수 있다.

하나님의 백성들은 순종의 사람이다. 하나님은 백성들이 회개하고 각성하도록 하기 위해 엘리야나 엘리사 등 여러 사람을 보내셨다. 선지자들은 하나님의 심정을 그대로 전달했다. 죄를 책망하고 회개를 촉구했다. 그러나 끝까지 하나님의 말씀에 불순종하다가 멸망하게 되었다. 순종이 믿음의 열매이고 불순종은 교만의 열매이다.

그러나 하나님의 인내에도 정해진 기간이 있다. 남북 이스라엘이 범죄했어도 당장 멸하지는 않았다. 선지자를 보내 회개를 촉구했다. 하나님의 사랑과 공의가 같이 공존한 것을 보게 된다.

다섯째로, 남은 자(remnant) 사상이다.

북이스라엘이 극도로 타락했어도 선지자의 제자 400여 명이 있었고 엘리사를 극진히 대접한 수넴 여인도 있었다. 북이스라엘이 일정 기간이지만 존재할 수 있었던 이유도 하나님을 경외하는 남은 자, 성도들이 있었기 때문이다.

남북 이스라엘 왕조는 앗수르와 바벨론에 의해서 사라졌지만 선민은 사라지지 않았다. 선민은 영적 이스라엘인 우리를 통하여 계속적으로 이어지고 있다.

여섯째로, 지도자의 중요성이다.

선한 왕이 통치할 때와 악한 왕이 통치할 때 너무나 달랐다. 선한 왕이 다스릴 때는 평안과 더불어 나라가 강성해졌다. 그러나 악한 왕 때는 나라가 쇠퇴하고 외세의 침공을 받았다. 지도자에 따라서 나라가 좌우되었다.

이 책이 하나님께 영광이요, 독자들에게 많은 유익이 되기를 기도드린다. 그리고 이 책이 출간되기까지 물질과 기도로 수고한 천성교회 출판위원회와 편집을 위해 봉사한 송영찬 목사님, 교정에 헌신한 라진옥 집사님과 모든 위원들 그리고 늘 건강을 챙겨주는 아내에게 감사를 드린다.

2018년 3월 5일
천성복지관에서
윤 석 희 식

목 차

● 제2부 ●
남북 분열 왕국의 공존 시대

● 제3부 ●
남 유다 왕국 시대

서론

열왕기하 서론

열왕기상·하의 제목을 생각해 봅시다. 히브리 원전에는 열왕기상·하, 사무엘 상·하, 역대 상·하가 분리되지 않았기 때문에 열왕기상·하는 '왕들'이라고 되어 있습니다. 한글판 성경은 70인역(LXX)을 따라서 열왕기상, 열왕기하로 명명했습니다.

저자는 어떤 사람일까? 이스라엘의 제1차 바벨론 포로생활을 할 때 포로 귀환 이전에 바벨론에 거주했던 익명의 편집자로 보여집니다. 기록 연대 문제는 주전 586년 예루살렘 멸망 이후로부터 제1차 바벨론 포로 귀환이 이루어진 주전 537년 사이의 어느 시기, 특히 열왕기하 25장 27-30절에 여호야긴의 석방 기록이 있는 것을 볼 때에 주전 561-537년 사이로 추정됩니다.

열왕기상·하의 수신자는 누구인가? 바벨론 나라에 포로로 잡혀가 포로생활을 하던 북이스라엘과 남유다의 백성들이 일차적인 독자로 보여집니다. 그리고 무슨 내용인가? 북이스라엘의 제8대 왕 아하시야 시대인 주전 852년경부터 남유다가 멸망할 때까지 신정 왕국 이스라엘의 역사를 비판적인 시각에서 회고하는 내용입니다.

열왕기하를 내용에 따라 구분해 보면 제1부가 1-13장까지입니다.

제2부가 14-17장까지이고, 제3부는 18-25장까지입니다. 제1부에서는 엘리사의 사역을 중심으로 한 분열 왕국시대의 중반기와 역사를 다루는 내용입니다. 제2부는 남북 분열 왕국의 공존시대 후반기의 사역을 다룹니다. 남북 열한 명의 왕의 통치와 북이스라엘의 멸망 과정을 다룹니다. 제3부는 남유다 잔존 시기의 열 명의 왕의 통치와 남유다가 멸망하는 과정을 다룹니다.

본서는 분열 왕국시대의 역사를 기록함에 있어서 두 가지의 특징을 보여줍니다. 첫째는 같은 시대의 남유다의 왕들과 북이스라엘의 왕들을 동시에 볼 수 있도록 기록한 것입니다. 둘째는 한 왕의 등극과 죽음에 대한 언급이 거의 정형화된 구조로 제시되었습니다.

전체적인 메시지의 요약을 해 보면 다음과 같습니다.

1) 복과 저주의 기준이 무엇인가?

신명기 사관적 관점에서의 이스라엘 왕정시대의 역사적인 기록입니다. 하나님께 순종할 때 축복과 평화를 누리게 되고 불순종할 때는 저주와 고난을 받게 된다는 교훈입니다. 앗수르나 바벨론의 공격으로 포로가 된 이스라엘 백성들에게 다시 회개하고 하나님께로 돌아와서 축복을 받으라고 권고하는 내용입니다.

2) 인간의 죄성을 지적합니다.

북이스라엘은 주전 930년 여로보암이 나라를 건국한 이후 주전 722년 앗수르에 의해 나라가 멸망할 때까지 아홉 왕조 열아홉 명의 왕의 통치가 있었습니다. 그런데 열아홉 명의 왕 중에 한 명도 선한 왕이 없었습니다. 모두가 여호와 보시기에 악을 행했습니다. 예후가 나타나 바알과 그 산당, 바알 우상숭배자를 척결하지만 여로보암의 죄에서 떠나지 않았습니다.

208년 동안 아홉 왕조가 바뀌게 되고 죄에 대한 하나님의 심판을 보고도 답습한 것이 특징입니다. 인간의 뿌리 깊은 죄성, 타락한 증거를 보여줍니다. 그러므로 인간은 자신의 힘으로는 구원받을 수 없는 존재입니다.

3) 하나님의 신실하심을 드러냅니다.

하나님은 북이스라엘이 범죄할 때마다 징계하셨습니다. 왕가까지 버리셨습니다. 남유다도 범죄할 때 징계하시지만 왕가를 버리지는 않으셨습니다. 왜 그러셨을까? 하나님께서 다윗과의 언약을 기억하셨기 때문입니다.

사무엘하 7장 14-15절을 봅시다. "나는 그에게 아버지가 되고 그는 내게 아들이 되리니 그가 만일 죄를 범하면 내가 사람의 매와 인생의 채찍으로 징계하려니와 내가 네 앞에서 물러나게 한 사울에게서 내 은총을 **빼앗은** 것처럼 그에게서 **빼앗지는** 아니하리라"라고 했습니다. 하나님께서는 언약에 신실하셨습니다.

4) 인간의 불순종을 볼 수 있습니다.

하나님의 백성들은 순종의 사람입니다. 하나님은 백성들을 회개하고 각성시키기 위해 엘리야나 엘리사 등 여러 선지자들을 보내셨습니다. 선지자들은 하나님의 심정을 전달했습니다. 죄를 책망하고 회개를 촉구했습니다. 그러나 끝까지 하나님의 말씀에 불순종하다가 멸망하게 되었습니다. 순종이 믿음의 열매이고 불순종은 교만의 열매입니다.

하나님의 인내에도 정해진 기간이 있습니다. 남북 이스라엘이 범죄했어도 당장 멸하지는 않았습니다. 선지자를 보내서 회개를 촉구했습니다. 앗수르와 바벨론을 채찍의 도구로 사용하셨습니다. 오래 참으시지만 기간이 있습니다. 계속하여 죄악된 길로 갈 때 채찍이 준비되어 있습니다. 하나님의 사랑과 공의가 같이 공존합니다.

5) 남은 자(remnant) 사상이 있습니다.

북이스라엘이 극도로 타락했어도 선지자의 제자가 400여 명이 있었고 엘리사를 극진히 대접한 수넴 여인도 있었습니다. 북이스라엘이 일정 기간이지만 존재할 수 있었던 이유도 하나님을 경외하는 남은 자, 성도들이 있었기 때문입니다.

열왕기상 19장 18절에 "그러나 내가 이스라엘 가운데에 칠천 명을 남기리니 다 바알에게 무릎을 꿇지 아니하고 다 바알에게 입맞추지 아니한 자니라"라고 했습니다.

이사야 46장 3절에 "야곱의 집이여 이스라엘 집에 남은 모든 자여 내게 들을지어다 배에서 태어남으로부터 내게 안겼고 태에서 남으로부터 내게 업힌 너희여"라고 했습니다.

이사야 6장 13절에 "그 중에 십분의 일이 아직 남아 있을지라도 이것도 황폐하게 될 것이나 밤나무와 상수리나무가 베임을 당하여도 그 그루터기는 남아 있는 것 같이 거룩한 씨가 이 땅의 그루터기니라"라고 했습니다.

남북 이스라엘의 왕조는 앗수르와 바벨론에 의해서 사라졌지만 선민은 사라지지 않았습니다. 선민은 영적 이스라엘인 우리를 통하여 계속적으로 이어지고 있습니다. 그러므로 구원에 대한 확신과 믿음의 소망을 가지고 전진하는 그리스도인이 됩시다.

6) 지도자의 중요성을 배웁니다.

선한 왕이 통치할 때와 악한 왕이 통치할 때 너무나 달랐습니다. 선한 왕이 다스릴 때는 평안과 번영을 누리며 나라가 강성해졌습니다. 그러나 악한 왕 때는 나라가 쇠퇴하고 외세의 침공을 받았습니다. 지도자에 따라서 나라가 좌우되었습니다. 얼마 전에 있었던 우리나라 대통령의 탄핵 사건을 돌아봅시다. 얼마나 지도자가 중요한지요?

제 1 부
선지자 엘리야와
남북왕국 분열시대

열왕기하 1 - 13장

제1강
열왕기하 1장 1-8절

엘리야와 아하시야 ⑴

열왕기상 22장 51-53절까지 아합 왕을 이어 이스라엘의 제8대 왕이 된 아하시야의 죄악을 다루었습니다. 아하시야 왕은 구체적으로 무슨 죄를 범하였는가? 하나님은 심판을 어떻게 행하셨는가?

아하시야 왕은 불과 이 년이란 짧은 기간 동안에 아버지 아합 왕과 어머니 이세벨의 모든 악행과 우상숭배를 답습했습니다. 부모가 행하던 습관 그리고 조상적으로부터 이어받은 신앙을 쉽게 버리거나 떠나지 못하는 것입니다. 아하시야 왕도 우상숭배의 죄악을 떨쳐버리지 못했습니다. 그럴 때 어떤 현상이 생겼을까?

첫째로, 아버지 아합 왕이 죽은 후에 모압이 북이스라엘을 배반했습니다. 북이스라엘 나라가 세워진 다음에, 열왕기상 16장 이래 제7대 왕 아합을 거쳐 제8대 왕 아하시야에 이르러 완전히 쇠퇴기를 맞이하게 되었습니다.

이방인들의 우상인 바알세붑에게 묻는 아하시야 왕은 영적으로 악했던 아버지 아합 왕과 더불어 가장 연약한 오므리 왕조의 왕임을 보여 주었습니다. 영적으로 약하니까 모압이 반기를 들었습니다. 아버지 아합 왕과 어머니 이세벨이 잘못된 신앙을 소유했기 때문에 아들 아하시야 왕도 불신앙적인 사람이 되고 말았습니다.

다윗 왕이나 솔로몬 왕이 통치할 때는 주변국가들이 다 항복했습니다. 반기를 들지 못했습니다. 다윗은 용맹스러운 전사, 하나님이 함께하는 용사였습니다. 솔로몬은 지혜자였습니다. 지혜로 세상을 다스렸습니다. 그런데 아합 왕이나 아하시야 왕은 용맹스러운 용사나 전사도 아니고 지혜자도 아니었습니다. 그러니까 주변국가 중 모압이 반기를 들게 되었습니다.

배반은 어떤 의미일까요? 하부 계층이 상부 지배계층에 대항하는 계획적인 반란 혹은 반역의 행위를 말합니다. 하나님과 사람 사이에 사용될 경우에는 공공연하게 그리고 아무 거리낌 없이 뻔뻔하게 하나님을 무시하는 행위를 의미합니다. 사람들이 하나님의 뜻을 알고도 순종보다는 고의적으로 부정하는 행위를 배반이라고 말합니다.

속국이었던 모압이 종주국인 이스라엘을 거슬렀습니다. 물론 북이스라엘이 먼저 하나님을 배반했기 때문에 속국인 모압이 이스라엘을 배반하게 된 것입니다.

모압이 어떤 민족입니까? 아브라함의 조카 롯의 큰딸이 아버지와 동침하여 낳은 아들이 모압입니다. 그리고 그 후손들이 모압 족속입니다. 다윗 왕이 모압을 정복한 역사적인 사실이 있습니다. 그 이후에도 북이스라엘 나라에 속국이었습니다.

북이스라엘은 강한 나라였지만 삼 년 육 개월의 가뭄과 아람과의 세 번의 전쟁 그리고 아합 왕의 전사로 말미암아 극도로 약한 틈을 이용하여 모압이 배반하게 된 것입니다. 더군다나 아합 왕 때부터 하나님은 심판을 보류하시다가 끝까지 회개하지 않으니까 이방 민족을 심판의 도구로 사용하신 것입니다.

사랑하는 성도님들이여! 우리 모두 하나님 앞에 겸손하고 순종해서 후손이 복을 받으며 교회는 부흥되고 나라와 민족이 안정되는 복이 임하기를 바랍니다.

둘째로, 아하시야 왕이 병들게 되었습니다.

아하시야 왕이 사마리아 왕궁의 다락 난간에서 떨어져 병이 들게 되었습니다. 모압의 배반을 수습할 수 없게 된 상황 전개입니다. 열왕기서에서 다락은 엘리야나 엘리사에게는 생명의 장소였습니다. 엘리야의 경우는 사르밧 과부의 아들을 살린 장소이고, 엘리사에게는 수넴 여인의 아들을 살린 장소이기 때문입니다. 그런데 아하시야는 다락에서 떨어져 죽을 병에 걸렸으니 대조를 이룹니다. 인간의 생사화복이 하나님의 주권에 달려 있습니다. 하나님을 의지하는 자는 살고 하나님을 배반하는 자는 죽는다는 교훈을 주고 있습니다.

아하시야 왕이 사자를 에그론의 신 바알세붑에게 보내어 자신의 병이 나을 것인가를 물었습니다. 이것이 불신앙적인 요소로 나타나게 됩니다. 하나님께 묻는 것이 아니라 이방 신에게 물으라고 사람을 보내는 아하시야 왕입니다. 그 시대가 이 정도로 타락한 시대였습니다. 하나님께서는 모세를 통하여 죽은 자나 가나안 신에게 묻지 말라고 엄명하셨습니다(신18:11). 그런데 아하시야 왕은 여호와 하나님께 묻는 것이 아니라 바알세붑에게 물으라고 했습니다.

아무리 아하시야 왕이 병들었다 하더라도 어떻게 바알세붑에게 물을 수 있습니까? 이것은 전능하신 하나님을 무시하는 큰 죄입니다. 하나님의 은혜를 망각한 배은망덕한 소치입니다. 바알세붑이란 '날벌레의 주인, 파리의 주' 라는 뜻입니다. 아하시야 왕이 질병에 걸리자 이방 에그론까지 사자들을 보내는 것은 질병의 위중함만이 아니라 영적으로 위중한 상황인 것을 드러내고 있는 것입니다.

하나님의 책망이 3절과 6절에 나타납니다. "이스라엘에 하나님이 없어서 너희가 에그론의 신 바알세붑에게 물으러 가느냐." "이스라엘에 하나님이 없어서 네가 에그론의 신 바알세붑에게 물으려고 보내느냐."

아하시야 왕 시대의 이 사건은 모두 다 우연한 일이 아니라 하나님의 심판이었습니다. 회개를 목적으로 하는 하나님의 섭리도 있었습니다. 그러나 일반적으로 사람들이 회개를 잘 하지 않습니다. 오히려 우상숭배를 더 잘 하기 때문에 문제입니다. 그 결과 하나님은 엘리야를 통하여 아하시야의 죽음을 선언합니다.

4절과 6절에서 "여호와의 말씀이 네가 올라간 침상에서 내려오지 못할지라 네가 반드시 죽으리라." "그러므로 네가 올라간 침상에서 내려오지 못할지라 네가 반드시 죽으리라"라고 했습니다. 사랑하는 성도님들이여! 예수님만이 길이요 진리요 생명입니다.

셋째로, 여호와의 사자가 디셉 사람 엘리야에게 임했습니다. 여호와의 사자에 대하여 생각해 봅시다. 물론 사자가 예수님이나 사람 그리고 천사를 지칭할 때가 있습니다. 하지만 오늘 말씀에서는 제2위 하나님으로 이해됩니다. 그 이유가 무엇인가?

대부분의 경우에 (1) 하나님과 동격으로 자신을 말하고 있을 때, (2) 자신이 신임을 인식시켰을 때, (3) 하나님만이 하실 수 있는 축복을 말씀하셨을 때, (4) 하나님이 받으실 만한 제사를 받으실 때, (5) 하나님이 하신 일을 자신의 일처럼 말할 때 등으로 볼 때 오늘 말씀에서는 성육신 하시기 이전의 제2위 하나님으로 이해하는 것이 좋습니다.

엘리야에게 일어나 올라가서 사마리아 왕의 사자를 만나라고 명령하셨습니다. 열왕기상 18장에서 아합 왕 시대에 바알 선지자들과 대결했던 엘리야가 아하시야 시대에는 왕의 사자들과 대결하기 위하여 하나님의 보내심을 받고 있습니다.

'이스라엘에 하나님이 없어서 에그론의 신 바알세붑에게 물으러 가느냐' 라고 책망하라고 하셨습니다. 정말 어리석은 행동을 하고 있는 아하시야 왕입니다. 고의적이고 지속적으로 하나님을 부정하고 우상을 숭배하는 사람이었습니다. 망할 사람은 망할 짓만 골라서 하는 법입니다.

아하시야가 지금 병들어 누워 있는 침상에서 내려오지 못하고 반드시 죽을 것이라고 했습니다. 이를테면 아하시야 왕의 죽음을 선고하라

는 것입니다. 이에 엘리야가 여호와의 말씀을 전하러 떠났습니다. 아하
시야의 죽음은 단순한 병이 아니었습니다. 하나님의 징벌이었습니다.
하나님을 버리고 우상을 숭배한 것이나 하나님께 기도하지 않고 이방
신을 찾은 것이 죄였습니다. 회개할 때 회개합시다.

엘리야의 침상이나 엘리사의 침상은 사람을 살리는 침상이었지만
아하시야의 침상은 우상을 찾고 우상이나 믿다가 자신이 죽는 침상이
되었습니다. 하나님을 버리고 우상을 찾은 것이 죄가 되어 자기 침상에
서 자기가 죽은 것입니다.

넷째로, 아하시야 왕이 사자들이 중도에서 가던 길을 멈추고 돌아오
자 그들에게 돌아온 이유를 물었습니다. "너희는 어찌하여 돌아왔느
냐?" 예상보다 빨리 돌아온 것이 이상해서 질문한 내용입니다.

"한 사람이 올라와서 왕에게 돌아가라고 말을 하였습니다. 그래서
돌아온 것입니다"라고 대답했습니다. 그리고 그때의 상황을 그대로 전
했습니다. "여호와의 말씀이 이스라엘에 하나님이 없어서 에그론의 신
에게 물으러 사자를 보냈느냐고 책망하였습니다. 그러므로 아하시야
왕이여! 지금 올라간 침상에서 내려오지 못하고 반드시 죽으리라고 하
였습니다."

여러분은 믿음 없는 불신앙의 자리에서 벌떡 일어나서 믿음의 자리
로 나아가기를 바랍니다. 가난한 자리에서 하나님의 은혜와 능력으로
일어나서 부유한 사람이 되기를 바랍니다. 무능력한 사람들은 기도의
자리로 나아가서 기도하는 가운데 능력을 충만히 받기를 바랍니다.

다섯째로, 아하시야가 사자들에게 묻습니다. 자기의 죄를 지적한 그
사람이 어떻게 생겼느냐? 자기의 죽음을 말한 사람의 모습이 어떠하더
냐? 왕인 자기를 향하여 심판을 선언한 그 사람이 어떤 모습이더냐? 너
희가 만난 사람의 인상 착의가 어떤 사람이었느냐?

이미 아하시야 왕의 속마음은 자신이 잘못된 삶을 살고 있음을 인정하고 있습니다. 하나님의 심판과 정죄가 임할 것을 예견하고 있는 듯한 말입니다. 사자들이 뭐라고 대답했습니까?

엘리야 선지자의 외관을 말해 주었습니다. 먼저, 털이 많은 사람이라고 했습니다. 저자는 바알세붑과 엘리야를 대조해서 설명하고 있습니다. 엘리야가 몸에 털이 많은 사람인지 아니면 털옷을 입고 다녔는지는 알 수가 없습니다. 세례 요한처럼 약대 털옷을 입었을 수도 있습니다. 그리고 허리에 가죽 띠를 띠었다고 말해 주었습니다. 띠는 허리 전체를 감쌀 수 있는 폭 넓은 천을 말합니다. 세례 요한이 허리에 가죽 띠를 띤 것처럼 엘리야도 그렇게 살았던 것으로 보입니다.

아하시야 왕은 사자들이 만난 사람이 엘리야라고 단정지었습니다. 그리고 나서 상당히 당황했습니다. 자기 아버지 아합 왕도 400명의 어용 선지자들이 길르앗 라못을 아합 왕에게 붙여주셨다고 전쟁을 부추겼을 때, 선지자 미가야는 왕이 죽을 것이라고 예언했고 그 말대로 전쟁터에서 죽었습니다. 이제 아들인 자기도 죽을 것이라고 예언했기 때문에 두려워 떨었습니다.

하나님을 배신한 사람은 하나님도 버리고 사람에게도 버림을 당하는 법입니다. 오므리 왕조가 그렇습니다. 아합 왕과 아하시야 왕이 그렇게 우상을 숭배하더니 다 전멸하게 되었습니다. 범사에 하나님을 인정하는 성도는 실패하지 않습니다. 그렇지만 하나님을 인정하지 않거나 모르는 자들은 우상숭배에 빠지게 됩니다. 그리고 회개하면 용서해 주시는 하나님이십니다. 회개하는 자가 천국을 차지하는 원리는 아직도 살아 있습니다.

잠언 28장 14절에 "항상 경외하는 자는 복되거니와 마음을 완악하게 하는 자는 재앙에 빠지리라"라고 했습니다. 겸손한 마음으로 하나님을 사랑하고 경외하는 가운데 영육간에 하나님의 은총과 축복이 충만하기를 바랍니다.

제2강
열왕기하 1장 9-18절

엘리야와 아하시야 (2)

엘리야는 하나님이 보낸 선지자이고 아하시야는 북이스라엘의 왕이었습니다. 아하시야 왕이 다락 난간에서 떨어져 병들었을 때 여호와께 기도한 것이 아니라 블레셋의 에그론 지역에 있는 바알세붑 우상에게 병이 낫겠는가를 묻기 위하여 신하를 보냈습니다. 이것이 망령된 행동이기 때문에 침상에서 내려오지 못하고 죽겠다는 엘리야 선지자의 선언이 있었습니다.

아하시야 왕은 신하들에게 자신의 죽음을 예언한 선지자의 모습을 물어본 다음에 회개하는 것이 아니라 악한 생각을 하게 되었습니다. 군대를 세 번이나 보내서 엘리야를 체포하려고 했습니다. 이것이 얼마나 어리석은 행동입니까?

1. 체포 작전 (1)

엘리야는 하나님이 보낸 선지자이고 아하시야는 북이스라엘의 왕입니다. 본래 선지자는 왕과 백성이 하나님의 뜻대로, 하나님의 말씀대로 살도록 이끌어주고 지도하는 사명이 있는 사람입니다.

엘리야가 아하시야의 잘못된 행동에 대하여 죽음을 예언했을 때 아하시야 왕은 하나님이 보낸 선지자 엘리야의 말을 듣고 회개하였는가? 다윗처럼 하나님 앞에 무릎을 꿇고 잘못을 고백했는가? 그렇지 않았습니다. 오히려 하나님의 사람 엘리야를 체포하려고 지체하지 않고 즉시 군대를 출병했습니다.

첫 번째로 오십부장과 오십 명의 군대를 보냈습니다. 아하시야 왕의 마음에는 악의가 충만했습니다. 엘리야를 죽이려는 악한 마음으로 가득찼습니다. 그래서 강제로 압송하기 위해 출동 명령을 내린 것입니다.

만약 아하시야 왕이 엘리야 선지자의 말을 듣고 하나님 앞에 회개했다면 어떻게 되었을까요? 하나님을 찾지 않고 바알세붑을 찾은 것을 회개했다면 하나님께서 어떻게 하셨을까요? 이방 땅을 찾아갈 것이 아니라 예루살렘 성전을 찾아 올라갔다면 어떻게 되었을까요? 여기에서 모든 인간들의 모습이 보입니다. 아하시야는 자신의 죽음과 우상을 찾은 죄악을 지적받았지만 회개하지 않고 죽을 때까지 마음을 바꾸지 않은 것을 말해 줍니다. 여러분 바꾸세요. 행복합니다. 영원한 즐거움이 있습니다. 영생의 복이 있습니다. 아하시야 왕은 믿음의 사람이 아니었습니다. 우상숭배자였습니다.

오십부장이 산 꼭대기에 앉아 있는 엘리야를 발견했습니다. 엘리야 선지자가 아하시야 왕의 죽음을 예언한 후에 머문 장소는 산꼭대기였습니다. 이 산이 어디인지는 정확히 알 수 없지만 엘리야 선지자는 악한 왕 아하시야의 죽음을 예언한 다음에 도망치지 않았습니다. 강하고 담대한 자세로 아하시야의 행동을 기다리고 있습니다. 절대 권력 앞에 비굴해지지 않는 엘리야는 하나님을 섬기는 사람이었습니다. 하나님 앞에서 사는 선지자였습니다.

오십부장은 엘리야를 하나님의 사람이라고 부르면서 왕명이니 내려오라고 요청했습니다. 진정으로 존경해서 하나님의 사람이라고 말한 것이라기보다는 조롱의 의미를 담고 있는 말입니다. 존경의 표시를 마음에 담고 신적 권위를 인정하는 자세가 아니라 '체포의 대상인 너 하나님의 사람아!' 라고 비웃는 것입니다. '내려오라' 라는 말은 명령형입니다. 아하시야가 침상에서 내려가는 것은 병이 치료되는 것을 의미한다면 엘리야가 산꼭대기에서 내려가는 것은 강하고 담대한 하나님의 사람의 자세, 하나님의 주권을 믿는 사람의 자세를 말해 줍니다.

엘리야가 자신이 만약 하나님의 사람이라면 그들에게 불이 임하여 사를 것이라고 대답했습니다. 오십부장이 엘리야를 진정으로 하나님의 사람이라고 인정했다면 불에 타죽는 불행을 겪지 않았을 것입니다. 이 불이 세상에서는 불이지만 영원한 지옥불을 상징합니다. 엘리야의 말이 끝나자마자 하늘에서 불이 내려와 오십부장과 오십 명의 군사를 태워 죽였습니다. 엘리야가 하나님의 사람임을 입증해 주는 불이었습니다. 이것은 엘리야의 감정의 분노가 아닙니다. 하나님께서 하나님과 하나님의 사람을 모독하는 자를 공의로 심판하는 불이었습니다.

하늘에서 불을 내릴 수 있는 분은 오직 하나님밖에 없듯이 아하시야 왕을 침상에서 내려오게 하실 분도 오직 여호와밖에 없음을 말해 주고 있습니다. 하늘의 불이 갈멜산에서 제물과 나무와 돌과 흙을 태운 것처럼 오십부장과 오십 명의 군대를 집어삼켰습니다. 하나님의 심판은 분명했습니다.

하나님은 하나님의 종을 지키기 위해 불로 심판을 하셔서 아하시야 왕의 어리석고 무모한 시도를 실패하게 만들었습니다. 아하시야 왕은 엘리야의 예언대로 죽음을 피할 수 없게 되었습니다.

2. 체포 작전 (2)

아하시야 왕이 두 번째로 엘리야를 체포하기 위해 또다시 오십부장과 오십 명의 군사를 보냈습니다. 아하시야 왕이 마음을 돌이키지 않고 계속하여 하나님의 사람에 대해 완악한 마음을 가지게 되었습니다. 아하시야 왕은 병들어 침상에 누워 있으면서도 회개할 줄 모르고 마음이 점점 애굽의 바로 왕처럼 굳어만 갔습니다. 그래서 인간은 자기 죄 때문에 자기가 망하는 법입니다.

두 번째 오십부장도 엘리야를 하나님의 사람이라고 부르면서 왕이 당신을 속히 내려오라고 했다고 말했습니다. 엘리야의 하산을 종용했습니다. 두 번째 파송된 오십부장도 엘리야 앞에서 퉁명스럽고 무시하는 말투로 부르고 명령하듯 말하고 있습니다. 이것은 하나님의 권위에 대한 도전이자 하나님의 사람에 대한 도전이었습니다. 첫 번째 왔던 오십부장과 오십 명이 그런 자세로 엘리야를 대하다가 죽임을 당했는데, 두 번째 파송된 오십부장과 오십 명의 군사들도 똑같았습니다. 불손한 태도와 말투였습니다. 대동소이였습니다.

이번에도 엘리야가 자신이 만약 하나님의 사람이라면 하늘에서 불이 내려와 그들을 사를 것이라고 말했습니다. 엘리야의 대답은 지난 번과 똑같았습니다. 내가 하나님의 사람이라면 하늘에서 불이 내려와서 사를지라. 오십부장과 오십 명의 군사들이 아하시야 왕에게 순종하듯 엘리야는 하나님께 순종하는 사람이었습니다.

엘리야의 말이 떨어지자마자 하늘에서 불이 내려와 오십부장과 오십 명의 군사를 태워 죽였습니다. 하나님의 권위에 도전하면 사람이 망합니다. 하나님의 사람을 대적하면 지금은 승리하는 것처럼 보이지만 훗날에 보십시오. 살아 계신 하나님께서 그냥 두지를 않습니다.

3. 체포 작전 (3)

아하시야 왕이 엘리야를 체포하기 위해 세 번째로 오십부장과 오십 명의 군사를 보냈습니다. 하나님의 징벌이 시작되었음에도 불구하고 회개할 줄은 모르고 하나님의 사람을 체포하기 위한 노력만 계속하고 있습니다. 아하시야 왕의 마음이 완전히 완악해졌습니다. 회개의 가능성은 전혀 보이지 않습니다. 구원의 가능성도 희박해졌습니다. 오로지 남은 것은 하나님의 징벌뿐이었습니다.

세 번째 오십부장은 먼저 엘리야에게 꿇어 엎드렸습니다. 세 번째 오십부장은 첫 번째와 두 번째 오십부장과는 달랐습니다. 엘리야 앞에 무릎을 꿇었습니다. 첫 번째와 두 번째 오십부장은 엘리야 선지자를 죄인 대하듯 하였지만, 세 번째 오십부장은 아하시야 왕이 보내니까 오기는 왔어도 엘리야를 죄인이 아니라 하나님의 사람으로 대했습니다. 그래서 무릎을 꿇은 것입니다. 최고의 겸손입니다. 그리고 간구했습니다. 자신과 오십 명의 생명을 귀하게 여겨달라고 간청했습니다. 불쌍히 여겨 달라. 은혜를 베풀어 달라. 세 번째 오십부장은 하나님을 인식하고 하나님의 사람에 대한 두려움이 있었습니다. 스스로 낮아졌습니다. 겸손해졌습니다. 자기는 오십 명의 병사가 있지만 엘리야 선지자에게는 하늘 군대가 감싸고 있는 것을 인정했습니다.

세 번째 오십부장은 앞서 두 번에 걸쳐 아하시야가 파견한 군사들과 달리 자신의 생명과 오십 명의 생명을 보전해 달라고 간청했습니다. 그는 첫 번째나 두 번째 오십부장과는 태도나 간구하는 내용이 너무나 달랐습니다.

첫 번째와 두 번째 오십부장은 하나님의 말씀을 대항하고 하나님의 사람을 대항하다가 죽었습니다. 아하시야 왕에게 맹종하다가 죽음을 당했습니다. 그러나 세 번째 오십부장은 아하시야의 명령에 따르지 않을 수는 없었지만 동참하지는 않았습니다. 사랑하는 성도들이여! 사람에게 있어서 가장 중요한 것이 무엇일까요? 하나님의 뜻입니다. 하나님의 뜻대로 하는 것이 가장 중요합니다.

4. 엘리야의 책망

여호와의 사자가 엘리야에게 두려워하지 말고 함께 내려가라고 명했습니다. 엘리야가 산을 내려가 아하시야를 만났습니다. 엘리야가 바알세붑에게 자신의 병의 치료 여부를 물었던 아하시야의 잘못에 대하여 하나님의 책망을 전했습니다.

그러는 동안에 회개할 수 있었습니다. 하나님의 사람을 체포하거나 원망하고 불평할 시간에 회개할 수 있었습니다. 엘리야가 직접 나타나서 하나님의 심판을 선언하기 전에 회개할 수 있었습니다. 두 번이나 하늘의 불이 내리는 사건을 통하여 왕과 북이스라엘 백성들이 모두 하나님께로 돌아오고 하나님의 사람을 귀하게 볼 수 있는 시간이 있었습니다.

세 번째 오십부장이 자기의 생명과 오십 명의 생명을 심판 속에서도 살릴 수 있었던 것처럼 과거의 우상숭배의 잘못과 과오를 회개하면서 하나님께로 돌아설 수 있었습니다. 그렇게 기회를 주었음에도 불구하고 회개하지 않을 때 엘리야를 아하시야 왕에게로 보낸 분은 하나님이십니다.

또 아하시야 왕이 침상에서 내려오지 못하고 반드시 죽을 것이라는 하나님의 심판의 말씀을 전하게 되었습니다. 그 메시지를 전할 때에 엘리야는 망설임이나 주저함이 없었습니다. 하나님의 사람은 이적과 기적도 행하지만 하나님의 심판도 선언하는 것입니다. 아하시야 왕 면전에서 하나님의 심판을 선언했습니다. 최종적인 선언이었습니다.

여호와의 말씀대로 아하시야가 죽었습니다. 하나님의 말씀은 예외가 없습니다. 말씀하면 이루어집니다. 시간 문제일 뿐입니다. 세상 권력자와 하나님과의 대결이라면 누가 승리하겠습니까? 하나님은 전능하신 분이십니다. 생명의 주권자이십니다. 인간의 생사화복을 주관하시는 분이십니다. 말씀이 헛되이 되돌아오는 법이 없습니다.

아하시야가 아들이 없으므로 아하시야의 형제였던 여호람이 왕위를 계승하게 되었습니다. 부모인 아합 왕과 이세벨의 잘못된 신앙을 유산으로 이어받은 아하시야 왕에게 아들이 없는 것은 하나님의 심판이었습니다. 이것이 북이스라엘의 쇠퇴기를 엿보게 만듭니다.

　여호람이 북왕국 제9대 왕이 된 때는 남왕국 제5대 왕 여호사밧의 아들 여호람 제이년이었습니다. 남유다의 모습과 북이스라엘의 모습이 대조적입니다. 아하시야의 남은 사적이 이스라엘 왕조실록에 기록되어 있습니다. 아하시야와 바알세붑이 승리했는가 아니면 엘리야와 여호와 하나님인가?

제3강
열왕기하 2장 1-11절

엘리야의 승천

여로보암과 나답, 바아사와 엘라, 시므리, 그리고 오므리와 아합, 아하시야와 여호람으로 이어지는 왕조, 북이스라엘의 역사입니다. 오므리의 아들은 아합 왕입니다. 아합 왕은 다른 왕들보다 더욱 악했습니다. 북이스라엘을 바알과 아세라 신을 숭배하는 우상숭배의 나라가 되게 만들었습니다.

하나님의 사람은 엘리야 선지자였습니다. 엘리야는 아합 왕 때부터 시작하여 제8대 왕 아하시야의 죽음과 관련된 예언을 선포했습니다. 그 이후 엘리야의 후계자인 엘리사는 제9대 왕 여호람, 제10대 왕 예후, 제11대 왕 여호아하스, 제12대 왕 요아스 통치 때까지 사역을 이어갑니다.

엘리야 선지자가 활동한 다음에 사건의 흐름이나 여러 가지 정황으로 볼 때 하나님의 사역을 계속하여 감당할 사람이 나타날 것을 예측하게 만듭니다. 엘리야 사역의 종결이 아니라 연속적으로 계속하여 사역할 수 있도록 하는 하나님의 섭리입니다. 세상 역사처럼 흐르지 않고 하나님의 섭리 속에 부르심을 받은 하나님의 사람이 등장할 것을 예견하게 만듭니다.

1. 엘리사와 엘리야의 벧엘 동행

여호와께서 엘리야 선지자를 회오리바람으로 하늘에 올리고자 하셨습니다. 엘리야를 하늘로 올리는 수단이 무엇입니까? 비행기나 기차가 아닙니다. 자동차도 아닙니다. 회오리바람입니다.

회오리바람은 강력한 돌풍을 말합니다. 강력한 바람은 하나님의 심판이나 하나님의 임재를 상징하는 것이 일반적이지만 여기서는 엘리야 선지자를 하늘로 올리는 수단으로 사용되고 있습니다. 여기 사용되는 회오리바람은 자연적인 돌풍이 아니라 하나님의 섭리를 이루기 위한 수단이었습니다. 하나님께서 회오리바람을 일으킨 것은 하나님의 종이나 선지자들로부터 엘리야를 격리하기 위함이지만 세상 사람들에게는 심판을 의미했습니다.

엘리사는 스승되는 엘리야를 따라 벧엘까지 동행했습니다. 엘리사와 엘리야의 동행은 세상에서 가장 아름다운 동행입니다. 여러분은 누구와 동행합니까? 몇 년 전에 동행의 애틋함을 그린 '님아, 그 강을 건너지 마오' 라는 유명한 영화가 있었지요? 기독교인은 하나님과 동행하는 사람입니다. 주님과 동행하는 사람입니다. 일평생을 성령 하나님의 인도를 받으며 행복해 하는 사람입니다.

길갈에서 나가는 길이었습니다. 이스라엘에 길갈이 두 군데 있습니다. 하나는 여리고 동북쪽 2킬로미터 떨어진 지점과 다른 곳은 벧엘 북서쪽 12킬로미터 떨어진 에브라임 산지에 있습니다.

엘리야와 엘리사의 경로가 길갈에서 벧엘로, 벧엘에서 다시 여리고로, 여리고에서 다시 요단 강가로 설명된 것으로 볼 때 오늘 말씀의 길갈은 에브라임 산지에 있는 길갈입니다. 길갈은 중앙 성소가 있는 실로와 가까우며 이스라엘 백성들은 그곳을 종교적인 성지로 여겼습니다. 다만 여로보암 이후에 여러 왕들이 우상숭배의 장소로 사용하여 종교적으로 타락한 도시가 되었고 선지자들의 책망을 많이 받은 곳이기도

합니다.

그 시대적인 상황을 봅시다. 아합 왕은 북이스라엘의 일곱 번째 왕입니다. 바알과 아세라 우상을 숭배하며 하나님을 버리고 율법을 어기는 죄악의 시대였습니다. 우상숭배하는 상대와 싸우던 엘리야 선지자의 승천과 엘리사에게로의 선지자직의 승계를 살펴봅시다.

세상에서의 삶, 선지자로서의 생애의 끝이 보이는 엘리야는 엘리사를 후계자로 세우게 됩니다. 엘리야가 길갈을 떠나 길을 나서자 엘리사가 엘리야를 따라나섭니다. 엘리야가 엘리사에게 길갈에 머물라고 요청합니다. 여호와께서 자기를 벧엘로 보내심을 알려주었습니다. 여호와께서 엘리야만 벧엘로 보내시기 때문입니다. 이것은 엘리사가 엘리야의 후계자가 될 만한 인물인가에 대한 시험이었습니다.

엘리사가 결코 엘리야를 떠나지 않을 것이라고 밝히면서 여호와의 사심과 엘리야의 혼의 삶을 가리켜 맹세를 합니다. 엘리사는 하나님의 권위도 인정하고 스승인 엘리야의 권위도 인정했습니다. 그래서 어쩔 수 없이 두 사람이 벧엘까지 동행하게 됩니다. 엘리사의 생각이 무엇입니까? 동행하지 않는 것은 떠나는 것과 동일하다는 것이지요. 하나님의 능력이 엘리야에게 있는데 내가 어디로 떠난다는 말입니까? 하나님의 능력을 받기 전에는 떠나지 않겠다는 표현입니다. 그러므로 목숨을 걸고 따르겠다는 의지의 표현입니다. 이것이 후계자로서 합격점이 아닐까요?

벧엘은 '하나님의 집'이라는 뜻으로 에브라임 지파의 중요 성읍 중 하나였습니다. 야곱이 에서의 눈을 피하여 도피할 때 하나님 앞에 서원했던 장소입니다. 길갈에 있던 하나님의 법궤가 옮겨진 적도 있습니다. 북이스라엘의 초대 왕 여로보암이 벧엘에 금송아지 우상을 만들어서 우상의 도시로 전락했습니다. 훗날 우상이지만 종교적인 중심지가 되었습니다.

벧엘에 있는 선지자의 제자들이 엘리야의 승천에 관하여 물을 때 엘리사는 침묵했습니다. 그 제자들은 계시에 의해서 승천을 알고 있었고 엘리사도 알고 있는지 묻고 싶어서 마중나왔습니다. 하늘로 취하는 사건이 임박한 상황이었습니다. 오늘입니다. 너는 그것을 알고 있느냐? '나도 아노니 너희는 잠잠하라.' 그 정도는 나도 알고 있으니 너희는 조용히 하라.

2. 엘리사와 엘리야의 여리고 동행

다시 엘리야가 엘리사에게 너는 벧엘에 머물라고 말했습니다. 하나님께서 자신을 여리고로 보내신다고 밝혔습니다. 여리고는 요단 계곡과 서부 산지에 이르는 도로를 굽어볼 수 있는 전략적인 요충지였습니다.

또 여리고는 여호수아의 지도 아래 이스라엘 백성이 요단 강을 건너 약속의 땅 가나안에 들어가 첫 번째 전쟁을 수행했던 곳입니다. 이스라엘 백성들은 여리고 성 주변을 매일같이 돌았습니다. 믿음으로 순종하였을 때 여리고 성이 무너지고 이스라엘 백성들이 차지하는 축복을 받게 되었습니다. 여리고는 이스라엘 역사에서 차지하는 비중이 큰 도시였습니다.

여리고 성을 점령하면서 하나님의 백성들이 꼭 배워야 할 진리가 있습니다. 반드시 믿음으로 순종해야 한다는 것과 항상 깨어서 기도해야 한다는 것입니다. 자신들의 힘과 능력이 아니라 하나님의 능력과 권세로 세상을 점령할 수 있다는 진리입니다.

엘리야를 여리고로 보내는 분은 하나님이십니다. 하나님의 인도가 있고 개입이 있었습니다. 왜 여리고로 보내셨을까? 엘리야의 후계자 엘리사를 훈련시키는 데 목적이 있는 것으로 여겨집니다. 믿음으로 순종할 때 기적과 능력이 있습니다. 기도할 때 기적과 능력이 나타납니다. 그러면 불순종할 때 어떤 일이 있었을까요? 여호수아가 누구든지 일어나서 여리고 성을 재건축하면 그 기초를 놓을 때 장자가 죽을 것이고 문을 세울 때 막내가 죽을 것이라고 예언했습니다. 역사를 보면 아합 왕 시대에 히엘이 여리고 성을 건축하려고 할 때 장자가 죽고 막내가 죽었습니다. 그런 곳에 가서 불순종이 얼마나 무서운 죄인지를 배우게 하기 위해 여리고로 옮겨가게 하신 하나님의 뜻이 있었습니다.

엘리사가 결코 엘리야를 떠나지 않을 것임을 밝히면서 길갈에서 한 것처럼 맹세했습니다. 그들이 함께 여리고로 내려갔습니다. 엘리야의 승천에 대하여 묻는 여리고의 선지자의 제자들에게 엘리사의 침묵하라는 답변이 있었습니다.

여리고에 있는 선지자의 제자들이 마중나왔습니다. 그리고 엘리사에게 질문했습니다. 벧엘에 있는 선지자의 제자들의 질문과 똑같았습니다. 그들은 엘리야의 승천에 대하여 구체적으로 알지 못했습니다. 또 엘리사가 엘리야의 후계자라는 것을 자세히 알지 못했습니다. 우리가 하나님에 대하여 그리고 예수 그리스도에 대하여 자세히 안다면 지금과 같은 신앙생활은 하지 않을 것입니다. 베드로 사도는 예수 그리스도를 아는 지식에서 자라가라고 했습니다.

3. 엘리사와 엘리야의 요단 동행

또다시 엘리야가 엘리사에게 여리고에 머물라고 말했습니다. 하나님께서 자신을 요단으로 보내신다고 밝혔습니다. 세 번째의 시험입니다. 엘리사는 신실했습니다. 아무리 뭐라고 말해도 처음과 나중이 변함이 없는 사람이었습니다. 엘리사는 자질 문제에 있어서 합격점입니다.

엘리사가 엘리야를 떠나지 않겠다고 밝히면서 벧엘에서 한 것처럼 맹세했습니다. 그들이 함께 요단 강으로 갔습니다. 시험도 다 통과했습니다. 엘리사의 신실함이 드러났습니다. 사람은 믿을 만한 사람이 되어야 합니다.

엘리야와 엘리사가 요단 강을 건넜습니다. 선지자의 제자 오십 명이 엘리야와 엘리사가 요단 강가에 선 것을 멀리 서서 바라보았습니다. 두 그룹이 보입니다. 동행하는 그룹과 서 있는 그룹입니다. 하나님께서 엘리야와 엘리사는 동행하여 가는 그룹으로, 선지자의 제자들은 서 있는 그룹으로 묘사하고 있습니다. 여러분은 함께하는 사람, 동행하는 사람, 협력하는 사람, 협조하는 사람으로 거듭나는 은혜와 복이 임하기를 바랍니다.

엘리야가 겉옷을 말아서 요단 강을 내리치자 요단 강이 갈라졌습니다. 엘리야와 엘리사가 요단 강 바닥을 걸어서 건너갔습니다. 이적이 일어났습니다. 하나님의 일을 위하여 가는 사람들에게 따라오는 기적과 영광과 축복입니다. 모세에게 지팡이가 권위와 위엄의 상징물이었던 것처럼 엘리야의 겉옷은 선지자 직분의 위엄과 영광을 상징하는 것입니다. 엘리야가 겉옷을 던진 것은 선지자직의 위임을 의미합니다. 그러므로 엘리야의 후계자는 엘리사입니다.

엘리야와 엘리사가 요단 강을 건넌 것은 모세가 홍해바다를 건넌 것과 같은 것입니다. 물기가 없는 땅을 건너는 것처럼 건넜습니다. 여러분도 하나님의 사람과 동행하면 기적과 이적이 따라오는 삶을 살게 될 줄로 믿습니다.

4. 갑절의 영감

엘리야가 엘리사에게 자신의 승천 전에 구할 것이 있으면 구하라고 말했습니다. 엘리사가 엘리야의 갑절의 영감을 주시기를 구했습니다. 제발 꼭 주십시오. 영적인 능력을 주십시오. 두 몫을 주십시오. 엘리야의 능력의 두 배를 말한 것은 엘리사가 선지자 중에 맏아들처럼 유산으로 받는 분깃의 의미로 이해합니다. 선지자직의 장자권, 맏아들의 두 몫, 기업, 분깃, 두 배를 원했습니다. 엘리야를 아버지라고 표현한 것도 이와 같은 이유에서라고 봅니다.

엘리야가 엘리사의 구하는 것이 어려운 것이지만 자신이 승천하는 것을 엘리사가 본다면 엘리사가 구하는 대로 이루어질 것이라고 대답했습니다. 네가 나를 곤란하게 만드는구나! 왜냐하면 하나님만이 하실 수 있는 것을 구하기 때문이었습니다. 자신은 할 수 없는 일이지만 하늘로부터 징조가 있으면 이루어질 것이라고 약속했습니다. 결국 엘리사는 엘리야의 승천하는 모습을 봄으로써 선지자직을 승계하였습니다.

예수님이 승천을 목격한 사도들과 여러 증인들에게 복음 전파의 사명을 말씀하신 장면과 똑같습니다. 갑절의 영감을 원했던 엘리사입니다. 선지자로서 원하는 바가 많을텐데 엘리사는 갑절의 영감을 구했습니다.

엘리야와 엘리사가 말하고 있는 중에 불말과 불병거가 엘리야와 엘리사의 사이를 갈라놓았습니다. 엘리야가 회오리바람을 타고 살아서 승천하게 되고, 엘리사는 지상에 남아 선지자직을 계승하게 되었습니다.

엘리야 선지자의 영광스러운 최후는 아하시야 왕의 비참한 죽음과 극명한 대조를 이룹니다. 아하시야는 지상의 군주로서 세속적인 영화와 부귀를 향유했으나 육신의 죽음과 더불어 모든 것을 잃어버렸습니다. 반면 엘리야는 하나님의 종으로서 온갖 고난과 핍박을 다 겪었으나, 육신의 죽음을 맛보지 않고 승천하는 영광을 누렸습니다.

엘리야의 승천은 에녹을 제외하고 초자연적인 사건으로, 주님의 승천의 모형이자 장차 구속함을 입은 성도들이 누리게 될 부활의 영광에 대한 예표라 할 수 있습니다. 그러므로 엘리야 선지자의 승천을 바라보고 믿는 자들에게 교훈하고 있습니다. 무슨 교훈일까요?

1) 하나님 나라의 영광을 바라보며 소망 중에 즐거워하고 충성해야 합니다. 2) 하나님의 일꾼들은 세속적인 명예나 영광을 추구하기보다는 자신의 사명을 깨닫고 능력을 간구해야 합니다. 3) 아무리 위대한 인

물이 세상에서 충성해도 더 좋은 인물이 나타나서 교회를 세우게 됩니다. 오순절에 성령이 임하신 다음에 예수님의 명령을 따라 역사적으로 수많은 주의 종들이 일어나서 하나님의 거룩한 교회를 세웠습니다. 지금도 성령의 역사는 계속되고 있습니다. 여러분도 성령의 도구가 되어 쓰임받는 성도가 됩시다.

제4강
열왕기하 2장 1-18절

사역(Ministry)

사역자, 미니스터(minister)란 노회로부터 하나님과 예수님과 성령님의 인도를 따라 안수 받은 목회자라는 의미인가? 아니면 또 다른 뜻도 있는 것인가? 사역자라는 말은 '종이나 하인', '노예'의 신분으로 라틴어에서 파생된 말이며, '더 작다'라는 의미를 가진 마이너스에 근거를 둔 낱말입니다. 그렇다면 사역자란 '더 낮은 지위'나 '더 낮은 계급의 사람이 더 높거나 도움을 필요로 하는 다른 사람을 섬기는 자'라는 의미입니다.

에베소서 4장에 보면 네 종류의 은사가 나타납니다. 사도와 선지자, 복음 전하는 자와 목사-교사입니다. 고린도전서 12장 7절에서는 믿는 자는 누구나 같은 성령을 받은 사람이라고 말합니다. 에베소서에서 네 직분의 독특한 기능을 말하는데, 직분을 주신 목적은 성도를 온전하게 하며(성도를 섬기는 일을 위해서 준비시키며), 봉사의 일을 하게 하며 그리스도의 몸을 세우는 것이라고 했습니다.

성도가 다른 성도들을 섬길 수 있도록 준비시키는 일은 사역자의 할 일이고, 일반 성도는 섬기는 일을 해야 한다는 것입니다. 사역의 주체가 일반 성도라는 말입니다. 목사가 할 일이 이런 사람을 준비시키는 일입니다. 목사가 해야 할 일과 성도들이 해야 할 일이 무엇인지를 말해 주고 있습니다.

여러분이 성도로서 손과 발을 묶어 두고 있는 상황이라면 문제가 있는 것이 아니겠습니까? 다른 성도들을 위하여 일하는 일꾼이 많은 교회가 성장합니다. 교회 일은 목회자만 하는 것이 아닙니다. 많은 일을 성도들이 해야 하는 것입니다.

엘튼 트루블러드(Elton Trueblood)는 "첫 번째 종교개혁이 하나님의 말씀을 하나님의 백성들의 손에 들려주었다면, 두 번째 종교개혁은 하나님의 일을 하나님의 백성들의 손에 들려주는 것이다"라고 말했습니다.

사역이란 무엇인가? 사역이란 성도들로 하여금 예수 그리스도께로 가까이 가도록 돕는 것입니다. 그리스도 밖에 있는 사람을 그리스도 안으로 들어가게 하는 일입니다. 들어와 있지만 멀리 있는 분들은 가깝게 다가가야 합니다. 가까이 가 있는 사람들은 성숙한 사람이 되기 위해서 수고해야 합니다. 이것이 사역입니다.

엘리사의 삶에 나타난 네 가지 일들이 사역에 대하여 이해하게 합니다. 엘리사가 구약의 선지자로서의 독특한 사명이 있었기에 우리와는 다른 사람으로 생각할 수 있습니다. 하지만 엘리사의 사역의 원리는 우리에게도 그대로 적용되는 것입니다.

마지막 순간이 다가올 때 엘리야와 엘리사는 길갈에서, 벧엘, 여리고, 요단 강으로 길을 갔습니다(왕하2:1-6). 여리고를 지날 때에는 오십 명의 선지자의 제자들이 따라 나섰습니다(2:7). 여리고의 선지자의 제자들은 엘리야를 지도자로 추앙했습니다. 엘리야는 아합 왕보다 더 오래 살았고, 갈멜산에서 바알 선지자들과 대결을 하여 승리했습니다. 하나님에 대한 예배를 회복했던 인물이 엘리야입니다. 또한 엘리사는 땅을 회복하고 저주받은 것을 회복하는 사람이었습니다. 당연히 지도자 반열에 설 수 있는 사람입니다.

엘리야가 외투를 벗어 강물을 치자 강이 갈라졌습니다. 여호수아가

이스라엘을 이끌고 들어갈 때에 강이 갈라진 사건이 있었습니다(수3:6-7). 그 지점인지도 모르지만 의미있는 사건이 눈앞에 전개되고 있었습니다. 엘리사는 엘리야의 두 배의 영감, 갑절의 영감을 구했습니다(왕하 2:9). 성령의 충만을 간구했습니다.

이것은 두 배의 사역을 하겠다거나 많은 기적을 행하겠다는 의미가 아닐 것입니다. 떠나가기 전에 엘리야로서는 제자인 엘리사에게 당연히 무엇인가를 해 주기를 원했을 것입니다. 엘리사 역시 살아 계신 하나님이 주시는 능력과 권세를 구하는 것은 당연한 일일 것입니다. 앞으로의 시대가 더욱 악하고 사역하기에 힘들 것이기 때문입니다.

불말과 불병거가 나타나 회오리바람 속에서 엘리야를 하늘로 데리고 떠났습니다. 영적인 아버지가 떠났다는 마음에 엘리사는 풍습을 좇아 옷을 찢었습니다(2:12). 이제 엘리야 시대는 끝나고 제자된 엘리사의 사역이 시작되었습니다. 엘리사는 어떻게 활동했을까?

제일 먼저 사역하기 전에 땅에 떨어져 있는 엘리야의 겉옷을 집어드는 일이었습니다. 옷을 가지고 요단 동쪽으로 가서 물을 쳤습니다. "엘리야의 하나님 여호와는 어디 계시니이까?" 엘리사가 강물을 칠 때 강물이 갈라졌습니다. 엘리야의 두 배의 영감을 달라고 간구하더니 하나님께서 들어주셨다는 증거입니다. 이것이 사역에 있어서 아주 중요한 요소입니다.

엘리사의 사역의 원리가 무엇일까요?

첫 번째 원리가 위임의 원리입니다(the principle of commission). 엘리사는 자기의 권위로써가 아니라 하나님의 능력으로 행한다는 원리입니다. 하나님의 일을 하는 사람들이 배워야 할 진리입니다. 내 능력이 아니라 하나님의 능력, 내 일이 아니라 하나님의 일을 한다는 위임의 원리를 믿어야 합니다. 우리들은 종종 나의 일을 합니다. 그러나 하나님의 교회 일은 하나님의 일입니다. 하나님의 일을 잘 감당해야 합니다.

여호수아가 그랬습니다. 엘리사처럼 위대한 지도자 모세의 후계자였습니다. 여호수아도 엘리사처럼 요단 강을 갈랐습니다. 가나안 땅을 차지하기 위한 첫 번째 성읍이 여리고였습니다. 여리고 성은 이스라엘 백성들이 믿음으로 성읍을 돌았을 때 무너졌습니다. 그 전에 무슨 일이 있었는가?

여호수아가 혼자 거닐고 있었습니다. 무기를 든 사람이 나타났습니다. 깜짝 놀란 여호수아는 칼을 뽑아 들고 아군인지 적군인지 물었습니다. 아군도 아니고 적군도 아닌 여호와의 군대장관이라고 대답했습니다(수5:13-14). 여호수아는 경건한 마음으로 신발을 벗었습니다. "네가 선 곳은 거룩하니라"라고 말했기 때문입니다(수5:15).

왜 여호와의 군대장관이 나타난 것일까요? 전쟁은 여호와께 속한 것이라는 진리를 가르쳐 주기 위함입니다. 여호수아는 인간적인 야망 때문에 가나안 땅을 정복하려고 나선 것이 아니라 주님의 약속을 이루기 위해서 나선 사람입니다. 주님을 섬기고 봉사하기 위해서 목숨을 걸고 전쟁에 나선 것입니다. 그런데 지휘권은 여호와께 있다는 뜻입니다. 그 분이 천사든, 예수님이든 그것이 중요한 것이 아니라 전쟁의 작전권은 여호와 하나님께 있음을 배워야 했습니다.

그래서 기도해야 합니다. 하나님께서 이루어 달라고 간구해야 합니다. 목표에 도달할 수 있도록 간구해야 합니다. 하나님의 뜻대로 실현시켜 달라고 구해야 합니다. 그렇지 않으면 중도에 포기하거나, 성공을 하더라도 영광을 가로채는 사람이 되고 맙니다.

또 내게 주신 은사가 무엇인가를 확인해야 합니다. 단체에서 내가 할 수 있는 일이 무엇인가 찾아야 합니다. 선배들의 충고가 중요합니다. 영적인 지도자들의 충언이 중요합니다. 하나님의 목적을 이루기 위해서 은사를 동원해야 합니다. 확신이 있을 때 일하는 것이 좋습니다.

두 번째 원리가 확증의 원리입니다(the principle of confirmation). 엘리

사가 요단 강을 건너자마자 오십 명의 선지자들이 몰려와서 엘리사를 둘러쌌습니다. 엘리야가 하늘로 올라간 것을 본 사람들입니다. 요단 강을 가르고 건너온 사람이 엘리사인 줄을 아는 사람들입니다. 엘리야의 능력이 엘리사에게 임한 것을 아는 사람들입니다. 땅에 엎드려 절을 한 것은 당연한 일입니다.

그러나 엘리야가 보이지 않자 올라간 것을 뻔히 보고 아는 자들임에도 기발한 말을 합니다. 하늘로 올라가지 않았을 수도 있다는 것입니다. 그래서 구조대를 조직해서 찾아나섰습니다. 물론 엘리사는 만류했습니다. 그만 두라고 했습니다. 그 선지자들이 말을 들었습니까? 아닙니다. "무리가 그로 부끄러워하도록 강청하매 보내라"라고 했습니다(왕하 2:17).

성도들의 신앙생활도 이렇습니다. 문제에 대한 상담을 듣습니다. 그리고 성경말씀으로 해결해 주려고 합니다. 그러면 목사에게 하는 말이 있습니다. '목사님은 아직도 제 말을 이해를 잘 못하는 것 같아.' 혹은 '성경은 성경이고 내 문제는 상황이 다릅니다.' 이런 식의 답입니다. 확증이 필요합니다.

엘리사는 하나님께서 자신에게 사역을 맡기셨다는 확신이 있었습니다. 다른 선지자들에게도 확신을 갖도록 만들어 주었습니다. 백성들에게도 보여주었습니다. 그게 무엇입니까? 선지자들이 엘리야를 찾으러 간 사이에 엘리사는 여리고 지방으로 갔습니다. 여호수아 시대에는 성벽이 문제였다면 엘리사 시대에는 물이 문제였습니다.

열왕기하 2장 19절입니다. "그 성읍 사람들이 엘리사에게 말하되 우리 주인께서 보시는 바와 같이 이 성읍의 위치는 좋으나 물이 나쁘므로 토산이 익지 못하고 떨어지나이다"라고 했습니다. 여리고의 물이 나빴다는 것은 영적으로나 국가적으로도 문제가 많이 있었다는 것을 의미합니다. 왜냐하면 아합 왕 시대에 여리고가 하나님의 뜻을 정면으로 도전한 사실이 있습니다. 재건하려는 노력이 그것입니다.

여호수아가 여리고 성을 파괴할 때 저주를 선포했습니다. 누구든지 여리고 성을 일어나서 재건축하는 자는 여호와 앞에서 저주를 받을 것이라 그 기초를 쌓을 때 장자를 잃을 것이요 문을 세울 때에 계자를 잃으리라고 했습니다(수6:26).

그때부터 폐허가 된 성읍이 여리고입니다. 그런데 벧엘 사람 히엘이라는 사람이 일어나서 여리고 성을 재건하려고 했습니다. 터를 쌓을 때 장자 아비람이 죽었습니다. 문을 세울 때에 막내 아들 스굽이 죽었습니다. 여호와께서 눈의 아들 여호수아의 말과 같이 되게 하셨습니다(왕상 16:34). 여리고 성을 재건하려다가 죽은 것은 하나님의 뜻에 반항하다가 죽은 것입니다.

여리고는 당연히 물이 짜서 땅이 열매를 맺지 못하였고, 하나님도 적대시하는 도시였습니다. 그러나 엘리사가 여리고에 도착했습니다. 엘리사의 이름의 뜻이 무엇입니까? '하나님은 구원이시니라, 하나님은 구원이시다' 입니다. 여호수아도 그렇습니다. 두 사람이 연관성이 있습니다. 엘리야의 이름의 뜻은 '주는 하나님이시니라' 라고 하여 예배를 회복한 선지자임을 보여주었습니다. 엘리사는 땅을 치유하고 회복하는 선지자로 보냄을 받은 사람입니다.

엘리사가 소금을 가져다가 물에 집어 넣었습니다. 열왕기하 2장 21절입니다. "엘리사가 물 근원으로 나아가서 소금을 그 가운데에 던지며 이르되 여호와의 말씀이 내가 이 물을 고쳤으니 이로부터 다시는 죽음이나 열매 맺지 못함이 없을지니라"라고 했습니다. 이것이 말이나 됩니까? 엘리사는 무엇을 하려고 그렇게 했을까요?

엘리사는 엘리야가 갈멜산에서 거짓 선지자들과 싸우던 장소로 갔습니다. 그곳에서 바알 신이 아무것도 아님을 드러냈기 때문입니다. 바알은 비와 식물의 신이기도 했습니다. 여리고 지방의 물이 쓰고 열매를 맺지 못하는 것은 바알 신을 부끄럽게 하는 것이었습니다. 반면에 주님을 믿는 백성들은 소금 섞은 제물을 날마다 하나님께 드렸는데, 소금은 하나님의 영원한 언약을 의미합니다(레2:13).

그러므로 엘리사가 물에 소금을 뿌리는 것은 이제 여호와께로 돌아갈 때임을 나타내고자 함입니다. 주님의 언약을 붙잡을 때입니다. 바알이 아니라 여호와를 앙망할 때입니다. 오직 하나님만 바라보고 의지할 때입니다. 그 일은 영적인 활력을 불어넣는 사건이었습니다.

세 번째로 사역에서 중요한 것은 의사소통의 원리입니다(the principle of communication). 엘리사의 사역에는 메시지가 있었습니다. 인간적인 선한 의도만이 아니라 주님의 말씀이 담겨져 있었습니다. 육체적인 문제만 말할 것이 아니라 영적인 문제를 다루어야 한다는 교훈입니다. 영적인 교훈을 하는 시간에도 물질적이고 육체적인 문제까지 한꺼번에 다루어야 합니다. 현실의 문제와 내세의 문제를 같이 다루어야 합니다.

엘리사를 봅시다. 물이 쓴 문제도 다루지만 동시에 하나님에 대한 믿음과 언약의 회복도 강조하고 있는 것입니다. 인간은 양면성이 있습니다. 한 면만 말해서는 해결되지 않습니다. 인간은 단순한 존재가 아닙니다. 복합적입니다. 다양합니다. 그래서 일반인들이 우리들을 볼 때 '하나님의 일을 하고 있구나', '균형잡힌 말을 하고 있구나' 라고 느껴야 합니다. 그리고 청중으로 하여금 하나님의 뜻, 말씀에 순종하도록 교제하는 것입니다. 하나님의 사람에 대한 기대는 하나님의 뜻, 말씀입니다.

네 번째로 엘리사의 사역의 원리는 대면의 원리입니다(the principle of confrontation). 하나님의 일을 할 때 누군가가 반대하는 사람이 있습니다. 엘리사가 벧엘로 갈 때 길에서 젊은 무리가 나타났습니다. 바알의 선지자들인지 아니면 경쟁관계에 있는 선지자들인지 모르지만 빈정거렸습니다.

그러나 뭐라고 말해도 하나님의 능력이 엘리사에게 임했습니다. 엘리사는 엘리야의 대를 이은 사람입니다. 요단 강이 갈라지고 여리고에서 기적을 행했습니다. 다 들었을 것입니다. 그런데도 벧엘로 갈 때 사람들이 조롱했습니다. '대머리여 올라가라, 대머리여 올라가라' 라고 놀렸습니다(왕하2:23). 네가 엘리야처럼 능력이 많으면 하늘로 올라가라는 뜻입니다.

조심해야 합니다. 주의 종을 조롱할 때 주님을 조롱하는 결과를 가져옵니다. 엘리사는 그들을 대면하기 위해서 돌아섰습니다. 자신을 방어하기 위한 것이 아니라 주님을 방어하기 위해서 돌아선 것입니다. 열왕기하 2장 24절에 "엘리사가 뒤로 돌이켜 그들을 보고 여호와의 이름으로 저주하매 곧 수풀에서 암곰 둘이 나와서 아이들 중의 사십이 명을 찢었더라"라고 했습니다.

주님은 의를 위하여 핍박을 받으라고 했습니다. 욕을 받으시되 대신 욕하지 않으셨습니다. 고난을 받으시되 위협하지 않으셨습니다. 공의의 하나님께 맡겼습니다(벧전2:23). 엘리사는 우리들이 하나님의 일을 할 때 조롱이나 박해가 있으면 주님을 위하여 대면할 것을 가르치고 있습니다. 주님도 바리새인들이 하나님의 성령의 능력을 귀신의 능력이라고 말할 때 대면하셨습니다(마12:22-37).

우리가 주님의 일을 하고 있다면 사람들이 반대할 것입니다. 요한복음 15장 20절에 "내가 너희에게 종이 주인보다 더 크지 못하다 한 말을 기억하라 사람들이 나를 박해하였은즉 너희도 박해할 것이요 내 말을 지켰은즉 너희 말도 지킬 것이라"라고 했습니다. 바울도 그리스도를 위하여 우리에게 은혜도 주시지만 고난도 주신다고 가르쳐 주었습니다(빌1:29).

엘리사는 갈멜산 꼭대기로 가서 무엇을 생각했을까요? 북왕조 이스라엘을 향하여 가기 전에 임명받은 확신, 사람들의 확증, 그리고 전달해야 할 메시지가 있는지, 대면할 준비가 되었는지 생각했습니다. 주님은 이런 사람을 인도하십니다.

제5강
열왕기하 2장 12-18

엘리사의 선지자직의 계승

엘리야와 엘리사가 길갈에서 벧엘, 벧엘에서 여리고, 여리고에서 요단 강가까지 동행했습니다. 하나님께서 엘리야를 회오리바람과 불말과 불병거를 이용하여 하늘 나라로 데려가셨습니다. 엘리야의 승천은 엘리사가 선지자직을 승계했다는 것을 가르쳐 주면서 주님의 부활 승천은 물론 우리 성도들의 모습까지 말해 주고 있습니다.

우리 모두 스승 되시는 주님을 사랑하고 의지하는 가운데 하나님 나라에 합당한 아들과 딸, 종과 일꾼의 역할을 잘 감당합시다.

1. 엘리사의 통곡

엘리사가 승천하는 엘리야를 향하여 '내 아버지여 이스라엘의 병거와 마병이여'라고 외쳤습니다. '나만 혼자 두고 그냥 가시면 어떻게 하십니까? 스승의 뒤를 따르는 제자가 되고 싶습니다. 성령의 충만함을 주셔야 하지 않습니까?'

엘리사가 엘리야를 따라가면서 구한 것이 무엇입니까? 성령의 영감이었습니다. 그런데 엘리야는 엘리사가 어려운 것을 구한다고 하면서 조건적인 말을 했습니다. 내가 하늘로 가는 것을 보면 이루어질 것이라고 했습니다. 그런데 엘리사는 엘리야의 승천을 보았습니다. 성령의 영감이 임했습니다.

훗날 아람 군대가 엘리사를 둘러쌌습니다. 엘리사는 두려워하지 않았습니다. 하늘의 불말과 불병거가 자기를 둘러싸고 있음을 볼 수 있었기 때문입니다. 영적인 눈이 열린 것도 성령의 영감이 임한 증거라고 할 수 있습니다.

'내 아버지여! 내 아버지여!' 라고 부르짖은 것은 슬픔의 표시였습니다. 사랑하고 의지하는 스승을 떠나보내는 제자의 마음입니다. 엘리사는 슬펐습니다. 스승을 아버지라고 두 번이나 부르짖은 것은 존경과 사랑의 표현입니다.

고대 근동의 아시아 지방에서는 종이 존경스러운 주인, 상전을 향하여 부르거나 후배가 존경하는 선배를 향하여 부를 때에 '내 아버지' 라고 말한 경우가 종종 있었습니다. 엘리사가 엘리야를 향하여 아버지라고 부른 것은 단순한 존경보다는 영적인 스승이요, 영적인 아들로서의 표현입니다.

그리고 엘리야의 선지자직을 엘리사가 승계한 것을 확신했기 때문에 더욱 크게 불렀던 것입니다. 엘리사는 엘리야가 떠난 슬픔의 표시로 자신의 옷을 둘로 찢었습니다. 자기 옷을 둘로 찢은 것은 슬픔의 표시이지만 그보다 엘리야가 남긴 옷을 입기 위한 방법이었습니다. 그리스도인들은 옛 사람을 벗어버리고 새롭게 그리스도로 옷 입어야 합니다. 새사람으로 살아야 합니다.

유대인들에게 있어서 옷은 신분과 지위를 상징해 주었습니다. 때로는 권위도 나타냈습니다. 엘리야의 옷을 엘리사가 입음으로써 자기가 선지자직을 승계한 것을 다른 사람에게도 보여주었던 것입니다.

엘리사가 엘리야를 향하여 '이스라엘의 마병, 이스라엘의 병거' 라고 부른 것은 이스라엘의 군사적인 힘보다 더 강력한 무기와 같이 엘리야가 이스라엘의 보호자였음을 증거하고 있습니다.

갈멜산 대결을 생각해 봅시다. 영적인 전쟁이었습니다. 하나님이 살아 계신 분임을 드러냈습니다. 엘리야가 하나님의 종인 것도 드러냈습니다. 하나님의 말씀이나 선지자의 말이 아주 중요하다는 것도 드러냈습니다. 엘리사도 아람 군대로부터 이스라엘을 두 번이나 보호하는 능력을 발휘했습니다.

엘리야는 엘리사의 눈앞에서 사라졌습니다. 완전히 보이지 않게 되었습니다. 영혼과 몸이 하늘로 승천한 것입니다. 에녹도 이와 비슷했습니다. 예수 그리스도가 부활 승천하실 것을 예표해 주었습니다. 기독교는 예수님의 십자가와 부활 그리고 승천을 믿는 종교입니다. 기독교의 진리를 잘 받고 믿어서 믿음 있는 성도가 됩시다.

2. 갑절의 능력

사람은 시간의 흐름 속에 바뀌지만 하나님의 역사는 계속되는 법입니다. 사람이 역사의 주인공이 아니라 하나님이 역사의 주인이기 때문입니다. 엘리야가 하늘로 승천했을 때 하나님은 엘리사를 세우셔서 사역을 하셨습니다.

엘리사가 엘리야의 몸에서 떨어진 겉옷을 취하여 요단 강가로 돌아왔습니다. 겉옷은 선지자직의 위엄과 능력을 상징합니다. 엘리야의 겉옷을 엘리사가 가지고 있다는 것은 엘리사가 선지자직을 이어 받았음을 증거하는 것입니다.

엘리야의 겉옷을 가지고 물을 치며 엘리야에게 나타난 능력이 자신에게도 나타나기를 하나님께 간구했습니다. 그러자 요단 강이 갈라지고 엘리사가 걸어서 요단 강을 건넜습니다. 선지자직이 승계, 계승되었음을 의미합니다. 엘리야와 함께하신 하나님이 엘리사와 함께하시는 증거였습니다. 능력과 영감 그리고 은혜와 복도 함께했습니다.

사람은 바뀌었지만 하나님은 동일한 하나님이십니다. 엘리야를 능력있게 사용하신 하나님께서 엘리사도 능력있게 사용하실 것입니다. 엘리사가 엘리야처럼 하나님만 믿고 신뢰할 때 선지자직은 물론이고 능력과 권위 있는 선지자가 될 것을 가르쳤습니다. 그래서 요단 강이 첫 번째는 갈라지지 않다가 더욱 의지하고 신뢰하면서 쳤을 때 갈라진 것입니다.

하나님께서 함께하는 증표로 요단 강의 강물이 갈라지는 이적을 엘리사의 손으로 행하도록 하셨습니다. 이 이적은 불과 얼마 전에 엘리야에 의해 행해진 이적과 동일한 이적이었습니다. 엘리야의 선지자직이 엘리사에게 승계되었습니다.

엘리사는 자신에게 임한 갑절의 영감을 보고 성령의 영감을 확인하게 되었습니다. 선지자직을 수행하였습니다. 엘리사가 "내 아버지여, 내 아버지여, 이스라엘의 병거와 그 마병이여"라고 외친 것은 지금까지 엘리야가 이스라엘 백성들의 신앙을 보호하기 위해 얼마나 힘써서 영적인 투쟁을 벌여왔는지 보여주고 있는 것입니다.

이스라엘의 진정한 안정과 번영은 세속적인 군사력의 우위로부터 보장되는 것이 아니라, 여호와 하나님을 믿는 신앙의 순수성을 회복하고 영적으로 무장함으로써 비롯된다는 사실을 드러내고 있습니다.

엘리야의 선지자직을 계승한 엘리사도 스승과 마찬가지로 여러 가지 사명을 잘 수행했습니다. 나중에 요아스 왕이 엘리사의 임종을 맞아 영적 보호자를 잃게 된 이스라엘의 처지를 한탄하여 똑같은 말을 한 것으로 증명이 됩니다.

엘리야와 엘리사는 스승과 제자 사이입니다. 선배 선지자와 후배 선지자입니다. 엘리야가 떠났을 때 엘리사는 홀로 여리고 방향으로 돌아가는 여정이 시작되었으며 이 길은 엘리사의 단독 사역의 출발을 알리는 것입니다. 하나님만 믿고 나갈 때 승리하고, 좋은 일이 많을 줄로 믿습니다.

3. 여리고 선지자의 제자들과 엘리사

요단 강 맞은편에 서 있던 여리고의 선지자의 제자들이 엘리사가 행한 이적을 목격하게 되었습니다. 엘리야와 엘리사가 함께 요단 강을 가르면서 건너던 것을 본 여리고의 선지자의 제자들은 엘리사가 혼자 요단 강을 가르면서 건너오는 것을 보았습니다.

엘리사는 엘리야의 승천을 보았습니다. 여리고의 선지자의 제자들은 엘리야가 요단 강을 건너는 것은 보았지만 하늘로 승천하는 것은 보지 못했습니다. 하지만 엘리야의 후계자가 엘리사라는 것을 증거하는 증인 역할을 하게 되었습니다. 여리고에서 요단 강은 보이지 않습니다. 그들은 여리고 출신의 선지자의 제자들입니다. 그들이 엘리사가 건너오는 것을 목격했던 것입니다.

여리고의 선지자의 제자들이 과거 엘리야의 영감이 엘리사에게 임했음을 알고 엘리사를 영접하고 그에게 엎드렸습니다. 엘리야가 행한 이적을 엘리사도 행했습니다. 이것을 목격한 그들은 엘리야의 영감이 엘리사 위에 임한 것을 알게 되었습니다. 그러나 엘리야가 승천하는 것을 목격하지 못했기 때문에 사흘이나 엘리야의 시신을 찾아다녔습니다.

믿을 것은 믿어야 합니다. 볼 것은 보아야 합니다. 느끼고 체험할 것을 체험하는 것도 중요합니다. 그래야 범사에 실수하지 않습니다. 헛걸음을 하지 않게 됩니다. 우리 모두 하나님의 자녀들로서 하나님을 잘 믿는 믿음의 사람들이 됩시다.

4. 여리고 선지자의 제자들의 어리석음

엘리야의 승천을 목격한 엘리사를 제외한 나머지 선지자의 제자들은 그릇된 믿음, 불신앙적인 태도를 지녔습니다. 오십 명의 제자들이 엘리사에게 승천 중에 땅으로 떨어졌을지도 모르는 엘리야의 시신을 찾아보게 해달라고 간청했습니다. 엘리야의 육체가 회오리바람을 타고 하늘로 올라가다가 어느 순간에 틀림없이 땅으로 떨어졌을 것이라고 생각했습니다.

사람의 영혼만 하늘로 가고 육체는 떨어졌을 것이라는 생각입니다. 승천에 대한 이해가 부족한 사람들이었기에 이런 태도와 자세를 취한 것입니다. 그릇된 생각이나 교리가 사람을 방황하게 만듭니다.

엘리사는 가지 말라고 만류했습니다. 엘리사의 만류에도 불구하고 오십 명의 수색대는 엘리야의 시신을 찾아보겠다고 나섰으나 헛된 일이었습니다. 육체적으로 건장한 사람들이고 정신적으로도 무장된 청년들이었지만 찾지 못했습니다.

오십 명의 수색대는 험한 지형에도 가보았습니다. 강한 육체와 정신력을 가진 그들이 사흘 동안 여기저기를 찾아다녔지만 헛수고였습니다. 엘리야의 시신을 찾지 못했습니다. 여리고로 돌아와 여리고에 머물고 있는 엘리사를 만났습니다. 엘리사가 제자들을 부드럽게 책망했습니다.

제자들과 엘리사는 여러 면에서 대조적입니다. 엘리야의 승천은 제자들로서 믿기 어려울 정도로 이상한 일이었습니다. 1) 선지자의 제자들은 의심 많은 도마와 같았습니다. 믿음이 적은 자들입니다. 교회 안에도 이런 신자들이 많이 있습니다. 그러나 엘리야의 승천을 체험한 엘리사는 달랐습니다. 다른 선지자의 제자들과 생각이 다르고 말하는 것이 달랐습니다.

2) 예수님의 부활과 승천은 인간의 이성으로는 믿기 어려운 사건입니다. 우리의 부활이나 승천도 그렇습니다. 그러나 기독교의 핵심적인 사건이 십자가와 부활 그리고 승천입니다. 믿음은 바라는 것들의 실상입니다. 보지 못한 것의 증거가 됩니다.

3) 엘리사의 통찰력이 사실로 인정되었듯이 재림 때에 우리의 부활

이 얼마나 영광스러운 사건이겠습니까? 성도는 소망 중에 부활을 기다리는 사람들입니다. 예수님은 재림하실 것이고 우리는 부활하여 주님을 맞이할 것입니다. 그 날에 승리하는 성도가 됩시다.

사도행전 1장 10-11절에 "올라가실 때에 제자들이 자세히 하늘을 쳐다보고 있는데 흰 옷 입은 두 사람이 그들 곁에 서서 이르되 갈릴리 사람들아 어찌하여 서서 하늘을 쳐다보느냐 너희 가운데서 하늘로 올려지신 이 예수는 하늘로 가심을 본 그대로 오시리라"라고 했습니다. 기독교는 이 약속을 믿는 사람들입니다.

성도들이여! 삶이 고달프고 어려움이 많겠지만 영적인 눈을 열어 주님을 바라봅시다. 주님은 우리를 위하여 십자가를 지셨습니다. 삼 일 만에 부활하셨습니다. 그리고 승천하셔서 하나님 우편 보좌에 앉으셨습니다. 마지막 날 재림 때에 우리를 데리러 오실 것입니다. 이 믿음을 가지고 살다가 주님을 기쁨으로 맞이하는 성도가 됩시다.

제6강
열왕기하 2장 19-25절

여리고성과 아이들

엘리사는 엘리야와 동행한 제자였습니다. 엘리사는 엘리야가 하늘로 승천한 사실을 목격한 하나님의 사람입니다. 엘리야가 남긴 겉옷을 가지고 요단 강을 가르는 이적도 체험했습니다. 여리고 성읍에 있는 선지자의 제자들로부터 승천한 엘리야의 사역을 계승하는 참 선지자로 인정되는 과정도 말씀드렸습니다.

엘리사는 하나님의 권능을 보여준 사람인데 이번에는 무슨 권능을 보여 주었을까요?

1. 여리고 성의 문제

여리고 사람들이 엘리사에게 여리고 성읍의 터는 아름답지만 수질이 좋지 않아 토산의 열매가 익지 못하는 애로를 토로했습니다. 여리고 성의 수질이 문제였습니다. 수질이 나쁘기 때문에 과실의 열매를 거두지 못하고 떨어진다는 보고였습니다. 물은 영원한 문제입니다.

여리고 성 사람들이 엘리사에게 나온 것으로 보아 엘리사를 선지자로 인정한 것으로 보입니다. 여리고 성 사람들은 겸손한 마음으로 엘리사에게 나아와서 '보소서 제발 바라거니와 여리고 성의 수질을 바꾸어 주십시오' 라는 간청을 했습니다. 자기들이 처한 상황의 심각성을 말했습니다.

여리고는 '향기로운 곳' 이라는 문자적인 의미를 가지고 있습니다. 종려의 성읍 혹은 종려나무의 성이라고 불리기도 합니다. 쾌적하고 풍요로운 곳입니다. 그런데 언제부터인지 토산이 익지 못하고 떨어지는 현상이 생겼습니다. 문제의 원인은 물이 좋지 못하기 때문에 발생한 문제였습니다.

'땅' 은 땅 자체를 말하기도 하지만 때로는 땅에 사는 사람들을 나타내기도 합니다. 익지 못하고 떨어진다는 것은 사람이나 동물들이 자식이나 새끼를 낳지 못하는 것을 말하기도 합니다. 그 땅에는 소산이 없다는 의미도 되지만 그 땅의 여인들이 유산을 한다는 뜻도 됩니다. 때로는 물이 나쁠 때 여자들이 유산하고 가축들은 조산하며 식물들은 열매가 익기 전에 떨어지는 경우가 발생합니다.

더군다나 21절을 유심히 보면 엘리사의 말 가운데 '다시는 죽음이나 토산이 익지 못하고 떨어짐이 없을지니라' 라고 말한 것으로 보아 사람, 가축, 식물 모두에게 해당된다고 말할 수 있습니다. 그러므로 여리고 성의 수질을 정화하는 일은 척박함에서 풍요로움으로, 죽음에서 생명으로 옮겨지는 것을 의미합니다. 이것은 엘리야가 사르밧 과부에게 양식을 제공하고 죽은 아들을 살렸던 사역과 동일한 것으로, 엘리사가 엘리야의 사역을 계승했다는 증거입니다.

엘리사가 '새 그릇에 소금을 담아 가져오라' 라고 명하매 곧 가져왔습니다. 물이 이상이 있는데 무슨 소금입니까? 이유와 변명을 댈 수 있습니다. 불순종할 수 있습니다. 그러나 불순종을 하는 동안 기적과 이적은 일어나지 않습니다. 믿음으로 순종할 때 기적과 능력이 나타납니다.

여러분! 생각해 봅시다. 소금은 일반적으로 음식을 만들 때 양념의

간을 맞추는 데 사용합니다. 때로는 제물을 정결하게 할 때도 사용합니다. 신생아의 출생시 소독제로도 사용했습니다. 우리나라에서는 부정한 것을 깨끗하게 하는 것은 물론 악귀를 쫓는다는 의미도 있습니다. 한편 소금을 뿌리는 행위는 도시를 폐허로 만들겠다는 저주를 의미하기도 합니다. 여기서 엘리사가 소금을 찾은 것은 여리고의 샘을 깨끗하게 만들고 거룩하게 만드는 데 사용하려는 목적이었습니다. 엘리사가 소금을 사용한 것은 부정한 상태에서 깨끗한 상태로의 전환, 불완전한 상태에서 완전한 상태로의 전환을 유도한 것입니다.

엘리사가 물 근원으로 가서 소금을 던지며 여호와께서 여리고 성의 물을 고치셨다고 선포했습니다. '고치셨다' 는 말은 '생산 능력을 회복하다' 라는 뜻입니다. 여리고 성읍의 우물을 고친 것은 소금 때문도 아니고 엘리사의 능력 때문도 아닙니다. 오직 여호와 하나님이십니다. 여호와가 치료의 주체가 되십니다. 사람이나 소금은 사용된 도구입니다. 소금이 신비한 맛을 내거나 엘리사의 영감이 물을 정화한 것이 아니라 여호와의 능력이 가능하게 만든 것입니다. 여호와께서 이루신 것을 엘리사가 선포한 것뿐입니다.

엘리사의 선포대로 여리고 성의 물이 완전히 고쳐졌습니다. 그리고 다시는 악화되지 않았습니다. 하나님의 말씀은 변함없이 성취됩니다. 여리고 성의 물이 백성들에게나 땅의 소산에 좋은 열매를 맺도록 기적의 물로 유지되고 있습니다. 하나님의 말씀은 치료의 능력이 있습니다. 하나님은 치료자이십니다.

2. 아이들과 엘리사

엘리사가 여리고에서 벧엘로 올라가는 중에 아이들이 나와서 엘리사 선지자를 놀렸습니다. 뭐라고 놀렸습니까? '대머리여 올라가라.' 엘리사를 조롱했습니다. 아이들이 철없이 하나님의 사람, 엘리사를 조롱했습니다. 어떤 이적이나 기적이 일어났을까요?

엘리사는 사역지를 정하지 않고 여리고 성읍이나 갈멜산 지역 그리고 사마리아 지역까지 다니면서 사역을 감당했습니다. 여러 지역을 다니면서 열심히 하나님의 일을 감당했습니다. 특별히 여리고와 벧엘에는 선지 학교가 있었기 때문에 사역의 중심지가 되었습니다.

여리고에서 벧엘로 올라갈 때 아이들을 만났습니다. 아이들이란 광범위한 내용을 의미합니다. 태어나지 않은 아이도 아이입니다. 갓 태어난 아이도 아이이고, 젖을 떼지 못한 아이도 아이이며, 젖 뗀 아이도 아이입니다. 그리고 17살을 먹은 사람도 아이이고, 30세가 된 청년도 아이입니다. 그러므로 유아기에서부터 결혼하기 이전까지의 젊은 사람들을 총칭하는 말입니다.

엘리사를 조롱할 정도의 아이니까 소년기를 지나 청년기에 들어선 사람들입니다. 조롱의 의미를 알고 있었습니다. 이스라엘 백성들은 소년기에 가정에서 부모로부터 하나님의 율법을 배웠습니다. 부모는 반드시 자녀에게 율법을 가르쳐야 했습니다. 하나님의 언약 백성으로서 바르게 살아갈 수 있도록 돕고 가르쳐야만 했습니다. 이것이 부모의 사명이고 의무와 책임이었습니다.

신명기 21장 18-21절에 "사람에게 완악하고 패역한 아들이 있어 그의 아버지의 말이나 그 어머니의 말을 순종하지 아니하고 부모가 징계하여도 순종하지 아니하거든 그의 부모가 그를 끌고 성문에 이르러 그 성읍 장로들에게 나아가서 그 성읍 장로들에게 말하기를 우리의 이 자식은 완악하고 패역하여 우리 말을 듣지 아니하고 방탕하며 술에 잠긴 자라 하면 그 성읍의 모든 사람들이 그를 돌로 쳐죽일지니 이같이 네가 너희 중에서 악을 제하라 그리하면 온 이스라엘이 듣고 두려워하리라"라고 했습니다.

이처럼 이스라엘 백성들이 살고 있는 사회는 기준이 하나님의 율법이었습니다. 율법을 사랑하고 배우고 삶 가운데 실천하는 민족이었습

니다. 율법을 가르치는 율법사들을 존중히 여기기도 하였습니다. 그러
므로 선지자를 모욕하거나 조롱하는 일은 하나님의 권위에 도전하는
행위와 같았습니다. 하나님의 사람을 조롱하는 사람의 배후에는 우상
숭배가 있었습니다. 우상숭배자들로서 하나님의 사람을 비웃고 조롱한
다는 의미입니다.

엘리사 선지자가 가고 있는 벧엘은 선지 학교가 있는 곳이지만 여로
보암 때부터 벧엘과 단에다 금송아지 우상을 세우고 숭배하던 곳이었
습니다. 과거에는 야곱이 하나님을 만난 곳이었지만 이제는 영적으로
타락한 도시입니다. 여호와 하나님을 버리고 바알과 아세라 신을 숭상
하고 있는 곳이었기 때문입니다. 아이들까지 우상을 숭배하는 사상에
물들어버린 상태였습니다. 엘리사를 조롱한 것은 우연한 일이 아니라
의도적으로 계획된 일이었습니다. 그러므로 엘리사를 조롱하는 일은
엘리사만 조롱한 것이 아니라 하나님까지 조소하고 비웃는 사회가 된
것입니다. 성 밖까지 떼를 지어 나와서 조롱한 것은 조직적이고 하나님
을 대적하며 하나님의 사람을 비웃는 태도였습니다.

"대머리여 올라가라." 고대 사회에서 대머리는 불명예스러운 것이
었습니다. 나병이 하나님의 징벌로 간주되는 사회였습니다. 대머리는
나병의 발전으로 생기는 경우도 많았기 때문에 불명예스럽게 생각했던
것입니다. 엘리야는 머리숱이 많았지만 엘리사는 적었습니다. 대머리
여! 대머리여! 계속적이고 반복하여 조롱한 것은 엘리사의 선지자직만
조롱한 것이 아니라 하나님의 결정과 권위에 대한 모독이었습니다. '스
승이 하늘로 올라간 것처럼 너도 하늘로 가지 왜 벧엘로 왔느냐? 하늘
로 올라가지도 못한 사람이 무슨 선지자야?' 엘리사의 사역을 비난하
고 반대하는 말이었습니다.

그래서 엘리사가 자신을 조롱하는 아이들을 보고 하나님의 이름으
로 저주했습니다. 엘리사의 선지자직과 하나님의 사역을 반대하는 아
이들을 저주한 것입니다. 화풀이나 분풀이가 아니라 우상숭배하면서

하나님의 사람과 사역을 반대하니까 대적자들은 심판의 대상임을 가르쳐 주기 위한 선언이었습니다. 하나님의 언약 백성이 언약을 무시하거나 사역을 반대할 때 어떤 현상이 생길까요? 신적 권위를 나타내는 것입니다.

저주는 율법에 근거한 하나님의 심판이었습니다. 하나님을 대적하거나 불순종하는 자에게 임하는 심판입니다. 신명기 27장을 연구해 보십시오. "우상을 만드는 자는 저주를 받을지어다." 그러면 이스라엘 백성들은 "아멘"했습니다. "율법을 실행하지 않는 자는 저주를 받을지어다." 백성들은 "아멘"했습니다.

'수풀에서 암곰 둘이 나와서 아이들 중의 사십이 명을 찢었더라.' 수곰보다 사나운 동물이 암곰입니다. 하나님을 무시하는 자들이나 말씀을 멸시하는 자 그리고 하나님의 사람을 무시하는 자들에 대한 심판이었습니다. 여리고의 물 사건이 말씀에 순종하는 자들에게는 축복을 선언한 것과 달리, 여기서는 하나님을 멸시하는 자들에게 심판과 저주가 있음을 드러내고 있습니다.

3. 엘리사와 사마리아

엘리사가 거기서부터 갈멜산으로 갔다가 갈멜산에서 사마리아로 돌아왔습니다. 왜 엘리사가 갈멜산을 방문했을까? 스승 엘리야가 사역의 중심지로 사용한 곳이기에 방문했던 것으로 보여집니다. 엘리야를 좋아하고 따랐던 친척이나 선지자들과 많은 사람을 만났을 것으로 보여집니다.

엘리사가 엘리야의 승천 소식을 말하면서 하나님의 은혜와 능력을 찬양하고 복된 소식을 전했을 것입니다. 특별히 갈멜산은 엘리야가 바알 선지자들 그리고 아세라 선지자들과 대결하여 승리한 곳입니다. 여호와의 능력과 영광을 증명해 준 장소입니다. 엘리사도 엘리야와 같은 사역을 감당하기 위해 방문했던 것으로 보입니다.

엘리사가 사마리아로 돌아간 것도 특별한 의미가 있습니다. 엘리야 선지자가 은둔생활을 하면서 아합 왕과 대립했던 것과 대조적으로 엘리사는 왕궁이 있는 사마리아 성을 방문하여 사역의 본거지로 삼았던 것입니다. 하나님의 뜻을 전달하고 하나님이 살아계심을 증거해야 하는 숙명적인 사명을 감당했던 엘리사입니다.

엘리사는 엘리야의 사역을 이어받은 하나님의 사람으로 장소와 사역의 방식은 다르지만 엘리야의 후계자로서 엘리야를 끝까지 따르면서 능력을 받았습니다. 승천하는 모습도 목격했습니다. 요단 강이 갈라지고, 여리고 성의 물이 고쳐지며, 조롱하는 아이들이 죽는 현상을 보면서 하나님의 역사와 능력을 체험했습니다. 엘리사는 그 시대를 감당한 하나님의 사람입니다.

제7강
열왕기하 3장 1-27절

사명(Mission)

하나님의 계시가 없으면 사람은 방자해지고 결국은 멸망하게 됩니다. 왜 그럴까요? 인간은 자기의 생각과 경험이 최고인 줄로 알기 때문입니다. 인간은 누구나 꿈이 있고 비전이 있고 소원이 있습니다. 하지만 자기의 꿈을 다 이루는 사람은 많지 않습니다. 아마도 비전이 잘못되었거나 꿈에 대한 열망이 적기 때문일 것입니다.

1. 엘리사는 북방 이스라엘에 대한 비전이 있던 선지자였습니다.

엘리사의 비전은 사명의식(sense of mission)에 근거한 비전이었습니다. 엘리사의 비전은 무엇이었을까요? '미션' 이었습니다.

미션(Mission)이란 무엇인가? 그리스도인은 '복음을 세상에 전하는 것' 이 미션이라고 생각합니다. 그런데 미국이 복음화될 때 그 의미에 변화가 일어나서 '성전, 건물' 이 미션을 뜻하게 되었습니다. 현시대는 조직체를 가진 사람들이 하나의 '조직' 을 미션이라고 설명하는 세상입니다. 원래 미션은 '보내다, 보낸다' 에서 파생된 용어입니다. 그러므로 사명을 가진 사람은 목적이 있습니다. 무엇인가를 성취하려고 하는 사람입니다. 결국 자기 자신의 책임감을 느끼면서 사는 사람입니다.

엘리사는 사명의 사람이었습니다. 엘리야의 영향으로 엘리사도 중요한 사명을 가지고 살았습니다. 물론 주님이 주신 사명이었습니다. 그것은 북방 이스라엘이 하나님께로 돌아오는 것이었습니다. 언약 백성으로서 언약에 신실한 사람들이 되기를 원하는 마음이 있었습니다.

엘리야가 갈멜산에서 불로 혹은 물로 하나님을 나타냈지만 아직도 북방 이스라엘 민족은 바알신을 완전히 떠난 것은 아니었습니다. 하나님께로 돌아오지 않은 상태입니다. 그리고 언약 백성으로서 신실하지 못했습니다. 엘리야는 예배의 회복에 힘쓴 선지자입니다. 그런 상황에서 엘리야가 못다한 것들을 엘리사는 수행하려고 노력했습니다. 여러 가지를 치료하면서 회복하기를 원했습니다. 자기의 임무를 완성하기 위하여 수고해야 하는 것이 엘리사의 사명입니다.

엘리사는 어려운 임무를 가지고 있었습니다. 아합 왕의 뒤를 이어 아들 아하시야가 왕이 되고, 다음은 여호람이 왕이 되었는데 아합보다 나은 왕은 없었습니다. 그들 뒤에는 이세벨이 있었습니다. 그러므로 엘리사의 사역은 부패한 지도자들과의 싸움이었습니다. 영적인 싸움이요 실제적인 싸움이었습니다.

2. 하나님은 악한 왕을 치시는 방법이 있습니다.

하나님의 심판의 방법입니다. 열왕기하 3장 4-5절에 그런 상황을 설명해 줍니다. "모압 왕 메사는 양을 치는 자라 새끼 양 십만 마리의 털과 숫양 십만 마리의 털을 이스라엘 왕에게 바치더니 아합이 죽은 후에 모압 왕이 이스라엘 왕을 배반한지라"라고 지적했습니다.

이 반역 행위에 직면한 이스라엘은 남방 유다와 이웃 나라인 에돔을 자기편으로 가담시켜 모압과 전쟁을 하였습니다. 그런데 연합군을 만들어 모압을 공격하다가 식수가 떨어지고 말았습니다. 물의 문제입니다. 이것이 이스라엘과 연합군에게 큰 문제가 되었습니다. 세상에 있는 모든 문제에는 해답이 있습니다. 다만 아직 찾아내지 못한 것뿐입니다.

일주일 동안 물을 구하지 못하자 갑자기 종교적이 된 여호람 왕은 3장 10절에 "이스라엘 왕이 이르되 슬프다 여호와께서 이 세 왕을 불러 모아 모압의 손에 넘기려 하시는도다"라고 말했습니다.

자기 상황이 어려워지자 갑자기 영적으로 돌변한 것입니다. 믿음 있는 사람처럼 말을 합니다. 이것은 위선입니다. 속과 겉이 다른 것입니다. 우리를 이 지경에 빠뜨린 것은 여호와 하나님이라는 것입니다. 겉으로 보면 상당히 영적인 말로 들립니다. 그러나 완전한 위선입니다. 책임을 주님에게 돌리는 사람입니다. 자기가 책임을 지려는 마음이 없습니다. 전쟁은 여호와께 속한 것이고, 그래서 그 사실을 믿는다면 기도하여 출동하기 전에 물어야 했습니다. 이 시대도 그렇습니다.

3. 여호사밧의 요구

유다 왕 여호사밧은 믿음의 사람이었습니다. 우리가 여호와께 물을 만한 선지자가 여기 없는가? 엘리야의 심부름을 하던 '엘리사가 여기 있나이다'라고 대답했습니다. 여호람의 마음이 굉장히 괴로운 순간이었습니다. 자기 아버지 아합과 엘리야는 원수, 적과 같았고, 이제 그 제자가 나타나서 식수난에 대해 대답하게 되었기 때문입니다.

열왕기하 3장 12절에 '여호와의 말씀이 그에게 있도다'라고 여호사밧이 말했기 때문에 다른 선지자를 구할 수 있는 상황이 아니었습니다. 그래서 세 왕은 엘리사를 찾아갔습니다. 여호람은 가면을 가지고 갔지만 엘리사는 참모습을 보았습니다. 여호사밧의 신실함 때문에 돕기로 했습니다.

엘리사가 처방 방법, 해결 방법을 제시했는데, 세 왕에게 개천을 파고 하나님이 채워주실 때를 기다리라는 것이었습니다(3:16). 정말 황당한 계획이었지만 세 왕은 순종했습니다. 물론 하나님은 채워주셨습니다. 열왕기하 3장 20절입니다. "아침이 되어 소제 드릴 때에 물이 에돔 쪽에서부터 흘러와 그 땅에 가득하였더라"라고 했습니다. 물은 갈증을 해결해 주었습니다.

그리고 멀리 있던 모압인들이 볼 때는 세 나라가 서로 싸워서 죽은 사람의 피가 가득한 것으로 오해하게 되었습니다. 모압 군인들은 노략질하기 위해서 달려왔다가 세 연합군에 의해 진멸되었습니다.

열왕기하 3장 24-25절입니다. "이스라엘 진에 이르니 이스라엘 사람이 일어나 모압 사람을 쳐서 그들 앞에서 도망하게 하고 그 지경에 들어가며 모압 사람을 치고 그 성읍들을 쳐서 헐고 각기 돌을 던져 모든 좋은 밭에 가득하게 하고 모든 샘을 메우고 모든 좋은 나무를 베고 갈하레셋의 돌들은 남기고 물매꾼이 두루 다니며 치니라"라고 했습니다.

이것은 이스라엘의 완전한 승리였지만, 엘리사에게 있어서는 완전한 하나님의 선지자라는 증거였습니다. 그러므로 사명자들은 세 가지를 힘써야 합니다. 그게 무엇일까요? 엘리사에게서 배울 수 있습니다.

첫 번째로, 엘리사는 비전 있는 사람이었습니다. 믿음의 사람들은 한결같이 꿈이 있는 사람입니다. 하지만 요즘 사람들은 메마른 생활, 바쁘긴 한데 중요하지 않은 것으로 바쁩니다. 왜 나를 세상에 보내셨을까? 하나님의 목적이 무엇인가에 대한 답을 얻지 못하고 하루하루를 지내고 있는 실정입니다. 삶의 목적이 분명하지 않으면 삶의 의미도 방법도 허술하게 됩니다.

비전을 가진 사람은 방법도 알게 됩니다. 삶의 초점, 방향, 목표가 분명한 사람은 방황하지 않습니다. 철저하게 자기 자신을 준비시키고 하나님이 원하는 방향으로 향하기 때문에 실패도 없고 지칠 줄 모르는 사명자로 살게 되어 있습니다.

나에게 주신 것이 무엇인가? 재능이 무엇인가? 나는 교회일이 즐겁습니다. 가르치는 은사가 있습니다. 그게 중요합니다. '동기가 무엇인가? 경쟁인가 아니면 돕는 것인가? 다른 사람들을 즐겁게 하고 유익하게 하는 일이 무엇인가? 어디서 활용할 수 있을까? 바로 교회이다.' 그러면 기회가 온 것입니다. 모든 기회는 하나님이 주신 것입니다. 무시하거나 그냥 지나쳐 버리면 기회는 다시 오지 않습니다. 그러면 얼마든지 감당할 수 있게 됩니다.

두 번째로, 비전이 있으면 인격적이어야 합니다. 인격이 뒷받침되지 않으면 비전은 조작일 것입니다. 엘리사는 의롭고 정직했습니다. 세 왕이 곤란한 가운데 빠졌을 때 가장 먼저 생각난 사람이 엘리사였습니다. 하나님과 동행하는 사람이었습니다. 성령의 갑절의 능력을 받은 사람입니다. 여호람은 엘리사가 자기가 싫어하는 말을 할 사람이라는 것을 알고 있음에도 초대했습니다. 이는 엘리사의 정직한 인격 때문입니다.

인격은 사명의 필수적인 요소입니다. 다니엘 6장 4절에 "이에 총리들과 고관들이 국사에 대하여 다니엘을 고발할 근거를 찾고자 하였으나 아무 근거, 아무 허물도 찾지 못하였으니 이는 그가 충성되어 아무 그릇됨도 없고 아무 허물도 없음이었더라"라고 했습니다.

다니엘 6장 5절에서는 "그들이 이르되 이 다니엘은 그 하나님의 율법에서 근거를 찾지 못하면 그를 고발할 수 없으리라"라고 말했습니다. 하나님을 사랑하고 하나님의 법을 신실하게 지킨 사람입니다. 이것이 영원히 출세하는 길이었습니다. 세상을 변화시키려고 하는 사람들은 자신을 먼저 변화시켜야 합니다.

지혜의 문서인 잠언 11장 3절에서 "정직한 자의 성실은 자기를 인도하거니와 사악한 자의 패역은 자기를 망하게 하느니라"라고 했습니다. 자신에 대하여 잔인할 정도로 정직해야 합니다.

세 번째로, 사명이 있는 사람은 열정적인 사람입니다. 엘리사는 강력한 확신이 있었습니다. 세 왕이 찾아왔을 때 엘리사는 자기와 아무 관계가 없는 척, 아닌 척했습니다. 여호람 왕에게 한 말을 봅시다.

열왕기하 3장 13절에 "엘리사가 이스라엘 왕에게 이르되 내가 당신

과 무슨 상관이 있나이까 당신의 부친의 선지자들과 당신의 모친의 선
지자들에게로 가소서 하니 이스라엘 왕이 그에게 이르되 그렇지 아니
하니이다 여호와께서 이 세 왕을 불러 모아 모압의 손에 넘기려 하시나
이다"라고 했습니다.

여호와께서 세 왕을 불러 모았다는 것입니다. 여호람은 부친인 아합
왕과 같이 악한 왕이고 우상숭배하는 왕입니다(3:2-3). 그러면서 여호와
의 선지자인 엘리사에게 말도 안 되는 말을 하고 있습니다.

그래서 엘리사는 3장 13절에서 "엘리사가 이스라엘 왕에게 이르되
내가 당신과 무슨 상관이 있나이까 당신의 부친의 선지자들과 당신의
모친의 선지자들에게로 가소서"라고 말한 것입니다. 당신의 아버지 아
합이 믿던 우상의 선지자나, 어머니 이세벨이 믿던 우상의 선지자들에
게 가십시오.

그러나 엘리사는 목적이 있었습니다. 엘리사는 구원의 메시지를 전
해야 하는 사명자였습니다. 이것이 있기 때문에 여리고에 가서 여호와
의 메시지를 전했습니다(2:19-21). 여호람과 동맹국에게 전해야 할 메시
지입니다. 여호와의 메시지이기 때문에 개인적인 감정을 제하고 일하
게 된 것입니다. 상대방이 거짓말이나 하고 위선자라 할지라도 사명자
는 주님의 뜻을 전해야 합니다. 이 열정이 나라를 살립니다. 자기도 살
고 이웃도 살게 합니다. 영적인 전쟁이나 모든 삶의 현장에서 승리하게
합니다.

'만일 내가 죽어야 할 대상이 없다면 살아야 할 가치가 없다' 라는
말이 있습니다. 그리스도에 대한 사랑이 있어서 죽을 각오를 한다면 그
사람은 하루를 살아도 아주 행복한 사람입니다. 누구를 위하여 죽을 각
오가 되어 있습니까? 그런 사람은 삶 자체가 행복입니다. 열정이 있는
사람은 행복한 날을 보낼 수 있습니다.

제8강
열왕기하 3장 1-12절

여호람의 통치

남방 유다의 제4대 왕 여호사밧 십팔년에 아합의 아들 여호람이 북방 이스라엘의 제9대 왕이 되어 사마리아 성에서 십이 년을 다스렸습니다. 시므리 왕조를 엎어버리고 반란으로 오므리 왕조가 들어섰습니다. 오므리와 아합, 아하시야와 여호람으로 오므리 왕조가 이어지다가 예후의 혁명으로 종말을 고하게 되었습니다.

아하시야 왕은 불신적인 행동으로 엘리야의 예언대로 죽게 되었습니다. 아합과 아하시야 시대에는 엘리야가 활동하다가 승천하게 되고 엘리사가 후계자로 활동하게 되었습니다.

1. 여호람의 통치에 대한 평가

앞장에서는 여호람 시대에 있었던 엘리야의 승천과 엘리사의 선지자직 승계 등 주로 종교적인 측면을 다룬 반면, 본문은 여호람 치세의 정치적인 상황을 다루고 있습니다. 남방 유다의 여호사밧은 노년에 이르러 자신의 아들 여호람을 왕으로 세우지만 섭정하는 공동 통치를 시행하였습니다.

북이스라엘의 여호람이 등극하는 시기에 대하여 여호사밧을 기준으로 볼 때는 18년이고, 그의 아들 여호람을 기준으로 보면 통치 2년이 되는 것입니다. 그 원인이 섭정 때문에 생겨난 문제이지 근본적으로 틀리거나 잘못된 문제가 아닙니다. 여호사밧이 기준이냐 여호람이 기준이냐에 따라 북이스라엘의 여호람에 대하여 달리 말할 수 있는 것입니다.

여호람이 하나님 보시기에 악을 행하였으나 부모와 같지는 않았습니다. 왜냐하면 여호람이 그 아버지가 만든 바알의 주상을 제거하였기 때문입니다. 그러나 여호람 왕도 여로보암의 죄를 따라 행하고 그 죄에서 떠나지 않았습니다. 그러므로 여호람에 대한 평가는 긍정적인 평가와 더불어 부정적인 평가를 할 수밖에 없습니다. 성공과 실패가 공존하는 것과 같습니다.

여로보암의 죄가 무엇입니까? 벧엘과 단에다 금송아지 우상을 숭배하는 제단을 만든 것입니다. 그리고 일반인을 마음대로 제사장으로 임명한 것도 죄였습니다. 심지어 제사하는 절기의 날짜도 바꾸었습니다. 백성들의 종교심을 정치적으로 이용하기 위하여 금송아지 우상을 숭배하도록 만든 것입니다. 여호람은 금송아지 우상을 숭배했습니다.

여호람 왕은 아합 왕과 아하시야 왕과는 달리 바알 우상을 제거하려고 노력했습니다. 종교개혁을 단행했지만 우상숭배를 완전히 척결하지는 못했습니다. 그래도 여호람에 대한 전반적인 평가는 여호와 보시기에 악을 행한 사람입니다. 사람이나 백성들이 보기에는 옳은 사람이었지만 여호와께서 판단하실 때는 결코 그렇지 못했습니다. 정치, 군사, 경제에서는 탁월했는지 모르지만 종교적인 면에서 볼 때에는 무능했습니다.

최종적인 평가는 여로보암 왕의 죄를 떠나지 못한 것이 문제였습니다. 왜 그랬을까? 1) 여호람의 모친 이세벨이 생존하고 있는 동안 통치했기 때문입니다. 이세벨이 아하시야와 여호람을 우상숭배로 몰아 넣었습니다. 여호람의 부모인 아합과 이세벨은 우상숭배의 도를 넘어 북이스라엘의 수도인 사마리아 성읍에 우상과 신당을 세움으로써 다른 왕들보다도 하나님의 진노가 더욱 컸습니다.

더군다나 하나님의 선지자들을 학살하고 엘리야까지 죽이려고 했습니다. 거짓 선지자들을 등용하여 정책의 도구로 이용하고 참선지자를 대적하는 결과도 가져왔습니다. 여호람은 부모와 다른 점이 별로 없었던 왕이었습니다.

2) 종교개혁이 적절하지 못했습니다. 하나님을 사랑해서 종교개혁을 단행한 것이 아니라 부친인 아합과 형 아하시야의 죽음을 보고 두려워서 행한 것이었습니다. 그러니까 한계가 있는 종교개혁이었습니다. 겨우 바알 신을 제거한 것뿐입니다. 소극적인 종교개혁이었습니다. 냉정하게 표현하자면 바알 신을 완전히 제거한 것이 아니라 다른 곳으로 옮기는 정도로 변화를 주었습니다. 이런 행동들이 겉으로는 변한 것 같으나 속마음은 변하지 않았었고, 사람들을 속일 수는 있었으나 여호와 하나님의 눈을 속일 수는 없었던 것입니다.

결국 사람은 죄악을 회개하지 않고는 하나님 나라를 위해서 일할 수 없게 된다는 교훈을 남기고 있습니다. 부모의 경건이 자녀에게 영향을 끼치듯 불경건도 자녀들에게 많은 악한 영향을 끼치게 됩니다. 그러므로 부모는 자녀 교육에 힘을 써야 하지만 특별히 영적인 교육, 종교 교육에 힘써야 할 것입니다.

2. 모압의 반역

모압은 모세 시대부터 독립을 유지하다가 다윗 왕 때에 크게 패배합니다. 그때부터 이스라엘의 속국이 되어 조공을 바치게 되었습니다. 솔로몬이 왕이 되면서부터 모압 출신의 왕비를 맞이하여 그모스 신전까지 세웠습니다. 북이스라엘이 아람과의 전쟁을 치르면서 국력이 쇠약해졌고 모압은 아합 왕이 전사하자 독립을 꾀했습니다.

다윗 이래 속국이던 모압은 아합이 아람과 길르앗 라못에서의 전쟁에서 전사하자 반기를 들었습니다. 모압 왕 메사는 양을 치는 자였습니다. 메사는 '그모스 멜레크의 아들'로 소개됩니다. 주전 9세기에 모압을 통치했던 사람입니다(주전885-874).

메사는 매년 새끼 양 십만의 털과 숫양 십만의 털을 북이스라엘 왕에게 조공으로 바쳤습니다. 그러나 아합 왕이 죽은 후에 모압 왕이 북이스라엘을 배반한 것입니다. 모압이 이스라엘에게 바치던 조공의 내용과 양을 표시하고 있습니다. 육질이 좋은 새끼 양을 바치기도 하고 털이 좋은 양을 바치기도 하였습니다.

모압이 반란을 꾀하지만 아합 왕은 전쟁에서 죽고 아하시야는 병이 들어 어떻게 할 수가 없었습니다. 북이스라엘은 경제적인 손실이 컸지만 어떻게 할 수 없는 상황이었습니다. 이것은 아합 왕 때부터 임할 여호와의 재앙이 아합이 겸손할 때 다음 세대로 넘겨졌던 것을 기억하게 만듭니다. 아합 왕이 죽자 모압이 북이스라엘을 배반한 것은 여호와를 통한 재앙입니다. 오므리 왕조에 대한 하나님의 심판이 임한 것이지요. 모압의 배반과 아람과의 전쟁으로 인해 나라가 약해지고, 결국 예후를 통하여 오므리 왕조에 대한 심판이 마무리되었던 것입니다.

모압의 반역에 대하여 아하시야 왕은 병중이라서 모압을 제압하지 못했습니다. 여호람은 아람의 두 번의 침공에도 엘리사의 도움으로 승리하게 되었습니다. 그러나 여러 번의 전쟁으로 국력이 쇠약해졌습니다. 결국 여호람은 비극적인 최후를 맞이하게 됩니다. 길르앗 라못 싸움에서 부상을 입어 북이스라엘로 돌아왔으나 군대장관 예후에게 피살되었습니다. 오므리 왕조가 끝이 났습니다. 비참한 최후를 맞이하게 된 것입니다.

3. 이스라엘의 연합군

여호람이 모압 왕의 배반을 응징하기 위하여 사마리아에서 군대를 소집하게 되었습니다. 여호람은 유다 왕 여호사밧에게 사자를 보내어 모압을 응징하기 위한 군사 동맹을 제의했습니다. 여호사밧 왕은 북이스라엘 여호람 왕의 제의를 받아들였습니다. 모압의 배반에 대한 여호람 왕의 반응입니다. 주변국가와 동맹을 맺어 연합군대를 만드는 것이었습니다.

남유다 왕 여호사밧은 속국인 에돔까지 동원하여 모압을 징벌하게 됩니다. 여호람과 여호사밧은 에돔 길을 통해 모압을 공격하기로 의견을 모았습니다. 그러니까 북이스라엘과 남유다 그리고 에돔의 연합군이 모압을 치기 위해 출정했습니다. 여호람 왕은 즉각적인 출정을 했습니다. 여기에서 즉각적인 군사적 행동은 여호와 하나님께 묻지 않고 마음대로 행한 불신앙을 가르칩니다. 하나님이 통치하는 나라의 왕이라면 파병하기 전이나 전쟁에 임하기 전에 왕 되신 하나님께 먼저 물어야 했었습니다.

여호람은 남유다와 주변국의 연합군으로 강력한 군대를 만들었습니다. 이러한 내용에서도 여호와보다는 군사력만 의지하는 여호람의 마음을 읽을 수 있습니다. 전쟁은 하나님께 속한 것입니다. 그리고 하나님이 승패를 좌우하십니다. 역사의 주인은 하나님이십니다. 그런데 여호람은 하나님께 묻지 않습니다. 이것이 여호람의 불신앙으로 지적되고 있습니다.

사람들이 연합하여 군사적인 수가 많고 말과 병거가 많으면 전쟁에서 이길 수 있는 것인가? 모세를 통하여 하신 말씀을 기억해야 합니다. 열방의 왕들은 그런 것을 자랑하지만 하나님의 백성들은 하나님을 자랑해야 합니다.

여호람이 여호사밧에게 어느 길로 갈지 물었습니다. 이스라엘에서 모압으로 향하는 두 길이 있었습니다. 하나는 사해의 동북쪽을 통해 요단 강과 아르논 강을 지나 모압 북쪽으로 가는 길이 있고, 다른 하나는 사해 남단을 돌아서 에돔 북쪽을 지나 모압의 남쪽으로 가는 길이 있습니다. 여호사밧은 후자를 택했습니다. 길이 험하고 좁은 산길입니다. 전쟁에서 승리하는 것이 길의 선택에 달려 있습니까? 성공과 승리가 인간적인 수단과 방법에 달려 있을까요? 여호람이 하나님을 배제했지만 승리는 하나님에게 달려 있습니다. 하나님을 믿고 신뢰할 때 승리할 수 있습니다.

여호람은 모압의 배반에 대하여 신속하지만 계속적으로 군사적인 조치만을 취했습니다. 여호와 하나님께 묻는 일은 전혀 없었습니다. 여호람은 전쟁을 국가적인 차원에서 생각한 것이 아니라 개인적인 측면에서 생각했습니다. 그리고 남유다의 여호사밧의 아들 여호람과 아합왕의 딸 아달랴와 정략적인 결혼을 통하여 원정을 요청한 것입니다. 인간적이고 불신앙적인 북이스라엘의 여호람 왕에게 어떤 일이 발생했을까요? 승전했을까요 아니면 하나님의 진노가 임했을까요?

그 결과가 무엇입니까? 이스라엘의 연합군이 진군한 지 칠 일째 되는 날에 광야에서 먹을 물이 떨어졌습니다. 사람에게 가장 치명적인 문제가 발생한 것입니다. 물이 얼마나 소중합니까? 병사만이 아니라 모든 인간에게 가장 귀중한 것은 물입니다.

군사들뿐 아니라 말들이나 짐승들이 마실 물이 없었습니다. 총체적인 위기입니다. 전쟁은 해보지도 못하고 죽을지도 모르는 상황이 벌어졌습니다. 여호람 왕은 탄식하고 절망 가운데 빠지게 되었습니다. 여호와께서 연합군을 모아서 모압에게 붙이시려나보다. 자기 아버지 아합왕의 죽음을 기억했을 것입니다.

그리고 여호사밧 왕도 선견자 예후로부터 우상을 섬기며 악을 행하는 북이스라엘의 왕들과 교제하지 말아야 할 것이라고 지적을 받았습니다. 경고였습니다. 그런데 무슨 이유 때문인지 밝히지 않고 있지만 북이스라엘과 함께 모압과의 전쟁에 동참하게 되었습니다.

여호사밧도 정략 결혼 때문에 어찌할 수 없었을 것입니다. 여호람이 바알의 주상을 없앤 일로 인하여 그가 종교개혁자처럼 보였습니다. 그래서 여호사밧은 주저하지 않고 북이스라엘과 연합하여 모압과의 전쟁에 동참하게 된 것입니다. 그러나 이는 불순종이라고 볼 수밖에 없습니다. 하나님의 뜻을 무시하는 교만한 자세였습니다.

여호람 왕은 물이 없는 것에 대해 여호와 하나님을 원망했습니다. 불신앙적인 태도입니다. 여호사밧 왕이 이번 전쟁에 대해 하나님의 뜻을 말해 줄 하나님의 선지자가 없는지 물었습니다. 뒤늦게 여호와를 찾았습니다. 북이스라엘 왕 여호람의 신복 중 하나가 엘리야의 제자 사밧의 아들 엘리사를 추천하게 되었습니다. 엘리사가 여기 있나이다. 모압 원정에 엘리사가 동행했습니다.

여호사밧은 엘리사를 하나님의 선지자로 확신했습니다. 여호람과 여호사밧이 마실 물을 구하지 못해 고생하다가 엘리사를 찾아 도움을 청하게 됩니다. 늦게나마 하나님의 사람을 찾습니다. 하나님의 뜻을 묻게 되었습니다. 이것이 승리의 요인이 된 것입니다.

제9강
열왕기하 3장 13-20절

연합군과 엘리사

다윗 왕 때부터 속국이었던 모압이 북이스라엘을 배반하게 되었습니다. 이로 인해 북이스라엘의 여호람 왕은 남유다와 에돔으로 더불어 연합군을 결성했지만 여호와께 묻는 것을 등한히 여겼습니다. 여호와께 기도하거나 간구하지 않고 모압과의 전쟁을 위하여 급하게 출병했습니다. 그러다가 광야에서 물이 떨어지게 되었고 메마른 광야에 갇히게 되고 말았습니다.

사람들의 실패의 원인 중의 대부분이 하나님의 뜻보다는 자기의 뜻이 더 현명하다고 생각하는 데 있습니다. 자기의 경험이 성경보다 위에 있다고 생각합니다. 세 나라 연합군은 광야에서 물이 없어 죽게 되거나 그로 인해 전쟁에서 패할지도 모를 위기에 처하게 되었습니다.

세 나라 왕은 국가적인 위기를 어떻게 극복했을까요? 아무리 연합군이 군사력이 많고 뛰어나다 할지라도 하나님의 능력만 못합니다. 하나님은 전능하신 분이십니다. 마침내 세 나라 왕들이 엘리사를 찾게 되었습니다. 이것이 문제 해결의 열쇠였습니다. 엘리사가 물의 문제를 어떻게 해결했을까요?

1. 엘리사와 여호람과 여호사밧

엘리사는 선지자입니다. 하나님의 사람이요, 엘리야의 후계자입니다. 갑절의 영감을 받은 하나님의 사람이었습니다. 여호람은 북이스라엘의 왕이고, 여호사밧은 남유다의 왕입니다. 여호람 왕이 하나님의 사람 엘리사를 찾아왔습니다.

엘리사가 자신은 여호람과는 아무런 상관이 없다고 말했습니다. 여호람 왕이 엘리사를 찾아왔지만 냉담한 반응을 보였습니다. '당신과 나의 공통점이 무엇입니까?' 당신과 나는 같은 민족이고 왕과 신하의 관계이지만 당신은 우상숭배자이고 나는 여호와를 섬기는 사람입니다. 공통점이 무엇입니까? 빛과 어두움, 성령과 악령, 의와 불의, 진리와 비진리입니다. 그런데 어떻게 하나님과 우상이 조화를 이루겠습니까?

엘리사가 여호람 왕을 비웃은 이유가 무엇입니까? 여호람 왕이 바알 우상을 제거하는 척했지만 이것은 실리를 추구하기 위한 수단이었습니다. 정치적인 쇼였습니다. 겉으로 보기에는 종교개혁이었지만 내심은 달랐습니다. 여호람 왕의 묵인 속에 바알 선지자들은 여전히 북이스라엘 나라를 우상이 가득한 나라로 만들어가고 있었기 때문입니다.

아직도 왕의 모친 이세벨이 활동하고 있는 상황이고, 여호람 왕 자신도 바알 우상을 완전히 청산하려는 시도를 하지 않고 있었기 때문에 여호람과 엘리사가 공통분모가 없었던 것입니다. 그러다 보니까 엘리사가 여호람 왕을 비웃게 된 것입니다.

엘리사가 여호람에게 아합과 이세벨의 우상 선지자들에게나 가보라고 비난하면서 책망했습니다. 아합 왕과 이세벨이 데리고 있는 바알과 아세라 선지자들에게 가라고 힐난했습니다. 대부분의 선지자가 권력에 아부하는 어용 선지자였습니다. 출정 전에는 어용 선지자나 우상을 숭배하는 선지자들에게 묻고, 어려움이 닥쳐서 힘드니까 뒤늦게 여호와의 선지자인 엘리사를 찾아온 것에 대한 책망이었습니다.

엘리사의 지적에 대하여 여호람은 그렇지 않다고 말하면서 여호와께서 자신들을 모압의 손에 붙이려고 하신다고 한탄했습니다. 여호람은 책망을 들으면서도 이 어려운 난국을 타개할 사람은 엘리사밖에 없다는 것을 인정하고 있었습니다. 그러나 여호람은 하나님을 믿거나 엘리사를 의지하는 마음에서가 아니라 우선 급한 불을 끄고 보자는 식이었습니다. 하나님과 하나님의 사람을 이용하려는 자세였습니다.

그러자 엘리사가 대답합니다. 만군의 여호와의 사심으로 맹세하면서 여호사밧이 아니라면 여호람과 상관하지 않을 것임을 분명히 밝혔습니다. 엘리사는 여호와 앞에 존재하는 사람이라는 고백입니다. 항상 여호와 앞에 예배드리며 봉사하는 사람으로서의 고백입니다. 하나님을 믿고 의지하는 하나님의 사람임을 말하는 것입니다.

특별히 '만군의 여호와' 란 전쟁의 승패에 있어서 승리하게 하시는 분임을 말하고 있습니다. 그리고 여호람 때문이 아니라 여호사밧의 얼굴을 봐서 수락하겠다는 뜻입니다. 남유다의 왕 여호사밧은 산당과 우상을 제하고 선지자들과 레위인들을 세워 하나님의 율법을 가르친 왕이었습니다. 여호사밧 왕이 약점이 없었던 것은 아닙니다. 선지자 미가야가 아합을 돕지 말라고 했지만 하나님의 뜻을 알면서도 전쟁에 참전했고, 아합 왕가와 교제하지 말라는 예후의 경고를 듣고도 아하시야와 결탁했으며, 여호람을 도와 전쟁에 참여했기 때문입니다.

그러니까 세 나라의 연합군의 왕들이 광야에 물이 없어 엘리사를 찾아왔을 때의 일입니다. 여호람 때문이 아니라 여호사밧 때문에 돕겠다고 약속하는 것입니다. 당시 물질적인 면만 생각하던 어용 선지자와는 달리 하나님의 임재와 능력을 받은 엘리사이기 때문에 여호사밧이 아니었다면 여호람은 거들떠보지도 않았을 것이라고 말했습니다.

하나님의 사람은 매사에 당당해야 합니다. 떳떳해야 합니다. 그리고 강하고 담대해야 합니다. 모든 사상과 철학과 이론을 파할 수 있는 능력도 있어야 합니다.

2. 엘리사의 예언과 연합군의 승리

연합군이 광야에 갇혀 위험에 처했을 때 유다 왕 여호사밧은 여호와의 선지자가 어디 있는지 찾게 됩니다. 하나님의 사람의 말을 먼저 들어야 한다는 것입니다. 이는 하나님의 사람, 엘리사의 말에 순종해야 된다는 것을 가르치고 있습니다. 마치 엘리야가 사르밧 과부에게 빵을 먼저 가져오라, 엘리사가 수넴 여인에게 빈 그릇을 가져오라 한 것처럼 순종할 때 하나님의 기적이 있음을 가르치고 있습니다. 세 나라의 왕들이 먼저 하나님의 사람에게 순종할 때 하나님의 능력과 기적이 뒤따라옵니다. 전쟁에서 승리할 수 있는 것입니다.

거문고 타는 자가 거문고를 탈 때에 여호와께서 엘리사를 감동시키셨습니다. 여호와의 손이 엘리사 위에 임하셨습니다. 하나님의 영이 엘리사 위에 임했습니다. 하나님의 초월적인 능력입니다. 여호와의 손이 엘리사를 감동시켰습니다. 엘리사가 하나님의 능력에 사로잡혀 예언하게 되었습니다.

하나님께서 엘리사를 통하여 하신 말씀이 무엇입니까? '이 골짜기에 개천을 파라. 웅덩이를 많이 파라' 고 하셨습니다. 하나님의 명령에는 인간의 행동적인 순종을 요구하는 동시에 하나님 자신이 함께 행동하고 있음을 의미합니다. 이것은 확실히 이루어질 것을 암시하고 있습니다. 현재는 물이 마른 골짜기이지만 웅덩이를 파고 막으면 연합군과 짐승들이 먹고 마시며 완전히 해갈할 것을 가르쳐 주었습니다.

엘리사가 바람도 비도 없으되 골짜기에 물이 차서 그들이 물을 마실 수 있게 하겠다고 하나님의 뜻을 전했습니다. 비나 바람도 없이 골짜기에 물이 넘친다는 것은 자연적인 현상은 아닙니다. 초자연적인 하나님의 능력입니다. 엘리사가 하나님의 신에 감동되어 세 나라의 연합군이 마시고 남을 만큼 넉넉한 물을, 초자연적인 방법으로 얻을 수 있는 길을 가르쳐 주었습니다.

또한 연합군이 모압에 대하여 큰 승리를 거둘 것을 예언했습니다. 모압과의 전쟁에서 성공적으로 징벌하고 승리할 것이라고 가르쳐 주었습니다. 결국 물의 문제를 해결하신 분은 하나님이십니다. 그리고 전쟁에서 승리하게 하신 분도 하나님이십니다.

사르밧 과부의 집에 가루통의 가루와 기름병의 기름이 다하지 않은 것은 전능하신 하나님의 능력이었습니다. 수넴 여인의 집의 빈 그릇을 채운 분도 하나님이셨습니다. 나라를 다스리는 세 사람의 왕이 행한 일이 아닙니다. 바알이나 아세라 같은 우상이 아닙니다. 살아 계신 하나님께서 채워주셨습니다. 전능하신 하나님께서 연합군과 짐승들에게 물을 주시고 모압과의 전쟁에서 승리하게 하셨습니다.

3. 엘리사의 예언 성취

이스라엘 백성들이 아침에 모여 하나님께 제사를 드렸습니다. 그때에 물이 에돔편에서 흘러와 땅에 가득하게 되었습니다. 이것은 매우 작은 일입니다. 사람이 볼 때는 기적과 이적이지만 전능하신 하나님에게는 쉬운 일입니다. 하나님은 더 큰 일도 하실 수 있는 분이십니다.

하나님께서 이적과 능력을 보이신 이유는 세 나라의 왕들의 회개와 언약 백성들의 회개를 촉구하는 것이었습니다. 하나님에 대한 믿음의 회복이 목적이었습니다. 하나님에 대한 신뢰, 의존이 필수적인데 사람들은 자기의 필요만 충족시키려는 생각으로 가득차 있습니다.

'여호와께서 모압 사람도 당신의 손에 붙이시리라.' 하나님은 물만 공급하시는 분이 아닙니다. 전쟁에서 승리할 것을 예언해 주셨습니다. 여호람은 하나님이 자기들을 모압의 손에 붙이셨다고 원망했지만, 엘리사는 하나님께서 모압을 당신들의 손에 붙이셨다고 말했습니다. 정반대의 말입니다.

물이 없는 상황에서 모압의 군대가 공격한다면 연합군은 수가 많아

도 패전할 것입니다. 그러나 전능하신 하나님은 물만 공급하신 것이 아
닙니다. 전쟁에서 승리할 것도 말씀해 주셨습니다. 하나님이 개입하시
면 불가능한 일이라는 것은 존재하지 않습니다. 그래서 만군의 여호와
입니다. 전쟁에 능한 여호와이십니다.

하나님은 백성들의 간구와 필요를 채워 주실 수 있는 능력있는 분이
십니다. 믿음의 사람이 소수만 있어도 자비와 은혜를 베푸시는 분이십니
다. 믿음으로 나아가면 필요를 채워주시고 또 예상하지 못한 복도 내
려주는 분이십니다.

모압에 대한 구체적인 승리의 방법까지 가르쳐 주셨습니다. '당신
들이 치라.' 모압과의 전쟁에서 연합군의 완벽한 승리를 예언하고 성취
할 것을 말해 주었습니다. 여호와께서 개입하시니 아무리 견고한 성읍
이라도 차지할 것이고, 군사 요충지라고 말하는 중요한 성읍들도 모두
장악할 것이라고 했습니다.

연합군이 모든 성읍을 장악하고 점령한 다음에 모압 땅을 황폐하게
만들 것입니다. '아름다운 나무들을 모조리 쓰러뜨리고 샘구멍을 남김
없이 막을 것이며 옥토를 모조리 돌밭으로 만들 것이라.'

그런데 한 가지 의문점이 있습니다. 왜 하나님은 이처럼 파괴적인
땅이 되게 하셨을까? 불필요하리 만큼 지나친 것이 아닌가? 모든 좋은
나무를 베어버리는 것이 옳은 것인가? 이런 문제를 이해하기 위해서는
열왕기상 22장의 아합 왕의 전쟁 기사를 통한 여호와의 섭리를 이해해
야 합니다.

아합 왕은 미가야 선지자의 예언은 무시하고 거짓 선지자들의 말만
믿었습니다. 하나님의 경고에도 회개하지 않았습니다. 그리고 아람과
의 전쟁에 출정했습니다. 하나님을 정면으로 대적한 결과입니다.

아합 왕의 후손인 여호람을 징계하기 위한 하나님의 섭리요 방법입
니다. 다윗과의 언약을 기억하여 여호사밧과 연합군을 보호하시지만
전쟁의 결과에서 여호람은 아무런 유익도 없었습니다. 모압이 속국으

로 조공을 바쳤었지만 이제는 그 땅이 황폐하게 되어 북이스라엘 왕 여호람에게는 아무런 유익도 얻지 못하게 만드신 하나님의 섭리를 생각하게 만듭니다.

좋은 나무도 없습니다. 샘도 메말라 버렸습니다. 땅도 초토화되어 버렸습니다. 연합군 진영에는 물이 강같이 흘러넘칩니다. 그런데 모압 땅은 아무 것도 얻지 못하는 땅이 되었습니다. 아침 소제를 드릴 때입니다. 물이 흘러나왔습니다. 구원 역사의 시작입니다.

제10강
열왕기하 3장 21-27절

모압과 연합군

하나님의 사람, 엘리사가 무슨 역할을 했습니까? 남유다와 북이스라엘 그리고 에돔의 연합군이 물이 없어서 광야에서 죽음에 봉착해 있을 때 물의 문제를 해결해 주었습니다. 물론 하나님께서 행하신 일이지만 하나님의 사람을 통해서 말씀하셨습니다. 하나님의 약속은 신실합니다. 광야에서도 물이 있게 하고 꽃이 피게 하실 수 있습니다.

그리고 모압과의 전쟁에서도 승리할 것까지 예언해 주었습니다. 과연 전쟁에서 승리할 수 있었을까요?

1. 연합군과 모압군

모압 사람들이 이스라엘 연합군이 모압을 치기 위해 오고 있음을 전해 들었습니다. 모압 사람들이 이스라엘 연합군과 싸우기 위해 총동원되어 국경을 방비했습니다. 갑옷 입을 만한 사람들은 다 집결되었습니다. 띠를 두를 만한 사람은 다 모였습니다. 허리에 띠를 띨 만한 연령의 사람을 의미합니다.

고대 근동에서는 사춘기 정도의 나이부터 옷을 입고 허리띠를 두르고 다녔습니다. 모압 사람들이 소년이라 할지라도 징집해서 모든 사람이 전쟁에 총력전을 펼친 것을 의미합니다. 연합군에 대한 위기감 때문에 그런 조치를 취했을 가능성이 큽니다.

모든 사람들이 소리를 지르면서 징집했습니다. 모압 나라가 처한 환경이 절박하고 급박했기 때문에 소리를 지르면서 사람들을 다 모았던 것입니다. 모압 사람들의 이러한 행동은 북이스라엘 왕 여호람이 백성을 모을 때 취한 행동과 비슷합니다. 여호람 왕이 여호와 하나님께 전쟁에 대하여 묻지 않고 군대를 소집하여 출정하는 자세나 모압 사람들이 자기들이 섬기는 신 그모스에게 묻지 않고 소리를 지르면서 군대를 소집하는 것과 비슷합니다.

그리고 모압이 전쟁에 패배하자 왕위를 이을 맏아들, 왕자를 그모스 신에게 제물로 바치듯, 북이스라엘 왕 여호람이 죽을 처지에서 살아난 다음에 뒤늦게 여호와께 묻고 제사를 드린 것과 역시 비슷한 면이 있습니다. 여호람 왕이 여호와를 대하는 태도와 모압 사람들이 그모스를 대하는 태도가 별로 다르지 않았습니다.

그러므로 연합군이 모압으로부터 전쟁에서 승리하게 된 것은 여호람 왕의 믿음이 좋아서이거나 연합군의 전쟁 능력이 훌륭하거나 전략이 뛰어나서 승리한 것이 아니라 전적으로 하나님의 은혜요 복이었습니다. 하나님의 단독적인 사역이었습니다.

그리고 또 한가지의 이유가 있다면 그것은 다윗과의 언약을 지키시는 하나님의 신실하심이었습니다. 사무엘하 7장 11-17절에 "… 여호와가 또 네게 이르노니 여호와가 너를 위하여 집을 짓고 네 수한이 차서 네 조상들과 함께 누울 때에 내가 네 몸에서 날 네 씨를 네 뒤에 세워 그의 나라를 견고하게 하리라 그는 내 이름을 위하여 집을 건축할 것이요 나는 그의 나라 왕위를 영원히 견고하게 하리라 나는 그에게 아버지가 되고 그는 내게 아들이 되리니 그가 만일 죄를 범하면 내가 사람의 매와 인생의 채찍으로 징계하려니와 내가 네 앞에서 물러나게 한 사울

에게서 내 은총을 빼앗은 것처럼 그에게서 빼앗지는 아니하리라 네 집
과 네 나라가 내 앞에서 영원히 보전되고 네 왕위가 영원히 견고하리라
하셨다 하라 나단이 이 모든 말씀들과 이 모든 계시대로 다윗에게 말하
니라"라고 했습니다.

남유다 왕 여호사밧을 하나님이 지키시고 승리하도록 복을 주신 것
입니다. 하나님과의 언약에 신실하신 분은 사람이 아니라 하나님이십
니다.

역사적으로 하나님의 언약에 신실했던 사람이 누구입니까? 하나님
의 말씀에 믿음으로 순종한 사람이 어디 있습니까? 그러나 하나님은 언
약을 세우시고 식언하지 않으셨습니다. 반드시 이루셨습니다.

지금도 마찬가지입니다. 그러므로 기독교는 언약의 종교요, 말씀의
종교입니다. 우리 모두 하나님의 언약을 기억하면서 삶의 방향을 틀어
잡아야 합니다. 하나님의 뜻대로, 아버지의 원대로 사는 것이 복이요
은혜요 영광이기 때문입니다.

2. 연합군의 승리

엘리사 선지자의 예언대로 세 나라의 연합군이 모압군을 물리치고
승리했습니다. 처음에는 모압이 연합군에 대해 전투 태세를 갖추었습
니다. 그런데 모압군인들이 아침 해가 물 위에 비추어 맞은편 골짜기의
물이 피같이 붉게 된 것을 보고 연합군끼리 서로 싸워서 죽인 것으로
오해했습니다. 착각하였습니다. 내분이 일어나 연합군끼리 서로 싸워
피가 흐르는 줄로 착각한 것입니다.

전쟁에 나온 군사들이 한가롭게 늦잠을 잘 수는 없습니다. 모압의
군사들도 아침에 일찍 일어났는데, 이스라엘 연합군이 하나님 앞에 소
제를 드리고 구원의 물을 경험했던 바로 그 시간이었습니다. 연합군에
게는 구원의 아침이지만 모압에게는 멸망의 아침입니다. 연합군에게는

구원의 물을 주셨지만 모압에게는 패망이 기다리고 있었습니다.

하나님의 약속대로 물을 주셨습니다. 연합군에게는 해갈의 물이지만 모압에게는 심판의 물로 나타납니다. 모압 군사들은 태양이 떠오를 때 물을 보기는 보았으나 연합군끼리 싸워서 피가 흐르는 줄로 착각했습니다. 맞은편 물이 핏물인 줄로 알았습니다. 피바다처럼 보였기 때문입니다. 이것이 하나님께서 연합군을 위하여 행하시는 양면성입니다. 해갈만이 아니라 전쟁에서 승리하게 하시는 이적이었습니다.

붉다는 것은 에돔과 같은 말입니다. 에돔 지역의 땅은 대부분 붉은 땅입니다. 그런데 지금 전쟁하기 위하여 진을 구축한 곳에 태양이 동쪽에서 떠오르고 없던 물이 흐를 때 피같이 보인 것은 사실이었습니다. 비가 온 것도 아닌데 골짜기에 물이 흐릅니다. 골짜기에 물이 없었는데 물이 가득합니다. 태양이 솟아오르면서 붉은 빛을 비춥니다. 모압의 군사들이 골짜기의 물을 핏물로 착각을 일으키게 된 것입니다.

모압 군사들은 성급하게 오판하여 전투태세를 풀고 섣불리 앞으로 달려나와 이스라엘 진에 이르렀기 때문에 패배를 자초한 것입니다. 아마도 세 나라의 연합군이 서로 싸우다가 다 죽은 것으로 오해했습니다. 모압 군사들은 서로 전리품을 챙기려고 무질서하게 적진으로 달려갔습니다. 이것이 멸망을 자초하게 된 근본적인 원인입니다.

물론 모압 군사들이 착각할 만한 이유가 또 있습니다. 역사적으로 남유다와 북이스라엘은 원수처럼 지내왔습니다. 적대관계에 놓여 있었습니다. 에돔 역시 기회가 있을 때마다 독립을 꾀하고 있었습니다. 그런 역사적인 배경을 모압이 잘 알고 있었기에 골짜기에서 붉은 물, 피가 흐르는 것 같으니까 쉽게 착각을 하게 된 것입니다.

이스라엘이 매복하고 있다가 갑자기 일어나 방심하고 있는 모압 군사들을 맹렬히 쳐서 그 앞에서 도망하게 하였습니다. 이러한 행동은 여호와께서 언약하신 대로 행하도록 은혜를 주신 것입니다. 여호와의 계획대로 모압은 패전할 수밖에 없었습니다.

연합군이 모압 땅으로 쳐들어가 모압 사람들을 죽이고 엘리사의 예언대로 그 땅을 황폐하게 만들었습니다. 한 성읍만 공격한 것이 아닙니다. 여러 성읍들을 공격하여 초토화시켰습니다.

그리고 계속해서 이스라엘의 물맷꾼, 투석병들이 모압의 수도인 길하레셋을 공격했습니다. 마지막으로 남겨진 수도, 길하레셋을 공격했습니다. 견고하고 요새화 된 성읍입니다. 전쟁의 종료입니다. 모압은 더 이상 희망이 없게 되었습니다. 우리 주 예수 그리스도는 승리하셨습니다. 죄와 싸워 이기셨습니다. 사탄과의 싸움에서도 이기셨습니다. 사망 권세도 이기셨습니다. 그러므로 '강하고 담대하라 내가 세상을 이기었노라' 라고 말씀하신 것입니다.

3. 모압 왕의 인신제사

모압 왕이 전세가 불리해지자 정예 군사 칠백과 함께 에돔 왕의 부대를 뚫고 도망하려고 시도하였지만 실패했습니다. 모압은 연합군에게 패배를 당한 다음에 통분히 여겼습니다. 모압 왕은 수도인 길하레셋까지 공격을 당하게 되자 자신은 왕으로서 어떻게 할 수 없음을 깨닫고 현재의 위기를 모면하려고 방법을 강구했습니다. 정예부대를 이끌고 탈출구를 찾으려고 시도했습니다.

그러나 아무리 정예화 된 부대라도 하나님의 계획 속에서 된 일인데 쉽게 뚫을 수 있겠습니까? 하나님이 막으시면 누가 뚫을 수 있겠습니까? 사람의 능력으로는 되지 않습니다. 날센 군사들의 힘으로도 해결할 수 없는 일입니다. 이 전쟁의 주도권은 하나님의 손에 달려있기 때문입니다.

그러자 모압 왕은 왕위 계승자인 자기의 맏아들을 성 위에서 번제로 드렸습니다. 모압 사람들이 믿는 그모스 신에게 바쳤습니다. 이것이 두 번째 방법이었습니다. 아주 가증스러운 일입니다. 하나님께서 엄격하게 금하신 일입니다. 그런데 모압 왕은 인신제사, 자기의 맏아들을 제물로 바쳤습니다.

이처럼 하나님 앞에 무서운 죄를 짓는 모압 왕의 처절한 행위가 연합군의 눈앞에 펼쳐졌습니다. 이렇게 영적인 혼란을 일으켜 연합군이 철군하게 되었습니다. 모압 왕이 그모스 신에게 맏아들을 번제로 바치는 광경을 본 연합군은 그러한 엄청난 죄악에 대해 하나님의 큰 진노가 내릴 것에 대한 두려움으로 인해 모두 그곳에서 철군하게 된 것입니다.

연합군의 승리는 골짜기에 흐르는 물 때문이었습니다. 전략이나 군사력이 아니었습니다. 순전히 하나님의 섭리 가운데서 이루어진 일입니다. 광야 길에서 마실 물을 구하지 못해 위기에 빠진 이스라엘 연합군에게 하나님께서 엘리사를 통해 초자연적인 방법으로 물을 허락하셨을 뿐만 아니라 모압과의 전쟁에서도 승리를 거둘 수 있도록 하신 것입니다.

그리고 모압 왕은 에돔 왕에게로 가고자 했습니다. 전세가 완전히 기울었기 때문입니다. 칠백 명의 정예화 된 군사들과 함께 가려고 노력했습니다. 왜 모압 왕이 에돔 왕에게 가려고 했을까요? 문제는 공동번역이나 NJB는 '에돔'이 아니라 '아람'으로 번역했습니다. 왜냐하면 당시 에돔은 이스라엘과 적대 관계였고 아람은 강대국이었기 때문입니다.

에돔은 이미 세 나라의 연합군 중의 한 나라가 아닙니까? 그런데 문제는 이성적인 해석이라고 생각됩니다. 모압 왕이 약한 에돔 나라를 탈출구로 생각했던 것으로 보입니다. 목숨을 구하기 위하여 상대적으로 약한 나라에 도움을 요청했던 것으로 추측합니다.

결국 모압 왕이 에돔 왕의 부대를 뚫고 도망하려 하지만 성공하지 못합니다. 실패한 모압 왕은 최종적으로 극단적인 행동을 하게 됩니다. 모압 사람들이 섬기는 그모스에게 도움을 받기로 하고 아들을 취하여 모든 사람들이 볼 수 있는 성 위에서 번제로 바칩니다.

인간은 하나님의 형상과 모양대로 지음을 받은 존귀한 존재입니다. 인간의 존엄성이 거기에 있습니다. 그런데 모압 왕은 자기의 맏아들을 그모스 신에게 번제로 바쳤습니다. 왕위에 오를 사람이고, 모압 왕의 맏아들입니다.

하지만 하나님이 가증스럽게 보시는 제사입니다. 이런 일을 행하는 자를 반드시 죽이라고 레위기 18장과 21장에서 말씀하셨습니다. 결국 하나님의 진노가 임하게 됩니다. 하나님의 진노로 이스라엘군까지 겁을 먹게 됩니다. 이것은 모압 왕은 더 이상 소망이 없는 자가 되고 모압 나라도 소망이 없는 민족으로 전락되는 장면이라 할 수 있습니다.

제11강
열왕기하 4장 1-7절

엘리사의 하나님

아합 왕 시대에 하나님의 사람, 엘리야 선지자를 따라 다니던 엘리사는 하나님의 능력을 받았습니다. 선지자의 많은 제자들이 있었지만 엘리사가 엘리야의 후계자가 되었습니다.

하나님께서 엘리야를 길갈에서 벧엘로, 벧엘에서 여리고로, 여리고에서 요단으로 인도할 때 엘리사는 끝까지 따랐습니다. 엘리야가 여러 번 만류했음에도 불구하고 하나님의 살아 계심과 엘리야의 영혼이 살아 있음을 두고 맹세까지 하면서 따르더니 결국은 갑절의 영감까지 받게 되었습니다.

엘리야와 엘리사 두 사람이 함께 있을 때 갑자기 회오리바람이 두 사람을 갈라 놓았고, 불말과 불병거가 나타나더니 엘리야를 태우고 하늘로 올라갔습니다. 저와 여러분도 주님을 끝까지 따라갈 수 있기를 바랍니다. 하나님의 사람과 함께하고 주님을 끝까지 따르면 하나님의 은혜와 능력이 임할 줄로 믿습니다. 성령의 감화 감동을 받게 될 줄로 믿습니다.

1. 하나님의 위로

이스라엘 나라는 솔로몬 왕 이후 남북 왕조로 나뉘었습니다. 북방은 '이스라엘'이요 남방은 '유다'라고 칭했습니다. 북방 이스라엘 나라는 아합 왕 다음에 여호람(요람)이 왕이 되었습니다. 남방 유다는 여호사밧의 뒤를 이어 여호람이 왕이 되었습니다. 북방의 아합 왕의 가문과 남방의 여호람의 가문이 사돈을 맺었습니다(왕하8:27). 그 결과 두 왕국이 합심해서 하나님을 잘 섬긴 것이 아니라, 오히려 힘을 합하여 더욱 하나님을 반역했습니다.

그 시대상을 보면 바알이라는 우상에게 무릎을 꿇지 않은 사람이 칠천 명 정도였습니다. 다른 사람들은 하나님의 언약 백성, 하나님을 믿는 국가 안에 있었지만 다 우상을 숭배했습니다. 하나님을 섬기지 않고 우상을 숭배하는 시대상, 악덕과 무법이 난무하던 시대였습니다. 이렇게 이스라엘 백성들은 하나님을 배반하였지만 하나님께서는 자기 백성을 긍휼히 여기셔서 이스라엘 가운데 한 사람을 선지자로 세우셨습니다. 그 사람이 엘리사입니다.

엘리사 선지자의 활동은 열왕기하 4장부터 8장까지 나타납니다. 수넴 여인에게 기적을 베푼 사건이나 나아만의 나병을 고쳐준 사건, 도끼를 찾아준 사건, 네 사람의 나병 환자들이 아름다운 소식을 전한 사건 등입니다.

하나님께서 엘리야의 뒤를 이은 엘리사 선지자의 행적에 대하여 자세히 기록하고 있습니다. 하나님께서 엘리사를 사용하셔서 많은 기적과 능력을 행하셨습니다.

엘리야는 패역한 이스라엘 나라와 언약 백성에 대한 하나님의 진노와 심판을 전했습니다. 이것이 엘리야 선지자의 특징입니다. 이에 비해 엘리사는 조금 달랐습니다. 엘리사의 사역은 패역한 사회 속에 사는 불쌍한 백성들의 생명을 긍휼히 여기시는 하나님의 은혜를 전했습니다.

하나님의 백성을 돌보시는 하나님의 사랑이 중심입니다. 지금도 그런 상황 속에 우리들이 살고 있습니다.

하나님은 하나님의 백성들을 위로하는 위로의 하나님이십니다. 사도 바울은 고린도후서 1장 3-4절에서 "찬송하리로다 그는 우리 주 예수 그리스도의 하나님이시요 자비의 아버지시요 모든 위로의 하나님이시며 우리의 모든 환난 중에서 우리를 위로하사 우리로 하여금 하나님께 받는 위로로써 모든 환난 중에 있는 자들을 능히 위로하게 하시는 이시로다"라고 했습니다.

예수님의 죽음을 생각하며 마리아를 비롯하여 많은 여인이 눈물을 흘릴 때에 부활하신 주님이 나타나셔서 위로해 주셨습니다. 유대인들을 두려워하여 문을 굳게 닫아버린 제자들에게도 나타나셔서 제자들을 위로해 주셨습니다. "너희에게 평강이 있을지어다." 제자들이 낙심하여 물고기를 잡으러 갔을 때에도 주님이 제자들에게 나타나셔서 떡과 생선을 구워주시면서 먹으라고 위로의 말씀을 해주셨습니다. 엘리야가 로뎀 나무 아래서 죽기를 구할 때에도 천사를 통해 떡과 물을 가져다 주시면서 어루만져 주신 하나님이십니다. 위로의 하나님이시지요.

우리도 아무도 알아주지 않던 인생들입니다. 죄 가운데서 태어나고 죄 가운데서 살다가 죽을 인생입니다. 수고와 슬픔 속에서 인생을 살다가 숨을 몰아쉬며 죽을 인생입니다. 소망도 없고 하나님도 없던 인생입니다. 그런데 주님이 우리에게 부활의 소망을 주셨습니다. 죄를 용서해 주셨습니다. 사탄을 이기셨습니다. 삼 일만에 다시 살아나셨습니다. 예수의 십자가와 부활을 믿는 자에게 같은 영광을 주실 것입니다.

2. 무명 선지자의 아내

선지자 중에는 이름이 있는 사람도 있고 이름이 없는 선지자도 있습니다. 유명한 사람도 있고 무명의 사람도 있습니다. 오늘 성경에 나타난 여인은 무명 선지자의 아내였습니다.

남편이 일찍 죽고 두 아이만 남았습니다. 남편은 아무런 재산도 남기지 못하고 죽었습니다. 오히려 빚만 잔뜩 진 상태였습니다. 선지자의 아내는 두 아들만 바라보고 하루하루를 살아가는 입장이었습니다. 그런데 채권자가 두 아들을 데려다가 종으로 삼으려고 했습니다. 두 아들까지 빼앗기게 될 처지에 놓였습니다.

이 여인은 어떻게 할 수 없어서 하나님의 사람, 엘리사에게 나아와서 자기 심정과 형편을 털어놓았습니다. 마음을 쏟아 놓았습니다. 엘리사는 여인을 도와줄 방법을 생각하면서 이야기를 듣습니다. 그리고 과부가 된 그 여인에게 도움을 주고자 그 가정에 무엇이 남아 있는지를 물었습니다. 이 여인이 스스로를 계집종이라고 말하면서 가진 것은 소량의 기름뿐이라고 대답했습니다.

엘리사는 이웃에게 그릇을 빌리되 빈 그릇을 될 수 있는 대로 많이 빌려오라고 지시했습니다. 엘리사가 과부에게 두 아들과 함께 들어가서 문을 닫고 빌려온 모든 그릇에 작은 병에 있던 기름을 부으라고 했습니다.

여인이 가서 두 아들과 함께 문을 닫고 아들들은 그릇을 가져오고 여인은 기름을 부었습니다. 병 속에서 기름이 샘물처럼 솟아납니다. 끊임없이 솟아납니다. 빌려온 모든 빈 그릇을 다 채운 후에야 기름이 그쳤습니다.

그 여인이 엘리사에게 자기들에게 일어난 일을 고백했습니다. 엘리사는 그 여인에게 기름을 팔아 빚을 갚고, 남은 것으로는 두 아들과 함께 생활비로 사용하라고 일러 주었습니다.

이 무명의 선지자의 아내와 두 아들은 정말 어려운 형편에 처해 있었습니다. 절대적인 빈곤 가운데서 구해준 사람은 엘리사였습니다. 여러분에게 진정으로 도움을 줄 사람이 누구라고 생각합니까? 하나님의 아들 예수 그리스도가 여러분에게 기쁨이요 소망이요 영광입니다.

지금도 하나님의 복은 하나님의 사람을 통해서 임하고 있습니다. 그래서 바울은 목사를 존경하라. 좋은 것이 있을 때 함께하라고 가르치고 있습니다. 히브리서 13장 7절에 "하나님의 말씀을 너희에게 일러 주고 너희를 인도하던 자들을 생각하며 그들의 행실의 결말을 주의하여 보고 그들의 믿음을 본받으라"라고 했습니다.

히브리서 13장 17절에 "너희를 인도하는 자들에게 순종하고 복종하라 그들은 너희 영혼을 위하여 경성하기를 자신들이 청산할 자인 것 같이 하느니라 그들로 하여금 즐거움으로 이것을 하게 하고 근심으로 하게 하지 말라 그렇지 않으면 너희에게 유익이 없느니라"라고 했습니다.

엘리사 선지자가 이 여인의 집의 어려운 문제를 해결해 주었습니다. 지금도 마찬가지로 하나님의 사람의 가르침에 순종하고 예수님에게 복종하면 큰 영광스러운 복이 있을 줄로 믿습니다.

3. 하나님은 어떤 분이신가?

하나님은 전능하신 분이십니다. 능력이 많으신 하나님은 어떤 환경에서든지 하나님의 백성을 돌보십니다. 엘리사가 능력이 많은 것이 아니라 하나님께서 능력이 많으신 분이십니다. 2절에 엘리사가 7절에서는 하나님의 사람이라고 표현합니다. 이점을 주의 깊게 봐야 합니다. '엘리사' 대신 '하나님의 사람' 이라고 말했습니다.

4-8장까지 많이 나타나는 용어가 '하나님의 사람' 이란 단어입니다. 엘리사는 하나님의 사람이었습니다. 4장에만 열한 번이나 나타나고 있습니다. 엘리사는 하나님이 세운 사람이기에 하나님의 사람입니다. 하나님께서 엘리사를 통해서 일하셨음을 나타내는 말입니다. 엘리사는 하나님이 사용한 그릇이요, 도구입니다. 하나님의 사람이란 말이 엘리사의 능력이 아니라 하나님에게 능력이 있음을 말해 줍니다.

타락하여 범죄한 인간이 무슨 능력이 있겠습니까? 하나님이 전능하신 분이십니다. 오늘 말씀을 자세히 읽어보면 왜 빚을 졌는지, 여인의 용모에 대해서나 아이들의 신상에 관해서는 말하고 있지 않습니다. 다만 능력의 하나님께서 엘리사를 통하여 가난하고 어렵고 힘든 백성을 돌보아 주셨음을 나타내고 있습니다.

하나님은 하나님의 백성을 돌보는 분이십니다. 지금은 어떠신가? 하나님은 멀리만 계신가? 하나님은 변하지 않으시고 하나님의 백성을 사랑하십니다. 하나님은 영혼만 구원하시는 분이 아니십니다. 사람의 건강과 가족과 일용할 양식까지 책임지시는 하나님이십니다. 구원은 포괄적인 의미를 가지고 있습니다. 사소한 일까지 다 관여하시고 돌보시는 하나님이십니다. 머리털 하나 상하지 않도록 보호하시는 하나님이십니다.

마태복음 6장에 우리들이 필요로 하는 의식주 문제까지 책임지고 채워주시는 분이 하나님이십니다. 우리는 하나님의 말씀을 가지고 하나님 나라의 확장을 위해서 수고해야 할 하나님의 사람입니다. 때로는 돈이 없어 전전긍긍할 때도 있습니다. 그래도 좁은 길을 걸어야 할 사명이 우리에게 있습니다. 어느 때는 자녀들을 잘 돌보지 못할 때도 있고, 때로는 아파도 병원에도 못 가고, 끼니를 건너뛸 때도 있습니다.

그러나 분명한 것이 있습니다. 하나님은 하나님의 백성을 돌보신다는 확신입니다. 사람마다 차이는 있지만 하나님이 보호하고 돌보심을 느끼면서 살아가는 성도들이 됩시다. 하나님께서 여러분을 돌보고 있는 것은 분명합니다. 누구를 통해서 돌보시겠습니까? 목회자를 통해서 백성을 돌보십니다. 때로는 성도들을 통해서 성도를 돌보십니다.

그래서 바울은 "서로 돌아보라, 서로 사랑하라, 서로 기도하라"라고 가르쳐 주었습니다. 이것이 성경의 교훈입니다. 고린도 교회를 향한 교훈이요, 로마 교인들을 향한 교훈입니다. 그리고 히브리서에 나타난 교훈입니다.

마태복음 25장 35-36절의 양과 염소의 비유에서 "내가 주릴 때에 너희가 먹을 것을 주었고 목마를 때에 마시게 하였고 나그네 되었을 때에 영접하였고 헐벗었을 때에 옷을 입혔고 병들었을 때에 돌보았고 옥에 갇혔을 때에 와서 보았느니라."

성령충만했던 초대교회는 돌아보는 일을 성실히 수행했습니다. 그 결과 교회에 궁핍한 사람이 없었습니다. 여러분은 누구를 돌아보고 있습니까? 주님의 형제를 돌아볼 수 있기를 바랍니다. "여기 내 형제 중에 지극히 작은 자 하나에게 한 것이 곧 내게 한 것이니라." "너희를 영접하는 자는 나를 영접하는 것이요 나를 영접하는 것은 나 보내신 이를 영접하는 것이니라."

개인적인 이적

열왕기하는 분열 왕국시대 중반기의 역사로 엘리사 선지자의 사역을 중심으로 다루는 책입니다. 제1장부터 8장까지는 엘리사의 초기 사역과 남북 네 왕의 통치에 대하여 언급한 내용입니다. 그중에 1장부터 3장까지는 북이스라엘의 8대 왕인 아하시야와 9대 왕인 여호람에 대한 기사인데, 엘리야의 승천과 엘리사의 선지자직 승계와 관련된 기사들입니다.

4장부터 8장까지는 여호람 시대의 엘리사의 주요 사역을 연속적으로 언급합니다. 특별히 4장 1-44절까지는 엘리사 선지자가 북이스라엘의 신실한 하나님의 백성들을 돕기 위해 개인적으로 행한 다섯 가지 이적을 다룹니다.

하나님께서 엘리사를 통하여 신실한 하나님의 백성을 돌보시며, 아합 왕가는 버리셨으되 하나님의 백성에게는 은총을 거두지 않으셨음을 말해 주고 있습니다.

다섯 가지 이적 중 첫째가 선지자의 제자의 미망인을 경제적인 위기에서 구출하는 장면이 나타납니다. 8-17절은 엘리사를 공궤한 수넴 여인의 득남 이적을, 18-37절까지는 수넴 여인의 아들을 죽음에서 살려

주는 이적을, 38-44절까지는 네 번째와 다섯 번째의 이적으로 국에 든 맹독을 제거하는 이적과 보리떡 이십 개와 채소 한 자루로 백 명을 먹이고도 남기는 이적을 다룹니다. 이러한 이적들을 통하여 우리에게 주시는 교훈이 무엇입니까?

1) 하나님의 은혜와 복은 오직 순종하는 하나님의 백성에게 임합니다. 세상이 극도로 타락한 순간에도 소수의 남은 자(remnent)를 남겨두셨습니다. 오므리 왕조 당시의 북이스라엘은 극도로 타락한 시기였습니다. 북이스라엘 역사상 가장 타락한 시기였습니다. 당시 바알과 아세라 숭배가 여호와 하나님을 믿는 신앙을 대적하고 윤리 도덕적으로나 영적으로 아주 문란한 시대였습니다. 어느 곳을 보든지 소망이 없던 시대였습니다.

그래도 100여 명의 선지자의 제자들이 있었고, 엘리사를 극진히 대접한 수넴 여인과 같은 믿음의 사람들이 있었습니다. 부족한 면이 있다 하더라도 여호와 하나님을 경외하는 성도들이었습니다. 하나님은 이렇게 숨겨 둔 백성, 소수의 남은 자가 있게 하십니다.

노아 홍수시대에도 노아의 가정 여덟 식구는 경건했습니다. 하나님을 믿고 사랑했습니다. 그리고 절대적으로 순종했습니다. 하나님께서 명령하신 대로 방주를 준비했던 가정입니다. 또 엘리야 시대에 바알에게 무릎을 꿇지 않은 칠천 명이 있었습니다.

이 시대의 남은 자는 누구입니까? 여러분입니다. 하나님만 사랑하는 그리스도인입니다. 하나님의 아들과 딸들이 이 시대의 남은 자요, 숨겨 둔 하나님의 백성입니다. 마치 동방 박사처럼 별을 보고 따르듯 우리는 주 예수님만 보고 따라가는 하나님의 어린 양입니다.

하나님의 백성의 특징은 하나님만 믿고 사랑하여 순종하는 것이 특징입니다. 하나님을 사랑하고 믿기 때문에 세상 사람들이 미워하고 싫어합니다. 그래도 하나님만 바라보기 때문에 하나님께서 끝까지 보호하십니다. 마침내 구원하십니다. 우리 모두 끝날까지 하나님만 믿고 순종하는 백성이 됩시다.

2) 믿음의 분량대로 부어주시는 하나님이십니다. 엘리야의 승천과 엘리사의 선지자직 승계가 기록됩니다. 엘리사 선지자의 특징은 이적과 기적이 많은 선지자였습니다. 엘리야가 하늘로 올라가면서 겉옷을 물려 주었습니다. 엘리사는 엘리야의 겉옷으로 요단 강을 치면서 '엘리야의 하나님은 어디 계십니까?' 그렇게 외쳤습니다. 하나님께서 요단 강이 갈라지는 이적을 보여주셨습니다.

때로는 여리고 성의 수질을 바꿔주기도 했습니다. 엘리사를 조롱하던 사십이 명의 아이들을 곰 두 마리가 나타나더니 찢어 죽이는 이적도 나타났습니다. 하나님을 버리는 자에게는 저주와 심판이 있음을 알게 하고, 하나님을 신실하게 믿고 따르는 자에게는 믿음의 분량대로 은총과 복을 부어주시는 것을 가르칩니다.

북이스라엘의 9대 왕은 여호람입니다. 여호람 시대 이스라엘 연합군과 모압과의 전쟁이 있을 때에도 엘리사 선지자는 이적을 베풀었습니다. 이스라엘 연합군의 승리의 원동력이 되었습니다. 이렇게 엘리사가 이적과 기적을 베풀 수 있던 원인이 무엇입니까?

물론 하나님의 은혜와 능력입니다. 그렇지만 엘리사가 엘리야에게 구한 것은 갑절의 영감이었습니다. 구하고 찾고 두드리는 자에게 하나님은 얻게 하시고 찾게 하시며 열리도록 복을 주실 줄로 믿습니다.

선지자의 제자들이란 '선지자의 아들들'이라는 의미입니다. 사무엘 시대부터 선지자의 무리가 있었던 것으로 보아 선지 학교가 있었던 것으로 생각됩니다. 선지자의 제자들은 우상을 숭배하는 시대적인 배경을 생각할 때 엄청난 고난과 생활고를 겪었던 것으로 볼 수 있습니다. 생활고를 겪으면서도 하나님을 배우고 하나님을 위하여 살려는 시도가 있었습니다.

선지자의 제자 중에는 독신만이 아니라 결혼한 사람들도 있었습니다. 사해에서 발견된 쿰란 공동체처럼 철저하고 경건하며 금욕주의적인 생활을 했습니다. 선지자의 한 제자가 죽자 그 아내는 엘리사에게 부르짖었습니다. 부르짖는 것은 '천둥처럼 소리나다'라는 의미입니다. 큰 소리를 지르면서 도움을 요청한 것입니다. 절규하는 소리입니다. 마치 이스라엘 백성들이 애굽에서 종노릇 할 때 하나님을 향하여 부르짖는 것과 같은 소리였습니다.

'내 남편은 죽었습니다.' 고대 사회에서는 남편이 죽으면 과부가 되는 것은 물론이고 사회적인 약자가 되는 것을 의미합니다. 사회적으로 신분이 약해지는 것이지요. 고아와 과부는 가장 힘없고 연약한 사람임을 말해 줍니다. 나그네와 똑같은 것입니다. 그래서 전심전력하여 엘리사에게 부르짖은 것입니다. 이스라엘 사회에서는 고아와 과부 그리고 나그네가 이삭을 주울 수 있도록 남겨놓기도 했습니다. 레위인과 더불어 3년마다 십일조 일부를 나누어 받을 수도 있었습니다.

신명기 26장 12절에 "셋째 해 곧 십일조를 드리는 해에 네 모든 소산의 십일조 내기를 마친 후에 그것을 레위인과 객과 고아와 과부에게 주어 네 성읍 안에서 먹고 배부르게 하라"라고 했습니다. 그렇게 돌보는 경우에도 과부는 경제적인 어려움과 사회적인 약자였습니다.

3) 하나님을 경외하는 자, 하나님을 찾는 자에게 은혜와 복을 주십니다. 죽은 남편은 선지자의 제자로서 엘리사를 존경하고 따르던 사람이었습니다. 엘리사도 그 죽은 남편을 잘 아는 것으로 보입니다. 죽은 사람이지만 여호와를 경외하는 사람이었습니다. 하나님을 잘 섬기는 사람이었습니다. 진실한 하나님의 사람이었습니다.

이스라엘의 역사가 요세푸스는 여기에 언급된 죽은 남편을 오바댜로 추측했습니다. 오바댜는 여호와를 경외하고 어려서부터 경건했던 인물이기 때문입니다. 그러나 오바댜는 100여 명의 선지자의 제자들을 숨겨줄 정도로 힘이 있는 사람이었기에 빚이 있는 점으로 보아 요세푸스의 말은 지지를 받지 못합니다.

남편이 죽은 것도 큰 아픔인데 채주가 나타나서 아들들을 종으로 삼으려는 상황이었습니다. 왜 채주가 아들들을 종으로 삼으려는 것을 엘리사에게 고발하는 것인가? 과연 어떤 의미일까요? 채주의 횡포를 고발하는 것인가? 자기 처지를 고백하여 엘리사의 도움을 받으려고 하는 것인가?

선지자의 제자가 돈을 빌려 쓰고 갚지 못한 상태에서 죽었습니다. 고대 이스라엘 사회에서도 돈을 빌릴 수 있었습니다. 주로 담보는 자기 자신이었습니다. 돈을 갚지 못할 경우는 채주에게 종이 되어 몸을 드려야 했습니다. 모세 율법에 나타나는 합법적인 행동이었습니다. 돈을 갚지 못하면 6년 동안 자녀들과 함께 종노릇을 해야 했습니다. 그러므로 미망인은 채주를 고발하는 것이 아니라 자기의 처지를 불쌍히 여겨달라는 요청이었습니다.

모세의 율법은 채주의 권한을 인정하지만 종으로 팔린 자의 인권도 보호하고 있는데, 해방이 있다고 가르쳐 줍니다. 이스라엘은 하나님의 백성이었지만 애굽에서 종노릇을 했습니다. 그런데 하나님께서 구원을 베풀어 주셔서 자유자가 되었습니다. 그러므로 자유자가 된 사람을 종으로 삼는 것은 문제가 있는 것입니다. 하나님의 법은 종에 중심을 둔 것이 아니라 자유에 관심을 두고 기록된 말씀입니다. 출애굽기나 레위기, 신명기에서 강조되는 것은 채무자가 종이 되는 것보다 인권을 보호하여 해방되고 자유자가 되는 것입니다.

엘리사의 첫 번째 질문은 '내가 너를 위하여 어떻게 하랴?' 직접적인 도움을 주고자 하는 엘리사의 말입니다. 여리고 지방의 소경이 '우리를 불쌍히 여기소서!' '너희에게 무엇을 하여 주기를 원하느냐?' 예수님이 물으시던 상황과 비슷합니다. 기도의 중요성을 발견하게 됩니다. 우리에게 주는 교훈은 기도입니다. 무능력한 것을 인정해야 합니다. 연약한 것도 인정해야 합니다. 기도할 때 하나님의 응답이 있기 때문입니다.

얼마나 가난했습니까? 기름 한 병밖에 없나이다. 한 사람에게 기름 부을 정도의 양입니다. 아무것도 없나이다. 목욕할 때 바르거나 죽은 사람을 위하여 기름을 바릅니다. 매우 적은 양의 기름입니다. 빈궁하고 빈곤한 상황을 말해 주고 있습니다.

엘리사의 두 번째 명령입니다. '빈 그릇을 빌리라.' 마치 여인의 믿음을 시험해 보는 말과 같습니다. 믿음이 많으면 많은 그릇을 빌려올 것이고 믿음이 적으면 적은 양의 그릇을 빌려올 것입니다. 빈 그릇을 적게 만들지 말라. 얻고자 하는 것만큼 많이 빌려오라는 의미가 포함된 말입니다. 네 믿음대로 되리라. 큰 믿음을 가집시다. 많은 분량의 믿음을 구해서 많은 것을 받아 누릴 수 있기를 바랍니다.

4) 이웃에게 도움을 주는 삶을 살아야 합니다. 어렵게만 사는 것은 다른 사람에게 피해를 줄 수 있습니다. 너는 두 아들과 함께 문을 닫고 모든 그릇에 기름을 부으라. 차는 대로 옮겨 놓으라. 하나님의 은혜와 복은 비밀스러운 면이 있습니다. 받는 자밖에는 모릅니다. 엘리야가 사르밧 과부의 아들을 살릴 때나 엘리사가 수넴 여인의 아들을 살릴 때 모두 비밀스럽게 행동했습니다. 하나님과 나와의 은밀한 교제입니다. 마치 우리가 골방에 들어가서 은밀한 중에 계시는 하나님께 구하는 것과 같습니다. 은밀한 중에 보시는 하나님이 갚아 주실 것입니다.

여인과 두 아들이 엘리사의 명령대로 순종했더니 하나님의 은총과 복이 임했습니다. 큰 이적을 베풀어 주셨습니다. 그릇마다 기름으로 가득 찼습니다. 하나님의 초자연적인 능력이 나타났습니다. 눈앞에 생생한 이적과 기적이 나타났습니다. 다른 그릇이 없나이다. 다 찼나이다. 그때서야 기름이 그쳤습니다. 멈췄습니다.

우리가 은혜를 사모하면 채워주실 줄로 믿습니다. 기름의 소유주가 누구입니까? 하나님이십니다. 그래서 여인이 엘리사에게 달려나왔습니다. 자기 것이 아니라 하나님의 것입니다. 겸손해질 수 있는 사상입니다. 여인은 엘리사 앞에 나아와서 고백했습니다. 하나님의 사람이여! 하나님의 사람이란 말이 그런 의미도 담고 있습니다. 하나님의 사람이란 말은 엘리야에게 일곱 번 사용되고, 엘리사에게 스물네 번이나 사용된 말입니다. 하나님의 사람은 하나님의 뜻을 왕과 백성에게 선포하며 능력과 기적도 베풀던 사람, 예언자들입니다.

엘리사의 세 번째 명령은 '기름을 팔아 빚을 갚고 완전히 회복하라.' 완전히 조화를 이루는 상태에 들어가라. 채주와의 관계를 평화의 관계로 회복하라. 그리고 남은 것으로는 생활을 하라. 하나님의 응답은 풍성한 응답이었습니다. 빚의 문제, 아들들의 문제, 생활의 문제까지 한꺼번에 다 해결되었습니다. 하나님의 사람을 통해서 이루어진 기적과 능력이었습니다. 여러분도 믿음으로 구하십시오. 전능하신 하나님께서 기도에 응답하십니다.

제13강
열왕기하 4장 1-37절

성숙하라(Maturity)

'사람은 늙어 가는 것이 아니라 익어 가는 것이다' 라는 말이 있습니다. 베드로 사도는 베드로후서 3장 18절에서 "오직 우리 주 곧 구주 예수 그리스도의 은혜와 그를 아는 지식에서 자라 가라"라고 했습니다. 성도는 성숙해 가는 사람입니다. 주님을 닮고 하나님 아버지를 닮을 때까지 자라 가는 사람입니다.

사도 바울은 에베소 교인들에게 "오직 사랑 안에서 참된 것을 하여 범사에 그에게까지 자랄지라 그는 머리니 곧 그리스도라 그에게서 온 몸이 각 마디를 통하여 도움을 받음으로 연결되고 결합되어 각 지체의 분량대로 역사하여 그 몸을 자라게 하며 사랑 안에서 스스로 세우느니라"(엡4:15-16)라고 했습니다.

엘리사와 두 여인의 만남이 세 가지 원리를 가르쳐 줍니다. 그것이 무엇입니까?

1. 성숙한 믿음의 사람은 순종합니다.

성숙한 믿음의 사람은 교회를 배교하지 않습니다. 사람을 배반하지도 않습니다. 하나님께 불순종하지도 않습니다. 성숙한 사람은 하나님께 순종하는 믿음의 사람입니다.

열왕기하 4장은 한 과부의 간청으로 시작됩니다. 하나님은 고아와 과부에 대하여 관심이 많으십니다. 하나님께서 이스라엘 백성들에게 율법을 주실 때도 가난한 자들을 기억하도록 가르쳐 주셨습니다. 먹을 것을 나눠 주라. 곡식을 타작할 때도 흘려 두어라. 나무에서 열매를 거둘 때도 남겨 두어라. 이것이 하나님 나라의 모습으로 하나님의 성품을 반영하는 것이었습니다. 하나님의 자비와 긍휼을 느끼도록 하는 제도들입니다.

그런데 이스라엘이 하나님을 떠나 배교하면서 어려운 사람들은 더욱 어렵게 되었습니다. 고아와 과부가 살기 힘든 세상이 되었습니다. 세속적인 나라와 비슷하게 된 것이지요.

선지자의 제자 중 한 사람이 죽었습니다. 왜 죽었는지는 모르지만 죽으면서 세상에 남겨 놓은 것은 아내와 두 아들 그리고 많은 빚이었습니다. 그런데 두 아들이 빚 때문에 노예로 팔려가게 되었습니다. 과부는 하는 수 없이 스승 되는 엘리사를 찾아갔습니다. 물론 도움을 요청하기 위해서 찾아간 것입니다(왕하4:1).

이것은 지혜로운 결정이었습니다. 엘리사는 하나님편에 서 있는 하나님의 사람이며 선지자였습니다. 의로운 사람이었습니다. 다른 사람들이 능력이 없을 때 능력을 받은 하나님의 사람이었습니다. 이 여인의 곁에 있어 줄 수 있는 하나님의 사람이었습니다. 엘리야처럼 엘리사도 그런 선지자였습니다. 하나님이 함께하시면 다 해결된다는 것을 아는 선지자였습니다.

엘리사가 할 수 있는 일은 아무것도 없었습니다. 불쌍히 여기는 마음뿐이었습니다. 그래서 엘리사가 과부에게 물었습니다. 내가 너에게 무엇을 어떻게 도와줄까?

이스라엘의 역사를 보면 이스라엘 백성이 저주와 심판을 받아 앗수르의 포로가 된 이유 중의 하나가 어려운 사람, 가난한 사람들이 도움을 요청할 때 무시했기 때문이었습니다. 아모스 2장 6-7절입니다. "여호와께서 이와 같이 말씀하시되 이스라엘의 서너 가지 죄로 말미암아 내가 그 벌을 돌이키지 아니하리니 이는 그들이 은을 받고 의인을 팔며 신 한 켤레를 받고 가난한 자를 팔며 힘 없는 자의 머리를 티끌 먼지 속에 발로 밟고 연약한 자의 길을 굽게 하며 아버지와 아들이 한 젊은 여인에게 다녀서 내 거룩한 이름을 더럽히며"라고 지적했습니다.

아모스 5장 11-12절에서는 "너희가 힘없는 자를 밟고 그에게서 밀의 부당한 세를 거두었은즉 너희가 비록 다듬은 돌로 집을 건축하였으나 거기 거주하지 못할 것이요 아름다운 포도원을 가꾸었으나 그 포도주를 마시지 못하리라 너희의 허물이 많고 죄악이 무거움을 내가 아노라 너희는 의인을 학대하며 뇌물을 받고 성문에서 가난한 자를 억울하게 하는 자로다"라고 했습니다.

그래서 사도 요한은 요한일서 3장 17-18절에서 "누가 이 세상의 재물을 가지고 형제의 궁핍함을 보고도 도와 줄 마음을 닫으면 하나님의 사랑이 어찌 그 속에 거하겠느냐 자녀들아 우리가 말과 혀로만 사랑하지 말고 행함과 진실함으로 하자"라고 했습니다.

엘리사는 과부에게 또 질문했습니다. 너의 집에 있는 것이 무엇인가?(왕하4:2). 아무것도 없나이다. 약간의 기름밖에 없나이다. 기름 한 병 '외에는'(except)이라고 했습니다. 이는 사소하지만 잠재력이 있는 말입니다.

민수기 14장 30절에 '여호수아 갈렙 외에는', 사사기 7장 7-8절에서 '삼백 명 외에는', 다윗은 골리앗을 죽일 때 '물매와 돌 다섯 개 외에는'(삼상17:40), '보리떡 다섯 개와 물고기 두 마리 외에는'(요6:9) 아무것도 없었습니다. 그러나 하나님이 함께하시면 그것만으로도 충분합니다. 있는 것이면 됩니다. 그것이 연결고리가 됩니다. 그것을 가지고 일하시는 하나님이십니다. 여러분도 소망을 가지세요.

엘리사가 명령한 것이 무엇입니까? 기름 사업을 하도록 빈 그릇을 있는 대로 다 빌려오라고 했습니다. 분명히 몇 개만 빌리지 말라고 했습니다. 많이 빌리라고 했습니다. 이것이 출발점입니다. 여러분도 목회자가 하는 말을 기억해 봅시다. '기도해요.' 그게 전부입니다. 시시하게 보이지만 기도해 보세요. 주님이 채워 주십니다. 사업이 달라집니다. 가정에 평안함이 깃듭니다. 마음의 변화도 일어납니다. 믿음 생활이 즐겁습니다.

하나님은 순종하는 믿음의 사람을 좋아하십니다. 순종하는 것이 성숙도입니다. 내가 하나님을 위하여 할 일을 찾는 것도 중요하지만 더 중요한 것은 하나님께서 명령하시는 일을 수행하는 것입니다. 기적과 이적은 그곳으로부터 시작되는 것입니다. 하나님과 함께, 그리스도와 동행하는 삶이 성숙하게 되는 과정입니다.

2. 성숙한 사람은 만족하는 사람입니다

성숙한 믿음의 사람은 범사에 만족해 합니다. 자기 자신의 욕심을 꺾고 행복한 마음으로 세상을 살아갑니다. 믿음이 없는 사람은 범사에 불평과 불만입니다. 그러나 믿음이 있는 사람은 광야나 궁궐이나 다 천국입니다. 하나님과 동행하고 있기 때문입니다.

고대 사회에서 여자가 비참하게 되는 것은 아이가 없는 것입니다. 수넴 여인은 정직한 사람이었습니다. 성숙한 사람의 특징은 정직입니다. 엘리사가 게하시를 통해서 묻습니다. 네가 우리를 위하여 생각이 주밀하니 우리가 무엇을 해 줄까?(왕하4:13)

엘리사는 수넴 여인을 축복해 주고 싶었습니다. 그런데 질문은 결국 인격의 문제입니다. 하나님이 솔로몬에게 물으셨을 때도 인격의 문제였습니다. 무엇을 줄꼬? 내게 구하라(왕하4:5). 솔로몬은 지혜와 분별하는 마음을 구했습니다. 이것이 합격한 인격입니다(왕하4:9).

수넴 여인도 다 가지고 있다고 대답했습니다. 만족하다는 말입니다. 가지고 있는 것으로 만족하다는 뜻입니다. 엘리사가 자녀에 대하여 말했을 때 반대했고 받지 않으려고 했습니다(왕하4:16). 이것이 성숙이라면 성숙한 것이 아니겠습니까?

우리는 물질에 대하여 많이 구합니다. 그런데 중요한 것은 주님이 천국과 지옥에 대해서 말씀하신 것보다 돈에 대하여 더 많이 말씀하셨다는 사실입니다. 디모데전서 6장 17-18절을 봅시다. "네가 이 세대에서 부한 자들을 명하여 마음을 높이지 말고 정함이 없는 재물에 소망을 두지 말고 오직 우리에게 모든 것을 후히 주사 누리게 하시는 하나님께 두며 선을 행하고 선한 사업을 많이 하고 나누어 주기를 좋아하며 너그러운 자가 되게 하라"라고 했습니다.

또 디모데전서 6장 6-8절에서 "그러나 자족하는 마음이 있으면 경건은 큰 이익이 되느니라 우리가 세상에 아무 것도 가지고 온 것이 없으매 또한 아무 것도 가지고 가지 못하리니 우리가 먹을 것과 입을 것이 있은즉 족한 줄로 알 것이니라"라고 했습니다.

자기의 삶에 대하여 만족할 수 있는 자세가 필요합니다. 성숙한 사람은 하나님께서 주신 것에 대하여 만족해 하는 사람입니다. 나아가 주시지 않은 것에 대해서도 만족하는 사람입니다. 이것이 수넴 여인이 우리에게 가르쳐 주는 교훈입니다. 범사에 만족해 하는 사람이 됩시다. "범사에 감사하라 이것이 그리스도 예수 안에서 너희를 향하신 하나님의 뜻이니라."

3. 성숙한 사람은 환경을 이깁니다

성숙한 믿음의 사람은 환경을 이깁니다. 믿음의 열매로 말미암아 자신감이 있습니다. 세상이 감당할 수 없는 영광스러움이 있습니다. 주변 환경으로 인해 상당히 고통스럽고 어려운 가운데 있어도 승리하는 믿음을 가집니다.

수넴 여인은 처음에는 자녀를 원했을 것입니다. 나중에는 자식 없이도 살 수 있는 사람이 되었습니다. 엘리사가 나타나서 마음을 흔들어 놓았습니다. 대부분의 경우 자녀들은 부모의 믿음을 성장시킵니다. 어린아이가 새벽부터 일어나서 부모를 새벽기도 나가라고 말합니다. 때로는 자녀들 때문에 부모가 기도하는 경우도 있습니다.

수넴 여인의 아들이 갑자기 죽었습니다. 비통함과 슬픔 속에서 갈멜산에 있는 엘리사에게로 당나귀를 타고 달려갔습니다. 아마도 분노해서 갔다는 말이 더 맞을 것입니다. 내가 언제 아들을 달라고 했습니까? 괜히 아들을 주셔서 마음을 들뜨게 하고 생활을 곤비하게 하더니, 죽음을 맛보게 합니까?

엘리사의 친절과 축복이 상처와 저주처럼 보였습니다. 여러분은 이런 심정을 이해합니까? 엘리사의 반응을 배워야 합니다. 비극과 고난을 이기는 방법은 두 가지였습니다. 하나는 게하시에게 지팡이를 가지고 가서 아이 위에 올려놓으라고 명령한 것입니다. 다른 하나는 아무 말도 하지 않고 수넴 여인 곁에 있어 주는 것이었습니다. 아무 말도 하지 않는 것의 위력을 아십니까? 상처받은 영혼에게 아무 말도 하지 않는 것처럼 용기와 위로와 차분함을 주는 것은 없습니다. 엘리사가 행한 상담법이고 문제 처리 방법입니다. 서두르지 않고 함께 있어 주었습니다.

수넴 여인이 당나귀를 타고 가는 동안 엘리야가 아합 왕 앞에서 달렸던 길을 따라 갔을 것이지만 엘리사는 주님과 대화하면서 산을 내려왔습니다. 상당히 긴 기도시간이었습니다. 주님께서 기적을 베푸실 것을 믿었습니다. 수넴 여인이 말은 없지만 '나를 이 지경으로 만들었습니다. 주님도 나를 이 지경이 되도록 버려두었습니다.' 그렇게 말하는 것처럼 보였습니다. 이제 엘리사가 선지자임을 증명할 때가 왔습니다. 하나님의 능력을 보여줄 때가 왔습니다.

하나님께서 우리에게 주신 것들을 반납할 수는 없습니다. 결혼을 반납하겠습니까? 한 번 사는 삶을 반납하겠습니까? 어려운 고난이나 직분을 반납하겠습니까? 끝까지 감당하도록 노력하는 것이 중요합니다. 열왕기하 4장 21절을 보면 수넴 여인은 아이가 죽을 때 아이를 하나님의 사람이 묵었던 방으로 안고 가서 침상에 뉘었습니다.

왜 그렇게 했을까? 기적을 기대했던 것일까요? 그것보다는 분노로 가득차서 그렇게 한 것으로 보입니다. 마치 당신을 통해서 얻은 선물을 도로 가져가시오. 당신이 준 선물이 나를 비참하게 만들고 슬프게 만들었습니다. 선물이고 뭐고 다 필요없소. 재능도 그렇고 직분도 그렇습니다.

그러나 하나님은 수넴 여인의 품에서 아이가 성장하기를 원하셨습니다. 주님의 계획은 수넴 여인의 계획과 달랐습니다. 우리들이 기도하고 성경을 보아야 할 이유가 여기 있습니다. 우리가 알지 못하는 주님의 목적이 있기 때문에 그 목적을 찾아야 하는 것입니다.

제14강
열왕기하 4장 8-17절

수넴 여인의 득남

엘리사가 여리고 수질의 문제와 모압과의 전쟁에서의 물의 문제를 해결한 것은 국가적이거나 사회적인 일이었고, 개인을 위한 첫 번째 이적은 선지자의 제자의 미망인을 경제적인 위기에서 구해 준 일이었습니다. 선지자의 제자가 죽게 되어 과부가 된 여인에게 두 아들이 빚 때문에 종으로 팔리게 되는 큰 위기가 찾아왔습니다. 엘리사가 빈 그릇을 빌려오라고 명령했고, 멈추지 않는 기름을 얻게 되어 여인이 어려움을 넘길 수 있었던 이적입니다.

두 번째 개인을 위한 이적은 오늘 말씀에 나타난 이적입니다. 자녀가 없던 수넴 여인의 집에 아들이 있게 하는 이적입니다. 이것이 왜 이적이며 어떤 과정을 통해서 이적을 체험하게 되었을까요?

1. 수넴 여인의 엘리사 공궤

하루는 엘리사가 수넴에 도착했습니다. 그냥 일반적인 하루가 아니라 사건의 전환으로서의 하루입니다. 새로운 화제를 말하고 있는 시간입니다. 무슨 일이 발생한 하루일까요? 여러분의 삶도 매일 같은 날 같지만 같지 않은 날입니다. 날마다 이적과 기적이 따르는 삶을 살 수 있기를 바랍니다.

수넴의 한 귀부인이 엘리사를 간곡히 권하여 음식을 대접했습니다. 수넴 여인이 엘리사를 대접하는 하루였습니다. 아주 특별한 날입니다. 생일이나 명절 같은 날이 아니라 아주 특별한 날이었습니다. 수넴은 므깃도 남방 11킬로미터 떨어진 이스르엘 계곡 지역의 모라산 기슭에 위치한 도시입니다.

역사적으로 잇사갈 지파의 땅이었고, 다윗의 후궁 아비삭의 고향이기도 합니다. 술람미라고도 불렀는데 아가서에 나오는 솔로몬이 사랑했던 여인도 이곳 출신으로 보여집니다. 수넴 여인은 경제적인 부요뿐만 아니라 인품이나 신분에 있어서도 존경을 받는 여인인 것 같습니다.

또한 수넴 여인은 하나님의 사람에게 헌신하는 여인이었습니다. 지극 정성을 다하여 대접했습니다. 마치 아브라함이 부지중에 하나님, 천사를 대접한 것과 같았습니다. 아브라함이 대접하다가 복을 받은 것처럼 수넴 여인도 하나님의 사람 엘리사를 대접하다가 복을 받게 되었습니다.

수넴 여인은 갈멜산과 이스르엘 사이를 왕래하는 엘리사를 지극 정성으로 대접했습니다. 수넴을 지날 때마다 엘리사는 수넴 여인의 집에 들러서 음식을 먹었습니다. 수넴 여인의 대접은 융숭한 대접이었습니다. 수넴은 갈멜산에서 24킬로미터 정도의 거리였습니다.

수넴 여인은 남편에게 엘리사가 하나님의 사람임을 말했습니다. 그것도 '거룩한 하나님의 사람이라'라고 고백했습니다. 엘리사가 진실한 하나님의 사람이고 여호와의 종인 것을 알았습니다. '거룩하다'라는 말은 하나님의 속성이나 하나님의 율법 그리고 레위인과 제사장이 드리는 제물에 사용되는 말입니다. 수넴 여인은 엘리사를 평가할 때 외모와 인품, 학식과 인간적인 것으로 평가하지 않고, 하나님과 관련하여 평가하고 있습니다. 수넴 여인의 인격이 아주 성숙한 여인임을 나타내는 것입니다.

그리고 하나님의 사람을 위한 수넴 여인의 간절한 소원이 있었습니다. 작은 방을 짓자는 것입니다. 엘리사가 유할 수 있는 작은 방입니다. 벽에 다락방을 짓는데 밖에서 출입할 수 있도록 했습니다.

또 방에는 책상과 의자와 촛대를 두도록 요청했습니다. 엘리사가 필요로 하는 것들입니다. 책상은 바닥 위에 매트를 깔고 그 위에 가죽을 얹은 테이블, 의자는 화려한 좌석, 때로는 왕의 보좌입니다. 촛대는 성전이나 성막의 물품을 나타냅니다. 엘리사로 하여금 휴식과 연구, 묵상과 기도를 할 수 있도록 하기 위한 배려입니다. 이런 헌신과 봉사가 수넴 여인에게 있어서 복의 근원이 된 것입니다.

예수님의 말씀을 기억해야 합니다. '너희를 영접하는 자는 나를 영접하는 것이요 나를 영접하는 자는 나 보내신 이를 영접하는 것이니라.' 여러분은 하나님의 사람에 대해 개인적으로 대접한 것이 무엇입니까? 결과가 하나님을 대접하는 것입니다. 원리를 이해하시고 대접을 잘 하는 그리스도인의 삶을 살아갈 수 있기를 바랍니다.

2. 엘리사의 칭찬과 질문

엘리사는 수넴 여인의 환대에 보답하는 마음을 가지고 있었습니다. 어느날 엘리사가 수넴 여인의 집에 들어가 자기를 위해 준비한 방에 들어가 누웠습니다. 침상에 누웠습니다. 엘리사가 하나님의 사람이지만 재충전이 필요한 사람입니다. 엘리사가 수넴 여인의 집에서 유숙하게 되었습니다.

엘리사가 게하시를 통해 여인을 불렀습니다. 게하시는 알려진 것이 전혀 없는 사람이었습니다. 어디 사람인지, 어떻게 해서 엘리사를 따르게 되었는지, 누구의 아들인지 전혀 알려진 내용이 없습니다. 엘리사를 따르면서 심부름하는 종과 같은 사람이었습니다. 엘리사와 수넴 여인

사이를 오가며 심부름을 맡았던 사람이었습니다.

왜 엘리사는 직접 수넴 여인을 만나지 않고 게하시를 통해서 말했을까? 두 가지로 추측합니다. 엘리사가 선지자의 권위 때문이라고 보는 학자가 있습니다. 마치 왕이 다른 사람에게 말을 전할 때 사신을 보내는 것과 같이 보는 견해입니다. 다른 한 가지는 엘리사의 배려하는 마음입니다. 엘리사 앞에 당혹스러운 말을 털어놓지 않게 하기 위해서라고 보고 있습니다. 두 번째 견해가 더 설득력이 있다고 생각됩니다.

엘리사가 게하시를 통하여 여인이 자신을 정성껏 공궤함을 칭찬했습니다. '우리를 위하여 생각이 주밀하도다.' 수넴 여인은 엘리사를 존경하고 조심스러운 마음으로 대하는 여인이었습니다.

엘리사가 게하시에게 여인이 필요로 하는 것이 무엇인지 물어보게 하였습니다. 왕이나 군대장관에게 구할 것이 있는지를 물었습니다. 엘리사는 왕궁에서도 상당한 권위가 있는 하나님의 사람이었습니다. 엘리사는 열두 겨리의 소로 농사를 짓던 사람으로 부유한 가정생활을 했던 사람입니다. 엘리야가 광야에서 생활했다면 엘리사는 성읍이나 왕궁까지 출입했던 선지자였습니다. 모압과의 전쟁에서도 물이 없을 때 연합군 왕들의 요청으로 물이 있게 하는 이적을 베풀었던 하나님의 사람입니다. 그러므로 왕과 군대장관에게도 말할 수 있는 위치에 있었습니다. 지금으로 말하면 세금의 불이익이나 부당한 요구에 대하여도 조절해 줄 수 있는 위치에 있다는 뜻입니다.

수넴 여인이 엘리사에게 자신은 이미 만족스러운 삶을 살고 있다고 대답했습니다. '나는 내 백성 가운데 살고 있습니다.' 나는 하나님의 백성으로 만족합니다. 나는 내 고향 사람들과 함께 평화롭게 살고 있습니다. 사람들과의 문제가 한 가지도 없습니다.

수넴 여인의 대답의 의도가 무엇입니까? 내가 하나님의 선지자, 엘리사를 대접한 목적은 어떤 문제를 해결하기 위한 대접이 아니었습니다. 보상을 받기 위함도 아니었습니다. 순수한 마음에서 사랑으로 대접한 것입니다. 그냥 존경하고 사랑해서 대접한 것뿐입니다.

갈라디아 교인들이 바울을 얼마나 사랑했습니까? 천사같이 대접했습니다. 눈까지도 빼 주려는 심정으로 대접했습니다. 그런데 시간의 흐름 속에 변화가 일어났습니다. 그럴 때 바울의 말이 무엇입니까? 지금 너희의 복이 어디 있느냐? 그래서 '교회를 잘 섬기는 장로들을 존경하되 하나님의 말씀을 가르치는 자에게 더 할지니라' 라고 가르쳤습니다.

3. 엘리사의 예언

엘리사가 수넴 여인을 위하여 무엇을 해주면 좋을지 게하시에게 물었습니다. 게하시가 엘리사에게 수넴 여인에게 아들이 없고 남편은 이미 늙었음을 고했습니다. 아들이 없고, 남편은 늙었습니다. 인간적으로는 도저히 불가능한 문제입니다. 매우 심각한 문제입니다. 누구나 쉽게 해결할 수 있는 문제가 아닙니다.

야곱의 사랑하는 라헬이 무슨 말을 합니까? '나로 자식을 낳게 하라 그렇지 아니하면 내가 죽겠노라.' 라헬의 고백입니다. 엘가나의 아내 한나의 심정도 이해할 수 있습니다. 모세는 신명기 7장 14절에서 '너희 중의 남녀와 너희의 짐승의 암수에 생육하지 못함이 없을 것이며' 라고 했습니다. 하나님께 순종만 하면 불임은 없을 것이라는 뜻입니다.

더욱 심각한 것은 남편이 늙은 상황입니다. 생산기능이 상실된 상황과 같은 입장입니다. 아브라함과 사라도 늙은 상태에서 기적적으로 자녀를 선물로 받았습니다. 하나님에게는 불가능이 없습니다. 전능하신 분이십니다.

엘리사가 게하시를 통하여 수넴 여인을 다시 부르자 여인이 문에 섰습니다. 방으로 들어간 것이 아니라 문 밖에 서서 말을 듣고자 준비한 상황이었습니다. 수넴 여인은 여전히 엘리사를 하나님의 사람으로, 존경하고 사랑하는 하나님의 사람으로 믿고 있습니다. 수넴 여인의 교양과 인격을 알 수 있는 장면입니다.

엘리사가 여인에게 1년 후에 수넴 여인이 아들을 낳을 것이라고 예
언했습니다. 돌이 되면 네가 아들을 안으리라. 정해진 시간입니다. '1
년 후의 약속이다. 이것은 예언이다. 하나님의 뜻과 권능으로 이루어질
것이다. 사라가 늙어서 이삭을 낳은 것처럼 너 수넴 여인도 1년 후에 아
들을 안으리라.'

여인이 '아니로소이다 내 주 하나님의 사람이여, 당신의 계집종을
속이지 말라' 라고 하면서 믿지 않았습니다. 너무 기쁜 일이지만 이런
일은 바라보지도 않는다는 의미입니다. 수넴 여인은 아이에 대하여 완
전히 포기한 상태였습니다.

아들이 없는 것은 당시의 사회에서는 큰 수치 중의 하나였습니다.
엘리사는 수넴 여인의 공궤에 대한 최상의 보답으로 아들을 말한 것입
니다. 상황을 생각해 봅시다. 남편이 너무 늙은 상태였습니다. 마치 아
브라함을 연상하게 만듭니다. 엘리사벳의 남편 스가랴 제사장을 생각
하게 만듭니다.

그러나 하나님의 사람 엘리사의 말은 하나님의 놀라운 이적을 전제
한 약속이고 예언이었습니다. 부지중에 천사, 하나님을 대접한 아브라
함을 연상하게 하는 수넴 여인의 대접이었습니다. 성도의 봉사와 헌신
이 얼마나 큰 복의 원천이 되는지 알고 있습니까?

마태복음 25장 40절에 "임금이 대답하여 이르시되 내가 진실로 너
희에게 이르노니 너희가 여기 내 형제 중에 지극히 작은 자 하나에게
한 것이 곧 내게 한 것이니라"라고 했습니다.

히브리서 11장 35절에 "여자들은 자기의 죽은 자들을 부활로 받아들
이기도 하며 또 어떤 이들은 더 좋은 부활을 얻고자 하여 심한 고문을
받되 구차히 풀려나기를 원하지 아니하였으며"라고 했습니다. 믿음의
여인들이 있었습니다. 죽은 자 가운데서 부활 신앙을 소유했습니다. 육
체적인 고문과 고난을 겪은 것은 부활을 바라보았기 때문입니다.

1년 후에 수넴 여인은 엘리사의 예언대로 아들을 하나님의 선물로 받았습니다. 잉태하여 아들을 낳았더라. 이런 사건이 우리에게 주는 교훈이 무엇입니까? 북이스라엘 나라의 생명도 하나님께 달려 있다는 교훈입니다. 인간의 생사화복이 하나님의 주권에 달려 있고, 국가의 흥망성쇠가 하나님의 능력에 달려 있습니다. 이것이 엘리사 선지자가 개인을 위하여 행한 두 번째 이적입니다.

제15강
열왕기하 4장 18-37절

수넴 여인과 아들

엘리사 선지자가 개인을 위하여 두 가지 이적, 즉 한 제자의 미망인이 경제적인 위기에서 벗어나게 한 이적과, 수넴 여인에게 아들이 있을 것이라고 예언한 이적을 행했습니다. 그러나 이 두 가지 이적에 비해 세 번째의 이적은 전혀 다른 성격을 가지고 있습니다. 예수님이 죽은 자를 살리신 것의 예표가 되는 이적이기 때문입니다.

수넴 여인의 아들을 살리는 이적은 종말론적으로 성도들의 부활을 연상하게 만드는 이적입니다. 기독교는 부활의 종교입니다. 십자가만을 말하지 않고 부활의 영광을 말하는 종교입니다.

그러므로 마지막 시대를 살고 있는 하나님의 백성, 하나님의 아들과 딸들의 뜨거운 신앙이 필요함을 재인식하게 됩니다. 간절히 매달리는 기도, 자기 심정을 쏟아놓는 애끊는 호소, 하나님만 바라보는 기도가 있을 때 하늘의 영광과, 땅의 복이 아닌 하늘의 은혜와 복이 임할 줄로 믿습니다.

1. 외아들의 죽음

수넴 여인의 외아들이 오륙 세 정도 되었을 때 하루는 추수꾼들에게 나아가게 되었고 자기 아버지에게로 갔습니다. 수넴 지역은 옥수수를 많이 재배했는데 옥수수를 추수하는 시기인 것으로 보아 여름으로 짐작할 수 있고, 아버지는 추수하는 일꾼들을 감독하기 위하여 나갔던 것으로 보입니다.

외아들이 아버지에게 '내 머리야 내 머리야' 하며 머리의 통증을 호소했습니다. 두 번씩이나 머리가 아프다고 말한 것은 강조의 의미입니다. 통증이 몹시 심한 상태였습니다. 만약 옥수수를 베는 여름이었다면 일사병을 생각할 수 있습니다. 팔레스틴 지방은 날씨가 덥기 때문에 옥수수를 수확할 때 일사병으로 죽는 경우가 종종 있었습니다. 일사병이 심할 경우에는 열을 동반한 두통과 안면이 창백해지고 현기증이 발생할 수 있습니다. 때로는 뇌경색을 일으키기도 합니다.

그 아버지가 사환에게 아들을 어머니에게 데려가라고 말했습니다. 일사병이었다면 서늘한 그늘로 옮겨 수분을 공급하고 충분한 휴식을 취하면 회복이 됩니다. 아버지는 아들의 병의 심각성을 알지 못했던 것으로 보입니다.

사환은 곧바로 주인의 명대로 어머니에게로 데리고 갔습니다. 그런데 아들이 어머니의 무릎 위에 낮까지 앉아 있다가 갑자기 죽었습니다. 연속된 행동의 생생한 표현입니다. 노년에 얻은 아들이 자기 무릎에서 죽어가는 상황입니다. 그 모습을 바라보는 어머니의 마음은 타들어가고 있었습니다. 아버지가 느끼는 것과 어머니가 느끼는 것과는 너무나 대조적인 상황입니다. 아들의 갑작스러운 죽음이었습니다.

수넴 여인이 죽은 아들을 안고 다락방으로 올라가서 엘리사의 침상위에 두고 문을 닫고 나왔습니다. 수넴 여인은 당황하지 않았습니다. 하나님의 사람을 생각했습니다. 다락방에 꾸며진 침상 위에 아이를 눕혔습니다. 이렇게 한 것은 수넴 여인의 믿음입니다. 다시 살아날 수 있다는 확신 때문에 하나님의 사람의 침상에 눕힌 것입니다.

침상에 눕히고 문을 닫은 것은 아들의 죽음이 알려지지 않기를 바라는 마음에서 취한 행동입니다. 하나님의 사람, 엘리사에 의해서 아들의 죽음 문제까지 해결될 것을 확신했기 때문에 문을 닫고 나온 것이지요.

2. 수넴 여인이 향한 곳

수넴 여인이 남편에게 엘리사 선지자에게 다녀올 것이니 사환 한 명과 나귀 한 마리를 보내달라고 요청했습니다. 단순한 요구나 요청이 아니라 탄원입니다. 꼭 보내달라, 들어달라. 수넴 여인은 어려운 상황, 아들의 죽음 앞에서도 하나님의 사람, 엘리사를 향한 마음, 믿음과 존경이 변질되지 않았습니다. 하나님의 사람만이 살릴 수 있다는 강한 믿음과 엘리사를 믿고 존경하는 마음이 컸습니다. 그래서 신속히 하나님의 사람을 향해서 달려가고 싶었던 것입니다. 수넴에서 갈멜산까지는 24 킬로미터입니다. 육십 리 길입니다.

남편이 오늘은 초하루도 아니고 안식일도 아닌데 엘리사에게 가려는 이유가 뭐냐고 물었습니다. 초하루는 월삭입니다. 이스라엘 백성들은 월삭에 나팔을 불며 축제일로 지켰습니다. 월삭은 안식일과 더불어 하나님 앞에 모여서 예배하는 날, 거룩한 날로 지켰습니다. 남편은 초하루도 아니고 안식일도 아닌데 하나님의 사람을 만날 수 있겠느냐? 그런 질문이었습니다.

수넴 여인이 남편에게 '평안을 비나이다' 라고 대답했습니다. 샬롬은 구약 성경에 250회 정도 사용된 용어입니다. '아무 일 없다, 걱정하지 말라' 라는 의미입니다. 걱정하지 마십시오. 잘 다녀오겠습니다. 전통적으로 히브리인들은 자연의 재난이나 전쟁, 건강이나 생활에 대한 염려 등 일체의 어려움을 뛰어넘어 '하나님의 임재의 결과로 인하여 오는 완전한 충족한 상태'를 샬롬이라고 생각했습니다. 수넴 여인이 남편에게 평범하게 인사했지만 마음속에는 '하나님께서 근본적인 문제를 해결해 주실 것입니다. 평안을 가지고 오겠습니다.' 그런 고백입니다.

수넴 여인이 나귀에 안장을 지우고 자기 사환에게 '내가 말하지 아니하거든 나를 위하여 나귀를 멈추지 말고 빠르게 달리라' 고 지시했습니다. 수넴 여인이 아들을 잃은 상황에서 하나님의 사람에게 몰두하여 빨리 달려가는 모습입니다. 갈 길을 재촉했습니다. 급박하게 움직였습니다. 지체하지 않았습니다.

수넴 여인이 드디어 갈멜산에 도착하여 하나님의 사람 엘리사 선지자에게로 나아갔습니다. 수넴 여인은 하나님의 사람을 만나기 위해서 쉴 새 없이 숨을 몰아쉬면서 달려왔습니다. 갈멜산은 엘리야가 바알 선지자들과 써워서 승리한 종교적인 성지이고, 아름답고 비옥한 곳입니다.

엘리사가 멀리서 수넴 여인을 알아보고 게하시에게 수넴 여인임을 알려주었습니다. 보라! 수넴 여인이다. 놀라는 가운데 게하시에게 말해주었습니다. 수넴 여인의 각별한 봉사와 헌신 때문에 엘리사도 관심과 사랑을 가지고 있었습니다. 멀리서도 수넴 여인을 알아본 것입니다.

엘리사가 게하시를 보내어 수넴 여인이여 평안하냐? 남편이 평안하냐? 그리고 아이의 평안을 물어보게 하였습니다. 갑작스러운 방문에 엘리사는 직감으로 무슨 일이 있는 것으로 파악하고 게하시로 하여금 평안하냐고 물었던 것입니다. 수넴 여인은 게하시의 물음에 평안하다고 대답했습니다. 이것은 하나님의 사람을 만나 하나님의 은혜로 남편과 나 그리고 아들에게 평안이 임할 것을 믿는 인사였습니다.

수넴 여인이 갈멜산에 이르러 하나님의 사람 엘리사에게 나아가 엘리사의 발을 안았습니다. 목적이 하나님의 사람을 만나는 데 있었기 때문입니다. 가장 빠른 직행로를 이용하여 하나님의 사람에게 달려왔습니다. 므깃도에서 해안도로를 이용하여 갈멜산에 이르렀을 것입니다. 엘리사를 보자마자 엘리사의 발을 강하게 끌어안았습니다. 이 행동은 독자를 잃은 상황에서 하나님의 사람 엘리사만이 해결할 수 있다는 믿음의 표현이요 슬픔의 표현이었습니다. 이스라엘 사회에서 상대의 발을 안거나 발 앞에 꿇어 엎드리는 것은 강력한 요구를 할 때 취하는 자세입니다.

곁에서 보던 게하시가 가까이 와서 수넴 여인을 물리치려고 하자 엘리사가 가만 두라고 했습니다. '수넴 여인의 영혼이 괴로워하고 있지만 여호와께서 내게 숨기시고 이르지 아니하셨도다'라고 말했습니다. 게하시가 볼 때는 무례한 행동으로 이해했거나 선지자의 위엄을 손상시키는 행동으로 보았습니다.

엘리사가 게하시에게 수넴 여인의 괴로움에 대해 하나님께서 자신에게 알려주시지 않았음을 밝혔습니다. 여인이 자신에게 아들을 갖도록 빌어준 엘리사를 원망했습니다. "내가 내 주께 아들을 구하더이까 나를 속이지 말라고 내가 말하지 아니하더이까?" 나는 자식이 없다고 불평하지도 않았습니다. 아들을 요구하지도 않았습니다. 아들을 잃고 나니 이전보다 더욱 불행합니다. 수넴 여인은 슬퍼서 울음을 터뜨렸습니다.

3. 게하시 파견

엘리사가 게하시에게 네 허리를 묶고 내 지팡이를 손에 들고 가라고 명했습니다. 허리를 묶는 것은 여행 준비를 단단히 하라는 뜻으로 신속하게 행동하기 위한 것이었습니다. 지팡이는 능력과 권위를 나타냅니다. 모세도 지팡이를 손에 잡고 하나님의 능력을 보였습니다.

사람을 만나거든 인사하지 말며 사람이 네게 인사할지라도 대답하지 말고 내 지팡이를 그 아이 얼굴에 놓으라고 지시했습니다. 사람을 만나서 이야기를 나누는 것으로 시간을 지체하지 말고 속히 갈 것을 지시한 것입니다. 지체하지 말라. 신속히 수행하라.

또 자신의 지팡이를 죽은 아이의 얼굴에 놓으라고 했습니다. 이것은 미신적이거나 주술적인 의미가 아니라 하나님의 능력이 나타나서 살리기를 원하는 행동의 표시였습니다.

수넴 여인이 '여호와의 살아 계심과 엘리사의 영혼이 살아 있음을 두고 맹세하노니 내가 당신을 떠나지 아니하리이다' 라고 말했습니다. 이스라엘 백성들이 맹세할 때 사용하는 문구입니다. 하나님은 항상 살아 계신 분이십니다. 엘리사도 하나님의 능력을 받은 살아 있는 선지자였습니다. 그러므로 수넴 여인이 혼자서는 결코 돌아가지 않을 것이라고 분명히 말한 것입니다.

엘리사가 곧 일어나 여인과 함께 동행하여 갔습니다. 불의한 재판관에게 과부가 밤낮없이 간청할 때 들어주던 일을 생각하게 만듭니다. 하나님의 택하신 자녀들이 밤낮없이 부르짖으면 하나님께서 응답해 주시지 않겠습니까?

엘리사보다 먼저 도착한 게하시가 아이의 소생을 위하여 노력했지만 실패했습니다. 지팡이를 아이의 얼굴에 놓았으나 소리도 없고 듣지도 아니하는지라. 아무런 반응도 기적도 능력도 나타나지 않았습니다. 돌아와서 엘리사를 맞아 그에게 말했습니다. '아이가 깨지 아니하였나이다.' 실패한 내용을 엘리사에게 보고했습니다. 그런데 수넴 여인과 엘리사가 함께 동행하기로 작정하는 순간 게하시에 대한 명령이 취소되었다고 말합니다.

기독교는 부활의 종교입니다. 죽음의 권세를 깨뜨리는 종교입니다. 하나님의 능력은 죽은 자를 살립니다. 주 예수 그리스도를 죽은 자 가운데서 삼 일만에 살리신 하나님이 우리도 살리실 줄로 믿습니다.

4. 엘리사의 이적

엘리사가 수넴 여인의 집에 들어가서 여인의 아들이 죽어서 자신의 침대에 누워 있음을 보았습니다. 엘리사가 문을 닫고 수넴 여인의 죽은 아들을 위해 여호와 하나님께 기도했습니다. 외부로부터 어떤 방해도 받지 않으려고 문을 닫고 살아 계신 하나님께 기도했습니다. 엘리사의 마음을 전적으로 하나님께 드렸습니다. 간곡한 기도를 올렸습니다.

그리고 죽은 아이의 위에 올라가 자신의 입을 아이의 입에, 자신의 손을 아이의 손에, 자신의 눈을 아이의 눈에 포개고 엎드렸습니다. 엘리사의 행동이 이상해 보입니다. 그러나 살리는 과정이었습니다. 엘리사는 하나님의 능력이 자기 몸을 통해서 아이에게 나타나기를 원했습니다. 또 엘리사는 기도하는 가운데 혼신의 노력으로 최선을 다하여 아이를 살리고자 했습니다.

그러자 죽은 아이의 살이 점점 따뜻해졌습니다. 엘리사가 아이에게서 내려와 방안을 이리저리 한번 다니고 다시 아이 위에 올라가 엎드리자 아이가 일곱 번 재채기를 하고 눈을 떴습니다. 하나님의 능력은 점진적이었습니다. 상당한 시간의 흐름 속에서 이루어졌습니다.

엘리사가 게하시에게 수넴 여인을 불러오게 하였습니다. 엘리사가 방으로 들어온 여인에게 소생한 아들을 데려가라고 말했습니다. 엘리사는 혼신의 힘을 다하여 기도했고 하나님의 은혜와 능력으로 아이를 살렸음을 수넴 여인에게 보여주었습니다.

수넴 여인이 엘리사의 발 앞에 엎드려 절하고 아들을 안고 나갔습니다. 높은 분에 대한 경의와 존경의 표시입니다. 죽은 아들을 살려주신 것에 대한 감사와 하나님께 대한 경배의 표현이었습니다. 그리스도인은 주님의 재림 때 다시 사는 영광이 임할 것입니다.

성도에게 임하는 고난에 대하여 베드로 사도가 잘 교훈해 주었습니다. "너희 믿음의 확실함은 불로 연단하여도 없어질 금보다 더 귀하여 예수 그리스도께서 나타나실 때에 칭찬과 영광과 존귀를 얻게 할 것이니라"(벧전1:7).

제16강
열왕기하 4장 31-37절

엘리사인가? 게하시인가?

<본문은 인천노회 주일학교 연합회와 한국신학대학 연합회에서 설교한 내용임>

엘리야는 하나님의 사람으로 선지자의 대표자입니다. 주님이 변화 산에서 기도하실 때에 모세와 엘리야가 나타난 것은 우연한 일이 아닙 니다. 엘리야는 수많은 선지자의 제자들이 있었지만 길갈에서 벧엘, 여 리고와 요단 강까지 따라다닌 엘리사를 후계자로 삼게 되었습니다. 게 하시도 엘리사를 따라다녔습니다. 어떻게 게하시가 엘리사의 후계자가 되었을까요?

저는 목회자로서 제 자신을 향하여 '나는 엘리사인가 아니면 게하 시인가?' 이런 질문을 종종 해 봅니다. 엘리사와 게하시는 같은 길을 걷는 것 같은데 목적지가 달랐습니다. 동일한 방향, 동일한 목표, 동일 한 가치관을 가진 것 같은데 목표가 다르고 방향이 다르며 추구하는 방 법이 다르고 가치관이 달랐습니다.

엘리사는 갈멜산과 이스르엘 사이를 자주 왕래했습니다. 엘리사를 잘 대접하며 정성스럽게 모셨던 사람은 '수넴 여인'입니다. 수넴 여인 은 음식을 정성껏 준비해서 엘리사를 대접하곤 했습니다.

심지어 남편에게 건의하기를 열왕기하 4장 9-10절에 보면 "우리를 지나가는 이 사람은 하나님의 거룩한 사람인 줄을 내가 아노니 청하건 대 우리가 그를 위하여 작은 방을 담 위에 만들고 침상과 책상과 의자 와 촛대를 두사이다. 그가 우리에게 이르면 거기에 머물리이다"라고 했 습니다. 음식과 방, 침상, 책상과 의자 그리고 촛대까지 준비했습니다.

어느날 엘리사가 게하시에게 '수넴 여인을 불러오라'고 말합니다. 수넴 여인이 엘리사 앞에 왔습니다. "내가 너를 위하여 무엇을 하랴 왕 에게나 사령관에게 무슨 구할 것이 있느냐?" 수넴 여인은 '없다'라고 대답했습니다. 그때 게하시가 엘리사에게 말합니다. 수넴 여인에게 있 어서 남편은 늙고 아들이 없습니다. 아들이 없음을 가르쳐 주었습니다.

엘리사는 다시 수넴 여인을 부릅니다. "한 해가 지나 이 때쯤에 네가 아들을 안으리라"라고 예언했습니다. 수넴 여인은 농담으로 알아듣지 만 100세에 아들을 얻은 아브라함과 같이 수넴 여인에게 하나님의 은 총이 임했습니다. 수넴 여인은 부지 중에 천사를 대접했던 아브라함처 럼 하나님의 사람을 대접하다가 최상의 선물을 받게 된 것입니다.

정말 1년이 되었을 때 하나님의 사람 엘리사의 말대로 수넴 여인은 잉태하였고 출산하게 되었습니다. 아이가 점점 자라납니다. 아들이 대 여섯 살쯤 되었을 때 하루는 곡식을 베는 곳에 갔다가 "내 머리야 내 머 리야"하더니 어머니 품에 안겨 아들이 죽고 말았습니다. 독자가 죽었습 니다. 외아들이 죽었습니다. 늙어서 하나님의 은혜로 얻은 하나밖에 없 는 아들이 죽었습니다. 그때 수넴 여인이 취한 행동이 무엇입니까?

1. 하나님의 사람을 찾았습니다

열왕기하 4장 21-22절 그리고 25절에 '하나님의 사람'의 침상 위 에 아이를 눕힙니다. 문을 닫습니다. 그리고 남편의 허락을 받습니다. 사환과 나귀를 준비시켜 '하나님의 사람'을 만나기 위해서 달려갑니 다. 수넴에서 갈멜산까지는 24킬로미터로 약 육십 리 길이었습니다. 수넴 여인은 육십 리 길을 나귀를 타고 달리고 또 달렸습니다. 옛날에 육십 리 길은 가깝지 않은 거리입니다.

어려운 일이 있을 때 찾아갈 수 있는 사람이 지도자입니다. 고난이 있을 때 찾아갈 수 있는 사람이 지도자입니다. 죽음의 문제가 발생했을 때 해결할 수 있는 사람이 지도자입니다. 구역원이나 교인들이 어려운 문제가 발생했을 때 여러분을 찾아옵니까?

처음에 남편의 반응은 무엇입니까? 23절입니다. "초하루도 아니요 안식일도 아니거늘" 부정적인 반응입니다. 그래도 수넴 여인은 하나님의 사람에게 달리고 또 달려갔습니다. 우리는 죽은 자를 살릴 능력이 있습니까? 우리가 한국교회를 살릴 수 있는 능력이 있습니까? 한국교회가 저출산과 고령화로 심각한 상황입니다.

기독교는 생명의 종교입니다. 사람을 살릴 수 없다면 하나님의 사람이 아닐 것입니다. 어떤 방법을 쓰든지 사람을 구원하고 살리는 능력을 받아야 합니다. 특별히 기독교 교육은 죽은 자를 살리는 교육입니다. 이론만 장구하게 늘어놓는 교육이 아닙니다.

수넴 여인은 '하나님의 사람'을 찾았습니다. 성도들이 어려운 일을 당할 때마다 목회자를 찾습니다. 연약한 자들이 힘들고 어려울 때 찾을 수 있는 사람이 됩시다. 수넴 여인이 엘리사를 찾듯이 이 시대에 하나님의 백성들이 여러분을 찾을 수 있기를 바랍니다.

수넴 여인이 왜 엘리사를 찾았을까? '하나님의 사람'이었기 때문입니다. 엘리야의 겉옷을 입은 사람입니다. 선지자의 대를 이은 사람입니다. 갑절의 영감을 받은 사람입니다. 하나님의 능력이 역사하는 하나님의 사람입니다.

오늘 성경에 '엘리사'라는 이름 대신 '하나님의 사람'이란 말로 표현되었습니다. 4장에서만 열한 번을 사용하고 있습니다. 하나님의 사람, 하나님의 사람이라고 표현합니다. 열한 번씩이나 말입니다.

하나님의 사람은 '하나님이 세운 사람'이란 뜻입니다. 소유가 하나님의 것입니다. 하나님이 사용하는 도구로서 하나님의 사람입니다. 개인적인 경건과 능력으로 사람을 살린 것이 아니라 하나님께서 사용하는 그릇이라는 말입니다.

엘리야가 하나님의 '공의로운 심판'을 나타내는 예배의 회복을 위한 선지자라면, 엘리사는 '하나님의 위로'를 나타내고 땅을 회복한 하나님의 선지자입니다. 자비와 사랑의 선지자였습니다. 긍휼을 보여준 선지자였습니다. 슬픔을 당하고 어려움을 당한 하나님의 백성들을 위로했던 선지자가 엘리사입니다.

여리고에는 선지자의 제자들이 많이 있었습니다. 벧엘에도 있었습니다. 그러나 그 시대를 움직인 하나님의 사람은 엘리사였습니다. 하나님의 백성들에게 소망과 위로를 주었던 사람은 엘리사였습니다. 우리 교인들이 다른 성도들에게 위로와 격려를 할 수 있기를 바랍니다.

이 시대에 하나님의 백성들을 위로해 줘야 할 사람은 누구입니까? 굶주린 배를 움켜잡고 울고 있는 하나님의 백성, 밤잠을 자지 못하고 빚 때문에 눈물짓고 있는 하나님의 사람들을 위로해 줄 사람은 누구입니까? 목회 현장에서 지치고 힘들어하다가 찾아가야 할 사람은 누구입니까?

21세기는 '영적으로 방황하는 시대'라고 말할 수 있습니다. 이 시대는 정말 방황하는 시대입니다. 방황하는 십대들이 찾을 수 있고 만날 수 있는 교회, 그리고 부모님들이 만나서 상담할 수 있는 선생님들, 그런 사람은 하나님의 사람뿐입니다. 이 자리에 참석하신 모든 분들을 하나님께서 복주셔서 능력이 있는 사람, 사람을 살릴 수 있는 이 시대의 하나님의 사람이기를 바랍니다.

2. 게하시는 어떤 사람입니까?

게하시는 어떤 사람입니까? 그 사람이 어떤 사람인지는 행하는 것을 보면 압니다. 게하시는 어떻게 행했습니까? 열왕기하 4장 29절부터 게하시가 행동한 내용이 나옵니다. "엘리사가 게하시에게 이르되 네 허리를 묶고 내 지팡이를 손에 들고 가라 사람을 만나거든 인사하지 말며 사람이 네게 인사할지라도 대답하지 말고 내 지팡이를 그 아이 얼굴에 놓으라"라고 했습니다.

열왕기하 4장 31절에서는 "게하시가 그들보다 앞서 가서 지팡이를 그 아이의 얼굴에 놓았으나 소리도 없고 듣지도 아니하는지라"라고 했습니다. 그리고 "돌아와서 엘리사를 맞아 그에게 말하여 아이가 깨지 아니하였나이다"라고 보고했습니다. 이것이 전부였습니다.

시키는 대로 하기는 다 했습니다. 순종했습니다. 하라는 대로 했습니다. 문제는 아이가 살아나지 않았습니다. 형식은 다 갖추었습니다. 다만 능력이 임하지 않았습니다. 사람이 살아나지 않았습니다. 생명이 없는 행동이었습니다.

게하시의 모습이 나의 모습은 아닌지? 목회자가 하라는 대로 했습니다. 삶 자체가 성경에 크게 위배되지 않은 것 같습니다. 설교도 잘 듣고, 기도도 남들이 하는 것만큼 하기는 하는데, 가르치기도 잘 가르치는데 다만 하나님의 능력이 나타나지 않는 것이지요.

'소리도 없고 듣는 모양도 없는 것'입니다. 아무런 반응이 없습니다. 자기 할 일은 다한 것 같은데 죽은 자가 살아나는 반응이 없습니다. 이것은 보통 심각한 문제가 아닙니다. 흉내는 내는데 아무런 반응이 없습니다. 가르치기는 잘 하는데 삶의 변화가 없고, 아무런 영향력이 없습니다. 우리는 어느새 게하시가 되어버리지 않았습니까? 주술적인 행동은 이미 미신행위와 비슷한 것입니다. 생명력이 없는 것, 살리지 못하는 것은 이미 게하시가 되어 있는 상태입니다.

우리는 예배를 통해서 하나님의 은혜와 능력을 달라고 기도해야 합니다. 하나님 앞에 무릎을 꿇고 간구해야 합니다. 이제라도 갑절의 영감을 달라고 간구해야 합니다. 하나님의 교회는 성령의 능력이면 될 줄로 믿습니다. 이는 힘으로 되지 않고 능으로 되지 않지만 하나님의 신으로 되는 줄로 믿습니다. 하나님의 영이 살리는 줄로 믿습니다. 하나님의 나라는 말에 있지 않고 능력에 있습니다.

오순절에 성령이 임하시니 교회가 교회답게 발전했습니다. 성령이 충만히 역사하니까 사람들이 사도들의 가르침을 받습니다. 하나님을 사랑해서 날마다 성전에 모이고 하나님을 찬미하고 기도에 힘씁니다. 다른 사람을 사랑하고 핍절한 사람을 돕습니다. 세상을 향해서 담대히 하나님의 말씀을 전합니다.

저는 이런 이론을 가지고 있습니다. 전문화된 사회라서 두 가지를 병행하기가 힘들어서 그렇지 이론과 실제, 원리와 삶이 있어야 된다고 생각합니다. 신학적인 이론이 있으면 그에게 또한 목회 현장도 있었으면 좋겠습니다. 그 크기가 크든 작든 목회 현장이 있으면서 강단에 서는 것이 더 아름답다고 생각합니다. 유명한 의사들은 대학 강단에서 가르치기 위해 강의도 하지만, 개인적인 병원도 가지고 있어 직접 환자들을 돌보기 위해 청진기를 잡습니다.

우리가 섬기는 교회와 신학교에 성령이 역사해서 이 시대에 게하시 같은 사람을 길러내지 않기를 바랍니다. 다 하나님의 사람만 길러내서 거룩한 하나님의 교회를 새롭게 세워나갈 수 있기를 바랍니다. 그렇지 않으면 탐욕의 사람, 거짓말하는 사람, 외형적으로는 하나님의 사람이지만 능력이 없는 사람을 길러내게 될 것입니다.

3. 엘리사는 어떤 사람입니까?

엘리사는 게하시와 달랐습니다. 무엇이 달랐습니까? "엘리사가 여호와께 기도하고 ..." 이것이 달랐습니다.

엘리사의 첫 번째 행동은 '믿음의 기도자'였습니다. 기도하는 하나님의 사람이었습니다. 생명이 하나님께 있습니다. 생명이 하나님께 있는 사람이 기도합니다. 기도하는 지도자가 되기를 바랍니다. 기도해야 능력이 나타납니다. 기도해야 힘이 있습니다. 사람을 살리는 능력은 기도에 있습니다. 기도의 사람이 하나님의 교회를 세웁니다. 하나님의 교회 일은 기도 없이는 불가능합니다. '기도 외에는 이런 류가 나가지 아니하느니라!'

옛날 사람들은 지금보다 지식적으로는 깊지 않았습니다. 그러나 기도의 사람들이었습니다. 저를 가르치신 스승님은 이런 말씀을 하셨습니다. "높은 산을 보면 기도할 마음이 생긴다." 저는 목사가 된 지 30년이 되었지만 아직도 높은 산을 보면 기도보다는 등산할 마음이 생깁니다.

기도하는 사람의 가르침이 생명이 있습니다. 은혜가 있습니다. 받아 적을 것은 많지 않지만 평생을 생각하면서 살아가게 됩니다. 하나님의 나라는 말에 있지 않고 능력에 있습니다. 성령이 임하시면 권능을 받으리라고 하셨습니다.

엘리사는 엘리야를 얼마나 따라다녔습니까? 벧엘이면 벧엘, 여리고면 여리고, 요단을 건너면 요단을 따라 건넜습니다. 갑절의 영감을 얻기 위해 따라다녔습니다. 다른 제자들은 그렇지 않았습니다. 이론적으로는 다 알면서 따라가지 않았습니다. 그러나 엘리사는 따라갔습니다. 그 결과 능력을 받았습니다. 죽은 자를 살리는 능력을 받았습니다.

또 한 가지는 27절에서 수넴 여인이 달려와서 엘리사의 발을 안았습니다. 엘리사가 '여호와께서 내게 숨기시고'라는 말을 합니다. 하나님의 도구는 하나님이 가르쳐 주셔야 알게 됩니다. 아무리 선지자라 할지라도 다 아는 것은 아닙니다. 하나님이 가르쳐 주셔야 됩니다. 그래서 우리는 하나님의 절대주권을 믿습니다. 하나님이면 다 됩니다. 하나님이 하시는 것입니다.

수넴 여인의 아들을 살린 이적이 예수께서 죽은 자를 살리실 것(막 5:35-43, 눅7:11-17, 요11:1-44)을 예표적으로 보여준 사건이라고 성경신학자들은 말합니다. 예수님으로 말미암아 성도들이 새 생명과 부활의 영광을 누릴 것을 가르쳐 주고 있습니다. 엘리사는 그리스도를 예표적으로 보여준 '하나님의 사람'이었습니다.

하나님 나라가 이땅에 임한 증거가 무엇입니까? 하나님의 복음을 전하는 것입니다. 복음을 전하면 구원받는 것은 하나님의 나라가 이땅에 임한 증표입니다. 사탄이 축출되는 것입니다. 병든 자와 약한 자들이 고침받는 것입니다. 사죄의 은총을 받는 것입니다.

죽은 아이에게 엘리사의 온기가 느껴지게 했습니다. 능력이 전달되었습니다. 사랑이 전달되었습니다. 다른 사람들이 그리스도의 사랑을 느낄 수 있도록 말과 행동을 하는가? 여기에 큰 문제가 있습니다. 생각해 봅시다.

우리들의 사명은 무엇이겠습니까? 하나님 앞에서 우리의 사명, 한국교회 앞에서 우리의 사명은 무엇일까요? 엘리사 아니면 게하시입니다. 여기 모인 우리는 이 시대에 하나님의 사람, 기도의 능력이 있는 사람, 사람을 살리는 사람, 예수 그리스도를 보여주는 엘리사와 같은 능력의 사람들이 다 되기를 바랍니다.

제17강
열왕기하 4장 38-44절

두 이적

엘리사 선지자는 하나님의 사람이었습니다. 엘리야에게 성령의 능력, 갑절의 영감을 달라고 간구하더니 하나님의 은혜와 능력이 엘리사에게 임했습니다. 수넴 여인에게 아들이 있을 것을 예언하기도 하고, 아들이 죽었을 때는 다시 살리는 이적도 나타냈습니다. 엘리사는 수넴과 갈멜산 지방을 중심으로 이적을 행했습니다.

이번에는 네 번째로 무슨 이적을 나타냈을까요? 선지자의 제자들이 있는 지방을 중심으로 이적을 행했습니다. 음식물과 관련된 이적이 특징입니다. 특별히 열왕기서를 기록하는 저자가 연대순으로 기록한 것이 아니라 주제별로 기록한 것으로 보입니다.

1. 해독의 이적

엘리사 선지자가 다시 길갈에 갔을 때 길갈 지방에 극심한 흉년이 들었습니다. 길갈은 성경에 두 군데가 나옵니다. 여호수아의 정복 사건에 나오는 여리고에서 북동쪽으로 약 2킬로미터 떨어진 곳에 위치한 도시입니다. 또 다른 곳은 벧엘에서 북서쪽으로 13킬로미터 떨어진 에브라임 산지에 위치한 도시입니다. 본문의 길갈은 후자를 가리키는 것으로 보입니다. 흉년의 피해를 볼 때 요단 강이 있는 여리고쪽보다는 에브라임 산지 길갈로 보이기 때문입니다.

선지자의 제자들이 모여들어 엘리사 앞에 앉아 있었습니다. 아마도 가르침을 받고 있는 자세입니다. 능력 있는 하나님의 사람의 가르침을 받고 있는 모습입니다. 스승 앞에 겸손하게 가르침을 받는 제자의 모습입니다.

엘리사가 사환에게 큰 솥을 걸고 흉년으로 굶주린 제자들을 위해 국을 끓이도록 명했습니다. 사환이 누구인지는 모르지만 라틴어 고대 사본에는 게하시로 보았습니다.

사환이 게하시라면 수넴 여인의 아들을 살릴 때와 같은 형식의 장면이 연출되고 있습니다. 게하시의 철저한 무능력이 나타나고 엘리사에게는 능력이 있음을 증거해 주고 있습니다. 그 당시 선지자의 제자들은 공동식사 형식으로 식사를 했습니다. 아랍계의 민족들은 공동식사를 즐기는 풍습을 가지고 있었습니다.

한 제자가 채소를 캐려고 나가서 무엇인지도 모르고 들포도(야등) 덩굴의 열매인 들호박을 가득 따 가지고 돌아와 그것을 썰어 국에 넣었습니다. 그리고 그것이 들어간 국을 무리에게 주어 먹게 했습니다.

들포도 덩굴로 번역된 야등 덩굴에 대하여 두 가지 견해가 있습니다. 첫째는, 라틴어 벌게이트역에 나오는 대로 '클로신티다스'라는 식물입니다. 외과에 속하며 둥글고 황갈색을 띤 오렌지만한 열매가 열리는 식물입니다. 이 열매는 매우 쓸 뿐만 아니라 먹으면 복통과 신경통을 유발하는 독이 있습니다.

둘째는, 도토리와 비슷한 들외로 보는 입장입니다. 들외는 2.5센티미터의 초록색 다육질로 된 껍질을 가지고 있으며 즙은 대단히 씁니다. 두 견해 중 첫째 견해가 더 지지를 받습니다. 우리나라 성경은 들포도 덩굴로 번역했습니다.

그들은 독이 있는지를 알지 못하고 그것을 썰어서 국에 넣었습니다. 물론 독이 있는지를 알지 못하고 넣은 것은 사실이지만 당시 흉년에 먹을 것이 없었던 것을 강조하고 있습니다. 국을 먹을 때 심각한 상황이 전개되었습니다. 맹독이 있는 것을 알지 못했기 때문에 문제가 된 것입니다.

선지자의 제자들이 엘리사에게 국 속에 독이 있어서 먹을 수 없다고 말했습니다. "하나님의 사람이여 솥에 사망의 독이 있나이다." 사람들이 국맛을 보다가 다 소리를 지르는 현상이 벌어졌습니다. 아마도 그중에 먼저 국을 먹은 제자들이 복통과 구역질을 했기 때문입니다. 문제가 있을 때 하나님의 사람, 하나님의 소유, 하나님의 것, 성령의 사람을 찾았습니다.

2. 해결 방법

엘리사가 국 속에 밀가루를 넣어 맹독을 제거했습니다. 엘리사의 네 번째 이적입니다. 국에 밀가루를 넣어서 치료하는 이적입니다. 여리고의 물은 소금으로 치료했지만 이번에는 밀가루를 사용하여 국 안에 있는 독을 제거했습니다. 엘리사가 밀가루를 사용하여 국을 치료하는 것은 밀가루가 해독작용을 해서만이 아닙니다. 하나님의 능력으로 치료한 것입니다. 독이 든 국을 근본적으로 바꾼 것은 전능하신 하나님의 능력입니다.

이 이적은 선지 학교가 있던 길갈에서 행해진 것으로 국에 들어 있는 맹독을 제거한 사건입니다. 엘리사가 하나님의 사람으로 능력을 나타낸 것이지만 영적으로 보면 북이스라엘의 사회적인 현상을 반영하고 있습니다. 흉년으로 먹을 것이 없는 상황에서도 회개할 줄을 모르는 이스라엘 백성이었습니다. 들포도 덩굴을 끓여먹을 정도로 기근이지만 회개하지 않았습니다. 엘리사만 하나님께 부르짖고 기도하여 능력을 받았습니다. 인간이 해결할 수 없는 문제를 해결하실 수 있는 분은 오직 하나님이십니다.

하나님은 하나님의 백성을 어떤 상황에서든지 보호하십니다. 이사야 43장 1-3절에 "야곱아 너를 창조하신 여호와께서 지금 말씀하시느니라 이스라엘아 너를 지으신 이가 말씀하시느니라 너는 두려워하지 말라 내가 너를 구속하였고 내가 너를 지명하여 불렀나니 너는 내 것이라 네가 물 가운데로 지날 때에 내가 너와 함께 할 것이라 강을 건널 때에 물이 너를 침몰하지 못할 것이며 네가 불 가운데로 지날 때에 타지도 아니할 것이요 불꽃이 너를 사르지도 못하리니 대저 나는 여호와 네 하나님이요 이스라엘의 거룩한 이요 네 구원자임이라"라고 했습니다.

역사적으로 바벨론 나라에 포로로 잡혀갔던 다니엘의 세 친구를 생각해 봅시다. 사드락과 메삭과 아벳느고입니다. 다니엘서 3장 19-27절의 사건이지요. 느부갓네살 왕이 분이 가득했습니다. 우상 앞에 절하지 않은 사드락과 메삭과 아벳느고를 풀무불 속에 던져넣기로 했습니다.

평소보다 일곱 배나 뜨겁게 했습니다. 그런 후 다니엘의 세 친구를 극렬히 타는 풀무불 가운데에 던졌습니다. 세 친구들을 겉옷과 속옷과 모자와 다른 옷을 입은 채로 결박하여 맹렬히 타는 풀무불 가운데로 던졌습니다. 불길이 너무 세차다보니 세 친구를 잡아 던지던 자들을 태워 죽였습니다.

그런데 왕이 깜짝 놀랐습니다. 세 사람을 던졌는데 네 사람이 있었습니다. 세 사람이 불에 타지 않는 것도 신비했지만 네 번째 사람이 신의 아들과 같았기 때문입니다. 느부갓네살이 사드락과 메삭과 아벳느고의 이름을 부르며 나오라고 할 때 세 사람이 걸어서 나왔습니다. 세 사람의 몸은 아무런 이상이 없었습니다. 머리털도 타지 않았습니다. 옷도 불에 타지 않았고 탄 냄새도 없었습니다.

느부갓네살 왕의 반응이 무엇입니까? "사드락과 메삭과 아벳느고의 하나님을 찬송할지로다 그가 그의 천사를 보내사 ... 종들을 구원하셨도다"(단3:28)라고 말했습니다. 믿음은 기적과 이적을 동반합니다. 굳게 믿으세요. 든든한 믿음의 백성이 되십시오.

예수님은 마가복음 16장 17-18절에서 무슨 말씀을 하셨습니까? "믿는 자들에게는 이런 표적이 따르리니 곧 그들이 내 이름으로 귀신을 쫓아내며 새 방언을 말하며 뱀을 집어올리며 무슨 독을 마실지라도 해를 받지 아니하며 병든 사람에게 손을 얹은즉 나으리라"라고 약속했습니다.

사도행전 28장 1-6절에 사도 바울이 로마로 압송될 때 멜리데 섬에서 일어난 일입니다. 파선당했습니다. 바울이 나무 한 묶음을 거두어 불에 넣을 때 독사가 손을 물었습니다. 그러자 사람들이 오해를 했습니다. "진실로 이 사람은 살인한 자로다 바다에서는 구조를 받았으나 공의가 그를 살지 못하게 함이로다"라고 말했습니다. 그러나 바울은 조금도 상함이 없었습니다. 아무렇지도 않았습니다. 하나님의 약속은 신실하십니다. 하나님의 백성을 눈동자같이 항상 돌보십니다. 하나님의 능력이 여러분과 함께 하기를 바랍니다.

3. 보리떡과 한 자루의 채소

엘리사의 다섯 번째 이적입니다. 바알살리사에서 온 사람이 자신의 첫 소산인 보리떡 이십 개와 한 자루의 채소를 엘리사에게 봉헌했습니다. 처음 익은 열매를 하나님의 사람 엘리사에게 봉헌한 사건입니다.

바알살리사라는 말은 '셋째 우상, 셋째 남편'이라는 뜻인데 어디인지는 모릅니다. 학자들은 리다와 디오스폴레오스에서 북쪽으로 24킬로미터 떨어진 곳으로 보고 있으며, 유세비우스와 제롬이 벤 살리사 즉 '세 계곡의 집'으로 불렀던 곳입니다. 사무엘상 9장 4절에서 사울이 아버지의 나귀를 찾아 돌아다닌 지역들 가운데 한 곳이 살리사입니다.

처음 익은 열매, 처음 익은 식물, 첫 열매라는 의미입니다. 첫 열매는 하나님께 드리게 되어 있습니다. 첫 열매를 먹는 자는 성전에서 봉사하는 제사장이나 레위인들이 먹었습니다. 북이스라엘이 우상을 숭배하는 국가로 전락했음에도 불구하고 경건한 하나님의 백성이 있어서 첫 열매를 하나님의 사람 앞에 가져다 놓은 것입니다. 타락한 북이스라엘이지만 경건하고 율법대로 순종하는 하나님의 백성이 있었음을 발견하게 됩니다.

엘리사가 사환에게 그 예물을 무리에게 주어 먹게 하라고 두 번에 걸쳐 지시했습니다. 엘리사가 바알살리사에서 온 사람이 바친 예물을 무리에게 주어 먹도록 했습니다. 그러자 사환이 엘리사에게 보리떡 이십 개와 한 자루의 채소로는 100여 명이 먹기에는 너무 적다고 말했습니다. 여기에서 채소는 아마도 옥수수일 가능성도 있습니다. 너무 적은 양을 가지고 어떻게 많은 사람을 먹일 수 있겠는가? 그것이 문제였습니다. 이십 개 정도이면 이십 명은 가능하지만 백 명이 먹기에는 부족하기 때문입니다.

엘리사가 사환에게 거듭 그 예물을 무리에게 주어 먹게 하라고 명했습니다. 또한 예물을 무리가 다 먹고도 남으리라는 하나님의 말씀을 전했습니다. "여호와의 말씀이 그들이 먹고 남으리라." 이것을 믿어야 합니다. 하나님의 말씀을 믿고 순종해야 합니다. 질문하는 게하시와 명령하는 엘리사는 다른 사람입니다. 믿음이 다릅니다. 하나님의 말씀에 대한 순종이 다른 사람입니다.

엘리사의 사환이 예물을 무리에게 베풀자 하나님의 말씀대로 무리가 다 먹고도 남았습니다. 여호와의 말씀대로 남았더라. 할렐루야! 하나님의 말씀대로 됩니다. 이루어집니다. 다섯 가지 이적의 결론입니다. 말씀에 순종하면 이적과 기적은 하나님이 행하십니다.

하나님은 하나님의 백성에게 풍성한 것으로 채워주십니다. 주님도 오병이어의 기적을 베푸셨습니다. 칠병이어의 기적도 베푸셨습니다. 요한복음 10장 10절에 "도둑이 오는 것은 도둑질하고 죽이고 멸망시키

려는 것뿐이요 내가 온 것은 양으로 생명을 얻게 하고 더 풍성히 얻게
하려는 것이라"라고 했습니다.

시편 23편 1-2절에 "여호와는 나의 목자시니 내게 부족함이 없으리
로다 그가 나를 푸른 풀밭에 누이시며 쉴 만한 물 가로 인도하시는도
다"라고 했습니다. 하나님은 하나님의 양떼를 푸른 초장으로, 잔잔한
물가로 인도하십니다.

그러므로 모든 하나님의 백성들은 때를 따라 돕는 은혜와 하나님의
능력을 의지하여 기적과 이적을 체험하는 것이 중요합니다. 삶의 모든
영역에서 하나님을 신실하게 의지해야 합니다. 하나님은 약속하신 말
씀대로 이루어 가십니다. 말씀에 순종하는 그리스도인이 됩시다.

제18강
열왕기하 5장 1-14절

엘리사와 나아만

이적과 기적은 이스라엘 백성만을 위한 것인가 아니면 믿는 모든 자를 위한 것인가? 믿음만 있으면 초민족적이고 초국가적으로 이적과 기적을 베푸시는 하나님이십니다. 엘리사의 다섯 가지 이적과 기적은 개인적이었지만 이스라엘 백성을 위한 이적이었습니다. 이스라엘 백성을 사랑하는 하나님의 사랑의 표현이었습니다.

이번에는 아람 나라의 군대장관인 나아만, 이방인을 위한 이적을 베푸십니다. 하나님의 사랑은 이스라엘에만 국한 되는 것이 아니라 믿는 자에게 임하는 복입니다. 하나님은 이스라엘의 하나님이시지만 이방인의 하나님도 되십니다.

1. 나아만과 소녀

나아만은 큰 용사이고 크고 존귀한 사람이었지만 나병 환자였습니다. 아람 나라의 왕 앞에서 크고 존귀한 자였습니다. 아람은 셈의 다섯째 아들이자 나홀의 손자이며 그무엘의 아들의 이름에서 유래한 것으로 수리아인(Syrian)또는 수리아(Syria)라고 하는 민족과 나라에 대해 쓰이는 히브리식 명칭입니다. 아람은 다른 이방 민족과 달리 히브리인들과 깊은 관계가 있었습니다. 아브라함은 아람의 조상 나홀의 형제였고 이삭과 야곱은 아람 여자를 아내로 맞이했습니다.

그후 사울 왕이 이스라엘을 통치할 때 소바 왕들이 등장하여 적대 관계에 놓이게 되고 아람은 다윗시대에 정복됩니다. 훗날 아합 왕 시대에는 여러 번 아람과 전쟁을 치렀습니다. 나아만이 군대장관일 때의 왕은 벤하닷 2세로 보입니다. 벤하닷 2세는 하닷에셀, 하닷 이드리로 불렸습니다.

어떻게 해서 나아만이 크고 존귀한 사람이 될 수 있었을까요? 여호와 하나님께서 나아만으로 하여금 아람 나라를 구원하게 하셨기 때문입니다. 나아만이란 '기쁘다, 즐겁다, 아름답다'라는 뜻으로 '즐거움'이라는 의미입니다. 이름은 즐거움이지만 실제적으로는 나병 때문에 즐겁지 못했습니다.

겉으로는 크고 존귀한 나아만이지만 속으로는 나병 환자였습니다. 살이 문드러지고 썩어들어가는 상황이었습니다. 아무리 용감한 용사이면 무엇합니까? 살이 썩고 있으니 말입니다. 사람이 해결할 수 없는 문제를 안고 살아가고 있었습니다.

예전에 아람 군대가 북이스라엘 땅을 침략했을 때 사로잡아 온 소녀가 나아만의 아내의 수종을 들고 있었습니다. 이 소녀가 나아만의 아내에게 엘리사라면 나아만의 병을 고칠 수 있을 것이라고 말해 주었습니다. 나아만은 존귀한 자이고 여종은 낮고 천한 사람이지만 이 여종을 통해서 문제를 해결할 수 있는 실마리가 제공됩니다.

하나님은 미련한 자들을 통해서 지혜로운 자들을 부끄럽게 하시고, 약한 자들을 택해서 강한 자들을 부끄럽게 하시는 분이십니다. 보디발의 집에 요셉이 들어가서 복을 받게 하듯, 나아만의 집에 여종이 들어와서 문제를 해결하게 됩니다. 이것이 하나님의 섭리입니다.

소녀 때문에 엘리사에 대한 소식을 들은 나아만이 아람 왕에게 소녀의 말을 전하고 나병을 고치기 위해 엘리사에게 갈 수 있도록 왕의 허락을 청원했습니다. 그러자 아람 왕이 나아만에게 엘리사에게 가도록 허락하고 이스라엘 왕에게 친서를 써 주겠다고 말했습니다. 공식적인 외교 문서를 작성해 준 것입니다.

그 즉시 나아만이 은 십 달란트와 금 육천 개와 의복 열 벌을 가지고 이스라엘로 떠났습니다. 한 달란트는 34킬로그램이고, 한 세겔은 11.4그램입니다. 선물로 340킬로그램의 은과 68.4킬로그램의 금을 준비한 것입니다. 왕과 귀족들이 입는 옷도 열 벌이나 준비했습니다.

사랑하는 성도님들은 다른 사람에게 복된 소식을 전하는 하나님의 사람이 됩시다. 영적인 문제이든, 육체적인 문제이든 해결할 수 있는 사람을 소개했던 소녀처럼 모든 문제를 해결할 수 있는 예수님을 자랑하는 성도가 됩시다.

2. 아람 왕과 북이스라엘 왕

나아만이 북이스라엘 왕에게로 가서 아람 왕의 친서를 전달했습니다. 아람 왕이 보낸 친서의 내용은 북이스라엘 왕에게 나아만의 나병을 고쳐달라는 요청이었습니다. 아람 왕의 친서를 본 북이스라엘 왕이 옷을 찢으며 인간인 자신으로서는 할 수 없는 일이라고 말하며 한탄했습니다.

북이스라엘 왕의 반응입니다. 아람 왕의 요청에 대하여 근심하고 당황했습니다. 옷을 찢었습니다. 슬픔과 분노와 절망의 행동을 했습니다. 약소 국가로서 군사적인 위협을 느꼈기 때문입니다. 당대 북이스라엘의 왕은 여호람이었을 것입니다.

또한 나아만을 자신에게 보낸 것은 그의 나병을 빌미로 북이스라엘에게 시비를 걸려는 속셈이라고 오해하였습니다. 그래서 하는 말이 무엇입니까? 내가 어찌 하나님이냐? 내가 사람을 죽이고 살릴 능력이 있는 사람이냐? 어찌하여 아람 왕이 사람을 보내어 나병을 고치라고 하느냐? 정치적으로나 국가적으로 시비를 걸려는 속셈이 있다고 판단한 것입니다.

북이스라엘 왕이 이런 행동을 하게 된 원인이 무엇입니까? 엘리사 같은 하나님의 사람을 생각하지 않은 것입니다. 또 여호와 하나님을 생각하지 않은 사람이었습니다. 하나님을 믿지 않으니까 하나님의 능력을 생각하지 못하고 하나님의 사람의 능력도 기억하지 못하게 된 것입니다.

나아만의 나병을 보면서 여종은 엘리사를 생각했는데 정작 북이스라엘의 왕인 여호람은 엘리사를 생각하지 않고 시비한다고 오해를 하였습니다. 여종과 여호람 왕이 대조적입니다. 이렇게 생각하면서 사는한 사람은 불행합니다.

엘리사가 북이스라엘 왕이 옷을 찢었다는 소식을 듣고 사환을 보내어찌하여 옷을 찢었느냐고 물음으로써 왕의 불신앙을 간접적으로 책망했습니다. 왜냐하면 이스라엘 백성이 어떤 백성이고, 엘리사가 어떤 사람이며, 이스라엘과 함께하신 하나님이 어떤 하나님이신가? 세 가지를잊고 있으니 북이스라엘의 왕이 왕답지 못하고 근심하고 불안할 수밖에 없습니다.

엘리사는 아람 왕이 보낸 나아만 장군을 자신에게 보내라고 요청했습니다. 엘리사가 나아만의 나병을 고침으로써 하나님의 선지자가 북이스라엘에 있음을 알게 하겠다는 것입니다. 하나님이 살아 계심을 보이겠다. 하나님의 사람이 여기 있음을 알려 주겠다.

"이스라엘 중에 선지자가 있는 줄을 알리이다." 나아만의 나병을 고치는 사건의 핵심이 이 말씀입니다. 하나님께서 전하고 싶어하고 하나님의 사람이 알리고 싶은 말이 이 말입니다. 이스라엘 중에 하나님의 선지자가 있으며 하나님은 그 선지자를 중심으로 일하고 계심을 보이겠다는 의도입니다. 이 말은 북이스라엘의 왕의 불신앙을 지적하는 말이기도 합니다. 일종의 책망의 말씀입니다.

3. 나아만과 엘리사

나아만이 말들과 병거들을 거느리고 엘리사의 집 문앞에 섰습니다. 막강한 군대장관의 위용을 나타내고 있습니다. 나아만의 이런 모습은 병자가 엘리사 앞에서 취할 자세나 태도는 아니었습니다. 종종 교회를 섬겨보면 세속적인 지위나 권세를 가지고 교회에서도 그렇게 말하고 행동하는 경우가 있습니다. 그러나 구원받은 하나님의 아들과 딸이라면 하나님 앞에나 하나님의 사람 앞에서는 겸손한 자세가 훨씬 아름답고 좋은 자세일 것입니다.

엘리사가 사자를 나아만에게 보내어 나병 치유를 위해 요단 강에 가서 몸을 일곱 번 씻으라고 말했습니다. 공적인 사람을 대하는 자세를 갖춘 것입니다. 그러나 나아만은 엘리사가 직접 나오지 않고 사자가 와서 전달하는 말을 듣고 감정이 상했습니다. 이는 하나님께서 나아만을 교육시키려고 하신 것으로 보입니다. 인간적인 교만한 마음을 꺾고 겸손한 자세를 취해야 할 것입니다.

"너는 가서 요단 강에 몸을 일곱 번 씻으라." 레위기 14장 8절에 나병 환자는 정결함을 입었을 때 옷을 빨고 모든 털을 밀고 물로 몸을 씻게 되어 있습니다. 엘리사는 자기 생각대로 시킨 것이 아니라 율법의 정결 의식에 근거하여 무조건적인 순종을 지시한 것입니다.

일곱이란 수는 완전을 의미하고 인내를 의미합니다. 하나님께서 일곱째 날에 안식하신 것은 그 날을 거룩하게 구별시키신 것입니다. 일곱 교회나 일곱 사자, 일곱 별과 일곱 촛대는 모두 완전을 의미합니다. 야곱이 라헬을 위하여 일곱 해를 봉사한 것은 인내를 말합니다. 그러므로 나아만에게 일곱 번 몸을 씻으라고 한 것은 완전한 순종을 요구한 것입니다. 온전한 순종이 있을 때 하나님의 치료가 나타날 것입니다. 완전히 순종할 때 그 결과는 '살이 깨끗하리라' 입니다.

나아만은 엘리사가 나와 보지도 않고 말로만 지시를 내리는 처사에 대해 분노했습니다. 나아만의 일차적인 반응은 분노였습니다. 그러는 동안 기적이나 이적은 나타나지 않습니다. 문제가 그대로 남아 있게 됩니다. 나아만은 엘리사가 나와서 주술적인 행동을 할 줄로 생각했습니다. 기도나 예배행위를 통해서 여호와의 이름을 부를 줄 알았습니다. 아니면 환부에 손을 대고 안수를 할 줄로 알았습니다. 성대한 치료의식을 원했습니다. 그러나 엘리사는 말씀에 대한 순종만 지시했습니다.

그리고 두 번째 반응은 자기 생각을 말했습니다. 자기 주장입니다. 다메섹의 아마나와 바르발 강이 이스라엘의 모든 강보다 나으니 그곳에서 씻는 것이 나을 것이라고 반박했습니다. 다메섹의 바라다 강과 아와지 강입니다. 그리스인들과 로마인들이 황금의 강이라고 부르는 강입니다. 그에 비하여 요단 강은 흙이 섞여 있어서 진흙색입니다. 병을 고친다면 깨끗한 물이 낫지 않겠습니까? 논리적이고 합리적이며 위생적인 것은 사실입니다. 그러나 하나님을 인식하지 못하는 자의 말입니다. 하나님의 능력은 물에 있는 것이 아니라 순종에 있습니다.

나아만이 몸을 돌이켜 화를 내면서 북이스라엘을 떠나려고 했습니다. 그때 나아만의 종들이 엘리사가 더 어려운 일을 지시했다면 따르지 않았겠느냐고 하면서 일단 그의 말에 따를 것을 권했습니다. 나아만의 종들이 지혜로운 사람들이었습니다. 엘리사가 어려운 것을 말한 것도 아닌데 순종하면 될텐데 … 지금 찬밥 더운밥을 따질 때가 아닙니다. 살이 썩고 문드러지는 상황인데 물을 따질 때입니까?

기독교는 순종의 종교입니다. 믿음으로 순종하면 하나님이 책임지는 종교입니다. 구원도 예수를 믿기만 하면 하나님이 주십니다. 능력과 은혜와 복도 하나님이 주십니다. 우리가 할 일은 믿음으로 순종하는 일입니다.

나아만이 종들의 말을 듣고 엘리사의 말대로 행했습니다. 행동, 순종입니다. 철저하게 담그고 씻었습니다. 우리가 그리스도의 피에 몸을 담그듯 그리고 잠기듯 나아만도 요단 강물에 몸을 담궜습니다. 그러자 살이 예전과 같아지고 어린아이 살과 같이 깨끗해졌습니다. 순간적인 변화를 말합니다. 큰 충격을 주는 변화가 일어났습니다. 기적입니다. 이것은 나아만을 하나님의 백성으로 받아들이는 사건과 같은 것입니다. 하나님은 살만 바꾼 것이 아니라 신분까지 바꿔주셨습니다. 건강하고 흠없는 하나님의 아들로 말입니다.

그렇습니다. 기독교는 믿음의 종교입니다. 말씀에 순종하는 종교입니다. 믿음의 결과는 순종입니다. 나아만이 자기 생각과 자기 감정을 가지고 자기 주장을 할 때에는 하나님의 기적과 능력은 일어나지 않았습니다. 하나님의 사람의 말대로 순종할 때 기적과 영광이 일어났습니다. 나병이 깨끗하게 치유되고 하나님의 아들로 받아들여졌습니다.

제19강
열왕기하 5장 15-19절

신앙고백과 감사

북이스라엘 왕 아하시야는 난간에서 떨어져 병들었을 때 이스라엘의 하나님을 버리고 블레셋의 바알세붑 우상에게 병이 나을지를 구했는데, 아람의 군대장관 나아만은 이스라엘로 나병을 고치기 위해 찾아왔습니다. 이것이 얼마나 상반된 모습입니까?

이방인은 하나님께로 찾아오는데 하나님을 먼저 믿던 유대인은 이방인의 우상에게로 마음이 향하고 있으니 말이 됩니까? 우상을 숭배하던 나아만이 병들었을 때 이스라엘의 하나님을 찾고 하나님의 사람 엘리사를 찾아왔는데, 오히려 하나님의 언약 백성이라고 말하는 북이스라엘 백성과 아하시야 왕은 바알세붑이라는 이방 신을 섬기고 있으니 정말 기가 막히는 광경이 아닙니까? 이것이 그 당시 왕과 백성의 영적인 상황이었습니다.

아람의 군대장관 나아만이 북이스라엘의 왕을 찾아오고 엘리사가 요단 강에 가서 일곱 번 몸을 씻으라고 한 말에 순종하자 어린아이의 살처럼 변화되는 역사가 일어났습니다. 믿음으로 순종하면 기적과 이적은 시대를 초월하여 일어나는 줄로 믿습니다.

1. 나아만과 엘리사

나아만이 언제부터 나병 환자였는지는 알 수 없지만 심각한 난치병이었습니다. 그런데 엘리사 선지자의 명령대로 요단 강에 가서 몸을 일곱 번 씻은 후 어린아이 살처럼 변하는 기적을 체험했습니다.

나아만이 모든 종들과 함께 엘리사에게로 되돌아와서 이스라엘 하나님 외에는 온 천하에 신이 없음을 고백했습니다. 15절의 신앙고백을 봅시다. "나아만이 모든 군대와 함께 하나님의 사람에게로 도로 와서 그의 앞에 서서 이르되 내가 이제 이스라엘 외에는 온 천하에 신이 없는 줄을 아나이다 청하건대 당신의 종에게서 예물을 받으소서"라고 했습니다.

하나님은 초민족적이고 초국가적으로 역사하시는 하나님이십니다. 인간의 생사화복이나 국가의 흥망성쇠가 절대주권자 하나님께 달려 있습니다. 세상의 약하고 병들고 비천한 자들을 통해서 하나님의 복음이 전파되는 법입니다.

소녀가 한마디 말을 통해서 나아만의 나병이 고침 받게 되고 그가 하나님을 믿게 하는 역사를 일으켰습니다. 신분은 여종입니다. 아무런 힘도 능력도 없는 여자 아이입니다. 그런데 하나님의 능력이 임하는 통로로 쓰임 받았습니다. 여러분도 소망을 가지십시오. 하나님께서 귀하게 사용하실 것을 믿고, 구하면서 나아가면 좋은 그릇으로 사용될 줄로 믿습니다.

하나님의 은혜는 말씀에 순종할 때 일어나는 법입니다. 기독교의 진리가 너무 쉬워서 무시되는 경향이 종종 있을 수 있습니다. 그러나 그렇지 않습니다. 쉽지만 믿음으로 순종하면 기적과 능력이 나타나는 법입니다. 또 성도는 모든 일에 있어서 하나님의 영광을 위해야 합니다.

나아만의 신앙고백입니다. 이방인으로서 여호와 하나님을 인정했습니다. 이스라엘의 하나님을 인정했습니다. 이것이 성경을 기록한 목적이고 선지자를 세우신 목적이며, 어느 시대나 하나님의 백성으로서의 삶의 목적인 것입니다.

나아만이 아람으로 그냥 가지 않고 엘리사가 있는 곳으로 되돌아왔습니다. 하나님께로 돌아가는 것, 악으로부터 돌아서는 것입니다. 나아만과 모든 수행원들이 하나님의 사람에게로 되돌아왔습니다. 이방인으로서 이방 신을 섬기던 사람이 이적을 체험한 다음에 여호와께로 돌이킨 것을 말합니다. 이것이 진정한 겸손입니다. 이 시대의 사람들이 본받아야 할 믿음의 자세이지요.

돌아온 나아만의 첫 마디가 무엇입니까? 하나님께 대한 신앙고백과 감사 그리고 엘리사에게 예물을 드리고 싶었습니다. 아합 왕의 아들 아하시야가 왕궁에서 떨어진 다음에 하나님께 묻지 않고 바알세붑에게 자기 병이 나을 수 있을지를 물었던 사건이 있습니다. 나아만의 신앙고백도 신앙고백이지만 그 고백을 들은 북이스라엘 왕과 백성들은 책망의 음성으로 들어야만 했습니다. 양심의 가책을 받아야만 했습니다.

나아만이 준비해 온 예물을 엘리사에게 바치고자 했습니다. 하나님께서 세우신 하나님의 사람에 대해 예의를 갖추는 모습입니다. 준비해 온 예물을 드리려는 자세입니다. 물론 엘리사는 자신이 섬기는 여호와의 사심을 가리켜 맹세하면서 나아만이 주는 예물을 절대로 받지 않겠다고 말합니다. 나아만이 예물을 여러 번 드리려고 시도했지만 엘리사는 끝까지 거절했습니다. 강권과 거절이 계속되었습니다. 결국은 거절했습니다.

나아만이 다시 진심으로 예물을 받아줄 것을 강권하지만 엘리사는 끝까지 거절했습니다. 하나님의 은사나 능력을 받아서 사용할 때 주의할 점이 무엇인지를 말해 줍니다. 돈과 물질에 상관없이 봉사하고 헌신하는 자세가 필요합니다.

2. 엘리사에게 나아만이 요청하다

엘리사가 나아만의 예물을 거절하자 나아만 장군이 요청한 것이 있습니다. 그것이 무엇입니까? 한 쌍의 노새가 끌고 갈 만큼의 흙을 달라는 것이었습니다. 흙을 달라는 목적이 무엇입니까? 이것이 나아만의 삶의 태도의 변화입니다. 흙을 주소서!

왜 나아만은 엘리사에게 이스라엘의 흙을 요구했을까? 세 가지 견해가 있습니다.

첫째 견해는, 나아만이 흙을 가지고 자국으로 돌아가 제단을 쌓으려 했다는 것입니다. 출애굽기 20장 24절을 볼 때 흙으로 만든 토단처럼 나아만은 모세 율법을 따라 번제단을 쌓고 여호와께 희생 제물을 드리려 했습니다.

둘째 견해는, 이스라엘 땅의 흙을 아람 땅 중 적당한 곳에 뿌리고 그곳을 성역화하려 했다는 견해입니다. 거룩한 이스라엘 땅의 흙을 아람 나라의 장소로 옮기면 그 옮겨진 장소까지 거룩하여진다는 고대 근동 사람들의 사고방식 때문입니다.

셋째 견해는, 자신이 받은 축복을 기념하고 하나님의 은혜를 기억하기 위해서 흙을 가져가려고 했다는 견해입니다. 다 일리가 있으나 상호 보완적인 견해가 좋을 것으로 보입니다.

나아만이 흙을 요청한 것은 연약한 신앙인의 모습을 보여줍니다. 나아만은 지역적인 신만을 생각하는 성향이 있어서 흙을 가져다가 단을 쌓고 여호와 하나님께 제사하려고 했습니다. 그러나 하나님은 무소부재하신 분이십니다. 온 천지에 충만하신 여호와 하나님이십니다.

나아만이 나병이 치료되기 이전에는 요단 강을 얼마나 무시했습니까? 다메섹 강이 더 깨끗하지 않느냐고 요단 강물을 무시하는 말을 했습니다. 그러나 순종하여 병이 치유되었을 때 그 땅의 흙을 요구하는 것을 볼 때 변화된 나아만의 모습을 보게 됩니다. 은혜 받으면 사람은 변합니다.

나아만은 엘리사 앞에서 '이제부터 오직 여호와만 예배하고 섬길 것'임을 서약했습니다. 번제와 희생 제사를 여호와께 드리고 다른 신에게 드리지 아니 하겠나이다. 나아만은 이방인입니다. 이제부터 번제와 희생 제사를 여호와께만 드리겠다는 말은 최고의 맹세요, 서약입니다.

하박국 선지자는 "오직 여호와는 그 성전에 계시니 온 땅은 그 앞에서 잠잠할지니라"라고 했습니다. 예수님은 "하나님은 영이시니 예배하는 자가 영과 진리로 예배할지니라"라고 했습니다. 여러분도 성전에서 하나님을 만나는 축복이 있기를 바랍니다. 하나님께만 예배하는 영적인 예배자, 참된 예배자의 삶을 사는 성도가 다 됩시다.

3. 사죄 요청과 작별

나아만이 우상에게 절할 수밖에 없는 자신의 처지를 말하며 여호와께 사죄를 요청했습니다. 나아만이 스스로 자신을 엘리사의 종으로 칭하며 여호와를 향한 사죄 요청을 말하기 시작했습니다.

아람 왕이 림몬 신전에 들어갈 때에 자신이 부축을 해야 하므로 자신도 신전에 들어갈 수밖에 없다는 것이었습니다. '림몬'은 아람의 최고신으로 고대 근동 지방에 널리 알려져 있었으며, 폭풍의 신 '하닷'과 동일한 신입니다.

스가랴 12장 11절에는 "그날에 예루살렘에 큰 애통이 있으리니 므깃도 골짜기 하다드림몬에 있던 애통과 같을 것이라"라고 했습니다. 림몬은 그리스 신화에 등장하는 '제우스'와도 동일했습니다.

죄를 사하는 권세가 어디 있는 것인가? 누구에게 있는 것인가? 마태복음 9장 6절을 봅시다. "그러나 인자가 세상에서 죄를 사하는 권능이 있는 줄을 너희로 알게 하려 하노라 하시고 중풍병자에게 말씀하시되 일어나 네 침상을 가지고 집으로 가라"라고 했습니다.

죄를 사하는 권세는 하나님에게만 있는 권세입니다. 예수님은 제2 위 하나님이시기 때문에 중풍병자의 병만 고친 것이 아니라 사죄의 은 총까지 선언하셨습니다.

나아만은 아람 왕을 부축하여 림몬신을 숭배해야 했기 때문에 이것 만은 사유의 은총을 베풀어 달라고 요청했습니다. 왕이 우상을 숭배할 때에 자신의 손을 의지하여 절하므로 자신도 그와 함께 절할 수밖에 없 다는 것입니다. 이 일에 대하여 여호와께서 사유해 주시기를 구하는 것 이었습니다. 나아만의 충성은 림몬이 아니라 왕에 대해서 하는 말입니 다. 이제 하나님을 섬기는 자로서 림몬 신전에 들어가는 것이 좋지 않 지만 여호와를 믿는 신앙과 배치되는 태도는 아닐 것입니다.

나아만의 요청에 대하여 하나님의 사람 엘리사의 대답은 간단했습 니다. "평안히 가라", 평안히 가라고 말했습니다. 짤막한 대답이지만 두 가지 의미가 있습니다. 엘리사가 특별하게 대답할 것이 없어서 나아만 자신이 알아서 잘 감당하라는 의미로 이해합니다.

또 하나는 나아만의 견해에 대해서 엘리사가 수긍하고 이해해 주는 경우입니다. 이방인인 나아만이 처한 환경에 대하여 엘리사가 배려하 는 마음을 가졌다는 경우입니다. 나아만이 회개하는 상황에서 그의 믿 음을 인정해 주고 잘 믿으라는 격려로 보입니다.

나아만 장군이 하나님의 사람 엘리사의 곁을 떠나 아람 나라로 향하 기 시작했습니다. 사랑하는 성도 여러분! 사람은 하나님을 알아야 모든 것에 대한 새로운 관점과 이해력이 생깁니다. 나아만의 경우를 생각해 봅시다. 자기 생각이나 감정을 가졌을 때에는 이적이나 기적도 일어나 지 않고 나병 환자에 불과했습니다.

그러나 나아만이 하나님의 사람의 말에 순종했을 때 하나님의 기적 과 능력이 나타나고 믿음도 생겨났습니다. 성경을 봅시다. 시편 119편 18절에 "내 눈을 열어서 주의 율법에서 놀라운 것을 보게 하소서"라고 했습니다. 엠마오 도상의 두 제자가 주님이 주신 음식을 먹을 때 눈이 밝아진 것처럼 밝아져야 합니다.

사도 바울이 부름받을 때 눈에서 비늘 같은 것이 떨어졌습니다. 우리도 하나님을 날마다 체험하며 사는 백성이 됩시다. 날마나 위대한 신앙고백을 하며 늘 감사하고 찬송합시다. 삶이 변하고 생활이 바뀌어질 것입니다. 나아만처럼 인격도 믿음도 생활도 변하여 하나님 중심적인 사람, 예배를 귀중히 여기는 사람이 됩시다.

제20강
열왕기하 5장 1-19절

본이 되라(Modeling)

자녀는 부모를 닮습니다. 자녀들이 사용하는 언어를 생각해 봅시다. 보고 듣고 배운 대로 사용합니다. 부모가 영어권이면 자녀들은 영어를 하게 되고, 아시아권이면 아시아의 문화에 적응하면서 삽니다. 그것은 자녀가 부모를 닮는다는 증거인데 아무리 강조해도 지나치지 않는 확실한 증거입니다.

때로는 내 자녀들이 닮지 않았으면 좋겠다고 생각하는 것까지 닮는다는 데 문제가 있습니다. 그리고 어느 순간에는 자녀들의 말과 행동이 우리가 행한 것을 그대로 표출한다는 사실에 깜짝 놀라게 됩니다. 믿음 생활도 그렇습니다. 부모가 하나님을 열심히 사랑하면 자녀들도 하나님을 사랑합니다.

예수께서 열두 제자를 3년 동안 데리고 다니시면서 가르치기만 한 것이 아닙니다. 생활로 보여 주고 삶으로 보여 주셨습니다. 그 결과 평범한 사람들이 비범한 사람으로 거듭났습니다. 하나님 앞에서 기도는 어떻게 해야 하는지, 무슨 내용으로 기도해야 하는지, 병자는 어떻게 대해야 하는지, 사탄의 유혹은 어떻게 물리쳐야 하는지, 반대하는 사람들은 어떻게 대해야 하는지, 용서는 어디까지 해야 하는 것인지, 하나님의 사랑은 어떻게 나타내야 하는 것인지를 보여 주셨습니다.

주님은 십자가에서 "아버지 저들을 사하여 주옵소서 자기들이 하는 것을 알지 못함이니이다"(마23:34)라고 했습니다. 말로만의 사랑이 아니라 삶으로 사랑을 실천했습니다.

우리는 그리스도의 모습을 닮아야 합니다. 인격과 삶을 통하여 배우고 익혀야 합니다. 우리가 세상을 살아갈 때 누가 나를 보고 있는지 알 수 없습니다. 나는 못 보지만 상대는 나를 유심히 그리고 자세히 보고 있습니다. 그리스도인들은 그런 생각을 하면서 세상을 살아야 합니다. 항상 믿음의 본이 되고 기도의 본이 되고 봉사와 헌신의 본이 되어야 합니다.

사도 바울은 에베소 교인들에게 "그런즉 너희가 어떻게 행할지를 자세히 주의하여 지혜 없는 자같이 하지 말고 오직 지혜 있는 자같이 하여 세월을 아끼라 때가 악하니라"(엡5:15-16)라고 했습니다.

엘리사는 경건에 있어서 본이 된 하나님의 선지자였습니다. 어떤 면에서 본이 되었는가?

1. 거룩의 본이 되었습니다

엘리사는 거룩한 하나님의 사람입니다. 엘리사는 이스라엘 나라뿐만 아니라 이방인에게까지 알려진 인물이었습니다. 아람 나라 사람도 엘리사를 거룩한 사람으로 인정했습니다. 아람 나라는 당시 이스라엘을 자주 침략하여 국토를 빼앗고 백성을 포로로 사로잡아갔던 민족입니다. 그러나 그런 나라의 사람들도 엘리사는 거룩한 하나님의 사람으로 인정했습니다.

당시 아람 나라의 군대장관 중에 나아만이라는 사람이 있었습니다. 나아만은 용맹스럽고 존귀한 장군이었습니다. 그런데 아타깝게도 나아만은 나병에 걸린 나병 환자였습니다. 나병은 다양한 피부병입니다. 당시에는 불치병으로 알려져 있었고 죽음을 초래하기도 했습니다. 이스라엘 백성들은 하나님만이 나병을 고칠 수 있다고 믿었습니다. 그래서 동네로부터 격리하여 살게 하고, 마치 하나님의 저주를 받은 사람으로 생각도 했었습니다.

나아만의 부인은 이스라엘의 여자 아이를 계집종으로 두고 있었습니다. 이 여종은 자기 주인 나아만이 나병 환자임을 알고 엘리사 선지자를 만나면 해결할 수 있다는 소식을 전해 주었습니다. 여종은 자신은 도울 수 없지만 도와줄 수 있는 사람을 소개했습니다. 그래서 입을 열어 말했습니다. 우리는 이런 일을 해야 할 사람들입니다. 나는 도와줄 수 없지만 예수님은 어려움 당한 사람을 도와줄 수 있기 때문입니다. 전능하신 하나님은 인간의 모든 약함과 부족함을 채워주실 수 있습니다.

또 여종은 엘리사가 이스라엘의 선지자인 것과 거룩하신 하나님의 사람인 것을 증거했습니다. 엘리사는 선지자들과 왕들 그리고 이방 나라에 포로로 잡혀간 여종에게도 익히 알려져 있었습니다. 그리고 이 여종으로 인해 이방지역에까지 더 멀리 알리는 결과를 가져오게 되었습니다.

열왕기하 5장 3절을 봅시다. "그의 여주인에게 이르되 우리 주인이 사마리아에 계신 선지자 앞에 계셨으면 좋겠나이다 그가 그 나병을 고치리이다"라고 말했습니다. 여종은 아람 나라에서 몸종으로 잡혀 있는 상황이었지만 엘리사에 대해 전했습니다.

엘리사는 하나님의 사람으로 거룩의 모델, 의로움의 모델이 되었기 때문에 이방인들의 마음까지 움직이고 계집종까지도 자랑하게 되었던 것입니다. 베드로 사도는 믿음의 사람들은 착한 행실을 하여 하나님께 영광을 돌리라고 가르쳐 주었습니다.

우리를 부르신 주님은 거룩하신 분이십니다. 우리도 주님을 본받고 닮아서 거룩해야 합니다. 거룩함이 없이는 아무도 주님을 볼 수가 없습니다. 주님을 닮도록 노력합시다. 우리를 거룩하게 하는 성령을 충만히 받읍시다. 거룩을 위하여 노력하되 기도하고 깊은 생각 속에서 말도 행동도 해야 합니다.

베드로 사도는 거룩하게 되는 길을 세 가지로 말했습니다.

1) 거룩하려면 순종해야 합니다. 하나님께 순종하여 헌신해야 거룩하게 됩니다. 마치 제단에 올려놓은 제물과 같습니다. 베드로전서 1장 15-16절에서 "오직 너희를 부르신 거룩한 이처럼 너희도 모든 행실에 거룩한 자가 되라 기록되었으되 내가 거룩하니 너희도 거룩할지어다"라고 했습니다.

2) 거룩하려면 하나님을 경외하는 마음을 가져야 합니다. 베드로전서 1장 17절에 "외모로 보시지 않고 각 사람의 행위대로 심판하시는 이를 너희가 아버지라 부른즉 너희가 나그네로 있을 때를 두려움으로 지내라"라고 했습니다. 세상을 살 때 두려움으로 지내라. 그 말씀은 하나님을 사랑하고 경외하는 마음으로 세상을 살라는 의미입니다.

3) 거룩한 것을 추구하면서 절제하라고 말했습니다. 베드로전서 2장 11절에 "사랑하는 자들아 거류민과 나그네 같은 너희를 권하노니 영혼을 거슬러 싸우는 육체의 정욕을 제어하라"라고 했습니다. 이렇게 거룩을 위해 순종하고, 하나님을 경외하며, 절제하는 삶을 살라고 가르쳐 주었습니다.

2. 마음의 본입니다

'저 사람 좋은 사람이야.' 좋은 사람의 기준이 무엇입니까? 아마 마음의 문제일 것입니다. 나를 괴롭히는 이웃에 대하여 보복하려는 마음은 누구나 있는 마음입니다. 다만 하나님의 방법이 아니기 때문에 참고 있는 것뿐입니다. 원수를 갚거나 미워하는 것은 인간의 방법일 뿐입니다. 주님은 원수를 사랑하고, 위하여 기도하라고 가르치셨습니다.

베드로전서 2장 23절에 "욕을 당하시되 맞대어 욕하지 아니하시고 고난을 당하시되 위협하지 아니하시고 오직 공의로 심판하시는 이에게 부탁하시며"라고 했습니다. 하나님의 백성은 부드러운 마음, 겸손한 마음, 온유한 마음을 가져야 본이 됩니다. 엘리사를 보십시오. 마음이 부드러웠습니다.

나아만 장군이 아람 왕에게 휴가를 요청했고, 아람 왕은 이스라엘 왕 요람에게 협조 문서와 선물을 함께 보냈습니다. 엘리사는 아람의 용사가 병들어 죽게 되었을 때 좋아하지 않았습니다. 오히려 엘리사는 적장인 나아만을 영접했습니다. 하나님께 영광을 돌릴 기회로 만들었습니다. 자기 나라를 공격하고 괴롭히는 자들에 대해 엘리사의 마음은 달랐습니다.

"왕이여, 그 사람을 내게 보내소서. 이스라엘 중에 선지자가 있는 줄 알게 하리이다"(왕하5:8). 엘리사는 정치적으로나 군사적으로 사람을 보는 것이 아니라 다른 사람들과는 보는 목적과 뜻이 달랐습니다. 하나님의 사람의 입장에서 보고 하나님 나라의 입장에서 보았습니다.

엘리사가 나아만에게 요단 강에 가서 일곱 번 목욕을 하라고 했습니다. 나아만이 처음에는 거부했지만 부하들이 권면하자 순종했습니다. 나병이 나았습니다. 어린아이 살같이 변했습니다. 순종이 기적을 낳습니다.

그리고 나아만이 열왕기하 5장 17절에 "나아만이 이르되 그러면 청하건대 노새 두 마리에 실을 흙을 당신의 종에게 주소서 이제부터는 종이 번제물과 다른 희생제사를 여호와 외 다른 신에게는 드리지 아니하고 다만 여호와께 드리겠나이다"라고 했습니다. 이것이 엘리사의 목적이었습니다. 신앙고백을 하게 하고 하나님을 섬기도록 만들었습니다.

우리는 다른 사람들을 향한 마음을 키워야 합니다. 마음이 다른 사람을 향하도록 기도로부터 시작해야 합니다. 기도에서 사람을 만나고 축복하는 마음을 가져야 합니다. 그래서 기도가 중요합니다. 기도해야 자신의 좁은 마음이 넓어지고 커집니다. 다른 사람을 생각하는 사람이 됩니다. 다른 사람은 나의 마음을 다 읽고 있습니다. 기도에 나타납니다. 엘리사는 아무것도 바라지 않았습니다. 하나님의 마음으로 나아만을 고쳐주었습니다. 우리가 교회를 위해 봉사할 때나 다른 사람을 위해 헌신할 때 엘리사의 마음으로 할 수는 없을까요? 엘리사는 유대인이었지만 이방인에 대한 배려의 마음이 큰 사람이었습니다.

3. 겸손이 본입니다

엘리사는 능력이 많았지만 교만하지 않고 겸손한 사람이었습니다. 나아만의 나병이 깨끗하여졌을 때 나아만이 엘리사에게 많은 선물을 주려고 했습니다. 그러나 끝까지 거부했습니다. 이것이 엘리사의 겸손입니다.

이 세상에 물질이 필요하지 않은 사람이 어디 있겠습니까? 수넴 여인이 방을 제공했을 때에는 기꺼이 받았습니다. 그런데 나아만에게는 무료로 봉사해 주었습니다. 하나님을 증거하고 하나님의 능력이 나타난 것을 알고 있기 때문입니다.

엘리사가 나아만에게 한 말을 생각해 봅시다. 열왕기하 5장 16절에 "이르되 내가 섬기는 여호와께서 살아 계심을 두고 맹세하노니 내가 그 앞에서 받지 아니하리라 하였더라 나아만이 받으라고 강권하되 그가 거절하니라"라고 했습니다.

엘리사는 자신의 이름보다 주님의 이름에 더 관심을 가지고 있었습니다. 부유해지려는 마음보다 예배에 관심을 가진 사람입니다. 물질보다는 영적인 일에 관심이 큰 사람입니다. 나아만이 아람 나라에 돌아가서 아무것도 드리지 않고 고침 받았다고 말하기를 원했을 것입니다. 그러면 우상을 믿는 사람들이나 거짓 선지자들이 얼마나 부끄러워하겠습니까? 한 푼의 돈을 요구하지 않은 것이 얼마나 큰 능력의 사람입니까? 엘리사의 태도나 자세가 신선하지 않습니까? 이것이 본이 됩니다. 주님을 닮은 겸손입니다.

그러나 게하시는 달랐습니다. 열왕기하 5장 19-27절의 내용입니다. 자기의 이익만 챙기려고 합니다. 예수님에 대한 관심보다 자기 자신에 대한 관심이 컸습니다. 세례 요한을 봅시다. "그는 흥하여야 하겠고 나는 쇠하여야 하리라"(요3:30)라고 했습니다. 겸손하게 주님을 섬기고 사람을 섬기는 사람이 본이 됩니다.

바울은 빌립보 교인들에게 빌립보서 2장 3-5절에 "아무 일에든지 다툼이나 허영으로 하지 말고 오직 겸손한 마음으로 각각 자기보다 남을 낮게 여기고 각각 자기 일을 돌볼뿐더러 또한 각각 다른 사람들의 일을 돌보아 나의 기쁨을 충만하게 하라 너희 안에 이 마음을 품으라 곧 그리스도 예수의 마음이니"라고 했습니다. 겸손한 마음이 주님을 닮은 마음입니다.

제21강
열왕기하 5장 20-27절

게하시의 탐욕과 나병

엘리사는 하나님이 세운 선지자였고, 하나님을 나타내는 하나님의 사람이었습니다. 나아만이 나병 환자로 국경을 넘어 엘리사를 찾아왔을 때 요단 강에 몸을 일곱 번 씻으라고 지시했습니다. 나아만의 살이 어린아이의 살같이 나았습니다.

나아만은 엘리사를 다시 찾아와서 신앙을 고백했습니다. 그리고 감사의 예물을 엘리사에게 드리려고 했지만 엘리사는 끝까지 거절했습니다. 하나님께서 행하신 일이나 베풀어주신 은사를 돈으로 환산하면 안 되지요?

1. 게하시의 탐욕

엘리사가 나아만이 손수 가져온 예물을 거절한 것에 대해 게하시가 불만을 가졌습니다. 엘리사는 나아만이 주는 선물을 끝까지 거절하였습니다. 게하시는 어떠했는가? 게하시는 엘리사 선지자가 행하는 것을 보고 도무지 이해할 수가 없었습니다.

게하시의 마음에 탐욕이 생겼습니다. 게하시는 나아만의 뒤를 따라가 무엇이든지 받아내야겠다고 결심하고 나아만을 뒤쫓아갔습니다.

나아만이 게하시가 쫓아오는 것을 보고 수레에서 내려 게하시를 맞이하고 무슨 일로 왔는지 물었습니다. 그때에 게하시는 그럴 듯한 구실을 대면서 말합니다. 물론 거짓말입니다. 이 거짓말과 거짓된 행동이 나중에 자기에게 어떤 화와 저주로 임할지 생각하지 못한 채 말하고 행동했습니다. 그래서 인간은 미련하고 어리석다는 것입니다.

저자는 하나님을 드러냈습니다. 하나님의 사람 엘리사를 드러냈습니다. 이제는 게하시를 드러내고 있습니다. 저자가 갑자기 게하시를 드러내는 이유가 무엇일까요? 게하시는 하나님의 사람 엘리사의 사환, 심부름하는 사람입니다. 저자가 게하시를 갑자기 드러내고 있는 이유는 하나님의 사람 엘리사의 사환으로서의 게하시의 신분이 달라지고 있고, 이상한 말과 행동을 하기 시작했기 때문입니다.

특별히 나아만의 집에 포로로 잡혀온 여자 아이의 말과 행동과 비교하여 엘리사의 사환인 게하시의 말과 행동이 차이점이 있기 때문에 등장시키고 있는 것입니다. 대조적입니다. 달라도 너무 다릅니다. 여자 아이는 나아만의 병을 고치기 위하여 엘리사를 소개해 주었지만 게하시는 엘리사를 속이고 있습니다. 두 사람이 말은 같습니다. '내 주인, 우리 주인'입니다. 나아만이 가져온 예물에 대하여 엘리사는 맹세코 받지 않겠다고 말하지만 게하시는 엘리사의 맹세보다 더 강하게 맹세하며 받아야겠다고 합니다. 나아만의 예물을 기필코 차지하겠다는 맹세였습니다.

게하시의 맹세는 신성모독과 같은 맹세였습니다. 여호와의 이름을 망령되이 일컫는 죄와 같은 맹세였습니다. 탐욕은 사람의 눈을 멀게 하고, 여호와의 이름을 망령되이 일컫게 만드는 추악한 죄입니다. 내가 저를 쫓아가서 취하리라. 우발적인 욕심이 아니라 계획적인 죄악이었습니다. '쫓아가서 취하리라'라는 것은 적극적인 자세입니다.

겉으로 보면 엘리사 선지자의 거절, 선생에 대한 불만으로부터 탐욕이 생겼다고 말할 수도 있겠지만 게하시의 물질에 대한 개인적인 욕심 때문에 탐욕이 생긴 것입니다. 개인의 탐욕을 채우기 위해 스승의 뜻을 저버리고 파렴치한 행동을 하기 시작한 것입니다. 가룟 유다가 물질에 눈이 멀어 하나님의 아들이요, 우리의 구원자이신 예수를 돈 받고 판 것과 같은 행동입니다.

게하시는 나아만의 뒤를 쫓아갔습니다. 연속적인 행동으로 빠른 진행을 말해 줍니다. 죄악된 생각을 하고 지체없이 실천에 옮긴 것입니다. 게하시가 나아만을 뒤따라가서 에브라임 산지에서 온 선지자의 제자 두 명을 위하여 엘리사가 은 한 달란트와 옷 두 벌을 요청했다고 말했습니다. 나아만이 수레에서 내렸습니다. 리브가가 이삭을 보고 낙타에서 급히 내린 것과 같은 행동입니다. 이것은 존경과 예의를 표한 것입니다. 그리고 '평안하냐?' 엘리사의 안부를 물었습니다.

그때 게하시는 평안하다고 대답하면서 거짓말을 꺼냈습니다. 순전히 속임수를 썼습니다. 말로는 평안인데 속은 탐욕입니다. 평안할 리가 만무합니다. 마치 스승이 전해준 것처럼 말을 하기 시작했습니다. 나아만이 길을 떠난 다음에 엘리사 선지자의 주변에 일이 발생했다는 것입니다. 엘리사가 선지자의 제자들을 돌보고 있었기 때문에 선지자의 제자에 대한 말은 나아만이 속을 수밖에 없는 이야기였습니다. 은 한 달란트와 옷 두 벌만 요구하는 간교함이 나타납니다.

게하시는 자기의 탐욕을 채우기 위해 하나님의 사람이요 선지자인 엘리사의 이름까지 이용하고 있습니다. 그 결과 나아만은 게하시가 요구한 것보다 더 많이 풍성히 담아주었습니다. 게하시가 상당히 많은 선물을 얻어 가지고 돌아왔습니다. 영원히 행복했을까요? 예수님은 '어리석은 자여! 사람의 행복이 소유의 넉넉함에 있지 않다' 라고 가르쳤습니다.

2. 게하시의 재물 은닉

나아만이 강권하여 은 한 달란트를 더하여 주고 옷도 두 벌을 주어 두 사환으로 하여금 게하시 앞에서 지고 가게 하였습니다. 두 사환이 게하시의 사환인지 아니면 나아만의 사환인지는 정확하지 않지만 나중에 되돌아가게 한 것을 보면 나아만의 사환이라고 생각됩니다.

나아만은 나병 환자에서 건강하고 무흠한 사람이 되었기에 게하시의 요구보다 더 주었으며 종 둘을 시켜 물건까지 운반하도록 배려한 것으로 보여집니다. 나아만의 이런 행동은 엘리사에 대한 감사와 존경심, 그리고 은혜에 대한 감사와 감격 때문에 취한 것이었습니다. 엘리사의 은혜와 하나님의 은혜를 갚을 좋은 기회라고 생각하여 많은 헌신을 했던 것입니다.

게하시가 언덕에 이르러 두 사환으로부터 옷과 은을 취하여 자신의 집에 숨겨두었습니다. 게하시는 나아만으로부터 받은 물건을 많은 사람들이 볼 수 있는 언덕 위에서 넘겨받은 것이 아니라 일반 사람들은 접근하지 못하는 장소에서 넘겨받았던 것입니다. 이런 행동을 볼 때 게하시는 조심스럽고 치밀한 성격의 소유자였던 것으로 보입니다.

게하시는 나아만이 기쁨으로 준 예물을 챙겨가지고 집으로 돌아갔습니다. 두 종을 보낸 것은 엘리사의 눈에 띈다면 범죄가 발각될 것 같으니까 되돌려보낸 것입니다. 이것이 게하시의 성격입니다. 게하시의 행위를 살펴봅시다. 예물을 탈취하기 위하여 치밀한 계획 속에서 실행하고 있습니다.

그런데 게하시의 행동 자체를 생각해 봅시다. 스승 엘리사를 속일 수는 있지만 하나님도 속일 수 있을까요? 게하시는 엘리사가 하나님만 믿고 의지하는 가운데 기적과 능력을 행하는 것에 대한 믿음이나 마음이 없었던 것으로 보입니다. 하나님의 사람 곁에 있으면서, 그것도 가장 능력이 많은 선지자 곁에 있으면서도 능력이 없는 사람으로 살다가 버림당한 인물이 게하시입니다.

성도의 교회생활에 있어서 조심할 점이 이것입니다. 하나님의 일을 하고 교만해진다면 하지 않는 것과 무엇이 다릅니까? 교회가 크다고 여러분의 믿음도 클까요? 목회자가 유명하다고 여러분이 유명한 것도 아닙니다. 그러므로 예수를 믿어야 합니다. 누구나 교회 일에 충성을 다해야 합니다. 불꽃과 같은 눈을 가지신 하나님 앞에 스스로 서야 합니다. 개혁자들이 좋아한 '코람 데오'입니다. 하나님 앞에서 말하고 하나님 앞에서 행동하고 하나님 앞에서 책임질 줄 알아야 성도다운 성도입니다.

3. 책망과 나병

엘리사가 게하시에게 질문합니다. 심각한 질문입니다. 무거운 질문입니다. 게하시로 하여금 회개의 기회를 주면서도 책망의 질문입니다. '어디를 다녀왔느냐?' '게하시야, 네가 어디서 오느냐?' '네가 어디서 오느냐? 게하시야?' 탐욕의 죄를 고백할 수 있는 마지막 기회입니다. 여러분 같으면 뭐라고 대답하겠습니까? 그것이 여러분의 삶과 죽음을 결정짓습니다. 자기 입으로 시인하여 의에 이르고 자기 말로 정죄를 당하는 것입니다.

게하시가 '아무데도 가지 않았다'라고 거짓말을 했습니다. 뻔뻔스럽게 대답했습니다. '아무데도 가지 않았나이다.' 자신의 범죄를 숨기고 은폐하려는 거짓말입니다. 아담이 숲 속에 숨어서 무화과나무 잎으로 엮어 치마를 한 것과 마찬가지입니다. 가인이 아벨을 죽이고 '내가 알지 못하나이다. 내가 아우를 지키는 자니이까?' 말하던 것과 흡사합니다. 그래서 죄는 또다른 죄를 짓게 만듭니다.

엘리사가 게하시에게 밝혀준 것이 무엇입니까? 깜짝 놀랄 만한 일입니다. 나아만이 게하시를 맞이했던 일을 엘리사의 심령이 모두 다 알고 있음을 밝혔습니다. 여러 가지 해석을 합니다. 첫째로, '내 영이 여기를 떠나 너와 함께함을 느끼지 못했느냐?' 카일의 주장으로 엘리사의 영이 게하시와 함께하여 다 알고 있었다는 뜻입니다.

둘째로, '내 마음이 너와 함께 가지 않았느냐?' 70인역과 영역본들이 이 견해를 따릅니다.

셋째로, 라틴어 벌게이트역으로 '내 마음이 그곳에 있었다' 라고 번역하는 것입니다.

넷째로, 아람어 탈굼은 '예언의 영을 통해 나에게 그것이 보여졌다' 로 이해합니다. 다양한 견해가 있지만 공통점은 내 마음이 너와 함께 있었다는 것입니다. 엘리사는 자신의 능력이 아니라 성령의 능력으로 게하시의 잘못을 알고 있었습니다. 엘리사는 밝은 영안의 눈을 가지고 있었습니다.

게하시의 탐욕에서 취한 행동이 엘리사에게 발각된 것입니다. '지금이 하나님의 일로 재물을 취하여 과수원이나 가축이나 노비를 소유할 때이냐' 며 책망했습니다. 엘리사의 책망은 이스라엘의 영적인 상태와 밀접한 관련이 있습니다. 이스라엘이 우상숭배와 거짓 선지자들의 이기심과 탐욕으로 인해 경멸의 대상이 되었는데 하나님의 종으로서 이방인을 상대로 부와 사치와 돈과 물품을 갈취할 때냐? 게하시의 잘못은 나아만의 예물을 갈취한 것도 있지만 시대를 분별하지 못하는 죄가 더 크다는 말입니다.

엘리사의 책망과 추궁에 대하여 게하시는 시치미를 뗐습니다. 은 두 달란트와 옷 두 벌이 아니라 감람원과 포도원, 양과 소, 남종과 여종까지 받은 것으로 묘사하고 있습니다. "어찌 은을 받으며 옷을 받으며 감람원이나 포도원이나 양이나 소나 남종이나 여종을 받을 때이냐?"라고 직역하고 있기 때문입니다. 그래도 게하시는 회개하지 않았습니다. 증거를 댔지만 회개하지 않았습니다.

그 결과 게하시와 그 자손에게 나아만이 고통 당하던 나병이 영원히 발병되었습니다. 자신과 자손에게 영원히 저주가 임합니다. 회개하면 용서받는데, 살 수 있는데, 영원히 저주가 선언되었습니다. 엘리사의 말이 마치기가 무섭게 게하시가 눈과 같이 하얀 사람으로 변했습니다. 나병 환자가 되었습니다. 하얗게 변했습니다. 그리고 이스라엘 사회에서 추방되었습니다. 사회 구성원이 될 수 없었습니다. 선민이라는 특권 의식을 버려야 했습니다.

탐욕은 남을 속이는 거짓말과 남의 것을 부당하게 취하는 도적질로 발전된 후 급기야는 하나님의 선지자마저 기만하는 죄악으로까지 발전되었습니다. 게하시 자신은 물론이고, 자손들까지 영영토록 나병의 저주 아래 놓이게 되는 결과를 자초하였습니다.

야고보서에 "욕심이 잉태한즉 죄를 낳고 죄가 장성한즉 사망을 낳는다"라는 말씀을 기억하게 합니다. 여호수아 시대의 아간과 초대 교회의 아나니아와 삽비라를 생각하게 합니다.

제22강
열왕기하 6장 1-7절

도끼를 물 위에 떠오르게 한 이적

엘리사는 엘리야를 따라다니면서 갑절의 영감을 구했습니다. 엘리사에게 하나님의 능력이 임했습니다. 지금까지 엘리사가 행한 이적은 요단 강이 갈라지는 능력도 보였고, 수넴 여인을 위한 이적도 있었으며, 때로는 선지자의 제자들을 돕기 위한 이적도 행했습니다. 그리고 나아만의 나병을 고쳐준 사건은 유대인이 아니라 이방인을 도운 이적이었습니다.

엘리사는 하나님의 능력을 나타낸 선지자입니다. 하나님의 사랑도 보여준 선지자입니다. 때로는 하나님의 공의도 나타냈습니다. 북이스라엘이 금송아지 우상이나 바알과 아세라 우상을 숭배하고 있었지만 하나님은 여전히 회개하고 돌아오기를 바라는 마음에서 이적과 기적을 베푸셨습니다.

1. 선지자의 제자의 요청

선지자의 제자들이 엘리사와 함께 거하는 장소가 좁아 불편하다고 말했습니다. "보소서 우리가 당신과 함께 거주하는 이 곳이 우리에게는 좁으니 우리가 요단으로 가서 거기서 각각 한 재목을 가져다가 그 곳에 우리가 거주할 처소를 세우사이다"라고 요청했습니다.

'보라!', '청하건대 보아주소서!' 단순히 거주하는 곳이 아니라 거주하면서 깊은 교제를 하는 장소를 말합니다. 제자들의 교육장으로도 사용하고, 교제의 장소로도 사용하는 곳입니다. 특별히 제사를 드리는 장소로도 사용하는 곳이었습니다.

엘리사 시대에 이런 곳으로 길갈이나 벧엘로 보는 학자들이 있습니다. 그러나 여리고 지역으로 이해하는 성향이 가장 많습니다. 아마도 선지자의 제자의 수가 늘어나다보니 공동체가 자유롭게 활동하기에는 장소가 협소했던 것으로 보입니다.

요단에서 나무를 벌목하여 그곳에 새로운 거처를 마련하자고 제안했습니다. 엘리사가 이러한 제안을 받아들였습니다. 선지자의 제자들의 요청을 수락한 것입니다. "엘리사가 이르되 가라"라고 대답했습니다. 그러니까 이번에는 "그 하나가 이르되 청하건대 당신도 종들과 함께 하소서"라고 요구했습니다. 엘리사 선지자가 자기들과 함께 동행해 줄 것을 요청했습니다. "내가 가리라"라고 답변했습니다. 엘리사가 제자들과 함께 동행하게 되었습니다. 사건의 경위는 이렇습니다. 제자들과 엘리사가 요단으로 갔습니다.

요단 강 근처에는 숲과 나무들이 울창하였는데 버드나무, 포플라나무, 석류나무 등이 많이 있었습니다. 엘리사를 중심으로 공부하는 사람들이었는데 제자들의 요청에 대하여 '가라' 라고 말했습니다. 제자들의 제안을 수용할 뿐만 아니라 격려해 주는 말입니다.

'가라' 라는 말은 하나님께서 모세를 바로에게 보내실 때에 하신 말씀입니다. 출애굽기 4장 12절에 "이제 가라 내가 네 입과 함께 있어서 할 말을 가르치리라"라고 했습니다. 하나님께서 모세에게 가라고 명령하시듯 엘리사는 제자들에게 건축자재를 위하여 가라고 지시했습니다.

왜 한 제자가 엘리사에게 함께 가자고 요구했을까요? 당시에는 벧엘과 길갈, 여리고 지방에 선지 학교가 세워져 있었던 것으로 보입니다. 엘리사는 그곳을 정기적으로 순회하면서 가르쳤습니다.

그런데 무엇 때문에 한 제자는 엘리사로 하여금 동행해 달라고 요청했을까요? 엘리사를 깊이 신뢰했던 제자들이 자기들의 계획이 잘 실현되고 하나님의 은혜와 복을 받고자 하는 마음에서 동행을 요청한 것으로 보입니다.

엘리사는 제자들의 일차적인 요청에 대하여 '가라'라고 지시한 다음에 두 번째 함께 가자는 요청에 대하여 '내가 가리라'라고 대답했습니다. 엘리사의 동행 여부가 하나님의 복과 은혜는 물론이고 성공과 실패도 달려 있음을 알고 있었기 때문입니다.

엘리사 선지자는 제자들의 요청이 합당하다고 생각했고 또 하나님의 뜻이었음을 알았기에 동행한 것입니다. 스승은 제자들과 함께하지만 제자들도 스승과 함께하는 것입니다. 스승이 있는 곳에 제자가 있고 제자가 있는 곳에 스승도 존재하는 것입니다. 우리가 모인 곳에 예수님이 영원히 함께하심을 믿습니다.

2. 쇠도끼와 엘리사

드디어 엘리사 선지자와 제자들이 요단 강으로 가서 나무를 베기 시작했습니다. 그런데 사건이 발생했습니다. 무슨 사건입니까? 쇠도끼가 자루에서 빠져 물 속에 떨어져버렸습니다. 더 이상 나무를 벌목할 수 없었습니다. 엘리사는 이 문제를 어떻게 해결했을까요?

엘리사 선지자는 제자들을 돕는 이적을 베풀었습니다. 당시 신학을 배우려는 훈련생들이 아주 열심히 봉사했던 것으로 보입니다. 선지자의 제자들의 수가 점점 늘어나서 새로운 거처를 마련하기 위해 요단 강가에서 나무를 벌목하게 되었는데 쇠도끼 자루가 빠질 정도로 아주 열심히 일했습니다.

여기 '베더니'는 '자르다, 베다, 삼켜버리다'라는 말입니다. 굶주린 자가 게걸스럽게 음식물을 먹어 치우는 것처럼 새로운 집을 짓기 위해 제각기 열심히 나무를 베고 있었다는 말입니다.

한 제자가 나무를 벨 때에 쇠도끼가 자루에서 빠져 물에 떨어졌습니다. 얼마나 열심이었으면 그런 현상이 빚어졌을까요? 더군다나 자기 도끼가 아니라 다른 사람에게 빌려온 것이었습니다.

이 제자는 하나님의 사람 엘리사에게 호소했습니다. "아아, 내 주여 이는 빌려온 것이니이다." 예상하지 못한 사건이 발생하자 당황스럽고, 어찌할 수가 없었습니다. 그래서 애절하게 호소를 했습니다. 큰 일이 생겼다는 표시로 소리를 지릅니다. 자기로서는 도저히 해결할 수 없다는 고백입니다.

열심히 일하다가 쇠도끼 날이 빠져나갔습니다. 무리하게 힘을 쓰다가 사건이 발생된 것입니다. 도끼날이 자루에서 빠져 나가는 일은 종종 있는 일입니다. 신명기 19장 5절에 "가령 사람이 그 이웃과 함께 벌목하러 삼림에 들어가서 손에 도끼를 들고 벌목하려고 찍을 때에 도끼가 자루에서 빠져 그의 이웃을 맞춰 그를 죽게 함과 같은 것이라 이런 사람은 그 성읍 중 하나로 도피하여 생명을 보존할 것이니라"라고 했습니다.

도끼날이 빠져 상대를 죽였을 경우에는 도피성으로 피하여 생명을 살릴 수 있었습니다. 그런데 오늘 성경말씀에 등장한 사건은 두 가지 문제점이 있었습니다. 쇠도끼날이 물 속에 빠졌다는 것과 도끼가 자기 것이 아니라 빌려온 것으로 다른 사람의 도끼라는 데 문제가 있었습니다. 이러한 문제점 때문에 그 제자는 큰일났다고 날카롭게 외친 것입니다.

빌려올 때도 애걸하여 빌려왔습니다. 구걸하다시피하여 빌린 쇠도끼였습니다. 당시에는 철이 흔하지 않아서 값비싼 도끼였습니다. 선지자의 제자는 가난한 사람이었습니다. 이런 것들이 복합적으로 문제였습니다.

율법적으로 무슨 말씀을 가르쳤습니까? 이웃의 물건을 상하게 하거나 잃어버린 경우에는 적절한 배상을 해야만 했습니다. 출애굽기 22장 14절에 "만일 이웃에게 빌려온 것이 그 임자가 함께 있지 아니할 때에 상하거나 죽으면 반드시 배상하려니와"라고 했습니다.

그 제자의 호소를 들은 엘리사의 질문이 무엇입니까? 잘 좀 하지? 조심하지? 그런 책망이 아니었습니다. 누구네 것인데? 내가 잘 말해 줄게. 그런 대답도 아니었습니다. 아주 친절하게 그리고 다정다감하게 묻습니다. "어디 빠졌느냐?" 빠진 자리가 어느 곳이냐?

3. 전능하신 하나님

하나님의 사람에서 '하나님'이란 단어는 언약에 신실하신 '여호와' 하나님이 아니라 능력과 권위를 의미하는 '엘로힘' 하나님이 사용되었습니다. 엘리사와 함께하는 하나님은 전능하신 하나님! 능력이 많으신 하나님입니다. 천지를 창조하신 하나님! 권능이 무한하신 하나님이십니다.

열왕기상·하에서 '하나님의 사람'이라는 용어를 스마야에게 한 번, 엘리야에게 일곱 번, 엘리사에게 스물네 번이나 사용했습니다. 엘리사는 능력이 많으신 하나님께서 함께하는 선지자였습니다. 엘리사의 삶을 보면 능력이 많았습니다. 그를 통해 기적과 이적과 표적이 많이 나타났던 것입니다.

엘리사가 쇠도끼가 빠진 곳에 가서 나뭇가지를 베어 물에 던져 쇠도끼가 떠오르게 하였습니다. 인간적인 생각이나 철학적인 사고 그리고 과학적인 입장에서 도무지 납득하기 어려운 상황이 벌어졌습니다. 나뭇가지를 베어 물에 던졌을 때 쇠도끼날이 물 위로 떠올랐으니까요. 이 것이 믿음의 영역입니다. 하나님의 영역입니다. 그래서 인본주의자들은 엘리사가 나뭇가지를 길게 꺾어서 도끼날에 끼워 건져 올린 것이라고 말합니다. 그러나 신본주의자들은 그렇게 보지 않습니다. 초자연적인 사건, 초자연적인 능력으로 믿습니다.

그 제자는 엘리사의 명령에 따라 떠오른 쇠도끼를 취했습니다. "너는 그것을 잡으라." 그 제자가 손을 내밀어 그것을 잡았습니다. 엘리사가 행한 쇠도끼날을 건진 이적은 예수님께서 베드로를 시켜 물고기 입속에서 돈 한 세겔을 꺼낸 이적이나, 떡 다섯 개와 물고기 두 마리로 오천 명을 먹이신 사건과 같은 것입니다.

강물에 빠진 쇠도끼를 떠오르게 한 엘리사의 이적은 하나님께서 자기 백성들의 지극히 사소한 일에까지 관심과 배려를 아끼지 않으신다는 교훈입니다. 열왕기하 5장에서는 아람의 군대장관 나아만의 나병을 치료해 주는 사건을 일관되게 기록했습니다. 열왕기하 6장 7절부터 7장까지는 아람 나라와 북이스라엘이 첨예하게 대립하는 상황에서 엘리사가 이적을 행했습니다.

그런데 오늘 성경말씀은 개인적인 사건입니다. 국가적인 전쟁과 같이 큰 사건이 아닙니다. 하나의 쇠도끼입니다. 하나님은 국가간의 전쟁과 같이 큰 문제에도 개입하시지만 오늘 말씀에 등장하는 쇠도끼 문제같이 사소한 문제에도 개입하셔서 해결해 주시는 분이십니다. 하나님은 자비로우신 분입니다. 그러므로 하나님의 백성은 모든 일에 있어서 매일같이 그리고 매순간마다 주님을 믿고 의지해야 합니다.

잠언 16장 1-3절에 "마음의 경영은 사람에게 있어도 말의 응답은 여호와께로부터 나오느니라 사람의 행위가 자기 보기에는 모두 깨끗하여도 여호와는 심령을 감찰하시느니라 너의 행사를 여호와께 맡기라 그리하면 네가 경영하는 것이 이루어지리라"라고 했습니다. 시편 37편 5-6절에서는 "네 길을 여호와께 맡기라 그를 의지하면 그가 이루시고 네 의를 빛 같이 나타내시며 네 공의를 정오의 빛 같이 하시리로다"라고 했습니다.

엘리사는 대외적인 일만 행한 사람이 아닙니다. 내적인 일에도 관심을 가진 선지자였습니다. 나아만과 같이 고생하는 이방인을 위한 봉사도 했지만 수넴 여인과 같이 부유하고 지위가 있는 사람을 위해서도 봉사했습니다. 선지자의 제자를 위한 헌신도 했습니다.

선지자의 제자는 '선지자의 제자, 선지자들의 아들들'이라는 뜻입니다. 선지자의 제자는 엘리야나 엘리사 시대에 사용한 독특한 표현 방식입니다. 엘리야와 엘리사의 관계를 보면 부자관계와 같이 친밀하고 긴밀한 관계였음을 나타내고 있습니다. 마치 영적인 아버지와 아들과의 관계와 같았습니다. 생활하는 것이 어렵고 힘든 세상에서 선지자는 제자들을 사랑으로 돌보고 보살폈습니다. 영적인 문제와 육신적인 문제까지 보살폈던 것입니다.

지금도 마찬가지입니다. 우리도 사랑으로 서로 돌아보아야 하는 시대에 살고 있습니다. 한 몸에 붙어있는 지체에 대하여 섬기고 봉사하는 것이 마땅한 일입니다. 히브리서 10장 23-25절에 "또 약속하신 이는 미쁘시니 우리가 믿는 도리의 소망을 움직이지 말며 굳게 잡고 서로 돌아보아 사랑과 선행을 격려하며 모이기를 폐하는 어떤 사람들의 습관과 같이 하지 말고 오직 권하여 그 날이 가까움을 볼수록 더욱 그리하자"라고 했습니다.

고린도전서 12장 24-25절에 "오직 하나님이 몸을 고르게 하여 부족한 지체에게 귀중함을 더하사 몸 가운데서 분쟁이 없고 오직 여러 지체가 서로 같이 돌보게 하셨느니라"라고 했습니다.

빌립보서 2장 4절에 "각각 자기 일을 돌볼뿐더러 또한 각각 다른 사람들의 일을 돌보아 나의 기쁨을 충만하게 하라"라고 했습니다. 성도들이 서로 사랑으로 돌볼 때 바울이 기뻐한 것처럼 목회자도 기뻐하고 즐거워하는 것입니다. 능력이 많으신 하나님은 백성들의 필요를 따라 채워주시는 전능하신 하나님이십니다.

제23강
열왕기하 6장 8-23절

아람 군대와 엘리사 선지자

열왕기하 6장 초반부에는 엘리사와 제자들이 요단 강에서 벌목하다
가 쇠도끼날이 물에 빠졌을 때 그 도끼날을 떠오르게 하는 이적과 관련
된 기사였습니다. 6장과 7장에서는 국제적인 분쟁, 전쟁에 대하여 엘리
사 선지자가 어떤 활동을 전개했는가를 가르쳐 주고 있습니다.

아람 나라의 장군 나아만의 나병을 고쳐 준 북이스라엘 나라를 아람
나라가 침공하려는 계획을 세웠습니다. 어떻게 그럴 수가 있는가? 성경
은 종종 역사적인 순서로만 기록하지 않는 경우가 있습니다. 또 훗날에
하나님의 은혜를 잊으면 그렇게 하지 않겠습니까? 그래서 하나님의 은
혜를 잊지 말아야 하고 은혜가 떨어지지 않도록 항상 기도해야 하는 것
입니다.

1. 엘리사의 조언

아람과 북이스라엘은 항상 적대관계에 놓여져 있었고 전쟁은 왕의 권
한이었기 때문에 장군으로서는 어쩔 수 없는 상황일 수도 있습니다. 아람
왕이 신하들과 전쟁할 때 복병을 두고 기습할 장소까지 정했습니다.

아람 나라의 군대가 북이스라엘을 침공할 때 하나님의 사람 엘리사는 어떤 조언을 했는가? 전쟁에 있어서 엘리사의 대처 능력을 보십시오. 엘리사가 북이스라엘 왕에게 아람군의 매복, 행군로를 미리 알려주며 방비하도록 기별했습니다. 아람 군대의 침략 경로를 간파한 엘리사의 능력을 보십시오. 아람이 전쟁에서 패할 수밖에 없지 않습니까? 여호람 왕이 악한 왕이라 할지라도 엘리사를 통하여 보호하신 것은 하나님이 북이스라엘을 떠나지 않으셨으며, 하나님이 살아 계신 분이심을 깨닫고 여호와께로 돌아오도록 하기 위함이었습니다.

엘리사는 북이스라엘 왕에게 아람 군대의 매복 지점을 미리 알려주어 이스라엘 군대가 방비하도록 하여 아람 군대가 매복하지 못하게 만들어 버렸습니다. 이것은 북이스라엘의 왕권보다 훨씬 높은 하나님의 능력을 표현하기 위한 말씀입니다.

아람 나라가 한두 번이 아니라 여러 번 침공 계획이 있었으나 아람의 시도대로 되지 않고 번번이 실패했습니다. 왜 번번이 실패했을까요? 이스라엘의 군사력이 아닙니다. 전능하신 하나님의 능력이 함께하시기 때문이고 엘리사가 살아 있는 하나님의 사람이었기 때문입니다.

사람에게 있어서 영적인 통찰력이 아주 중요합니다. 성도는 사탄의 궤계가 항상 무산되도록 영적 권세나 영적인 능력을 소유해야만 합니다. 사탄이 역사하는 통로를 미리 보아야 합니다. 이스라엘 왕은 엘리사의 조언대로 방비하여 아람 왕의 공격을 매번 막아냈습니다. 우리도 예수 그리스도를 힘입고, 하나님의 능력으로 영적인 전쟁에서 승리할 수 있기를 바랍니다.

2. 아람 왕과 신하의 논의

아람 왕이 마음에 번뇌하면서 자신의 신하들을 불러 모았습니다. 번뇌는 폭풍으로 인해 물결이 동요하는 것처럼 크게 요동하는 것을 말합니다. 아람 왕의 마음이 요동쳤습니다. 번번히 작전에 실패하자 크게 혹은 맹렬하게 화가 났습니다. 하나님의 뜻에 역행하면 인간에게 찾아오는 것은 슬픔과 번뇌와 신음입니다.

아람 왕은 신하들을 모아놓고 그들 중에 북이스라엘과 내통하는 첩자가 있을 것이라고 생각하고 추궁했습니다. 자신의 전략이 계속적으로 누설되어 실현되지 않자 화가 난 왕은 배신자, 첩자를 색출하기 위해 노력했습니다.

그런데 놀랍게도 왕의 신하 중 하나가 작전 실패의 원인이 우리 중에 첩자가 있기 때문이 아니라 이스라엘의 선지자 엘리사가 왕이 침실에서 한 말이라도 이스라엘 왕에게 고하기 때문이라고 아뢰었습니다. 북이스라엘에서 활동하는 엘리사 선지자가 하나님의 영감을 통해 아람 왕의 전략을 미리 알고 북이스라엘 왕에게 통보하였기 때문이라는 것이었습니다. 아람 왕이 긴밀한 장소에서 의논한 것도 다 알고 북이스라엘 왕에게 알렸다는 것입니다. 어떻게 알고 이런 보고를 했는지는 모르겠지만 하나님은 인생의 은밀한 것까지 다 알고 계십니다.

하나님은 인생길을 감찰하십니다. 걸음을 다 세십니다. 감춘 것이 드러나지 않을 것이 없습니다. 숨은 것도 알려지지 않을 것이 없습니다. 만물이 모두 우리를 상관하시는 자의 눈 앞에 벌거벗은 것처럼 드러날 것입니다.

아람 왕이 수소문하여 엘리사가 어디 있는지 보라. '너희는 가서 보라 그리고 너희는 찾으라.' 두 개의 명령형입니다. 엘리사를 찾으려는 아람 왕의 강한 의지를 표현합니다. 내가 군대를 보내어 잡으리라. 생포하겠다.

왜 생포하려고 했을까? 아람이 북이스라엘을 침략할 때 여러 번 실패한 것에 대한 분풀이를 하기 위함이었을 것이고 또 엘리사의 능력을 높이 평가하여 역이용하려는 의도도 있을 수 있습니다.

아람 왕은 하나님의 사람 엘리사가 도단에 있다는 사실을 알게 되었고, 엘리사를 체포하기 위해 말과 병거와 많은 군사를 보내 밤에 도단 성을 포위하도록 했습니다. 엘리사의 소재가 파악 되자마자 아람 왕이 엘리사를 잡기 위해 군대를 도단으로 보냈습니다.

아람 왕은 엘리사의 능력을 과소평가했습니다. 엘리사의 능력을 의식해서 많은 군대를 동원하여 도단에 이르렀지만 엘리사의 능력을 깊이 깨닫지 못하고 밤에 군사작전을 수행한 것입니다. 아람 왕의 영적인 눈이 밝지 못했습니다. 하나님께서 미리 대처 방안까지 가르쳐 주는 것을 알지 못했습니다.

3. 엘리사의 종과 불말과 불병거

이른 아침에 엘리사의 종이 성을 포위한 아람 군대를 발견했습니다. 종의 이름은 소개되지 않고 있습니다. 엘리사보다 종이 일찍 일어나는 것은 상례입니다. 수종들기 위해 일찍 일어났습니다.

그런데 종의 눈 앞에 깜짝 놀랄 만한 일이 벌어졌습니다. 아람 군대가 도단 성을 에워쌌습니다. 자신의 죽음이나 포로로 끌려갈 것을 예상하고 절규에 가까운 소리를 발했습니다. 종이 엘리사에게 달려와서 사실을 고하며 두려워했습니다. 이런 상황에서 우리가 할 수 있는 일은 전능하신 하나님의 도우심을 바라고 의지하는 일입니다.

엘리사가 종에게 걱정하지 말라고 하며 아람 군대보다 우리와 함께하는 군사가 많다고 답했습니다. 모세가 이스라엘 백성에게 부탁한 말이 무엇입니까? 신명기 20장 1-4절에서 "네가 나가서 적군과 싸우려 할 때에 말과 병거와 백성이 너보다 많음을 볼지라도 그들을 두려워하지 말라 애굽 땅에서 너를 인도하여 내신 네 하나님 여호와께서 너와 함께 하시느니라 너희가 싸울 곳에 가까이 가면 제사장은 백성에게 나아가서 고하여 그들에게 말하여 이르기를 이스라엘아 들으라 너희가 오늘 너희의 대적과 싸우려고 나아왔으니 마음에 겁내지 말며 두려워하지 말며 떨지 말며 그들로 말미암아 놀라지 말라 너희 하나님 여호와는 너희와 함께 행하시며 너희를 위하여 너희 적군과 싸우시고 구원하실 것이라"라고 했습니다. 금지 명령입니다. 모세나 엘리사는 금지 명령을 했습니다. 두려워하지 말라.

엘리사는 여호와께 종의 눈을 열어주시기를 기도했습니다. 불신앙으로 인해 닫혀진 사환의 영적인 눈을 열어 하나님의 보호하심을 바라볼 수 있게 하여 두려움을 떨쳐버리도록 하기 위함이었습니다. 여호와께서 종의 눈을 열어 불말과 불병거가 산에 가득하여 엘리사를 둘러싼 것을 발견하도록 했습니다.

육신적인 눈만 뜬 자는 아람 군대만 보고 두려워했지만, 영적인 눈이 열려진 엘리사는 하나님의 군대, 불말과 불병거를 보았기에 전혀 두려움이 없었습니다. 그래서 영적인 눈, 믿음의 눈이 열려야 합니다. 영적인 눈이 열린 사람은 군대의 수를 보는 것이 아니라 하늘의 군대를 바라보기 때문입니다.

히브리서 12장 2절에 "믿음의 주요 또 온전하게 하시는 이인 예수를 바라보자 그는 그 앞에 있는 기쁨을 위하여 십자가를 참으사 부끄러움을 개의치 아니하시더니 하나님 보좌 우편에 앉으셨느니라"라고 했습니다. 세상만 보지 말고 주님을 바라봅시다.

4. 눈 먼 아람 군대

아람 나라의 군사들이 엘리사에게 내려왔습니다. 엘리사가 아람 군대의 눈이 멀기를 기도하자 응답되었습니다. 엘리사가 아람의 군대가 목적을 이루지 못하도록 아람 군대의 눈을 어둡게 해 달라고 하나님께 기도하여 그들의 의도가 좌절되게 하였습니다.

엘리사가 아람 군대에게 그들이 길을 잘못 들어섰다며 그들이 찾는 사람에게로 인도하여 주겠다고 말했습니다. 엘리사가 아람 군대를 인도하여 사마리아 성에 이르게 됩니다. 그들을 사마리아 성 안으로 유인 했습니다. 모든 적군들이 정신적으로나 육신적으로 혼미한 상태에 있 었습니다. 도단에서 사마리아까지는 19킬로미터나 됩니다. 급경사가 많고 바람이 많이 불어 여행하기 쉽지 않은 장소로, 시간이 많이 걸립 니다.

사마리아에 들어갈 때에 엘리사가 아람 군대의 눈을 열어달라고 기 도했습니다. "이 무리의 눈을 열어서 보게 하옵소서." 새로운 사건입니 다. 엘리사의 기도로 아람 군대의 눈이 회복되는 시간입니다. 하나님은 엘리사의 기도를 들으셨습니다. 여호와께서 아람 군대의 눈을 여시사 그들이 사마리아 가운데에 자신들이 포위되어 있음을 발견하게 됩니 다. 눈을 어둡게 하기도 하고 밝게 하기도 하는 이적입니다.

기도하면 영안의 눈이 밝아질 줄로 믿습니다. 기도하지 않으면 영안 의 눈이 어두워집니다. 아람 군대의 눈이 밝아졌을 때 전의를 상실하게 될 정도로 충격이었습니다. 또 엘리사가 믿는 하나님에 대하여 새로운 인식을 하는 기회가 되었습니다.

북이스라엘 왕이 아람 군대를 죽여도 되는지 엘리사에게 물었습니 다. "내 아버지여 … 치리이까?" 북이스라엘 왕이 엘리사를 향하여 아 버지라고 부른 것은 존경과 경의의 표현입니다.

"치지 마소서 … 어찌 치리이까." 단호한 부정입니다. 엘리사가 칼 과 활로 잡은 포로도 아닌데 죽이는 것은 옳지 않다고 말했습니다. 오 히려 그들에게 먹을 것을 주고 다시 돌려보내라고 말했습니다. 엘리사 의 말대로 북이스라엘 왕이 아람 군대에게 먹을 것을 주고 아람 나라로 돌아가도록 놓아주었습니다. 아람 군대가 아람 땅으로 돌아가고 다시 는 이스라엘 땅을 공격하지 못했습니다. 하나님의 사람의 말에 순종했 을 때 더 좋은 결과를 가져오게 되었습니다.

아람 나라가 북이스라엘을 침공하지 않은 이유가 무엇입니까? 북이 스라엘에는 엘리사가 있기 때문입니다. 공격한다면 정말 위기에 빠질 것 같았습니다. 또 한가지는 악을 선으로 갚는 북이스라엘 왕의 행동으로 인해 더 이상 전쟁의 명분이 사라지게 된 것입니다.

하나님은 하나님의 백성을 보살피십니다. 심지어 엘리사는 원수를 먹이고 입히는 사랑을 가진 자였습니다. 원수를 사랑하는 것이 쉬운 일일까? 자기의 생명을 노리고 공격해 온 사람을 용서하고, 오히려 먹을 것을 주고 되돌려 보냈습니다. 이것이 기독교적인 사랑이 아닙니까?

로마서 12장 20절에 "네 원수가 주리거든 먹이고 목마르거든 마시게 하라 그리함으로 네가 숯불을 그 머리에 쌓아 놓으리라"라고 했습니다. 우리 모두 원수를 사랑합시다.

제24강
열왕기하 6장 17-18절 _ 금요특강

하나님의 속성

하나님은 명칭을 통해서도 계시하시지만 속성을 통해서도 계시하십니다. 하나님의 속성은 절대적 속성(비공유적 속성)과 보편적 속성(공유적 속성)으로 구분하여 말할 수 있습니다.

절대적 속성은 비공유적 속성이라고도 말하는데 피조물 중에서 그 유사점을 전혀 찾아 볼 수 없는 신적 완전성을 의미합니다. 절대적 속성은 하나님의 절대적 특수성, 초월적 위대성을 강조하는 속성입니다.

1. 절대적 속성

1) 하나님의 독립성, 자존성

하나님의 독립성(independence) 혹은 자존성(self-existence)을 말할 때, 하나님은 존재의 필연성 때문에 존재하기 때문에 필연적으로 존재하신다는 것, 인간과 같이 외부적 조건에 의해서 존재하지 않는다는 것을 의미합니다. 의지에 의해서 존재한다는 것의 반대 의미입니다.

하나님은 존재와 덕과 행위에 있어서도 독립적이라서 모든 피조물이 의존하게 되어 있습니다. 요한복음 5장 25-27절에 "진실로 진실로 너희에게 이르노니 죽은 자들이 하나님의 아들의 음성을 들을 때가 오나니 곧 이 때라 듣는 자는 살아나리라 아버지께서.자기 속에 생명이 있음 같이 아들에게도 생명을 주어 그 속에 있게 하셨고 또 인자됨으로 말미암아 심판하는 권한을 주셨느니라"라고 했습니다.

하나님은 사상에서 독립적입니다. 로마서 11장 33-34절에 "깊도다 하나님의 지혜와 지식의 풍성함이여, 그의 판단은 헤아리지 못할 것이며 그의 길은 찾지 못할 것이로다 누가 주의 마음을 알았느냐 누가 그의 모사가 되었느냐'라고 했습니다.

의지에서도 독립적입니다. 다니엘서 4장 35절에 "땅의 모든 사람들을 없는 것 같이 여기시며 하늘의 군대에게든지 땅의 사람에게든지 그는 자기 뜻대로 행하시나니 그의 손을 금하든지 혹시 이르기를 네가 무엇을 하느냐고 할 자가 아무도 없도다"라고 했습니다. 에베소서 1장 5절에 "그 기쁘신 뜻대로 우리를 예정하사 예수 그리스도로 말미암아 자기의 아들들이 되게 하셨으니"라고 했습니다.

요한계시록 4장 11절에 "우리 주 하나님이여 영광과 존귀와 권능을 받으시는 것이 합당하오니 주께서 만물을 지으신지라 만물이 주의 뜻대로 있었고 또 지으심을 받았나이다"라고 했습니다.

능력도 독립적입니다. 시편 116편 3-4절에 "사망의 줄이 나를 두르고 스올의 고통이 내게 이르므로 내가 환난과 슬픔을 만났을 때에 내가 여호와의 이름으로 기도하기를 여호와여 주께 구하오니 내 영혼을 건지소서 하였도다"라고 했습니다.

계획도 독립적입니다. 시편 33편 11절에 "여호와의 계획은 영원히 서고 그의 생각은 대대에 이르리로다"라고 했습니다. 모든 만물은 하나님을 통해서만 존재합니다.

2) 하나님의 불변성

하나님은 영원히 동일하시기 때문에 존재와 완전성, 목적과 약속에 있어서 변하지 않으십니다. 시편 102편 26-27절에 "천지는 없어지려니와 주는 영존하시겠고 그것들은 다 옷 같이 낡으리니 의복 같이 바꾸시면 바뀌려니와 주는 한결같으시고 주의 연대는 무궁하리이다"라고 했습니다.

말라기 3장 6절에 "나 여호와는 변하지 아니하나니 그러므로 야곱의 자손들아 너희가 소멸되지 아니하느니라"라고 했습니다.

야고보서 1장 17절에 "온갖 좋은 은사와 온전한 선물이 다 위로부터 빛들의 아버지께로부터 내려오나니 그는 변함도 없으시고 회전하는 그림자도 없으시니라"라고 했습니다. 하나님은 내적 존재에서나 속성에서, 목적과 행동의 동기에서 그리고 약속에 있어서 불변하십니다.

혹시 계획의 변경이나 후회하시는 것으로 표현된 것은 인간적인 화법에서 사용된 것이고, 변화가 있는 것은 하나님이 아니라 사람이고, 사람이 하나님에 대하여 가지는 관계에서 말하는 것입니다.

3) 하나님의 무한성

하나님의 무한성이란 무엇인가? 성질의 완전성을 의미합니다. 세 가지로 구분해서 설명합니다.

(1) 절대적 완전성. 하나님의 신적 존재 혹은 본질에 관한 하나님의 무한성으로 하나님의 모든 절대적 속성을 자격있게 하는 속성입니다. 하나님의 지식과 지혜, 선과 사랑, 의와 성, 주권과 능력에 있어서 무한하십니다.

욥기 11장 7-11절에 "네가 하나님의 오묘함을 어찌 능히 측량하며 전능자를 어찌 능히 완전히 알겠느냐 하늘보다 높으시니 네가 무엇을 하겠으며 스올보다 깊으시니 네가 어찌 알겠느냐 그의 크심은 땅보다 길고 바다보다 넓으니라 하나님이 두루 다니시며 사람을 잡아 가두시고 재판을 여시면 누가 능히 막을소냐 하나님은 허망한 사람을 아시나니 악한 일은 상관하지 않으시는 듯하나 다 보시느니라"라고 했습니다.

시편 145편 3절에 "여호와는 위대하시니 크게 찬양할 것이라 그의 위대하심을 측량하지 못하리로다"라고 했습니다.

(2) 영원성. 하나님의 무한성이 시간과 관련하여 생각할 때 영원성이라 부릅니다. 시편 90편 1-2절에 "주여 주는 대대에 우리의 거처가 되셨나이다 산이 생기기 전, 땅과 세계도 주께서 조성하시기 전 곧 영원부터 영원까지 주는 하나님이시니이다"라고 했습니다. 시편 102편 12절에 "여호와여 주는 영원히 계시고 주에 대한 기억은 대대에 이르리이다"라고 했습니다. 에베소서 3장 21절에 "교회 안에서와 그리스도 예수 안에서 영광이 대대로 영원무궁하기를 원하노라 아멘"라고 했습니다.

하나님은 시간을 초월하시며 전생명을 순간으로 소유하신다는 뜻입니다. 하나님은 영원한 존재이시기 때문에 과거도 미래도 없는 분입니다.

(3) 무변성(His Immensity). 공간과 관련할 때 하나님의 무한성은 무변성이라고 말합니다. 모든 공간을 초월하시며 전 존재로서 공간의 모든 지점에 존재하십니다. 전 존재로서 모든 부분을 채우십니다. 하나님의 편재(omnipresence), 무소부재라고 말합니다.

열왕기상 8장 27절에 "하나님이 참으로 땅에 거하시리이까 하늘과 하늘들의 하늘이라도 주를 용납하지 못하겠거든 하물며 내가 건축한 이 성전이오리이까"라고 했습니다.

이사야 66장 1절에도 "여호와께서 이와 같이 말씀하시되 하늘은 나의 보좌요 땅은 나의 발판이니 너희가 나를 위하여 무슨 집을 지으랴 내가 안식할 처소가 어디랴"라고 했습니다.

시편 139편 7-10절에도 "내가 주의 영을 떠나 어디로 가며 주의 앞에서 어디로 피하리이까 내가 하늘에 올라갈지라도 거기 계시며 스올에 내 자리를 펼지라도 거기 계시니이다 내가 새벽 날개를 치며 바다 끝에 가서 거주할지라도 거기서도 주의 손이 나를 인도하시며 주의 오른손이 나를 붙드시리이다"라고 했습니다.

예레미야 23장 23-24절에 "여호와의 말씀이니라 나는 가까운 데에 있는 하나님이요 먼 데에 있는 하나님은 아니냐 여호와의 말씀이니라 사람이 내게 보이지 아니하려고 누가 자신을 은밀한 곳에 숨길 수 있겠느냐 여호와가 말하노라 나는 천지에 충만하지 아니하냐"라고 했습니다.

사도행전 7장 48-50절에 "그러나 지극히 높으신 이는 손으로 지은 곳에 계시지 아니하시나니 선지자가 말한 바 주께서 이르시되 하늘은 나의 보좌요 땅은 나의 발등상이니 너희가 나를 위하여 무슨 집을 짓겠으며 나의 안식할 처소가 어디냐 이 모든 것이 다 내 손으로 지은 것이 아니냐"라고 했습니다.

4) 하나님의 단순성(유일성)

하나님은 복합적인 분이거나 혼성된 분이 아니며 분해할 수 있는 분이 아닙니다. 단순하고 유일하신 분이십니다. 성경이 이것을 말하지 않지만 자존성과 불변성의 당연한 귀결입니다.

2. 보편적 속성

보편적 속성은 공유적 속성이라고도 말합니다. 인간의 속성과 유사점이 있는 속성입니다.

1) 하나님의 지식(전지)

하나님의 지식이란 하나님께서 전혀 독특한 방법으로 자신을 아시며 따라서 가능한 그리고 현실적인 모든 사물들을 아시는 완전성이라 정의할 수 있습니다. 하나님의 지식은 참된 지식입니다. 하나님 안에 고유하게 있는 것이지 외부에서 받아들인 것이 아닙니다.

포괄적인 지식이기 때문에 전지(omniscience)라고 불리워집니다. 하나님은 자신과 계획을 아십니다. 모든 사물과 과거, 현재, 미래도 아십니다.

열왕기상 8장 39절에 "주는 계신 곳 하늘에서 들으시고 사하시며 각 사람의 마음을 아시오니 그들의 모든 행위대로 행하사 갚으시옵소서 주만 홀로 사람의 마음을 다 아심이니이다"라고 했습니다.

이사야 46장 10절에 "내가 시초부터 종말을 알리며 아직 이루지 아니한 일을 옛적부터 보이고 이르기를 나의 뜻이 설 것이니 내가 나의 모든 기뻐하는 것을 이루리라"라고 했습니다.

에스겔 11장 5절에 "여호와의 영이 내게 임하여 이르시되 너는 말하기를 여호와의 말씀에 이스라엘 족속아 너희가 이렇게 말하였도다 너희 마음에서 일어나는 것을 내가 다 아노라"라고 했습니다.

사도행전 15장 18절에 "즉 예로부터 이것을 알게 하시는 주의 말씀이라"라고 했습니다.

요한복음 21장 17절에 "세 번째 이르시되 요한의 아들 시몬아 네가 나를 사랑하느냐 하시니 주께서 세 번째 네가 나를 사랑하느냐 하시므로 베드로가 근심하여 이르되 주님 모든 것을 아시오매 내가 주님을 사랑하는 줄을 주님께서 아시나이다 예수께서 이르시되 내 양을 먹이라"라고 했습니다.

히브리서 4장 13절에 "지으신 것이 하나도 그 앞에 나타나지 않음이 없고 우리의 결산을 받으실 이의 눈 앞에 만물이 벌거벗은 것 같이 드러나느니라"라고 했습니다.

2) 하나님의 지혜

하나님의 지혜는 지식의 특수한 면으로 볼 수 있는데 목적에 대한 수단의 적용에서 하나님의 지능입니다. 하나님은 목적을 이룸에 있어서 가장 좋은 수단을 적용합니다. 최종적인 목적은 하나님을 영화롭게 하시는 데 있습니다.

로마서 11장 33절에 "깊도다 하나님의 지혜와 지식의 풍성함이여,

그의 판단은 헤아리지 못할 것이며 그의 길은 찾지 못할 것이로다"라고 했습니다.

로마서 14장 7-8절에 "우리 중에 누구든지 자기를 위하여 사는 자가 없고 자기를 위하여 죽는 자도 없도다 우리가 살아도 주를 위하여 살고 죽어도 주를 위하여 죽나니 그러므로 사나 죽으나 우리가 주의 것이로다"라고 했습니다.

에베소서 1장 11-12절에 "모든 일을 그의 뜻의 결정대로 일하시는 이의 계획을 따라 우리가 예정을 입어 그 안에서 기업이 되었으니 이는 우리가 그리스도 안에서 전부터 바라던 그의 영광의 찬송이 되게 하려 하심이라"라고 했습니다.

골로새서 1장 16절에 "만물이 그에게서 창조되되 하늘과 땅에서 보이는 것들과 보이지 않는 것들과 혹은 왕권들이나 주권들이나 통치자들이나 권세들이나 만물이 다 그로 말미암고 그를 위하여 창조되었고"라고 했습니다.

(1) 하나님의 지혜를 창조에서 볼 수 있습니다. 시편 19편 1-6절에 "하늘이 하나님의 영광을 선포하고 궁창이 그의 손으로 하신 일을 나타내는도다 날은 날에게 말하고 밤은 밤에게 지식을 전하니 ..."라고 했습니다.

시편 104편 1-34절에도 나타납니다.

(2) 하나님의 지혜는 섭리에서도 드러납니다. 시편 33편 10-11절에 "여호와께서 나라들의 계획을 폐하시며 민족들의 사상을 무효하게 하시도다 여호와의 계획은 영원히 서고 그의 생각은 대대에 이르리로다"라고 했습니다.

로마서 8장 28절에 "우리가 알거니와 하나님을 사랑하는 자 곧 그의 뜻대로 부르심을 입은 자들에게는 모든 것이 합력하여 선을 이루느니라"라고 했습니다.

(3) 구속사업에서도 볼 수 있습니다. 고린도전서 2장 7절에 "오직 은

밀한 가운데 있는 하나님의 지혜를 말하는 것으로서 곧 감추어졌던 것인데 하나님이 우리의 영광을 위하여 만세 전에 미리 정하신 것이라"라고 했습니다.

로마서 11장 33절에 "깊도다 하나님의 지혜와 지식의 풍성함이여, 그의 판단은 헤아리지 못할 것이며 그의 길은 찾지 못할 것이로다"라고 했습니다.

에베소서 3장 10절에 "이는 이제 교회로 말미암아 하늘에 있는 통치자들과 권세들에게 하나님의 각종 지혜를 알게 하려 하심이니"라고 했습니다.

3) 하나님의 선

하나님은 자신이 선하십니다. 그리고 완전하고 거룩한 선이십니다. 이는 행동으로 나타나신 선, 타자에 대한 선을 말하고 있습니다. 피조물에 대한 관대함과 친절한 완전성이십니다. 피조물에 대한 애정입니다. 하나님의 자비입니다.

시편 36편 6절에 "주의 의는 하나님의 산들과 같고 주의 심판은 큰 바다와 같으니이다 여호와여 주는 사람과 짐승을 구하여 주시나이다"라고 했습니다.

시편 104편 21-23절에 "젊은 사자들은 그들의 먹이를 쫓아 부르짖으며 그들의 먹이를 하나님께 구하다가 해가 돋으면 물러가서 그들의 굴 속에 눕고 사람은 나와서 일하며 저녁까지 수고하는도다"라고 했습니다.

시편 145편 8-9절에 "여호와는 은혜로우시며 긍휼이 많으시며 노하기를 더디 하시며 인자하심이 크시도다 여호와께서는 모든 것을 선대하시며 그 지으신 모든 것에 긍휼을 베푸시는도다"라고 했습니다.

마태복음 5장 45절에 "이같이 한즉 하늘에 계신 너희 아버지의 아들이 되리니 이는 하나님이 그 해를 악인과 선인에게 비추시며 비를 의로운 자와 불의한 자에게 내려주심이라"라고 했습니다. 공중의 새도 먹이시고 들의 백합도 입히십니다. 사도행전 14장 17절을 봅시다.

4) 하나님의 사랑

(1) 하나님의 은총입니다. 저주받은 인간에게 주시는 사랑입니다. 정죄와 심판 아래 있는 자를 향하신 하나님의 과분한 사랑을 말합니다. 죄인에게 주시는 영적인 축복의 원천적인 사랑입니다.

에베소서 1장 6-7절에 "이는 그가 사랑하시는 자 안에서 우리에게 거저 주시는 바 그의 은혜의 영광을 찬송하게 하려는 것이라 우리는 그리스도 안에서 그의 은혜의 풍성함을 따라 그의 피로 말미암아 속량 곧 죄 사함을 받았느니라"라고 했습니다.

에베소서 2장 7-9절에 "이는 그리스도 예수 안에서 우리에게 자비하심으로써 그 은혜의 지극히 풍성함을 오는 여러 세대에 나타내려 하심이라 너희는 그 은혜에 의하여 믿음으로 말미암아 구원을 받았으니 이것은 너희에게서 난 것이 아니요 하나님의 선물이라 행위에서 난 것이 아니니 이는 누구든지 자랑하지 못하게 함이라"라고 했습니다.

(2) 하나님의 긍휼입니다. 누가복음 1장 54절에 "그 종 이스라엘을 도우사 긍휼히 여기시고 기억하시되"라고 했습니다.

로마서 15장 9절에 "이방인들도 그 긍휼하심으로 말미암아 하나님께 영광을 돌리게 하려 하심이라"라고 했습니다.

에베소서 2장 4-5절에 "긍휼이 풍성하신 하나님이 우리를 사랑하신 그 큰 사랑을 인하여 허물로 죽은 우리를 그리스도와 함께 살리셨고 너희는 은혜로 구원을 받은 것이라"라고 했습니다.

(3) 하나님의 오래 참으심입니다. 완고함과 악을 참으심, 계속하여 범죄함에도 불구하고 죄인을 돌보시는 사랑입니다. 로마서 2장 4절에 "혹 네가 하나님의 인자하심이 너를 인도하여 회개하게 하심을 알지 못하여 그의 인자하심과 용납하심과 길이 참으심이 풍성함을 멸시하느

냐"라고 했습니다.

베드로전서 3장 20절에 "그들은 전에 노아의 날 방주를 준비할 동안 하나님이 오래 참고 기다리실 때에 복종하지 아니하던 자들이라 방주에서 물로 말미암아 구원을 얻은 자가 몇 명뿐이니 겨우 여덟 명이라"라고 했습니다.

베드로후서 3장 15절에 "또 우리 주의 오래 참으심이 구원이 될 줄로 여기라 우리가 사랑하는 형제 바울도 그 받은 지혜대로 너희에게 이같이 썼고"라고 했습니다.

5) 하나님의 성(거룩)

하나님의 거룩은 피조물과의 구별됨과 무한한 위엄으로 피조물을 초월하시는 신적 완전성입니다. 위엄적인 거룩입니다.

출애굽기 15장 11절에 "여호와여 신 중에 주와 같은 자가 누구니이까 주와 같이 거룩함으로 영광스러우며 찬송할 만한 위엄이 있으며 기이한 일을 행하는 자가 누구니이까"라고 했습니다.

이사야 57장 15절에 "지극히 존귀하며 영원히 거하시며 거룩하다 이름하는 이가 이와 같이 말씀하시되 내가 높고 거룩한 곳에 있으며 또한 통회하고 마음이 겸손한 자와 함께 있나니 이는 겸손한 자의 영을 소생시키며 통회하는 자의 마음을 소생시키려 함이라"라고 했습니다.

도덕적인 악, 죄와 분리되어 있는 하나님의 윤리적인 거룩이 무엇인가? 피조물과 분리된 거룩입니다. 인간은 하나님의 거룩 앞에 죄의식과 중압감을 느끼게 됩니다.

욥기 34장 10-11절에 "그러므로 너희 총명한 자들아 내 말을 들으라 하나님은 악을 행하지 아니하시며 전능자는 결코 불의를 행하지 아니하시고 사람의 행위를 따라 갚으사 각각 그의 행위대로 받게 하시나니"라고 했습니다.

하박국 1장 13절에 "주께서는 눈이 정결하시므로 악을 차마 보지 못하시며 패역을 차마 보지 못하시거늘 어찌하여 거짓된 자들을 방관하시며 악인이 자기보다 의로운 사람을 삼키는데도 잠잠하시나이까"라고 했습니다.

이사야 6장 5절에 "그 때에 내가 말하되 화로다 나여 망하게 되었도다 나는 입술이 부정한 사람이요 나는 입술이 부정한 백성 중에 거주하면서 만군의 여호와이신 왕을 뵈었음이로다"라고 했습니다.

6) 하나님의 의

의는 죄를 미워하고 거룩을 사랑하는 것입니다.

(1) 정치적 의는 무엇인가? 인간에게 정당한 법률을 주시고 순종자에게는 포상을, 불순종자에게는 형벌을 내리십니다.

(2) 보수적 의는 무엇인가? 인간과 천사에게 상을 베푸십니다. 공로에 근거하지 않고 약속과 동의에 따라서 자비를 베푸시는 신적 사랑입니다.

(3) 보응적 의는 무엇인가? 형벌로, 신적 진노의 표현입니다. 의인에게는 상급을 악인에게는 형벌을 말합니다.

7) 하나님의 진실성

진실성이란 하나님께서는 내적 존재나 계시, 백성에 대해서 진실하십니다. 우상같이 허망하지 않으시고 사물과 인간의 진실을 알게 하시며 언약의 약속들을 충실히 지키십니다. 하나님의 백성의 신뢰의 근거요 희망의 토대요 기쁨의 원천이 됩니다.

민수기 23장 19절에 "하나님은 사람이 아니시니 거짓말을 하지 않으시고 인생이 아니시니 후회가 없으시도다 어찌 그 말씀하신 바를 행하지 않으시며 하신 말씀을 실행하지 않으시랴"라고 했습니다.

고린도전서 1장 9절에 "너희를 불러 그의 아들 예수 그리스도 우리 주와 더불어 교제하게 하시는 하나님은 미쁘시도다"라고 했습니다.

히브리서 6장 7-8절에 "땅이 그 위에 자주 내리는 비를 흡수하여 밭 가는 자들이 쓰기에 합당한 채소를 내면 하나님께 복을 받고 만일 가시와 엉겅퀴를 내면 버림을 당하고 저주함에 가까워 그 마지막은 불사름이 되리라"라고 했습니다.

8) 하나님의 주권(권능)

(1) 하나님의 주권적 의지입니다. 은밀한 의지는 작정된 의지입니다. 계시된 의지는 율법과 복음으로 표현된 의지, 교훈의 의지를 말합니다.

(2) 하나님의 주권적 능력과 전능입니다. 신적 권능 혹은 전능입니다. 하나님의 전능이 무엇이든지 다 하실 수 있다는 것은 아닙니다. 거짓말, 죄, 변절, 자기 부정은 못하십니다.

하나님의 전능이란 의지의 단순한 실천을 통하여 그가 이루고자 결정하신 것은 무엇이든지 다 실현하실 수 있는 것입니다. 엘-샤다이의 이름이 전능하신 하나님임을 드러냅니다.

욥기 9장 12절에 "하나님이 빼앗으시면 누가 막을 수 있으며 무엇을 하시나이까 하고 누가 물을 수 있으랴"라고 했습니다.

마태복음 19장 26절에 "예수께서 그들을 보시며 이르시되 사람으로는 할 수 없으나 하나님으로서는 다 하실 수 있느니라"라고 했습니다.

누가복음 1장 37절에 "대저 하나님의 모든 말씀은 능하지 못하심이 없느니라"라고 했습니다.

제25강
열왕기하 6장 24-30절

사마리아 성의 포위와 참상

아람 나라가 북이스라엘을 공격하였지만 연속하여 실패했습니다. 그 원인이 무엇이었습니까? 하나님의 사람 엘리사가 아람 나라의 왕이 침상에서 의논한 것도 다 알고 미리 북이스라엘 왕에게 알려주어 대비했기 때문이었습니다.

이 사실을 알게 된 아람 나라 왕은 군대를 동원하여 하나님의 사람 엘리사 선지자를 체포하고자 했습니다. 그러나 하나님께서 엘리사의 기도를 들으시고 아람 나라 군사들의 눈을 어둡게 하여 알아보지 못하게 하셨고, 아람의 군대가 오히려 사마리아 성에 갇히게 되었습니다.

엘리사 선지자는 북이스라엘의 왕을 통해 아람의 군사들에게 먹을 것을 주고 마실 것을 마시게 한 다음 아람 나라로 다 되돌려 보냈습니다. 엘리사와 북이스라엘 왕의 후대로 말미암아 양국간에 평화가 지속될 수 있었습니다. 그러나 그 평화가 길게 가지 못했습니다.

1. 아람의 공격

시간의 흐름 속에 아람 나라는 마음이 변하여 다시 북이스라엘의 수도 사마리아 성을 점령하려고 포위를 했습니다. 양국간에 다시 전쟁이 있게 된 것입니다. 아람 왕 벤하닷이 사마리아 성을 포위함으로써 당시 사마리아 성은 더 힘든 상황이 되었습니다. 사마리아 성민들이 극심한 기아에 허덕이고 있었기 때문입니다. 그 당시 아람 왕은 누구일까?

1) 벤하닷 2세인가? 벤하닷 2세는 이스라엘 왕 아합과 그의 아들 여호람 시대에 주로 활동한 아람의 왕으로 근동의 패권을 차지하기 위해 이스라엘뿐만 아니라 앗수르와도 전쟁을 수행함으로써 아람의 전성 시대를 이끌었던 왕입니다. 그러니까 벤하닷 2세라면 북이스라엘의 여호람 시대에 공격해 왔다는 것입니다.

2) 벤하닷 3세라고 봅니다. 벤하닷 3세는 벤하닷 2세의 왕위를 찬탈한 하사엘(왕하8:7-15)의 아들로서 부친 하사엘의 죽음으로 왕위를 물려받은 인물입니다. 벤하닷 3세는 남유다 왕 아마샤와 북이스라엘 왕 예후의 아들 여호아하스 및 앗수르 왕 라만 니라리 3세와 동시대의 인물이며, 여호아하스 때에 하나님께서 이스라엘을 징벌하기 위해 들어 사용하신 인물이기도 합니다.

열왕기하 13장 7절에 "아람 왕이 여호아하스의 백성을 멸절하여 타작 마당의 티끌 같이 되게 하고 마병 오십 명과 병거 열 대와 보병 만 명 외에는 여호아하스에게 남겨 두지 아니하였더라"라고 했습니다.

오늘 성경에 등장한 인물이 벤하닷 3세라면 이 전쟁은 북이스라엘의 여호아하스 통치 시기에 일어난 것입니다. 두 견해 중 일반적으로는 벤하닷 2세로 이해하고 북이스라엘의 왕은 여호람으로 이해합니다. 벤하닷 2세가 다시 북이스라엘을 침공한 것은 당시 엘리사의 활동이 저조하다고 파악했기 때문일 것입니다. 벤하닷 2세는 엘리사가 하나님의 사람으로서 침체기에 접어들었던 것으로 판단하고 침공한 것으로 보입니다. 그러나 당시 엘리사는 활동이 줄어들거나 침체기가 온 것이 아니었습니다. 엘리사는 대외적인 활동을 자제하고 후배 양성, 제자들을 가르치고 교육하는 일에 전념하고 있었던 상황이었습니다.

하나님의 사람, 목회자가 힘쓰고 노력해야 할 일이 무엇입니까? 사람을 키우는 일입니다. 교육하는 일입니다. 후시대를 내다보면서 그 시대에 걸맞는 인물을 키워내는 일입니다. 하나님의 교회도 그렇습니다. 우리 교회의 표어를 보십시오. 믿음의 사람, 교회의 일꾼을 길러내기 위하여 어려운 상황 가운데서도 기도하며 장학금을 푼푼이 모아서 전달하고 있습니다. 우리가 후원한 사람들 가운데 총장 한 사람, 대학원 원장 한 사람이 나왔습니다. 목회자는 수없이 많습니다. 교수도 나오고 선교사도 배출했습니다. 그리고 교회에서 사역하는 일꾼이 얼마나 많습니까? 하나님의 사람은 사람을 키우는 사람입니다. 하나님의 교회도 사람을 키우는 단체입니다. 여러분도 자신이 성장하고 다른 사람을 성장시키는 사람이 됩시다. 다음 세대를 준비하는 성도가 됩시다.

2. 극심한 기아 현상

하나님의 사랑과 공의를 잘 보여주고 있습니다. 무조건적인 사랑과 회개하지 않는 자에 대한 심판을 나타냅니다. 북이스라엘 왕과 백성이 벧엘과 단에다 금송아지 제단을 만든 죄악이나 아합 왕 시대에 이세벨을 통한 바알과 아세라 우상을 도입한 죄악에 대한 대가가 무엇일까? 하나님의 공의로운 심판입니다. 그 심판이 어떤 방법으로 임했을까?

아람 왕 벤하닷이 전군을 총동원하여 사마리아 성을 포위하자 사마리아 성은 기근으로 어려운 상황에 여러 가지 문제가 나타나게 되었습니다. 성을 고립시킴으로써 장기전의 전술로 항복을 유도했습니다.

구체적으로 어떤 문제가 발생했을까요? '성중이 크게 주려서' 입니다. 먹을 것이 없었습니다. 물가 폭등 현상이 생겼습니다. 비극 중의 비극입니다. 식량부족으로 인해 나귀의 머리 하나가 은 팔십 세겔이었습니다. 은 한 세겔은 일반 노동자의 4일 품삯입니다. 나귀 머리 한 개를 구입하려면 320일을 노동해야 합니다. 어떻게 보면 일 년 동안 일해야

나귀 머리 하나를 구입할 정도였습니다. 상상을 초월하는 현상이 일어났습니다. 이것이 하나님의 징벌이었습니다. 더군다가 나귀는 레위기 11장을 볼 때 부정한 짐승이었습니다. 식용이 아니었습니다. 그런데도 그렇게 비싼값을 지불해야만 했습니다.

또 '비둘기 똥 사분의 일 갑'은 은 다섯 세겔일 정도로 먹을 것이 없게 되었습니다. 비둘기 똥을 먹을 수 있는 것인가? 그래서 보하르트는 아랍어의 '참새 똥'이 일종의 풀을 가리킨다고 주장하여 '이집트콩'이라고 말했고, 클로스터만은 '포도씨'라고 보았으며, 체인은 '쥐엄 나무 열매 꼬투리'라고 말했습니다.

KJV, NASB, RSV는 '비둘기 똥'으로 직역했고, NEB에서는 '구주콩'으로, NJB은 '야생 양파들'로 번역하였습니다. 갑은 1.2리터 6분의 1스야로 기록하고 있습니다. 모두 참담한 상황을 말해 줍니다.

심지어 성 안의 백성들은 굶주림을 참지 못하여 자기 자식을 잡아먹는 비극까지 벌어지게 되었습니다. 얼마나 비극적인 상황입니까? 하나님의 심판은 무섭습니다. 우리 모두 정신을 차려야 할 것입니다.

북이스라엘 왕이 성벽을 지날 때에 한 여인이 왕인 줄 알아보고 왕에게 부르짖었습니다. 큰 고통 가운데 부르짖는 절규였습니다. '나의 주 왕이여 도와 주세요'입니다. 여인의 부르짖는 소리를 들은 왕의 반응이 무엇입니까?

여호와 하나님께서 너를 돕지 아니하시면 내가 무엇으로 너를 도울 수 있겠느냐? 왕이 하나님밖에는 아무도 그녀를 도울 수 없다고 탄식하며 무슨 일 때문인지 여인에게 묻습니다. 겉으로는 신앙적인 말이지만, 극심한 식량난에 대해 자신이 왕이지만 아무것도 할 수 없다는 한탄과 체념의 표현입니다. 왕의 대답이 준비한 대답처럼 나온 것은 탄원 소리가 끊이지 않았음을 말해 줍니다.

타작마당이 성 밖에 있어서 아람 군대를 뚫고 나가기 전에는 아무런 능력이 없었습니다. 포도주 틀이 성 안에 있다고 하더라도 포도가 없는

데 무슨 소용이 있겠습니까? 하나님의 심판은 정말 무섭지 않습니까? 남의 나라의 이야기만으로 이해할 수 있을까요?

내가 너에게 어떻게 하랴? 무엇을 할 수 있겠느냐? 아무것도 해 줄 수 없는 왕의 질문입니다. 한 여인이 다른 여인에게 오늘은 네 아들을 먹고 다음날 내 아들을 먹자고 제안했습니다. 그 제안대로 자신의 아들을 삶아 먹고 다음날 그녀의 아들을 먹으려고 할 때에 자신의 아들을 숨겼다는 것입니다. 부모가 자식을 잡아 먹어야 하는 상황입니다.

역사적으로 이런 일이 또 있었는가? 있었습니다. 바벨론 왕 느부갓네살이 남유다를 침공했을 때 똑같은 상황이 발생했었습니다. 또 로마의 장군 디도(Titus)가 예루살렘을 포위했을 때도 이런 비극적인 사건이 발생했었습니다. 하나님을 배반하고 우상을 숭배했을 때, 죄악된 길에서 돌이키지 않고 회개하지 않았을 때 임한 징벌이었습니다. 모성애마저 저버린 상황이 빚어졌습니다. 반인륜적인 사건이 발발했습니다.

이스라엘 왕이 여인의 말을 듣고 자기 옷을 찢었습니다. 이스라엘 사회에서 옷을 찢는 행위는 참회나 극도로 깊은 슬픔을 의미합니다. 그런데 슬퍼하면서도 하나님 앞에 회개하는 것이 아니라 책임을 하나님의 사람 엘리사에게 돌리고 있습니다. 이것이 인간의 이중성입니다. 하나님 앞에 진실합시다. 정직합시다. 깨끗하게 삽시다.

3. 왕과 베옷

이스라엘 왕은 겉으로는 회개하는 자의 모양새였으나 이 모든 상황의 책임을 하나님 사람 엘리사에게 있다고 생각하고, 엘리사를 죽이려고만 했습니다. 이것이 얼마나 그릇된 생각과 행동입니까?

엘리사가 아람의 군대장관의 병을 고쳐 주었고, 늘상 전쟁을 예고하여 대비하도록 했으나, 이번에는 전혀 말해 주지 않았습니다. 그러다가 과거에 아람 나라 군대를 후대하여 보낸 것까지 탓하기 시작했던 것으로 보입니다. 사람은 그렇습니다. 은혜를 원수로 갚는 경우가 많습니다. 하나님의 은혜와 사람의 은혜를 잊지 않는 사람이 좋은 사람입니다.

이스라엘 왕은 엘리사에게 책임 전가를 할 것이 아니라 우상숭배와 영적인 타락이 죄악이었음을 깨달아야만 했습니다. 개인이나 단체나 하나님 앞에 회개하는 것이 상책이었습니다. 그러나 왕은 회개할 생각은 하지 않고 하나님의 사람을 원망했습니다.

사람이 세상을 살면서 자기 자녀를 잡아 먹는 것은 하나님의 심판이요 저주입니다. 레위기 26장 28-29절에 "내가 진노로 너희에게 대항하되 너희의 죄로 말미암아 칠 배나 더 징벌하리니 너희가 아들의 살을 먹을 것이요 딸의 살을 먹을 것이며"라고 했습니다.

신명기 28장 53-57절에 "네가 적군에게 에워싸이고 맹렬한 공격을 받아 곤란을 당하므로 네 하나님 여호와께서 네게 주신 자녀 곧 네 몸의 소생의 살을 먹을 것이라 ... 중략 ... 자기 다리 사이에서 나온 태와 자기가 낳은 어린 자식을 남몰래 먹으리니 이는 네 적군이 네 생명을 에워싸고 맹렬히 쳐서 곤란하게 하므로 아무것도 얻지 못함이리라"라고 했습니다. 하나님의 백성이 언약에 불순종할 때 임할 저주입니다.

왕이 왕복만 입은 것이 아니라 염소털로 짠 거무칙칙한 천으로 짠 굵은 베옷도 입었습니다. 이스라엘 사회에서 굵은 베옷은 국가적인 위기 때나 초상을 당했을 때 그리고 회개의 표시로 입었습니다. 왕이 베옷을 입은 것은 국가적인 위기에 대하여 최고 책임자로서 책임을 통감한다는 의미와 회개의 표시로 받아들일 수 있습니다. 그러나 이러한 왕의 행동은 사람들의 눈을 의식한 전시적인 효과를 노린 것이라고 볼 수 있습니다.

속으로는 하나님 앞에서 회개하는 것이 아니라 엘리사를 죽이기 위한 음모를 가지고 있었기 때문입니다. 진정으로 회개했다면 왕복을 벗고 베옷만 입었을 것입니다. 이것이 왕의 위선입니다. 우리 모두 하나님 앞에 위선을 벗고 진실의 옷을 입읍시다.

제26강
열왕기하 6장 31절-7장 2절

여호람과 엘리사

세상 사람들은 하나님의 사람들을 싫어합니다. 그들은 세상에 속하였고 우리는 하늘에 속한 사람들이기 때문입니다. 그리고 그들은 지옥에 갈 사람이고 우리는 천국에 갈 사람이다 보니 생각이 다르고 살아가는 방식이 다르고 삶의 목적이 다르고 삶의 방향도 다르기 때문입니다.

그래서 예수님은 요한복음 15장 18-19절에서 "세상이 너희를 미워하면 너희보다 먼저 나를 미워한 줄을 알라 너희가 세상에 속하였으면 세상이 자기의 것을 사랑할 것이나 너희는 세상에 속한 자가 아니요 도리어 내가 너희를 세상에서 택하였기 때문에 세상이 너희를 미워하느니라"라고 했습니다.

바울은 "우리가 하나님의 나라에 들어가려면 많은 환난을 겪어야 할 것이라"라고 했습니다. 하나님의 아들과 딸들의 특징은 고난과 미움과 환난 속에서도 하나님만 믿고 따라가는 사람입니다.

북이스라엘 왕 여호람이 나라가 어려울 때 그 위기의 원인을 엘리사에게 돌리고 엘리사를 반드시 죽이겠다고 맹세했습니다. "왕이 이르되 사밧의 아들 엘리사의 머리가 오늘 그 몸에 붙어 있으면 하나님이 내게 벌 위에 벌을 내리실지로다"라고 말했습니다. 여호람 왕의 맹세입니다.

엘리사를 죽이지 못하면 자기가 저주를 받겠다는 것입니다. 엘리사를 죽이든지 내가 죽든지. 목숨을 건 맹세입니다.

아람 왕 벤하닷이 사마리아 성을 포위했습니다. 사마리아 성에 기근이 임했습니다. 먹을 것이 없어서 자기 자식을 잡아먹는 상황이 빚어졌습니다. 이 원인을 우상숭배나 하나님의 율법이나 언약을 버린 것에서 찾지 않고 하나님의 사람 엘리사 때문이라고 여호람 왕은 생각했습니다.

사람은 회개하지 않으면서 모든 문제를 하나님의 사람에게서 찾으려고 합니다. 여호람 왕이 그랬습니다. 이것이 중대한 실수입니다.

1. 여호람과 엘리사

여호람은 아합의 아들이었습니다. 아합의 아들 아하시야가 왕이 되었지만 아들이 없이 죽게 되자 다른 형제가 아하시야의 대를 이어 왕이 된 것입니다. 이스라엘의 왕은 진정한 왕이 하나님이심을 인정하고 하나님의 뜻대로 하나님의 백성을 인도할 책임이 있습니다.

선지자는 왕과 백성이 하나님의 뜻대로 행할 때는 축복하지만 그릇된 길로 갈 때는 책망하고 왕과 백성이 돌아오도록 생명을 내놓고 외치는 사람입니다. 엘리야의 후계자는 엘리사였습니다. 엘리사 선지자가 장로들과 함께 집에 앉았을 때에 왕이 엘리사를 죽이기 위해 사람을 보냈습니다.

북이스라엘의 수도 사마리아 성에 발생한 기근과 참상에 대하여 여호람 왕은 엘리사 때문이라고 생각했습니다. 그래서 군사를 보내어 엘리사 선지자를 죽이려고 했습니다.

왜 여호람 왕은 모든 책임이 엘리사에게 있다고 생각했습니까? 그 이유가 무엇입니까? 첫째, 엘리사가 기근을 예언했기 때문입니다. 열왕기하 8장 1절에 "여호와께서 기근을 부르셨으니 그대로 이 땅에 칠 년 동안 임하리라"라고 했습니다. 그러므로 엘리사에게 모든 사태의 책임이 있다고 생각했습니다. 그러나 아람 왕 벤하닷이 공격해서 빚어진 것이지 하나님의 사람이 예언했기 때문이 아닙니다.

둘째, 엘리사가 하나님의 사람으로서 이적을 베풀어 사마리아 성을 구원할 책임이 있는 데도 이적을 베풀지 않았다는 주장입니다. 이 주장의 모순은 북이스라엘 왕이 자신과 전민족의 죄를 깊이 인식하고 회개하는 길을 선택하지 않고 하나님의 은혜만 요구하며 다른 사람에게 책임을 전가하는 비열한 사람임을 드러내는 것입니다.

셋째, 지난 번에 아람 군대를 몰살시키지 않고 살려보냈기 때문에 그 책임이 엘리사에게 있다는 주장입니다.

이 세상의 모든 이론이 일리가 있어 보입니다. 아합 왕 때에도 이스라엘 지역에 삼 년 육 개월 동안 비가 오지 않았을 때 아합 왕은 엘리야를 향하여 '이스라엘을 괴롭히는 자'라고 말했습니다. 여호람 왕도 사마리아 성의 기근의 모든 책임을 엘리사에게 전가하고 있습니다.

특별히 여호람 왕이 엘리사를 죽이는 방법에 대하여 목을 치는 참형을 말했습니다. 이스라엘 사회는 참형이 없습니다. 애굽과 바벨론과 앗수르 나라에서나 있었던 방법이었습니다. 여호람 왕이 이방 나라의 참형 방법을 언급하는 것을 볼 때 이방 나라의 영향을 받고 있었음을 나타내고 있습니다. 우리는 옛 사람, 옛 생활과 습관을 버리고 새 사람을 입어야 합니다.

그리고 나라의 어려움이나 기근이 왔을 때 하나님을 버리고 우상을 섬긴 죄, 하나님의 율법, 하나님의 언약을 버리고 세속적인 사람들의 문화나 이방 사람들의 풍습을 따른 죄를 고백하며 하나님께로 돌아가야 할 것입니다.

엘리사가 장로들에게 여호람이 자신을 살해하려고 사자를 파견했으니 사자가 도착하면 문을 닫고 들여보내지 말 것을 지시했습니다. 엘리사는 집에서 장로들과 함께 앉아 있었습니다. 국가적인 위기가 닥쳤을 때 백성의 지도자인 장로들이 여호람 왕에게 간 것이 아니라 하나님의 사람 엘리사 앞에 모인 것은 주목하고 배워야 할 내용입니다. 장로들이 국가의 장래에 대한 말씀을 듣고 싶었던 것으로 보입니다. 정치적인 왕보다 하나님의 사람에게 마음을 더 주고 있었습니다.

여호람 왕이 엘리사를 죽이려고 왕 곁에 있던 사자들을 보냈습니다. 그때 엘리사가 한 말이 무엇입니까? "너희는 이 살인한 자의 아들이 내 머리를 베려고 사람을 보내는 것을 보느냐? 너희는 보다가 사자가 오거든 문을 닫고 문 안에 들이지 말라 그의 주인의 발소리가 그의 뒤에서 나지 아니하느냐?"

엘리사가 장로들과 말할 때에 왕이 보낸 사자가 엘리사에게 이르렀습니다. 여호람의 아버지 아합도 수많은 사람을 죽인 왕입니다. 엘리야까지 죽이려고 했었습니다. 또 여호람도 수많은 사람을 죽였습니다. 이제는 엘리사까지 죽이려고 합니다. 그래서 살인자의 아들이라고 말한 것입니다.

그런데 이상한 현상이 벌어졌습니다. "주인의 발소리가 그의 뒤에서 나지 아니하느냐?" 왕이 보낸 사자들이 엘리사를 죽이려고 문 앞에 왔을 때 여호람 왕이 엘리사의 살해 명령을 철회하고자 뒤따라오고 있었기 때문입니다. 무리와 이야기할 때에 사자가 이르고 곧 뒤따라 여호람 왕이 도착했습니다. 조금만 더 늦었다면 큰일날 뻔했습니다. 회개는 지금 이 순간 해야 합니다.

2. 여호람의 간구와 엘리사의 예언

여호람 왕이 엘리사에게 와서 무슨 말을 했을까요? "이 재앙이 여호와께로부터 나왔으니 어찌 더 여호와를 기다리리요?"라고 말했습니다. 여호람 왕은 엘리사 앞에 서서 모든 재앙이 여호와께로부터 왔음을 고백하며 어서 속히 여호와께 도움을 구하도록 요구했습니다. 모든 고통이 여호와께로부터 온 것이다. 여호와께로부터 온 고난이기 때문에 내가 무엇을 더 기다려야 합니까? 여호람 왕은 회개하면 살 수 있는데, 회개보다는 원망 섞인 말로 기도를 원했습니다.

엘리사 선지자가 여호람의 요구에 대하여 어떤 예언을 했을까요? "여호와의 말씀을 들을지어다 여호와께서 이르시되 내일 이맘때에 사마리아 성문에서 고운 밀가루 한 스아를 한 세겔로 매매하고 보리 두 스아를 한 세겔로 매매하리라"라고 예언했습니다.

엘리사 선지자는 내일 이맘때부터 하나님의 구원으로 말미암아 사마리아 성문에서 고운 가루 한 스아가 한 세겔에, 보리 두 스아가 한 세겔에 거래될 것이라는 여호와의 말씀을 전했습니다. 이것은 사마리아 성의 구원, 사마리아 성의 회복을 예언한 것입니다.

여호와의 말씀은 일점일획의 오류가 없습니다. 다 성취됩니다. 그래서 기독교는 말씀의 종교이고, 언약의 종교입니다. 오늘 성경에도 말씀과 같이 되었고, '하나님의 사람의 말대로 … 그대로 이루었으되' 라고 전해주고 있습니다. 하나님의 뜻은 어떤 상황에서든지 그대로 이루어지는 줄로 믿습니다.

여호와의 말씀을 들을지어다. 말씀의 출처가 선지자가 아니라 하나님입니다. 엘리사 자신의 말이 아니라 여호와의 말씀으로 확실한 선언입니다. 말씀이 성취될 장소와 시간까지 알려주었습니다. 내일 이맘때에 곡물 거래가 이루어질 것이라는 예언입니다. 전쟁의 종식과 더불어 경제의 회복, 기근으로부터의 회복을 예언한 것입니다. 한 스아는 두되 반 정도의 분량으로 보통 때보다는 약간 비싸지만 비쌀 때에 비하면 아주 저렴한 값입니다. 엘리사가 사마리아 성에 자유가 찾아오며 경제적인 회복이 찾아올 것을 예언했습니다.

선지자의 사명은 기적과 이적과 능력과 기사를 베푸는 데 목적이 있지 않고 하나님의 말씀을 전하는 데 있습니다. 신약 교회는 사도들과 선지자들의 터 위에 세움을 입은 단체인데, 말씀 위에 세운다는 뜻입니다. 그래서 교회는 진리의 기둥과 터라고 말한 것입니다.

3. 장관의 죽음

엘리사 선지자의 예언에 대하여 여호람 왕의 반응이 무엇입니까? "그 때에 왕이 그의 손에 의지하는 자 곧 한 장관이 하나님의 사람에게 대답하여 이르되 여호와께서 하늘에 창을 내신들 어찌 이런 일이 있으리요"라고 말했습니다. 불신의 대답이었습니다.

엘리사 선지자가 사마리아 성의 구원을 예언했습니다. 사마리아 성의 회복을 예언한 것입니다. 엘리사가 구원에 대한 예언을 할 때 그 예언을 듣던 장관의 반응이 무엇입니까? 그리고 그 장관은 어떻게 되었을까요? 장관은 엘리사의 예언을 듣고 비웃었습니다. 그 비웃음 때문에 장관은 죽게 됩니다. 노아 홍수 때에 하늘 문을 열고 물을 쏟아부은 것처럼 곡물을 쏟아 붓는들 그런 회복이 가능하겠는가? 창조주 하나님과 전능자 하나님을 못 믿는 불신앙의 사람이 하는 말입니다.

엘리사의 반응이 무엇입니까? "네가 네 눈으로 보리라 그러나 그것을 먹지는 못하리라"라고 했습니다. 여호와의 말씀은 비웃음의 대상이 아닙니다. 하나님의 사람의 말도 비웃을 수 있는 내용이 아닙니다. 신중하게 들어야 하는 말들입니다. 롯의 사위들이 천사들의 말을 농담으로 듣다가 죽었습니다. 오늘 성경에 나타나는 장관도 비웃다가 죽었습니다. 왕이 아무리 의지하는 뛰어난 장군이라 할지라도 하나님의 말씀을 비웃다가 죽었습니다.

예수님은 요한복음 5장 25절에서 "진실로 진실로 너희에게 이르노니 죽은 자들이 하나님의 아들의 음성을 들을 때가 오나니 곧 이 때라 듣는 자는 살아나리라"라고 말씀하셨습니다.

우리가 받아야 할 교훈이 무엇입니까?

1) 성도들은 현실이 아무리 힘들고 어려워도 미래를 바라보는 믿음

의 눈이 필요합니다. 엘리사는 현실의 비극을 보면서도 하나님의 말씀, 하나님의 계시 때문에 절망하지 않았습니다.

기독교 특히 장로교는 하나님의 말씀을 믿는 신앙인들의 공동체입니다. 신구약 성경이 하나님의 말씀이요 신앙과 행위에 대한 유일무이의 법칙임을 믿는 사람들의 공동체입니다. 말씀 중심의 신앙이 여호와 중심적인 신앙입니다. 성경 말씀은 신적인 권위를 가지고 있기 때문입니다. 말씀과 함께 성령이 임합니다. 말씀과 더불어 성령이 역사합니다.

2) 인간은 스스로 무능력을 깨닫고 하나님의 은혜만 기다려야 합니다. 하나님의 구원의 손길을 기다려야만 합니다. 하나님은 전능하신 분이십니다. 인간과 같이 무능하지 않습니다. 전능하십니다. 불가능한 것이 없습니다.

3) 하나님의 뜻은 반드시 성취됩니다. 반드시 이루어집니다. 사람들은 인간적인 수단과 방법을 가지고 세상을 살아가려고 하지만 성도는 인간적인 수단과 방법을 버리고 하나님이 인도하는 길을 따라 살아갑니다. 이것이 합당한 삶입니다.

제27강
열왕기하 7장 1-20절

배가(Multiplication) 운동

하나님의 백성은 이 세상에서 뿐만 아니라 오는 세상에서도 변화를 일으키는 사람입니다. 하나님께서 사랑하는 아들과 딸, 믿는 우리들을 세상에 남겨두신 이유가 여기 있습니다. 자신이 변하고 다른 사람들을 변화시키는 사명이 우리에게 있습니다.

바울은 디모데에게 디모데후서 2장 2절에서 "또 네가 많은 증인 앞에서 내게 들은 바를 충성된 사람들에게 부탁하라 그들이 또 다른 사람들을 가르칠 수 있으리라"라고 말했습니다. 배가 운동, 배가 사역을 말하고 있습니다.

우리는 누군가에게 복음을 전하기 위하여 물질과 시간을 투자하고 있어야 합니다. 다른 사람에게 뭔가를 주고 있어야 합니다. 다른 사람에게 영향을 끼치고 또 다른 사람들에게 영향을 끼쳐서 종내는 하나님의 나라가 이땅에 왕성하게 일어나는 것이 성도들을 세상에 남겨두신 하나님의 근본적인 목적입니다.

엘리사의 사역을 통하여 그런 것들을 배울 수 있습니다. 엘리사는 북방 이스라엘을 위하여 쓰임받은 하나님의 사람이었습니다. 선지자입니다. 엘리야의 선지자직을 승계 받은 사람입니다.

열왕기하 2장 3-5절에 '선지자의 제자들'이라는 용어로 보아 여러 명이 따라다닌 것으로 보입니다. 열왕기하 2장 17절을 볼 때 적어도 50 명이 넘는 숫자가 추종한 것으로 봅니다. 벧엘과 여리고 지방에도 있었습니다. 옛날이나 지금이나 개별적으로 따르는 경우도 있고 그룹으로 따르는 경우도 있었습니다.

이사야 선지자는 그런 사람을 '제자'라는 말로 표현했습니다(사 8:16). 엘리사에게도 정기적으로 모여서 배우는 사람들이 있었습니다(왕하4:38; 6:1). 엘리사는 좋은 스승이었습니다. 그러기에 따르는 무리가 점점 많아졌던 것이 아닙니까? 그래서 열왕기하 6장 1-2절에 보면 신학교를 짓자는 제안이 들어왔습니다. 선지 학교입니다.

엘리야 선지자 시대에는 목숨을 잃기도 하는 상황이었는데 몇십 년이 지난 지금, 이제는 공공연히 신학교를 짓자는 제안이 있을 정도이니 요단 강가 근처에서 큰 부흥의 불길이 일어난 것으로 보입니다. 이것은 하나님이 하신 일로 배가 사역입니다. 우리가 배가 운동을 하려고 할 때 찾아오는 것이 무엇일까? 사탄의 시험입니다. 인간적인 방법으로 찾아올 것입니다.

1. 분노 - 네 탓인가? 내 탓인가?

역사적으로 아람 나라는 북이스라엘을 여러 번 공격해 오고 북이스라엘도 아람 나라를 공격했습니다. 이번에는 아람 왕 벤하닷이 북이스라엘을 침략했습니다. 나라의 변방만 공격하던 아람이 이번에는 수도 사마리아 성을 손에 넣기 위해 대대적인 공격을 해 왔습니다.

전술 중의 하나는 포위하는 것입니다. 전쟁도 하지 않고 보급로를 차단하고 지키기만 하면 성 안에 있는 사람들은 독 안에 든 쥐와 같습니다. 시간만 끌면 자동적으로 손들고 투항하게 되어 있습니다. 이것이 아람 왕 벤하닷이 취한 방법이었습니다.

포위된 생활은 수 년 동안 계속되었습니다. 사마리아 성에는 식량이 떨어졌습니다. 먹을 것이 없어서 자기 자녀를 잡아먹는 상황까지 빚어졌습니다. 마실 물도 바닥이 났습니다. 당나귀 머리도 평상시에는 부정하게 여기던 고기였지만 엄청난 값에 팔렸습니다. 새 똥에서 골라낸 씨앗이 은 다섯 세겔에 팔렸습니다(6:25). 아기를 낳아서 식인종처럼 잡아먹는 일도 벌어졌습니다(6:29). 정말 끔찍한 일입니다.

어떤 두 아이의 엄마가 서로 약속을 합니다. 오늘은 네 아들을 먹고, 내일은 내 아들을 먹자고. 그런데 이튿날 한 여인이 약속을 어겼습니다. 다투다가 두 여인이 왕 앞에 끌려왔습니다. 왕이 그 소식을 듣고 왕복을 찢었습니다(6:30). 그때 왕은 분노의 화살을 누구에게 돌렸을까요? 여러분은 화가 날 때 누구에게 분노의 화살을 쏩니까? 나를 향하여 쏠까요 아니면 상대방을 향하여 쏠까요? 내 탓일까요 아니면 네 탓일까요?

왕은 엘리사에게 화살을 쏘았습니다. 열왕기하 6장 31절에 "왕이 이르되 사밧의 아들 엘리사의 머리가 오늘 그 몸에 붙어 있으면 하나님이 내게 벌 위에 벌을 내리실지로다"라고 했습니다. 엘리사에게 비난의 화살을 쏘면서 죽이겠다고 맹세합니다.

왜 여호람 왕은 하나님의 사람 엘리사에게 그 책임을 돌렸을까요? 엘리사가 하나님편에 서 있었기 때문입니다. 교회 일을 한다는 것은 바로 이와 같습니다. 하나님의 일을 하지 않는 사람은 하나님의 일을 하는 사람을 향하여 원망하고 불평을 늘어놓습니다. 그렇습니다. 하나님의 사람, 하나님의 편에 있는 자를 공격하는 것입니다. 아주 손쉬운 목표물입니다. 이것이 어리석음입니다.

아람인들이 공격을 한 것이지 엘리사가 사마리아 성을 어렵게 만든 것은 아니잖습니까? 왕이 왜 모르겠습니까? 다 알고 있습니다. 그러나 분노를 하나님의 사람에게 푸는 것입니다. 여러분은 어떻습니까? 자신에게 책임을 돌릴 수 있는 사람이라면 꽤 성숙한 사람입니다. 인격자입니다. 대부분은 목회자 탓이라는 것이지요. 그것이 큰 복을 누리지 못하게 되는 원인입니다.

사마리아가 어려움을 겪는 것은 하나님의 언약을 깬 배교와 우상숭배 그리고 타락한 생활 때문이었습니다. 결국 왕이나 백성이 인정한 것이 무엇입니까? 열왕기하 6장 30절입니다. "왕이 그 여인의 말을 듣고 자기 옷을 찢으니라 그가 성 위로 지나갈 때에 백성이 본즉 그의 속살에 굵은 베를 입었더라"라고 했습니다.

엘리사는 반대자를 어떻게 다루었을까? 대답은 진리편에 서는 것입니다. 왕의 신하들이 부르러 왔을 때 도시의 장로들을 만나고 있었습니다. 공포에 질리거나 도망하지 않았습니다. 단지 문을 잠근 채 왕을 기다렸습니다(6:32).

엘리사가 장로들과 무엇을 의논했는지는 알 수 없지만 기도했을 것입니다. 하나님께 억울함을 호소하거나 하나님이 살아계심을 나타내 달라고 호소했을 것입니다. 이 나라를 망하는 자리에서 살려 주시옵소서. 이런 어려움들이 믿음을 배가시킵니다. 억울한 일들이 우리의 믿음을 강하게 하는 것입니다. 상대 탓으로 돌리는 것은 사탄의 전략이고 내 탓이라고 말하는 것은 성령의 역사입니다. 여러분은 여호람 왕 같이 엘리사에게 책임을 넘기지 말고, 하나님 대신 우상을 숭배하고 율법이나 언약을 깨뜨린 것, 금송아지를 섬기고 바알과 아세라를 섬긴 죄를 회개하여 구원받는 복이 임하기를 바랍니다.

2. 불신임, 하나님의 방법이냐 사람의 방법이냐?

사탄이 또 공격하는 방법 중의 하나는 불신입니다. 불신임입니다. 의심하는 것입니다. 그러나 믿음은 항상 반응을 요구합니다. 열왕기하 6장 33절에 "무리와 말을 할 때에 그 사자가 그에게 이르니라 왕이 이르되 이 재앙이 여호와께로부터 나왔으니 어찌 더 여호와를 기다리리요”라고 말했습니다.

이스라엘의 왕은 하나님의 방법을 바라보지 않고 다른 방법을 찾으려고 노력했습니다. 내던진 우상을 다시 찾거나 평화에 관한 다른 방법을 찾으려고 했습니다. 심지어 하나님의 사람을 죽이려고 했습니다. 이것이 진정으로 문제 해결에 도움이 될까요?

결혼 생활이나 직장 생활 심지어 교회 생활조차도 갈등 가운데 있을 수 있습니다. ‘기도해야 별 소용이 없어요. 하나님은 나에게 응답을 주시지 않아요.’ 그러다보니 인내심을 가지지 못하고 ‘내 문제는 내가 해결할테야!’ 목회자와 성도들을 의심하면서 포기하는 사람의 모습입니다.

아브라함의 경우도 봅시다. 하나님은 아들을 약속하셨습니다. 처음에는 기다립니다. 그래도 사라가 잉태하지 못하자 하갈을 선택해서 이스마엘을 낳습니다. 하나님의 계획을 믿고 기다린 것이 아니라 자기가 다른 계획을 세웠습니다. 그것이 나중에는 아브라함에게 수치요, 근심거리가 되었습니다. 부끄러운 일로 남게 되고 근심, 걱정거리가 되었습니다.

이스라엘의 왕은 하나님이십니다. 그리고 때가 되면 하나님께서 다윗을 왕으로 세워주시려고 준비 중에 있었습니다. 그러나 장로들은 사무엘에게 찾아가서 왕을 요구했습니다. 사울을 왕으로 세우겠다는 뜻이었습니다. 그것이 이스라엘로 하여금 얼마나 아프게 하고 힘들게 했는지 모릅니다. 우리는 하나님보다 먼저 하려고 하면 부작용이 있다는 것을 알고 있지 않습니까? 성령보다 앞장서지 말기 바랍니다. 기도보다 앞서지 말기 바랍니다. 우리는 주님을 따라가는 훈련이 필요합니다. 성령의 인도를 받는 훈련이 되어 있어야 합니다.

바울은 고린도전서 10장 13절에서 “사람이 감당할 시험밖에는 너희가 당한 것이 없나니 오직 하나님은 미쁘사 너희가 감당하지 못할 시험 당함을 허락하지 아니하시고 시험 당할 즈음에 또한 피할 길을 내사 너희로 능히 감당하게 하시느니라"라고 했습니다.

피할 길을 준비하신 하나님이십니다. 중요한 점은 우리가 자신을 포기하기 전까지는 피할 길이 나타나지 않는다는 말입니다. 손을 들 때 피할 길이 보인다는 것입니다. 기도하여 승리하는 성도들이 다 됩시다.

사마리아 성에 절박한 문제들이 발생할 때 엘리사가 한 말이 무엇입니까? 내일 이맘때에, 하루가 지나면, 음식물이나 먹을거리가 풍족할 것이라고 예언했습니다. 이성적으로는 받아들이기 어려운 내용입니다.

열왕기하 7장 1절에 "여호와께서 이르시되"라고 했습니다. 하나님께서 공식적으로 말씀하신 것입니다. 하나님의 약속입니다. 하나님의 언약입니다. 지키지 않으면 하나님 스스로가 자신이 쪼개지는 장소로 가는 약속입니다.

베드로가 신앙 고백을 했을 때 주님은 "내가 이 반석 위에 내 교회를 세우리니 음부의 권세가 이기지 못하리라"(마16:18)라고 했고, 또 "내가 세상 끝날까지 너희와 항상 함께 있으리라"(마28:20)라고 했습니다.

두 가지 약속입니다. 이길 것이라는 약속과 함께하시겠다는 약속입니다. 전하기만 하면 교회는 배가 됩니다. 믿음의 싹이 나오게 되어 있습니다. "전파하는 자가 없이 어찌 들으리요"(롬10:14). 성령이 탄식하는 소리를 들읍시다. 전하기만 하면 주님이 교회를 세우십니다. 성령께서 교회를 세우실 것입니다.

엘리사가 사마리아 성에 음식이 넘칠 것을 말하자 빈정대는 사람이 있었습니다(왕하7:2). 엘리사의 말을 정면으로 반박하는 사람입니다. 여호와께서 말씀하신 것을 엘리사의 말로만 생각하는 사람입니다. 두 사람 중 한 사람만 옳은 사람입니다. 그런데 목숨이 달려 있는 상황입니다. 왕도 무섭지만 율법이 더욱 무서운 것입니다. 엘리사는 '네가 네 눈으로 보지만 먹지는 못하리라'(왕하7:2)라고 했습니다.

교회 사역은 배가 운동의 사역입니다. 남기는 장사입니다. 복음만 전하면 남게 되어 있습니다. 하나님만 증거하면 성령이 역사하게 되어 있습니다. 우리는 논쟁하는 사람이 아닙니다. 하나님의 말씀을 전하고 하나님을 나타내기 위해서 봉사하는 사람들입니다. 엘리사를 대적하는 자에 대하여 하나님이 처리하실 것을 믿었습니다.

불신은 사탄의 전략입니다. 불신앙도 마찬가지입니다. 하나님의 사람의 말을 하나님의 말씀으로 믿고 순종해서, 생사의 길목에서 살아나는 복을 받읍시다. 성령께서 복주실 것입니다.

3. 하나님과 하나님의 사람이 승리합니다

열왕기하 7장은 하나님의 승리와 하나님의 백성들 앞에서 하나님이 의로운 분이심을 나타냈습니다. 아람 사람들이 완패했습니다. 많은 군대를 이끌고 왔지만 밤중에 함성소리가 들리게 하셨습니다. 아람 군인들은 겁에 질려 다 도망쳤습니다. 옷과 장비도 집어던지고 달아났습니다(왕하7:6-7, 15). 하나님의 방법은 간단합니다. 인간적으로는 상상할 수 없을 정도입니다.

왕은 부끄러움을 느끼는 사건이었고, 나병 환자들은 아람 사람들이 도망한 사실을 도시에 전해 주었습니다(7:3-11). 나병 환자는 사회에서 버려진 사람들입니다. 사회에서 살지 못하고 소외된 생활을 하는 사람들입니다. 사랑하는 가족과 교제할 수 없고 사회로부터 격리된 사람들입니다.

나병 환자들은 아람 군대의 진영으로 들어가서 모두 다 도망한 것을 확인했습니다. 금은보화를 감추고, 마음껏 먹고 마셨습니다. 그러다가 양심에 가책을 받았습니다. 마음이 찔렸습니다. 자기들이 하는 행동이 선하지 못하다는 것을 알게 되었습니다. 아름다운 소식을 자기 민족에게 알려야 하지 않겠냐고 말하게 됩니다. 북방 이스라엘 왕 여호람에게 알리기로 작정했습니다(7:9).

우리는 어떤가요? 좋은 시설, 좋은 설교, 좋은 복음, 좋은 찬송을 나만 즐기고 있는 사람은 아닐까? 다른 사람들이 들으면 안 되는 것인가? 굶주리고 있는 내 형제가 있고 자식이 있고 부모가 계신데, 들려주지 않고 가만히 두어도 되는 것인가?

하나님은 일을 하십니다. 아람 사람들이 도망하게 일하셨습니다. 믿음이 없던 여호람 왕은 부끄러움을 당했습니다. 엘리사를 대항하던 그 장관은 어떻게 되었을까요? 그에 대해 네 절이나 기록했습니다. 7장 17-20절입니다. '네가 네 눈으로 보지만 먹지는 못하리라'고 한 엘리사의 예언대로 되고 말았습니다. 불신보다 더 치명적인 것은 없습니다. 믿음이 없는 것이 얼마나 불행한 일입니까? 사도 요한은 "세상을 이긴 승리는 이것이니 우리의 믿음이니라"(요일5:4)라고 했습니다.

퇴각과 소식 전파

엘리야 선지자의 사명은 하나님이 살아 계심과 자신이 하나님의 종인 것과 그리고 말씀대로 이루어지는 것을 통하여 우상을 버리고 하나님께로 돌아오라는 예배의 회복에 초점이 있었습니다. 돌아오지 않을 때 하나님의 심판이 있었습니다.

이에 비해 엘리사 선지자의 사명은 개인적인 문제든지 아니면 국가적인 문제든지 해결하고 치료해 줌으로써 여호와 하나님이 언약 백성의 위로자이심을 나타내는 것이었습니다. 하나님은 위로의 하나님이십니다. 예수님도 위로해 주시는 주님이시고 성령께서도 위로의 영이십니다.

엘리사의 예언은 어떻게 성취되었는가? 하나님은 성문 어귀에 있던 네 명의 나병 환자를 등장시켜서 엘리사의 예언, 하나님의 언약을 성취하고 있습니다.

1. 네 명의 나병 환자

나병은 광범위한 피부병으로 한센병이라고 부르기도 하고, 피부가 하얗게 변하는 악성은 나병이라고 부르기도 합니다. 이스라엘 사회에서는 나병 환자로 판정되면 성 밖으로 추방되었습니다. 하나님의 백성으로도 인정받지 못할 정도로 비참한 삶을 살아야만 했습니다. 가정으로부터 분리되고 사회로부터 분리되어 성 밖에 토굴이나 동굴에서 삶을 살아야만 했습니다.

이스라엘 사회에서는 개인적인 죄 때문에 하나님의 형벌을 받아 나병 환자가 되었다고 생각했기 때문입니다. 나병 환자로 판명되면 육체적인 고통은 물론이고 하나님의 백성으로서의 자격까지 박탈당하고 선민 공동체로부터 추방되어 정신적인 고통까지 감당하며 살았습니다.

오늘 성경에도 네 명의 나병 환자들은 성문 어귀에 거하면서 오가는 사람들에게 구걸하거나 성 안에 있는 친지들이 가져온 음식물로 연명하고 있었습니다. 하지만 지금은 성 안에 먹을 것이 없었습니다. 극심한 기근에 시달리고 있었기 때문입니다.

성문 어귀에 있던 네 명의 나병 환자들이 서로 상의했습니다. 무슨 상의를 했습니까? 어차피 죽게 생겼으니 아람 진영으로 가자고 네 명의 나병 환자들은 뜻을 모았습니다. 우리가 어찌하여 여기 앉아서 죽기를 기다리겠느냐? 아람 사람들이 살려두면 살 것이고 죽이면 죽을 것이라고 논의했습니다.

구약 시대에 나병 환자는 격리되어 성 밖에서 살았습니다. 이스라엘 사회로부터 추방당한 사람들입니다. 종교적인 의식에서까지 제외된 사람들입니다. 하나님의 백성이지만 하나님의 백성으로서 들어갈 수 있는 곳이 없던 사람들입니다. 하나님의 백성들의 공동체로부터 소외되고 격리된 네 명의 나병 환자를 사용하시는 하나님의 은혜와 복을 보면서 약한 자를 들어 강한 자를 부끄럽게 하시는 하나님이심을 다시 한번 생각하게 됩니다.

이 나병 환자들은 사마리아 성 근처에서 더 이상 살 수 없고 견딜 수 없어서 죽음을 각오하고 아람 군대가 있는 곳으로 갔습니다. 사마리아 성 내에서는 먹을 것을 구할 수가 없었기 때문입니다. 아이를 잡아먹는 상황인데 누가 나병 환자를 돌볼 수 있겠습니까?

앉아 있어도 죽을 것이고 사마리아 성으로 들어간다 하더라도 북이스라엘의 왕이나 백성들이 먹을 것을 줄 수도 없는 상황이어서, 아람 군대가 주둔한 곳으로 가면 죽이면 죽고 들어갈 수 있다면 먹을 것을 위하여 항복하겠다는 결의입니다. 좋은 말로 망명입니다. 아람 사람들이 살려주면 살 것이고 죽이면 죽을 것이라. 이 절박한 상황을 인간은 해결할 수 없습니다. 왕도 해결할 수 없고 군대도 해결할 수 없으며 오로지 하나님만이 해결하실 수 있는 상황입니다.

네 명의 나병 환자들은 선선한 바람이 불어오는 해질녘에 사마리아 성을 떠나 아람 군사들이 진치고 있는 곳을 향해 갔습니다. 해질녘에 간 것은 황혼의 어두움을 이용하여 자국민의 눈, 북이스라엘 백성, 사마리아 성의 성민을 피하고, 즉 하나님께서 아람 나라 군사들을 주둔지에서 쫓아내신 시간에 나병 환자들은 사마리아 성을 떠나 아람 군대의 주둔지를 향해 갔던 것입니다.

사마리아 성을 조심스럽게 떠난 네 명의 나병 환자들이 아람 군대가 주둔하던 곳으로 갔을 때 그 주둔지에는 아무도 없었습니다. 진영 끝까지 갔지만 아무도 없었습니다. 텅텅 비어 있었습니다. 그들은 한 사람도 없어서 놀랐습니다. 아람 군대가 다 도망친 상태였습니다. 이것이 이적이요 기적입니다. 하나님의 섭리가 그렇습니다.

2. 하나님의 역사

하나님이 행하시는 일은 인간이 다 측량할 수 없습니다. 지혜롭습니다. 능력이 있습니다. 인간이 상상할 수 없습니다. 어떻게 된 것일까요? 하나님께서 벌써 일하셨기 때문입니다. 하나님은 무슨 일을 어떻게 하셨을까요?

하나님께서 아람 군대로 병거 소리, 말 소리 그리고 큰 군대의 소리를 듣게 하셨습니다. 하나님께서 그런 소리를 아람 군사들에게 들려주시니까 아람 나라 군사들은 헷 사람과 애굽의 용병들과 이스라엘 군사가 다 합세해서 아람을 공격하는 줄로 착각하여 도망쳤던 것입니다.

하나님의 역사는 이런 것입니다. 하나님은 인간으로서는 상상할 수 없는 일을 하십니다. 하나님께서 병거 소리, 말 소리, 큰 군대 소리를 내시니 아람 나라 군사들이 큰 두려움과 공포 속에서 도망쳤습니다.

해가 질 때쯤 네 명의 나병 환자가 일어나 사마리아 성을 떠나 아람 군대가 있는 방향으로 향할 때 아람 군대는 하나님의 소리를 듣고 큰 두려움과 공포 속에서 일어나 모든 것을 버려두고 살고자 도망쳤던 것입니다. 사마리아 성에 있던 나병 환자들은 하나님이 준비해 놓으신 구원의 길, 생명의 길, 축복된 길을 걷는 중이라면 아람 사람들은 살기 위하여 모든 것을 포기하고 도망치는 길이었습니다. 이렇게 다를 수가 있습니까?

아람 군대는 장막과 말과 나귀까지 다 버리고 몸만 탈출했습니다. 혼비백산하여 도망쳤습니다. 목숨만 건진 것이지요. 이런 장면은 기드온의 300명 용사의 외침과 같은 것이었습니다. 미디안 군사들이 잠을 자다가 놀라 일어나 서로 찔러 죽인 것과 다름이 없습니다. 이스라엘의 승리는 왕이나 군사력이 아니고 하나님의 개입이 있었기 때문입니다.

과거에 아람의 군대가 엘리사 선지자를 체포하기 위하여 도단 성을 포위하였을 때 아람 군대의 시각, 눈을 마비시켜 엘리사를 보호하신 하나님께서 이번에는 사마리아 성을 포위했던 아람 군대의 청각에 혼동을 일으켜 판단력이 흐려지게 만드셨습니다. 하나님의 사람 엘리사가 예언한 대로 성취되게 하셨습니다.

그래서 모세가 기도한 것을 기억해야 합니다. 보는 눈, 듣는 귀, 깨닫는 마음이 꼭 필요한 것입니다. 하나님은 눈이 있어도 보지 못하거나 귀가 있어도 듣지 못하거나 마음이 있어도 깨닫지 못하게 하실 수 있습니다.

하나님은 여러 가지 소리로 하나님의 사람 엘리사의 예언이 이루어 지게 하셨습니다. 사마리아 성의 사람들을 살리는 결과를 가져오게 하 셨습니다. 하나님의 섭리는 인간으로서 도저히 측량할 수 없는 은혜입 니다. 하나님은 만주의 주가 되십니다. 모든 만물의 소유주이십니다. 그리고 세상과 교회의 주인이십니다. 하나님의 백성들을 적들로부터 보호하시며, 여호와 하나님은 진정한 주인과 왕으로서 세상의 대통령, 왕이나 군대장관들처럼 권력을 남용하지 않고 오직 백성을 사랑하십니 다. 모든 것을 희생하십니다. 생명의 주인은 하나님이십니다.

3. 네 나병 환자의 노략과 소식

나병 환자들은 아람 군대가 머물던 진에 들어가 먹을 것을 취하고 금과 은, 의복을 취하여 감추었습니다. 나병 환자들이 취한 행동입니 다. 첫째, 먹을 것을 보고 자기 자신만을 생각하면서 먹을 것을 챙겼습 니다. 아주 빨리 진행했습니다.

둘째, 은금과 의복을 취했습니다. 재물욕입니다. 내일이 없는 삶처 럼 숨겼습니다. 다른 사람은 사람이 아니라는 생각과 같이 숨겼습니다. 구걸하면서 살던 어제의 사람이 오늘은 부자가 되는 느낌이었습니다. 당시 전리품은 국가에 귀속되거나 왕이 분배할 수 있었습니다. 그런데 나병 환자들은 자신들이 국가요 자신이 왕처럼 행동한 것입니다. 이것 은 비윤리적이고 비도덕적인 행동입니다.

문득 나병 환자들이 자신들의 행위가 옳지 못하다고 반성하게 되었 습니다. 자기의 입만 생각한 것이나 자기가 왕인 것처럼 금은보화를 숨 긴 것이 부끄럽게 느껴졌습니다. 사마리아 성에서 죽어가는 가족이나 동족이 생각났습니다. 기근과 배고픔으로 자녀까지 잡아먹는 동족이 생각난 것입니다.

북이스라엘의 왕은 우상을 숭배하고 하나님과의 언약을 깨뜨린 죄악 때문에 사마리아 성에 기근과 고통이 온 것을 깨닫지도 못하고 하나님께로 돌아오지도 않았지만, 나병 환자들은 늦게라도 회개하고 동족을 생각하고 가족을 생각했습니다.

그리고 이 기쁜 소식을 날이 새기 전에 알리지 않으면 벌이 그들에게 미칠 것이라며 왕궁에 보고하기로 작정했습니다. 그러니까 사마리아 성에 갇혀 있는 왕과 백성을 생각했던 것입니다. 하나님께서 병거 소리, 말 소리를 들려주심으로써 아람 군대가 도망친 것이지 나병 환자들이 무엇을 했거나 북이스라엘 군사들이 전쟁을 해서 이긴 것이 아닙니다. 이 소식이 아름다운 소식이었습니다. 아름다운 소식을 전하지 않는다면 저주와 심판이 임할 것입니다.

만약 이 소식을 빨리 알리지 않는다면 저주가 임할 것이라고 생각했습니다. 중대한 범죄라고 생각한 것입니다. 인간이 이런 마음으로 전했다고 하더라도 하나님은 구원의 소식이 되게 하셨습니다. 바울도 복음을 전할 때 '내가 부득불 전하노라', '내가 전하지 않으면 내게 화가 있으리로다' 라고 말했습니다. 성도들은 때를 얻든지 못 얻든지 항상 복음을 전해야 할 사명의 사람들입니다.

네 명의 나병 환자들은 사마리아 성으로 가서 성문지기에게 아람진에 아무도 없고 그들이 다 떠나갔음을 알렸습니다. 적막을 깨고 큰 소리로 외쳤습니다. 아람 군대가 다 도망쳤음을 알렸습니다. 먹을 것과 입을 것과 금은보화가 있음을 알렸습니다. 기쁜 소식을 전한 것입니다. 이 말을 들은 문지기가 나병 환자들이 전한 사실을 왕궁에 보고했습니다.

하나님의 구원 방법은 사람들의 생각과 전혀 다릅니다. 십자가가 그런 것입니다. 구원은 전적인 하나님의 은혜입니다. 나병 환자들은 잘못을 깨우친 후 지체하지 않고 복음을 전했습니다. 먼저 믿는 자들이 복음을 전하지 않으면 세상이 어떻게 되겠습니까? 우리는 복음의 빚진 자입니다.

제29강
열왕기하 7장 12-20절

엘리사의 예언

하나님은 영원히 하나님이십니다. 사람은 피조물이고 하나님은 조물주이시며 창조주가 되십니다. 창조주 하나님은 전능하셔서 불가능한 것이 없습니다. 하나님은 병거 소리, 군대 소리가 나게 해서 아람 군대로 하여금 도망치게 만드셨습니다.

사마리아 성문 어귀에 살던 네 명의 나병 환자들이 아람 군대가 주둔하던 곳을 가 보았을 때 아무도 없었습니다. 네 명의 나병 환자들은 북이스라엘 왕에게 그 사실을 보고했습니다. 왕은 어떻게 조치했을까요?

1. 아람 군대와 이스라엘 왕

아람 왕 벤하닷이 북방 이스라엘을 침략했을 때 어떤 결과를 가져왔는가? 아람 군대가 사마리아 성을 포위하고 있을 때 사마리아 성은 점령되었는가? 점령되지 않았다면 이유가 무엇인가?

하나님의 사람, 엘리사가 기근 속에 있는 북이스라엘 백성에게 일용할 양식과 아람과의 전쟁에서 이길 것을 예언했습니다. 과연 엘리사의 예언은 이루어졌을까? 하나님의 섭리 속에서 이루어졌습니다.

아람 군대가 진영을 버리고 도망쳤습니다. 아람 군대가 퇴각했다는 보고를 들은 북이스라엘 왕 여호람은 밤에 일어나 신복들과 상의했습니다. 아람 사람들이 진영을 떠나 매복하고 굶주린 백성들이 성에서 나올 때에 이스라엘 백성을 사로잡고 성으로 쳐들어올 계책이라고 추정했습니다.

마치 아담과 하와가 범죄한 다음에 두려워서 숨었던 것처럼 아람 군대가 성벽 바깥의 들에 매복한 것으로 추정했습니다. 아람 군대의 퇴각으로 믿지 않고 책략이나 계책으로 생각했던 것입니다. 여호람 왕은 네 명의 나병 환자들의 보고를 그대로 믿지 않았습니다. 네 명의 고백적인 보고인데도 믿지 않았습니다. 네 명의 고백임에도 믿지 않는 것은 반율법적인 마음이며 회개할 줄을 모르는 자세였습니다. 그는 엘리사 때문에 고난이 왔다는 불신앙적인 생각을 가지고 있었습니다.

왕의 신복 중 한 사람이 어차피 다 죽을 목숨이라고 말하면서 정찰병들로 하여금 말 다섯 필을 취해 정탐하도록 왕에게 요청했습니다. 기근 속에서 북이스라엘 수도에 남아 있는 말이 다섯 마리 정도였습니다. 여호람이 정찰병들에게 병거 둘과 말을 주어 정찰하도록 지시했습니다. 정찰병을 파견했습니다. 확인하기 위한 일입니다.

여호람 왕은 이성적인 판단으로 정찰하는 것이지만 신앙인의 입장에서 보면 정말 답답하고 이방인만도 못한 왕입니다. 하나님의 사람, 엘리사 선지자의 말은 듣지 않으면서 신하의 말은 듣습니다. 이것이 불신앙과 무능한 사람의 특징입니다. 하나님의 사람의 말은 듣지 않으면서 사람들의 말은 잘 듣습니다. 믿음은 각자가 다릅니다. 어린아이라고 믿음이 적은 것도 아니고 어른이라고 믿음이 좋은 것도 아닙니다. 나병 환자라고 해서 믿음이 적은 것도 아니고 왕이라고 믿음이 좋은 것도 아닙니다.

유대 사회에서 버림 받았던 네 명의 나병 환자들은 황혼 때에 일어

나 아람 진영으로 갔고 그것은 북이스라엘의 왕이 밤잠에서 깨어 일어
난 때와 비슷합니다. 하지만 버림 받은 사람들은 엘리사의 예언이 이루
어진 것을 가장 먼저 보고 기뻐하며 배를 채울 수 있었지만, 왕은 허울
만 왕이지 아무런 소식도 모르는 무지한 상태에 있었습니다.

엘리사의 예언이 이루어진 지가 꽤 오래되었고, 나병 환자들은 이미
하나님의 은혜를 몸으로 경험하고 체험한 상태였지만 왕을 비롯하여 장
관들은 아직도 확인작업에 들어가야만 하는 상황이었습니다. 백성들이
깊은 고뇌 속에서 신음하면서 살아가고 있을 때 여호람 왕은 백성들보
다 신음소리를 내지 않았습니다. 요람(여호람) 왕은 하나님과 백성 앞에
서 부끄러움이 많은 왕이었음을 드러내고 있습니다.

아람 군대를 뒤따라 요단까지 이른 정찰병들이 아람 군대가 급히 도
망하면서 버린 의복과 군물을 많이 발견하게 되었습니다. 정찰병이 돌
아와 왕에게 정탐한 사실을 보고했습니다.

2. 엘리사의 예언 성취

아람 군대가 퇴각할 수 있는 길은 두 길뿐이었습니다. 하나는 와디
파리아를 경유하여 요단 강을 지나 얍복 강으로 도망하는 길과 다른 하
나는 엘리사를 잡기 위해 도단으로 올 때 선택한 길로 도단 계곡의 북
쪽을 지나 야무크를 경유하는 길입니다. 아람 군대는 첫 번째 길을 선
택하였습니다.

정찰병이 아람 군대의 퇴로를 추격하면서 목격한 것은 깜짝 놀랄만
한 상황이었습니다. 퇴각하는 길에 많은 의복과 담요와 이불 같은 물건
들과 그릇이나 가방 그리고 용기와 병기들을 다 버리면서 도망쳤기 때
문입니다. 아람 군대가 하나님이 행하신 여러 가지 이적과 기적 소리
때문에 목숨을 건지기 위해 도망친 흔적이 남아 있었습니다.

엘리사의 예언대로 하루가 지나서야 사마리아 성 사람들이 나가서

아람 군대의 진영을 노략했습니다. 엘리사의 예언대로 고운 가루가 한 스아에 한 세겔, 보리 두 스아에 한 세겔로 가격이 안정되었습니다. 아람 군대가 버리고 간 보급품으로 말미암아 사마리아 성 사람들의 물가가 안정되었습니다.

엘리사의 예언이 성취된 것도 사실이고, 여호와의 말씀이 그대로 이루어졌다는 말도 사실입니다. 여호와의 구원의 말씀이 엘리사의 입을 통하여 전달되었기 때문에 그렇게 표현한 것입니다.

왕이 전적으로 신임하는 그 장관을 세워 성문을 지키게 하였습니다. 엘리사의 예언을 무시하고 믿지 않던 장관, 그 장관은 성문에서 북이스라엘 백성들의 발에 밟혀 죽었습니다. 엘리사의 예언대로 된 것입니다.

우리에게 주는 교훈이 무엇입니까? 1) 하나님의 말씀은 성취되지 않는 법이 없습니다. 천지가 없어져도 하나님의 말씀은 일점 일획이라도 이루어지지 않는 말씀이 없는 것입니다. 마태복음 5장 18절에 "진실로 너희에게 이르노니 천지가 없어지기 전에는 율법의 일점 일획도 결코 없어지지 아니하고 다 이루리라"라고 했습니다.

예수님의 말씀을 기억하게 합니다. 산상보훈, 산상수훈의 말씀입니다. 성도가 장차 누리게 될 영광의 약속을 바라보게 만들고, 불신자들이 당하게 될 영원한 심판을 믿게 만듭니다. 여러분은 믿음의 사람으로 살아서 영광의 약속을 누리기를 바랍니다.

2) 불신앙에 빠진 자들은 하나님의 은혜와 복을 보고도 믿지 않는 법입니다. 복음을 눈으로 보고도 깨닫지 못하고 귀로 들어도 감각이 없는 사람이 됩니다. 마태복음 13장 10-17절을 봅시다. 예수님은 천국에 대하여 비유로 말씀하셨습니다. 그 이유는 천국의 비밀을 아는 것은 허락된 사람만 알도록 하셨기 때문입니다. 사람의 눈은 봄으로 복이 있고 귀는 들음으로 복이 있으며 마음은 깨달음으로 복이 있습니다.

그 장관의 죽음을 보면서 믿음이 얼마나 중요한지를 깨닫게 합니다. 하나님의 말씀에 믿음으로 '아멘' 하여 영광을 돌립시다. 고린도후서 1

장 20절에 "하나님의 약속은 얼마든지 그리스도 안에서 예가 되니 그런
즉 그로 말미암아 우리가 아멘 하여 하나님께 영광을 돌리게 되느니라"
라고 했습니다. 말씀은 믿음으로 받는 자들에게 은혜와 복이 됩니다.

3. 왕과 장관

왕이 장로들과 앉아 있던 엘리사에게 왔을 때 엘리사가 보리 두 스
아에 한 세겔, 고운 가루 한 스아에 한 세겔을 할 것을 예언하였습니다.
엘리사 선지자는 첫째로, 경제적인 안정을 예언했습니다. 이 예언은 하
나님께서 여러 가지 소리를 내셔서 아람 군대가 두려운 나머지 도망치
게 되면서 다 이루어졌습니다.

그때에 한 장관이 엘리사의 예언을 비웃으면서 일축했습니다. 하나
님의 사람 엘리사가 장관에게 '당신은 일이 이루어지는 것을 눈으로
볼 것이지만 먹지는 못할 것'이라고 두 번째로 예언하였습니다. 이 예
언이 이루어졌을까요?

엘리사의 예언이 그 장관에게 그대로 이루어졌는데, 성문에서 백성
들에게 밟혀서 죽었습니다. "네가 눈으로 보리라. 그러나 너는 먹지 못
하리라." 왕이 의지할 정도로 신임있는 장관입니다. 그 장관에게 수수
께끼 같은 말씀으로 예언을 했습니다.

여호람 왕이 신임하는 장관이었지만 성문에서 백성들에게 밟혀 죽
었습니다. 이것이 무엇을 의미합니까? 아마도 정찰병의 보고를 들은 왕
은 출입을 통제하기 위하여 가장 신임하는 장관을 세웠을 것입니다. 그
런데 사마리아 성에 거주하던 백성들이 굶어죽을 판인데 질서가 유지
되겠습니까?

굶주린 백성들이 한꺼번에 몰려나오면서 그 힘을 견디지 못하고 깔
려서 밟혀죽는 참변을 당한 것입니다. 하나님의 말씀을 무시했던 장관
의 죽음입니다. 하나님의 사람 엘리사의 예언을 믿지 않았던 장관의 죽

음입니다. 정말 불쌍하고 가련한 죽음이었습니다.

하나님의 말씀은 구원의 말씀입니다. 생명의 말씀입니다. 은혜의 말씀이고 복의 말씀입니다. 엘리사를 통하여 전달된 말씀은 살아 있는 하나님의 말씀이었습니다. 복음을 무시하거나 하나님의 말씀을 믿지 않을 때 어떤 현상이 생길 것이라고 생각합니까? 똑같은 현상이 일어날 것입니다. 장로교는 하나님의 말씀을 믿는 종파입니다. 신구약 성경이 하나님의 말씀이요 신앙과 행위의 유일무이한 법칙임을 믿는 사람들의 공동체로 보아도 지나치지 않습니다.

이스라엘 백성들이 모세의 인도 아래 출애굽하여 광야를 걷고 있을 때의 일입니다. 모세는 열두 명의 정탐꾼을 파송하여 상황을 파악한 후 보고하게 했습니다. 여호수아와 갈렙은 믿음의 보고를, 열 명의 다른 사람들은 불신앙적인 보고서를 제출했습니다. 이스라엘 백성들이 하나님의 약속을 믿지 않고 불신앙적인 사람들의 말을 들었습니다. 그 일로 하나님의 약속과 하나님을 믿지 못하고 원망하던 모든 백성들이 다 버림을 당했습니다.

엘리사를 통하여 전달된 하나님의 계시의 말씀은 그대로 이루어졌습니다. 우리가 장차 상을 받는다면 어떤 사람에게 주실 것으로 생각합니까? 첫째는, 하나님을 잘 믿는 사람입니다. 히브리서 11장 6절에서도 하나님을 살아 계신 하나님으로 믿는 것이 믿음입니다.

둘째로, 상 주시는 이심을 믿는 사람입니다. 하나님의 말씀에 순종하면 내 자신이나 가족이나 다 복을 받을 줄로 믿는 것이 믿음입니다. 하나님의 언약은 변함없이 이루어집니다. 시대나 사람을 구별하지 않고 성취됩니다. 아람 군대를 물리친 것도 군대의 힘이 아니라 하나님이셨습니다. 엘리사를 통한 하나님의 말씀이었고 전능자의 약속이었습니다.

엘리사와 수넴 여인

하나님은 북이스라엘 아합 왕가가 하나님의 심판을 받는 장면을 다양하게 기록해 주셨습니다. 하나님께서는 심판을 감행하시면서도 다른 한편으로는 회개를 촉구하시면서 불쌍히 여기시는 하나님의 자비와 긍휼을 나타내셨습니다. 심판하는 역사와 구원하는 역사가 동시에 이루어지고 있었던 것입니다.

하나님의 심판에 대한 경고와 회개하여 구원받기를 원하는 사랑의 역사가 계속될 때 북이스라엘 왕 아합 왕가에 대한 징계가 이루어졌는데, 아람 왕 하사엘에 의해 집행되기 시작했음을 발견하게 됩니다.

1. 엘리사와 수넴 여인

열왕기상·하는 연대적이거나 순서적으로 기록한 책이 아닙니다. 열왕기하 4장에서 다루어졌던 수넴 여인의 문제가 본문에서 또 다루어지고 있습니다. 그리고 5장에서 나병 환자로 저주받은 게하시가 본문에 다시 등장하고 있기 때문입니다.

레위기 13장 45-46절에 "나병 환자는 옷을 찢고 머리를 풀며 윗입

술을 가리고 외치기를 부정하다 부정하다 할 것이요 병 있는 날 동안은 늘 부정할 것이라 그가 부정한즉 혼자 살되 진영 밖에서 살지니라"라고 했습니다.

유대 사회에서는 나병 환자들이 정상인들과 같이 생활하지 못하게 격리시켰습니다. 그러므로 본문은 나아만의 사건 이전의 사건으로 보입니다. 여하튼 모든 사건을 순서적으로 연대적으로 기록한 것이 아니라 제목이나 사건별로 구분하여 기록한 것은 저자가 독자들의 이해를 고려했기 때문입니다.

하나님의 선지자, 엘리사를 잘 대접하다가 복과 은혜를 받은 수넴 여인이 등장합니다. 엘리사를 소개할 때 하나님의 사람, 선지자라고 말하지 않고 '수넴 여인의 아들을 살려준 사람'으로 말하고 있습니다.

엘리사가 그 수넴 여인에게 집안 식구들과 함께 거주할 만한 곳으로 피난을 가라고 지시했습니다. 아주 강하게, 강조한 지시였습니다. '너는 일어나라 그리고 너와 너의 집은 가라. 네가 머무는 곳에 머물러 있으라.' 고향에 있는 많은 것들을 다 포기하고, 소유나 권리를 다 포기하라. 그리고 다른 곳에서 체류자로 머물러 있으라.

엘리사가 이렇게 강한 어투로 말한 이유는 북이스라엘에 임할 칠 년의 기근이 모든 사람의 생존을 위협하는 극심한 고난일 것을 밝히고 있습니다. 과거에는 수넴 여인의 아들을 살려주었지만 지금은 혹독한 기근을 피할 수 있는 길을 가르쳐 주고 있습니다. 아마도 하나님의 사람에 대한 대접과 성숙한 믿음에 대한 감사 때문에 엘리사가 이렇게 가르쳐 준 것으로 보입니다.

엘리사는 여호와께서 기근을 명하셨는데 그 기근이 칠 년 동안 임할 것이기 때문이라고 설명해 주었습니다. 수넴 여인이 일어나서 엘리사의 예언대로 행하여 집안 식구들과 함께 블레셋 땅에 칠 년을 머물렀습니다. 그러니까 수넴 여인은 엘리사의 지시를 받아 블레셋으로 피신하여 칠 년 기근을 면할 수 있었습니다.

아마도 남편은 늙어서 죽었을 것입니다. 가정의 모든 일을 수넴 여인이 책임지는 상황에서 엘리사가 명령하고 지시한 것으로 보입니다. 하나님께서 기근을 명하셨는데 누가 막을 수 있겠습니까? 그것도 북이스라엘 왕과 백성들이 우상을 숭배하고 율법을 버리고 하나님을 버린 상황에서 징벌이 임하는 것인데 누가 막겠습니까?

기근은 하나님의 명령에 의해서 발생한 재앙입니다. 자연적인 재해 같지만 하나님께서 의도적으로 내리신 징벌입니다. 우상숭배에 대한 징벌입니다. 하나님을 배반하고 율법을 버린 죄악에 대한 징계입니다. 우상숭배가 가장 심했던 오므리 왕가에 대한 징벌입니다. 아합 왕과 이세벨은 우상숭배의 대표자들이 아닙니까? 금송아지만 만들고 섬긴 것도 죄악인데 바알과 아세라까지 도입해서 온 북이스라엘로 하여금 우상숭배의 나라로 만들었던 것입니다.

칠 년 기근이 언제였을까? 7장에서 언급한 사마리아 성의 기근이라고 보는 학자도 있습니다. 그러나 7장은 아람 나라가 보급로를 차단하여 당한 어려움이었지 하나님의 징벌로 인한 기근이 아니었습니다. 따라서 오늘 말씀은 4장에서 언급한 흉년일 것입니다. 들에서 채소를 구하지 못하고 들외를 따서 국을 끓일 정도로 극심한 가뭄이었기 때문입니다.

칠 년 기근의 '칠'이라는 수가 갖는 의미가 무엇인가? 유대인들은 칠을 '완전수, 승리수, 하나님의 수, 안식의 수' 등으로 해석했습니다. 실제적인 수이면서 견디기 어려운 극심한 기근을 의미했습니다. 엘리야 시대는 삼 년 육 개월이었지만 지금은 그것의 두 배인 칠 년이었습니다. 우상숭배와 율법과 하나님에 대한 배반이 더 심화되었음을 가르쳐 줍니다.

수넴 여인은 엘리사의 지시를 따라 지체하지 않고 소유와 모든 것을 놓고서 이방 땅으로 갔습니다. '하나님의 사람'이라는 명칭은 스마야에게 한 번, 엘리야에게 일곱 번, 엘리사에게 스물네 번 사용되고 익명의 사람에게 두 번 사용되었습니다. 오직 하나님에게 속한 사람이라는 의미입니다. 왕이나 백성 앞에서 하나님의 능력으로 기적을 보여주며 예언하는 사람입니다. 기근에 대한 예언은 확실했고 수넴 여인은 엘리사의 지시를 사람의 말로 받지 않고 하나님의 말씀으로 받았습니다.

수넴 여인은 블레셋으로 갔습니다. 체류 장소가 블레셋입니다. 기간은 칠 년입니다. 외국 생활을 칠 년 동안 한 것이지요. 왜 블레셋일까? 이스라엘과 원수인데. 당시 블레셋은 군사적으로 정치적으로 쇠퇴기에 있었으며 몇몇 주요 도시들을 중심으로 명맥만 유지되는 상황이었습니다. 약화된 블레셋에 수넴 여인이 머물기가 적합했던 것으로 보입니다. 블레셋은 유다의 남서쪽 해안에 있는 평야 지대로 강수량도 적당하여 농사짓기에 좋은 곳이었습니다. 기근 때에도 유다나 사마리아보다 그 피해가 덜 심했을 가능성이 많습니다.

2. 여호람과 수넴 여인

칠 년의 기근을 잘 피한 수넴 여인이 블레셋을 떠나 고향으로 돌아 왔습니다. 수넴 여인이 다시 자기 집, 고향으로 돌아왔을 때 자기의 집 과 전토를 다른 사람이 차지한 것을 발견하게 되었습니다. 수넴 여인은 이 문제를 어떤 방식으로 해결했을까요?

수넴 여인은 여호람 왕에게 억울한 사정을 말하게 되었습니다. 천둥처럼 크게 소리를 냈습니다. 커다란 고통의 상황에 처하여 도움을 요청하는 부르짖음이거나 흥분하여 절규하는 부르짖음이었습니다. 공의로운 심판이나 재판을 위한 부르짖음이었습니다. 부당하게 소유권을 빼앗긴 자로서의 부르짖음입니다.

수넴 여인이 무력을 사용하거나 떼를 쓰는 방법이 아니라 여호람 왕에게 집과 전토 문제를 호소하고 공의로운 판단을 요청하는 상황에 있을 때입니다. 수넴 여인은 홀로된 몸이었습니다. 대부분 소유권의 문제는 남자의 몫이었는데 수넴 여인이 왕 앞에 나아간 것을 볼 때 홀로된 몸이었습니다. 여인의 문제에 대하여 하나님은 어떻게 역사하셨을까요?

다른 한편에서는 어떤 일이 벌어지고 있었습니까? 그때 여호람 왕은 게하시에게 엘리사가 행한 일에 대하여 묻고 게하시가 수넴 여인의 죽은 아들을 살리는 내용을 전해 듣고 있을 때였습니다. 여기서 중요한 점은 게하시가 나병 환자가 되기 이전입니다. 그러니까 나아만의 나병 문제를 해결하기 이전에 일어난 사건임을 알 수 있습니다. 그러므로 열왕기서는 역사적인 사건과 관련된 내용을 서술하지만 시간의 순서라든지 기계적으로 기록한 것이 아닙니다. 사건의 주제나 인물의 활동을 중심으로 기록하고 있는 것입니다. 시간과 공간을 초월하신 하나님을 나타내고 그 하나님이 일하시는 것에 관심을 가지고 기록하고 있습니다. 그러므로 모든 시대의 성도들은 하나님 앞에서 살고 말씀대로 순종하며 하나님의 일에 관심을 가지고 살아야 할 것을 가르치고 있습니다.

엘리사의 사환 게하시가 왕과 대화할 정도로 왕실에 출입하고 있었던 것은 엘리야 때와는 달랐고, 엘리사는 종교적으로나 정치적으로 동조하지는 않았지만 왕이나 백성들로 하여금 하나님께로 돌아오기를 간절히 원하는 마음으로 사역했던 것을 볼 수 있습니다.

여호람 왕이 게하시로부터 엘리사의 행적을 듣기를 간절히 원했습니다. 엘리사가 행하는 교육이나 이적과 기적에 대하여 많은 관심을 가졌던 것입니다. 하나님께서 주체가 되셔서 엘리사를 사용하신 흔적을 듣게 된 것입니다. 이것은 북이스라엘의 진정한 지도자는 왕이 아니라 엘리사임을 드러내고 있습니다. 하나님이 진정한 왕이고 엘리사를 사용하여 왕과 백성이 우상으로부터 여호와께로 돌아오도록 노력하고 있는 것입니다.

게하시의 증인 역할 때문에 엘리사가 하나님의 사람임을 드러내고 수넴 여인은 잃어버렸던 땅과 집을 되찾을 수 있었습니다. 특히 엘리사가 수넴 여인의 죽은 아들을 살린 것에 대하여 이야기를 했습니다. 사람을 살리는 일은 하나님만이 하실 수 있는 능력입니다. 이것만큼 큰 일이 어디 있습니까? 사람으로서는 불가능한 일입니다.

게하시가 수넴 여인과 엘리사에 대하여 설명하고 있을 때 수넴 여인이 왕에게 나아온 것입니다. 정말 극적인 일이 발생했습니다. 게하시가 곧바로 이 수넴 여인이 바로 엘리사가 다시 살린 아이의 어머니라고 여호람 왕에게 소개했습니다. 이것이 하나님의 섭리가 아니고 무엇입니까? 엘리사는 하나님의 사람입니다. 수넴 여인은 하나님의 은혜 속에 있는 여인입니다.

게하시를 통하여 엘리사가 수넴 여인의 아들을 살렸다는 말을 듣고 있을 때 수넴 여인은 집과 전토, 전재산에 대하여 통곡하며 울었습니다. 생존권에 대한 울음이었습니다. 모든 것이 극적이라는 말이 맞지 않겠습니까? 마태복음 10장 29절에 "참새 두 마리가 한 앗사리온에 팔리지 않느냐 그러나 너희 아버지께서 허락하지 아니하시면 그 하나도 땅에 떨어지지 아니하리라"라고 했습니다. 왕이여! 여인과 아들이 왕 앞에 있나이다. 정말 놀라운 광경입니다. 이것이 하나님의 섭리입니다.

여호람 왕은 수넴 여인에게 사실 여부를 확인했습니다. 수넴 여인은 왕에게 소상히 다 말씀드렸습니다. '수넴 여인인가? 엘리사가 정말 아들을 죽은 자 가운데서 살렸는가?' 모든 것을 확인해 본 여호람 왕은 수넴 여인의 전토의 소출까지도 다 계산하여 주라고 명령을 내렸습니다.

여호람 왕이 수넴 여인을 위하여 관리를 임명하고 그가 블레셋으로 떠나기 전 그에게 속한 모든 것을 다 돌려주라고 명령했습니다. 밭의 소출까지도 다 되돌려주었습니다. 칠 년의 소출까지 다 환급해 주었습니다. 이것이 기적이 아니고 무엇입니까?

하나님은 성도의 헌신과 봉사를 잊지 않으십니다. 수넴 여인이 받은 복을 생각해 봅시다. 하나님의 사람을 사랑하고 존경하여 대접했습니다. 다락방도 만들었습니다. 침실과 책상도 준비하고 의자와 촛대도 준비했습니다. 잘 대접하여 편안히 쉬도록 하였습니다.

그 결과로 만족한 삶을 살던 수넴 여인이지만 자녀가 없다가 아들을 낳았습니다. 또 아들이 죽었었지만 엘리사가 기도하고 하나님의 능력으로 다시 살아났습니다. 예수님의 부활이나 성도들의 부활을 믿게 하고 예표하는 사건이었습니다.

또한 엘리사의 지시대로 칠 년 기근까지도 블레셋으로 도피하여 모면할 수 있었습니다. 마태복음 10장 41-42절을 생각해 보십시오. "선지자의 이름으로 선지자를 영접하는 자는 선지자의 상을 받을 것이요 의인의 이름으로 의인을 영접하는 자는 의인의 상을 받을 것이요 또 누구든지 제자의 이름으로 이 작은 자 중 하나에게 냉수 한 그릇이라도 주는 자는 내가 진실로 너희에게 이르노니 그 사람이 결단코 상을 잃지 아니하리라"라고 했습니다.

믿음으로 순종하는 자에게 피할 길과 먹을 것을 선물로 주십니다. 고린도전서 10장 13절에 "사람이 감당할 시험 밖에는 너희가 당한 것이 없나니 오직 하나님은 미쁘사 너희가 감당하지 못할 시험 당함을 허락하지 아니하시고 시험 당할 즈음에 또한 피할 길을 내사 너희로 능히 감당하게 하시느니라"라고 했습니다.

시편 32편 7절에 "주는 나의 은신처이오니 환난에서 나를 보호하시고 구원의 노래로 나를 두르시리이다 (셀라)"라고 했습니다. 시편 46편 1절에도 "하나님은 우리의 피난처시요 힘이시니 환난 중에 만날 큰 도움이시라"라고 했습니다. 우리 모두 수넴 여인의 헌신과 봉사를 기억하면서 더 중요한 헌신의 사람으로 살고, 하나님의 큰 영광을 체험하면서 삽시다.

벤하닷과 하사엘과 엘리사

하나님의 주권적인 통치는 어느 곳에나 영향을 끼칩니다. 남유다는 물론 북이스라엘과 아람 나라까지 영향을 끼쳤습니다. 엘리사의 명성은 국내뿐만 아니라 국외까지 소문이 자자했습니다. 하나님은 이스라엘 민족만 사랑하시는 것이 아니라 온 민족, 모든 족속을 사랑하십니다. 기독교는 초국가적이고 초민족적인 종교입니다.

그래서 부활하신 예수께서는 '모든 족속으로 제자를 삼으라. 온 천하 만민에게 복음을 전파하라. 아버지께서 나를 보내신 것같이 너희를 세상에 보내노라' 라고 말씀하셨습니다.

1. 벤하닷이 하사엘을 보내다

엘리사 선지자가 다메섹에 갔을 때 아람 왕 벤하닷은 병든 상태였습니다. 벤하닷은 벤하닷 2세로 사마리아 성을 포위했다가 하나님의 간섭으로 퇴각했던 왕으로 보입니다. 갑자기 병든 것이 아니라 계속하여 질병이 있었던 왕이었습니다. 사마리아 성을 점령하기 위한 원정에서 실패한 다음에 더욱 병세가 악화된 것으로 보입니다. 이 병은 하나님의 진노라고 보여집니다.

다메섹은 아람 나라의 수도였습니다. 엘리사가 북이스라엘을 떠나 아람 나라에 왜 갔는지는 알 수 없습니다. 카일이라는 학자는 엘리야가 받은 사명(왕상19:15) 즉 하사엘에게 기름을 부어 아람의 왕을 삼으라는 명령을 수행하기 위하여 엘리사가 다메섹에 갔을 수 있다고 했습니다. 하사엘에게 기름을 붓는 사명은 스승인 엘리야가 받고 감당은 그의 제자인 엘리사가 수행한 것이 됩니다.

어떤 사람이 벤하닷에게 엘리사가 다메섹에 와 있음을 보고했습니다. 아람 왕 벤하닷이 하사엘에게 예물을 들고 엘리사에게 가서 자신의 병이 낫겠냐고 묻게 했습니다. 아람 나라의 왕은 이미 나아만의 나병이 나은 것도 알고 있고, 엘리사가 아람의 군대를 잘 대접하여 보낸 사람인 것도 알고 있었습니다. 그래서 '하나님의 사람'이라고 칭하면서 병에 대하여 물었던 것입니다. 엘리사는 국경을 넘어 명성을 얻은 선지자였습니다.

아람 나라가 북이스라엘을 공격했다가 퇴각하자 벤하닷 왕의 병세가 깊어진 것으로 보입니다. 신하 하사엘을 엘리사 선지자에게 예물과 함께 보내어 자신의 병이 나을 것인지를 물어보게 했습니다.

하사엘은 앗수르인들에 의하면 '하찮은 자의 아들'이라는 뜻입니다. 왕족 출신이 아니라 평민 출신이었기 때문이고, 엘리야의 예언이나 엘리사의 예언대로 왕위를 탈취한 자였습니다. 하사엘은 왕이 되자마자 길르앗 라못을 공격하여 여호람 왕에게 치명적인 손상을 입힌 사람입니다. 역사적으로 주변 국가를 점령한 왕입니다. 북이스라엘을 징벌하는 도구로 사용된 사람이 하사엘입니다.

아람 왕 벤하닷의 명령대로 하사엘은 다메섹의 아름다운 물품으로 예물을 삼아 약대 사십에 싣고 엘리사에게 갔습니다. '너는 손에 예물을 취하고 하나님의 사람을 만나러 가라.' 하나님께 물어라. 내 병이 나을 것인지 그렇지 않은지. 벤하닷의 병은 의학적으로는 고칠 수 없는 병이었습니다. 그래서 하나님의 사람에게 물은 것입니다.

벤하닷이 신하 하사엘에게 예물을 들려 보낸 것은 하나님을 믿는 믿음의 행동이라기보다는 엘리사를 통해 여호와 하나님의 능력으로 자기 자신의 질병에 대한 대답을 얻고자 하는 마음이 있어서입니다.

그래서 다메섹의 아름답고 좋은 것을 준비해서 엘리사를 찾아가게 했습니다. 다메섹은 애굽과 시리아, 아람과 메소포타미아 사이에서 교역의 중심지였기 때문에 각종 좋은 것이 다 있었습니다. 약대 사십은 엄청난 예물입니다. 충분히 많은 양과 수입니다. 벤하닷이 엘리사 선지자에 대해 최대의 예우를 갖추고 있는 것입니다. 여러분도 능력을 받아 유명한 사람이 됩시다. 바울은 무명한 자 같으나 유명한 자라고 했습니다.

2. 엘리사의 답변

하사엘이 엘리사에게 아람 왕 벤하닷을 '엘리사의 아들' 이라고 칭하며 그의 병이 치유될 것인지 아니면 어떻게 될 것인지에 대하여 물었습니다. '나의 병이 낫겠나이까?' 북이스라엘의 아합 왕의 아들 아하시야는 다락에서 떨어졌을 때 이방 신인 바알세붑에게 묻더니, 아람 왕 벤하닷은 여호와의 선지자인 엘리사에게 묻고 있습니다. 상반된 모습을 보여줍니다.

하사엘이 하나님의 사람 엘리사를 처음 대하면서 한 말입니다. 자기 나라 왕이 엘리사의 아들이라는 것입니다. 이스라엘에서는 선지자를 아버지라고 부른 적이 있지만 이방 나라에서 이렇게 부른 것은 처음인 것으로 보입니다. 엘리사의 명성을 짐작할 수 있습니다.

엘리사가 하사엘에게 아람 왕 벤하닷의 병이 나을 것이나 왕이 반드시 죽을 것이라는 하나님의 뜻을 말해 주었습니다. 벤하닷이 병에서 일어나지만 암살 당하게 될 것이라고 말해 주었습니다.

두 가지로 해석합니다. 한 가지는 '가서 말하라. 나을 것이나 정녕 살지 못하리라.' 책임을 하사엘에게 돌리는 대답입니다. 또 하나의 해석은 '돌아가서, 그 병으로는 결코 죽지 않으리라고 아뢰시오. 그러나 그는 반드시 죽으리라고 여호와께서 나에게 알려주셨소' 라고 해석하는 경우입니다. 여러 가지 정황으로 볼 때 후자가 더 좋습니다.

하나님께 대한 올바른 믿음을 소유하는 것이 좋습니다. 개인적으로나 국가적인 흥망성쇠가 하나님의 절대주권 아래 놓여져 있습니다. 그리고 공의의 하나님은 자기 백성들이라도 범죄하면 이방인들을 통해서 심판과 정죄를 하십니다. 하나님의 사람은 다른 사람들이 바른 믿음을 소유하기 위해서 수고하는 자입니다.

3. 하사엘의 왕위 계승

엘리사가 하사엘을 뚫어져라 쏘아보다가, 쳐다보다가 울음을 터뜨렸습니다. 두 가지로 해석이 가능합니다. 한 가지는 엘리사가 미래에 있을 일을 환상 중에 보고 놀라서 자기 얼굴이 굳어지게 되었고 하사엘이 부끄러워하기까지 얼굴을 응시했습니다. 그리고 울었습니다.

또 한 가지는 하사엘의 비참한 운명 때문에도 울고 북이스라엘의 미래를 직감하면서 엘리사는 울었습니다. 하사엘 때문에 북이스라엘이 당할 고난을 생각하면서 통곡한 것입니다. 하나님을 버리고 우상을 숭배한 죄, 율법을 버리고 바알과 아세라를 섬긴 죄로 인해 당할 고난을 생각한 것입니다.

왜 하나님의 사람이 울었을까요? 선지자가 왜 통곡을 했을까요? 하사엘이 엘리사가 우는 이유를 물었습니다. 하사엘이 심판의 도구로 사용되어 북이스라엘을 심히 괴롭힐 자이기 때문입니다. 예레미야 선지자의 눈물을 생각나게 만듭니다. 그리고 예루살렘을 위하여 통곡하던 주님의 눈물을 기억하게 만듭니다.

하사엘은 자신을 계속하여 응시하는 엘리사의 눈빛과 갑작스럽게 울음을 터뜨리며 비통하게 우는 모습을 보면서 당황했습니다. 엘리사는 민족을 생각하면서 진실한 눈물을 쏟았습니다. 형식적인 눈물이나 가식적인 울음이 아니었습니다. 물론 회개하지 않는 이스라엘 백성을 채찍질하는 하나님의 매였습니다.

엘리사가 이스라엘의 성에 불을 놓고 장정을 칼로 죽이고, 어린 아이를 메어치며, 아이 밴 부녀를 가르는 등 하사엘이 이스라엘에 행할 악을 알기 때문이라고 대답했습니다. 장차 하사엘이 북이스라엘에 불을 놓고 메어치며 가른다는 말 자체가 끔찍하고 잔인한 만행임을 말해 줍니다.

하사엘이 엘리사의 예언을 들으면서 어떤 반응을 보였을까요? 자신은 엘리사의 개 같은 종이라고 하며, 자신은 그런 큰 일을 할 만한 사람이 아니라고 반박했습니다. 당시 개는 부정한 짐승으로 여겨졌는데, 자기가 썩은 고기까지 먹고, 전염병을 옮기는 부정한 짐승인 개와 같은 존재라고 비하해서 말했습니다. 정치적인 제스처라고 보여집니다.

엘리사가 하사엘에게 아람의 왕이 될 것이라고 예언해 주었습니다. 하사엘은 이미 역모를 꾸미고 있었을 수도 있고, 엘리사의 말을 들으면서 그런 생각을 하게 되었을 수도 있습니다. 하사엘의 앞날에 대하여 엘리사가 말한 것은 하나님의 섭리일 것입니다. 하나님은 역사의 배후에 계시고, 우리는 역사 앞에 서 있다는 말이 있습니다.

이 예언은 열왕기상 19장 17절에서 엘리야 때 예언한 내용입니다. 그래서 엘리사 선지자는 하사엘의 얼굴을 바라보면서 슬퍼했던 것입니다. 장차 하사엘이 아람의 왕이 되면 북이스라엘을 한없이 박해할 사람이었기 때문입니다.

북이스라엘이 여로보암 때부터 벧엘과 단에 세운 금송아지 제단과 바알과 아세라 우상숭배와 자신들의 죄악 때문에 당하는 것이었지만 엘리사는 슬퍼했습니다. 회개하지 않고 있는 이스라엘 민족을 생각하면서 슬퍼했습니다. 예수님도 예루살렘 성을 내려다 보시면서 눈물을 흘리셨습니다.

4. 하사엘의 보고

하사엘이 엘리사를 떠나 벤하닷 왕에게 나아갔습니다. 벤하닷이 하사엘에게 엘리사의 대답이 무엇인지를 물었습니다. 하사엘이 뭐라고 대답했습니까? 벤하닷 왕의 병이 나을 것이라고 엘리사가 말했다고 전해 주었습니다. 하사엘은 엘리사의 말 전체를 전해 주지 않았습니다. 일부분만 전했습니다. 벤하닷이 죽을 것이라는 내용은 말하지 않았습니다. 나을 것이라는 말만 전해 주었습니다.

다음날 하사엘이 이불을 물에 적셔 벤하닷 왕의 얼굴에 덮어 살해했습니다. 엘리사의 예언대로 벤하닷 왕은 살해 당했습니다. 그리고 하사엘이 아람 왕 벤하닷을 대신하여 왕이 되었습니다. 신속히 왕위를 찬탈하였기 때문에 역모가 있었음을 짐작하게 만듭니다.

하사엘은 교만하면서도 겸손한 척했습니다. 죽일 것이면서도 살릴 것처럼 말했습니다. 겉으로는 충성하는 척하면서 속으로는 음모를 꾸민 사람입니다. 엘리사의 말을 듣고 하루도 지나지 않아 자신의 왕을 살해한 잔인한 사람입니다. 북이스라엘을 징계하기에 아주 적합한 사람이었습니다. 진노의 막대기, 징계하는 채찍이었습니다. 옆구리의 찌르는 것, 눈의 가시와 같은 존재였습니다.

이불은 물에 젖으면 무겁기도 하지만 통풍이 되지 않아 질식하게 됩니다. 이불을 이용한 자연사처럼 꾸민 것입니다. 그리고 왕위를 찬탈했습니다. 하사엘의 왕위 찬탈은 앗수르 나라의 비문에도 발견됩니다. '하잘것없는 사람의 아들인 하사엘이 왕위를 찬탈하였다'라고 기록되어 있습니다. 하사엘은 주변 국가와 평화롭게 지낸 것이 아니라 무력으로 점령하여 아람 나라를 당대 최대 강대국으로 이끌었습니다. 하사엘은 교만의 도구였습니다. 우리는 겸손의 도구가 됩시다.

남유다의 여호람과 에돔과 립나

남유다의 여호람 왕은 아버지가 여호사밧 왕이고 아내는 아달랴였습니다. 아달랴는 북이스라엘의 일곱 번째 왕 아합의 딸이었습니다. 중요한 것은 아버지 여호사밧은 전심으로 여호와를 구한 왕입니다. 그런데 여호람은 아버지를 닮지 않고 어머니 아달랴를 닮아 북이스라엘의 금송아지 우상과 바알과 아세라 우상을 숭배했습니다.

우리는 가정에서나 사회에서 선보다 악한 영향을 많이 받는 시대에 살고 있습니다. 하나님의 은혜를 구하며 신실하게 선을 추구하는 하나님의 자녀가 됩시다.

1. 남유다의 여호람

아람 왕 벤하닷이 이스라엘을 여러 번 괴롭혔지만 하사엘의 반역으로 죽임을 당했습니다. 하사엘이 왕위를 찬탈했을 때 북이스라엘에 적잖은 어려움을 안겨주었습니다. 열왕기서는 남북 이스라엘의 왕을 기록하는 입장인데, 이방인을 기록하는 이유가 무엇일까요? 아람 왕국의 살해 당한 벤하닷은 물론이고 하사엘까지 남북 왕조에 막대한 영향을 끼쳤기 때문입니다. 특별히 하나님의 사람 엘리야를 통해서 예언된 내용이었고(왕상19:15), 엘리사도 환상 중에 본 내용이었습니다. 하나님의 말씀은 빈틈없이 이루어집니다. 하나님은 이스라엘만 통치하는 분이 아니라 세상 역사를 모두 주관하시는 전지 · 전능하신 하나님이십니다.

북이스라엘의 일곱 번째 왕 아합의 아들 여호람(요람)이 북이스라엘의 왕위에 오른 지 오년에 남유다의 여호사밧의 아들 여호람이 남유다의 왕이 되어 아버지와 공동 통치(섭정)를 하였습니다.

여호람이 유다의 왕이 되었을 때 나이는 삼십이 세였고 예루살렘에서 팔 년을 통치했습니다. 그런데 남유다의 여호람이 아합 왕의 사위가 되었습니다. 아합 왕과 여호사밧이 사돈 사이가 된 것입니다. 아합 왕의 딸 아달랴를 남방 유다 여호람에게 시집 보냈기 때문입니다.

결혼은 인륜지대사라는 말이 있습니다. 결혼에 실패했거나 성공한 사람들의 이야기를 들어봅시다. 대부분 지금의 남편이나 아내와 다시 결혼하겠느냐는 질문에 대하여 60% 정도가 하지 않겠다고 답한다는 통계입니다.

노아 시대의 결혼관이 지금의 결혼관과 비슷합니다. 아름다움이 결혼 조건이라서 얼굴도 몸도 다 깎고 수술하고 만들고 없애고 주사 맞고 난리인 세상입니다. 이스라엘 남북 왕조는 달라야만 했습니다. 그런데 지금의 역사를 볼 때 거의 같아지고 있는 것은 불행이고 하나님의 심판 아래 놓이게 되는 것이며 두 왕조에게 멸망의 그림자가 드리워지는 상황임을 느끼게 만듭니다.

왜 이렇게 되었는가에 대한 원인을 설명합니다. 이유를 밝히고 있습니다. 아합의 딸이 아내가 되었기 때문입니다. 하나님을 버리고 우상을 숭배하게 된 근본적인 동기가 여기에 있었습니다.

2. 여호람의 악행

북이스라엘 왕 아합의 딸이 남유다의 여호람의 아내(왕비)였기 때문에 남유다의 여호람 왕이 북이스라엘의 길로 행하여 여호와 보시기에 악을 행했습니다. 북이스라엘의 길이 무엇입니까? 여로보암이 벧엘과 단에 금송아지 우상을 만들었습니다. 그리고 아합 왕은 이세벨을 아내로 맞이하면서 바알과 아세라 상을 숭배하기 시작했습니다.

남유다 왕 여호람은 아버지 여호사밧과는 너무나 달랐습니다. 여호와 보시기에 악을 행하는 왕이었습니다. 그 이유가 아합 왕의 딸 아달랴와 결혼을 하였기 때문입니다. 훗날 아달랴는 전쟁에서 자기 아들이 죽자 어떤 음모를 꾸몄습니까? 다윗의 혈통에 속한 모든 왕자들을 몰살시키려는 만행을 저지르게 됩니다. 하나님의 언약을 따라 다윗의 후손만 왕위에 앉을 수 있는 남유다의 왕위를 찬탈하려고 악정을 했던 왕비입니다.

열왕기하 11장 1-3절에 "아하시야의 어머니 아달랴가 그의 아들이 죽은 것을 보고 일어나 왕의 자손을 모두 멸절하였으나 요람 왕의 딸 아하시야의 누이 여호세바가 아하시야의 아들 요아스를 왕자들이 죽임을 당하는 중에서 **빼내어** 그와 그의 유모를 침실에 숨겨 아달랴를 피하여 죽임을 당하지 아니하게 한지라 요아스가 그와 함께 여호와의 성전에 육 년을 숨어 있는 동안에 아달랴가 나라를 다스렸더라"라고 했습니다.

역대하 22장 10-12절에도 "아하시야의 어머니 아달랴가 자기의 아들이 죽은 것을 보고 일어나 유다 집의 왕국의 씨를 모두 진멸하였으나 왕의 딸 여호사브앗이 아하시야의 아들 요아스를 왕자들이 죽임을 당하는 중에서 몰래 **빼내어** 그와 그의 유모를 침실에 숨겨 아달랴를 피하게 하였으므로 아달랴가 그를 죽이지 못하였더라 여호사브앗은 여호람 왕의 딸이요 아하시야의 누이요 제사장 여호야다의 아내이더라 요아스가 그들과 함께 하나님의 전에 육 년을 숨어 있는 동안에 아달랴가 나라를 다스렸더라"라고 했습니다.

아달랴의 권모술수에 미혹되어 여호람 왕은 자기의 권력을 강화하기 위하여 동생들을 모두 죽이는 비정한 사람으로 전락합니다. 역대하

21장 4절에 "여호람이 그의 아버지의 왕국을 다스리게 되어 세력을 얻은 후에 그의 모든 아우들과 이스라엘 방백들 중 몇 사람을 칼로 죽였더라"라고 했습니다.

그러나 여호와께서는 당신의 종 다윗에게 그와 그 자손에게 등불을 주겠다고 하신 약속으로 인하여 남유다의 멸망을 유보하였습니다. 여호람이 행한 길은 아합 왕과 별로 다르지 않았습니다.

남유다 왕이 어찌 북이스라엘 왕을 닮아야 합니까? 그것도 가장 악하고 우상숭배에 빠졌던 왕을 말입니다. 닮을 만한 사람을 닮아야지요. 행위나 활동을 본받고 닮을 만한 사람이 있지 않습니까? 윤리적으로나 종교적으로도 노선이 같아야 하지 않겠습니까? 시편 1편은 우리가 암송할 정도로 익숙합니다. 내용이 무엇입니까? 의인과 악인이 다르다는 것입니다. 의인의 길과 악인의 길이 다르다는 것이지요.

여로보암의 길은 어떤 길입니까? 북이스라엘의 여로보암의 길이나 왕들이 걸었던 길은 반역을 일삼고 벧엘과 단에 금송아지를 만든 길입니다. 예루살렘 성전에 올라가서 제사할 것이 아니라 벧엘과 단에서 제사하라고 가르쳤습니다. 그리고 레위인이 아니라 일반 사람을 제사장으로 삼았습니다. 절기도 자기 마음대로 변경했습니다. 정치도 종교도 자기 마음대로 움직인 사람이 여로보암입니다. 이것이 여로보암의 길입니다.

열왕기상 12장 32절에 "여덟째 달 곧 그 달 열다섯째 날로 절기를 정하여 유다의 절기와 비슷하게 하고 제단에 올라가되 벧엘에서 그와 같이 행하여 그가 만든 송아지에게 제사를 드렸으며 그가 지은 산당의 제사장을 벧엘에서 세웠더라"라고 했습니다.

열왕기상 13장 1절에서 "보라 그 때에 하나님의 사람이 여호와의 말씀으로 말미암아 유다에서부터 벧엘에 이르니 마침 여로보암이 제단 곁에 서서 분향하는지라"라고 했습니다.

여로보암은 예루살렘 중심적인 종교 정책을 바꾸어 독자적인 종교 정책을 수립한 왕입니다. 이것은 하나님의 권위에 도전하는 배교적인 행위에 불과했습니다. 하나님의 징벌이 뒤따르는 어리석은 행동이었습니다. 왕과 백성이 버림 당하는 배교의 길이었습니다.

열왕기상 14장 16절을 봅시다. "여호와께서 여로보암의 죄로 말미암아 이스라엘을 버리시리니 이는 그도 범죄하고 이스라엘로 범죄하게 하였음이니라"라고 했습니다.

또 여호람의 행적이 아합 왕과 같았습니다. 남유다 왕이 왜 북이스라엘 왕 아합을 닮아야 합니까? 우상숭배를 답습했습니다. 열왕기상 16장 30-33절에 "오므리의 아들 아합이 그의 이전의 모든 사람보다 여호와 보시기에 악을 더욱 행하여 느밧의 아들 여로보암의 죄를 따라 행하는 것을 오히려 가볍게 여기며 시돈 사람의 왕 엣바알의 딸 이세벨을 아내로 삼고 가서 바알을 섬겨 예배하고 사마리아에 건축한 바알의 신전 안에 바알을 위하여 제단을 쌓으며 또 아세라 상을 만들었으니 그는 그 이전의 이스라엘의 모든 왕보다 심히 이스라엘 하나님 여호와를 노하시게 하였더라"라고 했습니다.

여호와 하나님을 사랑하고 섬겨야 할 왕이 오히려 여로보암이나 아합 왕의 길을 걸었으니 심판과 매맞음이 기다리고 있었던 것입니다. 여러분은 교회와 하나된 성도라면 하나님을 본받고 닮기 바랍니다.

훗날 아달랴가 다윗의 혈통을 몰살시키고 나라를 통치하지만 제사장 여호야다의 아내 여호세바가 요아스를 구출하여 왕으로 추대하게 되고, 아달랴는 남유다를 다스린 지 칠 년만에 군사들에 의해 비참하게 죽게 됩니다. 우리는 하나님 보시기에 정직하고 아름다운 사람으로 살아야 합니다.

3. 에돔과 립나의 배반

남유다 여호람 왕 때에 에돔이 배반하여 유다의 수하에서 벗어나 스스로 왕을 세웠습니다. 여호람이 에돔 나라를 응징하기 위해 모든 병거를 거느리고 사일 지방으로 갔습니다. 그러나 에돔을 응징하기 위하여 밤에 출병하였다가 오히려 포위되어 참패를 당했습니다.

결국 에돔은 유다의 통치에서 벗어났고 본서가 기록될 때까지 그 상태가 계속 유지되고 있었습니다. 이때 립나도 에돔과 함께 배반하였습니다. 에돔은 발람의 예언대로 다윗에 의해 점령되었고 이스라엘 왕 아합이 죽은 후에 여호사밧이 유다를 다스리고 있을 때 에돔이 모압 자손, 암몬 자손 그리고 마온 사람과 더불어 유다를 공격했으나 실패했습니다. 그러다가 이스라엘이 분열되고 남유다 여호람 왕의 통치 때 왕을 세우고 배반하게 되었습니다.

이것이 여호람에 대한 하나님의 징계였는데 회개하지 않으니까 하나님의 섭리 가운데서 여호람은 죽게 됩니다. 여호람이 군대를 동원하여 에돔을 공격하지만 오히려 포위되고 맙니다. 열왕기상 · 하는 주전 586년 남유다의 예루살렘이 바벨론에게 멸망하고 포로기가 시작된 이후부터 주전 537년 제1차 바벨론 포로 귀환이 일어나기 이전의 어느 시점에서 기록되었다고 봅니다. 그때부터 에돔이 유다의 지배에서 벗어난 것입니다. 또 립나도 배반했습니다. 이것도 남유다의 패망을 암시하고 있는 사건입니다.

여호람이 아달랴와 더불어 권력 강화를 위해 온갖 힘을 다 써보지만 에돔과 립나가 유다를 배반하는 사건이 발생했습니다. 남유다가 쇠퇴의 길을 걷게 되는 모습을 보게 됩니다.

남유다 왕도 여호람이고 북이스라엘 왕도 여호람이기 때문에 편의상 북이스라엘 왕을 요람이라고 표현했습니다. 북이스라엘 요람 왕이 통치할 때 선지자는 엘리사였습니다. 엘리사는 나아만 장군의 나병을 고쳐주었고, 아람 군대를 선대했습니다. 아람 나라가 감히 북이스라엘을 함부로 공격하지 못하게 만들었습니다.

남유다의 여호람이 통치한 지 팔 년이 되었습니다. 아버지와의 섭정까지 합하면 주전 855-841년까지 약 15년 정도가 됩니다. 남유다 왕 여호람이 통치하면서 우상을 숭배했지만 왕권을 쉽게 빼앗지 않은 이유가 무엇입니까?

그것은 여호람의 통치가 좋아서이거나 잘해서가 아닙니다. 다윗과의 언약 때문이었습니다. 하나님께서 다윗의 왕위를 영원히 하겠다고 약속하셨기 때문에 여호람에게까지 은혜와 자비를 베풀어주신 것입니다.

사무엘하 7장 12-17절을 기억해야 합니다. 다윗과의 언약입니다. 핵심은 다윗 가문의 영원한 왕권을 보장하는 내용입니다. 창세기 49장 8-10절에 약속된 내용입니다. 유다 지파에서 다윗이 출생하고 다윗의 혈통에서 영원한 왕, 메시아가 출생할 것을 약속했습니다. 이런 약속 때문에 유다 왕국을 멸하지 않으신 것입니다.

역사적으로 남유다 왕국은 사라진 것처럼 보이지만 예수 그리스도가 그 혈통에서 출생하여 교회를 세우셨습니다. 그 교회가 지금까지 굳건히 세워져 있습니다. 등불이 기름과 심지가 있는 사발 모양의 등잔이지만 때로는 왕을 나타내기도 합니다. 특별히 메시아로 말미암아 세상이 환하게 밝혀지게 될 것을 가르칩니다.

4. 여호람의 죽음과 아하시야의 왕위 계승

여호람의 남은 사적과 행한 모든 일은 유다 왕조실록에 기록되었습니다. 여호람이 죽어 다윗성에 장사되었고 그 아들 아하시야가 대신하여 왕이 되었습니다. 하나님께서 통치하는 신정 국가, 신정 정치에서 왕이나 백성들이 힘써야 할 것이 무엇입니까?

하나님이 왕이십니다. 하나님의 법을 가장 소중하게 여기고 하나님의 뜻을 따를 때 힘있고 아름답게 쓰임받을 수 있습니다. 여호람의 아들 아하시야는 여호아하스로 불리웠으며(대하21:17), 아사랴로 칭하기도 했습니다(대하22:6).

여호람이 악정을 해도 하나님은 다윗의 왕가를 쉽게 멸하지 않으셨습니다. 그 이유가 무엇입니까? 다윗 왕가는 아하시야가 이스르엘에서 예후에 의해 죽임을 당하고 아달랴가 다윗의 씨를 멸하려고 시도했습니다. 그런 어려움 속에서도 다윗 왕가를 진멸하지 않으신 이유가 무엇입니까?

영원한 왕, 예수 그리스도께서 다윗 왕가에서 출생해야 하기 때문에 하나님께서 지키신 것입니다. 하나님께서 다윗과의 언약을 세우시고 범죄하는 순간에도 보호하심으로써 하나님은 언약에 신실하신 분임을 나타내고 있습니다. 채찍과 매질은 하겠지만 왕위를 빼앗지는 않겠다는 약속을 지키신 것입니다. 하나님은 다윗을 위하여 유다를 멸하기를 즐겨하지 않으셨고, 항상 등불을 주셨습니다. 그래서 다윗의 자손, 예수 그리스도로 말미암아 천국 가는 길이 열린 것입니다. 예수가 길이요 진리이며 생명입니다.

아하시야와 북이스라엘

열왕기상·하는 종종 남북 왕조를 비교하면서 기록하고 있습니다. 독자들로 하여금 북이스라엘과 남유다를 비교 분석할 수 있고, 잘 이해할 수 있도록 그렇게 기록하고 있습니다. 남북 왕조는 여호와만을 의지하고 사랑해야 할 언약 백성이었습니다. 역사를 통해서 교훈을 받는 자가 지혜자입니다.

1. 아하시야의 통치

북이스라엘 나라에 아합의 아들 여호람(요람)이 왕위에 오른 지 십이 년에 남유다에서는 여호람의 아들 아하시야가 왕이 되었습니다. 아하시야는 남유다의 여섯 번째 왕으로 등극하게 되었습니다.

아하시야가 왕이 될 때의 나이가 이십이 세였습니다. 역대하 22장 2절에는 사십이 세로 기록되어 있습니다. 이것은 역대기 필사자가 히브리어 자음 20을, 40으로 오해하여 기록했기 때문입니다. 두 자음이 비슷합니다. 아하시야는 이십이 세에 왕위에 올라 단 일 년만 통치했습니다. 그래서 저자는 아하시야가 예루살렘에서 일 년을 치리했다고 기록하고 있습니다. 왜 아하시야는 왕위에 올라 일 년만 통치하게 되었을까?

아하시야의 어머니 아달랴는 북이스라엘 왕 오므리의 손녀였고 아합의 딸이었습니다. 여기서 대답을 얻어야 합니다. 새로운 왕의 등극을 말하면서 어머니에 대하여 언급하는 것은 의미가 있기 때문입니다. 아마도 아하시야의 어머니 때문인 것으로 보입니다.

어머니 아달랴는 오므리의 손녀이고, 아합 왕의 딸이었습니다. 남북왕조가 사돈 관계로 형성되면서 어머니 아달랴의 영향을 많이 받게 된 것이 유다 왕으로서 단기간만 통치하게 된 요인입니다. 그래서 혼인은 중요한 예식입니다. 평생 하나님을 섬기고 의지하는 데 있어서 결코 간과할 수 없는 것이 사실입니다.

남유다의 아하시야 왕은 아합의 아들 요람과 동맹을 맺고 아람 왕 하사엘과 싸웠습니다. 전략적 요충지였던 길르앗 라못 전투에서 요람(여호람)이 부상을 당하자 문병을 하게 됩니다. 문병하러 북이스라엘을 방문했다가 예후에게 죽임을 당했습니다.

열왕기하 9장 27절입니다. "유다의 왕 아하시야가 이를 보고 정원의 정자 길로 도망하니 예후가 그 뒤를 쫓아가며 이르되 그도 병거 가운데서 죽이라 하매 이블르암 가까운 구르 비탈에서 치니 그가 므깃도까지 도망하여 거기서 죽은지라."

성도들은 중요한 교훈을 얻어야 합니다. 북이스라엘의 아합과 남유다의 여호사밧 사이에 맺어진 정략 결혼과 그들 사이의 친밀한 교류가 다윗 왕조에 대해 계속해서 화근으로 작용하고 있다는 사실입니다. 남유다에 우상숭배의 풍토가 조성된 것이 누구의 책임입니까?

북이스라엘과 군사 동맹을 맺어 아람과 불필요한 전쟁을 반복하게 된 원인이 누구에게 있습니까? 아합의 딸 아달랴와 여호사밧의 아들 여호람을 혼인시킨 것에서 원인을 찾아야 할 것입니다. 하나님의 자녀들은 교제의 대상을 잘 선택해야 합니다.

그렇습니다. 연약한 사람으로서 주의할 점이 무엇입니까? 연약한 믿음을 가진 자로서 정말 주의해야 할 사항이 무엇입니까? 악한 세력과 연합하는 일입니다. 빛과 어두움이 어떻게 조화를 이룰 수 있습니까? 하나님의 성전과 우상의 제단이 어떻게 하나가 될 수 있습니까? 만약 그리스도와 벨리알이 어울리고 하나님과 우상이 하나 될 수 있다고 생각한다면 그런 생각을 하는 성도는 정말 위험한 지경에 빠지게 될 것입니다.

그 결과는 시험에 빠지든지 악에 빠져서 헤어 나오지 못하게 될 것입니다. 인간은 주변 사람들의 영향을 받게 되어 있습니다. 그래서 시험에 들지 않도록 깨어 기도하라고 주님이 말씀하셨습니다.

여호람의 뒤를 이어 남유다의 왕이 된 아하시야는 외삼촌이면서 북이스라엘의 여덟 번째 왕인 아하시야와 동명이인으로, 북이스라엘 왕 요람 십이년에 왕위에 등극하게 되었습니다. 그런데 9장 29절에서는 요람 십일년에 아하시야가 왕위에 오른 것으로 기록되었습니다. 이것은 아버지 여호람이 병상에 누워 있는 일 년 동안 섭정을 한 것으로 여겨집니다. 따라서 여호람 사후에 아하시야가 정식적으로 왕위에 오른 해를 말한 것입니다.

2. 아하시야에 대한 평가

남유다의 왕이면 남유다의 왕다워야 합니다. 그런데 아하시야가 북이스라엘의 아합 왕의 사위로서 북이스라엘 왕들의 길로 행하여 여호와 보시기에 악을 행했습니다. 북이스라엘의 왕들이 역사적으로 무슨 악을 행했습니까?

북이스라엘 나라를 세운 여로보암이 벧엘과 단에 제단과 더불어 금송아지 우상을 만들었습니다. 일곱 번째 왕 아합은 이세벨을 아내로 맞이하면서 바알과 아세라 상을 도입하여 북이스라엘 나라가 온통 우상

국가가 되게 했습니다.

아하시야가 아달랴에게서 비롯된 죄악이 아들에게 전수되었습니다. 아하시야 왕이 아합과 같이 여호와보다는 바알을 숭배하는 자리까지 나아가게 된 것을 의미합니다. 특별히 아하시야가 남유다의 왕이 되지만 다른 왕들보다 짧은 기간인 일 년밖에 통치하지 못한 것은 훗날 아달랴가 모든 왕자들을 죽이고 남유다의 여왕으로 등극하는 사건의 배경이 되었습니다.

아하시야가 왜 여호와보다 바알을 숭배하게 되었는가? 그것은 아하시야가 아합의 집 사위가 되었기 때문입니다. 아하시야가 아합 왕처럼 여호와 보시기에 악을 행하게 된 근본적인 원인이 아합의 집과 혼인 관계를 맺었기 때문입니다.

아하시야의 의지보다 정략적으로 아합의 가문과 혼인을 했습니다. 이 책임은 18절에 "그가 이스라엘 왕들의 길을 가서 아합의 집과 같이 하였으니 이는 아합의 딸이 그의 아내가 되었음이라 그가 여호와 보시기에 악을 행하였으나"라고 했습니다.

아하시야의 범죄의 원인이 무엇인가? 지금 아하시야의 죄가 '이스라엘 왕들의 길'인데 이 길을 걷게 만든 사람이 누구일까? 아버지 여호람이 아합 왕가의 딸과 결혼한 결과라고 지적하고 있습니다. 마치 솔로몬 왕이 애굽의 공주를 비롯하여 이방 여인들을 아내로 맞이하면서 타락하고, 북이스라엘 왕 아합이 바알 숭배자인 이방 여인 이세벨을 아내로 맞이하여 우상을 숭배하게 된 것처럼 여호람의 과오라고 지적하고 있는 것입니다.

결국 북이스라엘이 여호와 대신 금송아지와 바알과 아세라를 섬기듯 남유다도 북이스라엘과 혼인 계약을 맺으면서부터 영적으로나 종교적으로 타락하게 되었던 것입니다. 다만 한 가지 다른 점이 있다면 남유다 백성에게는 다윗과의 언약이 있다는 점입니다. 남유다는 은혜 언약의 원리가 담겨진 나라입니다.

사랑하는 성도님들이여! 부모의 역할이 무엇입니까? 의식주 문제를 해결하려는 노력이 얼마나 큰 일입니까? 부모는 아침부터 저녁까지 자녀들을 먹이고 입히고 교육시키느라고 입을 것 못 입고 먹을 것 못 먹으면서 혼신의 힘을 쏟아서 헌신하는 것 다 압니다.

그런데 오늘 성경이 우리에게 주는 메시지는 의식주의 문제를 다루는 것이 아니라 하나님 앞에 어떤 사람이 될 것인가에 대한 대답입니다. 부모는 자녀들을 철저하게 믿음의 자녀로 성장시켜야 할 책임이 있습니다. 그러려면 자신부터 믿음 생활을 올바로 해야 합니다. 그리고 결혼 문제를 심각하게 고민하여 자녀들의 혼인에도 온 힘을 기울여야 할 것입니다.

3. 남북 이스라엘 연합군과 아람과의 전쟁

남유다의 아하시야 왕이 북이스라엘 왕 여호람(요람)과 연합하여 길르앗 라못에서 아람 왕 하사엘과 싸웠습니다. 학자들간에 약간의 이견이 있는 본문입니다. 어떤 학자는 요람만 전쟁에 참여했고 아하시야는 부상을 당한 외삼촌 요람을 방문하기 위하여 북이스라엘로 갔다고 주장하지만, 함께 참여하여 지원한 것이 합당하다고 보여집니다. 정략 결혼을 한 상황에서 사돈과 힘을 합하여 전쟁을 돕는 것이 상례이기 때문입니다. 아버지 여호사밧 때도 그렇게 협력했었습니다.

길르앗 라못은 사마리아 지역에서 멀리 떨어진 곳입니다. 이 전쟁이 아람 왕 하사엘의 침공에 대한 방어적인 전쟁이었는지 아니면 그 지역을 빼앗기 위한 전쟁이었는지는 알 수 없지만 방어적인 면이 느껴집니다.

길르앗 라못은 아합과 여호사밧 왕 때 정복하려다가 실패한 곳이었습니다. 그 이후에 길르앗 라못을 정복했다는 기록은 나타나지 않습니다. 9장 14절을 볼 때 길르앗 라못을 방어하기 위해 전쟁터에 임한 것으로 보여집니다. 여하튼 지금 상황은 아람은 힘을 회복하여 길르앗 라못 지역을 다시 탈환하려는 시도가 있고 이스라엘은 방어를 위한 전쟁을 하고 있는 상황입니다.

북이스라엘 왕 여호람(요람)이 라마에서 아람 사람에게 맞아 부상을 입었습니다. 아람 군대가 요람 왕을 집중적으로 공격했습니다. 과거에 여호사밧과 아합이 함께 출정했지만 아람 군대가 아합만 공격한 것과 마찬가지 원리입니다. 그 전쟁에서 아합 왕은 아람 군사가 쏜 화살에 맞고 피흘리며 죽었습니다. 이것이 아합 왕가를 심판하시는 하나님의 원리였습니다. 남유다의 여호람은 에돔 징벌에서 포위망을 뚫고 무사히 귀환했는데 이것은 다윗과의 언약이 있기 때문이었습니다.

요람이 아람 사람에게 입은 부상을 치료하려고 이스르엘로 돌아왔습니다. 이때 여호람의 아들이며 남유다의 왕인 아하시야가 요람 왕의 병문안을 위하여 이스르엘을 방문하게 되었습니다. 그런데 이 일로 인해 아하시야는 예후에게 죽임을 당하게 됩니다.

라마는 사무엘이 활동하던 라마와는 다른 곳입니다. 라마는 '고결한, 높은' 그런 뜻입니다. 여기서는 길르앗 라못으로 여겨집니다. 길르앗 라못은 이스라엘 땅이었는데 아람 사람들이 공격해 왔고 벤하닷이 아합 왕과 반환을 약속했지만 이행되지 않자 아합 왕 때나 요람 왕 때에 양국간에 길르앗 라못을 놓고 대립각을 세우고 있었습니다. 이곳이 무역로이자 전략적인 요충지였기 때문입니다.

이스르엘은 길르앗 라못에서 이스라엘로 가는 길목에 먼저 만나는 성읍입니다. 이곳에 나봇의 포도원이 있었는데 이세벨과 아합 왕이 탈취한 사건이 있었습니다. 이세벨을 비롯하여 아합의 가문을 멸절시키겠다고 하나님의 심판이 선언된 곳이기도 합니다.

그 예언대로 이세벨은 예후에게 죽임을 당했습니다. 아합의 왕자 70명도 학살 당하는 사건이 일어났습니다. 부상 당해 이스르엘로 내려가는 요람에게 죽음의 그림자가 드리워지는 것을 보게 됩니다. 하나님의 말씀은 변함없이 그대로 이루어집니다.

　요람이 병이 있다고 했는데 자연적인 질병도 아니고 사고도 아닙니다. 여호와를 버리고 우상을 숭배했을 때 하나님의 징계로 인한 병을 말합니다. 부상을 당한 것은 우연한 일이 아니라 회개하지 않아 그에 대한 징계로서의 부상입니다. 아하시야와 여호람은 외삼촌과 조카 사이입니다. 남유다와 북이스라엘의 이러한 잘못된 교류 때문에 남유다도 종교적인 타락을 하게 되었고 하나님의 징벌이 임하게 된 것입니다.

제34강
열왕기하 9장 1-13절

예후와 아합 왕가

북이스라엘은 하나님의 언약 백성이었지만 언약 백성답지 못했습니다. 처음부터 그릇된 생각으로 가득찬 왕들이 통치했습니다. 여로보암 왕이 북이스라엘의 열 지파를 규합해서 나라를 건립하지만 벧엘과 단에다가 금송아지 우상을 만들었습니다. 절기도 자기들 마음대로 고쳐서 지켰습니다. 제사장도 일반 사람을 세웠습니다. 그리고 마음대로 예배했습니다. 이러한 죄악된 나라가 되었을 때 하나님은 어떻게 하셨을까요?

이후에 오므리가 정권을 잡고 아들 아합 왕이 이세벨을 왕후로 맞이한 다음에는 바알과 아세라 신까지 섬겼습니다. 하나님은 이러한 북이스라엘을 어떻게 하셨을까요? 심판하셨습니다. 어떤 방법으로 북이스라엘을 심판하셨을까요?

1. 예후와 엘리사

엘리사 선지자가 제자 중 한 사람을 불렀습니다. 선지자는 하나님의 말씀을 받아 왕과 백성에게 전하는 사람입니다. 예후를 왕으로 옹립하는 데 있어서 결정적인 역할은 하나님이 하시지만, 하나님의 사람 엘리사를 사용하셨습니다.

엘리사가 한 제자를 불러 "너는 허리를 동이고 이 기름병을 손에 가지고 길르앗 라못으로 가라"라고 지시했습니다. 세 가지 명령입니다. 허리를 동이라! 기름병을 취하라! 길르앗 라못으로 가라! 입니다.

허리를 동이는 것은 유대인들이 통으로 된 옷을 입었기 때문이지만 상황이 긴박하다는 것을 뜻합니다. 우리는 진리로 허리띠를 띤 사람입니다. 기름병은 휴대용 작은 기름이나 향수병입니다. 길르앗 라못은 북이스라엘과 남유다의 연합군이 아람 왕 하사엘과 맞서 싸운 장소입니다. 이 전쟁에서 북이스라엘 왕 요람이 부상을 당하여 이스르엘로 피신한 상황일 때, 엘리사는 제자 한 사람을 보내 예후를 찾아가게 했습니다.

왜 엘리사는 제자를 불러서 길르앗 라못으로 보냈을까요? 무엇을 하기 위한 시도였을까요? 엘리사가 직접 가지 않은 이유는 자신처럼 잘 알려진 사람이 하나님의 뜻을 전한다면서 누군가에게 기름을 붓는 것은 일종의 모반으로 보일 수 있기 때문입니다.

그래서 엘리사는 그 제자에게 길르앗 라못으로 가서 "님시의 손자 여호사밧의 아들 예후를 찾아 들어가서 그의 형제 중에서 일어나게 하고 예후를 데리고 골방으로 들어가라"라고 지시했습니다. 골방에서 예후의 머리에 기름을 붓고 여호와께서 그를 북이스라엘의 왕으로 세우셨음을 선포하려고 한 것입니다. 골방은 깊숙한 내실입니다. 골방 중의 골방으로 들어가라. 기름은 거룩한 직임을 맡는 자에게 부었습니다. 왕과 대제사장과 선지자에게 부었습니다.

예후에게 기름을 붓고 곧바로 문을 열고 도망하되 지체하지 말고 도망하라고 명령했습니다. 사명을 감당한 다음에 반대편에게 잡히지 않도록 조치한 지시였습니다. 예후는 '여호와는 한 분이시다, 그는 여호와이시다' 라는 의미입니다. 이름을 볼 때 부모의 믿음이 신실했던 것으로 보입니다. 예후는 주전 841년경 왕위에 올라 주전 814년까지 약 28년간 북이스라엘을 통치한 사람입니다.

엘리사 선지자가 영적인 지도자였을 때 예후의 반란과 통치에 대하여 말하고 있습니다. 예후는 북이스라엘의 역사에 있어서 매우 독특하게 쓰임 받은 인물이었습니다. 하나님 보시기에 정직한 일을 행하여 하나님의 마음에 든 면이 있습니다.

그래서 열왕기하 10장 30절에 "여호와께서 예후에게 이르시되 네가 나보기에 정직한 일을 행하되 잘 행하여 내 마음에 있는 대로 아합 집에 다 행하였은즉 네 자손이 이스라엘 왕위를 이어 사대를 지내리라"라고 했습니다.

이미 예후에 대하여 엘리야 선지자가 예언했습니다. 열왕기상 19장과 21장에서 아합 왕가에 대한 심판을 말할 때 예후를 통하여 심판하실 것을 예언했습니다. '하사엘의 칼을 피한 자는 예후가 죽일 것이라.' 예후는 아합의 아들 요람이 하사엘에게 부상을 입고 이스르엘로 피난한 상황에서 반란을 일으켜 아합의 아들 요람은 물론이고 이세벨을 비롯하여 아합 왕의 외손자인 남유다의 아하시야 왕까지 살해했습니다.

예후의 통치 기간 동안 아합 왕가에 대한 철저한 심판이 이루어졌습니다. 우상숭배자들을 진멸했습니다. 바알 신당을 훼파했습니다. 그러나 예후는 금송아지 우상을 섬겼고 여호와의 율법을 지키지는 않았습니다. 그 결과 아람 왕 하사엘이 공격하여 북이스라엘의 영토의 일부를 빼앗기게 되었습니다.

엘리야가 예언한 후 약 14년 정도 지난 후에 이루어진 사건입니다. 공의의 하나님은 시간과 공간을 초월하여 하나님의 언약을 이루시는 분이십니다. 아합 왕가가 우상을 숭배하고 끝까지 회개하지 않을 때 심판을 하셨듯이 온 세상도 회개하지 않을 때 하나님의 엄중한 심판이 있음을 말해 주는 것입니다.

2. 엘리사의 제자와 예후의 만남

엘리사가 보낸 그 제자가 길르앗 라못으로 갔습니다. 그가 길르앗 라못으로 갔을 때 군대 지휘관들이 앉아 있는 곳에 이르렀습니다. 젊은 제자는 자기가 할 말이 있다고 모든 군수뇌부에게 말했습니다. 신분과 방문 목적을 숨기고 있는 상황이었습니다. "장관이여 내가 당신에게 할 말이 있나이다."

하나님의 입장에서는 엘리야를 통해서 말씀하신 예언이 성취되는 시간입니다. 아합 왕이나 아들 요람의 입장에서 보면 반역의 시간일 것입니다. 예후의 입장에서 보면 반역이지만 하나님의 뜻을 이루고 북이스라엘을 새롭게 시작할 수 있는 상황입니다. 그래서 역사는 이해하기 힘든 것인데 항상 하나님의 입장에서 보고 해석해야 정확한 이해가 가능합니다.

예후가 뭐라고 대답했습니까? 우리들 중 누구에게 말하려는 것인지를 되물었습니다. "장관이여! 당신에게니이다." 지금으로 말하면 참모총장들의 모임입니다. 군대 지휘관이 다 모여 있는데 누구에게 볼 일이 있느냐는 질문이지요. 예후는 군지휘관으로서 상당히 영향력이 있는 사람이었습니다.

엘리사의 제자는 예후에게 할 말이 있다고 대답했습니다. 그는 예후와 함께 집의 골방으로 들어가게 되었고, 예후의 머리에 기름을 부었습니다. 골방을 선택한 이유가 무엇입니까? 기밀이 유지되어야만 했습니다. 의식만이 아니라 전해야 했던 사명이 정말 중요했기 때문입니다. 누설되지 않는 장소에서 기름을 부었고 그 제자는 예후에게 감당해야 할 사명을 말하기 시작했습니다.

"여호와의 말씀이 내가 네게 기름을 부어 여호와의 백성 곧 이스라엘의 왕으로 삼노니 너는 네 주 아합의 집을 치라 내가 나의 종 곧 선지자들의 피와 여호와의 종들의 피를 이세벨에게 갚아 주리라." 하나님께서 예후를 통해 아합 왕가를 심판하실 것이라는 하나님의 예언의 말씀을 전해 주었습니다. 예후는 보이는 왕이지만 진정한 왕은 하나님이심을 말해 주고 있습니다. 예후가 통치할 백성도 예후의 백성이 아니라 하나님의 백성임을 알아야만 했습니다.

여호와께서 당신을 백성의 왕으로 삼으셨습니다. 당신은 범죄한 아합 왕의 집을 쳐서 선지자들과 여호와의 종들을 죽인 아합의 죄를 이세벨에게 갚아야 할 것을 말해 주었습니다. 젊은 청년 선지자는 예후가 감당해야 할 사명이 무엇인지를 밝히 말해 주고 있습니다. 예후를 이스라엘의 왕으로 삼으신 목적을 알게 하는 것이었습니다. 오므리 왕가, 아합 왕으로 표현된 왕가를 멸하는 데 목적이 있었습니다. 이방 신을 섬긴 데 대한 심판입니다. 자신만이 아니라 백성들을 그렇게 인도한 책임입니다.

"아합의 온 집이 멸망하여 아합에게 속한 모든 남자들이 끊어질 것이라. 매인 자나 놓인 자나 아합에게 속한 모든 남자는 내가 멸절하리라"고 전했습니다. 아합 왕가에 대한 하나님의 심판을 대행하는 역할을 감당한 사람이 예후입니다.

"아합의 집을 느밧의 아들 여로보암의 집과 같게 하며 또 아히야의 아들 바아사의 집과 같게 할지라"라고 했습니다. 아합 왕가에 대한 복수입니다. 하나님의 거룩한 통치입니다. 공의의 심판입니다. 신명기 32장 35절과 41절에 "내가 보복하리라 … 내 손이 정의를 붙들고 내 대적들에게 복수하며 나를 미워하는 자들에게 보응할 것이라"라고 했습니다.

요한계시록 18장 20절에 "하늘과 성도들과 사도들과 선지자들아, 그로 말미암아 즐거워하라 하나님이 너희를 위하여 그에게 심판을 행하셨음이라"라고 했습니다. 세상에서 성도들이나 사도들이 당하는 고난이 얼마나 많습니까? 그러나 하나님이 갚으실 때가 있습니다.

"이스르엘 지방에서 개들이 이세벨을 먹을 것이며 그를 장사할 사람이 없을 것이라"라고 예언해 주었습니다. 예언의 주체가 하나님이십니다. 이 일을 이루시고 성취하시는 분도 하나님이십니다. 사람이 이루는 것 같지만 하나님이 이루십니다.

심판의 결정적인 이유는 언약 때문입니다. 고대 사회에서 언약을 맺을 때 짐승을 가르고 양쪽 당사자가 그 사이로 지나가는 관습이 있었습니다. 언약을 어기고 깨뜨리면 그 짐승처럼 쪼개져 죽겠다는 약속입니다. 그런데 하나님과의 언약을 깨뜨리고 범죄한 쪽은 누구입니까. 이스라엘쪽입니다. 아합 왕쪽입니다. 그래서 심판하시는 것입니다. 하나님을 버리고 우상을 숭배한 결과입니다. 장사 지내줄 사람도 없게 만드셨습니다. 비참한 죽음입니다. 이세벨이 장본인이기 때문입니다. 예후의 사명에 대하여 모든 말을 전한 후에 엘리사가 보낸 청년 선지자는 문을 열고 급히 도망쳤습니다.

3. 예후와 동료들

예후가 엘리사가 보낸 청년 선지자에게 기름 부음을 받고 동료 지휘관들에게 돌아왔습니다. 예후의 동료 지휘관들은 단순한 친구가 아니라 군대로 말하면 군수뇌부라고 말할 수 있습니다.

예후가 동료들에게 돌아왔을 때 한 사람이 엘리사의 제자를 '미친자'라고 말하면서 그가 왜 왔는지 물었습니다. "평안하냐? 그 미친 자가 무슨 까닭으로 그대에게 왔더냐?" "대답하되 그대들이 그 사람과 그가 말한 것을 알리라." 평안은 단순한 인사보다 하나님의 임재와 결과로 얻는 충족한 상태의 평안을 말합니다. 미친 자라는 말은 반여호와 신앙을 가진 자들이 하나님의 선지자를 멸시하는 말입니다. 하나님의 사람은 종종 미친 사람이라는 평가를 받고 살아갑니다.

예후는 자기에게 왔던 자가 누구이며 무슨 말을 했는지는 모두가 다 알지 않느냐? 그런데 뭘 묻느냐?라고 되물었습니다. 모든 무리가 예후의 말이 당치 않다고 하면서 엘리사의 제자가 예후에게 말한 것을 밝히라고 강요했습니다. 매우 궁금해서 묻고 있는 것입니다.

예후가 군사령관들에게 여호와께서 자신에게 기름을 부어 북이스라엘의 왕을 삼았다고 선포했습니다. 그리고 사명을 설명해 주었습니다. 모반을 알리는 것이 위험한 일이지만 예후는 하나님으로부터 나온 것을 믿고 있었기 때문에 밝히 알린 것입니다.

모든 무리가 자기 옷을 급히 가져다가 섬돌(돌층계) 위에 깔고 예후를 그 위에 세우고 나팔을 불며 북이스라엘의 왕이라고 외쳤습니다. 옷을 급히 까는 것은 충성을 맹세하는 표현이었습니다. 그렇게 동조함으로써 아합 왕가에 대한 심판을 쉽게 이룰 수 있었습니다.

예수님께서 만왕의 왕으로 예루살렘에 입성하실 때 사람들이 겉옷을 길에 펴는 장면은 보았지만 옷을 섬돌, 돌계단 위에 까는 것은 보기 드문 장면이었습니다. 예후 앞에 옷을 깔고 왕임을 외친 것은 충성을 맹세하고 인격과 권위를 인정하는 자세입니다. 나팔을 분 것은 수양의 뿔로 만든 나팔로 이스라엘 백성이 시내산으로 향할 때나 희년의 시작을 알릴 때 나팔을 불었습니다. 왕의 즉위식이나 전쟁의 신호로도 사용하였습니다. 예후가 왕임을 선포하는 행동이었습니다. 우리에게는 영원히 충성해야 할 우리의 왕이 있습니다. 우리의 영원한 왕은 예수 그리스도 한 분이십니다.

제35강
열왕기하 9장 14-29절

예후와 왕위 등극

엘리사 선지자가 제자 중 한 사람을 예후에게 보내어 기름을 붓도록 했습니다. 이것은 엘리사의 뜻이 아니라 엘리야 선지자를 통하여 예언되었던 하나님의 뜻이었습니다. 그리고 예후는 군지휘관들에 의해서 왕으로 추대되었습니다.

예후의 사명이 무엇입니까? 하나님의 공의로운 심판의 도구였습니다. 여로보암이 세운 북이스라엘이 금송아지 우상을 섬길 때, 심판의 도구였습니다. 아합 왕을 비롯하여 이세벨로 이어지는 바알과 아세라 우상을 섬겼던 북이스라엘, 언약 백성이 여호와를 배반하고 언약을 깨뜨리며 우상을 숭배할 때 하나님은 예후를 세워서 심판하게 되었습니다.

구체적으로 심판이 어떻게 실현되었는가? 예후는 어떤 방법으로 공의의 심판을 행하였는가?

1. 예후의 반역 모의

님시의 손자 여호사밧의 아들 예후가 요람 왕을 배반하였습니다. 여기에서 사용된 배반은 인간들을 서로 묶는 유대 관계를 말합니다. 때로는 사랑으로 결속할 때도 있고 반역이나 공모의 행위로 결속시킬 때도 있는 것입니다. 예후가 아합 왕가를 제거하기 위하여 사람들을 결속하고 있음을 나타내는 말입니다.

요람 왕이 온 이스라엘과 더불어 아람 왕 하사엘과 맞서 길르앗 라못을 지키는 상황이었습니다. 길르앗 라못은 아합 왕과 여호사밧 때에 정복하려다가 실패한 곳입니다. 길르앗 라못은 무역로가 있고 군사적으로 요충지였기 때문에 양보할 수 없는 땅이었습니다.

아람의 왕 하사엘과 더불어 남유다의 아하시야 왕과 북이스라엘의 요람 왕이 연합하여 싸울 때 북이스라엘 왕 요람이 아람 사람에게 부상을 당하여 치료를 받기 위해 이스르엘로 돌아왔던 때입니다. 남유다의 아하시야 왕은 요람 왕의 병문안을 위해 자리를 떠난 상황입니다. 예후가 반역을 도모하기에 가장 좋고 적합한 시기였습니다.

예후가 말하기를 "너희 뜻에 합당하거든 한 사람이라도 이 성에서 도망하여 이스르엘에 알리러 가지 못하게 하라"라고 의논조로 말했습니다. 군대장관들에게 자신의 역모를 요람 왕에게 알리지 못하게 당부한 내용입니다. 여기에 예후의 지혜로운 말이 나타납니다. 일방적이지 않고 여러 사람의 뜻을 묻고 있습니다. 강요보다는 여러 사람의 뜻을 물으면서 자신의 뜻에 맞춰달라는 호소였습니다.

예후는 모반을 완전히 비밀로 진행할 것이며 한 사람의 반대자도 없이 수행하는 치밀함이 있는 사람이었습니다. 이 모반은 중대한 모반으로 하나님의 뜻을 이루는 것이지만 아합 왕가를 진멸하는 모반이었습니다. 예후는 유혈사태를 방지하기 위하여 최대한 비밀을 유지해 줄 것을 당부하고 있는 것입니다.

사람은 사명의식이 있어야 하고 사명감을 감당할 때 기회도 주시는 하나님이십니다. 우리 모두 사명이 투철한 그리스도인들이 다 됩시다.

2. 요람과 예후

예후가 병거를 타고 이스르엘로 갔습니다. 출정 명령이 내려진 것입니다. 부상 당한 요람 왕이 병으로 인하여 거기에 누워 있었습니다. 이스르엘은 여름궁과 겨울궁, 상아궁이 있는 휴양지였습니다. 모든 병사들은 아람 군대와 대치 상황인데 부상 당한 요람 왕이 휴양지를 찾은 것입니다. 남유다 왕 아하시야는 요람 왕 병문안을 위해 와 있는 상황이었습니다. 아하시야 왕에게도 죽음의 그림자가 드리우기 시작했습니다.

이스르엘 망대에 파수꾼 하나가 서 있었습니다. 제일 높은 꼭대기에 설치해 놓은 망대가 있었습니다. 멀리서 다가오는 위험을 미리 파악하여 알리는 직무를 감당하는 병사입니다.

예후의 무리가 오는 것을 보고 왕에게 보고했습니다. "내가 한 무리를 보나이다." 망대로부터 왕에게 직접 보고했습니다. 예후의 군대가 상당히 많은 수였음을 말해 줍니다.

요람 왕이 한 사람을 말에 태워 보내어 예후를 맞이하여 "왕의 말씀이 평안하냐?" 묻게 하였습니다. 용건이 무엇이냐? 먼저는 아군인지 적군인지, 그리고 아군이라면 무슨 일인지 전쟁의 상황을 알고 싶은 요람 왕이었습니다. 정찰병을 통해서 빨리 알아보고 싶었던 것입니다.

요람 왕이 사자를 보낼 정도로 회복된 상황이지만 전쟁터로 복귀하지는 않았습니다. 요람 왕의 안일한 자세를 지적하는 내용입니다. 군부가 왜 예후를 전폭적으로 지지했는지를 알려주는 내용입니다. 군부가 예후의 역모를 지지했던 것은 요람 왕의 안일무사한 자세 때문이었습니다. 예후는 새로운 이스라엘을 위하여 달리는 모습이라면 요람은 안이하고 무책임한 왕의 모습을 보여주고 있습니다. 그러니까 오므리 왕가의 최후를 맞이할 수밖에 없었던 것입니다.

이스르엘은 길르앗 라못에서 이스라엘로 가는 길목에 위치한 성읍인데 잇사갈 지파와 므낫세 지파의 경계선에 있던 성읍입니다. 아합 왕이 통치하면서 이스르엘은 왕의 거주지가 되었습니다. 근처에는 나봇의 포도원이 있었습니다. 예후의 반란으로 어떤 지역보다 피를 많이 흘린 지역이기도 합니다. 요람 왕과 이세벨 그리고 아합의 아들들이 예후에 의해서 살해되었습니다.

예후가 요람 왕이 보낸 병사에게 "평안이 네게 상관이 있느냐?" 너와 평안은 아무런 관계가 없느니라. 너 같은 병사가 전쟁에 대하여 무엇을 알겠느냐? "내 뒤로 물러나라"라고 명령했습니다. 반란의 무리에 동참하라는 뜻입니다.

성문 위의 파수꾼이 또 전했습니다. '사자가 예후에게 갔으나 돌아오지 아니하나이다.' 요람 왕은 다시 한 사람을 말에 태워 보냈습니다. 처음에 보냈을 때는 아군인지 적군인지를 분별하기 위함이었다면 그래도 또 정찰병을 보낸 것은 요람 왕이 안일한 생각을 했던 것으로 보입니다. 영적으로 민감하지 않았기 때문에 멸망하게 된 것입니다. 하나님께서 지혜를 주셨다면 처음부터 반란인 것을 알았을 것입니다. 그래서 하나님의 심판은 피할 길이 없는 것이겠지요.

사자는 예후에게 가서 '왕의 말씀이 평안하냐고 하십니다' 라고 말합니다. 예후가 대답했습니다. "평안이 네게 상관이 있느냐 내 뒤를 따르라"라고 명령했습니다.

파수꾼이 또 요람 왕에게 전했습니다. 두 번째 사자도 예후에게 갔으나 돌아오지 아니하나이다. 그리고 병거를 모는 것이 님시의 손자 예후가 모는 것 같이 미치게 모나이다. 그렇게 보고했습니다. 이것은 예후가 먼지와 소리를 일으키면서 병거를 매우 격렬하게 몰았음을 의미합니다.

이전에 예후를 찾아 온 그 젊은 선지자를 미친 사람으로 말했듯이 예후도 심판의 도구로 사용될 때 미친 사람처럼 여겨졌습니다. 그런데도 요람 왕은 별다른 조치를 취하지 않고 예후를 맞이하러 나갔습니다. 요람의 판단력이 떨어져 예후의 칼을 피할 수 없게 하신 하나님의 섭리라고 보여집니다. 사람들은 항상 평안을 구합니다. 그렇지만 평안도 하나님이 주셔야만 평안합니다.

3. 예후의 요람 시해

아직도 반란을 알아차리지 못한 북이스라엘의 요람 왕이 병거를 준비하라고 명령을 내렸습니다. 남유다 왕 아하시야와 각각 병거를 타고 가서 이스르엘 사람 나봇의 토지에서 예후를 만났습니다. 갑자기 나봇의 토지에 대하여 언급하는 이유가 무엇입니까? 이 사건은 열왕기상 21장에 나타난 나봇의 포도원과 관련이 있다는 뜻입니다.

나봇의 토지가 아합 왕의 탐욕과 이세벨의 악한 간계로 말미암아 왕실의 소유가 된 사실이 있습니다. 나봇은 억울하게 피를 흘렸습니다. 이 일로 인해 엘리야 선지자를 통하여 아합 왕가의 멸망을 예언한 장소이기도 합니다.

과거에 아합 왕과 이세벨의 탐욕이 나봇을 죽음으로 내몰고 나봇의 포도원을 갈취했던 그 장소를 아합의 아들 요람과 아합의 외손자 아하시야를 심판하는 장소로 택한 것입니다. 하나님은 엄정하신 재판장이십니다. 이것은 우연의 일치가 아닙니다. 하나님의 섭리 속에서 이루어진 일입니다.

요람이나 아하시야 왕은 별다른 의심을 하지 않았습니다. 그러나 영적으로 깊이 생각해 보면 하나님께서 요람의 눈을 어둡게 한 것입니다. 두 왕이 이스르엘에 함께 있는 것도 실수였습니다. 사마리아 성과 예루살렘 성이 공백 상태가 아닙니까?

그 결과 아합 왕의 외손자 남유다 왕 아하시야는 왕위에 오른 지 일년 만에 살해되었습니다. 의인 나봇을 죽이고 그의 땅을 탈취했던 그곳에서 아합 왕의 아들 북이스라엘 왕 요람도 죽었습니다. 아합 왕가의 멸망을 예언하더니 하나님은 예후를 통하여 그렇게 이루셨습니다.

그리고 두 왕이 함께 예후를 맞으러 나간 것이 실수였습니다. 어떻게 이런 자세를 취합니까? 두 왕이면 나라를 걱정하고 전체를 볼 수 있는 눈이 필요한 것인데. 아합 왕의 궁전이 이스르엘에 있었고, 나봇의 포도원은 왕궁 곁에 있었기 때문에 두 왕이 예후를 맞으러 나왔던 것으로 보입니다.

요람 왕이 예후를 만나서 무슨 좋은 소식이 있는지를 물었습니다. "예후야, 평안하냐?" 전체적인 사건의 흐름을 이해하지 못한 상태의 질문입니다. '예후야 평안하냐'의 내용은 아마도 길르앗 라못의 전투는 어떻게 되었느냐? 군대는 이상이 없느냐? 무슨 특별한 일이 발생했느냐? 등의 내용일 것입니다.

요람 왕의 질문에 대한 예후의 대답은 동문서답과 같았습니다. 예후가 '요람의 어머니 이세벨의 음행과 술수가 이렇게 많은데 무슨 좋은 소식이 있겠느냐'고 대답했습니다. 네 어머니 이세벨의 음행과 술수가 이렇게 많으니 어찌 평안이 있으랴? 네 어머니 태후의 음행과 술수가 많은데 무슨 평안이냐? 여호와를 버리고 우상을 숭배한 영적인 간음도 간음입니다. 이세벨의 주술과 마술, 주문과 같은 우상숭배가 있으니 나라가 평안하겠느냐?

그제서야 요람 왕이 예후의 반역인줄 알고 병거를 돌이켜 도망하면서 유다 왕 아하시야에게 반역이 일어났다고 외쳤습니다. "아하시야여, 반역이로다!" 두 번이나 정찰병을 보냈을 때 돌아오지 않았습니다. 그럼에도 불구하고 요람 왕이 예후를 맞으러 나간 것은 의심하지 않은 것도 사실이지만 요람의 미련함일 것입니다.

예후가 힘을 다하여 활을 당겨 요람의 두 팔 사이를 쏘니 화살이 요람의 염통을 꿰뚫고 나옴으로써 요람이 자기 병거 가운데에 엎드러졌습니다. 예후가 힘껏 활을 당긴 것은 요람이 죽기를 바라서 행동한 것이지만 아합 왕가에 대한 하나님의 심판의 도구로 쓰임 받고 있는 것이었습니다.

달리는 말 위의 사람을 정확하게 맞추는 것은 쉬운 일이 아닙니다. 이것은 하나님의 심판이 예후를 통하여 이루어질 때 하나님이 개입하셨음을 나타내는 것이었습니다. 하나님은 창조주 하나님, 섭리주 하나님, 심판주 하나님이십니다.

4. 예후의 명령과 여호와의 예언

예후가 장관 빗갈에게 요람의 시체를 취하여 이스르엘 사람 나봇의 밭에 던지라고 명령했습니다. 그리고 예후가 빗갈에게 여호와께서 하신 말씀을 상기시켰습니다. 내가 너와 함께 요람 왕의 아버지 아합 왕을 좇아다닐 때 여호와께서 예언하신 일을 기억하라고 했습니다. 여호와께서 요람을 대신하여 무거운 짐 같은 일종의 사형 선고를 내리셨습니다.

아합과 이세벨은 나봇의 포도원을 빼앗기 위하여 나봇만 죽인 것이 아니었습니다. 나봇의 아들들까지 살해했습니다. 아들들은 상속자이기 때문입니다. 그것이 무서운 죄가 되었습니다.

여호와 하나님께서 어떤 내용을 예언하셨습니까? "내가 어제 나봇의 피와 그의 아들들의 피를 분명히 보았노라 여호와께서 또 말씀하시기를 이 토지에서 네게 갚으리라"라고 말씀하셨습니다. 과거에 있었던 일인데 마치 어제의 일처럼 말씀하고 있습니다. '내가 보았노라.' 어제 본 것처럼 말씀하시는 하나님이십니다.

"그런즉 여호와의 말씀대로 그의 시체를 가져다가 이 밭에 던질지니라"라고 명령했습니다. 완전히 갚으신다는 뜻입니다. 이렇게 진행하여 북이스라엘 왕 요람, 아합 왕의 아들이 죽임을 당했습니다.

사람의 죽고 사는 문제는 하나님의 장중에 달려 있습니다. 악인은 반역을 깨닫지 못하다가 죽습니다. 우리 모두 지혜자가 됩시다.

5. 아하시야의 죽음

남유다 왕 아하시야가 예후가 행하는 일을 보고 정원의 정자 길로 도망했습니다. 남유다 왕은 어떻게 되었을까요? 외삼촌의 죽음을 보고 남유다 왕 아하시야는 도망쳤습니다. 살았을까요?

예후가 아하시야의 뒤를 좇아가며 요람처럼 아하시야를 병거에서 죽이라고 명령했습니다. 이블르암 가까운 구르 비탈에서 치니 아하시야가 부상을 당하고 그가 므깃도까지 도망하여 거기서 죽었습니다. 남유다 왕인데 왜 죽여야만 했는가? 아하시야는 아합 왕의 외손자로 그 피를 이어받았기 때문에 멸망 속에 포함된 것입니다.

아하시야가 도망치려고 했던 길은 남유다로 내려가는 가장 빠른 길이었습니다. 그러나 아하시야가 예루살렘까지 가지 못하고 이블르암 근처 구르 비탈에서 부상을 당하게 되었고, 사마리아의 반대 방향인 므깃도까지 도망가서 거기서 죽었습니다. 역대하 22장 7절에는 아하시야가 므깃도가 아니라 사마리아에 숨어 있다가 예후에게 발각되어 처형된 것으로 기록되어 있습니다. 이 차이점에 대하여 학자들은 사마리아를 북이스라엘의 수도만이 아니라 나라 전체를 상징하고 있기 때문으로 설명하고 있습니다.

아하시야의 신복들이 아하시야 왕을 병거에 싣고 예루살렘으로 돌아와 다윗 성에 장사했습니다. 아하시야 왕은 조상들과 함께 그의 묘실에 장사되었습니다. 아하시야는 아합 왕의 아들 요람의 제십일년에 유다 제6대 왕이 되었는데, 왕위에 등극하여 일 년 동안 별다른 공이 없는 왕이었습니다. 저자가 자세히 기록하지는 않았습니다. 악인에 대한 하나님의 심판은 피할 길이 없지만, 여러분은 보상하시는 하나님 앞에 상을 받기를 바랍니다.

이세벨의 죽음

지금까지 예후가 등극하는 데 있어서 북이스라엘 왕 요람의 죽음과 남유다 왕 아하시야의 죽음을 다루었습니다. 예후가 요람과 아하시야를 죽인 것은 일반 역사적으로 평가해 보면 반역입니다. 반란입니다. 그런데 중요한 것은 하나님의 섭리 가운데서 이루어진 일입니다. 엘리야 선지자의 예언대로 성취된 것입니다.

남북 이스라엘 왕조가 하나님을 배반하지 않았더라면 예후의 반란은 없었을 것입니다. 북이스라엘은 여호와 하나님을 버리고 벧엘과 단에 금송아지 제단을 만들었습니다. 아합 왕 시대부터는 이세벨로 말미암아 바알과 아세라 신을 숭배하는 나라로 전락했습니다. 그리고 남북 왕조가 정략적인 결혼으로 인해 모두 우상숭배에 빠지게 되고 하나님의 심판의 대상이 된 것입니다. 그러므로 사람이나 교회는 항상 영적이어야 합니다. 하나님의 말씀대로 순종하고, 성령의 이끌림을 받아야 합니다.

1. 예후와 이세벨

예후는 하나님이 사용하는 의의 도구였습니다. 아합 왕가를 멸망시키는 데 중요한 역할을 한 사람입니다. 바알과 아세라 신을 숭배하게 만든 장본인인 이세벨을 처단하게 됩니다. 특별히 이세벨의 죽음은 엘리야 선지자의 예언의 성취였습니다.

예후가 이스르엘 지방에 이르렀습니다. 태후 이세벨이 예후의 반란에 의해 아들 요람 왕과 남유다 아하시야 왕이 죽었다는 소식을 들었습니다. 예후가 이스르엘 지방에 왔음을 듣고 이세벨은 얼굴에 화장을 하면서 눈썹을 진하게 그리고, 까만 눈동자를 더욱 진하게 보이게 하고, 머리를 단장한 다음에 창에서 예후를 바라보고 있었습니다. 아마도 근엄하고 권위있는 태후의 모습을 연출했을 것입니다. 창문에 걸터 앉아 내려다보고 있었습니다.

예후가 왕궁 문으로 들어올 때 이세벨이 외친 말이 무엇입니까? 예후를 내려다보면서 역적 시므리에 비교하며 일이 잘 되었는지를 물었습니다. "주인을 죽인 너 시므리여 평안하냐?" 이세벨의 외침입니다.

이세벨의 이 외침 속에는 뼈가 있는 말입니다. 역사적으로 시므리가 어떤 인물이었습니까? 예후를 시므리에 비교하고 있는 이세벨입니다. 예후의 운명도 시므리와 같을 것이라는 의미도 담겨 있습니다.

시므리는 열왕기상 16장 8-15절에 등장하는 인물입니다. 시므리는 당시 왕이었던 바아사를 배반하고 잔인하게 살해한 사람입니다. 시므리가 왕가를 몰살시켰지만 겨우 일주일 동안 왕위에 앉았던 사람이 시므리입니다. 이세벨이 예후를 시므리라고 부른 것은 예후를 경멸하고 조롱하는 내용이었습니다. 바아사 왕가를 몰락시키고 왕이 된 시므리가 일주일만에 죽은 것처럼, 예후도 아합 왕가를 멸망시키지만 길지 못하고 망할 것이라는 의도에서 말한 것입니다.

이세벨은 최후의 시간이 다가오지만 회개할 줄을 몰랐습니다. 회개하는 쪽보다는 오히려 하나님께서 아합 가문에 대한 심판의 도구로 사용되고 있는 예후를 비난하고 빈정거리고 있는 상황이었습니다. 이세벨은 우상숭배자의 모습을 끝까지 보여주고 있습니다. 교만하고 거만한 모습입니다.

회개도 기회가 있습니다. 회개의 기회를 잃으면 회개가 잘 되지 않습니다. 우리 모두 영적으로 깨어 있어서 회개할 줄 아는 성도가 됩시다. 회개하는 자가 천국을 차지하게 됩니다. 하나님 나라는 옷을 찢지 않고 마음을 찢는 자가 차지하는 나라입니다.

'평안하냐?' 이 말이 일반적으로는 인사말이지만 이세벨이 사용할 때의 내용은 인사보다는 예후도 머지않아 시므리와 같이 망하게 될 것이라고 조롱하고 비웃는 말이었습니다. 루터가 '그의 주인을 죽인 시므리가 평안할까?' 그렇게 번역했기 때문에 많은 영역본들이 그런 의미로 번역하고 있습니다.

예후가 이세벨이 내려다보는 창문을 향하여 자신의 편에 설 자가 없는지 큰 소리로 물었습니다. 이세벨의 빈정거리는 소리를 귀담아 듣지 않고 예후는 자기편의 사람을 찾았습니다. 왕궁 안에 있는 관리나 내시를 향하여 외친 말입니다. 왕궁 안에 있는 관리나 내시들의 마음을 아합 왕가를 떠나 자기편으로 끌어들이기 위한 심리적인 전술이었습니다. 예후는 전술적으로 말하자면 전략가였습니다.

예후는 상당한 전략가였습니다. 사마리아 성에 있는 아합의 칠십 명의 자손을 처형할 때도 직접 죽이지 않고 다른 사람의 손으로 죽이게 만듭니다. 백성들의 원망과 원성을 듣지 않게 했던 인물입니다. 방관주의자와 같은 사람들로 하여금 결단을 촉구하는 결과도 가져왔습니다.

예후의 목소리를 들은 두어 명의 내시가 창문으로 머리를 내밀고 예후를 바라보았습니다. 예후가 두어 명의 내시에게 이세벨을 창문 밖으로 내던지라고 명령했습니다. 아합 왕가에 속하였던 관리들이 이세벨을 제거함으로써 새로운 왕조에 충성 맹세를 하게 만든 것입니다. 예후를 추종하게 만들고 있습니다. 그러니까 전략가입니다.

왕궁에 있던 관리들이 태후 이세벨을 창 밖으로 내던지니 이세벨의 몸이 땅에 떨어지고 그녀의 피가 담과 말에 튀었습니다. 몸이 땅에 떨어지면서 피가 사방으로 튄 것입니다. 이런 장면은 메시아로 말미암아 있을 최후의 심판 때 있을 장면과 같습니다. 매우 비참한 죽음이면서 완전히 죽었음을 의미합니다. 예후가 보았고 그의 군대가 보았습니다.

예후가 이세벨의 시체를 발로 밟았습니다. 이세벨의 시체를 잔인할 정도로 예후와 군대가 발로 짓밟았습니다. 이세벨은 비참한 최후를 맞이했으며, 예후는 잔인한 심판의 도구였습니다.

2. 이세벨의 시체

예후가 요람 왕과 아하시야 왕을 죽이고 이어 태후 이세벨을 죽인 다음에 성에 들어가 먹고 마셨습니다. 고대 근동 사회에서는 공동식사를 하는 경우가 종종 있었습니다. 예후는 이 공동식사를 통하여 모반에 대한 반응도 보고 주변 사람들에 대하여 호의적인 생각을 가지게 만들었습니다.

또 다른 의미는 다른 사람은 죽이지 않아도 북이스라엘을 장악했다는 표시이기도 했습니다. 예후와 후원 세력이 공동식사를 하는 동안, 이세벨의 피와 살은 개가 먹고 있는 대조적인 사건이 전개되고 있습니다. 예후가 심판의 도구로서 잔인한 사람임을 드러내면서 앞으로 있을 사건이 더욱 잔혹해질 것을 보여 줍니다.

열왕기하 10장 30-31절에 "여호와께서 예후에게 이르시되 네가 나 보기에 정직한 일을 행하되 잘 행하여 내 마음에 있는 대로 아합 집에다 행하였은즉 네 자손이 이스라엘 왕위를 이어 사대를 지내리라 하시니라 그러나 예후가 전심으로 이스라엘 하나님 여호와의 율법을 지켜 행하지 아니하며 여로보암이 이스라엘에게 범하게 한 그 죄에서 떠나지 아니하였더라"라고 했습니다.

예후는 주변 사람들에게 이세벨은 저주받은 계집이라고 말하며 그가 왕의 딸이니 장사해 주라고 명했습니다. 이세벨에 대하여 엘리야가 뭐라고 예언했습니까? 열왕기상 21장 23절에 "이세벨에 대하여도 여호와께서 말씀하여 이르시되 개들이 이스르엘 성읍 곁에서 이세벨을 먹을지라"라고 했습니다.

또 선지자의 제자 한 사람이 뭐라고 말했습니까? "이스르엘 지방에서 개들이 이세벨을 먹으리니 그를 장사할 사람이 없으리라 하셨느니라 하고 곧 문을 열고 도망하니라"라고 했습니다. 하나님께서 뜻하신 것은 다 이루어집니다. 천지는 없어져도 하나님의 말씀은 없어지거나 이루어지지 않는 것이 없습니다.

예후의 말을 생각해 봅시다. 북이스라엘의 태후로서는 인정할 수 없지만 시돈 왕 엣바알의 딸임은 인정한다는 정치적인 입장을 반영합니다. 시돈과 불필요한 마찰은 피하고 자신이 새로운 왕이라는 선언과도 같은 것입니다. 그리고 이세벨은 우상숭배자요 이방인으로서 이스라엘과 아무런 관련도 없음을 선언하고 있는 것입니다.

예후가 보낸 자들이 가서 이세벨을 장사하려고 했지만 이세벨의 해골과 발과 손바닥 외에는 아무것도 찾지 못했습니다. 이미 개들이 다 먹어버린 상태였기 때문입니다. 형체를 알아볼 수 없이 훼손되었습니다. 이에 그들이 돌아와 그 사실을 예후에게 고했습니다.

3. 엘리야의 예언

예후가 이세벨에 대한 소식을 듣고 이는 과거에 엘리야를 통해 주신 예언의 성취라고 말했습니다. 이스르엘 토지에서 개들이 이세벨의 고기를 먹을 것이라고 예언했기 때문입니다. 이세벨의 시체가 이스르엘 토지에서 거름같이 되어버려 이것이 이세벨이라 말할 수 없을 것이라고 했습니다.

예후가 하나님의 말씀대로 이루어진 것을 선언했습니다. 하나님께서 말씀하신 것은 말씀으로 끝나는 것이 아닙니다. 시간 문제이지 반드시 이루어집니다. 영적으로 깨어 있는 자는 이 말씀의 의미를 이해하게 됩니다.

하나님의 계시, 하나님의 언약, 하나님의 말씀은 절대적인 권위가 있습니다. 말씀하시는 분이 하나님이시기 때문입니다. 성경은 믿음의 표준이고 삶의 표준입니다. 어떻게 믿을 것인가? 성경대로 믿으면 됩니다. 어떻게 살 것인가? 성경대로 살면 됩니다. 어떻게 그렇게 믿고 어떻게 그렇게 사느냐고요? 하나님을 사랑하면 쉽습니다. 자기 자신을 사랑하듯 이웃을 사랑해도 쉽습니다.

사랑할 줄 모르면 어렵습니다. 믿어지지도 않거니와 그렇게 사는 사람이 오히려 불행해 보입니다. 그러나 그 사람들에게 물어보십시오. 얼마나 기쁘고 행복한지요. 여러분도 경험이 있을 것입니다. 하나님의 뜻대로 살 때 편안합니까 아니면 어기면서 내 맘대로 살 때 편안합니까?

예후는 엘리야의 예언에 없는 내용을 설명했습니다. 이세벨의 고기는 개들이 먹어버렸고 뼈만 남은 것을 설명했습니다. 시체가 똥과 같다는 말은 '저주받은 시체'를 말합니다. 이세벨에서 '세벨'은 똥이라는 의미입니다. 이세벨의 비참한 죽음을 언급합니다.

예후는 아합 왕의 아들 요람을 비롯하여 외손자인 아하시야와 아합 왕의 아내 이세벨까지 모두 제거했습니다. 엘리야 선지자의 예언의 성취입니다. 북이스라엘 나라가 아합 왕가에서 예후로 옮겨진 것을 말해 줍니다.

마태복음 11장 22절에 "내가 너희에게 이르노니 심판날에 두로와 시돈이 너희보다 견디기 쉬우리라"라고 했습니다. 요한복음 12장 48절에 "나를 저버리고 내 말을 받지 아니하는 자를 심판할 이가 있으니 곧 내가 한 그 말이 마지막 날에 그를 심판하리라"라고 했습니다. 우리 모두 하나님의 심판날에 칭찬받는 성도가 됩시다.

제37강
열왕기하 10장 1-11절

아합 왕가와 예후

북이스라엘의 역사는 하나님을 배반하는 역사였습니다. 벧엘과 단에 금송아지를 세웠습니다. 언약 백성답지 않게 아합 왕 시대부터 바알과 아세라 신을 숭배하고 하나님을 멀리했습니다. 그래도 하나님은 북이스라엘이 회개하고 돌아오기를 원하셔서 엘리야와 엘리사 같은 선지자를 세우시고 능력과 이적과 기적을 베푸셨습니다.

그래도 북이스라엘 왕들이 여호와께 돌아오지 않고 언약을 깨뜨리며 우상을 숭배할 때 공의로운 심판이 임하게 되었습니다. 그중의 하나가 반역의 역사를 쓰는 일이었습니다. 오므리 왕조가 계속되다가 예후가 일어나서 심판합니다. 반란을 일으킵니다. 반역의 역사를 또 쓰기 시작했습니다. 정권 이양이 순리적이지 않았습니다.

예후가 반란을 일으켜 북이스라엘의 왕 요람과 조카뻘인 남유다 왕 아하시야를 죽입니다. 이스르엘 지역에 살던 이세벨도 살해합니다. 그리고 다음으로 무슨 일을 했을까요?

1. 아합의 자손 칠십 명과 예후

예후가 다음으로 행한 일은 아합 왕가에 속한 자를 모두 숙청하는 일과 바알 숭배자를 모두 죽이는 일이었습니다. 겉보기에는 정치적인 개혁과 종교적인 개혁을 보여주는 장면이었습니다. 예후는 나름대로 하나님께서 사용하신 심판의 도구요, 의의 도구였습니다.

그러나 예후의 전반적인 삶을 보면 신본주의가 아니었습니다. 자기 자신의 안일과 왕좌를 유지하기 위한 인본주의자였음을 발견하게 됩니다. 아합 왕가를 몰살하거나 바알신을 척결하는 종교적인 개혁을 단행하는 것 같지만 북이스라엘의 창건자 여로보암의 죄를 떠나지 못했습니다. 그 결과 통치 말년에 아람 왕 하사엘의 공격을 받는 수모를 겪었습니다. 통치자로서 긍정적인 면도 있지만 부정적인 면도 있었습니다.

예후가 행한 일을 살펴봅시다. 예후가 요람 왕과 아하시야 왕 그리고 이세벨을 살해한 다음에 아합 왕의 아들들을 살해하는 작전에 돌입했습니다. 아합 왕의 칠십 명의 아들들이 사마리아에 거주하고 있었습니다. 예후가 이스르엘의 귀족들, 즉 장로들과 칠십 명의 왕자들을 교육하는 자들에게 편지를 보냈습니다. 어떤 내용의 편지였을까요?

예후가 사마리아의 귀족들, 장로들과 칠십 명의 왕자들을 교육하는 자들에게 편지한 내용입니다. '아합 왕의 아들들이 너희와 함께 있고 또 병거와 말과 견고한 성과 무기가 너희에게 있으니 이 편지가 너희에게 이르거든 너희 주의 아들들 중에서 가장 어질고 정직한 자를 택하여 그의 아버지의 왕좌에 두고 너희 주의 집을 위하여 싸우라' 라고 전했습니다. 아합 왕의 아들들 중에 가장 어질고 정직한 자를 왕으로 세우고 예후와 상대하여 싸우자는 편지 내용이었습니다.

북이스라엘 왕 요람과 남유다 왕 아하시야 그리고 이세벨을 죽일 때는 직접 나서서 처단했지만, 아합 왕에게 속한 칠십 명의 아들들을 죽일 때는 자기가 직접 나서지 않고 주변 사람들을 동원하여 처단하게 만드는 예후의 지략을 보게 됩니다. 이러한 방법은 백성들의 반감을 없애기 위한 예후의 지략이고 또 자신의 반란에 여러 사람을 동참시키려는 의도입니다.

예후가 귀족들, 장로와 교육하는 자들에게 편지를 쓴 것은 이세벨이 나봇의 포도원을 탈취하기 위하여 사용한 방법이 그대로 적용되고 있습니다. 전략적으로 보면 이세벨에게 배운 것과 같습니다. 나봇과 아들들이 이세벨의 편지에 의해서 무참하게 죽임을 당하고 포도원을 빼앗긴 것처럼 이제는 같은 방법에 의해서 아합 왕가의 집이 몰살 당하게 되었습니다.

사람은 심은 대로 혹은 뿌린 대로 거두는 원리가 있습니다. "썩을 양식을 위하여 일하지 말고 영생하도록 있는 양식을 위하여 하라 이 양식은 인자가 너희에게 주리니 인자는 아버지 하나님께서 인치신 자니라"(요6:27)라고 했습니다.

갈라디아서 6장 7-8절에 "사람이 무엇으로 심든지 그대로 거두리라 자기의 육체를 위하여 심는 자는 육체로부터 썩어질 것을 거두고 성령을 위하여 심는 자는 성령으로부터 영생을 거두리라"라고 했습니다.

2. 사마리아 백성들의 답신

예후가 보낸 편지의 수신자는 귀족들입니다. 당시 장로와 교육하는 사람들이었습니다. 이 사람들이 과거에 이세벨의 편지 때문에 죄 없는 의인 나봇과 아들들을 죽이고 포도원을 강탈했습니다. 그 귀족들, 장로들과 교육하는 자들에게 편지를 보냈습니다. 물론 장로들은 나봇의 포도원 강탈 사건에 연루된 같은 장로였습니다. 교육하는 자는 관계가 없는 다른 사람들입니다.

예후의 편지를 받아 본 사마리아 성의 귀족들, 장로들과 교육자들은 어떤 답신을 보냈습니까? 사마리아 지역에 살고 있던 귀족들, 장로들 그리고 칠십 명의 왕자를 교육하던 모든 사람들은 심히 두려워 떨었습니다. 예후의 편지는 사적인 문서가 아니라 공적인 문서와 같았기 때문에 더욱 그랬습니다.

요람 왕과 아하시야 왕도 감당하지 못한 일을 자신들이 어떻게 감당하겠느냐고 반문했습니다. 사마리아 성에 군사가 있고 병기가 있다 하더라도 예후의 군사력을 감당할 수 없는 상황이었습니다. 예후는 전략가입니다. 사마리아 성에 있는 모든 지도자와 군사들이 투항하기를 바라는 마음에서 편지를 쓴 것입니다.

만약 반항할지라도 예후 자신은 하나님의 뜻대로 일하고 있기 때문에 얼마든지 이길 수 있다는 확신이 있었습니다. 그래서 선택권을 주고 있는 것입니다. 예후는 강하고 담대한 용사답게 처신하고 있습니다. 예후는 자신감이 넘치는 사람이었습니다.

그 결과 예후가 바라던 대로 사마리아 성의 왕궁을 책임지는 자와 장로들과 왕자를 교육하는 자들이 예후에게 말을 전했습니다. 무슨 내용의 대답입니까? "우리는 당신의 종이라 당신이 말하는 모든 것을 우리가 행하고 어떤 사람이든지 왕으로 세우지 아니하리니 당신이 보기에 좋은 대로 행하라"라고 답했습니다.

아합 왕의 아들들 중에 선하고 정직한 사람을 세우고 대항할지라도 나는 충분히 이길 수 있다는 예후의 자신감입니다. 그럴 때 모든 귀족들은 곧바로 예후의 종임을 선언했습니다. 그리고 예후를 위하여 싸우겠다고 투항했습니다.

우리들의 영적인 전쟁에 있어서 대장은 예수 그리스도이십니다. 주님은 영적 전쟁에서 승리하신 분이십니다. 우리도 주님이 주시는 전신갑주를 입고 전쟁에 임하면 능히 이길 수 있습니다. 영적 전쟁에서 승리하는 그리스도인이 됩시다.

3. 두 번째 편지와 답신

예후는 사마리아 귀족들, 장로들 그리고 칠십 명의 왕자들의 교육자들에게 두 번째로 편지를 보냈습니다. "만일 너희가 내 편이 되어 내 말을 너희가 들으려거든 너희 주의 아들된 사람들의 머리를 가지고 내일 이맘때에 이스르엘에 이르러 내게 나아오라"라고 했습니다.

사마리아 귀족들, 장로들 그리고 교육하는 자들이 어떤 반응을 보였습니까? 왕자 칠십 명이 귀족들, 장로들 그리고 교육하던 자들과 함께 있을 때 예후가 보낸 편지가 전달되었습니다. 마음속에 계속적인 두려움이 몰려왔습니다. 두렵다 못해 무서운 마음까지 들었습니다. 시내산에서 하나님과 이스라엘 백성이 언약을 맺을 때 하나님의 임재의 상징인 불을 보고 두려워했던 그 두려운 마음이 생겼습니다.

또 블레셋이 공격해 왔을 때, 이스라엘 백성들이 미스바에 모였을 때의 두려운 마음과 같은 마음이었습니다. 예후가 칼을 차고 자기 앞에 와 있는 것과 같은 두려움이 귀족들의 마음이었습니다.

사마리아 귀족들, 장로들 그리고 교육하는 자들이 두려운 마음이 들어서 요람 왕도 당하지 못하고, 남유다의 아하시야 왕도 당하지 못한 예후를 우리가 어떻게 감당하겠는가 생각을 했습니다. 사사 시대처럼 혼란한 시대였습니다. 하늘의 왕을 두려워하지 않고 사람을 두려워하는 세상이 되었습니다.

그리하여 왕궁의 제반 업무를 담당하는 자나 성을 다스리는 자나 왕자의 교육을 감당하는 자들이 일어나 아합 왕의 아들들, 칠십 명을 모두 죽이고 머리를 광주리에 담아 이스르엘에 있는 예후에게 보냈습니다. 충성 맹세는 물론이고 아합 왕가의 멸망을 이루게 되었습니다. 예후는 자기의 손이 아니라 다른 사람의 손을 빌어 심판을 수행했습니다.

4. 예후의 강조가 무엇인가?

사자가 와서 예후에게 전한 내용이 무엇입니까? 사마리아 성에 살던 귀족의 무리가 아합 왕의 아들들의 머리를 광주리에 담아 가지고 왔나이다. 그렇게 보고했습니다. 예후가 사건의 전말을 보고하는 사자에게 왕자들의 머리를 두 무더기로 쌓아 다음날까지 성문 어귀에 두라고 지시했습니다.

성문 어귀는 구약 시대부터 고대 그리스의 아크로폴리스처럼 공적인 대중 집회가 있었고, 종교 의식이나 재판이 열리기도 했습니다. 물건을 사고파는 시장 역할도 감당했습니다. 칠십 명의 머리를 쌓아 둔 것은 아합 왕가의 몰락을 백성들에게 알리기 위한 수단이었습니다.

이튿날 아침에 예후가 나가서 뭇 백성에게 선포한 것이 무엇입니까? "너희는 의롭도다 나는 내 주를 배반하여 죽였거니와 이 여러 사람을 죽인 자는 누구냐?" 예후 자신이 혁명을 일으켜 상전인 선왕을 죽였다고 사실을 인정했습니다.

한편 칠십 명의 왕자들은 자신이 직접 죽이지 않았는데 누가 죽였느냐는 질문으로 아합 왕가가 몰살당한 현실을 언급했습니다. 예후가 처음에는 의로운 사람처럼 행동했지만, 훗날 하나님의 뜻과 영광보다는 자기의 영광을 추구하다가 하나님의 심판을 받게 되었습니다.

그리고 이제 너희는 알라. 예후의 최종 판결입니다. "여호와께서 아합의 집에 대하여 하신 말씀은 하나도 땅에 떨어지지 아니하리라 여호와께서 그의 종 엘리야를 통하여 하신 말씀을 이제 이루셨도다"라고 선언했습니다. 엘리야 선지자의 예언 성취를 언급했습니다. 예언의 성취에 대한 선언입니다. 그리고 자기의 반역의 정당성을 주장했습니다.

예후는 이스르엘에 남아 있던 아합의 잔당들도 다 숙청했습니다. 아합을 추종하던 세력을 모두 제거했습니다. 귀족들과 신뢰 받는 자들과 제사장들을 죽이되 아합 왕에게 속했던 모든 자를 죽였습니다. 제사장까지 제거했습니다. 생존자를 남기지 않았습니다.

열왕기상 21장 21절의 예언 성취입니다. "여호와의 말씀이 내가 재앙을 네게 내려 너를 쓸어 버리되 네게 속한 남자는 이스라엘 가운데에 매인 자나 놓인 자를 다 멸할 것이요"라고 했습니다. 기독교는 언약의 종교요 말씀의 종교입니다.

제38강
열왕기하 10장 12-17절

예후의 살육

10장 초반에서는 예후가 장차 위험이 될 수 있는 아합 왕의 후손 칠십 명을 사마리아 성의 귀족들, 장로와 교육하는 사람들을 통하여 살해했습니다. 사마리아 성에 살고 있던 지도자들이 예후에게 마음을 두게 만들었고 아합에게 속한 잔당까지 모두 숙청하는 일을 했습니다.

예후가 이스르엘 지방에서 북이스라엘의 수도 사마리아로 가는 도중에 남유다 왕 아하시야의 형제 사십 명을 만나서 모두 제거하는 사건을 기록해 주고 있습니다. 예후는 남북 왕조를 가리지 않고 아합 왕에 속한 모든 사람을 숙청했던 인물입니다.

1. 예후와 아하시야의 형제 살육

예후가 일어나 수도 사마리아로 가는 도중이었습니다. 예후는 지체하지 않고 일어나서 행동하는 사람이었습니다. 그냥 일어난 행동만 말하지 않고 사마리아를 점령할 군사를 이미 일으켰다는 뜻입니다.

사마리아를 점령하기 위해 움직이고 있는데 큰 사건이 있었습니다. 그 사건이 무엇입니까? 예후의 군대가 '목자가 양털 깎는 집'에 이르렀습니다. 베에켓하로임입니다. 목자들이 양털을 깎기 위하여 모이기도

했지만 때로는 회의를 하는 장소였습니다.

예후가 거기서 남유다 왕 아하시야의 형제들을 만나게 되었습니다. 예후는 사마리아를 점령하기 위해 이스르엘로부터 가는 도중이고 아하시야의 형제들은 남유다에서 이스르엘로 올라가는 상황, 서로 마주보는 방향으로 가는 입장이었습니다. 이 만남이 우연이 아니라 심판하기 위한 하나님의 섭리였습니다. 세상에서 우연한 일은 존재하지 않습니다.

예후가 아하시야의 형제들에게 '너희는 누구냐'라고 묻자 '아하시야의 형제'라고 대답했습니다. "이제 왕자들과 태후의 아들들에게 문안하러 내려가노라"라고 방문 목적을 밝혔습니다. 엄격히 말하자면 '아하시야의 형제의 아들들'보다는 '아하시야의 조카들'이 더 정확한 번역일 것입니다.

아하시야의 형제들은 이미 과거에 블레셋 사람들과 아라비아인들에 의해 모두 죽임을 당했기 때문입니다. 역대하 21장 17절에 "막내 아들 여호아하스 외에는 한 아들도 남지 아니하였더라"라고 했습니다. 역대하 22장 1절에도 "예루살렘 주민이 여호람의 막내 아들 아하시야에게 왕위를 계승하게 하였으니 이는 전에 아라비아 사람들과 함께 와서 진을 치던 부대가 그의 모든 형들을 죽였음이라 그러므로 유다 왕 여호람의 아들 아하시야가 왕이 되었더라"라고 했습니다.

예후가 아하시야의 형제들을 계획적으로 만나거나 사로잡은 것이 아니었습니다. 우연히 만났지만 사로잡으라고 명령했습니다. 이것도 여호와께서 아하시야의 조카들까지 심판의 대상이 되었음을 말해 주는 것입니다.

예후가 아하시야의 조카들에게 물었을 때 아하시야와 관련된 사람들이고 북이스라엘 왕자들과 태후에게 문안하기 위하여 가는 도중이라고 설명까지 했습니다. 남유다의 제5대 왕 여호람이 아합의 딸과 결혼했습니다. 제6대 왕 아하시야도 역시 아합의 집의 사위가 되었습니다.

남북 왕조가 혼인관계로 서로 왕래하고 친밀한 관계를 유지하게 되었습니다.

지금 자기들 앞에 서 있는 예후가 아합 왕가의 칠십 명의 왕자들과 태후 이세벨을 죽인 사실을 모르고 있는 상황입니다.

북이스라엘 왕 요람이 부상당했을 때 남유다의 아하시야가 병문안하기 위해 갔습니다. 그리고 그곳 이스르엘에서 예후에게 아하시야가 죽임을 당한 것처럼 아하시야의 조카들을 예후의 손에 붙이시는 분은 하나님이십니다. 물론 '사로잡으라' 라는 말은 생포하라는 의미입니다. 예후는 처음부터 죽이려고 생각하지 않고 돌아설 것을 회유했던 것으로 보이는데, 반항하니까 죽인 것으로 여겨집니다.

예후가 사로잡아 목자가 양털 깎는 집 웅덩이 곁에서 모두 죽였습니다. 마흔두 명의 목숨을 베에켓하로임의 웅덩이 곁에서 다 죽인 것입니다. 웅덩이는 요셉의 형들이 요셉을 집어넣었던 웅덩이처럼 속이 비어 있는 곳입니다.

우기에 물을 모으기 위해 바위를 파서 만든 웅덩이였습니다. 건기에는 감옥과 같았습니다. 예후가 아하시야의 조카들의 시체를 버리기에 좋은 곳이라서 그곳에서 죽인 것으로 보입니다. 이것도 하나님의 섭리 가운데 행해진 하나님의 심판을 의미합니다.

왜 하필이면 사십이 명인가? 엘리사를 조롱하다가 죽은 아이의 수도 사십이 명이었습니다. 사십이 명은 아합의 딸 아달랴가 남유다 왕조로 시집 온 다음에 심각할 정도로 우상숭배에 심취된 사람들이었습니다. 엘리사 시대의 아이들도 우상숭배에 심취된 사람들이었습니다. 그러므로 그냥 죽은 것이 아니라 하나님을 버리고 언약을 깨뜨린 죄악에 대한 공의로운 하나님의 심판 때문이라는 것을 말해 주고 있습니다.

우리는 심판주 하나님 앞에 칭찬받을 수 있는 성도, 면류관을 받을 수 있는 성도가 됩시다. 이 세상에서 뿐만 아니라 오는 세상에서 더욱 영광스러운 백성이 됩시다.

2. 예후와 여호나답

예후가 마흔두 명을 죽인 다음에 목자가 양털 깎는 집, 베에켓하로 임을 떠났습니다. 사마리아로 가는 도중에 마중나온 레갑 족속의 아들 여호나답을 만났습니다. 두 사람은 같은 뜻을 위하여 의기투합했습니다. 두 사람의 연합이 정치적인 반역에서 종교적인 개혁 성격으로 전환되었습니다. 이것이 중요합니다. 인간은 누구를 만나서 어떤 생각을 키우느냐가 중요합니다.

당시 이스라엘 백성들로부터 존경을 받는 레갑 족속의 여호나답이 예후를 지지할 때 아합 왕조가 타락하고 이스라엘 백성들의 민심이 예후에게 돌아서고 있음을 증거하는 것이었습니다. 정치와 종교를 장악하는 결정적인 요인으로 작용하게 된 것입니다.

예후가 여호나답에게 인사를 합니다. 안부를 묻습니다. "내 마음이 네 마음을 향하여 진실함과 같이 네 마음도 진실하냐"라고 물었습니다. 예후가 인사는 먼저 하지만 예후를 만나기 위하여 여호나답이 찾아나온 것입니다. 여호나답이 예후를 찾아나온 것은 새로운 지도자 예후를 통하여 북이스라엘의 종교개혁을 단행하기 위한 목적이 있었던 것으로 보입니다. 바알 우상이 아닌 하나님을 섬기고, 언약 백성들을 신실한 사람으로 만들기 위한 기회입니다.

예후가 아합 왕가를 멸망시키는 목적은 종교개혁을 단행하기 위함이 아니라 왕위에 오르기 위한 정치적인 목적이었습니다. 그러므로 여호나답을 만나는 것은 아주 중요한 만남이었습니다. 여호와께서 여호나답을 만나게 하심으로써 적절한 시기에 종교개혁을 단행할 수 있는 길을 열어주신 것입니다. 이 만남으로 북이스라엘이 바알 우상을 버리고 여호와께로 돌아올 수 있는 절호의 기회가 마련된 것입니다.

레갑은 '병거 모는 사람' 이라는 뜻입니다. 그래서 어떤 학자는 병기 만드는 직종에 있는 사람으로 이해하고 예후에게 군사적인 지원을 목적으로 연합했다고 주장합니다. 그러나 역사를 볼 때 레갑은 모세의 장인 호밥이 속한 '겐 족속'의 후예입니다. 함맛의 아들 레갑에서 유래한 족속으로 광야 생활을 하다가 이스라엘과 더불어 가나안에 들어간 족속으로 봅니다. 레갑 족속의 특징은 여호와 중심적인 신앙이었습니다. 순수성을 가진 평판이 좋은 족속입니다.

예레미야 35장 6-7절에 예레미야 선지자가 유다 백성을 교육하기 위해 레갑 족속을 성전에 집합시켜 놓고 포도주를 마실 것을 권고합니다. 그때 레갑 족속은 포도주 마시는 것을 거절하고 레갑 족속의 후손인 여호나답이 자신들에게 지시한 내용을 말합니다.

"너희가 집도 짓지 말며 파종도 하지 말며 포도원을 소유하지도 말고 너희는 평생 동안 장막에 살아라 그리하면 너희가 머물러 사는 땅에서 너희 생명이 길리라." 레갑 족속은 조상들의 교훈을 따라 신실하게 살았습니다.

그 레갑 족속의 신앙과 삶은 예레미야 시대의 남유다 백성들이 여호와께 불순종하였기에 교훈이 되었습니다. 또한 북이스라엘 백성들에게 많은 교훈이 되었기에 예후가 좋아한 것입니다. 여호나답은 '여호와께서 강권하셨다'라는 뜻입니다. 그러므로 예후와 여호나답의 만남이 여호와의 뜻이고 하나님의 섭리였음을 드러내고 있습니다.

정치 지도자와 종교 지도자의 만남입니다. '나는 너를 믿는데 너도 나를 믿느냐?' 예후의 질문입니다. 여호나답이 뭐라고 예후에게 대답했습니까? "그러하니이다." 진실은 하나님의 속성입니다. 의인이나 완전한 사람을 강조할 때도 진실을 말합니다.

여호나답은 예후의 질문에 좋은 의미로 대답했습니다. 쌍방간의 계약의 성격입니다. 아합 왕이 아람 왕과 계약을 맺을 때 행한 행동이고, 아브라함의 종과 아브라함이 행한 행동이었습니다. 예후와 여호나답이 쌍방간의 협약을 맺은 다음에 "그러면 나와 손을 잡자 손을 잡으니 예후가 끌어 병거에" 올렸습니다. 그리고 예후가 여호나답을 향하여 뭐라고 말했습니까?

"나와 함께 가서 여호와를 위한 나의 열심을 보라"라고 말했습니다. 열심이란 '투기, 분노'라는 부정적인 의미를 나타냅니다. 부부간에 부정함을 의심할 때 사용되는 용어입니다. 하나님과 이스라엘 백성 사이에 하나님을 배신하고 이방의 우상을 숭배하는 이스라엘의 영적 간음에 대하여 하나님의 거룩한 질투를 표현하기도 합니다.

하나님을 위한 예후의 질투입니다. 종교개혁을 단행함으로써 이스라엘 백성들을 여호와께로 돌아오게 만들겠다는 의지의 표현이었습니다. 예후가 여호나답에게 종교개혁을 반드시 단행하겠다는 의지의 표현입니다. 예후의 질투는 악한 자들을 심판하는 의의 도구로 사용되었습니다. 두 사람은 예후의 병거를 타고 사마리아까지 갔습니다.

3. 아합의 잔당 숙청

예후가 사마리아에 이르러 제일 먼저 단행한 일이 무엇인가? 아합에게 속한 자들을 모두 죽여 진멸한 것이었습니다. 예후는 철저하고 단호했습니다. 예후의 심판은 이미 여호와께서 엘리야에게 이르신 말씀과 같이 된 것입니다. 열왕기상 21장의 내용입니다. 하나님이 언약을 이루셨습니다.

예후의 숙청 작업은 '말씀대로'였습니다. 네게 속한 자는 매인 자나 놓인 자나 다 멸할 것이라는 예언의 성취였습니다. 아합 왕의 가문에 대한 심판은 철저하고 과감하게 이루어졌습니다. 세상은 하나님의 뜻대로 됩니다. 인생의 생사화복이나 국가의 흥망성쇠가 그렇습니다.

사람은 만남의 축복을 받아야 합니다. 잘못된 만남은 심판을 받을 수 있습니다. 잠언 17장 12절에서 미련한 자를 만나지 말라고 했습니다. 의인이 죄인을 만나서 무엇을 하고 빛이 어두움을 만나서 무슨 유익이 있겠습니까? 의인은 의인을 만날 때 복이 있습니다.

제39강
열왕기하 10장 18-29절

예후와 종교개혁

엘리야 선지자가 예언한 대로 예후는 아합 왕가를 멸망시키는 데 큰 역할을 했습니다. 의의 심판의 도구로 사용된 사람입니다. 정치적인 심판의 도구로 사용된 사람이었습니다. 아하시야의 형제 사십이 명을 죽였습니다. 사마리아에 남아 있던 아합 왕의 가문도 완전히 척결했습니다.

그러면 아합 왕가가 온갖 우상숭배와 음행과 다른 죄악으로 점철된 죄악에 대해서는 어떻게 하였을까? 종교적인 심판도 수행했습니다. 어느 정도로 수행했을까요?

1. 예후의 책략

예후가 북이스라엘 백성들을 소집하여 아합은 바알을 조금 섬겼지만 자신은 많이 섬길 것이라고 선언했습니다. 예후는 큰 제사를 바알에게 드릴 것이니 바알의 모든 선지자와 모든 제사장 그리고 바알을 섬기는 모든 자들을 다 불러 내게로 나오게 하라고 명령했습니다.

예후가 왕이 된 다음에 자신도 열렬한 바알과 아세라 상을 숭배하는 사람처럼 말하고 행동했습니다. 아합의 종교 정책을 '조금'이라고 표현하고 자신의 종교 정책을 '많이'라고 표현했습니다. 그러니까 아합은 조금 섬겼다면 예후는 많이 섬기겠다는 말입니다. 예후는 속임수에도 능한 지략가였습니다.

예후가 '큰 제사'라는 말을 사용한 데 관심을 가져야 합니다. 큰 제사는 희생 제사로 많은 번제를 의미하지만 바알 신을 숭배하는 모든 자를 죽이려는 살육을 뜻하기 때문입니다. 대학살을 큰 제사라는 말로 표현한 것입니다.

저자는 예후의 명령에 나타난 의도를 밝혀주고 있습니다. 바알을 숭배하는 자들을 학살하기 위한 속임수였습니다. 속임수는 야곱과 관련이 있습니다. '발뒤꿈치를 붙잡다'라는 뜻이기 때문입니다.

고대 제국에서 한 사람이 왕으로 등극한 다음에 큰 제사를 드리는 일은 종종 있었던 일입니다. 장래 자기가 통치하는 가운데 안녕과 평화를 기원하는 일이었습니다. 국가적으로 기존 종교 정책을 따라 기원하는 일입니다.

다윗 왕도 그랬습니다. 역대상 29장에 나타납니다. 솔로몬 왕도 그랬습니다. 열왕기상 8장 전체가 솔로몬 왕의 기도문입니다. 예후가 종교적인 행사를 크게 가질 때 아무도 의심하지 않았습니다.

'만약 나오지 않는 자는 모두 죽임을 당할 것'임을 경고했습니다. '모두 살려 주지 아니하리라.' 모두 죽임을 당하리라. 이것은 예후가 바알 숭배자들을 멸하려는 계략이었습니다.

예후의 종교개혁은 북이스라엘 역사상 가장 탁월한 업적을 남겼다고 말할 수 있습니다. 다만 여로보암이 만든 벧엘과 단의 금송아지 우상은 타파하지 못했습니다. 예후의 약점이 무엇입니까? 목적을 이루기 위해 거짓된 말을 서슴없이 한 것입니다. 이것은 성도로서 아름답지 못한 점입니다. 하나님의 지혜는 목적을 이루기 위해 가장 좋은 방법을 사용하시기 때문입니다.

사도 바울은 은혜를 더하려고 죄에 거하겠느냐? 그럴 수 없다고 강조했습니다. 법대로 경주하지 않으면 면류관을 얻을 수 없는 존재가 사람입니다. 우리 모두 하나님을 닮아서 지혜롭게 살기를 바랍니다.

2. 예후와 바알

예후가 '바알을 위하여 대회를 거룩히 열라' 라고 공포했습니다. 예후는 바알을 위하여 엄숙한 집회를 거룩하게 준비하라. 그리고 그들에게 선포하였습니다. 국가적인 차원에서 중요한 예배를 준비하라는 것이었습니다. 이스라엘 백성에게 '여호와를 위한 성회' 가 있듯이 '바알을 위한 성회를 준비하라' 라는 명령입니다.

예후가 온 이스라엘에 사자를 보내 바알을 섬기는 모든 사람을 다 모았습니다. 모인 무리가 얼마나 많은지 바알의 신당에 들어가매 이쪽에서부터 저쪽까지 신당 안이 가득찼습니다. 아마도 바알 신전에 대한 기록은 남아 있지 않지만 사사 시대의 다곤 신전을 생각해 봅시다. 얼마나 많은 사람들이 들어갈 수 있는 신전을 지었습니까? 몇 천이나 몇 만 명씩 들어가는 신전들이 있었습니다.

바알은 아합의 집과 관련이 있습니다. 아합의 집이라고 네 번이나 언급하고 있습니다. 이것은 아합의 집을 멸망시킨 일과 바알을 멸망시킨 일이 연관성이 있음을 언급합니다. 예후가 왕으로 등극한 다음에 기념하기 위하여 바알 신단에서 큰 제사를 준비했다고 하니까 전국에서 모든 바알 선지자와 제사장들이 모였습니다. 예후의 초대에 아무런 의심없이 모여 들었습니다. 바알 신전이 수용할 수 있는 최대한의 사람들이 모였습니다. 바알을 숭배하는 자들이 북이스라엘 나라에 가득했던 것을 알 수 있는 대목입니다.

예후가 예복 맡은 자에게 예복을 내어다가 바알 숭배자들에게 주라고 명하자 그들이 예복을 가지고 왔습니다. 의상 관리인, 왕실 부속실을 맡은 자라고 번역하기도 합니다. 아마도 세마포 옷을 입었을 것이고 그 옷을 관리하던 곳이 있었던 것으로 보입니다.

예배 드리기 전에 먼저 예복을 입으라는 명령입니다. 예루살렘 성전에서 예배드릴 때 제사장들이 입던 옷이 있었던 것처럼 바알 제사장들과 선지자들도 바알의 신당에서 제의를 거행할 때 입는 독특한 옷이 있었을 것입니다. 모든 종교에 그런 옷들이 다 있는 상황이었습니다. 예후는 관례를 따른 명령이지만 숨은 뜻이 있었습니다. 그것이 무엇입니까? 바알 숭배자와 숭배하지 않는 자를 구별하기 위한 수단이었습니다. 예후의 속 마음을 알 사람은 아무도 없었습니다.

예후가 레갑의 아들 여호나답과 더불어 바알의 신당에 들어가서 바알을 섬기는 자들을 향해 잘 살펴보아 바알을 섬기는 자들만 여기 있게 하고 여호와의 종은 하나도 여기 너희 중에 있지 못하게 하라고 명했습니다.

예후의 종교개혁은 여호나답의 도움 속에서 이루어졌습니다. 예후와 여호나답이 손을 잡은 것은 상호 계약관계의 성립을 의미합니다. 예후는 여호나답의 지지 속에 종교개혁의 명분을 얻게 되고, 아합 왕가를 전멸시킬 수 있는 힘과 용기를 얻게 된 것입니다. 여호나답은 예후의 종교개혁에 동조함으로써 여호와를 경외할 때 받던 탄압을 덜어내게 된 것입니다.

예후는 바알 신전에 여호와를 경외하는 자는 한 사람도 남지 않고 바알을 숭배하는 자들만 남도록 명령했습니다. 혹시 참석했다면 다 나가라는 명령입니다. 우상숭배자들을 한꺼번에 진멸시키려는 의도입니다. 하나님의 심판도 그렇습니다. 악한 사람을 모두 모아서 한꺼번에 심판하는 원리가 있습니다.

3. 살육과 훼파

바알을 섬기는 자들이 번제와 다른 제사를 드리려고 그 안에 들어갔을 때에 예후가 팔십 명을 전 밖에 배치시켰습니다. 바알에게 번제와 다른 제사를 드리려고 할 때 그들을 안으로 들여보냈습니다. 예후는 뒤에서 호위병 팔십 명에 대한 명령과 장관에 대한 행동 지침을 명했습니다.

그리고 "내가 너희 손에 넘겨 주는 사람을 한 사람이라도 도망하게 하는 자는 자기의 생명으로 그 사람의 생명을 대신하리라"라고 경고했습니다. 예후가 바알에게 번제를 드릴 때 진멸시킨 이유가 무엇일까?

예후가 바알 숭배자인 것처럼 스스로를 가장한 것이고, 바알 숭배자들로 하여금 안심하고 제사를 드리게 하여 남김없이 한꺼번에 처단하기 위한 방법이었습니다. 이런 면에 있어서 예후는 주도면밀한 사람이었습니다. 하나님의 공의의 심판자로서, 의의 도구로서 지혜롭게 처신한 것입니다.

바알에게 번제 드리기를 다할 때에 예후가 호위병과 지휘관들에게 바알의 신전에 들어가 바알 숭배자들을 한 사람도 남기지 말고 다 죽이라고 명했습니다. 예후는 자신에게 철저하게 복종하고 순종하는 군사를 동원했습니다. 그리고 무슨 의도로 동원되었는지를 바알 신전에 가서야 지시했습니다. 철저하게 비밀을 유지하기 위한 예후의 지략입니다. 이에 호위병과 지휘관들이 칼로 바알을 섬기는 자들을 죽여 밖으로 던졌습니다. 바알 신을 숭배하는 자는 모두 죽였습니다. 남김없이 죽였습니다. 북이스라엘 사회에서 완전히 제거했습니다.

또한 바알의 신당이 있는 성으로 가서 바알의 신당에서 목상들을 가져다가 다 불살랐습니다. 사람만 죽인 것이 아니라 거짓된 우상을 모두 옮기고 타파해 버렸습니다. 예후의 종교개혁은 철저하게 단행되었습니다. 우상을 들고 나와서 불질렀습니다.

또 바알의 제단과 신전을 다 헐고 바알 신당을 헐어서 변소를 만들었는데 본서가 기록될 당시까지 이르렀습니다. 바알 신당을 배설물이나 쏟아 놓는 곳처럼 여겼습니다. 신전이 더러운 오물이나 버리는 장소가 되게 만들었습니다.

이처럼 예후가 북이스라엘 중에서 바알을 멸했습니다. 그러나 예후도 북이스라엘 사람들을 벧엘과 단의 금송아지를 섬기게 했던 느밧의 아들 여로보암의 죄에서 떠나지 않았습니다. 이것이 예후의 한계였습니다. 종교개혁을 부분적으로만 이루었습니다.

예후는 중요한 종교개혁을 이루었습니다. 그러나 여로보암이 만든 금송아지 우상을 타파하지 않았습니다. 이를테면 부분적인 종교개혁을 단행한 사람입니다. 부정적인 측면을 강조하고 있습니다. 예후가 북이스라엘에서 바알 신을 숭배하는 자들을 흔적도 없이 사라지게 만들었습니다. 매우 철저하게 종교개혁을 단행했지만 여로보암이 만든 벧엘과 단에 있는 금송아지 우상은 제거하지 못했습니다. 정말 안타까운 심정으로 말할 수밖에 없는 상황입니다.

사람들은 길을 만들어서 사용할 줄 아는 존재입니다. 자기가 여러 번 그리고 반복해서 걸어다니다 보면 자기만의 길도 있습니다. 성경적으로 '여호와의 길'은 '의인의 길'과 관련이 있다면 '우상숭배의 길'은 '악인의 길'과 관련이 있습니다. 악인의 길은 여호와께서 인정하지 않는 길입니다. 의인의 길은 여호와께서 인정하시는 길입니다. 의인의 길을 걷는 사람이 형통한 복도 받게 됩니다.

최후의 날이 있습니다. 의인과 악인을 구별하는 날입니다. 믿는 자와 믿지 않는 자를 구별하고 충성스러운 사람과 불충성의 사람을 구별하는 날입니다. 양과 염소를 구별하는 날입니다. 하나는 영생에 다른 하나는 영벌에 처하는 날입니다. 충성하여 면류관을 받으며 영생을 차지하는 양이 됩시다.

제40강
열왕기하 10장 30-36절

하나님의 약속

예후는 북이스라엘의 열 번째 왕위에 올랐습니다. 북이스라엘을 28년간 통치했습니다. 잘한 점도 있거니와 못한 점도 있었습니다. 여러분도 자기 자신의 삶에 대하여 스스로 평가해 보는 시간이 되기를 바랍니다. 사람들의 평가가 아니라 하나님의 평가는 어떠하실까가 가장 중요합니다.

'여호와께서 예후에게 이르시되'라는 표현을 볼 때 직접 말씀하신 것처럼 생각할 수 있으나 직접적인 말씀이라기보다는 간접적인 말씀으로 보아야 할 것입니다. 그 이유는 아합의 집에 대한 멸망을 예후에게 말씀하실 때도 선지자의 제자를 통하여 예언했기 때문인데, 이번에도 그럴 가능성이 높습니다. 선지자나 선지자의 제자를 통하여 말씀하셨을 것입니다.

여호와께서 예후에 대하여 말씀하실 때 칭찬으로부터 시작하셨습니다. 칭찬한 내용이 무엇입니까? 무슨 칭찬입니까?

1. 예후와 하나님

여호와께서 예후가 하나님 보시기에 정직한 일을 행하여 그 뜻대로 잘 했음을 칭찬했습니다. 예후가 칭찬 받은 일은 아합 왕가를 전멸시킨 것이었습니다. 아합 왕가를 멸망시키는 것이 하나님의 뜻이었기 때문입니다. 그 결과 예후의 자손이 북이스라엘 왕위를 사대 동안 이을 것이라고 약속하셨습니다.

예후가 북이스라엘을 통치했는데 그 통치에 대한 하나님의 평가는 무엇입니까? 항상 사람의 평가보다 하나님의 평가가 중요합니다. 사람의 평가는 의롭다고 할 수 없지만 하나님의 평가는 의롭고 영원한 평가이기 때문입니다. 하나님 보시기에 정직하게 행했습니다. 하나님의 뜻을 따라 아합 왕가를 전멸시켰습니다. 역사를 살펴보면 실제적으로 예후 이후로 여호아하스, 요아스, 여로보암 2세, 스가랴까지 사 대 동안 왕위가 유지되었습니다. 하나님의 언약은 변함이 없습니다. 불변입니다. 예후가 행한 것에 대한 보상으로만 볼 수는 없겠지만 하나님의 약속이 주어진 것만은 사실입니다.

예후에게 후손이 북이스라엘의 왕위를 사대까지만 누릴 것을 예언한 것으로 보아 칭찬 속에 심판이 담겨져 있는 것을 알 수 있습니다. 그 심판의 요인이 온전한 순종이 아니었음을 드러내고 있습니다. 사 대 후에는 예후의 왕조도 전복되거나 심판의 대상이 된다는 것을 암시하고 있습니다.

예후의 자손이 북이스라엘의 왕위에 사 대 동안 이어질 것이라는 하나님의 약속이 있었음에도 불구하고 예후의 약점이 무엇입니까? 두 가지입니다. 첫 번째 약점은, 예후가 마음을 다하고 뜻을 다해 전심으로 여호와의 율법을 지켜 행하지는 않았습니다.

사랑하는 성도 여러분! 제일 크고 첫째 되는 계명이 무엇입니까? 마음을 다하고 뜻을 다하고 목숨을 다하여 주 하나님을 사랑하는 것입니다. 이것이 크고 첫째 되는 계명이요, 선지자와 율법의 강령입니다. 마음을 다하여 하나님을 사랑합시다. 목숨을 다하여 하나님을 섬깁시다.

두 번째 약점은, 여로보암 왕이 북이스라엘로 하여금 범죄하게 한 그 죄에서 떠나지 않았습니다. 벧엘과 단에 금송아지 우상을 섬기는 제단을 만들고 평민을 제사장으로 삼으며 절기를 마음대로 지켰던 죄에서 떠나지 않았습니다. 이것이 예후의 약점이요 결점이었습니다.

단순히 부족한 것이 아니라 범죄의 성격입니다. 두 가지가 죄악과 관련을 맺은 불순종입니다. 생각해 봅시다. 마음을 다하지 않고 사랑한다는 고백이 맞습니까? 또 북이스라엘의 근본적인 죄를 고치지 않았는데 순종의 사람이고 종교개혁자라고 볼 수 있습니까?

예후는 겉으로는 종교개혁을 단행했으나 벧엘과 단에 있는 금송아지 우상은 그대로 버려두고 자기도 섬겼습니다. 우상과 여호와 사이에 한 가지를 선택한 것이 아니라 둘 다 선택한 것입니다. 아합 왕가를 전심을 다해서 진멸했습니다. 그러나 점점 하나님을 멀리하고 우상숭배는 가까이했습니다. 온 마음과 열정을 다하여 하나님을 섬기고 사랑하지는 않았습니다. 열심을 다하여 아합의 집은 멸하였지만 온 마음으로 하나님을 사랑하지는 않았습니다. 우상에게 마음이 있었기 때문입니다.

2. 아람과 북이스라엘

아람 왕 하사엘이 북이스라엘을 침공한 사건입니다. 예후가 통치할 때입니다. 다른 나라가 침공하는 사건이 우연한 일일까요? 아브라함과 이삭과 야곱에게 맹세하여 주셨던 가나안 땅을 빼앗기는 것이 우연한 일일까요? 물질의 주인은 하나님이십니다.

여호와께서 북이스라엘의 땅을 잘라 내기 시작하셨습니다. 32절을 봅시다. "이 때에 여호와께서 이스라엘에서 땅을 잘라 내기 시작하시매 하사엘이 이스라엘의 모든 영토에서 공격하되"라고 했습니다.

사랑하는 성도 여러분, 땅이 늘어나는 것이 좋습니까 아니면 팔아 먹는 것이 좋습니까? 하나님께서 주시는 것이 좋습니까 아니면 잘라 내는 것이 좋습니까? 여호수아 시대나 다윗 왕 시대에는 가나안 땅에 살고 있던 일곱 족속을 쫓아내고 그 땅을 이스라엘 백성에게 주신 하나님이십니다. 그런데 예후 시대에는 가나안 땅을 잘라 내기 시작하셨습니다. 예후가 왕위에 오른 뒤 얼마 동안의 시간이 흐른 다음의 사건입니다. 아람 왕 벤하닷을 살해하고 왕위에 오른 하사엘이 공격해왔습니다. 아람 나라의 전성기를 이루어낸 탁월한 능력의 소유자입니다. 호전적인 하사엘 왕이었습니다. 이스라엘이 당할 수가 없었습니다.

아람 왕 하사엘이 이스라엘을 공격했습니다. 특별히 요단 동편 길르앗 온 땅을 공격했습니다. 즉 갓 사람과 르우벤 사람과 므낫세 사람의 땅 아르논 골짜기에 있는 아로엘에서부터 길르앗과 바산까지 공격했습니다. 겉으로는 아람 왕 하사엘이 공격한 것이지만 실제적으로는 여호와께서 그 땅을 잘라 내신 것입니다. 하나님의 심판이었습니다.

예후가 무슨 죄를 저질렀을까요? 벧엘과 단의 금송아지 우상을 숭배했습니다. 아람의 하사엘 왕은 앗수르와의 전쟁, 블레셋과의 전쟁에서 승리할 뿐만 아니라 북이스라엘을 요람 왕과 예후 왕과 여호아하스 왕 때 공격하여 많은 이스라엘의 땅을 정복했습니다. 이것이 겉으로는 전쟁이었지만 북이스라엘이 우상숭배를 한 죄에 대한 하나님의 심판이었습니다. 우상숭배하던 아합 왕가를 예후가 멸망시켰듯이, 우상숭배를 하던 예후 왕가를 아람 왕 하사엘이 멸망시키고 있는 것입니다.

'잘라 내다' 는 '찢어내다, 비로소 베어내다, 비로소 끊다' 의 뜻입니다. 북이스라엘의 영토를 잘라 내기 시작하였다는 의미입니다. 하사엘이 북이스라엘을 공격한 것은 여호와의 뜻이었습니다. 하나님이 막으시면 막는 것이지요. 이방인들이 행하는 모든 일의 배후에는 하나님이 주도적으로 일하셨음을 말해 줍니다. 하사엘은 하나님의 심판의 도구로 사용되었습니다.

우리가 종종 질문하는 말이 무엇입니까? 왜 하나님의 백성인 이스라엘이 이방 나라의 공격을 받았는지 궁금해 합니다. 그런데 오늘 말씀이 그런 질문에 대하여 답을 하고 있습니다. 그리고 이제 시작이라는 것입니다. 앞으로 북이스라엘이 회개하지 않고 계속 타락의 길을 간다면 점점 더 빼앗길 것을 예언해 주는 말씀입니다. 예후가 아합 왕가를 심판하는 도구였는데 자신도 회개하지 않으면 같은 심판의 대상이 된다는 것을 가르쳐 줍니다.

당시 북이스라엘은 앗수르와 가깝게 지내면서 공물을 바치는 상황이었습니다. 아람 왕 하사엘은 북이스라엘의 자세에 대하여 못마땅하게 생각했습니다. 그리고 하나님의 섭리 가운데서 북이스라엘을 공격했던 것입니다. 북이스라엘은 우상숭배나 친앗수르 정책을 포기하고 하나님만 의지하고 바라보아야 했습니다.

예후는 길르앗 땅은 물론 바산까지 다 빼앗겼습니다. 성경적으로 바산은 부와 풍요의 상징이었습니다. 바산이란 '매끄러운, 비옥한'이라는 뜻입니다. 강우량이 많고 목초지가 발달한 지역으로 목축업으로 유명했습니다. 바산은 모세의 노래에도 나옵니다(신32:14). 시편 22편 12절에도 '바산의 힘센 소들'이라고 표현했습니다. 에스겔 39장 18절에는 '바산의 살진 짐승'이라고 나타납니다. 종교적으로 잘못되었을 때 땅을 빼앗기는 심판이 임했습니다. 그래서 예수님은 "너희는 먼저 그의 나라와 그의 의를 구하라 그리하면 이 모든 것을 너희에게 더하시리라"라고 가르쳐 주신 것입니다.

3. 예후와 여호아하스

열왕기상·하의 저자는 공식이 있었습니다. 항상 '왕의 등극과 왕의 죽음'입니다. 그리고 왕의 치적을 정리하여 기록했습니다. 예후에 대하여도 크게 다르지 않습니다.

예후의 남은 사적과 행한 모든 일과 업적은 이스라엘 왕조실록, 역대지략에 기록되었습니다. 예후에 대하여는 업적이 더 들어가 있습니다. 먼저 성경에는 누렸던 권세라고 번역했습니다. 예후는 다른 왕들보다 더 강력한 권세를 행사했지만 바알 우상을 척결한 것 외에는 어떤 것도 밝히고 있지 않습니다.

성경은 신앙적인 면을 강조하여 기록했기 때문에 이렇게 표현하고 있는 것입니다. 세속적인 권세는 세상 역사책을 참조하면 될 것입니다. 북이스라엘의 왕에 대하여 기록할 때 권세에 대하여 언급한 왕들은 바아사, 오므리, 여호아하스, 여로보암 2세입니다. 남유다의 왕들 가운데는 아사, 여호사밧, 요아스, 히스기야가 있습니다. 이런 왕들 가운데 칭찬받은 왕도 있지만 그렇지 못한 왕도 있었습니다.

당시 왕의 실록 이외에 왕실의 역사 자료가 있었습니다. 솔로몬의 행장, 다윗의 궁전 비망록, 선지자 엘리야의 행적기, 선지자 엘리사의 행적기, 선지자 이사야의 행적기 등이 있습니다. 성경은 주로 세속적인 여러 가지 사건들을 역사적인 관점에서 기록하기보다는 신앙적인 관점에서 기록해 준 책입니다.

예후가 그 조상들과 함께 죽어 사마리아에 장사되었습니다. 예후를 대신하여 그 아들 여호아하스가 북이스라엘의 왕이 되었습니다. 예후가 사마리아에서 이십팔 년을 다스렸습니다. 예후는 다른 왕보다 길게 통치했습니다. 아합 왕가를 심판하는 도구로서 그 사명을 잘 감당했기 때문입니다. 그러나 이스라엘의 참된 왕은 하나님이십니다.

여호아하스는 예후의 아들로서 북이스라엘의 11대 왕에 등극했던 인물입니다. 주전 814-798년까지 나라를 통치했습니다. 여호아하스는 예후가 섬기던 벧엘과 단의 금송아지 우상을 섬기다가 하나님의 징계로 아람 왕의 침입을 받고 일시적으로 회개했지만 우상숭배는 버리지 못했던 왕입니다.

예후가 우상숭배를 했지만 아들에게 왕위를 물려준 것은 하나님의 섭리였습니다. 예후가 부족했지만 부분적으로는 하나님의 명령을 잘 따랐습니다. 이로 인해 왕위를 바로 빼앗지 않고 그 후손들에게 사대까지 왕위를 약속하신 것입니다.

아달랴와 요아스

이스라엘 나라가 솔로몬 왕 이후에 북이스라엘과 남유다로 분열된 상황입니다. 엘리야 선지자의 예언대로 바알과 아세라 우상을 숭배했던 아합 왕가는 하나님의 섭리 속에 예후에 의해서 정의로운 심판을 받았습니다. 그 결과 아합의 후손인 요람 왕뿐만 아니라 칠십 명의 왕자들까지 몰살 당했습니다. 물론 아합 왕의 왕비 이세벨도 죽었습니다.

그리고 아합 왕의 딸 아달랴와 남유다의 여호람이 혼인하게 되었고 남유다까지 사상적으로 우상숭배를 하기 시작했습니다. 그 결과 아달랴는 자기 아들인 남유다의 아하시야 왕이 죽자 스스로 왕위를 찬탈하기 위하여 아하시야의 형제 마흔두 명을 모두 숙청했습니다. 다윗의 왕가를 멸하고 자기가 왕이 되기 위한 수단이었습니다.

남유다 제7대 왕 아하시야의 모친이자 아합의 딸인 아달랴가 다윗 왕가에 대해 반역을 일으켜 남유다 왕국을 차지한 사건을 기록하고 있습니다. 아달랴가 반역하게 되고 왕자들을 모두 학살하는 사건이 일어난 것은 다윗 가문이 아합 왕가와 결혼하여 우상을 숭배하게 되면서 하나님의 징계가 임하게 된 때문입니다. 또한 자기 어머니 이세벨의 죽음과 마찬가지로 아달랴가 죽게 된 것은 우상숭배에 대한 심판이었습니다.

이러한 어지러운 상황 속에서도 제사장 여호야다가 아하시야의 아들 요아스를 구원하여 다시 다윗 왕의 가문을 세우는 역사를 보게 됩니다. 하나님께서 다윗에게 무슨 언약을 세우셨습니까?

사무엘하 7장 16절에 "네 집과 네 나라가 내 앞에서 영원히 보전되고 네 왕위가 영원히 견고하리라"라고 했습니다. 하나님은 그 언약의 말씀을 이루셨습니다. 또 열왕기상 11장 36절에 "내가 거기에 내 이름을 두고자 하여 택한 성읍 예루살렘에서 내 종 다윗이 항상 내 앞에 등불을 가지고 있게 하리라"라고 하신 약속도 지키셨습니다. 하나님은 언약에 신실하신 분이십니다.

1. 아달랴는 누구인가?

아달랴는 누구인가? 아달랴는 남유다 왕 아하시야의 어머니입니다. 아달랴는 북이스라엘 왕 아합과 왕후 이세벨의 딸입니다. 북이스라엘의 7대 왕 아합과 남유다의 여호람이 군사적인 동맹을 굳건히 맺기 위하여 정략적인 결혼을 한 것이 문제가 되었습니다.

아달랴는 이세벨의 성격을 그대로 이어받은 포악한 여인이었습니다. 남편 여호람 왕과 아들 아하시야 왕을 자기 마음대로 움직이려고 했습니다. 그 결과가 무엇입니까? 남유다를 바알 우상을 숭배하는 나라로 만들었습니다.

아달랴는 '여호와는 위대하다, 여호와는 존귀하다'라는 뜻입니다. 북이스라엘의 가장 악한 왕이면서 우상숭배자인 아합 왕과 이세벨 사이에서 태어난 아달랴에게 신앙적인 이름이 붙여진 것에 놀라움을 금할 수 없습니다. 그러나 아달랴는 부모의 성향을 이어받아 여호와 대신 바알 신을 숭배하는 사상을 가진 사람이었습니다.

아달랴는 자기 아들 아하시야 왕이 전쟁에서 부상하여 죽은 것을 목격했습니다. 시각적으로 보았다는 것보다 청각적으로 들었지만 역동성을 부여하기 위한 저자의 기술로 이해합니다. 아달랴는 아하시야의 사망 소식을 듣자마자 마음이 돌변하여 남방의 왕위를 찬탈하기 위해 적극적이고 치밀한 행동을 개시했습니다.

아달랴가 왕위를 찬탈하기 위해 사용한 방법이 무엇입니까? '씨'는 '자손, 인척, 왕족'을 의미합니다. 다윗으로부터 내려오는 남유다의 왕권을 지칭합니다. 유다 왕족, 다윗 왕의 자손을 모두 멸절시켰습니다. 역대하 22장 10-11절은 더욱 밝히 기록해 주고 있습니다. "아하시야의 어머니 아달랴가 자기의 아들이 죽은 것을 보고 일어나 유다 집의 왕국의 씨를 모두 진멸하였으나 ... 아달랴가 그를 죽이지 못하였더라"라고 했습니다.

아달랴는 자기의 친손자들까지 모두 제거했습니다. 자기의 권력을 유지하기 위하여 그렇게 했습니다. 이것이 북이스라엘의 아합 왕가가 몰락할 때 남유다 왕국에서 아달랴 자신의 입지를 세우기 위한 계략이었습니다. 자기 아들 아하시야가 죽자 왕권 교체가 이루어지면 자신의 위치도 흔들릴 수밖에 없기에 왕자들을 모두 제거한 것입니다. 이것은 반인륜적인 처신이고 인간의 욕망의 사악성을 드러내고 있는 장면입니다.

또 여호와를 배신하고 우상을 숭배한 것에 대한 하나님의 징벌이고, 다윗 왕가를 진멸키시려는 사탄의 악한 활동으로 볼 수도 있으며, 남유다 왕들도 신실하게 하나님을 섬기지 않은 것에 대한 심판이라고 볼 수 있습니다.

2. 여호세바와 요아스

여호세바는 누구인가? 요아스는 왕자입니다. 다윗의 혈통입니다. 여호세바와 요아스는 어떤 관계로 무슨 일을 했는가?

남유다의 제5대 왕 여호람 왕의 딸 아하시야의 누이 여호세바가 아하시야의 아들 요아스를 아달랴가 왕자들을 살육하는 현장에서 몰래 빼냈습니다. 여호세바는 아달랴의 친딸이 아니라 다른 부인의 딸로 추정하고 있습니다. 다른 성경에는 여호사브앗으로 나오기도 합니다. 남유다의 제6대 왕 아하시야의 누이였으며 제사장 여호야다의 아내였습니다.

아달랴가 다른 왕자들을 다 죽일 때에 여호세바가 요아스를 몰래 빼내서 살렸습니다. 왜 여호세바가 아달랴를 대적하고 요아스를 숨겼는지는 말해 주고 있지 않습니다. 그러나 나중에 여호야다 제사장의 아내가 된 것이나 요아스와 더불어 종교개혁을 단행한 것으로 볼 때 다윗과의 언약을 알고 있었습니다. 다윗의 왕위를 영원히 견고하게 하실 것이라는 하나님의 약속을 믿고 있었습니다.

여호세바가 요아스와 그 유모를 침실에 숨겨 아달랴의 손에서 목숨을 보전하게 했습니다. 요아스가 유모와 함께 아달랴가 통치한 육 년 동안 성전에서 숨어 지냈습니다. 여호세바는 목숨을 걸고 다윗 왕조를 위하여 헌신한 여인입니다. 다윗의 왕조를 보호하기 위하여 하나님의 도구로 쓰임 받은 멋진 사람이었습니다.

다윗의 후손들을 멸하고자 하는 아달랴의 학정 속에서 요아스 왕자를 극적으로 구출하여 성전에 숨겨 6년을 기른 것은 정말 대단한 헌신입니다. 등불, 씨를 끄지 않으시는 하나님의 섭리이지만 거기에 쓰임 받은 여호세바는 귀한 여인이었습니다.

아달랴의 대학살 속에서 요아스를 구해 낸 여호세바의 행동은 정말 대단한 용기와 헌신이었습니다. 목숨을 건 헌신입니다. 하나님의 뜻을 이루는 헌신입니다. 하나님의 언약을 성취하는 헌신입니다. 하나님의 보호하심이 여호세바를 통하여 이루어진 것입니다. 다윗의 가문을 이어가려는 헌신입니다. 우상숭배의 나라에서 하나님 중심의 나라로 바꾸려는 시도입니다.

북이스라엘의 여로보암의 집, 여로보암의 길을 따랐던 바아사의 집, 우상숭배의 앞잡이와 같은 아합의 집을 심판하는 상황인데 하나님께서는 여호세바를 사용하여 다윗의 혈통 요아스를 구출하심으로써 다윗과의 언약을 이루셨습니다. 하나님은 신실하신 분입니다.

그것도 요아스만이 아니라 양육을 담당하는 여인까지 함께 침실에 숨겼습니다. 건물에서 가장 은밀한 곳이 침실일 것입니다. 사람들이 발견하기 힘든 은밀한 장소에 요아스와 유모를 숨겼습니다. 이곳이 성전에 있는 '제사장의 침실'로 보는 견해가 있고, '궁궐 내의 한 깊숙한 내실'이라고 보는 견해가 있습니다. 궁궐 내의 침실로 보는 경향이 더 많습니다. 요아스는 나중에 성전으로 옮겨 제사장 여호야다의 신앙 교육을 받았습니다. 어려서부터 여호와를 가까이 하는 훈련을 받았습니다.

이렇게 요아스는 아달랴가 남유다를 통치할 동안에 하나님의 성전에서 6년을 숨어 지냈습니다. 진짜 왕은 숨어 있고 가짜 왕은 우상숭배에 혈안이 되어 사람들을 다스리고 있었습니다. 다만 여호야다 제사장의 신앙 교육을 받으면서 성장했습니다. 여러분은 자녀 교육을 어디에다 맡겼습니까? 여러분의 자녀들은 어디서 무엇을 하면서 성장합니까?

3. 요아스와 여호야다

일곱째 해에 여호야다 제사장이 요아스를 왕으로 옹립하기 위하여 군사작전을 계획하고 사람을 보냈습니다. 물론 비밀리에 소집한 것입니다. 일곱째 해는 요아스가 왕의 재목으로 성장했고 여호야다 제사장이 다윗 왕가를 복권하기에 충분하다고 보았기 때문에 정한 것입니다.

여호야다는 지난 일곱 해 동안 철저하게 왕권 복원을 위해 준비했습니다. 마치 이세벨이 나봇의 포도원을 빼앗기 위해 장로들에게 편지를 보내고, 예후가 아합 왕가를 멸하기 위해 사마리아 방백들에게 편지를 보낸 것과 같습니다. 여호야다도 편지를 보냈습니다.

가리 사람의 백부장들과 호위병의 백부장들을 소집했습니다. 가리 사람은 그렛 사람으로 봅니다. 그렛 사람은 이방인이지만 다윗 시대에 편입된 사람들로 아도니아의 반역 음모 속에서도 다윗편에 섰습니다. 솔로몬을 보호했던 사람들입니다. 그렛 사람들은 다윗 왕조와 깊은 관련이 있었습니다.

호위병은 왕을 경호하는 일을 맡았던 사람들입니다. 역대하 23장에는 다섯 명의 백부장의 이름이 밝혀져 있습니다. 요아스의 왕위 옹립을 위한 호위병의 숫자는 500여 명으로 보입니다. 여호세바의 행동과 여호야다의 행동이 동일했습니다.

여호야다가 여호와의 성전으로 들어가서 호위병, 백부장들과 언약을 맺고 여호와의 성전에서 맹세하게 한 후에 요아스 왕자를 그들에게 보였습니다. 개인적인 언약이 아니라 여호와의 성전에서 맺은 언약이기 때문에 하나님의 이름으로 맹세한 것이고 하나님과 제사장과 백부장 사이에 맺은 언약입니다. 여호야다는 하나님께서 다윗과 맺은 언약을 설명하고 또 설명했을 것입니다.

여호야다가 요아스를 왕위에 옹립하기 위한 작전을 지시했습니다. 호위병을 크게 왕궁과 성전에 배치했습니다. 요아스를 왕으로 즉위할 때 보호하기 위하여 성전에 군대를 주둔시키고, 왕권의 상징인 보좌가 있는 왕궁에 군사를 배치한 것입니다.

안식일에 들어오는 사람, 당번인 사람들 중 삼분의 일은 왕궁을 지키고 삼분의 일은 수르 문에 있고, 삼분의 일은 호위대 뒤에 있는 문에 있어 왕궁을 주의하여 지키라고 지시했습니다.

또 안식일에 나가는 사람, 비번인 두 부대는 여호와의 전을 주의하여 지켜 새 왕으로 오를 요아스를 호위하라고 명했습니다. 두 부대로 나누어서 지켰습니다. 성전과 왕궁입니다. 결국 두 부대는 성전을 지키고 세 부대는 왕궁을 지키도록 한 것입니다. 수르 문은 성전에서 요아스가 왕에 즉위한 다음에 왕궁으로 이동할 때 요아스를 보호하기 위한 일이었습니다.

'너희는 각각 손에 무기를 잡고 왕을 호위하며 너희 대열을 침범하는 모든 자를 죽이고 왕이 출입할 때에 시위할지니라' 라고 명했습니다. 요아스에게 가까이 접근하는 자가 있으면 죽이라. 당시 요아스는 일곱 살입니다. 어리기 때문에 철저히 보호를 받아야만 했습니다. 아직 즉위하지 않은 요아스를 왕이라고 칭하는 여호야다를 보게 됩니다.

여호야다는 '여호와께서 아신다' 라는 뜻입니다. 남유다의 왕위를 찬탈한 이세벨의 딸 아달랴를 몰아내고 다윗 계통의 합법적인 왕 요아스를 왕위에 오르도록 하는 운동을 하나님이 다 아셨습니다. 여호야다와 요아스가 왕위에 즉위하자마자 바알 신당을 다 헐어버렸습니다. 바알 제사장들을 모두 죽였습니다. 강력한 종교개혁을 단행했습니다.

요아스 왕의 명령을 따라 여호와의 전을 수리하기 위하여 헌금궤를 만들어 성전 어귀에 놓고 백성들로 하여금 헌신하도록 했습니다. 여호야다는 130세에 죽었는데 하나님과 나라를 섬기는 데 공로가 컸던 사람으로, 왕은 아니지만 다윗 성 열왕의 묘실에 장사되는 영광을 누린 사람입니다.

역대하 24장 15-16절에 "여호야다가 나이가 많고 늙어서 죽으니 죽을 때에 백삼십 세라 무리가 다윗 성 여러 왕의 묘실 중에 장사하였으니 이는 그가 이스라엘과 하나님과 그의 성전에 대하여 선을 행하였음이더라"라고 했습니다.

4. 여호야다의 작전 계획

백부장들이 제사장 여호야다의 모든 명대로 행하여 안식일에 들어오는 당번과 나가는 비번인 병사들을 거느리고 여호야다에게 나아왔습니다. 군사나 호위병들이 이렇게 여호야다를 따른 이유가 무엇일까? 여호야다의 혁명적인 대업이 다윗과의 언약을 이루는 일이었기 때문에 설득력이 있었습니다. 반대로 아달랴가 지나치게 통치하면서 우상숭배를 했기 때문에 큰 반발이 있었던 것입니다. 그리고 여호와의 성전에서 언약을 맺은 것이 큰 효과를 볼 수 있었습니다.

제사장이 여호와의 전에 있는 다윗 왕의 창과 방패를 백부장들에게 주었습니다. 다윗이 전쟁에서 빼앗았던 노획물들을 성전에 보관하고 있었습니다. 그때 모든 병기들을 다 내어준 것입니다. 무기를 받은 병사들은 사명감이 생겼습니다.

호위병이 각각 손에 무기를 잡고 왕을 호위하되 성전 왼쪽에서 오른쪽 끝까지 제단과 성전을 에워쌌습니다. 요아스를 지키기 위한 노력, 왕위에 옹립하려는 노력들이었습니다. 맡은 자의 구할 것은 충성입니다.

요아스와 여호야다

요아스는 왕이고 여호야다는 제사장이었습니다. 여호야다 제사장이 요아스를 성전에서 육 년 동안 숨겨서 양육했습니다. 여호야다가 가리 사람과 호위병을 동원하여 요아스를 왕으로 추대하여 즉위식을 거행했습니다. 이것이 과연 합법적인 왕일까? 그렇다면 왜 합법적인 왕일까요?

1. 여호야다와 요아스

여호야다가 요아스 왕자를 인도하여 냈습니다. 육 년 동안 비밀리에 숨어서 양육하던 시기가 끝나면서 여호야다가 적극적으로 밀어주는 가운데 요아스는 왕위에 오르게 되었습니다.

요아스의 머리에 왕관을 씌우고 율법책을 주고 기름을 부어 왕으로 세웠습니다. 모든 무리가 박수하며 왕의 만세를 불렀습니다. 남유다의 제8대 왕으로 즉위한 것입니다.

나실인은 긴 머리가 일반인과 구별되는 의미가 있고, 대제사장은 머리에 두른 장식물이 표시가 되며, 왕관은 왕의 직무에 봉헌된 것을 나타내는 것입니다. 또 율법책은 다윗의 언약을 따라 왕이 된 요아스가 하나님과의 관계에 근거해서 통치를 하라는 뜻으로 보입니다.

또 신명기 17장 14-20절에 나타난 대로 이스라엘의 왕이 평생 힘쓰고 애써야 할 것이 무엇인지를 알고 깨닫게 함이었습니다. 신명기 17장의 주요 내용이 무엇입니까? 하나님이 선택한 자를 이스라엘 나라의 왕으로 세우라. 타국인이나 외국인은 자격이 없고 하나님 나라 백성을 통치할 사람은 하나님 나라 사람이어야만 한다.

또 병마를 많이 두지 말 것이고 애굽으로 말을 구하러 가지도 말 것이며, 아내를 많이 두지도 말 것이고 은금을 많이 쌓지도 말 것이라. 그리고 율법의 말씀을 평생 읽어서 여호와를 경외하기를 배울 것이라. 특별히 마음을 겸손하게 하며 좌로나 우로나 치우치지 말라. 이렇게 하면 자신과 자손이 이스라엘 왕위에 있는 날이 장구할 것이라고 하나님께서 약속하셨습니다.

왕관은 왕이 백성을 통치할 때 왕의 위엄을 나타내고, 율법책은 왕 자신도 하나님을 섬기며 하나님의 말씀에 순종하는 신앙적인 행위가 진정한 왕의 자격이었기 때문에 여호야다 제사장이 요아스 왕에게 준 것입니다.

그리고 요아스 왕에게 기름을 부었습니다. 기름을 붓는 것은 왕이 되는 필수적인 예식의 규정입니다. 초대 왕 사울에게도 기름을 부었습니다. 다윗 왕도 사무엘이 기름을 부었습니다. 압살롬이나 예후도 기름을 부었습니다. 고대 근동 지방에서는 이스라엘만이 아니라 다른 나라에서도 기름을 붓는 예식이 있었습니다. 다만 이스라엘 나라에서는 기름 부음과 더불어 성령, 하나님의 영이 충만히 임한 것이 다른 점입니다.

사무엘상 16장 13절에 "사무엘이 기름 뿔병을 가져다가 그의 형제 중에서 그에게 부었더니 이날 이후로 다윗이 여호와의 영에게 크게 감동되니라"라고 했습니다. 다윗은 사무엘이 기름 뿔병을 취하여 기름을 부었을 때 여호와의 영이 충만히 임했습니다.

이렇게 하나님의 영이 임한 이유가 무엇일까요? 왕은 자기 마음대로 할 수 있는 권한이 없고 하나님을 섬길 때나 백성을 섬길 때 하나님의 영의 인도를 받아야 된다는 것을 뜻합니다.

여호야다와 다른 제사장들이 혹은 아들들이 함께 요아스 왕에게 기름을 부었을 때 백성들의 반응이 무엇입니까? 즐거워서 박수를 쳤습니다. 왕의 만세를 불렀습니다. 이런 반응은 왕으로 받아들인다는 뜻입니다. 요아스 왕이 다윗 왕과 솔로몬 왕을 잇는 정통성 있는 왕이라는 의미입니다. 왕이여! 장수하소서! 이것이 영적으로 무슨 의미가 있습니까? 다윗 왕가의 명맥을 끊어 놓으려고 했던 아합과 이세벨의 딸 아달랴의 계략이 파멸되고, 정통성 있는 다윗 왕국의 회복을 의미하는 것입니다.

2. 아달랴의 처형

아달랴가 호위병과 백성들의 소리를 듣고 여호와의 성전에 들어가 백성들에게 이르렀습니다. 아달랴가 성전에 들어갔을 때 요아스가 대관식의 규례대로 단 위에 섰고 장관들과 나팔수가 왕의 곁에 모셔 섰으며 온 백성이 즐거워하여 나팔을 불었습니다. 다윗과 솔로몬 왕위를 이을 정통성이 있는 요아스 왕이기 때문입니다.

요아스 왕의 등극식이 거의 끝나가고 있었고, 고관들의 충성 맹세하는 순서만 남아 있는 상황입니다. 성전에서 왕궁으로 이동이 필요한 상황이었습니다. 기둥은 야긴과 보아스로 둘 중의 하나를 지칭합니다. 두 개의 성전 기둥은 솔로몬 성전을 지을 때 설치한 것으로 다윗과 맺은 언약에 입각하여 남유다 왕권을 떠받치고 있는 하나님의 능력과 도우심을 의미합니다. 요아스가 다윗 왕권의 정통적인 계승자임을 만천하에 밝히 드러내고 있는 것입니다.

아달랴가 어떤 반응을 보였을까요? 요아스 왕의 대관식을 본 "아달

랴가 옷을 찢으며 외치되 반역이로다 반역이로다"라고 큰 소리로 외쳤
습니다. 아달랴가 남유다를 6년 동안 통치했지만 성전에 있는 왕의 자
리에 서지 못했습니다. 아달랴는 하나님의 뜻이나 백성들의 지지 속에
서 통치한 것이 아니라 무수한 왕자들을 학살하고 왕위를 찬탈했기 때
문입니다. 더군다나 여호와를 섬기지 않고 바알 우상숭배자였기 때문
에 왕위에 오를 수 없었습니다. 세상에는 참된 왕이 있고 거짓된 왕이
있습니다.

요아스가 왕위에 등극하자 아달랴는 '반역이로다, 반역이로다' 그
렇게 외쳤습니다. 눈앞에 벌어진 충격적인 사건 때문일 것입니다. 본능
적으로 옷을 찢고 머리를 흐트러뜨리며 외쳤습니다. 이 자세는 고대 근
동 지방에서 흔히 있는 극도의 슬픔과 분노의 표현이었습니다. 그러나
요아스의 즉위는 반역이 아니라 합법적인 것이고 하나님의 언약 속에
서 이루어진 것입니다.

그 광경을 보던 제사장 여호야다가 군대를 거느린 백부장들에게 명
령했습니다. 무슨 내용의 명령입니까? "그를 대열 밖으로 몰아내라 그
를 따르는 자는 모두 칼로 죽이라"라고 했습니다. 이 명령이 무슨 뜻입
니까? 여호와의 성전에서는 아달랴를 죽이지 말라는 뜻입니다. 하나님
의 성전은 도피성과 같은 역할을 했습니다. 거룩한 성전에서 사람을 죽
이는 일은 좋지 않은 일입니다.

군사들이 길을 열어 주니까 아달랴가 왕궁의 말이 다니는 길로 통과
할 때에 거기서 죽였습니다. 아달랴는 남유다를 통치했지만 북이스라
엘의 왕 아합의 가문이었습니다. 우상숭배의 집안입니다. 살인한 사람
이었습니다. 아달랴는 하나님의 공의로운 심판을 받아 죽은 것입니다.
자기 말로 의롭다함을 받고 자기 말로 정죄를 당하는 것이 인간입니다.
여러분은 하나님의 심판대 앞에서 칭찬과 영광과 존귀가 있기를 바랍
니다.

3. 언약 갱신과 바알 제사장

여호야다가 요아스 왕과 백성에게 여호와의 언약을 맺어 여호와의 백성이 되게 했습니다. 하나님과의 관계, 왕과 백성과의 관계 회복이 무엇보다도 중요했습니다. 이것이 진정한 종교개혁입니다. 남유다 나라에 진정한 평화와 행복과 자유가 깃드는 길이었습니다.

그리고 왕과 백성 사이에도 언약을 세웠습니다. 하나님을 왕으로 모시고 섬기는 백성이기 때문입니다. 왕과 백성 사이의 증인은 하나님이십니다. 이것이 수평적일 것입니다.

또 왕과 백성이 당사자이고 하나님이 당사자입니다. 여호와와 왕, 여호와와 백성의 언약입니다. 이것은 수직적인 관계의 언약입니다. 인간은 항상 수직적인 관계와 수평적인 관계를 맺는 것이 중요합니다. 언약의 갱신으로 일으킨 종교개혁입니다.

여호야다는 요아스와 더불어 종교개혁을 단행했습니다. 모든 백성이 바알의 신당으로 가서 신당을 허물었습니다. 바알의 제단들과 우상들을 철저히 깨뜨렸습니다. 그 제단 앞에서 바알의 제사장 맛단을 죽였습니다. 제사장이 관리들을 세워 여호와의 성전을 지키게 했습니다.

여호와의 성전이냐, 바알의 신당이냐? 바알의 신당을 제거하고 여호와의 성전을 세웠습니다. 승리하게 했습니다. 바알의 제단과 우상들은 형체를 알아보지 못할 정도로 파괴했습니다. 바알에 대한 여호와의 승리입니다. 모세 율법에 의하면 레위인을 세워서 성전에서 예배가 제대로 드려지도록, 부정한 것이 들어오지 못하도록 지켰습니다.

4. 요아스의 즉위

요아스 왕의 즉위식을 거행할 때 여섯 단계가 있었습니다. 제사장과 호위병과 백성들이 여호와의 성전으로 집결하는 단계, 요아스에게 왕관을 수여하는 단계, 요아스의 머리에 기름을 붓는 단계, 모든 백성들의 환호 속에 즐거워하며 박수하는 단계, 요아스가 왕으로 등극하는 단계, 그리고 고관들이 충성 맹세하는 단계가 그것입니다. 이제 마지막 단계에 이르렀습니다. 아달랴를 심판하고 바알 신도 청결하게 처리했습니다. 모든 장애물을 제거한 다음에 마지막 단계가 이루어졌습니다.

여호야다가 백부장들과 가리 사람과 호위병과 온 백성을 거느리고 요아스 왕을 인도하여 여호와의 성전에서 내려와 호위병의 문 길을 통과하여 왕궁에 이르렀습니다. 요아스 왕이 왕좌에 앉았습니다. 요아스 왕은 시온산에서부터 왕궁까지 호위병의 경호를 받으면서 왕좌에 이르게 되었습니다.

요아스가 7세로 왕위에 오른 때가 주전 835년경입니다. 하지만 남유다 나라, 다윗의 언약이 있는 나라를 주전 796년까지 무려 40년 간을 통치했습니다. 요아스가 왕위에 오르기까지 여호세바와 여호야다의 헌신적인 노력이 컸습니다.

요아스 왕의 즉위식을 마칠 때 온 백성이 즐거워하고 성중이 평온했습니다. 가리 사람 이방인까지 동원되었습니다. 여호와의 구속 역사는 이방인들의 역할이 컸습니다. 우상숭배자요 살인자 아달랴를 왕궁에서 칼로 죽였습니다. 요아스가 왕이 될 때에 나이가 칠 세였습니다. 백성들에게 큰 기쁨과 평온함이 찾아왔습니다.

어떻게 일곱 살밖에 되지 않은 왕이 통치하는 데 기쁨과 평안이 찾아왔을까요? 이것이 하나님의 언약입니다. 다윗과 맺은 언약입니다. 하나님 나라는 나이로 평가하는 나라가 아닙니다. 하나님의 언약에 신실할 때 기쁨과 감격과 소망과 즐거움이 넘치는 나라입니다.

그래서 바울은 로마 교인들에게 "하나님의 나라는 먹는 것과 마시는 것이 아니요 오직 성령 안에 있는 의와 평강과 희락이라"라고 했습니다. 고린도 교인들에게는 "하나님의 나라는 말에 있지 아니하고 오직 능력에 있음이라"라고 가르쳤습니다.

사랑하는 성도들이여! 성령의 충만을 받읍시다. 부활하신 예수님께서 "오직 성령이 너희에게 임하시면 너희가 권능을 받고 예루살렘과 온 유대와 사마리아와 땅 끝까지 이르러 내 증인이 되리라"라고 했습니다. 성령의 능력을 받읍시다.

제43강
열왕기하 12장 1-16절

요아스의 성전 보수

북이스라엘 왕 아합의 딸이자 남유다 왕 아하시야의 어머니인 아달랴가 다윗 왕가의 자손을 전멸하고 자기 스스로 남유다의 제7대 왕이 되었습니다. 유다 왕족을 살해할 때 아하시야의 아들 요아스를 여호세바가 극적으로 구출하여 여호와의 성전에서 여호야다 제사장이 육 년 동안 비밀리에 양육하였습니다.

제사장 여호야다의 혁명으로 다윗의 자손 요아스가 남유다 나라의 왕이 되었습니다. 다윗의 왕권이 회복되었습니다. 그런데 요아스에게도 선정과 실정, 좋은 점과 나쁜 점이 있습니다. 좋은 점은 성전을 보수한 사실입니다. 그러나 후반부에 잘못된 정치로 인하여 하나님의 징계가 임하게 되고, 아람의 하사엘의 침략과 반란으로 인하여 요아스가 피살되는 사건이 기록되어 있습니다.

1. 요아스 왕의 통치

북이스라엘의 제10대 왕 예후가 통치한 지 제칠년에 요아스가 남유다의 예루살렘에서 제8대 왕이 되어 사십 년을 다스렸습니다. 요아스 왕의 나이는 일곱 살입니다. 일곱 살의 나이에 다윗 왕국을 이끌고 이어

가는 일이 쉬운 일은 아니었습니다. 여기서 하나님은 남유다를 신실하게 보호하고 이끌어 가시는 진정한 왕이심을 드러내고 있습니다.

요아스의 어머니는 시비아로 브엘세바 사람이었습니다. 남유다의 왕을 소개할 때 북이스라엘의 왕과 다른 점은 왕의 어머니의 이름과 출신 지역을 밝힌다는 점입니다. 왜 왕의 어머니의 이름과 출신을 밝히는 것일까?

다윗 왕가와 결혼한 명망 있는 가문들을 소개함으로써 왕후의 영예를 부여하기 위함이라고 주장하기도 합니다. 그러나 다윗 왕조의 혈통과 연속성에 대한 저자의 관심 때문이라고 보여집니다. 다윗 왕조는 변혁을 겪지 않았기 때문에 이전 선왕들과의 관계성이나 다윗과의 관계성 속에서 왕들의 등극이 결정되었기 때문입니다. 부계에 대한 설명이 필요하지 않은 것은 다윗의 혈통의 연속성과 지속성 때문이고, 그래서 모계만 언급하는 것입니다.

시비아란 '가젤'이라는 뜻으로 영양의 일종입니다. 목초지가 가장 발달한 브엘세바와 잘 어울리는 이름입니다. 브엘세바는 '일곱 우물, 맹세의 우물'이라는 의미로 아브라함이 아비멜렉과 조약을 맺고 머무른 곳입니다. 엘리야도 이세벨을 피해 도망갈 때 브엘세바를 지나갔습니다.

요아스는 제사장 여호야다가 요아스를 교훈하는 동안은 여호와 보시기에 정직히 행했습니다. 요아스의 통치에 대한 평가입니다. 긍정적인 평가입니다. 여호야다의 교훈을 받을 동안입니다. 그 모든 날들 동안입니다.

여호야다가 어려서부터 율법 교육과 제사제도 그리고 여러 가지 민법과 형법 그리고 의식법을 다 가르쳤기 때문에 요아스는 성전을 보수할 생각까지 했던 것입니다. 어려서부터의 신앙 교육은 정말 중요합니다. 요아스 왕도 여호와를 경외하는 마음이 있었기 때문입니다.

그런데 역대하 24장 15-25절을 보면 여호야다가 죽자 요아스는 바알 신당에 관심을 가지기 시작했습니다. 심지어 아세라 목상까지 세우는 일을 했습니다. 그래서 지도자가 필요한 것입니다. 특별히 종교개혁적인 지도자가 필요한 것입니다.

요아스의 부정적인 면이 드러나고 있습니다. '다만' 혹은 '오직' 산당만은 제하지 아니하였으므로 백성들이 여전히 산당에서 제사하며 분향하였습니다. 부정적인 평가입니다. 다른 것은 잘했으나 산당 문제와 관련해서는 그렇지 못했다는 안타까운 저자의 심정을 말해 주고 있습니다.

산당은 '높은 곳'이라는 뜻으로 언덕이나 산에 위치해 있는 가나안 사람 및 이스라엘 사람들의 예배 처소를 말합니다. 자기가 믿는 신과 가까이 하고 싶은 마음에서 높은 장소를 선택했습니다. 산당은 제단 역할로 바알이나 아세라 신상을 세우고 제사했습니다. 가나안 땅을 정복하려고 할 때 민수기 33장이나 신명기 12장을 보면 산당을 제거하라고 명령했습니다. 열왕기상 · 하를 볼 때 왕을 평가하는 기준이 산당 문제였습니다. 여호야다 제사장의 지지 속에 왕위에 오른 요아스조차도 산당을 제거하지 않았습니다. 그 결과가 무엇인가?

남유다 백성들이 산당에서 우상숭배를 함으로써 여호와를 올바로 섬기지 못하게 되었습니다. 비정상적인 방법으로 하나님께 예배하게 되고, 우상까지 숭배하는 결과를 가져왔기 때문입니다. 남유다의 역사를 보면 제13대 왕 히스기야 시대에 이르러서야 산당이 제거되고, 제16대 왕 요시야 때에 이르러서야 중앙 성소의 예배가 이루어졌습니다. 종교개혁이 이렇게 어렵고 힘든 일입니다. 우리는 여호와를 사랑합시다. 온전히 사랑합시다.

2. 성전 보수

요아스 왕이 제사장들에게 여호와의 성전에 거룩하게 드리는 은을 받아들여 성전을 보수하라고 지시했습니다. 사람이 통용하는 은이나 각 사람의 몸값으로 드리는 은, 자원하여 여호와의 성전에 드리는 모든 은을 이용하여 성전의 어느 곳이든지 파손된 것을 보거든 수리하라고 지시한 것입니다. 지금으로 설명하면 인두세나 성전세 그리고 자원하는 헌금을 받아서 성전을 보수하라고 지시한 것입니다.

그런데 요아스 왕 제이십삼년까지도 제사장들이 여호와의 성전의 파손된 곳을 보수하지 않았습니다. 요아스 왕이 제사장 여호야다를 비롯하여 다른 제사장들을 불러 여호와의 성전을 보수하지 않은 데 대해서 책망했습니다. 왕권이 제사장의 권한보다 강했음을 알 수 있습니다.

요아스 왕이 성전 보수 공사를 하려고 했던 이유가 무엇일까? 아달랴의 아들들이 성전을 파괴하고 성전에 있던 성물들을 바알에게 바쳤기 때문이었습니다. 역대하 24장 7절에 "이는 그 악한 여인 아달랴의 아들들이 하나님의 전을 파괴하고 또 하나님의 전의 모든 성물들을 바알들을 위하여 사용하였음이었더라"라고 했습니다. 흩어졌던 백성들의 마음을 모아 중앙 집권적인 통치를 강화하려는 목적이 있었던 것으로 보입니다.

요아스 왕은 성전에서 왕의 대관식을 가졌고, 왕위에 오르자 성전 보수 공사를 지시했습니다. 아람의 하사엘이 침략해 왔을 때도 성전의 보물 창고를 보여주고 바침으로써 위기를 모면했습니다. 요아스는 하나님의 성전과 관련을 깊이 맺은 왕입니다. 그래서 다윗은 성전 건축의 창건자요, 솔로몬은 여호와의 집의 건설자이며, 요아스는 성전의 회복자라고 말한 사람도 있습니다.

남유다의 역사를 보면 성전을 귀하게 여길 때 나라도 튼튼했습니다. 반대로 성전을 방치할 때 나라의 국운도 기울었습니다. 지금도 그렇습니다. 교회를 귀하게 여길 때 하나님께서 나라도 부강하게 하십니다. 교회를 등한히 할 때 나라도 어렵게 만드십니다.

요아스가 다시 명령했습니다. 앞으로는 아는 사람에게서 직접 은을 받지 말고 그들이 성전의 파손한 데를 위하여 드리게 하라고 명령을 내렸습니다. 두 종류의 은이 있었습니다. 의무적으로 드리는 은이 있고 자원해서 드리는 은이 있었습니다. 사람이 통용하는 은과 각 사람의 몸값으로 드리는 은이 있습니다. 통용하는 은은 인두세나 통행세를 말합니다. 20세 이상된 사람들이 드리는 세금입니다(출30:13-14). 또 몸값으로 드리는 은이 있는데 레위기 27장을 보면 서원한 사람이 드리는 돈이나 장자나 첫태생의 동물을 대신하여 드리는 속전을 가리킵니다. 그리고 자원하여 드리는 헌금도 있었습니다. 아마도 여호람, 아하시야, 아달랴로 이어지는 우상숭배 정책으로 세금이나 헌금이 바알을 위하여 사용되니까 바로잡아 여호와의 성전을 보수하려는 요아스의 마음이었습니다.

제사장들이 왕의 명령을 따라 백성들에게서 직접 은을 받지도 않고 성전의 파손한 것을 수리하지도 않기로 동의했습니다. 성전이 수리되지 못한 원인은 제사장들이 자신들의 수하에 있던 아는 자, 회계 담당자와 결탁하여 백성들의 세금을 자신의 수입으로 삼았기 때문이었습니다. 그래서 제사장들의 개입을 제한시켰습니다. 결국 제사장들은 성전 수리에 관하여 헌금이나 그와 관련된 어떤 일도 하지 않기로 합의했습니다.

누구나 하나님의 성령으로부터 받은 직분이나 사명을 잘 감당할 때 영광스러운 사람이 되는 것입니다. 여러분도 충성스러운 성도가 되어서 영원토록 칭찬과 영광이 있기를 바랍니다.

3. 헌금궤

대제사장 여호야다가 헌금궤를 가져다가 뚜껑에 구멍을 뚫어 여호와의 성전문 어귀 오른쪽 제단 옆에 두었습니다. 번제단 곁에 둔 것입니다. 평민들도 출입할 수 있는 자리였습니다. 여호와의 성전에 가져 오는 모든 은을 문을 지키는 제사장들이 그 궤에 넣었습니다. 문을 지키는 제사장의 직무가 중요했습니다. 3명의 제사장이 지킨 것으로 볼 수 있습니다(렘52:24). 부정한 자가 출입할 수 없게 막는 역할이었습니다.

3명의 제사장들은 백성들이 드리는 헌금을 받아 헌금궤에 넣었습니다. 헌금궤에 은이 차면 왕의 서기와 대제사장이 올라와서 여호와의 성전에 있는 대로 그 은을 계산하여 봉하였습니다. 책임자들이 헌금궤를 관리하고 헌금 계수도 했습니다.

왕의 서기는 왕의 비서와 같은 사람으로 주로 문서를 기록하거나 전리품을 셈하여 관리하는 역할을 담당하는 관리였습니다. 성전 보수 공사를 위하여 드린 헌금을 아주 엄격하게 관리했다는 말입니다.

헌금의 사용처가 어디인가? 서기와 대제사장에 의해서 헌금궤에 은을 달아본 다음에 일하는 자, 여호와의 성전을 맡은 자의 손에 넘겨 주었습니다. 성전 수리 전체를 맡은 감독관에게 넘겨 주었습니다.

여호와의 성전을 수리하는 목수와 건축하는 자들에게 임금으로 주었습니다. 미장이와 석수에게 임금으로 주었습니다. 여호와의 성전 파손한 데를 수리할 재목과 다듬은 돌을 사기도 했습니다. 성전 수리에 필요한 물품들을 구입하는 경비로도 사용했습니다.

또 여호와의 전에 바쳐진 은으로 성전의 은 대접이나 불집게나 주발이나 나팔이나 아무 금 그릇이나 은 그릇도 만들지 않았습니다. 성전 수리 공사가 끝나기까지 어떤 그릇도 만들지 않았습니다. 성전 수리에만 전념했습니다.

오직 성전에 바쳐진 헌금을 일하는 자에게 임금으로 주고 그것으로 여호와의 성전을 수리하게 했습니다. 은을 맡은 일꾼에게 주는 사람들과 회계 감사를 하지 않았습니다. 왜냐하면 그들이 성실하게 일을 하였기 때문입니다. 정직하게 사용했기 때문에 회계 감사를 하지 않았습니다. 정직이나 신실은 하나님의 속성을 의미합니다. 하나님 앞에 충성했기 때문에 그렇게 한 것입니다.

속건제의 은과 속죄제의 은은 여호와의 성전에 드리지 않고 제사장에게 돌렸습니다. 성전 보수를 위한 기금과 제사장 분깃은 구분하였습니다. 제1차 성전 수리 공사가 진행되지 못한 것은 제사장들의 생활비 문제를 해결하지 않았기 때문입니다.

제2차 성전 수리 공사가 잘 진행될 수 있었던 것은 제사장들의 생활비 문제를 해결해 주면서 성전 공사를 진행했기 때문에 마무리될 수 있었습니다. 결국 율법에서 가르친 제사장의 몫을 주지 않았을 때는 성전 수리 공사가 진행되지 않았습니다.

레위기 18장을 보면 성전에서 봉사하는 제사장과 레위인들은 여호와가 기업이고 산업이기 때문에 성전에 드리는 십일조와 헌물은 제사장과 레위인의 몫이었습니다. 그러니까 역사적으로 여호람이나 아하시야와 아달랴가 통치할 때 여호와의 제사장이나 레위인들에게 일용할 양식을 제공하지 않고 바알 신당으로 가져갔을 것입니다. 불법적인 착복입니다. 그것을 개혁한 요아스 왕입니다.

속건제는 하나님의 성물과 이웃에게 피해를 입혔을 때 죄를 용서받기 위하여 드리는 제사입니다. 속건제물은 제사장의 몫이었습니다(레 7:7). 흠 없는 숫양들이었습니다. 속죄제는 스스로 깨닫지 못하다가 깨달았을 때 드리는 제사입니다. 제물을 은으로 바치는 변형된 헌신도 있었음을 발견하게 됩니다.

제44강
열왕기하 12장 17-21절

하사엘 왕과 요아스 왕

요아스 왕의 중요한 업적이 있다면 무엇일까요? 성전 보수 공사를 한 것입니다. 종교개혁을 부분적으로 단행한 것도 큰 업적이지만 여러 가지 제도를 개선하여 하나님의 성전을 보수하고 수리한 것이 큰 업적입니다.

하나님 앞에서 볼 때 여러분의 업적은 무엇입니까? 하나님 앞에 내놓을 만한 일이 무엇입니까? 이제부터라도 선한 일, 하나님의 일을 잘 감당해서 충성스러운 일꾼이 되고 마지막 날 하나님 앞에서 칭찬과 영광과 존귀가 있는 하나님의 사람들이 되기를 바랍니다.

오늘 말씀의 내용은 요아스 왕의 비극적인 사건을 다루고 있습니다. 어떤 내용입니까?

1. 아람 왕과 유다 왕

아람 왕은 하사엘이고 남유다의 왕은 요아스입니다. 하사엘이 가드를 공격해서 함락하고, 남유다의 수도 예루살렘을 향하여 올라오고자 하는 상황이었습니다. '가드'는 고대 사회에서는 블레셋의 다섯 도시

중의 하나였지만 통일 왕국시대 이후의 가드는 이스라엘에 속한 땅이
었고, 르호보암 시대에는 남유다를 방비하는 성읍들 가운데 하나로 군
사적 요새 같은 곳이었습니다.

'그 때에' 라고 했는데 그 때가 언제일까요? 하사엘이 북이스라엘을
침략할 때와 동일한 시기로 봅니다. 하사엘은 북이스라엘의 요단 동편
길르앗 온 땅을 점령하고 남유다를 침공한 것으로 볼 수 있습니다.

역대하 24장 15절 이하의 내용을 볼 때 성전 보수 공사와 하사엘 침
공 사건 사이에 여호야다가 죽습니다. 이때부터 요아스 왕은 고의적이
고 반복적으로 하나님을 배도합니다. 그 결과 아람의 하사엘이 공격해
온 것은 하나님의 심판이었습니다. 요아스 왕이 처음에는 여호야다 대
제사장의 교훈을 받아 겸손하고 율법대로 행했습니다. 성전도 보수했
습니다.

그러나 여호야다 제사장이 죽자 하나님을 버리고 바알 신당을 찾았
습니다. 바알신을 숭배했습니다. 이게 말이나 됩니까? 그러니까 하나님
은 요아스 왕을 심판하기 위해 아람의 하사엘을 보낸 것입니다. 이런
섭리를 이해나 했을까요?

요아스 왕의 통치 초기에는 긍정적인 면으로 하나님의 성전 보수 공
사를 실행한 점입니다. 그러나 통치 말기에는 부정적인 면으로 산당을
제하지 않고 바알을 숭배하니까 아람의 왕 하사엘이 공격해 오게 된 것
입니다. 요아스 왕이 비참하게 되는 근본적인 원인을 여기서 찾아야 합
니다. 그러므로 이스라엘의 구원은 왕으로부터 나오는 것이 아니라 하
늘의 왕 여호와 하나님으로부터 나오는 것입니다.

그런데 요아스 왕은 그런 것도 이해하지 못하면서 어떤 전략으로 맞
섰을까요? 하나님을 멀리하고 불신앙적인 행동 때문에 하나님의 심판
이 임하고 있는 것인데, 그런 것을 전혀 생각지도 않고 어떤 전략을 세
웠습니까?

물론 하사엘은 요아스를 치고 예루살렘을 함락하여 모든 방백들을

멸절시키고, 노략한 물건들을 아람의 수도 다메섹으로 가져가기 위한 전쟁이었습니다. 하나님은 보지 않고 아람 왕 하사엘만 보았던 요아스 왕은 어떻게 위기를 모면했을까요?

유다 왕 요아스가 조상들 유다 왕 여호사밧과 여호람과 아하시야가 거룩하게 구별하여 하나님께 드린 성물과 여호와의 성전 곳간과 왕궁에 있는 금을 다 가져다가 아람 왕 하사엘에게 보내는 방법을 썼습니다. 역대하 24장 24절을 볼 때 요아스 왕이 싸움도 하지 않고 무조건 금은보화를 그냥 바친 것은 아닙니다. "아람 군대가 적은 무리로 왔으나 여호와께서 심히 큰 군대를 그들의 손에 넘기셨으니 이는 유다 사람들이 그들의 조상들의 하나님 여호와를 버렸음이라 이와 같이 아람 사람들이 요아스를 징벌하였더라"라고 했습니다.

아람 군대는 적은 수입니다. 남유다는 많은 수의 군사입니다. 그런데 남유다의 심히 큰 군대를 아람 사람들의 손에 넘기신 분은 하나님이십니다. 그 이유가 무엇입니까? 하나님을 버렸기 때문입니다. 바알을 다시 섬겼기 때문이지요. 이것이 요아스 왕에 대한 징벌이었습니다.

요아스 왕이 성전에 있는 금은보화를 모두 상납하니까 아람 왕 하사엘이 예루살렘에서 떠났습니다. 요아스 왕은 정말 그릇된 정신을 가졌습니다. 무슨 잘못일까요? 하나님을 의지하여 기도하지 않고 돈과 금으로 전쟁을 무마했습니다. 또 하나님의 성전에 있는 성물을 자기의 것인 양 마음대로 처리했습니다. 사람에게 바쳤습니다. 하나님 것을 어떻게 사람에게 바칠 수 있습니까? 거룩하게 구별하여 바쳐진 헌물이나 성물을 자기 마음대로 사람에게 준 것입니다. 그것도 이방인에게 주었습니다. 이것이 죄였습니다.

결국 요아스 왕의 가장 큰 잘못은 보이는 성전, 건물은 보수했지만 자기 마음, 자기가 성전인데 자신이 하나님을 올바로 섬기지 못하고 징계를 받은 것입니다. 우리의 몸은 성령 하나님이 거하시는 성전입니다.

2. 요아스 왕의 행한 일

'요아스 왕의 남은 사적이나 그가 행한 모든 일은 유다 왕 역대지략에 기록되지 아니하였느냐?' 열왕기 저자는 북이스라엘과 남유다의 왕들의 통치를 다루면서 모든 왕들의 등극과 죽음을 다룹니다. 공식적으로 등극과 죽음에 대하여 언급했습니다.

요아스 왕의 사적은 성경에 기록된 것밖에 없으니 다른 행적에 관심을 가진 사람은 본문에 소개된 책을 참고하라는 의미가 있습니다. 성경 저자의 관심은 요아스 왕의 정치적인 업적이나 군사적인 업적을 말하는 것이 아니라 여호와 앞에서의 신앙적인 업적만을 강조하고 있기 때문입니다.

바닷물의 3%가 염분입니다. 그런데 그 3%가 바닷물이 상하지 않게 썩지 않게 한다는 말이 있습니다. 우리가 기도하면 하나님의 평강이 우리의 마음과 생각을 지켜 주십니다(빌4:6-7).

우리의 몸 전체에서 마음과 생각은 아주 작은 일부분입니다. 무게로 달아보아도 저울에 올려 놓을 수 없을 정도로 가볍습니다. 보이지도 않습니다. 마음이 보입니까? 생각이 보입니까? 차지하는 공간이 넓습니까? 그러나 기도하면 마음과 생각을 지켜주십니다.

마음과 생각이 올바를 때 우리 몸의 반응이 다릅니다. 우리 삶의 목적도 다릅니다. 삶 전체가 다른 사람과는 전혀 다른 삶을 살게 됩니다. 그렇지 않습니까? 아무것도 염려하지 말고 주님께 간구합시다. '하나님을 사랑하는 사람, 사람을 사랑하는 사람이 되게 해 주십시오.'

크고 첫째 되는 계명이 무엇입니까? 율법사가 예수님을 시험하기 위하여 던진 질문입니다. "예수께서 이르시되 네 마음을 다하고 목숨을 다하고 뜻을 다하여 주 너의 하나님을 사랑하라 하셨으니 이것이 크고 첫째 되는 계명이요 둘째도 그와 같으니 네 이웃을 네 자신 같이 사랑하라 하셨으니 이 두 계명이 온 율법과 선지자의 강령이니라"라고 했습니다.

여러분이 세상을 떠났을 때 교회 역사 속에 어떤 사람으로 기록될 것 같습니까? 시험에 들다 죽은 사람, 헌신이 아무것도 없던 사람, 무책임한 사람 등 그런 사람으로 남지 마십시오. 맡은 일에 최선을 다한 충성스러운 사람, 가진 것은 적었지만 최선을 다해 헌신한 사람, 목숨까지 아끼지 않고 봉사한 사람, 늘 기도에 힘쓰며 성령 충만했던 사람으로 기록되기를 바랍니다.

3. 신복들의 모반

요아스 왕의 신복들이 반역을 일으켰습니다. 그들이 요아스 왕을 실라로 내려가는 길가의 밀로 궁에서 시해했습니다. 시해는 죽였다는 말입니다. 오늘 성경에는 단순히 반역으로 기록되었습니다. 그러나 역대하 24장 25절에는 좀더 구체적으로 기록되어 있습니다.

"요아스가 크게 부상하매 적군이 그를 버리고 간 후에 그의 신하들이 제사장 여호야다의 아들들의 피로 말미암아 반역하여 그를 그의 침상에서 쳐죽인지라 다윗 성에 장사하였으나 왕들의 묘실에는 장사하지 아니하였더라"라고 했습니다. 요아스 왕이 전쟁에서 부상을 크게 당하여 있던 중에 신하들이 모반을 한 것입니다. 특별히 여호야다 대제사장의 아들 스가랴 선지자를 성전에서 돌로 쳐죽인 것에 대한 하나님의 심판이라고 기록되어 있습니다.

요아스 왕은 다른 사람은 몰라도 자기를 육 년 동안 숨겨서 살려주고 교육시켜 주고 왕으로 옹립한 여호야다를 잊으면 안 되지요. 그리고 여호야다의 아들 스가랴 선지자도 죽이면 안 되지요. 하나님이 세운 선지자인데. 그렇게 하나님의 은혜를 배반하고 여호야다의 은혜를 배반하더니 자기도 신하들에게 배반 당하여 죽은 것입니다. 사람이 무엇으로 심든지 그대로 거두는 법칙이 있습니다(갈6:7). 여호와를 불신하고 반역하는 일은 금물입니다.

　다윗의 왕국에서 요아스 왕처럼 시해 당하는 사건이 있을 수 있는 것인가? 누구든지 하나님의 언약에 불성실하면 하나님의 심판의 대상, 징벌의 대상이 된다는 교훈입니다. 우리가 아무리 힘들고 어렵다 하더라도 하나님의 언약에 신실해야 자신과 자손이 복을 받을 수 있습니다. 그리고 하나님의 뜻대로 행하지 않으면 누구도 예외없이 천국을 차지할 수 없음을 밝혀 주고 있습니다.

　요아스 왕을 쳐서 살해한 신복의 이름은 시므앗의 아들 요사갈과 소멜의 아들 여호사바드였습니다. 요아스 왕은 여호와 하나님이 진정한 남유다의 왕이고 통치자임을 알고 충성을 했어야 했습니다. 그런데 자기가 왕인 줄 알고 하나님을 배반하고 우상을 숭배하니까 신하에 의해서 죽임을 당한 것입니다.

　요아스 왕을 다윗 성에 조상들과 함께 장사하였습니다. 그리고 요아스의 아들 아마샤가 대신하여 왕이 되었습니다. 요아스가 남유다의 제8대 왕이었고, 아마샤가 제9대 왕이 된 것입니다. 요아스 시대가 가고 아마샤 시대가 열렸습니다.

　요아스는 다윗 성에 장사되지만 열왕의 묘실에는 들어가지 못하게 되었습니다. 죽어서도 영광스러운 자리를 차지하지 못한 왕이 되었습니다. 요아스 왕은 여호야다의 지도를 받을 때는 성전 보수까지 하며 선정을 했습니다. 그러나 중간에 변질되었습니다. 여호와 대신 바알을 섬기고, 여호야다의 아들 스가랴 선지자를 성전에서 돌로 쳐죽였습니다. 이것에 대한 징벌로 신하에게 살해 당하고 죽어서도 왕실의 묘에는 들어가지 못했습니다.

　사랑하는 성도 여러분! 살아서도 영광스럽고 죽어서도 영광스러운 길을 걸어가기 바랍니다. 스데반 집사처럼, 가이오 장로처럼, 바울 사도처럼 말입니다. 아멘.

제45강
열왕기하 13장 1-9절

여호아하스와 벤하닷

남유다에서는 아합 왕의 딸 아달랴가 왕권을 장악하기 위해 다윗 혈통의 왕자들을 몰살시킬 때 여호세바가 요아스와 유모를 빼돌려 숨겨 주었습니다. 그리고 요아스는 여호와의 성전에서 숨어지내며 여호야다 제사장의 양육 속에서 성장하였습니다. 제사장 여호야다가 백부장들 그리고 호위병으로 하여금 아달랴를 처단하고 요아스를 왕으로 옹립하여 사십 년간 통치하면서 사역 초기에는 하나님의 성전을 수리하는 등 선정을 폈습니다.

북이스라엘은 예후가 열 번째 왕위에 등극하여 엘리야의 예언대로 아합 왕가를 진멸하였습니다. 예후의 뒤를 이어 아들 여호아하스가 열한 번째 왕위에 등극하게 되었습니다. 북이스라엘의 여호아하스는 어떤 왕이었을까요?

1. 여호아하스 왕과 아람 왕

여호아하스 왕은 북이스라엘의 열한 번째 왕입니다. 유다 왕 아하시야의 아들 요아스가 통치한 지 이십삼년에 예후의 아들로 태어난 여호아하스가 사마리아에서 이스라엘의 왕이 되어 십칠 년간 통치했습니다.

여기서 종종 문제로 등장한 것은 왕의 재위 기간에 대한 문제입니다. 약간의 즉위 연도에 대한 견해 차이가 있습니다. '전기 계산법'과 '후기 계산법'이 있기 때문입니다. '후기 계산법'은 왕이 즉위한 시점을 기준으로 한 계산법으로 왕의 통치 연도가 만 1년이 될 때에 그의 통치 기간을 1년으로 계산합니다. 이 방법은 앗수르나 바벨론 그리고 페르시아에서 주로 사용하였고, 북이스라엘에서도 왕정 초기에 사용한 방법이었습니다.

남유다의 계산법은 이와 달리 솔로몬 시대의 계산법을 이어받고 있는데 왕의 통치 기간을 계산할 때에 왕이 즉위한 해를 통치 1년으로 계산하는 '전기 계산법'입니다. 이 방법을 '즉위 연도 계산법'이라고도 말합니다.

여호아하스의 이름은 '여호와께서 붙잡으셨다'라는 뜻입니다. 여호아하스는 17년 동안 북이스라엘을 통치하면서(BC 814~798) 아람의 침공으로 인하여 일시적으로 여호와께 간구하는 신앙적인 모습을 보였지만 여호와께 완전히 붙잡힌 삶을 살지는 않았고, 우상숭배를 조장하는 여로보암 1세의 죄에서 떠나지 못한 왕이었습니다.

그래서 여호아하스가 여호와 보시기에 악을 행하였습니다. 북이스라엘 백성으로 하여금 타락하게 한 느밧의 아들 여로보암의 죄를 좇고 그 죄에서 떠나지 않았습니다. 벧엘과 단에 금송아지 우상을 섬기고 제단을 헐어버리지 않았습니다. 북이스라엘의 모든 왕에 대한 평가는 '여호와 보시기에 악을 행하여'입니다. 여로보암 1세의 죄를 버리지 못하고 답습한 결과입니다. '여호와 보시기에'는 '여호와의 눈 안에'라는 뜻입니다. 눈은 판단력입니다. '여호와께서 판단하시기에'입니다. 하나님의 평가, 판단입니다. 왕을 평가할 때 정치력이나 군사력 혹은 업적을 말하고 있지 않고 하나님과의 관계를 말하고 있습니다. 하나님과의 관계에서 모든 것이 좌우된다는 교훈입니다. 여호와께서 정하신 원칙에서 벗어났다는 교훈입니다.

여로보암의 길이 무엇입니까? '길'이란 '여러 사람들이 발로 밟고 다녀서 만들어진 길'을 말합니다. 여호아하스는 여로보암이 만들어 놓은 윤리적인 노선과 종교적인 노선을 떠나지 못하고 답습한 것이 죄였습니다.

그 결과 여호와께서 이스라엘에 대해 노하셨습니다. 여호아하스 왕의 그릇된 믿음의 행동이, 그릇된 종교적인 범죄가 북이스라엘 전체에 대한 심판의 원인이 되었습니다. 이것은 생각해야 할 부분입니다. 왕의 순종 여부가 북이스라엘 전체에 징계의 요인이 되었습니다.

이 말씀을 기억하고 있습니까? 열왕기상 9장에서 하나님께서 솔로몬에게 하신 말씀입니다. '솔로몬아 네가 아버지 다윗과 같이 법도와 율례에 순종하면 네 나라가 영원히 견고하겠지만 만약 불순종하고 다른 신을 따른다면 이스라엘을 하나님께서 주신 땅에서 쫓아내실 것이라'라고 선언하셨습니다.

이 언약의 성격을 봅시다. 열왕기서에는 다윗과의 언약의 영원성을 강조하고 있습니다. 북이스라엘도 다윗처럼 하나님을 사랑하고 율례와 법도를 지키면 나라가 영원할 것입니다(왕상11:37-38). 그런데 안타깝게도 북이스라엘 왕들은 여로보암처럼 하나님이 아니라 우상을 숭배했습니다. 그래서 나라에 어려움이 다가온 것입니다.

여호아하스가 하나님의 분노를 샀을 때 늘 아람 왕 하사엘의 손과 그의 아들 벤하닷의 손에 넘기셨습니다. 아람 나라의 지배를 받게 된 것입니다. '늘'이란 '그 날들 동안 내내'라는 뜻입니다. 여호아하스가 통치하는 동안 내내 하사엘과 벤하닷의 손에 붙이셨습니다. 하사엘의 아들 벤하닷은 벤하닷 3세를 말합니다. 아람은 전성기였고 북이스라엘은 고통의 시기였습니다. 아람은 하나님이 사용한 이스라엘 백성의 징계의 도구였습니다.

그렇다면 왜 이런 여호아하스 같은 사람을 왕으로 세웠을까요? 아버지 예후가 아합 왕가를 진멸할 때 하나님이 원하는 데까지 순종했습니다. 그때 하나님의 약속이 무엇입니까? 자손의 사 대까지 왕위에 오를 것을 약속했습니다. 언약에 신실하신 하나님이십니다. 그 언약의 성취입니다.

하나님의 통치를 받아야 할 이스라엘 나라가 아람의 통치를 받고 살게 되었습니다. 이것이 북이스라엘 나라의 역사가 가르쳐 주는 교훈입니다. 하나님의 언약 백성일지라도 하나님 대신 다른 우상을 숭배하거나 다른 것을 섬기고 살면 하나님의 통치가 이루어지지 않고 다른 것이 지배하는 삶을 살게 되는 것입니다. 하나님의 통치가 아무리 힘들고 어렵더라도 사람의 통치보다 낫습니다. 훨씬 더 행복하고 즐겁습니다.

2. 부르짖음과 응답

하나님의 징벌로 아람 왕이 북이스라엘 나라를 심하게 학대했습니다. 북이스라엘 왕 여호아하스가 극심한 고난 가운데 처하여 도움을 요청하지 않으면 안 되는 상태에 있었습니다. 여호아하스가 행한 일이 무엇입니까?

여호와의 도움을 간구했습니다. 여호와의 얼굴을 구했습니다. 여호와의 얼굴은 인간에게 긍휼과 자비를 베푸는 것을 의미합니다. 얼굴을 돌리는 것은 저주를 의미하고 얼굴을 향하는 것은 축복을 의미합니다.

여호와께서 여호아하스 왕의 기도를 들으셨습니다. 여호아하스 왕이 기도할 때 곧바로 하나님은 응답해 주셨습니다. 여호와께 간구만 하면 들어주시는 하나님이십니다. 왕이기 때문이 아닙니다. 악인에 대하여는 공의로운 심판을 행하시지만 회개하면 곧바로 용서해 주시고 응답해 주시는 하나님이십니다.

하나님께서 북이스라엘이 아람 나라의 학대를 받는 모습을 다 보셨습니다. 하나님은 징계는 하시지만 멸망시키지는 않는 분이십니다. 여호아하스가 믿음이 있기 때문에 기도한 것이 아닙니다. 일시적인 고난 때문에 올린 기도로 보입니다. 아람이 북이스라엘을 괴롭힐 때 군사적으로나 정치적으로 그리고 삶의 현장에서 약탈과 살육 등의 포학한 행동을 했습니다.

하나님의 조치가 무엇입니까? 여호와 하나님께서 북이스라엘 나라에 구원자를 보내셨습니다. 이것은 사사 시대와 비슷합니다. 이스라엘이 범죄합니다. 이웃 나라에 의한 학대가 있게 됩니다. 하나님의 백성이 회개하며 기도합니다. 하나님의 응답은 구원자를 보내십니다. 그러면 태평 세월을 누립니다. 그러다보면 다시 범죄합니다. 죄악의 악순환입니다.

이번에도 예외가 아니었습니다. 사사 시대와 똑같았습니다. 하나님께서 구원자를 보내셨을 때 북이스라엘은 아람 왕의 지배에서 벗어나게 되었고 다시 회복되어 자기 장막에서 살게 되었습니다.

여기서 구원자는 누구인가? '엘리사'라는 견해가 있습니다. 그러나 많은 지지는 받지 못하는 이론입니다. 다른 이론은 여호아하스 시대에 왕위에 오른 앗수르의 아닷니라리 3세입니다. 아닷니라리 3세가 아람의 수도 다메섹을 공격하여 북이스라엘이 아람의 봉신으로부터 벗어날 수 있었기 때문입니다. 세 번째 이론은 여호아하스 뒤에 왕위에 오른 요아스와 여로보암 2세로 보는 견해입니다. 요아스가 아람에게 빼앗긴 고을을 다시 되찾은 것과 여로보암 2세가 북이스라엘의 경계를 다시 회복한 것에 근거를 둔 이론입니다. 그러나 이 이론도 많은 지지를 받지 못합니다.

위에서 살핀 대로 두 번째 이론이 지지를 받습니다. 앗수르의 아닷니라리 3세가 아람을 공격하여 북이스라엘이 봉신에서 해방되게 역사하셨다는 이론입니다. 이방인들도 사용하시는 하나님의 절대주권을 믿게 됩니다. 환난의 주체도 하나님이시고 자유의 주체도 하나님이십니다. 그러므로 우리는 하나님만 믿습니다. 그 결과 북이스라엘 백성에게 평화와 자유가 찾아와서 전과 같이 장막에서 살게 되었습니다. 이스라엘에게 평화가 없을 때는 산꼭대기나 요새에서 살았습니다. 예수께서 우리에게 평화의 왕으로 오셨기 때문에 우리가 모두 평화롭게 살 수 있는 것입니다.

하나님께서 구원해 주신 다음에 북이스라엘 백성들은 어떤 자세로 세상을 살았을까요? 아람으로부터 자유와 생활이 회복된 이후에도 북이스라엘로 하여금 범죄하게 만든 여로보암의 집의 죄를 떠나지 않고 그 안에서 따라 행하였습니다. 벧엘과 단에 있는 금송아지 우상을 그대로 섬겼습니다. 하나님의 자비로운 구원이 있었음에도 불구하고 여전히 타락한 종교 생활을 했습니다. 하나님께로 돌이키지 않았습니다. 하나님의 은혜를 생각하거나 기억하지 않았습니다. 응답받을 때만 기뻐했습니다. 아람으로부터 자유를 얻었을 때만 즐거워했습니다.

바울이 말합니다. 로마서 6장 1-2절입니다. "은혜를 더하게 하려고 죄에 거하겠느냐?" "그럴 수 없느니라. 죄에 대하여 죽은 우리가 어찌 그 가운데 더 살리요?" 예수와 합하여 세례를 받은 사람은 예수의 죽으심에 동참한 사람입니다. 더 이상 자신만을 위하여 살지 않습니다.

또 사마리아에는 아세라 목상을 그냥 세워두었습니다. 아세라는 가나안의 여신으로 주로 나무로 만들었습니다. 물론 사람이 조각하여 만든 신입니다. 가공품이지요. 이세벨의 그릇된 종교 정책으로 인해 가나안 땅에 많이 세워져 있었습니다.

아람 왕이 여호아하스의 백성을 멸절하여 타작 마당의 티끌같이 되게 하였습니다. 하나님께서 북이스라엘에 대해 자비와 은혜를 베푸셨지만 계속적으로 우상숭배를 하며 범죄하여 심판하셨습니다. 타작 마당의 티끌같이 되게 하셨습니다. 발에 밟히는 먼지같이 되었습니다. 우상숭배한 결과로 아람 나라에게 계속적으로 짓밟히게 된 것입니다.

마병 오십 명과 병거 열 대와 보병 만 명 외에는 여호아하스에게 남겨 두지 않았습니다. 아람 나라는 북이스라엘 나라로 하여금 조공을 많이 바치게 했습니다. 포로로 잡아간 후에 새로운 이주자를 데려오지는 않았지만, 북이스라엘 나라에 국내 치안을 유지하거나 의전 행사만 치를 정도의 군사만 남겨 놓았습니다.

3. 아호아하스의 죽음과 요아스의 즉위

여호아하스의 남은 사적과 행적 및 그가 누렸던 권세는 이스라엘 왕조실록에 기록되어 있습니다. 여호아하스는 아버지 예후와 같이 전심으로 여호와를 섬기지 않았습니다. 여로보암의 죄를 답습했습니다.

여호아하스가 죽어 사마리아에 장사되었습니다. 요아스가 여호아하스를 이어서 북이스라엘의 제12대 왕위에 오르게 되었습니다. 예후 왕가에서는 세 번째 왕입니다. 요아스는 아버지 여호아하스 왕과 같이 죄악된 삶을 살았습니다. 한 가지 다른 점은 선지자 엘리사를 존경한 까닭에 세 번의 군사적 성공을 거두었습니다. 하나님께서 예후에게 약속한 사 대까지의 왕위 약속은 지켜지고 있었습니다.

제46강
열왕기하 13장 10-19절

요아스와 엘리사

요아스는 북이스라엘의 제12대 왕입니다. 엘리사는 하나님의 사람으로 엘리야의 제자이며 선지자입니다. 선지자의 사명은 하나님의 말씀을 먼저 받아서 왕과 백성들에게 하나님의 말씀을 가르치고 전하여, 왕과 백성이 하나님의 뜻대로 살도록 인도하는 사람입니다.

요아스는 엘리사의 말을 들었을까요? 들었다면 어느 정도로 순종했을까요? 왕은 그 시대의 백성들을 반영합니다. 왕의 순종은 모든 백성의 순종이요 왕의 불순종은 모든 백성의 불순종을 의미합니다.

1. 북이스라엘의 요아스 왕의 통치 개요

남유다 왕 요아스가 유다를 다스린 지 삼십칠년에 여호아하스의 아들 요아스가 사마리아에서 북이스라엘의 왕으로 즉위했습니다. 요아스 왕이 북이스라엘의 수도 사마리아에서 십육 년을 통치했습니다.

북이스라엘의 요아스 왕은 남유다의 요아스 왕 삼십칠년에 즉위했는데 남유다 왕 요아스가 죽기 삼 년 전에 즉위한 것입니다. 여호아하스의 아들 요아스가 북이스라엘을 십육 년간 다스렸으니까 남북의 요아스 왕들은 삼 년 동안 공존하면서 남북 왕조를 통치했습니다.

1절의 내용과 본문의 내용을 비교해 보면 1절은 여호아하스가 통치한 시기를 남유다 왕 요아스 이십삼년에 시작해서 십칠 년간 치리한 것으로 말했는데, 오늘 말씀에서는 여호아하스의 아들 요아스가 북이스라엘 왕위에 오른 시기를 남유다 왕 요아스 삼십칠년으로 언급하고 있습니다. 결국 남유다 왕 요아스의 통치 연대와 비교해 볼 때 북이스라엘의 여호아하스 왕과 아들 요아스 왕 사이에는 2-3년간의 공동 통치 기간이 있었음을 알 수 있습니다.

북이스라엘 왕 요아스가 여호와 보시기에 악을 행하여 이스라엘로 하여금 범죄하게 만든 느밧의 아들 여로보암의 모든 죄를 떠나지 않고 그 가운데서 행했습니다. 북이스라엘 왕 요아스는 할아버지 예후 왕과 아버지 여호아하스 왕의 악한 행위를 그대로 본받았습니다. 조상들이 우상을 숭배하여 하나님 앞에 죄를 짓게 됨으로써 아람의 속국이 되어 비극적인 고난과 슬픔을 겪은 것을 다 알면서도 여전히 우상숭배를 서슴없이 행하였습니다. 비단 요아스 왕만의 잘못은 아니었습니다. 북이스라엘의 열왕들이 모두 똑같은 죄악을 범했습니다.

북이스라엘이 왜 역사 선상에서 종적도 없이 사라졌을까요? 나름대로 아브라함의 후손이고 하나님의 택한 백성이며 언약이 있었던 백성인데, 무엇 때문에 사라진 것일까요? 북이스라엘을 창건한 여로보암 왕에게 하나님께서 뭐라고 약속했습니까? 네가 다윗처럼 하나님을 사랑하고 언약을 지키면 네 자손이 영원히 왕위를 차지할 것이고 네 나라가 영원할 것이라고 약속했습니다.

그러나 북이스라엘의 왕들을 살펴보면 여로보암 1세의 죄악에서 떠난 왕이 없습니다. 하나님을 버리고 벧엘과 단에 금송아지 제단을 쌓고, 우상을 숭배했습니다. 그리고 레위인이 아니라 평민을 제사장으로 삼았습니다. 절기도 자기 마음대로 지켰습니다. 예루살렘 성전 중심의 예배 생활이 아니라 자기의 편리를 따라 예배했습니다. 이런 것들이 자행되었기에 역사 속에서 나라가 사라지게 된 것입니다.

하나님의 심판을 받아 매인 자나 놓인 자나 다 끊어졌습니다. 완전히 사라지게 되었습니다. 여로보암의 집과 바아사의 집 그리고 오므리 왕조의 집이 똑같이 멸망 받았습니다. 예후의 집도 똑같이 하나님의 심판이 임하게 된 것입니다. 궁극적으로 북이스라엘 전체가 하나님의 징계의 대상이 되고, 심판의 대상이 되었던 것입니다.

요아스의 남은 사적과 행한 모든 일과 그리고 유다 왕 아마샤와의 용맹스러운 싸움은 이스라엘의 역대지략에 기록되었습니다. 아마샤와 싸운 권력은 전쟁을 말하는데 '아마샤의 벧세메스 전쟁'에서 승리한 것이 요아스의 큰 업적이었습니다. 남유다의 아마샤가 북이스라엘의 요아스에게 전쟁에서 패한 것은 군사적인 의미보다는 신앙적인 의미를 더욱 강조하고 있습니다. 북이스라엘 왕은 역사적으로 남길 만한 일을 행한 것이 없습니다.

요아스 왕이 죽고 여로보암 2세가 왕위에 즉위했습니다. 요아스가 그 조상들과 함께 죽어 이스라엘의 왕들과 함께 사마리아에 장사되었습니다. 여로보암 2세가 요아스를 대신하여 왕이 되었습니다. 여로보암 2세는 북이스라엘의 제13대 왕입니다. 여로보암 2세의 아들이 스가랴인데 스가랴 왕은 일 년밖에 통치하지 못하고 살해 당합니다. 결국 하나님께서 예후에게 약속하신 대로 사 대만에 예후 왕조가 막을 내리게 되었습니다.

남북 왕조의 특징이 무엇입니까? 왕위를 계승하는 문제는 개인적인 능력이나 백성들의 지지에 의해서 세워지는 것이 아니라 하나님에 의해서 세워지는 것임을 알 수 있습니다. 왜냐하면 하나님의 나라는 하나님에 의해서 세워지고 발전되는 나라이기 때문입니다.

2. 아람 징벌에 대한 엘리사의 예언

여러분! 죽음이 임박했다면 무슨 일을 하겠습니까? 대부분의 사람들은 사람을 만나고 싶어합니다. 아니면 재산을 분배하거나 유언을 하려고 합니다. 하나님의 선지자 엘리사도 그랬을까요? 상징적인 행동이지만 북이스라엘의 장래에 대하여 예언을 했습니다.

엘리사의 죽음이 임박했습니다. 죽음이 임박했을 때 북이스라엘 왕 요아스가 슬퍼했습니다. 엘리사가 죽을 병에 걸렸기 때문입니다. 요아스가 엘리사를 찾아가서 눈물을 흘리며 자신과 북이스라엘의 영적인 스승의 죽음을 슬퍼했습니다. 하나님의 선지자 엘리사에 대한 북이스라엘 요아스 왕의 반응입니다. 찾아가서 눈물을 흘렸습니다.

요아스 왕이 불신앙의 사람인데 왜 엘리사의 죽음을 슬퍼했을까요? 뭐라고 외치면서 슬퍼했습니까? "내 아버지여, 내 아버지여!"라고 외치면서 슬퍼서 울었습니다. 요아스 왕과 선지자 엘리사는 긴밀한 관계였습니다. 하나님께서 세우신 선지자에 대한 예의였습니다. 권위에 대한 존경의 말입니다.

"이스라엘의 병거와 마병이여!" 엘리사가 북이스라엘 나라에서 차지하는 위치와 영향력을 말해 줍니다. 병거와 마병이여! 가장 강력한 군대와 같고 무기와 같은 엘리사 선지자시여! 이 말은 엘리야가 승천할 때 엘리사가 외친 말입니다. 엘리사는 진정으로 엘리야의 제자였습니다. 능력있는 하나님의 사람이었습니다.

요아스 왕이 엘리사를 찾아가서 슬퍼할 정도로 극진한 태도를 보인 또다른 이유가 무엇입니까? 엘리사가 요아스 왕에게 마지막으로 예언해 준 내용 때문입니다. 내용은 주로 세 가지입니다. 아람으로부터 승리를 거둘 것이고, 빼앗겼던 북이스라엘의 일부라도 영토를 되찾아 회복할 것이며, 북이스라엘 나라가 아람 나라를 공격하게 될 것이라는 예언 때문입니다. 결국 왕 요아스보다 더 많은 영향을 끼친 사람이 엘리사였기 때문입니다.

엘리야는 하나님의 심판을 선언하고 살아 계신 하나님을 보여주었습니다. 이에 비해 엘리사는 개인적으로나 국가적으로 어려운 상황에서 문제를 해결해 줌으로써 위로와 격려를 아끼지 않았습니다. 죽은 자를 살리고, 이방 나라의 침략도 막아냈습니다. 가난한 사람의 문제도 해결해 주었습니다. 빌려 온 도끼를 물에 빠뜨렸을 때 도끼도 되찾게 했습니다.

오늘 성경을 볼 때 병든 엘리사에게 여전히 하나님의 은혜와 능력이 나타났습니다. 성령이 임했습니다. 하나님께서 마지막 순간까지 엘리사를 사용하셨습니다. 전능하신 하나님은 약한 자를 들어 강한 자를 부끄럽게 하십니다. 아무것도 없는 자들을 들어 있는 자들을 부끄럽게 하십니다. 하나님의 능력은 한이 없습니다.

어떤 방법으로 예언했습니까? 하나님의 사람 엘리사가 요아스 왕에게 활과 살들을 취할 것을 지시했습니다. 당시 활은 전쟁할 때 사용하던 무기였습니다. 엘리사가 느닷없이 활과 살을 잡으라고 할 때 평상시에 능력있는 선지자로 알고 있고 존경했기 때문에 잡기는 했는데 무슨 의미인지는 몰랐습니다.

또 손으로 활을 잡으라고 명했습니다. 이에 엘리사가 자신의 손을 요아스의 손에 얹었습니다. 그리고 요아스에게 동편 창을 열고 화살을 쏘라고 명했습니다. 이 화살을 '여호와의 구원의 살'이라고 말했습니다. 여호와를 위하여, 그리고 여호와에 의해서 이루어지는 전쟁입니다. 구원자는 여호와 하나님이시고, 오직 예수님뿐이십니다.

엘리사가 능력이 많은 것이 아니라 하나님이 능력이 많은 분이십니다. 특별히 엘리사가 자신의 손을 활을 잡은 요아스 왕의 손에 얹은 것은 하나님의 능력을 전달하려는 노력이었습니다. 엘리사는 능력을 주고 싶었지만 요아스는 하나님을 경외하는 사람이 아니었습니다. 능력이 온전히 전달되지 못한 상태였습니다.

'동편 창을 여소서' 그리고 '화살을 쏘소서'라고 했습니다. 이 행동은 아람을 향하여 쏘는 것이었습니다. 하사엘이 정복한 요단 동편 아벡을 가리킵니다. 고대 사회에서 적의 진영을 향하여 활을 쏘는 것은 선전 포고와 같은 의미였습니다. 그 전쟁에서 북이스라엘이 전쟁을 주도할 것임을 밝히고 있는 것입니다.

엘리사가 이것은 여호와의 구원의 살 곧 아람을 쳐서 승리하게 하는 화살이라고 하면서 요아스가 아람 사람을 아벡에서 이길 것을 예언했습니다. 북이스라엘은 군사적으로 열세였습니다. 이길 수 없는 전쟁이었습니다. 그러나 하나님께서 아람을 이기게 해 주실 것임을 말씀하는 내용입니다.

또 엘리사가 요아스에게 화살을 들도록 지시했습니다. 이미 엘리사가 '여호와의 구원의 살'이라고 설명했습니다. 그렇다면 믿든지 안 믿든지 어떻게 해야 합니까? 확신을 가지고 치든지 쏘든지 해야 할 것이 아닙니까? 엘리사가 화살을 든 요아스에게 땅에 내리치라고 지시했습니다. 이에 요아스가 화살을 땅에 세 번을 내리쳤습니다. 아니, 여러 번 치면 안 될까요? 믿음이 없으면 순종을 이런 식으로 합니다. 요아스 왕만 그런 것이 아닙니다. 누구나 다 그렇습니다.

요아스가 화살을 땅에 세 번밖에 안 친 일로 인해 엘리사가 노했습니다. 요아스는 정당하다고 생각했겠지만 엘리사는 노했습니다. 화가 났습니다. 하나님의 사람은 섭섭했습니다. 하나님의 전능성을 믿거나 순종을 잘하는 사람은 이렇지 않습니다.

만약 대여섯 번을 내리쳤다면 그가 아람을 진멸하였을 것이라고 하면서 요아스가 아람을 세 번만 칠 수 있을 것이라고 예언했습니다. 더 이상 돌이킬 수 없습니다. 세상에는 단 한번의 기회가 많습니다. 세 번의 공격과 승리는 불완전한 것입니다. 하나님의 구원 계획이 왕의 믿음 부족으로 인하여 작은 승리, 부족한 영광으로 임하게 되었습니다. 하나님의 아들과 딸들에게 하나님은 믿음을 요구하십니다. 그래야 구원의 영광도 풍성하고 삶의 질도 행복할 수 있기 때문입니다.

제47강
열왕기하 13장 20-21절

변화와 삶의 영향

하나님께서는 우리를 창조하실 때 하나님의 계획과 선한 목적이 있게 지으셨습니다. 에베소서 1장 3-14절이 그런 내용입니다. 때가 되매 부르시며 구원받게 하시고 다양한 성령의 은사를 주신 것은 세상의 변화와 많은 사람들에게 영향을 끼치게 하는 데 목적이 있는 것입니다.

우리가 이 세상에서 한평생을 살아갈 때 다른 사람에게 많은 영향을 끼치고 싶다면 엘리야와 엘리사를 통해서 네 가지를 배워야 합니다. 그 네 가지의 내용이 무엇입니까?

첫째로, 우리가 살고 있는 시대를 볼 수 있어야 합니다. 여러분이 동경하고 그리워하는 문화나 시대는 어떤 시대와 어떤 문화입니까? 아브라함 시대를 그리워할 수도 있습니다. 다윗 왕국을 사모할 수도 있습니다. 어떤 사람은 그리스나 로마 문명을 생각할지도 모릅니다. 혹자는 르네상스 시대나 미국을 그리워할지도 모릅니다.

우리는 '어제'에 사는 것이 아니라 '오늘'을 사는 존재입니다. 그러므로 우리는 우리가 살고 있는 시대를 연구하고 볼 수 있어야 합니다. 현시대, 현재 상황을 직시해야 합니다. 기독교인이 현재를 아는 것 같지만 상당히 모르는 상태에서 세상을 살고 있습니다.

또 무엇보다도 성경을 모르는 상태입니다. 하나님의 계시, 말씀을 모릅니다. 그러나 실망할 일이 아닙니다. 상대가 모르기 때문에 할 일이 있는 것입니다. 엘리야와 엘리사 선지자는 하나님을 배교하는 북이스라엘 사회에서 살고 있었고, 하나님이 그 현장으로 보내셨습니다. 시간의 흐름에 따라 훨씬 더 악한 일들이 일어났습니다.

금송아지와 바알과 아세라 우상을 숭배하던 시대, 하나님의 사람을 죽이던 시대입니다. 나라는 남북 왕조로 갈라졌습니다. 자기들 마음대로 제단을 세웠습니다. 제사장도 레위인이 아니라 평민을 세웠습니다. 절기도 마음대로, 제사도 자기 마음대로 지냈습니다. 예배도 자기가 하고 싶은 대로 드렸습니다.

하나님은 북방 이스라엘을 향하여 "내가 너를 취하리니 너는 네 마음에 원하는 대로 다스려 이스라엘 위에 왕이 되되 네가 만일 내가 명령한 모든 일에 순종하고 내 길로 행하며 내 눈에 합당한 일을 하며 내 종 다윗이 행함 같이 내 율례와 명령을 지키면 내가 너와 함께 있어 내가 다윗을 위하여 세운 것 같이 너를 위하여 견고한 집을 세우고 이스라엘을 네게 주리라"(왕상11:37-38)라고 약속했습니다.

그러나 여로보암 왕은 왕국의 시작부터 하나님을 떠나서 금송아지 우상숭배를 하였습니다. 그 이후에 여호와 하나님 보시기에 악을 행한 왕들이 통치하게 되었습니다. 회개하고 하나님께로 돌아온 왕은 한 사람도 없었습니다. 이런 시대적인 상황 속에 엘리야와 엘리사를 보내신 분은 하나님이십니다.

특별히 북이스라엘은 바알 신을 숭상하는 바알 숭배사상이 자리잡고 있었습니다. 종교의식과 더불어 매춘 행위를 일삼았는데 농작물과 가축의 축복을 기원했습니다. 바알 숭배사상은 윤리와 도덕이 결여되어 있어서 사회를 정화할 수 있는 사상이 아니었습니다. 그 결과 하나님의 백성이 가나안 땅에 살고 있던 일곱 족속보다 더 낮은 백성으로 전락하게 되었습니다.

여러분이 이런 세상에 보냄을 받았다면 어디서부터 무엇을 어떻게 시작해야 할까요? 엘리야와 엘리사는 어디서부터 시작했을까? 하나님의 말씀에 대한 이해에서부터 시작했습니다. 하나님의 계시를 듣는 데서부터 출발했습니다. 그 다음으로 사회에 대한 예리한 분석과 이해가 있었습니다. 그리고 행동으로 옮겼습니다. 이것이 지도자의 모습입니다.

하나님은 기근의 방법을 사용하셨는데 징벌보다는 여호와께 돌아오게 하기 위한 방법으로 사용하셨습니다. 엘리야 선지자는 하나님의 뜻을 알았습니다. 말씀 공부, 성경 공부를 한 선지자였습니다. 열왕기상 17장 1절에서 아합 왕에게 하나님의 말씀이 없으면 3년 6개월 동안 땅에 비가 오지 않는다고 하실 때 하나님의 의도를 알았습니다.

엘리야와 엘리사는 사회를 공부하였고, 현실을 정확하게 이해했습니다. 엘리야는 바알 신에 대한 전문적인 지식이 있었습니다. 갈멜산에서 450명과 대결한 사실이 이것을 말해 줍니다. 하나님의 말씀에 대한 이해와 사회에 대한 이해가 있게 되면 내가 어떻게 행동해야 하는지를 알게 됩니다. 이것이 엘리야와 엘리사의 방법, 하나님의 사람의 방법이었습니다.

둘째로, 지속적인 영향을 끼치려면 목표가 성공보다는 충실함입니다. 충성입니다. 세상은 성공에만 관심을 가지고 있습니다. 성공한 사람만 알아주는 세상입니다. 그러나 주님은 충성된 사람을 칭찬하십니다. 충성스러운 사람은 누구나 칭찬하고 알아주십니다.

하나님은 성공적인 사람을 만드시려고 노력하기보다는 변화를 요구하고 계십니다. 야곱이 여러 가지 복을 많이 받았지만 하나님은 이름과 인격을 이스라엘로 바꾸어 주셨습니다. 우리 자신이 믿음으로 주님을 위해서 살려는 노력이 필요합니다.

엘리야와 엘리사는 북왕조 이스라엘을 위하여 부름 받았습니다. 그들의 사역이 성공적이었습니까? 성공에 관심을 가지고 본다면 성공한 선지자로 보이지는 않습니다. 왜냐하면 북왕조는 앗수르에 멸망 받았고, 나머지는 포로로 끌려 가서 앗수르화 되어버린 사람들이 많았고, 이스라엘에 남아있던 사람들은 이방인과 결혼하여 사마리아 사람이 되고 말았기 때문입니다. 그런데 무슨 성공을 했습니까? 나라가 망하고 백성들이 흩어졌는데 그리고 이방인화 되어 버렸는데 ....

그러면 바울을 봅시다. 성공이 아니라 충성에 관심을 두었습니다. 고린도 교인들에게 뭐라고 했습니까? 고린도전서 4장 1-2절입니다. "사람이 마땅히 우리를 그리스도의 일꾼이요 하나님의 비밀을 맡은 자로 여길지어다 그리고 맡은 자들에게 구할 것은 충성이니라"라고 했습니다. 맡은 자들에게 구할 것은 충성이라. 충성이 목표요 기준입니다. 성공이 기준이나 목표가 아니었습니다.

예수님은 마태복음 25장 14-30절에 나타난 달란트 비유에서 '착하고 충성된 종아!' 라고 칭찬했습니다. 주님의 평가는 이윤보다 충성이었습니다. 마태복음 25장 21절과 23절을 봅시다. 결실이 없던 사람은 '악하고 게으르고 무익한 종' 이라고 했습니다. "그 주인이 이르되 잘하였도다 착하고 충성된 종아 네가 적은 일에 충성하였으매 내가 많은 것을 네게 맡기리니 네 주인의 즐거움에 참여할지어다"라고 했습니다.

성공에 관심을 둔 사람과 충성에 관심을 둔 사람의 차이가 무엇일까? 자신을 높이는 사람과 자신을 낮추는 사람의 차이입니다. 성공하면 자기 자신을 높입니다. 그리고 성공적이지 못하다고 생각하면 기가 죽고 힘도 없고 자신을 낮춥니다.

지나치게 자신을 낮추는 것도 문제입니다. 성공한 사람은 이제부터 논다라고 생각합니다. 충실한 사람은 자기가 부족하지만 하나님 나라 일을 한다고 생각하여 열심히 일합니다. 이것이 자부심입니다.

또 충성에 관심을 가진 사람은 자신에 대하여 올바로 생각하는 사람입니다. 하나님은 우리에게 왜 엘리야나 엘리사가 아니었느냐를 묻지 않고 왜 성도가 아니었느냐, 왜 기도자가 아니었느냐, 왜 전도자가 아니었느냐? 그런 것만 물으십니다.

셋째로, 많은 사람에게 지속적으로 영향을 끼치려면 임시 방편이 아니라 장기적인 안목으로 목표와 목적을 가져야 합니다. 우리는 당장의 성공과 열매를 기대하지만 하나님은 일생 혹은 세대에서 영향을 찾으십니다. 이스라엘의 역사가 그렇습니다.

엘리야가 처음 등장했을 때 아합 왕이 왕좌에 앉아 있었습니다. 아합은 기원전 874년에서 852년 사이에 북이스라엘을 22년간 통치한 왕입니다. 계승한 사람은 아들 아하시야입니다. 엘리야가 하늘로 올라간 때에 아하시야가 죽은 것으로 봅니다. 약 850년경입니다. 엘리야 다음으로 엘리사가 중요한 선지자로서 팔십 대까지 살아서 요아스 왕의 통치 때에 죽습니다. 주전 801-786년까지입니다. 활동했던 시간이 88년 정도가 됩니다. 성경 역사 혹은 인류의 전체 역사의 기간으로 보면 짧은 기간입니다.

엘리야와 엘리사의 사역은 마지막 반짝이는 반딧불처럼 빛이 났을 뿐이었습니다. 이스라엘은 하나님께로 돌아오지 않았습니다. 금송아지 우상과 바알과 아세라를 섬겼습니다. 언약도 깼습니다. 주전 722년경에 앗수르의 공격으로 멸망 받았습니다. 사마리아는 무너졌고 사람들은 포로로 잡혀갔습니다.

하지만 엘리야와 엘리사는 장기적인 안목에서 성실히 일했습니다. 미래의 하나님 나라를 바라보면서 일했습니다. 날마다 하나님 앞에서 살면서 하나님의 능력을 나타냈습니다. 원리에 충실한 것이 더욱 중요합니다. 프로그램이나 행사는 항상 그래왔습니다. 행사보다 원리에 충실한 것이 더 위대한 유산일 것입니다. '왕들은 권력이 있고 선지자들은 원리가 있다.' 영국의 정치가 '토니 브렌'의 말입니다.

여러분은 여러분이 사라지거나 세상을 떠난 다음에도 존재할 수 있는 원리가 있습니까? 영원한 원리는 영원히 지속됩니다. 프로그램과 행사는 사라집니다. 원리는 국가를 삼켜버린 국가보다 더 오래 지속됩니다. 엘리야와 엘리사는 그렇게 하나님 앞에서 살았습니다.

넷째로, 하나님은 하나님의 백성을 절대로 포기하지 않으십니다. 이것을 믿어야 다른 사람이나 세상에 지속적인 영향을 끼치는 사람이 될 수 있습니다. 다른 사람의 삶을 변화시키는 일은 어렵고 낙심도 되고 때로는 적이 되기도 합니다. 무슨 소용이 있나? 그런 생각이 들 때도 많습니다. 내가 무엇 때문에 이 고생을 사서 해야 하는가? 더군다나 무반응인 경우도 있고 반대하는 경우도 많습니다.

엘리야는 이세벨이 죽이기 위하여 현상 수배를 했을 때가 가장 큰 위기였던 것으로 보입니다(왕상19:2). 엘리야가 기대하기는 갈멜산 꼭대기에서 여호와가 하나님이시라, 여호와가 참되신 하나님이시라고 증거를 나타낼 때 이세벨이 회개하고 북이스라엘 백성들도 회개하여 여호와께로 돌아오기를 기대했습니다. 그러나 결과는 그렇지 않았습니다. 더 반대하고 죽이려고까지 했습니다.

또 엘리사에게 있어서 가장 큰 충격은 게하시가 나아만에게 자기 이름을 빙자하여 은과 옷을 얻어냈을 때였을 것입니다(왕하5:22-23). 엘리야의 제자 엘리사가 후계자가 되듯, 엘리사도 게하시를 그렇게 생각했을 것입니다. 하지만 그 사건으로 말미암아 수치 속에 떨어지게 되었습니다(왕하5:26-27). 게하시가 나병 환자가 되었습니다. 스승으로서 얼마나 부끄러웠겠습니까?

사람은 하나님을 배신해도 하나님은 사람을 포기하지 않습니다. 은혜를 끝까지 쏟아부어 주십니다. 엘리사의 뼈에 죽은 사람이 닿았을 때 그 죽었던 사람이 살아났습니다. 뼈가 능력 있는 것이 아니라 하나님의 능력입니다. 사람을 살리는 능력이 있으면 역사 속에 오래 기억될 것입니다(왕하13:21).

제48강
열왕기하 13장 20-25절

엘리사의 죽음과 예언

하나님의 사람 엘리사, 엘리야의 제자로서 성령의 능력을 갑절이나 받은 능력이 많은 선지자 그 하나님의 사람이 죽었습니다. 엘리야는 하나님이 살아 계심을 북이스라엘 백성에게 보여주면서 심판을 외친 선지자입니다. 갈멜산에서 불로 응답받으며 바알 선지자들을 기손 강가에서 죽이면서 북이스라엘 백성이 바알 신을 버리고 여호와께로 돌아오기를 원했습니다. 그러나 돌아오지 않았습니다. 엘리야는 하늘의 병거를 타고 승천했습니다.

또한 엘리야의 후계자 엘리사는 개인적으로나 국가적으로 하나님의 자비와 긍휼과 용서를 보여주면서 북이스라엘이 하나님께로 돌아오기를 원했지만 역시 돌아오지 않았습니다. 그 능력 많던 선지자가 죽었습니다. 어떤 현상이 일어났을까요?

1. 시체의 회생

엘리사가 장사되었습니다. 어디에 장사되었는지는 모르나 엘리사의 고향이 요단 계곡 동편에 있는 '아벨므홀라임' 입니다. 아벨므홀라임은 모압 지역과도 가까운 곳입니다. 모압 사람들이 종종 도적질을 한 것으로 보아 자기 고향에 묻힌 것으로 보입니다.

엘리사가 죽은 후 해마다 모압의 도적 떼가 북이스라엘을 침범하였습니다. 아마도 이스라엘의 종교력 1월인 니산월이 태양력으로 3, 4월에 해당되고, 이때에 보리 추수가 이루어진 것으로 보입니다. 모압의 도적 떼들이 보리 추수 때에 타작 마당이나 저장고를 약탈한 것입니다.

엘리사가 세상을 떠난 지 꽤 오랜 시간이 흘렀습니다. 엘리사의 유골이 뼈만 앙상하게 남은 상황이었기 때문입니다. 엘리사가 죽어 뼈로 변했을 때 모압의 도적 떼들이 도적질을 하기 시작했습니다. 북이스라엘은 아람과의 전쟁으로 국력이 약화된 상황이고, 설상가상으로 북이스라엘의 마병과 병거라는 하나님의 선지자 엘리사는 유골로 변한 상태였으며, 모압의 도적 떼까지 비행과 약탈을 일삼았습니다. 이런 상태를 가리켜 사면초가라고 합니다.

마침 그때에 죽은 사람을 장사하던 사람들이 도적 떼를 보고 놀라 시체를 엘리사의 묘실에 던져두고 도망쳤습니다. '마침'은 사건의 전환이나 새로운 화제를 말할 때 사용되는 언어입니다. 엘리사가 죽은 이후에 특별한 일이 벌어진 것입니다. 그게 어떤 사건입니까?

북이스라엘 사람들이 던진 시체가 엘리사의 뼈에 닿자 회생하여 일어서는 사건이 발생했습니다. 이적적인 사건이 발생했습니다. 사람들이 죽은 시체를 엘리사의 묘실에 던졌을 때 엘리사의 뼈에 닿자마자 살아난 것입니다.

상을 당하여 장례식을 거행하는 중에 무덤을 열고 죽은 시체를 성급하게 안장한 상황입니다. 모압의 약탈자들이 쳐들어오자 장례식도 제대로 마치지 못하고, 죽은 자를 묻어야 할 무덤까지 가지도 못한 상황에서 엘리사의 묘실에 시체를 놓고 도망친 것입니다.

이스라엘 사람들은 자연 동굴이나 인위적으로 판 동굴 속에 시신을 안치하고 입구를 돌로 막아 무덤으로 사용했습니다. 그러므로 입구의 돌을 치우고 여러 사람의 시신을 안치하는 일이 가능했습니다. 엘리사의 무덤도 전통적인 굴 형태의 무덤으로 여겨집니다.

그런데 중요한 것은 엘리사의 뼈에 닿자 시체가 살아난 것입니다. 극적입니다. 극적인 회생입니다. 고대 이스라엘에서는 시체를 관에 넣어 묻지 않고 세마포와 같은 천으로 싸서 동굴 속의 무덤에 넣어 두는 것이 일반적이었습니다. 그리고 오랜 세월이 흐른 다음에 시체가 부패되고 뼈만 남았을 때 항아리에 담아 옆에 치워 놓고 또 다른 시체를 안치하는 방법을 사용했습니다.

엘리사가 죽은 지 오랜 시간이 흘렀음에도 엘리사의 뼈에 시체가 닿자 '그가 살아났다. 그리고 그가 그의 발로 일어섰다'입니다. 엘리사의 뼈에 시체가 닿자마자 살아난 것은 우연한 사건이 아닙니다. 매우 의미심장한 사건입니다. 어떤 의미에서 중차대하고 의미심장한 사건이겠습니까?

아람의 계속되는 학대와 고통 속에 있는 북이스라엘 백성 전체로 하여금 민족의 소생에 대한 희망을 갖게 하는 상징적인 사건입니다. 엘리사는 죽어 뼈에 불과하지만 죽은 사람을 살렸던 것처럼, 엘리사가 예언한 여호와의 약속은 엘리사가 죽은 후에도 반드시 살아 있어 아람의 압제 속에 있는 북이스라엘의 회복을 말해 주는 것이었습니다.

또 엘리사의 마지막 사건은 우리들에게 큰 교훈을 줍니다. 신약적으로 예수 그리스도와 접촉하는 모든 사람에게 생명의 부활로 나올 것을 예언해 주고 있습니다. 지금도 예수를 믿는 자는 생명의 부활로 부활할 줄로 믿습니다. 바울이 말한 것처럼 "썩을 것으로 심고 썩지 아니할 것으로 다시 살아나며 욕된 것으로 심고 영광스러운 것으로 다시 살아나며 약한 것으로 심고 강한 것으로 다시 살아나며 육의 몸으로 심고 신령한 몸으로 다시 살아나나니 육의 몸이 있은즉 또 영의 몸도 있느니라"(고전15:42-44)라고 했습니다.

2. 아람의 핍박

여호아하스 왕 시대에 아람 왕 하사엘이 항상 북이스라엘을 학대했습니다. 그 원인이 무엇입니까? 북이스라엘 백성들이 벧엘과 단에 금송아지 우상을 섬겼기 때문입니다. 그리고 레위인이 아니라 평민을 데려다가 제사장으로 삼았습니다. 절기도 자기들 마음대로 지켰습니다. 그리고 예배생활도 정해진 곳에서 드리지 않았습니다. 심지어 바알 신을 숭배하는 죄악으로 말미암아 하나님께서 아람 나라를 통해 심판하도록 역사하신 것입니다. 아람의 공격 때문에 북이스라엘 나라가 살 수 없는 상황이 벌어지고 있었습니다.

그럼에도 불구하고 북이스라엘 나라를 완전히 멸하지 않으신 이유가 무엇입니까? 여호와께서 이스라엘 열조와 맺은 언약으로 인해 북이스라엘을 멸하지 않으셨습니다. 북이스라엘을 아람의 하사엘이 집요하게 공격하지만 멸망시키지는 않았습니다. 그 이유가 아직도 언약에 대한 약속이 있기 때문이었습니다.

다윗과의 언약을 강조하던 저자가 갑자기 족장들과의 언약을 강조한 이유가 무엇입니까? 다윗과의 언약은 주로 왕위에 대한 언약이었다면 족장들과의 언약은 가나안 땅에 관한 언약이었기 때문입니다. 지금 저자가 강조하려고 하는 것은 여호아하스 왕 시대에 빼앗겼던 땅을 요아스 왕 시대에 되찾아왔다는 것을 강조하기 위함입니다.

여호와께서 아브라함과 이삭과 야곱과 더불어 세우신 언약 때문에 북이스라엘에 대해 은혜를 베풀고 북이스라엘을 불쌍히 여기셨습니다. 북이스라엘 민족이 훌륭하거나 우상숭배를 하지 않아서가 아니라 아브라함과 이삭과 야곱 족장들에게 하나님께서 젖과 꿀이 흐르는 땅을 너와 네 자손에게 영원히 주시겠다고 약속하셨기 때문에 멸망시키지 않고 있는 것입니다. 북이스라엘이 배도의 길을 걷고 있지만 언약 때문에 징계만 내리시고 견디고 참고 계신 하나님이십니다. 은혜받을 자격이 없는 사람에게 은혜를 주시는 하나님이십니다.

'또 그들을 돌보시고 멸하기를 즐겨하지 아니하시고 이 때까지 자기 앞에서 쫓아내지 않으셨습니다.' 그러나 앞으로는 쫓겨갈 것입니다. 앗수르 나라에 포로가 될 것입니다. 그러나 우상숭배를 회개하고 언약을 붙잡는다면 다시 엘리사의 뼈에 닿은 시체가 살아나듯 북이스라엘은 살아날 것입니다. 역사적으로 그렇게 이루어졌습니다.

아람 왕 하사엘이 죽고 그의 아들 벤하닷이 대신하여 왕이 되었습니다. 벤하닷 3세입니다. 북이스라엘을 여러번 괴롭힌 왕이지만 앗수르의 아닷나라리 3세 때 전쟁에서 패전하여 아람 왕국은 최후를 맞이하게 됩니다.

3. 엘리사의 예언 성취

여호아하스의 아들 요아스가 하사엘의 아들 벤하닷 3세의 손에서 성읍을 다시 빼앗았습니다. 이 성읍들은 자기 부친 여호아하스가 전쟁 중 빼앗겼던 것입니다. 요아스가 벤하닷 3세를 세 번 쳐서 무찌르고 북이스라엘의 성읍을 회복시켰습니다. 이것은 엘리사의 예언대로 성취된 것입니다.

요아스 왕이 어떤 성읍을 빼앗았는지는 밝히고 있지 않습니다. 중요한 점은 엘리사의 예언대로 이루어졌다는 것입니다. 엘리사가 병들어 죽어갈 때 요아스 왕이 내려와서 통곡했습니다. 그럴 때 화살을 준비하고 창을 열고 쏘라고 지시한 내용이 있습니다. 그리고 화살을 잡고 치라고 말한 적도 있습니다. 요아스 왕이 세 번을 쳤을 때 엘리사는 화를 냈습니다. 대여섯 번을 쳤다면 아람 군대를 완전히 진멸했을 것이라고 했습니다.

요아스 왕의 전략이나 북이스라엘의 군대가 강해서 전쟁에서 승리하고 땅을 되찾아 온 것이 아닙니다. 하나님께서 엘리사로 하여금 예언하게 하는데, 요아스 왕의 믿음만큼만 주었습니다. 하나님께서는 많이 주시려고 준비했습니다. 엘리사도 마음껏 축복하고 싶었습니다. 그러나 요아스 왕의 믿음이 세 번만 치는 정도였습니다. 이것이 문제였습니다.

결국 여호아하스 왕이나 요아스 왕은 무기력하고 무능력했습니다. 하나님의 사람 엘리사는 능력이 많았습니다. 죽은 자를 살렸습니다. 가난한 자를 부하게 만들었습니다. 아람 나라의 공격이 있을 때도 기도하여 물리쳤습니다. 하나님은 말할 것도 없습니다. 전능하신 분이십니다. 모든 것을 다 하실 수 있는 분이십니다. 그런데 문제는 북이스라엘 백성의 대표자인 왕이 문제였습니다. 그렇지 않습니까?

여호아하스 왕이나 요아스 왕은 여호와께로 돌아오지 않은 왕입니다. 북방 이스라엘 백성들로 하여금 여전히 우상을 숭배하게 했습니다. 자신들이 돌아오지 않았습니다. 배은망덕한 사람들입니다. 하나님의 은혜를 기억하지 않고 감사할 줄을 모르는 사람들이었습니다.

하나님께서 때때로 선지자를 통해서 기적과 능력을 보여주셨습니다. 그러면 우상을 버리고 하나님께로 돌아와야 하지 않습니까? 하나님께서 전쟁에서 잃어버린 땅도 되찾게 하셨습니다. 그러면 돌아와야 했습니다. 언약 백성으로서 돌아와야 언약 백성인 것입니다. 그런데 돌아오지 않았습니다. 끝까지 돌아오지 않았습니다.

북이스라엘이 멸망하지 않은 이유가 있다면 두 가지입니다. 하나님의 사람 엘리야와 엘리사 때문입니다. 왕과 백성 때문이 아니었습니다. 북이스라엘 백성과 왕은 바알과 금송아지 우상을 섬겼습니다. 이것은 하나님을 배신하고 버린 행동입니다. 하나님이 아주 싫어하신 내용입니다.

또 한가지는 아브라함과 이삭과 야곱과의 맹세, 언약 때문에 하나님이 멸망시키지 않은 것입니다. 북이스라엘 백성이 거룩하고 왕이 하나님 앞에 진실해서 멸망하지 않은 것이 아니었습니다. 그러므로 우리의 진정한 왕은 누구십니까? 언약에 신실한 예수 그리스도! 율법과 선지자의 완성자 예수 그리스도만이 우리의 영원한 왕이십니다. 그 왕은 백성을 위하여 십자가를 지신 분이십니다. 그리고 삼일 만에 생명의 부활로 나오신 분이십니다.

제2부
남북 분열왕국의 공존 시대

열왕기하 14 - 17장

제49강
열왕기하 14장 1-7절

아마샤와 에돔 정벌

열왕기서는 하나님이 마음에 들어하는 다윗 왕의 후계자요, 통일 왕국의 마지막 통치자 솔로몬 왕의 행적에서 시작하여 신정 왕국인 이스라엘의 분열, 북이스라엘과 남유다의 분열 시대에서 멸망에 이르기까지 열왕들의 통치에 대하여 상세하게 기록해 준 책입니다.

왕의 통치는 그 시대를 반영합니다. 백성들도 그러했다는 의미입니다. 왕은 백성을 대표하는 인물이었기 때문입니다. 진정한 왕은 하늘에 계신 하나님이시고 종종 왕과 백성을 하나님의 뜻대로 인도하기 위하여 하나님께서는 세상 나라에는 없고 이스라엘에게만 있는 하나님의 사람, 선지자를 보내셨습니다.

특별히 엘리야 선지자와 엘리사 선지자는 능력있게 쓰임받은 선지자였습니다. 엘리사 선지자의 죽음 이후에 북이스라엘은 어떤 변화가 일어났습니까?

1. 아마샤의 통치

북이스라엘 왕 여호아하스의 아들 요아스가 통치한 지 제이년에 남

유다 왕 요아스의 아들 아마샤가 왕이 되었습니다. 아마샤는 남유다 왕
국의 제9대 왕으로 등극했습니다. 아마샤에 대해서는 다른 왕들보다는
꽤 길게 기록하고 있습니다.

아마샤가 왕이 된 때는 이십오 세였습니다. 예루살렘에서 이십구 년
간 다스렸습니다. 다른 왕들보다 선정을 베푼 왕이었습니다.

어머니의 이름은 여호앗단이요 예루살렘 사람이었습니다. 왜 북이
스라엘 왕과 달리 남유다 왕의 어머니와 출생 지역을 밝히는 것일까?
다윗 왕가와 결혼했기 때문이라고 보는 견해도 있지만 다윗 왕조의 혈
통과 연속성 때문입니다. 북이스라엘은 혁명적인 사건이 많았지만 남
유다는 다윗 왕조가 계속적으로 이어가고 있었습니다. 여호앗단은 '여
호와께서 기뻐하신다' 라는 뜻입니다.

아마샤가 여호와 보시기에 정직히 행하였지만 조상 다윗과 같지는
않았습니다. 아마샤의 전반적인 평가는 선한 왕이었습니다. 여호와 보
시기에 정직히 행하였습니다. '여호와 보시기에' 는 '여호와의 눈 안
에' 라는 뜻으로 '여호와의 판단에 의하면' 입니다. 외형적인 업적이나
공로가 아니라 신앙적인 관점입니다. 다만 다윗과 같지는 않았기에 부
정적인 평가를 받은 사람입니다. 다윗은 다른 왕들을 평가하는 기준선
이었습니다. 다윗이 좋은 점의 표준이라면 악한 왕의 표준은 여로보암
왕이었습니다. 다윗은 하나님을 사랑했습니다. 믿음으로 순종했습니
다. 하나님 마음에 합당한 사람이었습니다.

아마샤가 부정적인 평가를 받은 이유가 무엇입니까? 말년에 아마샤
의 아버지 요아스가 행한 대로 다 행하였습니다. 우상숭배를 답습했습
니다. 이것이 부정적인 평가를 얻게 된 결정적인 요인이었습니다. 오직
산당들을 제거하지 않았으므로 백성이 여전히 산당에서 제사를 드렸습
니다. 분향도 했습니다. 산당을 제거하느냐, 하지 않았느냐가 종교개혁
의 성공과 실패의 기준이었습니다.

열왕기서의 독특한 두 가지 특징이 있습니다. 첫째는 '등극 공식' 입

니다. 왕이 등극할 때의 상황을 설명하는 공식입니다. 또 하나의 공식은 '죽음 공식'입니다. 남유다나 북이스라엘의 왕이 등극할 때 상대 나라의 왕이 누가 얼마나 통치하고 죽었는가를 설명하는 공식입니다.

고대 사회에서는 초강대국인 앗수르의 왕이 누구냐에 대해, 그리고 그에 따른 통치 연대나 통치 기간을 기록하고 있지만, 열왕기서 저자는 남북 왕조만을 두고 상호 교차적으로 기록하는 것에 특별한 의미를 담고 있습니다. 물론 저자의 의도는 남유다 왕조와 북이스라엘 왕조를 일목요연하게 읽을 수 있도록 하기 위한 수단이었습니다.

더 중요한 것은 남유다의 역사와 북이스라엘의 역사가 하나임을 강조하기 위해서 서로 비교하면서 기록해 주고 있는 것입니다. 남유다 나라의 역사와 북이스라엘 나라의 역사는 개별적인 나라의 역사가 아니라 하나님께서 구속 경륜을 가지고 전개하신 하나의 역사임을 밝히고 있는 것입니다.

아마샤가 즉위한 연대의 문제에 관하여 설명이 필요합니다. '이스라엘 왕 여호아하스의 아들 요아스 이년'은 다른 구절과 비교해 볼 때 연대기 문제가 발생합니다. 즉 열왕기하 13장 10절에 의하면 북이스라엘 왕 요아스는 남유다 왕 요아스 삼십칠년에 왕위에 올랐습니다.

그리고 열왕기하 12장 1절에 의하면 유다 왕 요아스는 사십 년간 통치하였으므로 요아스의 아들 아마샤는 최소한 북이스라엘 왕 여호아하스의 아들 요아스 제4년 또는 제5년에 왕위에 오른 것으로 보아야 합니다.

그런데 본절에서는 아마샤가 북이스라엘 왕 요아스 제2년에 즉위한 것으로 나타나고 있습니다. 이러한 차이점에 대해 학자들은 여러 가지 해결책을 말했습니다. 1) 중복되는 2-3년간을 유다 왕 요아스와 그의 아들 아마샤의 공동 통치 기간으로 해석합니다. 2) 유다 왕 요아스의 통치 기간은 실제로 만 39년이고 북이스라엘의 요아스는 남유다 요아스의 37년 후반에 왕위에 즉위했다고 보는 해결책입니다.

즉 왕의 즉위가 한두 달 전에 있었고 왕의 죽음이 1개월 후에 있었다고 볼 때 그 한두 달을 1년으로 계산하여 만 39년의 통치 기간을 40년으로도 기록할 수 있다는 견해입니다. 3) 두 나라의 계산법이 다르기 때문에 생긴 오해라는 견해입니다. '후기 계산법'과 '전기 계산법'이 있기 때문입니다. 후기 계산법은 통치 기간이 만 1년일 때 1년으로 보는 견해입니다. 앗수르나 바벨론, 페르시아나 북이스라엘의 초기에 사용했으나, 남유다 솔로몬 시대의 계산법은 왕이 즉위한 한 해가 통치 1년인 것입니다. 이 방법을 전기 계산법 혹은 즉위 연도 계산법이라고 불렀습니다. 이렇게 즉위 연도나 통치 연도에 대한 계산법이 약간씩 다르므로 차이가 있었던 것입니다.

2. 요아스와 아마샤

요아스가 아버지 왕이고 아마샤는 아들 왕입니다. 아마샤가 왕권을 굳건히 한 후에 아버지 왕 요아스를 죽인 신복들을 처단했습니다. 이것이 또 새로운 전환점이 되었습니다. 새로운 화제를 들려주고 있습니다. 아마샤 통치 29년에 아주 인상 깊은 사건이 발생한 것입니다. 그것이 무엇일까요?

왕권이 굳건해졌을 때 아마샤 왕이 자기 아버지 요아스 왕을 죽인 신복들을 처단한 것입니다. 아마샤가 복수의 때를 기다렸다는 의미입니다. 아마샤 왕이 집권 초기에는 아버지의 암살 사건을 생각만 하고 있었습니다. 여러 가지 어려운 상황들이 전개될 때도 참았습니다. 자기의 왕권이 확립될 때까지 참고 기다렸습니다.

그 동안 내외적으로 얼마나 많은 환난과 어려움이 있었습니까? 남유다라 할지라도 아하시야 왕이나 아달랴의 악정과 아람 왕 하사엘의 공격으로 인해 국력이 많이 약해졌었습니다. 그러나 아마샤가 왕위에 등극하면서 나라를 부강하게 만들어 가고 있었습니다. 에돔과 싸워서 대승을 했습니다. 국가가 신장되고 장악을 했을 때 아버지의 원수를 갚았습니다. 잔인한 방법으로 죽였습니다. 요아스 왕이 살해 당한 장면은 열왕기하 12장 20-21절에 나타납니다.

그러나 요아스를 죽인 신복들의 자녀들은 죽이지 않았습니다. 강한 부정의 의미입니다. 절대로 죽이지 않겠다고 각오하고 죽이지 않았습니다. 그 이유가 무엇입니까? 훗날 자기가 보복을 당할 수도 있음에도 죽이지 않았습니다. 아마샤 왕은 감정적으로 일을 처리한 것이 아니라 위험을 감수하면서도 하나님의 말씀에 입각하여 일을 처리했습니다. 이것이 위대한 점입니다. 믿음의 사람이 아니면 할 수 없는 일입니다.

이것은 모세 율법책의 명령을 따른 것입니다. 율법책의 말씀을 사랑하고 믿어서 준행한 것입니다. "자녀로 말미암아 아버지를 죽이지 말 것이요 아버지로 말미암아 자녀를 죽이지 말 것이라 오직 사람마다 자기의 죄로 말미암아 죽을 것이니라"라는 명령을 따른 것이었습니다. 신명기 14장 6절의 말씀에 대한 순종입니다(왕하14:6). 그러나 아마샤는 훗날 여호와를 배신하고 우상을 숭배하게 됩니다. 영적 간음 때문에 비참한 죽음을 맞이했습니다.

3. 아마샤의 에돔 정벌과 영토 회복

아마샤 왕은 내적으로는 국권을 장악했고 외적으로는 국제 관계에서도 상당한 영향력이 있는 활동을 전개했습니다. 특별히 아마샤가 소금 골짜기에서 에돔 사람 만 명을 죽였습니다. 오랜 세월 동안 남유다와 에돔은 긴장 관계에 있었습니다. 아마샤 때에 징벌하게 되었습니다. 다윗 시대에도 에돔과의 전쟁에서 이 소금 골짜기에서 승리를 거두었습니다.

이곳이 남유다에게는 무역로로서 전략적 요충지였고, 애굽과 아라비아 반도를 잇는 교통의 요충지였습니다. 아마샤는 에돔과의 전쟁에서 쉽게 물리쳤습니다. 역대하 25장 11-12절을 보면 "아마샤가 담력을 내어 그의 백성을 거느리고 소금 골짜기에 이르러 세일 자손 만 명을 죽이고 유다 자손이 또 만 명을 사로잡아 가지고 바위 꼭대기에 올라가서 거기서 밀쳐 내려뜨려서 그들의 온 몸이 부서지게 하였더라"라고 되어 있습니다. 아마샤는 에돔을 철저하게 무력화시킨 왕이었습니다.

아마샤가 에돔과의 전쟁에서 승리한 결정적인 이유가 무엇입니까? 하나님의 율법에 순종한 결과입니다. 그래서 성도는 먼저 하나님 혹은 하나님의 말씀을 생각해야 범사에 형통한 사람이 되는 것입니다. 그런데 아마샤의 인생을 보면 율법에 순종할 때는 형통했지만 우상을 숭배하고 마음이 교만해졌을 때는 실패하여 결국 비참한 최후를 맞이했습니다.

또 전쟁을 하여 셀라를 취하고 이름을 욕드엘이라 하였습니다. 셀라는 '반석'이라는 뜻입니다. 오늘까지 그렇게 불렸습니다. 셀라도 교통의 요충지입니다. 점령한 다음에 욕드엘이라고 불렀습니다. 욕드엘은 '하나님께 정복되다, 하나님께 순종하다'라는 뜻입니다. 동일한 지명도 있습니다. 여호수아 15장 38절에 나타나는 욕드엘은 본문과 다른 지역 이름입니다. 여호수아 15장의 욕드엘은 유다 족속의 지역입니다. 아마샤는 에돔으로 하여금 아라바 지역으로부터의 접근을 막았던 것입니다.

그리고 그 이름이 이 책이 저술된 시기까지 그대로 전해졌습니다. 아마샤가 하나님의 율법책에 기록된 대로 순종할 때에는 에돔과의 전쟁에서 승리했지만, 반대로 욕드엘을 점령하고 교만해지면서 바알 우상을 섬기고 결국 북이스라엘과의 전쟁에서 패하게 됩니다. 그리고 남유다 백성들로부터 배신을 당하고 죽임을 당하게 되었습니다. 결국 왕의 성공과 실패, 승리와 패배는 전쟁에 달려 있는 것이라기보다는 영적인 전쟁에 달려 있었던 것입니다. 우리도 영적인 전쟁에서 승리하여 사탄도 이기고 죄와 싸워 승리하는 그리스도인들이 다 됩시다.

제50강
열왕기하 14장 8-22절

아마샤 왕과 요아스 왕

앞 부분에서는 남유다 제9대 왕 아마샤의 통치와 에돔 정벌의 빛나는 전과를 기록해 주었습니다. 그 다음에 이어지는 내용은 무엇일까요? 열왕기하의 저자는 아마샤의 선전 포고로 야기된 북이스라엘과의 전쟁에서 남유다가 참담하게 패배한 사건과 더불어 아마샤가 반란에 의하여 피살되고 그 아들 아사랴가 왕위에 오르는 사건들을 보도하고 있습니다.

1. 아마샤의 선전 포고

아마샤가 예후의 손자, 여호아하스의 아들 북이스라엘의 왕 요아스에게 사자를 보내어 선전 포고를 했습니다. "오라 우리가 서로 대면하자." 아마도 에돔을 정복한 아마샤는 여세를 몰아 북이스라엘을 정복하고 싶은 심정이었던 것 같습니다.

당시 역대하 25장을 보면 북이스라엘의 군사 10만 명을 일백 달란트에 고용해서 남유다가 에돔을 점령한 것입니다. 남유다의 아마샤 왕과 북이스라엘의 요아스 왕은 서로 격이 없는 사이였습니다.

그런데 북이스라엘 군대가 전투에 참여하지도 못하고 되돌아가는 상황이 빚어지게 되어 북이스라엘 군대는 남유다의 성읍들을 습격하게 되었습니다. 이 사건으로 말미암아 두 나라 사이에 불협화음이 나오게 되었고 남유다가 북이스라엘과 전쟁을 하게 되는 원인으로 작용하게 된 것입니다.

또 한가지 내적인 요인으로는 남유다의 아마샤 왕의 교만한 마음이 었습니다. 군사적인 열세였음에도 불구하고 아마샤는 에돔에서의 승리 감에 도취되어 교만한 마음으로 북이스라엘과의 전쟁을 감행했던 것입니다. 교만한 마음이 사람을 망가뜨리게 되는 것입니다.

이에 대한 북이스라엘 왕 요아스의 반응이 무엇입니까? 북이스라엘의 왕 요아스가 유다의 왕 아마샤에게 사람을 보냈습니다. 요아스 왕을 소개할 때 '예후의 손자'라고 소개하는 이유가 무엇일까요? 북이스라엘의 왕이나 여호아하스의 아들로 말하기보다는 예후의 손자임을 강조하고 있습니다.

남유다 왕 아마샤를 말할 때는 요아스의 아들만이 아니라 '아하시야의 손자'로 말하고 있습니다. 저자는 과거에 있었던 남유다 왕 아하시야와 북이스라엘의 예후의 갈등과 분쟁의 뿌리를 밝히고 있기 때문입니다. 아마샤가 요아스와 전쟁하려고 하는 배후에는 자신의 할아버지를 잔인하게 죽였던 예후의 후손을 처단하려는 목적이 있음을 암시해 주고 있습니다. 아마샤가 6절에서는 신명기의 원칙을 지켰으나 에돔과의 전쟁에서 승리한 후 교만한 마음이 생겨서 과거와는 달리 율법에 대한 태도가 달라졌습니다. 하나님의 뜻보다는 자신의 뜻이 마음에 자리 잡기 시작했습니다.

"오라 우리가 서로 대면하자." 군사력도 없는 자가 강한 자에게 말한 내용입니다. 남유다 왕 아마샤가 북이스라엘 왕 요아스에게 보낸 서신의 내용입니다. 선전 포고입니다. 전쟁을 해보자는 뜻입니다. 요아스가 전쟁하자면 언제든지 맞설 수 있다는 의미입니다. 이것은 교만입니다. 마음이 교만하지 않으면 이렇게 말하지 않습니다.

"레바논 가시나무가 레바논 백향목에게 전갈을 보내어 이르기를 네 딸을 내 아들에게 주어 아내로 삼게 하라 하였더니 레바논 들짐승이 지나가다가 그 가시나무를 짓밟았느니라"라고 대답했습니다.

이 대답은 우화를 이야기한 것입니다. 아마샤에 대한 요아스 왕의 답변입니다. 아마샤의 어리석음을 지적한 내용입니다. 고대 근동 사회나 히브리 사회에서 동물이나 식물, 때로는 무생물을 우화적인 예로 들어 도덕적인 교훈이나 인간 행동의 원리를 예증하는 경우가 있었습니다.

레바논의 가시나무는 가시가 많고 비늘이 달려 있는 초목으로 작은 잎사귀가 있고, 머리카락같이 생겨서 그늘이 생기지 않는 특성이 있습니다. 봄에는 아름다운 꽃이 피지만 열매는 먹을 수 없는 나무가 가시나무입니다. 쓸데없는 나무로, 성경에서는 주로 저주와 심판을 상징합니다. 반대로 백향목은 가시나무와 다릅니다. 높이가 30미터, 수명이 1,000년이나 되는 나무입니다.

백향목은 사용 용도에 있어서 정결의식이나 성전 건축 자재로 사용되었습니다. 이스라엘에서는 백향목이 '영광'이나 '고귀한 신분', '하나님께 축복받은 사람' 등을 상징합니다. 가시나무가 백향목에게 사돈을 맺자고 덤벼드는 행동, 아마샤가 요아스에게 그렇다는 우화입니다.

그러면서 '에돔을 쳐서 파하였으므로 마음이 교만하였으니 스스로 영광을 삼아 왕궁에나 네 집으로 돌아가라 어찌하여 화를 자취하여 너와 유다가 함께 망하고자 하느냐?'라고 아하스 왕이 아마샤에게 경고했습니다. 레바논의 들짐승에게 밟힌 가시나무를 말해 주고 있습니다.

아마샤가 자신의 위치나 분수를 파악하지 못하고 교만하여 아하스가 말해 준 것을 비웃었습니다. 결국 요아스의 충고를 받지 않고 전쟁을 하다가 포로로 잡히게 되었습니다. 이 사건에 대하여 역대하 25장에서는 아마샤 왕이 에돔과의 전쟁에서 승리한 다음에 에돔의 우상을 가져다가 자신의 신으로 고백하며 경배했는데, 그것에 대한 하나님의 심판으로 설명하고 있습니다. 하나님보다 우상을 사랑하고 의지했기 때문에 심판이 있었습니다.

2. 예루살렘 약탈

아마샤가 요아스의 말을 무시하고 계속 대적했습니다. 북이스라엘왕 요아스가 먼저 선제 공격하여 올라와 남유다 왕 아마샤를 유대 땅벤세메스에서 대면하게 되었습니다. 아마샤의 어리석고 교만한 마음과태도 때문에 왕과 백성이 곤경에 빠지게 되었습니다.

벤세메스는 북이스라엘의 최남단에 위치한 욥바와 남유다의 심장부인 헤브론의 중앙에 위치한 지역으로서 남유다를 효과적으로 공략하기위해서는 반드시 전략적인 거점으로 삼아야만 했습니다.

심지어 에돔의 신을 섬길 때 선지자가 나타나서 그렇게 하면 안 된다고 외칠 때 선지자까지 미워하고 복음을 무시하여 하나님의 징벌이임할 수밖에 없었습니다. 우상숭배와 교만을 심판하기 위하여 판단력이 흐려지게 하신 것입니다.

남유다가 북이스라엘 앞에서 전쟁에 패하여 각기 장막으로 도망쳤습니다. 이 패망은 전쟁 뒤에 역사하시는 분이 하나님이심을 드러내고있습니다. 이것은 전쟁이라기보다는 아마샤에 대한 심판이라고 봐야합니다.

북이스라엘 왕 요아스가 아하시야의 손자 요아스의 아들 남유다 왕아마샤를 벤세메스에서 사로잡고 예루살렘까지 쳐들어왔습니다. 아하스 왕이 아마샤 왕을 사로잡았습니다. 이것이 이 전쟁의 첫 번째 전과입니다.

그리고 두 번째 전과가 있다면 예루살렘 성벽을 에브라임 문에서부터 성 모퉁이 문까지 사백 규빗을 헐어버렸습니다. 남유다는 다윗의 자손들이 왕이 되는 중앙 성전과 왕의 전통성 그리고 신앙적인 권위가 있었던 나라였는데 마음이 교만해졌을 때 모든 것이 다 물거품이 되었습니다. 에브라임 문이나 베냐민 문이라고 불렀는데 예루살렘 성읍 북쪽에 위치하여 베냐민 지파나 에브라임 지파가 있는 땅으로 통하는 통로가 되었기 때문입니다. 그리고 성벽을 약 200미터를 헐고 공략한 것입니다. 과거에 아합의 외손자인 아하시야 왕이 예후에 의해서 죽음으로 여호와의 징계를 받았듯이, 아마샤가 요아스에게 패배하여 포로가 된 것은 우연한 일이 아니라 에돔과의 전쟁에서 승리한 다음에 교만해지고 우상숭배를 했기에 그에 대한 징벌임을 밝히고 있습니다.

또 여호와의 성전과 왕궁 곳간에 있는 금, 은과 모든 기명을 탈취하고 또 사람을 볼모로 잡아 사마리아로 돌아갔습니다. 요아스 왕은 하나님을 경외하지 않는 자로서 예루살렘 성전을 훼파하고 성전을 약탈했습니다. 이것은 훗날에 히스기야 왕이 앗수르 왕 산헤립에게 모든 것을 조공으로 바치는 사건과 이후에 바벨론에게 모든 것을 빼앗기게 될 것을 예시하고 있습니다.

그리고 많은 사람을 볼모로 사로잡아 갔습니다. 요아스 왕은 아마샤 왕과 젊은이들을 잡아갔습니다. 우상숭배는 개인이나 국가가 망하는 지름길입니다. 교만한 마음도 그렇습니다. 우리 모두 하나님 앞에서 겸손합시다.

3. 북이스라엘의 제12대 왕 요아스

요아스의 남은 사적과 그가 누린 권력과 유다 왕 아마샤와 싸운 일은 이스라엘 왕조실록에 기록되어 있습니다. 갑자기 북이스라엘의 제12대 왕 요아스에 대하여 기록하고 있습니다. 그 이유는 아마샤와 요아스의 관련성 문제 때문입니다. 아마샤는 전쟁에서 패하자 요아스에게 사로잡혀 갔습니다. 사마리아에서 아마샤는 요아스가 죽을 때까지 살다가 죽은 후에 예루살렘으로 돌아올 수 있었습니다.

요아스의 죽음과 그 아들 여로보암 2세의 즉위가 있었습니다. 요아스가 죽어 사마리아 성에 장사되었습니다. 그 대를 이어 여로보암 2세가 북이스라엘의 제13대 왕이 되었습니다.

북이스라엘 왕 요아스가 죽은 후에도 남유다 제9대 왕 아마샤가 예루살렘으로 돌아와서 십오년을 더 생존했습니다. 십오년 동안 남유다를 더 통치하게 됩니다. 그러나 아마샤는 신하들의 모반으로 죽임을 당했습니다. 아마샤의 뒤를 이어 아들 아사랴가 왕위에 오르게 됩니다.

아마샤 왕의 남은 행적은 유다 왕조실록에 기록되어 있습니다. 예루살렘에서 일어난 반란으로 아마샤가 라기스로 도주했습니다. 반란군이 라기스로 군사를 보내어 아마샤를 죽였습니다. 아마샤는 피살되었습니다. 그리고 아마샤의 시체를 말에 실어 와서 다윗성에 장사했습니다. 열왕기서는 '등극 공식'과 '죽음 공식'이 있습니다. 남유다의 아마샤를 심판하기 위하여 북이스라엘의 요아스 왕을 사용하신 하나님의 섭리를 말해 주고 있습니다.

북이스라엘에서는 요아스 왕이 죽은 다음에 아들 여로보암 2세가 왕위에 즉위했습니다. 여로보암 2세는 북이스라엘의 제13대 왕이 되었습니다. 예후 왕조의 제4대 왕입니다. 하나님의 약속의 실현입니다(왕하 10:30). 여로보암은 '백성이 많이 번성하기를 원한다'라는 뜻입니다. 여로보암 2세 때 북이스라엘은 최대의 번성기를 맞이하게 됩니다. 종교적으로는 암흑기로서 요나와 아모스 선지자가 활동한 시기입니다.

4. 아마샤의 아들 아사랴가 남유다 제10대 왕에 즉위

남유다 백성들이 아마샤를 대신하여 아마샤의 아들 아사랴를 왕으로 세웠습니다. 아마샤는 남유다의 왕으로서 하나님을 멀리했습니다. 율법을 무시하고 언약 백성에게 언약을 지키지 못하게 만들었습니다. 그 결과로 포로가 되지만 회개하지 않았습니다. 회개하지 않다가 다시 왕좌를 차지하지만 신하들의 반역으로 죽임을 당했습니다. 회개했으면 그렇지 않았을 것입니다. 아마샤 왕이 심판의 대상이 된 이유는 정치적인 관점보다는 하나님의 공의입니다. 여호와를 버렸기 때문에 당한 고난이었습니다.

아사랴가 왕이 된 때 그의 나이는 십육 세였습니다. 남유다의 제10대 왕입니다. 이름은 '여호와께서 도우셨다' 라는 뜻입니다. 역대하 26장 1절에는 웃시야로 기록됩니다. 웃시야는 공식적인 왕명이고 아사랴는 본명으로 보입니다.

아마샤가 죽은 후에 아사랴 왕이 엘랏을 건축하여 유다에 귀속시켰습니다. 엘랏은 남부 아라비아와 애굽과 베니게를 연결하는 주요 통상로입니다. 과거에 솔로몬 왕과 여호사밧 왕이 해상 활동의 근거지로 삼았던 아카바만 최북단에 위치한 항구 도시입니다. 이 도시는 다윗 왕이 정복했었는데 여호람 왕 때에 에돔에게 빼앗겼고 아사랴 왕이 다시 찾아온 것입니다.

제51강
열왕기하 14장 23-29절

여로보암 2세와 요나 선지자

열왕기하는 남북 왕들을 비교해 가면서 기록하고 있는 것이 특징입니다. 지금까지 남유다의 왕 아마샤에 대하여 기록해 주었습니다. 그리고 북이스라엘 왕 여로보암 2세에 대하여 기록하고 있습니다. 북이스라엘의 여로보암 2세는 어떤 왕이었을까요?

1. 여로보암 2세의 통치

남유다 왕 요아스의 아들 아마샤가 왕위에 오른 지 십오년에 북이스라엘 왕 요아스의 아들 여로보암 2세가 왕이 되었습니다. 여로보암 2세는 북이스라엘의 13대 왕이었습니다.

여로보암 2세가 사마리아에서 왕이 되어 사십일 년간 다스렸습니다. 여로보암 2세는 북이스라엘 왕들 중에 가장 오랫동안 통치한 왕이었습니다. 사십일 년간이나 통치했습니다.

여로보암 2세는 정치적으로나 경제적으로 큰 번영과 발전을 가져온 왕이지만 일곱 절만 기록하는 이유가 무엇일까요? 하나님 보시기에 악한 왕이었기 때문입니다. 항상 평가의 기준은 하나님 보시기에 선하냐

악하냐의 문제입니다.

성경말씀은 세상적인 관점에서 역사를 기록하는 것이 아니라 구속사, 구원 역사적인 관점에서 기록한 책이기 때문에 그렇습니다. 모든 인물들을 평가할 때 자신의 평가도 있고 사람들의 평가도 있지만, 하나님의 평가가 제일 정확하고 공정한 평가인 것입니다.

여로보암 2세는 여호와 보시기에 악을 행했습니다. 북이스라엘로 하여금 범죄하게 만든 느밧의 아들 여로보암 1세의 모든 죄에서 떠나지 않았습니다. 남유다의 왕과 달리 북이스라엘의 왕들은 여호와 보시기에 악을 행했습니다. '여호와의 눈 안에' 악입니다. 우리도 눈에 거스린다는 말을 사용합니다. 여로보암 2세가 지경을 넓히지만 하나님의 눈에는 거스르는 행동들이 있었습니다.

여로보암 1세의 죄가 무엇이었습니까? 벧엘과 단에다 제단을 만들고 금송아지 우상을 숭배한 것이 죄였습니다. 금송아지를 하나님으로 생각하여 섬긴 것입니다. 송아지 우상입니다. 송아지를 하나님이라고 불렀습니다. 이것은 십계명에서 '우상을 만들지 말라'는 두 번째 계명에 대한 위반일 뿐만 아니라 하나님과 금송아지를 동일시하여 하나님의 거룩성에 대해 훼손한 죄입니다.

또 벧엘과 단에다 제단을 만든 죄입니다. 단일 성소는 예루살렘 성전입니다. 예배의 장소를 자기 마음대로 바꾸고 만드는 것도 죄악 중의 하나입니다. 나를 부르신 곳이 어디인가? 주의 음성이 들려온 것이 어디인가? 내가 섬기고 발전시켜야 할 곳이 어디인가?

그리고 레위인이 아니라 평민을 제사장으로 삼았습니다. 지금으로 말하자면 하나님의 섭리 가운데서 신학공부도 하고 노회에서나 총회에서 인정하는 사람으로 지도자를 삼는 것이 합당한 것입니다.

하나님이 제정하신 절기도 자기 마음대로, 편리를 따라서 옮기거나 좋은 대로 정해서 지켰습니다. 여로보암 1세는 종교적인 의식까지도 정치적으로 통치했던 왕입니다. 이것이 하나님의 진노를 사게 되었고, 북이스라엘이 지상에서 멸망 받게 된 근본적인 동기가 되었습니다. 이런 죄를 반복했던 왕이 여로보암 2세였습니다. 여로보암 2세도 여로보암 1세의 죄악을 떠나지 않았기 때문입니다.

사랑하는 성도들이여! 조상적부터 내려오던 잘못된 죄악들을 버리십시오. 악은 모든 모양이라도 버리는 것이 하나님의 뜻입니다. 바울은 구습을 좇은 옛 사람을 벗어버리라고 명령했습니다. 새 사람답게 예수 그리스도로 옷 입고 새로운 삶, 천국 백성의 삶을 살기를 바랍니다.

2. 요나의 예언

북이스라엘의 하나님 여호와께서 가드헤벨 아밋대의 아들 선지자 요나를 통하여 말씀하셨습니다. 요나의 예언처럼 여로보암 2세가 북이스라엘의 영토를 회복하였는데 하맛 어귀에서부터 아라바 바다까지입니다.

하맛은 오론테스 강을 끼고 있는 수리아 중부의 성읍으로 북이스라엘과 수리아가 종종 분쟁하던 지역입니다. 아라바는 요단 계곡에서 홍해의 아카바 만에 이르는 저지대를 가리킵니다. 즉 사해 바다입니다. 남유다와 모압 사이를 구분하는 경계로서 북이스라엘이 차지할 수 있는 최남단의 땅입니다. 하맛과 아라바는 다윗 시대에 북이스라엘의 영토를 의미하는 말입니다. 여로보암 2세는 모압까지 예속시켰습니다.

여로보암 2세의 가장 독특한 특징은 영토를 확장한 것입니다. 영토 확장은 물론 북이스라엘 왕들 중에 국가적으로 가장 전성기를 만들었던 왕이었습니다. 중요한 것은 영토 확장의 주체가 누구였는가? 이스라엘의 하나님이셨습니다. 요나 선지자나 여로보암 2세가 주체가 아니었습니다. 그들은 하나님이 사용하신 도구에 불과한 사람들이었습니다.

하나님의 말씀을 전달한 자가 누구였는가? 요나는 영적으로 하나님의 종이었습니다. 종이라는 직분이 우리에게는 한없이 낮고 천한 노예와 같이 생각되지만, 하나님과 관련될 때는 세상의 어떤 직분보다 명예롭고 지위와 신분이 보장된 직분입니다.

또 육체적이고 혈통적으로는 가드헤벨 아밋대의 아들이었습니다. 가드헤벨은 '그 우물가의 포도주틀'이라는 뜻입니다. 요나는 아밋대의 아들이었습니다. 아밋대는 '참되다, 진실하다, 충성되다'에서 유래된 '믿을 만한'이라는 뜻입니다. 요나는 B.C. 780년경에 호세아, 아모스 선지자와 함께 활동했습니다.

요나의 신분은 선지자였습니다. 요나는 하나님의 뜻대로 행하는 선지자였습니다. 오늘 말씀을 근거로 여로보암 2세 때에 활동한 선지자로 보여집니다. 선지자 요나를 통하여 선포된 하나님의 말씀을 듣고 여로보암 2세는 영토 확장에 힘을 썼고 그런 복을 받은 것입니다.

당시 국제적인 정세는 어떤 형편에 있었을까요? 여로보암 2세가 즉위할 당시 북이스라엘에 깊은 영향력을 행사하던 아람 나라가 점차 세력을 잃어가고 있을 때 메소포타미아 지역의 신흥국으로 앗수르가 아람 나라를 침공하는 사건이 발생하게 됩니다.

여로보암 2세는 이런 국제적인 정세를 이용하여 다윗과 솔로몬 시대에 차지했던 북부 지역의 대부분을 회복할 수 있었습니다. 이것이 외적인 요인이라면, 내면적이고 근본적인 이유도 있었습니다. 그것이 무엇입니까?

두 가지 이유가 있습니다. 첫째는, 여호와께서 북이스라엘의 고난이 심하여 매인 자도 없고 놓인 자도 없고 이스라엘을 도울 자도 없음을 보셨기 때문입니다. 역사의 주인 되시는 하나님께서 개입하셨다는 뜻입니다.

역사적으로 애굽에서 이스라엘 백성들이 고통받을 때 그 고통의 신음소리를 들으시고 모세를 통해 구원해 주신 것처럼 아람 나라의 압제 때문에 고통 당할 때 하나님께서 여로보암 2세에게 영토를 회복할 수 있는 복을 주신 것입니다.

아람 나라가 북이스라엘을 공격하여 나라를 약하게 만들고 있는 것까지 다 강탈해 갈 때, 놓인 자나 매인 자나 다 힘이 없었습니다. 하나님은 하나님의 백성이 잘못했을 때 징벌과 징계를 내리십니다. 그러나 아주 멸하지는 않습니다. 항복할 때 구원해 주시는 은혜로우신 하나님이십니다.

둘째는, 이스라엘의 이름을 천하에서 없애겠다 하지 않았습니다. 이 것이 무슨 뜻입니까? 하나님은 북이스라엘 백성이 우상을 숭배하고 그 릇된 신앙 생활과 정치적인 삶을 살고 있었지만 조상들과의 언약을 기억하셨습니다. 후손들은 언약에 신실하지 않았지만 하나님은 언약에 신실하셨습니다.

그러므로 요아스의 아들 여로보암 2세의 손으로 구원하도록 역사하셨습니다. 여로보암 2세의 개인적인 능력으로 땅을 되찾은 것이 아닙니다. 군사력이 튼튼해서 땅을 회복한 것도 아닙니다. 하나님께서 언약에 신실하시기 때문에 하나님의 은혜로 되찾은 것입니다. 북이스라엘의 구원도 하나님이 이루신 것이고 계획을 실천하신 분도 하나님이십니다. 여로보암 2세는 하나님이 사용하신 도구일 뿐입니다.

그런데 여로보암 2세 때 활동한 선지자 중 아모스는 뭐라고 예언했을까요? 아모스는 여로보암 2세가 하나님의 은혜로 땅을 회복하고 되찾았지만 하나님의 은혜를 잊어버리고 하나님의 복도 잊은 왕으로서 자기에게 영광을 돌리고 자기의 수고와 노력으로 되었다고 주장하기 때문에, 복이 변하여 저주가 되고 넓은 영토에 대한 감사가 없어서 심판의 대상이 될 것을 예언했습니다.

3. 여로보암 2세에 관한 기록

여로보암 2세의 남은 사적과 모든 행한 일과 싸운 업적과 다메섹을 회복한 일과 이전에 유다에 속하였던 하맛을 북이스라엘에 돌린 일은

이스라엘 왕 역대지략에 기록되지 아니하였느냐? 남유다와 북이스라
엘의 '왕의 등극이나 죽음 공식'이 그대로 적용되고 있습니다.

여로보암 2세가 그 조상 이스라엘 왕들과 함께 자매 사마리아에 장
사되고, 그의 아들 스가랴가 대신하여 왕이 되었습니다. 스가랴는 북이
스라엘의 제14대 왕입니다. 여로보암 2세가 죽은 다음에 예후 왕조는
어떻게 되었을까요?

여로보암의 아들 스가랴가 왕위에 오르지만 6개월도 못 되어 살룸
에게 피살 당했습니다. 예후가 왕위에 오를 때는 하나님의 은혜를 잊지
않을 사람처럼 행동했습니다. 그러나 예후도 하나님의 은혜를 잊은 왕
이었습니다. 그리고 회개하지 않았습니다. 그 결과 예후 왕조는 아하
스, 여로보암 그리고 스가랴를 끝으로 4대만에 끝나게 된 것입니다.

열왕기하서를 보면서 이런 생각을 하게 됩니다. 하나님의 은혜로 구
원받는 것은 사실입니다. 그렇다고 아무렇게나 말하고 행동하면서 살
수 있는 존재는 아니라는 사실입니다. 하나님의 은혜로 구원받았으면
부지런히 하나님의 뜻을 익히고 배워서 하나님의 뜻대로 살아야 하나
님의 은총과 복이 후손들 천 대까지 이른다는 결론입니다.

그리고 회개할 때 회개해야 합니다. 형식적으로 회개하면 하나님은
속지 않으십니다. 자기만 속고 있을 뿐입니다. 회개하는 자가 성령을
받습니다. 하나님 나라, 천국을 차지하는 것입니다.

역사를 봅시다. 예후 왕조가 사대만에 끝이 났습니다. 하나님의 은
혜를 잊고 회개하지 않았습니다. 어떤 결과를 가져왔을까요? 예후 왕조
가 끝나자마자 북이스라엘 나라는 급속도로 약해졌습니다. 쇠퇴기에
접어들면서 주전 722년경 앗수르의 공격으로 완전히 멸망을 하게 됩니
다. "보라 지금은 은혜 받을 만한 때요 보라 지금은 구원의 날이로다."

제52강
열왕기하 15장 1-7절

아사랴와 요담

열왕기하 14장에서는 남유다 제9대 왕 아마샤의 통치와 북이스라엘 제13대 왕 여로보암 2세의 통치에 대해서 기록해 주었습니다. 14장에서는 남북 왕 한 사람씩만 기록했지만 15장에서는 남유다의 두 왕과 북이스라엘의 다섯 왕에 대하여 기록하고 있는 것이 특징입니다.

남유다의 두 왕, 아사랴와 요담은 선정을 베푼 왕으로 소개하고 있습니다. 그러나 아사랴는 산당 제사에 대한 징벌로 나병 환자가 되었습니다. 요담 역시 산당 제사에 대한 징벌로 아람 왕 르신과 북이스라엘 왕 베가의 침략을 받게 됩니다.

북이스라엘의 경우는 더 비극적이었습니다. 다섯 왕 모두 악정을 베풀었을 뿐 아니라 모반과 살인으로 얼룩진 왕위 찬탈의 악순환이었습니다. 스가랴, 살룸, 므나헴, 브가히야, 베가 왕 등이 그랬습니다.

남북 왕조는 하나님의 언약 백성들로서 하나님을 나타내고 하나님을 보여주어야 할 책임과 사명이 있는 나라였지만 그렇지 못했습니다. 구속사의 주역이 되지 못하고 타락하여 하나님의 징벌을 받아 마침내 멸망하게 되는 비운의 나라로 전락하게 된 것입니다.

우리도 세상 사람들에게 하나님이 살아 계심을 나타내고 보여주어

야 할 사명이 있는 사람들입니다. 성도로서의 사명도 감당하고, 교회로
서 하나님을 다른 사람들에게 나타내는 영적인 사명자들이 다 되기를
바랍니다. 바울은 '내가 복음을 전하지 아니하면 화가 있으리로다. 나
는 복음에 빚진 자로다' 그런 심정을 가지고 세상을 살았습니다.

1. 아사랴의 통치

북이스라엘 왕 여로보암 2세가 왕위에 오른 지 이십칠년에 아마샤
의 아들 아사랴가 남유다 제10대 왕에 즉위했습니다. 당시 아사랴가 왕
위에 오를 때의 나이가 십육 세였고 예루살렘에서 남유다를 오십이 년
동안 통치했습니다(BC 791-739). 므낫세 왕이 오십오 년을 통치한 것에
비하면 짧지만 오십이 년은 상당히 긴 통치 기간이었습니다.

역대하 26장에서는 일관되게 아사랴의 이름이 '웃시야'로 나옵니
다. 아사랴 왕은 스가랴 선지자가 살아 있을 동안에는 스가랴 선지자의
지도를 잘 받았기 때문에 블레셋을 정복하고 암몬 족속으로부터 조공
을 받았습니다. 하지만 스가랴 선지자가 세상을 떠난 후에는 아사랴 왕
이 교만해져 왕의 본분에서 벗어나 제사장의 고유 직무인 성전에 들어
가 마음대로 분향하다가 하나님의 진노로 나병 환자가 된 사람입니다.

아사랴의 타락과 교만은 자기 할아버지 요아스가 제사장 여호야다의
지도를 받을 때에는 바르게 살다가 여호야다가 죽은 다음에는 타락하여
우상숭배를 한 경우와 비슷합니다. 사람은 왕이라 할지라도 신앙 지도
를 받지 않으면 교만해지고 타락하게 되는 법입니다. 이것이 영적인 타
락의 지름길입니다. 지금은 자기가 옳고 잘 걸어가는 것처럼 보입니다.
그러나 인간은 독불장군이 될 수 없습니다. 감독자의 지도를 받아야 올
바른 인생을 살 수 있고 신앙 생활도 바르게 할 수 있는 것입니다.

연대기적 난제에 대하여 27년을 15년으로 고쳐야 한다고 주장하지
만 공동 통치 기간이 있었다는 생각을 하면 쉽게 해결될 수 있는 문제

입니다. 공동 통치 기간을 누구에게 넣느냐에 따라 달라지기 때문입니다. 아사랴는 십육 세에 등극하여 즉 주전 791년경에 즉위하여 아버지 아마샤가 죽은 주전 767년경까지 24년 간을 공동 통치한 후 40세경에 단독 통치를 할 수밖에 없었습니다. 저자는 아사랴가 어린 나이에 왕위에 즉위했다는 것을 말해 준 것뿐입니다.

아사랴의 어머니는 여골리야이며, 예루살렘 출신이었습니다. 그리고 아사랴의 오십이 년 통치 기간은 아버지 아마샤와 공동으로 통치한 기간을 포함한 것입니다. 남유다의 왕을 말할 때 어머니를 언급하는 것은 다윗 왕조의 혈통을 언급하고 연속성을 말하기 위해 강조한 것입니다. 여골리야는 '여호와는 하실 수 있다, 여호와께서 지배하신다' 라는 뜻으로 여호와의 전능하심과 통치하심을 강조합니다.

아사랴가 아버지 아마샤의 모든 행위대로 여호와 보시기에 정직하게 행하였습니다. 아사랴 시대에 스가랴 선지자가 활동하면서 큰 도움을 주었습니다. 스가랴 선지자는 하나님의 묵시를 밝히 아는 자였습니다(대하26:5). 스가랴 선지자가 잘 인도해 주어 아사랴 왕은 전심으로 하나님을 구했습니다. 여호와를 구할 동안에는 형통한 사람이 되었습니다. 스가랴 선지자는 진실한 선지자였고 그의 인도를 받아 아사랴 왕도 초기 사역은 선정을 베풀었습니다.

다만 산당을 제거하지 않아 남유다 백성들이 여전히 산당에서 제사를 드리면서 분향했습니다. 아마샤와 아사랴가 산당은 제거하지 않았습니다. 남유다 왕을 평가할 때의 기준이 산당 문제였습니다. 산당 제사는 히스기야 왕 때 가서야 제거됩니다. 하나님은 중앙 성전 중심의 예배를 원하셨지만 다른 왕이나 백성들은 편리주의를 따라 산당에서 제사했습니다.

아사랴 왕이 나라가 강성해지자 제사장의 말을 듣지 않았습니다. 산당에서 분향하며 제사했습니다. 결국 자기 마음대로 예배하다가 나병 환자가 되었습니다. 겸손이 아름답습니다. 교만은 패망의 선봉이지만 겸손은 존귀의 앞잡이입니다. 겸손은 주님의 성품입니다.

2. 여호와의 징벌

여호와께서 아사랴 왕을 치셨습니다. 아사랴 왕은 하나님께 징벌을 받은 왕입니다. 사역 초기에는 여호와 보시기에 정직한 왕이었습니다. 그러나 사역 후기에는 교만해졌습니다. 제사장의 고유 사역인 제사를 자기 마음대로 드리다가 하나님께 형벌을 받은 것입니다.

아사랴 왕은 전쟁을 하여 승리했습니다. 많은 영토도 확장했습니다. 주변 나라들이 두려워하는 나라를 만들었습니다. 그런데 하나님께 영광을 돌리거나 하나님의 은혜를 잊지 말아야 하는데 그렇지 못했습니다. 자기의 왕권을 강화하려고 제사장만이 행할 수 있는 제사를 자기 마음대로 행하다가 하나님의 징벌을 받은 것입니다.

제사장이 만류했지만 듣지 않았습니다. 아사랴는 죽는 날까지 나병 환자가 되어 별궁에서 거하게 되었습니다. 왕은 모든 백성을 대표합니다. 왕이 나병 환자가 된 것은 당시 모든 백성들이 하나님 앞에서 볼 때에는 나병 환자와 같다는 뜻입니다. 아사랴 왕은 홀로 별궁에 십 년이 넘도록 거하면서 아들과 함께 섭정을 하였습니다.

열왕기하 5장에서 아람 나라의 나아만 장군은 이방인이지만 믿음으로 순종하여 나병이 나았습니다. 하지만 게하시는 유대인이지만 재물에 욕심이 생겨 거짓말을 하고 속이게 되면서 도리어 나병 환자가 되었습니다. 하나님은 순종하는 자를 사랑하십니다. 은혜와 복을 내리십니다. 반면 선민이라 할지라도 불순종할 때는 하나님의 징벌이 임합니다. 남유다의 아사랴 왕이 불순종하다가 나병에 걸리게 된 것입니다.

아사랴는 성 밖에 거하지 않고 왕이라는 특권 때문에 별궁에 거했습니다. 왕자 요담이 남유다의 왕이 되어 왕궁을 다스리며 그 땅의 백성을 통치했습니다. 이를테면 섭정이 시작된 것입니다.

아사랴에게 있어서 '여호와의 전에서 끊어졌다'(대하26:21)는 표현입니다. 이것은 무엇을 의미할까요? 명목상 아사랴가 왕이지만 왕으로서의 기능을 전혀 하지 못했다는 뜻입니다. 여호와와 단절된 상태, 관계가 완전히 단절된 상태를 말합니다. 신정 국가에서 통치권을 가지지 못하거나 하나님과의 관계가 단절된 것은 하나님 앞에 직접 나아갈 수 없는 것을 말합니다.

사랑하는 성도들은 하나님과의 관계를 회복하기 바랍니다. 하나님 앞에 기도하고 마음을 쏟아놓는 가운데 은혜와 능력을 받읍시다. 그리고 자기 사명을 잘 감당하는 성도가 됩시다.

3. 아사랴에 대한 기록

아사랴의 남은 사적과 행한 모든 일은 유다 왕 역대지략에 기록되어 있습니다. 아사랴가 그 조상들과 함께 자매 다윗 성에 조상들과 함께 장사되었습니다. 아사랴에 대해서도 즉위 공식과 죽음 공식이 적용되고 있습니다. 아사랴는 무려 52년 동안 남유다를 통치한 왕이었습니다.

유다 왕 역대지략은 솔로몬의 행장이나 이스라엘 왕 역대지략과 함께 왕실의 공식 문서입니다. 저자는 그런 것들을 참고했을 뿐만 아니라 필요하면 더 참고하라고 교훈하는 것입니다.

아사랴가 52년 동안 통치한 것에 비하면 너무나 보잘것없었던 것으로 평가합니다. 아사랴는 산당을 없애지 않아서 백성들이 우상숭배할 수 있는 길을 터놓는 결과를 만들었고, 자기 마음대로 제사행위를 하다가 나병 환자가 되었습니다. 사역 초기에는 겸손했으나 사역 후기에는 다른 왕들과 다를 바가 없었습니다.

아사랴의 아들 요담이 대신하여 남유다의 왕이 되었습니다. 새로운 왕의 등장입니다. 요담이 새로운 주인공이 되었습니다. 남유다의 11대 왕으로 등극했습니다. 주전 747년부터 731년까지 통치했습니다. 아버지와 함께 10년 정도 섭정을 했습니다.

아사랴가 죽자 요담이 남유다를 독립적으로 통치하게 됩니다. 요담 왕이 통치할 때 남유다는 번영을 누렸습니다. 국내적으로는 여러 지역에 망대를 세웁니다. 암몬을 정벌합니다. 강력한 통치자로 등장하게 되었습니다.

요담도 여호와 보시기에 정직했지만 성공적인 통치자는 아니었습니다. 당대에 활동하던 미가 선지자나 이사야 선지자의 예언을 보면 알 수 있습니다. 이사야 6장 1절을 보면 웃시야 왕이 죽던 해에 이사야 선지자는 하나님의 부름을 받았습니다.

웃시야 왕은 남유다 왕들이 묻힌 왕실 묘지에 안장된 것이 아니라 곁에 장사된 것으로 설명합니다. 그 이유가 무엇일까? 그것은 웃시야 왕이 나병 환자였기 때문에 그렇게 한 것입니다. 역대하 26장 23절에 "웃시야가 그의 조상들과 함께 누우매 그는 나병 환자라 하여 왕들의 묘실에 접한 땅 곧 그의 조상들의 곁에 장사하니라 그의 아들 요담이 대신하여 왕이 되니라"라고 했습니다.

작은 죄가 인생을 불행하게 만듭니다. 죽어서도 조상의 묘실에 들어가지 못하고 곁에 장사되었습니다. 작은 죄라도 가볍게 여기거나 하찮게 여기면 안 됩니다. 그 결과가 너무 혹독할 정도로 잔인하기 때문입니다.

하나님의 공의의 심판이 있습니다. 보응하시는 면이 있습니다. 골로새서 3장 25절에 "불의를 행하는 자는 불의의 보응을 받으리니 주는 사람을 외모로 취하심이 없느니라"라고 했습니다. 아모스 3장 2절에 "내가 너희 모든 죄악을 너희에게 보응하리라"라고 했습니다. 우리 모두 공의의 하나님 앞에서 칭찬과 영광과 존귀가 있는 성도가 됩시다.

384

제53강
열왕기하 15장 8-12절

스가랴와 살룸

열왕기하 15장 초반부에는 남유다 제10대 왕 아사랴의 통치에 대하여 기록해 주었습니다. 15장 나머지 부분에서는 북이스라엘의 다섯 명의 왕에 대하여 기록하고 있습니다. 어떤 내용일까요? 예후 왕가에 속한 북이스라엘 왕국의 제13대 왕 여로보암 2세에 이어 통치권을 잡은 제14대로부터 제18대까지의 왕들에 대한 기록입니다.

이 시기는 북이스라엘 왕국이 하나님의 선민으로서의 국가적인 위용을 완전히 잃어버리고 급격하게 몰락의 길을 걸었습니다. 예후, 여호아하스, 요아스, 여로보암 2세, 스가랴로 이어지는 예후 왕가의 몰락을 기록해 주고 있습니다. 특별히 여로보암 2세의 아들 북이스라엘의 제14대 왕이 된 스가랴는 왕으로 등극하여 여섯 달 만에 살룸에게 살해당했습니다. 스가랴가 살해 당함으로써 예후 왕조도 막을 내렸습니다.

1. 스가랴의 통치

남유다 제10대 왕 아사랴 제삼십팔년에 여로보암 2세의 아들 스가랴가 사마리아에서 북이스라엘 제14대 왕이 되어 여섯 달을 통치했습니다. 스가랴 왕의 죽음과 예후 왕가의 단절은 하나님께서 예후가 순종할 때, 아합 왕조를 철저하게 심판했을 때 사 대 동안 북이스라엘의 왕위를 주시겠다는 약속이 이루어진 것입니다. 이 약속은 89년 동안 예후의 후손 다섯 왕이 북이스라엘을 통치했습니다. BC 841-753년까지입니다.

스가랴는 '여호와께서 기억하신다' 라는 뜻으로 경건한 의미를 가집니다. 그러나 이름과는 달리 여로보암 1세의 죄에서 떠나지 않았습니다. 여호와 보시기에 악을 행했습니다. 그 결과 야베스의 아들 살룸에 의해 비참하게 죽임을 당했습니다.

스가랴 왕이 열조의 행위대로 여호와 보시기에 악을 행하고 느밧의 아들 여로보암의 죄에서 떠나지 않았습니다. 북이스라엘 왕들은 남유다의 왕들과는 달리 한결같이 여호와 보시기에 악을 행했습니다. 북이스라엘을 만들었던 여로보암 1세의 죄에서 떠나지 못하고 답습했습니다.

북이스라엘의 왕조와 여로보암 1세의 죄와는 뗄래야 뗄 수 없는 관계였습니다. 북이스라엘의 왕들을 볼 때 점점 더 심해지고 멸망을 향해 달려나간 것과 같았습니다. 스가랴 왕 자신도 문제였지만 조상으로부터 계속하여 전래되어 온 것들이 문제였음을 지적하고 있습니다.

북이스라엘의 왕들을 생각해 봅시다. 여로보암 1세로부터 시작된 죄악이 무엇입니까? 벧엘과 단에 제단을 비롯하여 금송아지 우상을 만든 것입니다. 레위인이 아닌 일반 사람으로 제사장을 삼았습니다. 그리고 절기도 마음대로 바꾸었습니다. 심지어 예루살렘 성전 중심적인 예배 생활을 할 때 벧엘과 단에서 제사했습니다. 하나님의 언약을 버리고 우상을 숭배하는 나라가 되었습니다.

제14대 왕 스가랴뿐만 아니라 주전 722년 제19대 왕 호세아 통치 제9년에 북이스라엘이 멸망하기까지 19명의 왕들 모두가 부정적인 평가를 받았습니다. 한 사람도 긍정적이거나 올바른 평가를 받은 왕이 없습니다. 19명 모두 여호와 보시기에 악한 왕들이었습니다.

잘못된 신앙을 계승 받았습니다. 죄의 계승입니다. 악의 계승입니다. 악순환이 계속된 것입니다. 그러므로 부모는 자녀에게, 지금 세대는 다음 세대 사람들에게 좋은 신앙의 모범을 보여줘야 할 사명이 있습니다.

스가랴 왕이 시해 당한 일을 생각할 때 첫 번째 책임은 본인에게 있습니다. 하나님 앞에서 죄악을 범한 사람은 다른 사람이 아니라 자기 자신이기 때문입니다. 혹 좋은 부모 밑에서 성장한 사람도 그릇된 자녀들이 있을 수 있습니다. 사무엘의 자녀 요엘과 아비야가 그랬습니다. 그러나 좋은 부모 밑에서 좋은 신앙의 인격을 배운 대부분의 사람은 그렇지 않습니다. 아브라함의 자녀가 이삭이고 이삭의 아들이 야곱이며 야곱의 아들이 요셉입니다. 좋은 부모가 되어서 자녀들의 앞날에 큰 은혜와 복이 임하기를 바랍니다.

2. 살룸과 스가랴

야베스의 아들 살룸이 반란을 일으켜 예후 가문의 마지막 왕인 스가랴를 죽입니다. 반역자의 주모자가 야베스의 아들 살룸이라고 설명했습니다. 야베스가 인명일 수도 있지만 지명일 수도 있습니다. 만약 지명이라면 길르앗 야베스로 이해하게 되고, 인명이라면 '야베스 출신의 아들 살룸'입니다. 당시 시대적인 상황을 고려할 때 길르앗 야베스와 사마리아 사이에 관계가 좋지 않았기 때문에 그 지역 사람들이 살룸을 중심으로 반란을 일으켰을 수도 있습니다. 하지만 대부분의 학자들은 '야베스'를 지명이 아니라 인명으로 이해합니다.

반역은 '모반'의 의미로, '어떤 것을 다른 것에 묶다, 어떤 유대 관계를 맺다'라는 뜻으로 볼 수도 있습니다. '생명과 생명이 결탁하다, 마음과 마음이 연락하다'라고 이해할 수 있습니다. 그러나 오늘 본문에서는 '은밀하게 공모하다, 배반하다'의 뜻입니다. 그러니까 살룸이 스가랴를 살해한 것은 공모나 배반의 의미가 강합니다.

살룸의 사악한 욕망을 충족시키기 위해서 마음과 뜻을 같이하는 사람들이 공모하여 반역을 저질렀다는 의미입니다. '욕심이 잉태한즉 죄를 낳고 죄가 장성한즉 사망을 낳느니라' 라고 했습니다.

살룸이 스가랴 왕을 백성 앞에서 처형하고 대신해서 왕이 되었습니다. 살룸이 스가랴 왕을 죽이는 장면을 소개하고 있습니다. 백성들 앞에서 왕을 쳤습니다. 그리고 죽였습니다. 친 동작과 죽인 동작을 구분하여 설명하고 있습니다. 세게 때려서 살해한 것을 말해 줍니다. 마치 가인이 아벨을 죽일 때 그렇게 죽였습니다. 애굽 사람이 히브리인을 그렇게 죽였습니다. 쉬운 말로 표현하자면 때려 죽인 것입니다.

저자가 때리는 것과 죽이는 것에 대하여 구분하여 기록한 이유가 무엇일까? 잔인하게 폭력을 사용하여 때리고 죽게 만든 것입니다. 실감나고 생생하게 기록해 주었습니다. 마치 눈앞에서 벌어지는 일처럼 느껴지는 장면입니다. 스가랴 왕의 처형은 공공연히 백성들 앞에서 실행했습니다. 스가랴 왕이 어떻게 통치했는지는 자세히 알 수 없지만 말그대로 실정입니다. 사회적인 혼란이 있었습니다. 그 책임을 물어서 심판한 것입니다.

거룩한 하나님의 백성은 과거로부터 전통적으로 내려오는 악습이나 세속적인 구습을 버려야 합니다. 북이스라엘 왕들이 멸망 받은 근본적인 원인은 여로보암 1세가 만들어 놓은 벧엘과 단에 있는 제단과 금송아지 우상을 버리지 못한 것입니다. 살아 계신 하나님을 믿는 자들은 잘못된 전통을 개혁할 필요가 있습니다. 새 사람이 되었으니 하나님을 따를지언정 구습을 따르는 옛 생활을 버려야 할 것입니다.

데살로니가전서 5장 14-15절에 "또 형제들아 너희를 권면하노니 게으른 자들을 권계하며 마음이 약한 자들을 격려하고 힘이 없는 자들을 붙들어 주며 모든 사람에게 오래 참으라 삼가 누가 누구에게든지 악으로 악을 갚지 말게 하고 서로 대하든지 모든 사람을 대하든지 항상 선을 따르라"라고 했습니다.

3. 스가랴 왕의 행적

스가랴 왕의 남은 사적은 이스라엘 역대지략에 기록되어 있습니다. 열왕기상 · 하의 저자는 남북 왕조의 왕들의 통치를 중심으로 성경을 기록했습니다. 왕의 '등극 공식' 과 '죽음 공식'의 방법을 채택하여 사용했습니다.

스가랴 왕은 통치 기간이 6개월밖에 되지 않았습니다. 6개월 통치하고 백성들 앞에서 살룸의 세력에 의해서 처형되었습니다. 그리고 이스라엘의 역대지략을 말한 것은 '솔로몬의 행장'이나 '유다 왕 역대지략' 처럼 왕실의 공식 문서를 참조하여 기록했다는 의미입니다. 저자는 스가랴 왕의 세속적인 업적이나 공로에 관심을 가지고 기록한 것이 아니라 하나님과의 신앙적인 관계, 결과가 무엇인가에 대하여 기록했습니다.

여호와께서 예후의 자손이 사 대에 걸쳐 북이스라엘 왕이 될 것이라고 말씀하신 대로 성취되었습니다. 12절은 이것을 강조하고 있습니다. 스가랴 왕이 6개월 만에 살해 당한 것은 통치에 대하여 실정한 탓도 있지만 근본적인 원인은 예후 왕가에 대한 하나님의 약속, 예언의 말씀의 성취였습니다.

하나님께서 예후를 가장 악한 왕 아합 왕가에 대한 심판의 도구로 사용하셨습니다. 예후는 하나님의 뜻대로 순종하여 북이스라엘 왕 요람과 아합의 왕자 70명, 태후 이세벨 그리고 남유다 왕 아하시야와 42명의 왕자들을 몰살시켰습니다. 철저히 오므리 왕조를 심판한 의의 병기였습니다. 예후는 왕이 된 이후에 바알과 아세라 선지자들을 죽였습니다. 우상을 제거하고 정치개혁과 종교개혁을 단행했습니다.

그러나 예후에게 큰 약점이 있었습니다. 여로보암 1세가 만든 벧엘과 단의 금송아지 우상은 지속하였습니다. 그러므로 제한적인 축복을 받은 사람입니다. 북이스라엘의 제11대 왕이 여호아하스, 제12대가 요아스, 제13대가 여로보암 2세, 제14대가 스가랴였습니다. 북이스라엘의 왕권은 다툼이나 반역에 의해서 이루어졌다기보다는 하나님의 뜻과 계획에 의해서 이루어진 것입니다.

그래서 신정국가, 신정국, 신정 정치라고 말하는 것입니다. 사람에 의해서 다 이루어지는 것 같지만 실상은 하나님의 계획과 뜻에 의해서 이루어지고 있기 때문입니다. 우리는 하나님의 절대주권을 믿습니다. 모든 것이 하나님 뜻대로 이루어집니다.

북이스라엘이나 남유다의 역사는 사람의 뜻이나 계획에 의해서 이루어지는 것이 아니라 하나님의 섭리와 뜻 때문에 이루어지는 것입니다. 특별히 선포된 말씀대로 이루어집니다.

열왕기하 17장 23절에 "여호와께서 그의 종 모든 선지자를 통하여 하신 말씀대로 드디어 이스라엘을 그 앞에서 내쫓으신지라 이스라엘이 고향에서 앗수르에 사로잡혀 가서 오늘까지 이르렀더라"라고 했습니다.

남유다의 멸망도 선지자가 예언한 대로 행하셨습니다. 물론 선지자가 예언한 것은 하나님께서 예언하도록 은혜와 복을 주신 것입니다. 열왕기하 24장 2절에도 "여호와께서 그의 종 선지자들을 통하여 하신 말씀과 같이 갈대아의 부대와 아람의 부대와 모압의 부대와 암몬 자손의 부대를 여호야김에게로 보내 유다를 쳐 멸하려 하시니"라고 했습니다. 하나님은 그냥 일하시지 않고 선지자들을 통하여 예언하신 대로 일하십니다.

선지자들이 왕과 백성을 향해 멸망을 예언할 때 회개했어야만 했습니다. 그러나 회개하지 않았습니다. 선견자나 선지자에게 부드러운 말을 하라, 거짓말을 하라, 우리에게 바른 말을 전하지 말라고 협박하고 압력을 가했습니다. 이사야 30장에 나타나는 사건입니다. 그 결과 남유다도 망하게 된 것입니다.

므나헴과 앗수르 왕 불

열왕기상·하의 공식은 왕의 등극과 죽음의 문제입니다. 그런데 반역을 하여 등극한 왕이 겨우 한 달 동안만 왕위에 올랐을 때도 왕의 등극과 죽음에 대하여 언급해야만 하는가? 그 까닭이 무엇인가? 한 달 동안 왕노릇 하거나 반역한 사람도 왕인가? 그리고 공식적으로 기록을 해야만 하는가?

1. 므나헴과 살룸

남유다 제10대 왕 웃시야 즉 아사랴 제삼십구년에 살룸이 북이스라엘의 왕이 되어 한 달을 다스렸습니다. 저자는 어떤 왕이든지 왕에 대하여 빠짐없이 기록해 주었는데 그 이유는 왕을 세우고 내리는 분이 하나님이심을 드러내기 위함입니다.

가디의 아들 므나헴이 디르사로부터 사마리아로 올라와 야베스의 아들 살룸을 죽이고 대신하여 왕이 되었습니다. 므나헴은 살룸을 죽이고 북이스라엘의 제16대 왕에 등극했습니다. 주전 752-742년까지 북이스라엘에 제7왕조를 세웠습니다. 므나헴이란 '위로자'라는 뜻입니다.

역사가 요세푸스에 의하면 므나헴은 북이스라엘의 제14대 왕인 스

가랴의 장군으로서, 북이스라엘의 초기 수도였으며 요새였던 디르사에
주둔하고 있었습니다. 그가 살룸 왕에 대항하여 반역할 수 있었던 것은
살룸은 왕위를 찬탈한 자로서 왕권이 약했기 때문입니다. 결국 살룸이
스가랴를 모반한 것이나 므나헴이 살룸을 모반하여 왕으로 등극한 것
도 단순한 쿠데타라기보다는 하나님의 계획 속에서 이루어진 일임을
밝히고 있습니다.

살룸의 남은 사적과 스가랴에 대한 모반은 이스라엘 왕조실록에 기
록되어 있습니다. 스가랴 왕이 6개월 동안 다스릴 때에 살룸이 반역으
로 왕이 되어 한 달 동안 통치했는데 이것은 북이스라엘 역사 속에서 7
일 동안 왕노릇 하다가 오므리의 반역으로 죽은 시므리 다음으로 짧은
기간이었습니다.

왕이 등극하여 짧게 통치한 것은 거의 대부분이 북이스라엘 자체가
안정되지 못했다는 것을 가리킵니다. 사회적으로나 정치적으로 불안정
했기 때문에 왕이 통치한 기간이 짧았던 것입니다.

남유다는 다윗 왕조를 이어 합법적으로 왕이 된 반면 북이스라엘은
정통성이 없는 사람들이 반역, 모반을 통하여 왕이 되었기 때문에 왕조
가 계속하여 바뀌었던 것입니다. 결국 왕들의 통치 기간이 짧았습니다.
한 달 동안이었던 살룸 왕의 통치는 북이스라엘의 내분과 분열 그리고
반역과 쿠데타가 많았던 것을 가르쳐 줍니다.

예수님의 말씀을 기억해야 합니다. "예수께서 그들의 생각을 아시고
이르시되 스스로 분쟁하는 나라마다 황폐하여질 것이요 스스로 분쟁하
는 동네나 집마다 서지 못하리라 만일 사탄이 사탄을 쫓아내면 스스로
분쟁하는 것이니 그리하고야 어떻게 그의 나라가 서겠느냐?" 마태복음
12장 25-26절에서 지적하신 말씀입니다.

북이스라엘은 반역과 모반의 역사 속에 많은 왕들이 등극하지만 짧
게 통치하고 마치는 현상을 보였습니다. 이것은 북이스라엘 나라가 불
안정한 나라임을 나타내지만 멸망도 얼마 남지 않았음을 말해 주는 것

입니다.

2. 므나헴과 딥사

므나헴이 반란에 성공하여 왕이 된 후에 디르사에서 와서 딥사와 그 사방을 공격했습니다. 왜 딥사를 공격했을까요? 그 이유가 무엇입니까? 딥사의 사람들이 므나헴을 왕으로 인정하지 않았고, 므나헴에게 성문을 열지 않았기 때문이었습니다.

그 결과 므나헴 왕이 딥사를 쳤고 아이 밴 부녀의 배까지 갈랐습니다. 특별히 므나헴이 디르사에서부터 사마리아로 올라왔다는 것은 므나헴의 권력 기반이 디르사를 중심으로 형성되어 있었음을 암시합니다. 므나헴이 디르사 출신이었다면 므낫세 지파 출신이었을 가망성이 있습니다.

므나헴의 혁명 기지로 디르사가 소개되었습니다. 디르사는 '기뻐하다' 라는 뜻입니다. 원래 가나안 사람의 성읍이었습니다. 여호수아가 점령하여 이스라엘 영토가 되었습니다. 여로보암 1세 때부터 오므리 왕 때까지 40년 동안 북이스라엘의 도성이었습니다. 디르사는 휴양지로서 아가서에 인용될 정도로 경관이 아름다운 곳입니다.

남유다 왕 아사랴 제삼십구년에 가디의 아들 므나헴이 북이스라엘의 왕이 되어 사마리아에서 십 년을 통치했습니다. 살룸은 한 달 동안 통치했지만 남겨놓은 일이 반역한 것밖에 없었습니다. 스가랴 왕을 죽이고 왕위에 올랐지만 므나헴에게 살해 당한 것은 예후 왕조를 끝내시려는 하나님의 섭리가 있었고, 개인적으로는 권력에 대한 욕심이 많아서 모반했던 것으로 기록하고 있습니다.

므나헴이 살룸을 죽이고 첫 번째 한 일이 딥사를 공격한 일입니다. 딥사는 솔로몬 당시 이스라엘의 동북 지경인 유브라데 강변에 있는 성읍을 가리킵니다. 딥사는 '유브라데 강변의 딥사' 가 아니라 '디르사 근처의 딥사'입니다. 므나헴이 모든 사람과 사방을 쳤습니다. 완전히 멸절시키려는 의도로 세게 치듯 공격했습니다.

성문을 열어주지 않았기 때문이었습니다. 므나헴의 통치에서 벗어나려고 성문을 굳게 닫았습니다. 맹렬한 저항입니다. 므나헴은 아이 밴 자까지 치고 찔렀습니다. 아주 잔혹한 행위를 자행했습니다. 이런 행위는 이방인들 세상에서나 있을 수 있는 행위였는데 북이스라엘 백성들 가운데서 일어났습니다. 이것을 저자가 기록하는 이유는 북이스라엘 백성이 타락하여 세상 사람들과 비슷하게 되었다는 점과 멸망이 가까워졌음을 의미하고 있는 것입니다.

그렇게 비정한 므나헴이 천연덕스럽게 왕위에 오르게 되었습니다. 므나헴의 모반이나 유혈 사태는 북이스라엘의 종말이 가까이 오고 있음을 시사하는 대목입니다. 므나헴이 10년을 통치하지만 악과 죄의 연속이었습니다. 당시 활동했던 선지자가 호세아와 아모스였습니다. 선지자들은 종교적인 죄악을 지적했습니다. 윤리 도덕적인 죄악을 지적했습니다.

심지어 므나헴 왕이 여호와 보시기에 악을 행하여 북이스라엘로 하여금 범죄하게 한 느밧의 아들 여로보암의 죄에서 평생 떠나지 않았습니다. 평생이라는 낱말이 므나헴의 악을 증명하는 말입니다. 아합보다 더욱 악했습니다. 므나헴은 여로보암의 죄에 평생을 빠져 살았습니다. 회복의 기미가 보이지 않았습니다. 멸망의 늪에 빠져서 나올 줄을 몰랐습니다. 왕은 어떤 의미를 가집니까? 왕은 그 시대의 백성을 대표합니다. 북이스라엘을 통치하는 왕이 우상숭배에 빠졌다는 것은 백성들도 빠졌다는 것을 뜻합니다. 그 결과는 하나님의 심판인 것입니다.

3. 앗수르의 불과 북이스라엘

앗수르 왕 불이 와서 북이스라엘을 공격했습니다. 불은 앗수르 왕

디글랏 빌레셀 3세의 별명입니다. 디글랏 빌레셀 3세는 베가 왕 때 북
이스라엘을 침공했으며, 남유다 왕 아하스의 요청으로 다메섹을 침공
했던 왕입니다.

디글랏 빌레셀 3세는 20년에 걸쳐 앗수르의 왕위에 있었던 자입니
다. 주요 정책은 팔레스틴 원정을 통하여 정치, 경제적인 이권을 차지
하는 정책이었습니다. 팔레스틴 지역은 애굽과 서남 아시아, 유럽을 잇
는 교통의 요충지였고 광물과 목재가 많은 곳이었습니다.

오늘 말씀은 주전 745년경에 발생한 앗수르의 1차 원정, 29절은 주
전 740~734년 사이에 발생한 앗수르의 2차 원정, 16장의 사건은 주전
732년경에 있었던 앗수르의 3차 원정으로 추정하고 있습니다.

므나헴이 은 일천 달란트를 불에게 상납함으로써 불의 도움을 받아
자신의 통치권을 굳게 세우고자 했습니다. 므나헴이 죽기 전에 세워진
디글랏 빌레셀의 비문에 므나헴이 바친 조공이 기록되어 있습니다. 디
글랏 빌레셀은 팔레스틴 지역만이 아니라 애굽의 경계까지 영향력을
행사했습니다.

므나헴 왕은 모든 부자들에게서 각각 은 오십 세겔씩을 거두어 불에
게 은 일천 달란트를 상납했습니다. 세금이 아니라 권력을 이용하여 강
제로 거둔 것입니다. 약 3만 명에게 강제 징수를 했던 것이지요.

노동자가 하루에 5만원을 받는다면 3,000억 정도의 돈입니다. 여호
와 하나님을 의지하지 않고 물질로 국난을 극복하려 했습니다. 므나헴
의 행동은 장기적이지 못했습니다. 일시적인 방법일 뿐이었습니다. 앗
수르에 의해서 북이스라엘의 멸망을 앞당기는 결과를 가져오게 된 것
입니다.

이 돈을 받고 앗수르 왕 불이 철군했습니다. 남유다의 히스기야 왕
도 앗수르의 침공을 조공으로 해결하려 하다가 오히려 연이은 침공을
받았습니다. 이후 바벨론 사신들에게 왕국의 모든 보화를 공개하는 어
리석음 때문에 남유다의 멸망을 초래하게 되었습니다.

므나헴은 하나님에게 손을 뻗치는 것이 아니라 앗수르 왕의 손을 잡으려고 했습니다. 자기의 왕권을 잡으려고 노력한 것이 아니었습니다.

므나헴의 남은 사적과 행적은 이스라엘 왕조실록에 기록되어 있습니다. 므나헴이 북이스라엘을 10년 동안 통치했지만 악한 왕으로 앗수르 왕에게 조공을 바친 일, 그것도 부자들에게 강제로 강탈하여 조공을 바친 일밖에 없다는 식으로 기록하고 있습니다.

다른 왕들은 신앙적인 측면의 약점만 기록했다면 므나헴의 경우에는 신앙적인 문제는 물론이고 백성들을 통치했던 측면까지 지적하고 있습니다. 므나헴 왕에 대하여 호평이 아니라 혹평하고 있습니다. 왕으로 인정하지 않는 딥사 성을 무자비하게 공격하여 아이 밴 사람들까지 무참히 죽였습니다. 얼마나 악한 왕입니까? 므나헴은 잔악한 왕이었습니다. 토색과 갈취의 왕이었습니다.

일시적인 평안과 권력을 유지하기 위하여 힘쓰던 므나헴 왕이 죽고 그 아들 브가히야가 대신하여 북이스라엘의 왕이 되었습니다. 하나님은 영원한 평화를 주시는 왕이십니다. 천지를 창조하신 하나님! 우리를 생명길로 인도하시는 하나님! 하나님 안에 기쁨과 감사가 있습니다.

므나헴 왕은 하나님보다 앗수르를 의지한 것이 죄악입니다. 자기의 왕위를 공고히 하려다가 사람을 많이 죽입니다. 심지어 백성들에게 세금이 아니라 돈을 강탈하다가 죽습니다. 정말 비참하게 살다가 죽은 왕입니다.

브가히야가 북이스라엘의 제17대 왕으로 등극했습니다. 주전 742-740년까지 통치했습니다. 므나헴 왕조의 마지막 왕이 브가히야 왕입니다. 브가히야는 '여호와께서 눈을 열다' 라는 뜻입니다. 이름만 좋았지 실제적으로는 여호와를 떠났던 여로보암을 닮은 왕입니다.

제55강
열왕기하 15장 23-31절

브가히야와 베가

브가히야와 베가는 어떤 관계입니까? 왕과 신하 사이입니다. 무슨 일이 발생할까요?

1. 브가히야 왕의 통치

남유다 왕 아사랴 제오십년에 므나헴의 아들 브가히야가 사마리아에서 북이스라엘 왕이 되어 이 년을 통치했습니다. 그러니까 주전 742년경에 왕위에 올라 주전 740년경에 반란으로 죽임을 당하게 되었습니다.

브가히야가 통치할 때 하나님의 사람은 호세아 선지자였습니다. 호세아 선지자가 전한 메시지가 무엇입니까? 하나님의 사랑입니다. 이스라엘을 그렇게 사랑했던 여호와 하나님을 버리고 우상이나 숭배하며 이방 나라를 의존하는 북이스라엘 백성으로 하여금 회개하고 돌아오기를 간절히 외쳤던 선지자입니다.

마치 남편 호세아의 사랑을 버리고 집을 뛰쳐나가 다른 남자와의 간음으로 자식을 낳은 고멜과 같은 민족을 향하여, 하나님의 사랑으로 회개하고 돌아오라고 외친 선지자가 호세아입니다. 북이스라엘 민족에게 있어서 최악의 암흑기였습니다. 영적으로 타락하고 윤리 도덕적으로 음란한 시대였습니다.

로암미, '내 백성이 아니다.' 로루하마, '내가 긍휼을 얻지 못하다.' 인간의 행복은 하나님의 백성이라는 정체성, 자긍심이 있을 때입니다. '이 세상 사람 날 몰라 줘도 나는 하나님이 알아 주는 하나님의 백성이야! 은행은 나를 외면하고 도와줄 친구도 없는 세상을 살고 있지만 하나님께서 나를 불쌍히 여겨주신다. 긍휼히 여겨 주신다.' 그 사람이 행복한 사람입니다.

브가히야 왕은 여호와 보시기에 악을 행하고 또한 북이스라엘로 하여금 범죄하게 한 느밧의 아들 여로보암의 죄에서 떠나지 않았습니다. 북방 이스라엘의 모든 왕들을 평가할 때 부정적인 평가를 하는 기준이 무엇입니까?

북이스라엘을 창건한 여로보암 1세의 죄악입니다. 브가히야 왕도 여로보암을 닮아 벧엘과 단에 있는 제단에서 금송아지 우상을 섬겼습니다. 마음대로 제사장을 세웠습니다. 절기도 하나님이 제정하신 날이 아니라 자기 형편을 따라 정했습니다. 예루살렘이 아니라 자기 편리한 곳에서 경배했습니다. 그것이 죄가 되었습니다. 하나님 보시기에 악한 왕이었습니다.

여러분은 타락하기 이전의 아담과 하와처럼 하나님 보시기에 좋은 사람, 아름다운 사람이 되기를 바랍니다. 그것이 복받는 유일한 비결입니다. 그러려면 성령의 인도를 받아 주님을 닮아 가는 삶을 삽시다.

2. 베가와 브가히야

브가히야 왕의 장관이었던 르말랴의 아들 베가가 반란을 일으켰습니다. 베가의 반란으로 브가히야 왕은 살해 당했습니다. 장관은 '왕의 손이 의지하는 자'로 병거와 관련된 말입니다. 당시 왕의 병거에는 세 사람이 탈 수 있었습니다. 말을 조종하는 병사와 왕 그리고 왕의 방패와 무기를 들고 다니는 군마 대장이었습니다.

군마 대장은 말이 갑자기 뛰거나 너무 빠르게 출발하면 왕이 중심을 잃을 수도 있기 때문에 그런 것을 예방하기 위하여 가죽끈을 잡고 왕 뒤에서 똑바로 서서 달리는 사람입니다. 왕을 보호하는 역할을 감당하는 사람입니다. 지금으로 말하자면 경호실장이겠지요? 베가는 브가히야 왕의 경호 담당자였습니다.

그런 베가가 길르앗 사람 오십 명을 데리고 사마리아 왕궁의 호위소에서 브가히야 왕과 아리곱과 아리에를 죽이고 북이스라엘의 제19대 왕이 되었습니다. 베가 왕은 아람 왕 르신과 동맹을 맺고 남유다를 침공하지만 앗수르에 의해 실패했습니다.

브가히야의 남은 사적과 행적은 이스라엘 왕조실록에 기록되어 있습니다. 북이스라엘 왕조의 역사를 보면 '반역과 암살'이라는 공식이 생겨납니다. 특별히 왕의 측근자가 반역했습니다. 늘 군대장관들이 왕을 살해하고 왕이 되는 역사였습니다. 북이스라엘의 역사를 생각할 때마다 느끼는 점이 무엇입니까?

하나님을 배반하고 우상을 숭배하거나 언약 백성으로서 언약에 신실하지 못할 때 나라가 항상 혼란에 빠지는데, 반역과 암살의 역사를 쓰고 있었습니다. 이것은 하나님을 사랑하지 않고 우상을 숭배한 죄에 대한 징벌이었습니다.

왕을 시해한 장소가 어디입니까? 왕의 호위소입니다. 왕의 호위소는 '요새, 높은 망대'로, 왕궁을 호위하는 중요한 요새이지만 모반을 일으키는 베가에게는 브기히야 왕을 죽이기에 가장 적합한 장소였습니다. 하나님만이 우리의 피난처입니다. 영원한 도피성은 하나님밖에 없습니다. 베가가 왕을 죽일 때 고관이나 친구들까지 다 죽였습니다.

등극 공식과 죽음 공식을 대입해 볼 때 죽음 공식에 강조점이 있으나 하나님 보시기에 악한 왕이라는 것 이외에 어떤 것도 기록되어 있지 않습니다. 반역으로 인하여 단명한 왕이었지만 좋은 일 또한 행한 것이 없는 왕으로 보입니다. 우리는 남은 생애를 하나님의 영광과 다른 사람의 유익을 위하여 살 수 있기를 바랍니다.

3. 베가 왕의 통치

남유다 왕 아사랴 제오십이년에 르말랴의 아들 베가가 북이스라엘 왕이 되어 사마리아에서 이십 년을 통치했습니다. 베가는 북이스라엘의 왕이 되어 주전 740년경부터 20여 년 동안 통치합니다.

베가 왕은 다른 성경을 볼 때 심각할 정도로 모순이 많이 있습니다. 그것이 무엇입니까? 사마리아 함락이 주전 722년이라는 것과 주전 747년경에 즉위하였던 남유다 제11대 왕 요담 제20년에 그가 죽임을 당했다는 30절의 보도와 모순이 됩니다. 앗수르에서 발견된 비문에 의하면 디글랏 빌레셀의 통치 기간이 18년간이었으며 그가 처음 이스라엘을 침공하였을 당시 므나헴이 이스라엘을 다스리고 있었다고 기록하고 있습니다. 12년이나 연대기적 문제가 대두됩니다.

이 문제에 대하여 학자들은 베가가 자기 출신 지역에 끼친 지도력에 대하여 설명합니다. 북이스라엘에 반란과 혁명이 있었습니다. 여로보암 2세 이후에 스가랴 왕은 6개월, 살룸은 1개월, 므나헴은 10년, 브가히야는 2년, 이렇게 복잡하고 혼란스러울 때 베가는 길르앗에서 12년을 통치하다가 8년을 북이스라엘에서 통치한 것으로 설명합니다.

이스라엘 왕 베가가 여호와 보시기에 악을 행하여 북이스라엘로 하여금 범죄하게 한 여로보암의 죄에서 떠나지 않았습니다. 이 시대에 활동한 하나님의 사람은 호세아였습니다. 하나님의 사랑을 강조하지만 이스라엘 백성은 회개하지 않았습니다. 호세아 선지자가 세상을 떠나자 다음해에 북이스라엘은 앗수르에 의해 멸망을 당하게 됩니다.

이 세상의 모든 것에는 때가 있습니다. 회개도 성령의 역사가 강력

할 때 철저한 회개자가 됩니다. 그렇지 않으면 복음 전파자를 미워하고
싫어하거나 거북하게 생각할 것입니다. 그러나 철저하게 회개하고 나
면 하나님의 사람만큼 귀한 사람이 없습니다. 마음에 행복이 깃듭니다.
가정이 평화롭습니다. 하나님 없는 세상은 허망합니다. 하나님이 계신
곳이 천국입니다.

4. 앗수르와 북이스라엘

베가 왕 때에 앗수르 왕 디글랏 빌레셀이 북이스라엘을 침공했습니
다. 디글랏 빌레셀이 북이스라엘의 땅 이욘과 아벨벳마아가와 야노아
와 게데스와 하솔과 길르앗과 갈릴리와 납달리 온 땅을 취했습니다. 가
나안 땅을 빼앗겼습니다. 아브라함과의 약속의 땅을!

그리고 디글랏 빌레셀이 차지한 땅의 백성들을 사로잡아 앗수르로
끌고 갔습니다. 디글랏 빌레셀 3세는 약 18년간 앗수르의 왕으로 통치
했습니다(BC 745-727). 지중해 연안에 있는 무역로를 장악하기 위하여
자주 팔레스틴 지역을 공격해 왔던 왕입니다. 디글랏 빌레셀은 아람과
북이스라엘의 연합군을 물리칩니다. 아람 왕 르신을 멸망시키고 북이
스라엘 왕 베가도 큰 타격을 받게 됩니다.

북이스라엘의 전역에 큰 피해를 입혔습니다. 백성들을 포로로 잡아
갔습니다. 이욘은 '폐허', 아벨벳마아가는 '압제하는 집의 초원', 야노
아는 '휴식', 게데스는 '성소', 하솔은 '둘레, 울타리', 길르앗은 '단단
한', 갈릴리는 '고리, 주변의 지방'이라는 뜻입니다. 디글랏 빌레셀은
철저하게 준비하고 전쟁하여 승리한 것입니다.

5. 호세아와 베가

웃시야 즉 아사랴의 아들 남유다 제11대 왕 요담 재위 이십년에 북

이스라엘에서 엘라의 아들 호세아가 반란을 일으켰습니다. 북이스라엘에 또 반역이 일어났습니다. 베가 왕을 호세아가 살해하고 호세아가 마지막 왕에 등극합니다. 베가(BC 740-732년)가 요담 이십년에 죽임을 당했다는 보도는 연대기적 모순을 가지고 있는 것처럼 보입니다.

이는 요담이 16년 동안(BC 747-731) 통치하였다는 33절의 기록과도 일치하지 않습니다. 많은 학자들은 필사자의 실수나 독법의 차이로 해석합니다. 그러나 왕들의 섭정 기간을 고려하면 해결할 수 있는 문제입니다.

호세아가 르말랴의 아들 베가를 살해하고 대신하여 왕이 됩니다. 앗수르의 문서에는 디글랏 빌레셀이 북이스라엘의 내정에 간섭하여 베가를 죽이고 호세아가 왕위에 오른 것으로 기록하고 있습니다. 디글랏 빌레셀이 호세아를 부추겨 반란을 도모한 것입니다.

호세아는 주전 732-722년까지 통치합니다. 이름의 뜻은 '구원하신다, 구원하시옵소서' 라는 뜻입니다. 이름과 달리 실제적인 삶은 정반대였습니다. 우리는 이름에 걸맞는 삶을 사는 것이 중요합니다. 디글랏 빌레셀이 죽은 이후에 조공 바치기를 거부했다가 3년간 앗수르 군대의 침공을 받았고 결국 주전 722년에 북이스라엘은 살만에셀의 공격을 받아 멸망하고 말았습니다.

호세아 왕이 북이스라엘을 통치할 때 하나님의 사람의 이름도 호세아였습니다. 당시 남유다를 중심으로 활동한 선지자는 이사야와 미가 선지자였습니다. 남유다를 향하여 예언한 내용이 무엇입니까?

예루살렘의 멸망을 예언했습니다. 그러면서도 남은 자의 구원을 예언했습니다. 회복을 약속했습니다. 그러나 북이스라엘은 하나님의 사랑을 전한 호세아 선지자의 메시지를 받아들이지 않았습니다. 그 결과가 무엇입니까? 멸망이었습니다. 완전한 죽음보다는 모든 것을 잃어버리게 되고 앗수르 나라에 포로로 잡혀가게 되었습니다. 하나님을 거부할 때 나타난 결과가 무엇인가? 포로 생활입니다. 여러분은 얻는 복, 돌아오는 복, 진정한 자유를 누리기를 바랍니다.

베가의 남은 사적과 행적은 이스라엘 왕조실록에 기록되어 있습니다. 남북 왕조의 왕들의 등극 공식과 죽음 공식이 있습니다. 베가 왕은 어떻게 죽었습니까? 죽음 공식입니다. '모든 일이' 표현되어 있습니다. 짧게는 8년(BC 740-732), 넓게는 20년(BC 752-732) 집권했습니다. 물론 섭정까지 포함한 것입니다. 베가는 브가히야의 반역과 앗수르의 침략으로 정신없는 통치를 했습니다.

요담과 아람과 북이스라엘

열왕기하 15장 초반부에는 남유다의 제10대 왕 아사랴에 대하여 다루었습니다. 8-31절까지는 북이스라엘의 다섯 명의 왕들이 통치한 일에 대하여 언급했습니다. 오늘 말씀에서는 다시 남유다 왕에 대하여 기록해 주었습니다. 반란과 암살로 인하여 암흑기를 걷던 북이스라엘과는 달리 남유다 왕국은 비교적 안정된 상황이었습니다.

1. 요담 왕의 통치 평가

북이스라엘 왕 르말랴의 아들 베가 재위 이년에 남유다 왕 웃시야의 아들 요담이 제11대 왕이 되었습니다. 요담은 아사랴의 아들입니다. 왕의 등극 공식과 죽음 공식이 적용되고 있는데 그 이유는 독자들로 하여금 이해를 돕기 위한 목적입니다.

남북 왕조를 잘 대조해서 생각할 수 있고 심지어 이방 나라까지 즉위 공식과 죽음 공식을 적용하여 기록해 준 것은 이해를 돕기 위한 배려입니다. 특별히 남북 왕조에 대하여 기록하는 목적이 있다면 같은 민족이고 같은 하나님의 백성들이었기 때문입니다.

요담이 즉위할 때 이십오 세였고 십육 년을 통치했습니다. 주전 747년부터 731년까지입니다. 요담은 아버지 웃시야가 제사장의 고유 권한인 제사장의 직무를 침범했다가 나병 환자가 되었기 때문에 아버지와 함께 섭정에 들어갔습니다.

요담의 어머니의 이름은 여루사이며 사독의 딸이었습니다. 요담 왕의 모친 이름과 신분을 밝히고 있는 이유가 무엇인가? 남유다 왕의 등극 공식 문구에는 요람과 아하스의 경우를 제외하고는 왕의 모친의 이름과 출신을 언급합니다. 북이스라엘에는 밝히고 있지 않은 이름을 밝히는 이유가 무엇입니까?

혹자는 다윗 왕가와 결혼한 것이 명망있는 가문임을 언급하고 왕후가 된 여인들에게 최고의 영예를 부여하기 위함이라고 봅니다. 그러나 그런 의미보다는 다윗 왕조의 혈통과 연속성에 대한 저자의 관심입니다. 다윗의 혈통을 이어받은 남유다 왕들을 소개하기 위함입니다. 또 다윗 왕가의 후손들이 명망있는 가문 출신의 어머니를 두고도 악에서 떠나지 못하였음을 밝히고 있습니다.

요담의 어머니는 여루사인데 뜻은 '소유'입니다. 사독의 딸로 소개되는데 다윗과 솔로몬 시대의 사독이 아니라 후손일 가능성이 큽니다. 왜냐하면 200년 이상의 시간적인 차이 때문입니다.

요담은 '여호와는 완전하시다'라는 뜻입니다. 요담 왕 시대에 남유다에서 활동하던 선지자는 이사야와 미가입니다. 이사야와 미가 선지자는 남유다에 만연해 있는 우상숭배와 형식적인 종교 행위에 대하여 책망하고 회개하기를 외쳤던 선지자입니다.

요담이 그 부친 웃시야처럼 여호와 보시기에 정직히 행했습니다. 요담 왕은 섭정 기간이 끝난 후에도 하나님 보시기에 정직했습니다. 남유다의 제11대 왕으로 통치했으며 평가와 치적이 있습니다. 하나님의 눈으로 볼 때 선했습니다. 하나님의 눈은 하나님의 판단력을 의미합니다.

열왕기서에서 왕들을 평가하는 기준입니다. 세속적인 업적이나 정책을 말하지 않습니다. 여호와 하나님과의 관계에 국한되어 있습니다. 요담은 정직했습니다. 곧은 성격의 사람입니다. 올바르게 판단하고 결정했습니다. 아버지 아사랴 왕을 닮은 점입니다.

그러나 산당을 제하지 않았으므로 백성들이 여전히 산당에서 제사를 드리고 분향했습니다. 남유다 왕들을 평가하는 기준이 산당 문제였습니다. 산당 제거의 유무가 개혁적인 왕인지 아니면 타협적인 왕인지를 평가했습니다. 요담 왕은 여호와 보시기에 정직하게 행했지만 산당을 제거하지 않았기에 부정적인 평가를 받을 수밖에 없었습니다.

그 결과가 무엇인가? 하나님의 백성들이 산당에서 제사하며 분향하는 결과를 가져왔습니다. 이것이 왕의 책임인 것입니다. 왕은 백성을 대표하는 사람으로서 하나님의 뜻대로 나아갈 수 있도록 돕는 사람이기 때문입니다.

또 산당을 제거하지 않은 죄악 때문에 아람과 북이스라엘의 침공을 당하는 징벌을 받게 되었습니다. 이사야와 미가 선지자의 외침이 있었지만 왕과 백성들은 선지자의 말에 귀를 기울이지 않았습니다. 여전히 산당이 존재했습니다. 요담 후에 아하스가 통치할 때는 우상숭배가 만연하고 우상의 제물로 자녀까지 불살랐던 것입니다. 몰렉 신까지 숭배했습니다. 그러나 남유다의 제13대 왕 히스기야가 등극하여 우상을 타파하고 산당을 불태웠습니다. 종교개혁이 일어난 것입니다.

요담 왕이 여호와의 전의 윗문을 건축했습니다. 여호와의 전 위쪽 문을 세운 것이 요담 왕의 치적이었습니다. 윗문은 성전 안마당의 북쪽에 있는 문으로서 '베냐민의 윗문'으로도 불립니다.

스가랴 14장 10절에 "온 땅이 아라바같이 되되 게바에서 예루살렘 남쪽 림몬까지 이를 것이며 예루살렘이 높이 들려 그 본처에 있으리니 베냐민 문에서부터 첫 문 자리와 성 모퉁이 문까지 또 하나넬 망대에서부터 왕의 포도주 짜는 곳까지라"라고 했습니다.

요담 왕은 아버지 아사랴가 성전에서 그릇된 마음으로 제사하다가 나병 환자가 된 것에 대하여 두려움을 가지고 성전 문을 건축한 것으로 보입니다. 요담이 성전에 대한 두려움을 가진 것은 역대하 27장 2절에 "요담이 그의 아버지 웃시야의 모든 행위대로 여호와 보시기에 정직하게 행하였으나 여호와의 성전에는 들어가지 아니하였고 백성은 여전히 부패하였더라"라고 했습니다. 이 구절에서 그의 심정을 알 수 있습니다.

요담 왕이 여호와의 전 윗문을 세웠을 뿐만 아니라 오벨성을 증축하였습니다. 역대하 27장 3-4절을 봅시다. "그가 여호와의 전 윗문을 건축하고 또 오벨 성벽을 많이 증축하고 유다 산중에 성읍들을 건축하며 수풀 가운데에 견고한 진영들과 망대를 건축하고"라고 했습니다.

요담이 이렇게 수도를 요새화하고 성읍을 건축한 이유가 무엇일까? 당시 국제적인 정세가 불안정했기 때문이었습니다. 앗수르의 세력이 강력해졌고 디글랏 빌레셀의 팔레스틴 진출 정책으로 남유다뿐만 아니라 북이스라엘과 아람 등도 위기에 처하게 되었습니다. 그래서 나라를 요새화하려고 노력했던 것입니다.

결론적으로 산당을 제하지 않고 보이는 성읍만 요새화시킨 것은 별것이 아니라는 지적입니다. 저자는 그런 의도에서 성문 건축을 작게 설명하고 있습니다. 저자는 안타까운 심정으로 기록한 것이겠죠? 우리는 영적으로 깨어있는 하나님의 군사들입니다. 외적인 것도 중요하지만 내적이고 영적으로 무장해서 승리하는 그리스도인들이 다 됩시다.

2. 요담과 아람과 북이스라엘

요담의 남은 사적과 행적은 유다 왕조실록에 기록되어 있습니다. 성경 저자가 열왕기하를 기록할 때 공식적인 문서를 참조하여 기록한 점을 강조했습니다. 그것은 왕조실록입니다.

요담 왕이 남유다를 다스린 때부터 여호와께서 아람 왕 르신과 북이스라엘의 르말랴의 아들 베가를 통해 남유다를 치셨습니다. 요담 왕이 초기에는 아람과의 전쟁에서 승리하고 조공까지 받았습니다. 이것은 요담 왕이 여호와 앞에서 정도를 걸을 때 얻어진 결과입니다.

그러나 요담 왕에 대하여 마지막 상황은 승리하고 기쁜 마음으로 기록하기보다 부정적인 측면에서 기록해 주고 있습니다. 긍정적이고 좋은 업적이 있음에도 불구하고 남유다가 멸망으로 달려갈 때 큰 영향을 끼칠 수밖에 없는 왕임을 드러내고 있습니다. 이것이 인간의 한계입니다. 사람은 능력이 많은 것 같아도 그렇지 않습니다.

요담 왕이 남유다를 통치하던 때에 아람과 북이스라엘이 연합하여 침공했습니다. 아람 왕 르신과 북이스라엘 왕 베가의 동맹은 이사야 7장 1절부터 8장 8절까지 잘 설명해 주고 있습니다. 두 나라가 연합하여 남유다를 침공한 사실은 역대상 16장에도 설명하고 있습니다. 이 두 나라의 침공은 남유다의 요담 왕 때도 있었고, 그 아들 아하스의 공동 통치 때에도 있었습니다.

그 이유가 무엇인가? 아람과 북이스라엘은 공동으로 앗수르를 대적하여 막고 싶은데 남유다가 친앗수르 정책으로 자기들과 동맹을 맺지 않은 것에 대한 보복이었습니다. 이런 시대적인 배경이 있었지만 저자는 신학적인 관점에서 기록하였는데, 남유다 왕 요담이 산당을 제하지 않음으로써 남유다 백성들이 산당에서 제사하며 분향하게 된 죄 때문에 하나님의 심판이 임한 것입니다.

하나님은 역사의 주관자로서 순종하는 자에게는 은혜와 복을, 불순종하는 자에게는 심판을 내리시는 분이십니다. 이방 나라까지 동원하여 하나님의 공의를 드러내고 있는 것입니다. 특히 아람과 북이스라엘이 연합하여 남유다를 공격한 것은 남유다에 대한 하나님의 징계였습니다.

요담 왕이 죽어 다윗성에 장사되고 그 아들 아하스가 남유다 제12대 왕이 되었습니다. 요담 왕의 죽음을 죽음 공식으로 설명했습니다. 아하스는 '붙들다, 소유자' 라는 이름입니다. 아하스는 남유다의 제12대 왕으로 20세에 즉위하여 주전 735-716년까지 통치한 왕입니다.

그 중 4년은 아버지 요담과 섭정했습니다. 주전 731년부터 716년까지 16년 동안은 단독으로 통치했습니다. 아하스 왕은 아람과 북이스라엘의 연합을 두려워하지 말라는 선지자의 메시지를 듣지만 무시했습니다. 하나님을 의지하지 않고 앗수르를 의지했습니다. 그래서 앗수르의 도움을 요청하지만 결국은 앗수르의 속국이 되었습니다. 이것이 이사야 7장의 내용입니다.

아하스 왕은 남유다 왕들 중에 독특하게 죽은 후에도 열왕의 묘실에 묻히지 못하는 불명예를 갖게 되었습니다. 역대하 28장 27절에 "아하스가 그의 조상들과 함께 누우매 이스라엘 왕들의 묘실에 들이지 아니하고 예루살렘 성에 장사하였더라 그의 아들 히스기야가 대신하여 왕이 되니라"라고 했습니다.

남유다 왕국과 북이스라엘 왕국의 차이점이 무엇입니까? 북이스라엘은 암살과 모반으로 왕위가 계승되는 반면 남유다는 정상적으로 왕위를 계승하고 있는 것이 다른 점입니다. 그러나 오늘 성경의 본문부터는 그 전통이 무너져 내리는 것을 보게 됩니다. 다윗의 언약 아래 있던 남유다 나라도 역시 북이스라엘 왕국과 다름없이 종교적으로 부패하고 타락의 길을 걷게 된 것입니다.

북이스라엘의 멸망이 가깝다는 증거가 무엇인가? 앗수르에 조공을 바치는 것과 앗수르에 포로로 잡혀갈 것을 예시하고 있습니다. 남유다도 열왕들을 볼 때 북이스라엘과 많이 다르지 않았습니다. 역사를 이끄시는 분은 주권자 하나님이십니다.

제57강
열왕기하 16장 1-9절

아하스와 아람과 북이스라엘

열왕기하 15장에서는 남유다의 제10대 왕 아사랴와 제11대 왕 요담의 사적과 북이스라엘의 제14대 왕 스가랴와 제15대 왕 살룸, 제16대 왕 므나헴과 제17대 왕 브가히야, 제18대 왕 베가의 사적을 다루었습니다.

열왕기하 15장을 볼 때 68년 동안 남유다는 두 명의 왕이 통치한 것에 비하여 북이스라엘은 21년 정도에 다섯 명이 통치하였습니다. 그 이유가 무엇입니까? 북이스라엘의 창건자 여로보암 1세의 죄에서 떠나지 않고 우상숭배와 암살의 역사를 썼기 때문입니다.

남유다는 가끔 선한 왕이 등장하여 하나님의 뜻을 좇고 성전도 수리하고 정직하게 행했습니다. 그런데 남유다도 제12대 왕 아하스가 등장하면서부터 급격히 타락하게 되었습니다. 아하스는 어떤 왕이었습니까?

1. 아하스의 악정

북이스라엘 왕 르말랴의 아들 베가 왕 재위 십칠년에 요담의 아들 아하스가 남유다 제12대 왕이 되었습니다. 아하스 왕의 통치 개요를 기록하고 있습니다. 아하스가 왕이 된 시점까지 밝히고 있습니다. 아하스가 정식적으로 왕위에 오른 시기는 주전 731년경입니다.

아하스가 왕이 될 때에 이십 세였고 예루살렘에서 십육 년을 통치했습니다. 아하스는 주전 735년경부터 731년까지 요담과 공동 통치를 하고 주전 731년경부터 단독 통치를 시작한 것으로 보입니다. 그리고 아하스 왕은 주전 716년까지 통치한 것으로 보입니다.

아하스는 본래 '여호아하스'가 본명입니다. '여호와께서 붙드셨다'라는 뜻입니다. 신앙적인 의미가 담겨진 이름이었습니다. 그런데 아하스는 이름과 달리 여호와를 의지하는 것보다 강대국을 의지하였으며 우상숭배까지 하였습니다.

그래서 저자는 아하스 왕이 그 조상 다윗과 같지 않고 하나님 여호와 보시기에 정직히 행하지 않았다고 기록했습니다. 아하스는 이십 세에 왕위에 오르고 십육 년을 통치한 왕입니다. 그러니까 주전 731년부터 716년까지입니다.

아하스 왕은 삼십육 세에 죽었습니다. 젊은 나이에 죽은 것입니다. 아하스 왕이 일찍 죽은 것은 하나님의 징벌로 이해해야 할 것입니다. 아하스 왕은 다윗처럼 하나님 여호와의 눈 안에서 선을 행하지 않았습니다. 왕을 판단할 때 가장 중요한 기준은 하나님의 눈, 판단입니다. 세속적인 업적이나 국가 정책이 아니라 하나님과의 관계가 중심입니다.

남유다 왕을 평가하는 기준은 다윗 왕입니다. 다윗 왕의 믿음과 행위를 따랐는지가 결정적으로 중요했다면, 북이스라엘 왕을 평가할 때의 기준은 여로보암 1세였습니다. 여로보암의 죄를 따라 갔느냐 아니면 따라 가지 않았느냐로 결정했습니다.

왕위에 오른 사람들이 다윗 왕의 혈통적인 자손이라는 의미도 있겠지만 그것보다 하나님의 기대 때문입니다. 북이스라엘은 여로보암, 남유다는 다윗인데 북이스라엘에게는 부정적인 평가 기준과 남유다에게는 긍정적인 평가 기준이 적용되었습니다. 그런데 남유다의 역사를 보면 아하스 왕 이전의 왕들도 평가 기준에 합당한 왕은 제3대 왕 아사뿐이었습니다. 물론 후에는 히스기야 왕이나 요시야 왕이 등장합니다.

아하스 왕은 어린 시절부터 좋지 못한 본을 배웠습니다. 그 결과 배도의 길을 걷게 됩니다. 악을 추종한 왕입니다. 그래서 아하스 왕은 북이스라엘 열왕의 길로 행하며 여호와께서 쫓아내신 이방 사람의 가증한 일을 본받아 우상에게 자신의 아들을 불살라 바쳤습니다.

아하스 왕에 대해 아주 부정적인 평가를 하고 있습니다. 대부분의 남유다 왕은 여호와 보시기에 정직히 행하였으나 다윗과 같지 않았다고 평가했는데, 아하스 왕은 다윗과 같지 아니하여 여호와 보시기에 정직히 행하지 않았다고 평가했습니다. 특별히 '북이스라엘의 열왕의 길로 행했다'가 강조되어 있습니다. 아하스 왕이 북이스라엘의 여로보암과 아합 왕을 본받아 악한 일을 행했습니다. 종교적인 죄악과 도덕적인 죄악을 저지른 왕입니다.

역대하 28장 2-4절을 보면 아하스 왕이 행한 일에 대하여 기록하고 있습니다. "이스라엘 왕들의 길로 행하여 바알들의 우상을 부어 만들고 또 힌놈의 아들 골짜기에서 분향하고 여호와께서 이스라엘 자손 앞에서 쫓아내신 이방 사람들의 가증한 일을 본받아 그의 자녀들을 불사르고 또 산당과 작은 산 위와 모든 푸른 나무 아래에서 제사를 드리며 분향하니라"라고 했습니다.

오늘 말씀에도 심지어 산당과 작은 산 위와 모든 푸른 나무 아래서 제사를 드리며 분향했습니다. 매우 충격적인 아하스 왕의 행동입니다. 이방 사람들이 섬기는 우상을 섬기는데, 몰렉 신까지 섬겼습니다. 자기 아들을 몰렉 신에게 바치는 인신제사까지 행했습니다. 암몬의 밀감, 밀곰도 같은 방법으로 제사했습니다. 몰렉이나 밀곰은 불과 번개, 전쟁을 주관하는 신으로 알려져 있습니다. 사악한 종교입니다. 이런 것을 왕이 행한 것은 북이스라엘의 멸망처럼 남유다도 멸망할 시기가 가까이 오고 있음을 암시합니다.

아하스 왕은 산당을 제거하지 않음은 물론 제사 행위까지 했습니다. 산당과 작은 산 그리고 푸른 나무 아래서 제사와 분향을 행했습니다. 이교적인 우상숭배에 몰입한 죄악을 지적합니다. 성경적인 세계관을 가집시다. 그래야 사람의 안목이 넓어지고 변화된 사람으로 살 수 있습니다.

2. 아람과 북이스라엘

남유다 아하스 왕 때에 아람 왕 르신과 북이스라엘 왕 르말랴의 아들 베가가 연합하여 예루살렘을 포위하였으나 싸우지는 못했습니다. 남유다는 친앗수르 정책을 펴고 있었고 아람과 북이스라엘은 반앗수르 정책을 펴고 있었습니다. 이 역사적인 사실이 이사야 7장부터 8장 8절까지 기록되어 있습니다. 아람 왕 르신과 북이스라엘 왕 베가가 동맹을 맺고 남유다를 공격했던 것입니다.

이사야 선지자는 아하스 왕에게 아람과 북이스라엘의 연합군이 남유다를 침공하지만 점령하지 못하도록 하나님의 도우심을 약속하는 예언을 했습니다. 연합군은 남유다 왕 아하스를 폐위하고 군대장관 다브엘의 아들을 왕위에 앉히고자 했습니다.

아하스 왕을 폐위시키려고 했던 근본적인 이유는 친앗수르 정책 때문이었습니다. 대부분은 남유다와 북이스라엘이 사돈 관계도 맺고 서로 협력하여 전쟁도 했는데 아하스 왕은 친앗수르 정책, 북이스라엘은 반앗수르 정책이다 보니 공격을 했던 것입니다.

역대하 28장 5-15절을 보면 북이스라엘은 남유다의 아하스 군대에게 많은 피해를 입혔는데, 사람들의 목숨을 빼앗고 노략물들을 취해 갔다고 기록하고 있습니다. 열왕기서 기자가 생략한 부분을 역대기 기자가 상세하게 기록한 것입니다. 그리고 동맹군이 아하스 왕과 싸워보지 못했다는 것을 말해 줍니다. 싸움터로 이끌어내지 못했다는 의미입니다.

그때 아람 왕 르신이 엘랏을 취하여 아람 영토로 회복하였고 거기서 유다 사람을 쫓아내어 본서가 기록된 시기까지 이르렀습니다. 아람이 남유다에 경제적인 도움을 주는 엘랏을 먼저 점령하고 예루살렘을 공격한 것으로 이해됩니다. 이것은 남유다가 대외적으로 크게 신장하지 못하였음을 말해 주고 있습니다. 사람이 건강을 잃으면 모든 것을 잃는 것이라고 말하는데 제가 보기에는 믿음을 잃으면 모든 것을 잃는 것과 같습니다.

3. 아하스의 앗수르 원군 요청

북이스라엘과 아람의 연합군이 다른 지역과 엘랏 지역은 점령했으나 예루살렘은 점령하지 못했습니다. 그 이유가 무엇입니까? 남유다 왕 아하스가 당대 초강대국 앗수르 왕 디글랏 빌레셀에게 사자를 보내어 자신을 그의 신복이며 아들이라고 칭하면서 아람과 북이스라엘의 남유다 침공을 보고했습니다. 앗수르의 디글랏 빌레셀은 앗수르의 전성기를 이끌었던 왕으로 팔레스틴 정복 사업을 통해 애굽 세력을 꺾고 고대 근동 지역의 맹주 역할을 했던 인물입니다. 별명은 '불'입니다.

앗수르 나라가 남유다 나라로 올라와서 아람과 북이스라엘의 연합군의 손에서 구원해 달라고 요청했습니다. 그래서 앗수르가 원정을 했는데 이 전쟁으로 아람 나라는 멸망을 하게 됩니다. 앗수르의 디글랏 빌레셀은 항상 팔레스틴 지역을 차지하기 위해서 시기를 엿보고 있던 중이었습니다. 앗수르는 아람의 다메섹을 먼저 공격했습니다.

그런데 성경 저자가 교훈하는 내용이 무엇일까요? 물론 국가가 어려운 상황이었습니다. 그럴 때에 아하스 왕이 여호와를 의지하지 않고 인간적인 지략을 동원하여 이방 왕의 세력을 의지한 것은 남유다 왕과 백성의 불신앙을 지적하는 것입니다. 우리는 항상 범사에 주님을 인정하고 의지해야 하는 하나님의 백성입니다.

'나는 왕의 신복이요 왕의 아들입니다.' 아하스 왕의 말입니다. 이게 말이나 됩니까? 주종관계, 종주와 봉신의 관계를 수용하는 아하스 왕입니다. 자신이 앗수르의 디글랏 빌레셀의 종이라고 고백했습니다. 우리는 하나님의 종일지언정 사람의 종은 아닙니다.

이사야 7장 4절을 봅시다. 이사야 선지자가 아하스 왕에게 메시지를 전달했습니다. 북이스라엘과 아람의 연합군을 두려워할 필요가 없다고 말해 주었습니다. 그리고 하나님의 언약 백성답게 하나님만 의지하고 믿으라고 권했습니다. 그런데 아하스 왕은 앗수르 왕에게 사신을 보내 '나는 앗수르 왕의 종이요 당신이 아버지'라고 칭했습니다. 이런 자세는 하나님을 무시하는 불신앙적인 자세요 하나님의 언약을 신뢰하지 않는 태도입니다. 정말 신분을 망각한 왕의 고백입니다.

이사야 선지자를 통하여 주신 메시지의 내용이 무엇입니까? 연합군이 진짜 적이 아니라 앗수르가 진짜 적이라고 가르쳐 주었습니다. 이사야 선지자의 메시지를 알아 듣지 못한 아하스 왕은 어리석은 왕입니다. 또 연합군을 출동하게 하신 분은 하나님이십니다. 그럴 때 회개하고 하나님을 찾는 것이 사는 길입니다. 그런데 아하스 왕은 그렇게 하지 않았습니다.

그리고 성전과 왕궁 곳간에 있는 은금을 앗수르 왕에게 예물로 보냈습니다. 앗수르에게 원정을 요청하면서 보물을 보냈습니다. 모든 것을 아하스 왕이 주도적으로 행했습니다. 하나님의 성전이나 하나님을 위하여 사용해야 할 은금을 앗수르 왕에게 바쳤습니다. 이스라엘의 율법에는 뇌물 수수가 금지되어 있습니다. 엘리의 아들들이 뇌물 수수죄와 연관되어 있고, 아하스 왕이 그런 죄악을 범했습니다. 이런 아하스 왕의 일처리가 하나님의 진노를 사기에 충분했습니다. 하나님을 믿고 의지해야 할 아하스가 앗수르를 의지하고 뇌물 수수까지 했으니까 말입니다.

역대하 28장 20절에 "앗수르 왕 디글랏 빌레셀이 그에게 이르렀으나 돕지 아니하고 도리어 그를 공격하였더라"라고 했습니다. 그러므로 아하스 왕은 어리석은 왕이었습니다. 역사적으로 이렇게 바보스러운 사람이 또 있을까요? 또 앗수르 왕이 아람 왕 르신을 처형했습니다. 앗수르 왕 디글랏 빌레셀이 팔레스틴 지방을 점령하기 위해 진출했습니다. 아람 왕 르신을 죽였습니다. 경제적으로나 군사적으로 중요한 지형이었기 때문에 다메섹을 점령하고 다음으로 유다도 침략하게 된 것입니다. 사탄의 전략은 사람을 속이는 데 있습니다. 성령의 역사로 하나님을 의지하고 승리하는 성도가 됩시다.

제58강
열왕기하 16장 10-20절

아하스의 성전과 기명 개조

남유다 아하스 왕은 친앗수르 정책을 편 사람입니다. 북이스라엘 베가와 아람 왕 르신이 연합하여 남유다를 공격했지만 정복하지 못합니다. 그 이유는 아하스 왕이 성전의 금은보화를 예물로 바치고 앗수르에게 도움을 요청했기 때문입니다.

그 당시 앗수르는 팔레스틴 지방을 점령하는 것이 무역로를 확보하는 길이기에 전쟁에 임한 것이지 남유다를 돕기 위해 출정했던 것은 아니었습니다. 오늘 본문의 내용은 아하스 왕의 배교에 대해 열거하고 있습니다. 무슨 배교를 일삼았을까요?

1. 아하스 왕의 새 제단

아하스 왕이 앗수르 왕 디글랏 빌레셀을 만나러 다메섹에 갔습니다. 왜 만나러 갔을까요? 남유다가 위급할 때 앗수르 왕 디글랏 빌레셀이 아람의 수도 다메섹을 공격했기 때문에 감사해서 찾아간 것입니다.

물론 감사하기 위해서 달려간 것은 사실입니다. 앗수르가 아람의 수도를 공격하여 점령했기 때문이고, 또 하나는 아하스 왕 스스로 앗수르 왕의 종이고 아들이라고 주종관계를 선언했기 때문입니다. 주인이 승리했는데 종으로서 가만히 앉아 있을 수 없었던 상황이 전개된 것입니다.

그리고 아하스 왕의 속 마음, 이면에는 남유다도 앗수르의 공격의 대상이라는 불안한 마음이 작용한 것으로 생각됩니다. 앗수르의 공격 대상에서 벗어나려는 시도였습니다. 그러므로 앗수르 왕이 있는 곳으로 달려가지 않을 수 없었습니다.

감사만 했으면 문제가 없었겠지만 아하스 왕은 그곳에 있는 앗수르 왕의 제단을 보고 구조와 모형을 그려서 제사장 우리야에게 보냈습니다. 아하스 왕이 앗수르 왕의 제단을 본 것이 핵심적인 사건으로 등장합니다.

정치적인 문제나 군사적인 문제도 중요하지만 하나님이 보시는 것은 종교적이고 영적인 관심사입니다. 당시 앗수르 왕은 제단을 가지고 다니면서 전쟁을 했습니다. 당대 패전한 나라의 신은 약하고, 승리한 나라의 신은 강하다는 관념이 있었습니다. 그래서 아하스 왕은 앗수르 왕의 제단을 보게 된 것입니다. 문제는 하나님보다 앗수르의 신이 더 강하다고 생각하게 된 것입니다. 하나님의 선민으로서 하지 말아야 할 일을 하고 있는 것입니다.

역대하 28장 22-23절에 "이 아하스 왕이 곤고할 때에 더욱 여호와께 범죄하여 자기를 친 다메섹 신들에게 제사하여 이르되 아람 왕들의 신들이 그들을 도왔으니 나도 그 신에게 제사하여 나를 돕게 하리라 하였으나 그 신이 아하스와 온 이스라엘을 망하게 하였더라"라고 기록해 주고 있습니다.

아하스 왕이 앗수르 나라의 제단 구조와 모형을 그려 보낸 것은 앗수르의 우상과 제반 종교 행위에 필요한 제의와 기구들을 모방하기 위한 것이었습니다. 물론 아하스 왕이나 남유다 백성들이 여호와 하나님에 대한 예배와 제사를 완전히 포기한 것은 아니었습니다. 종교적인 혼합주의에 빠지게 된 것이지요.

하나님 여호와도 섬기고 앗수르의 신도 섬기는 혼합주의에 빠진 것입니다. 흔히 말해서 절충주의입니다. 이것도 조금 행하고 저것도 조금 행하는 사상입니다. 혼합주의는 인간의 욕망을 만족시키려는 죄악된 본성에서 나온 것입니다. 사실은 사악한 행위입니다. 그러나 사람들은 그렇게까지 악하다고는 생각하지 않습니다. 그럴 수도 있다는 식으로 넘어갑니다.

아하스 왕이 다메섹에서 돌아오기 전에 제사장 우리야는 아하스 왕이 다메섹에서 보낸 모형대로 제단을 빨리 만들었습니다. 우리야는 '여호와는 빛이시다' 라는 의미입니다. 이사야 선지자가 활동할 때의 제사장입니다. 우리야는 대제사장, 중보자로서 왕과 백성을 바른 길로 인도하지 못하고 왕의 명령에 순응하여 우상의 제단을 만들었던 사람입니다. 우리야는 하나님보다 보이는 왕을 섬기고 두려워하는 제사장이었습니다.

믿음이 무엇입니까? 모세의 부모와 모세에게 배웁니다. 보이는 임금이나 왕보다 보이지 않는 하나님을 두려워하고 섬기는 것이 믿음입니다. 하나님 경외, 하나님 사랑이 믿음입니다.

2. 아하스 왕의 제사

아하스 왕이 다메섹에서 예루살렘으로 돌아와 우리야 제사장이 만든 제단을 보고 제단 앞에서 제사를 드렸습니다. 우상 앞에 제물을 바치고 제사를 드렸습니다. 열왕기하 저자는 우상의 제단에 집중하는 아하스 왕의 모습을 그려주고 있습니다. 아주 세밀하고 자세하게 보고하고 있습니다. 아하스 왕은 제사장의 고유 업무인 제단에 올라가서 제사장의 일까지 수행한 왕이었습니다.

기존의 예루살렘 성전, 솔로몬 성전, 하나님의 성전 예배를 무너뜨리고 현실에 눈이 어두워져 우상 앞에 제사하는 아하스 왕의 모습입니다. 나는 무엇에 집중하고 있는 사람일까? 여호와 하나님일까 아니면 또 다른 신이나 피조물에 집중하는 사람일까?

아하스 왕은 제사장처럼 새로 만든 제단 위에 올라가서 번제와 소제를 드리고 전제를 붓고 화목제물의 피를 단에 뿌렸습니다. 모든 제사를 아하스 왕, 자신을 위하여 드린 것입니다. 그런 뜻입니다. 여호와를 위하여 제사하던 것과는 달리 자기 자신을 위하여 제사했습니다.

이것은 여호와 하나님을 여러 신 중의 하나로 비하시키는 것이고, 제사장 직분까지 왕 마음대로 좌지우지하는 우를 범하는 행동이었습니다. 아하스가 악한 왕인 것은 여호와 하나님을 위한 제사가 아니라 자기 자신을 위한 우상의 제사를 드렸다는 점입니다. 앗수르 신을 섬긴 것입니다. 형태와 내용은 성경에서 말하는 내용들이지만 하나님의 성전에서 하나님께 드리는 제사가 아니라 우상의 제단에서 우상에게 바치는 제사였습니다.

번제는 '올라가는 것'으로 헌신의 의미이고, 소제는 '선물, 공물'로, 곡물로 드리는 제사입니다. 전제는 '붓다'라는 의미로 포도주나 독주를 부어 드리는 제사로서 신약에서는 관제로 표현됩니다. 화목제는 '화목제물, 감사제물'입니다. 아하스 왕은 새로 만든 제단에서 각종 제물을 대대적으로 드렸습니다. 앗수르 왕이 남유다와 자신을 보호해 주기로 약속한 것에 대한 감사였을 것입니다. 하나님의 보호와 인도하심에 대한 감사는 없었습니다.

또 여호와의 전 앞에 있던 놋단을 새 제단과 여호와의 전 사이에서 옮겨 새 단 북쪽에 두었습니다. 아하스 왕의 지시에 따라 본래 성전 안에 있던 놋단의 위치가 바뀌어졌습니다. 원래 놋단은 성전 현관과 성전으로 들어가는 입구에 있었습니다. 아하스 왕은 놋제단을 제단 북편에 가져다 두었습니다. 놋단이 있던 곳에는 우리야가 새로 만든 제단을 가져다 놓았습니다.

아하스 왕의 이러한 조치는 불신앙적인 행동이었습니다. 하나님께서는 놋단의 크기와 위치까지 다 정해 주셨습니다. 아하스 왕은 이방 사람들이 섬기는 우상을 섬기기 위해 하나님의 것을 치워버렸는데, 하나님의 놋단을 구석진 곳으로 옮기는 우를 범했습니다. 이것은 하나님 중심적인 신앙이 아니라 자기 중심적인 오만함 때문에 나온 행동입니다. 이것이 인본주의입니다. 사람의 생각을 앞세우는 자의 자세입니다.

3. 제사 규정

아하스 왕이 '제사장 우리야를 향해 아침 번제와 저녁 소제와 왕의 번제와 그 소제와 모든 국민의 번제와 그 소제와 전제를 이 큰 새 제단에서만 드리라', '번제물의 피와 다른 제물의 피를 다 새 제단 위에 뿌리라' 라고 명령했습니다.

아하스 왕이 우리야를 통하여 새로운 제단을 만든 것은 죄입니다. 하나님의 것을 치우고 성전에 우상의 단을 놓은 것도 죄입니다. 더 심각한 죄는 여호와 하나님께 드리던 제사 전체를 우상의 제단 위에서만 드리라는 명을 내렸습니다. 이것이 얼마나 무서운 죄입니까?

이스라엘 민족에게만 있는 독특한 점은 아침과 저녁에 제사를 드리고 그리고 다양한 제사법이 있는 것이었습니다. 항상 드린다고 해서 상번제라고 표현했습니다. 그 규정은 출애굽기 29장과 민수기 28장을 보면 자세히 알 수 있습니다. 그런데 왕의 번제와 소제 그리고 백성의 번제와 소제도 모두 우상의 제단 위에서 드리라는 명령입니다.

아마도 새롭게 만든 제단이 솔로몬 시대에 만든 제단보다 컸던 것 같습니다. 아하스 왕은 새로 만든 큰 제단에서 제물을 바쳐 제사하라고 지시했습니다. 아마도 아하스 왕의 마음속에는 여호와를 사모하는 마음보다 이방 사람의 신, 앗수르 나라의 신을 동경하는 마음이 있어서 그렇게 한 것으로 보입니다.

이렇게 지시한 아하스 왕의 잘못이 무엇인가? 명분상으로 보면 제물의 이름은 틀리지 않았습니다. 그러나 제사 제도의 규정을 바꾼 것이나 하나님을 거부하고 우상을 동경한 것은 죄가 아닐 수 없습니다. 하나님의 말씀과 약속에 대한 배신 행위입니다. 정말 인본주의 사고 방식 속에서 나온 행동입니다.

'놋단은 오직 왕이 주께 여쭐 일에만 쓰게 하라' 라고 명령했습니다. 아하스 왕은 놋단의 역할을 규제하는 내용의 명령을 내렸습니다. 왕 자신이 신께 물을 때만 사용하겠다는 의미입니다. 역대하 28장 23절에 "아람 왕들의 신들이 그들을 도왔으니 나도 그 신에게 제사하여 나를 돕게 하리라"라고 말했습니다. 아하스 왕은 혼합주의 신관에 빠지게 된 것입니다.

그런데 '제사장 우리야가 아하스 왕의 모든 명령대로 행했습니다.' 아하스 왕의 종교적인 타락을 보면서도 우리야 제사장은 그대로 따랐습니다. 대제사장은 중보자로서 율법대로 왕과 백성을 이끌 책임이 있는 자였습니다. 그러나 우리야는 자기 역할을 감당하지 못했고 아하스 왕의 잘못된 신관에 동조하는 인물이었습니다. 지도자는 영적으로 깨어 있어야 합니다.

4. 성전 기물 개조

아하스 왕은 제단만 옮긴 것이 아닙니다. 성전에 있는 물두멍 받침의 옆판을 떼어 내고 물두멍을 그 자리에서 옮겼습니다. 물두멍을 훼손하고 재배치한 사람입니다. 큰 제사를 드릴 수 있도록 공간을 확보하기 위한 작업이었습니다. 물두멍은 물을 담기 위한 뚜껑 없는 원형 물통이었습니다. 용도는 제사장들의 손발과 희생 제물을 씻는 데 사용하였습니다.

출애굽기 30장을 보면 제사장들은 제사하기 이전에 손발을 씻었습니다. 용량은 40밧입니다. 약 880리터의 물입니다. 크기는 1.82미터였습니다. 아하스 왕이 물두멍도 옮기고 규정을 어기는 죄악을 범했습니다.

그리고 놋쇠 소가 받치고 있는 놋바다를 끌어내려 돌받침 위에 두었습니다. 놋바다는 물을 담은 용기로 하나님 앞에 나아가는 제사장과 거룩을 유지해야 하는 레위인들이 몸을 성결하게 하는 데 사용했습니다. 직경이 4.56미터이고, 높이가 2.28미터, 둘레가 13.67미터, 두께가 7.4센티미터였습니다. 용량은 45,420리터로, 열두 마리의 소가 바치고 있었습니다.

또 앗수르 왕에게 충성을 보이기 위해 성전 안에 있던 왕의 안식일 전용 통로와 성전 바깥에 있던 전용 출입구를 없앴습니다. 출입구와 전용 통로를 없앴습니다. 앗수르 왕을 위해서 없앴습니다. 아하스 왕이 앗수르 왕에게 잘 보이기 위한 목적으로 출입구를 없앴습니다. 인본주의입니다.

아하스 왕에 대한 다른 사항은 무엇입니까? 아하스 왕의 남은 사적은 유대 왕조실록에 기록되어 있습니다. 등극 공식과 죽음 공식이 적용되었습니다. 아하스 왕이 죽어 다윗성에 장사되고 그 아들 히스기야가 남유다 제13대 왕이 되었습니다. 아하스가 다윗성에 묻히기는 하였지만 열조의 왕실에는 들어가지 못했습니다. 그 이유가 무엇입니까? 악한 왕이었기 때문입니다. 여러분 같으면 어떻게 믿고 무슨 일을 하면서 살고 싶습니까?

제59강
열왕기하 17장 1-6절

호세아와 북이스라엘

하나님의 선민 이스라엘 나라의 왕정 정치는 B.C. 1050년경 장로들의 요청으로 초대 왕 사울이 사무엘로부터 기름 부음을 받음으로써 시작되었습니다. 하나님이 준비한 왕은 다윗으로, 제2대 왕은 다윗이었습니다. 제3대 왕은 솔로몬 왕의 통치로 B.C. 930년경까지 통일 왕국 시대를 열어갔습니다.

B.C. 930년경 이스라엘이 남유다와 북이스라엘로 분리된 후, 북왕국이 앗수르에 의하여 멸망하는 B.C. 722년까지는 분열 왕국시대에 해당됩니다. 그리고 B.C. 722년부터 남왕국 유다가 바벨론에 의해 멸망하는 B.C. 586년까지는 남왕국 유다의 잔존 시대입니다. 저자는 이스라엘의 역사에서 가장 중요한 대변혁기를 기술하고 있습니다. 북이스라엘의 제19대 마지막 왕인 호세아의 통치와 북이스라엘 왕국의 멸망에 대하여 기록했습니다. 호세아는 어떤 왕이었습니까?

1. 호세아 왕의 통치

남유다 제12대 왕 아하스 재위 십이년에 엘라의 아들 호세아가 북이스라엘의 제19대 왕이 되어 구 년을 다스렸습니다. 호세아 왕은 반앗수르 정책을 펼쳤던 왕이었습니다. 호세아는 제18대 왕 베가를 죽이고 왕이 된 사람입니다. 초기에는 친앗수르 정책을 펼침으로써 구 년 동안 별문제 없이 정권을 유지할 수 있었습니다.

좋은 기회를 맞이했다고 모든 사람이 출세를 하거나 성공을 하는 것은 아닙니다. 호세아가 북이스라엘의 왕이 되었을 때 구 년 동안 앗수르의 압제와 전쟁으로 인하여 고통을 당하게 되고 결국 앗수르에 의해서 나라까지 멸망 당하게 되었습니다. 반앗수르 정책, 친애굽 정책으로 인하여 침공을 받게 된 것입니다.

앗수르의 군주이며 팔레스틴 지역을 장악했던 디글랏 빌레셀이 죽자 친애굽 정책을 펼쳤습니다. 섬김의 대상을 앗수르에서 애굽으로 바꾼 것입니다. 이 정책을 안 빌레셀의 후계자 살만에셀은 북이스라엘을 공격하고, 북이스라엘은 B.C. 722년 앗수르에 의해서 멸망을 당했습니다.

호세아 왕이 여호와 보시기에 악을 행하였으나 그 전 북이스라엘의 여러 왕들과 같이 하지는 않았습니다. 저자는 북이스라엘이 앗수르에 의해 멸망 당한 사실을 인정합니다. 그리고 나라를 창건한 여로보암 이래로 끊임없이 지속되어 온 북이스라엘의 신앙적 타락과 배교의 사실을 서술함으로써 북이스라엘이 멸망하게 된 원인을 밝혀주고 있습니다.

신학적인 해석은 그렇습니다. 북이스라엘의 범죄의 역사 가운데서 무수하게 반복된 하나님의 경고의 메시지는 무엇입니까? 하나님의 경고를 여러 번 상기시킵니다. 이것은 하나님의 길이 참으시는 인내와 북이스라엘의 왕과 백성의 회개를 기다리셨다는 것입니다. 나라가 망할 때까지 회개하지 않다가 포로 생활을 하게 되었고 포로 생활 중에라도 회개하기를 기다리시는 하나님이심을 설명하고 있는 것입니다. 그렇습니다. 호세아가 왕이 된 다음에 하나님께로 돌아갈 수 있는 좋은 기회를 놓쳤습니다. 이것이 자신과 나라의 멸망에 있어서 가장 기초적이고 근본적인 문제였습니다.

하나님은 예후로 하여금 아합 왕가를 몰살시키고 사 대 동안 북이스라엘의 왕이 되는 복을 주셨습니다. 하나님은 약속을 지키셨지만 호세아 왕은 그런 하나님의 은총을 깊이 이해하지 못했습니다. 계속하여 우상을 숭배할 때 앗수르의 침공으로 멸망 받게 되었습니다.

열왕기서는 왕의 등극 공식을 설명할 때 상대 나라의 왕까지 언급합니다. 상대 왕국의 왕과 통치 연도까지 밝혔습니다. 남유다와 북이스라엘의 역사는 서로 다른 역사라기보다는 같은 역사임을 알려주고 있는 것입니다. 서로 연관되어 있는 역사입니다.

그런데 호세아의 즉위 연대인 아하스 십이년은 요담 이십년에 호세아가 베가를 죽이고 북이스라엘의 왕이 되었다는 보도와 모순이 됩니다. 요담 이십년을 아하스 십이년과 동일한 시점으로 보기는 어려운 문제가 있습니다. 그러나 요담과 아들 요아스 사이에 사 년의 섭정 기간이 있었다면 호세아가 왕이 된 해는 아하스 단독 통치 기준으로는 제8년이 되어야 합니다.

그리고 아하스의 단독 통치 시작 연대는 B.C. 731년으로 볼 수 있으므로 호세아가 즉위할 때는 B.C. 723년이 됩니다. 그러나 호세아의 통치 기간은 전체 구 년이고, 북이스라엘은 B.C. 722년에 멸망했으므로 그의 즉위는 B.C. 732년이 되어야 합니다. 8-9년의 간격 때문에 문제가 심각한 것입니다.

학자들은 맛소라 사본의 십이 년을 이 년으로 바꾸어 읽어서 해결하려고 했습니다. 또 요담과 아하스의 섭정 기간을 요담 팔년으로부터 보는 견해도 있습니다. 그리고 카일과 텔리취는 호세아가 베가를 죽인 후 팔 년간을 무정부 상태로 이끌었다고 보기도 했습니다. 이런 견해는 추정일 뿐입니다.

한가지 분명한 것은 B.C. 722년에 북이스라엘이 앗수르에 의해 멸망 당했고, 그때가 호세아 재위 제구년이라는 것입니다. 따라서 즉위 연대를 B.C. 732년경으로 봅니다.

호세아 왕에 대한 평가가 무엇인가? 호세아는 북이스라엘의 여러 왕보다 악하지는 않았습니다. 어떤 점에서 나았는지는 모릅니다. 왕과 백성의 패역으로 인해 북이스라엘에 200여 년간 하나님의 심판이 임하게 된 것입니다. 하나님은 오래 참으시지만 회개하지 않으면 정해 놓으신 심판을 반드시 행하시는 분이십니다.

2. 앗수르의 침공

앗수르 왕 살만에셀이 북이스라엘을 침공했습니다. 살만에셀은 디글랏 빌레셀의 아들입니다. 앗수르의 살만에셀 5세는 호세아에 나오는 살만과 동일한 인물이고, 이사야 20장 1절에 나오는 사르곤, 사르곤 2세는 그의 동생입니다.

그런데 살만에셀이 사마리아 성을 포위하던 중 갑자기 죽었습니다. 왕위는 형제인 사르곤 2세가 계승하였습니다. B.C. 722년 북이스라엘의 멸망은 살만에셀 5세로부터 시작하여 사르곤 2세에 의해 완성되었습니다.

앗수르가 북이스라엘 왕 호세아 때에 침공하게 되었고 호세아 왕은 항복하고 그의 신하가 되어 조공을 바치게 되었습니다. 북이스라엘 왕 호세아는 살만에셀 5세에게 항복하고 조공을 바쳤습니다. 호세아 왕과 북이스라엘 백성은 더 이상 대항할 힘과 능력이 없었습니다. 그리고 호세아 왕은 살만에셀 왕의 종이 되었습니다. 속국이 된 것입니다. 살만에셀이 종주가 되고 호세아는 봉신이 된 것입니다. 열왕기하 16장 7절을 보면 남유다 왕 아하스도 앗수르 왕에게 보낸 글에서 봉신이 될 것을 맹세했습니다.

남유다나 북이스라엘은 하나님의 종이지 사람의 종이 아닙니다. 구원의 하나님을 버리고 우상을 숭배하고 하나님과의 언약을 깨뜨리고 세속적인 나라가 될 때 사람을 섬기는 종이 된 것입니다. 마치 출애굽의 구원 역사와 민족적인 사명을 잃어버릴 때 가치가 없는 나라로 전락되는 것과 같습니다.

호세아 왕이 앗수르에게 멸망 받기 이전에 애굽 왕 '소'에게 사자를 보내어 그들과 결탁했습니다. 소가 누구인지는 모르지만 무슨 결탁을 했습니까? 반앗수르 정책을 펼치고 친애굽 정책을 펼쳤습니다. 그래서 해마다 앗수르에게 바치던 조공 상납을 중단했습니다.

하나님께서 사랑하는 백성을 왜 징계하시는가? 그리고 그 징계는 피할 수 있는 것인가? 하나님의 징계를 인간적인 방법으로 피하려고 하면 더 큰 어려운 재앙이 있습니다. 호세아 왕이 앗수르에게 바치던 조공을 끊었을 때 그리고 애굽에게 도움을 요청했을 때 어떻게 되었습니까?

당시 애굽은 내분이 있었고, 다른 나라를 도울 수 있는 나라도 아니었습니다. 호세아가 앗수르에서 벗어나기 위하여 친애굽 정책을 펼친 것이 더 일찍 망하게 되는 원인이 되었습니다. 중요한 것은 하나님께 순종하는 삶입니다. 불순종하면서 이곳저곳을 찾아다녀도 별것이 없습니다. 그러므로 하나님의 징계가 있을 때 회개하는 것이 가장 급한 일이고, 더욱 더 하나님만 바라보고 신뢰하고 믿는 것이 중요합니다.

3. 앗수르의 응징

앗수르 왕이 호세아 왕의 배반을 보고 그를 옥에 가두었습니다. 그리고 북이스라엘의 전역을 점령하고 사마리아까지 와서 삼 년 동안을 포위했습니다. 앗수르 군대가 전역을 다 점령한 다음에 마지막으로 사마리아 성을 점령한 것입니다. 북이스라엘 전역을 초토화시켰습니다. 매우 가혹한 학살 행위를 일삼았던 것입니다.

사마리아는 오므리와 아합 왕이 요새화시켰기 때문에 점령하기가 쉽지 않았습니다. 삼 년을 버티다가 함락되었습니다. 앗수르가 호세아 왕 구년에 사마리아를 점령하고 백성들을 사로잡아 갔습니다.

사로잡은 북이스라엘 사람을 앗수르로 끌고 가서 할라와 고산 하볼 하숫가와 메대 사람의 여러 고을에 이주시켰습니다. 나라의 구석구석 마다 흩어 놓았습니다. 사르곤 2세의 공적비에 의하면 '사마리아 성을 포위하고 27,290명을 내쫓았다. 병거 50대를 빼앗았고, 재산에 대해서 는 그대로 두었다. 총독을 세우고 세금은 이전처럼 부과했다'라고 기록 하고 있습니다.

결국 하나님의 약속을 배반하는 자는 하나님의 기업에 동참할 수 없 습니다. 북이스라엘의 멸망입니다. 백성 전체가 포로로 잡혀가게 되었습 니다. 이스라엘 민족이 살고 있는 땅이 어떤 땅이고 어떤 나라입니까?

아브라함과 이삭과 야곱에게 맹세한 젖과 꿀이 흐르는 약속의 땅입 니다. 하나님이 주신 땅입니다. 하나님의 땅입니다. 가나안의 일곱 족 속을 다 내쫓고 믿음으로 정복한 땅입니다. 그런데 그릇된 믿음 생활, 영적으로 그릇된 삶을 살 때 하나님은 이방인에게 짓밟히는 땅이 되게 했습니다.

예수님은 너희는 세상의 소금이라고 말씀하셨습니다. 소금이 그 맛 을 잃으면 무엇으로 짜게 하리요? 사람들에게 밟힌다는 말씀까지 하셨 습니다. 밟히는 소금이 무슨 역할을 하겠습니까? 맛을 잃어버린 소금이 무슨 소금입니까?

그렇습니다. 우리의 왕은 하나님이십니다. 본래 이스라엘은 인간 왕 이 없는 나라입니다. 다만 왕으로 세울 때는 여러 가지 조건이 있었습 니다. 모세를 통하여 신명기에서 가르쳐 주셨습니다. 유대인의 왕으로 서 율법을 항상 연구하며 금은보화나 말을 많이 두지 말고 하나님께 물 어서 통치해야 했습니다.

북이스라엘의 열아홉 명의 왕이 모두 좋지 못했습니다. 신약 교회의 왕은 예수 그리스도이십니다. 그리스도께서 교회의 머리요 왕이십니 다. 오직 예수만 믿읍시다.

제60강
금요일 특강

삼위일체에 대하여

기독교에서 가장 어렵다는 교리를 공부해 봅시다. 이것은 단순한 공부가 아니라 믿음의 공부입니다. 믿어야 할 내용이지 논리적으로나 지성적으로 이해하기 위한 목적으로 공부하는 것이 아닙니다.

1. 삼위일체의 개관

성경은 삼위일체 하나님을 가르치지만 자연계나 인간의 이성으로는 알 수 없는 교리입니다. 하나님은 본질적 존재로는 한 분이시지만 성부, 성자, 성령이 존재합니다. 삼위, 삼인격이 존재합니다. 삼위는 여러 사람의 인격처럼 분리되지 않고, 세 형태입니다. 삼위일체 교리는 신비 중의 신비입니다.

삼위는 각자가 완전성을 지니고 있으면서 전체를 이룹니다. 분해할 수 없습니다. 다른 위에 종속되지 않고 위를 떠나서는 존재하지 않습니다. 성부는 성자를 발생하고(generate) 성자는 성부에 의해서 발생되며(proceed) 성령은 성부와 성자에게서 발출합니다. 신비 중의 신비로, 인간의 이성을 뛰어넘습니다. 믿음의 대상입니다.

2. 성경적인 증거

구약의 증거가 없다고 주장하는 학자들도 있으나 하나님께서 자신을 복수형으로 표현하셨습니다. 창세기 1장 26절, 창세기 11장 7절이 그것입니다.

또 신약의 증거로는 성자의 성육신과 성령의 강림을 기술하고 있습니다. 누가복음 3장 21-22절에서 예수님의 세례에서 두드러지게 나타납니다. 요한복음 14장부터 16장까지 마가 요한의 다락방 강화에서도 삼위일체를 말씀하셨습니다. 마태복음 28장 19절에서도 삼위일체에 대하여 언급하셨습니다. 고린도후서에서 축도할 때도 드러납니다.

삼위일체라는 말은 터툴리안이 처음으로 사용했습니다. 성경에는 나타나지 않는 용어이지만 성경적인 주장입니다. 초대교회는 삼위일체를 삼신으로 만들기도 했습니다. 싸벨리우스는 하나님은 창조와 율법 수여자로서 성부로, 성육신에서는 성자로, 중생과 성화에서는 성령으로 나타내셨다고 주장하여 한 위로만 생각했습니다.

쏘시니안파, 유니테리안파, 군대주의자들은 성부 하나님과 인간이신 예수와 하나님의 영이라고 하는 신적 세력으로 이해하였습니다. 이런 주장은 삼위일체를 부정하는 것이기에 성경의 교리를 파괴합니다.

3. 개별적 고찰

1) 성부, 아버지 하나님
모든 창조물의 근원자(엡3:14, 히12:9), 이스라엘의 선민의 아버지(신32:6, 사63:16), 하나님의 영적 자녀인 신자들의 아버지(마5:45, 롬8:15)에 적용되고, 제2위와 관련하여 제1위로 적용됩니다(요1:14, 14:12-13).

2) 성자, 아들 하나님

왜 아들 하나님이라고 불리워지는가? 성부에 의해서 영원히 발생되었기 때문에 아들이라고 부릅니다(요1:14; 3:16, 갈4:4). 또 하나님의 선택받은 메시아임을 나타냅니다. 직위적인 의미로 하나님의 성육신한 아들로서의 명칭입니다(마8:29, 요1:49). 그리고 탄생시 성령의 특별 사역에 의해서 탄생되었습니다(눅1:32, 35).

성자의 사역을 봅시다. 만물이 성부에게서 나온다고 하면 성자를 통해서 나옵니다. 성부가 종국적이라고 하면 성자는 모든 창조와 구속의 중보적인 원인이 되십니다. 만물은 성자를 통해서 창조되며 보존되는 것입니다. 히브리서 1장 2-3절에 "이 모든 날 마지막에는 아들을 통하여 우리에게 말씀하셨으니 이 아들을 만유의 상속자로 세우시고 또 그로 말미암아 모든 세계를 지으셨느니라 이는 하나님의 영광의 광채시요 그 본체의 형상이시라 그의 능력의 말씀으로 만물을 붙드시며 죄를 정결하게 하는 일을 하시고 높은 곳에 계신 지극히 크신 이의 우편에 앉으셨느니라"라고 했습니다.

구속 사역이 성자의 성육신과 고난과 죽음을 통해서 이루어졌습니다. 에베소서 1장 3-14절이 그 증거입니다.

3) 성령 하나님

성령은 인격적이십니다. 성령을 단순히 하나님의 능력이나 감화력으로만 생각하는 사람들이 역사적으로 있었습니다. 그러나 성령은 인격적입니다. 이지와 감정과 의지가 있습니다.

성령은 성부로부터 발출됩니다(요15:26). 주후 589년 서방교회가 성령은 성자에게서도 발출한다고 주장했습니다. 성령은 그리스도의 영이요 성자의 영으로 불리워집니다. 때로는 성령과 그리스도를 동일시하게 됩니다. 신자의 내면에 그리스도로, 때로는 성령으로 기술하고 있습니다. 로마서 8장 9-10절, 갈라디아서 2장 20절, 고린도전서 3장 16절이 그것입니다.

성령의 사역을 봅시다. 창조와 구속에서 하나님의 일을 완성하는 것이 성령의 특별업무입니다. 자연에 영적인 생명을 발생하는 창조사역의 완성을 이룹니다. 창세기 1장 3절이 그것입니다.

인간에게 재능을 부여하십니다. 사무엘상 11장 6절, 그리고 구속의 영역에서 구속사업을 위하여 그리스도를 준비하고 그리스도에게 권능을 주십니다. 누가복음 1장 35절, 요한복음 3장 34절입니다.

또 성령은 성경을 영감하셨습니다. 베드로후서 1장 21절입니다. 성령은 교회를 설립하고 확장하시되 새생명을 불어넣으십니다. 에베소서 1장 22-23절입니다. 성령은 교회를 가르치고 보호하며 진리로 인도하십니다. 요한복음 14장 26절, 사도행전 5장 32절, 히브리서 10장 15절, 요한일서 2장 27절이 그것입니다.

제61강
열왕기하 17장 7-23절

북이스라엘의 멸망

앞부분에서는 북이스라엘의 제19대 호세아 왕의 통치를 다루었습니다. 호세아 왕 시대를 끝으로 북이스라엘은 멸망하여 역사 속에서 사라졌습니다. 그 멸망의 원인이 무엇입니까?

앗수르에 의해 멸망 받은 북이스라엘의 역사입니다. 여로보암 1세에 의해서 창건된 B.C. 930년 이래 앗수르에 의해서 멸망 받은 B.C. 722년에 이르기까지 약 210년 동안 열아홉 명의 왕이 등장하여 통치한 대변화의 드라마와 같은 나라였습니다.

무엇보다 하나님을 멀리하고 우상을 만들어 숭배했습니다. 언약 백성으로서 언약을 멀리하고 자기들 마음대로 제사장도 뽑아세웠습니다. 절기도 마음대로 정했고 예배도 아무데서나 드렸습니다. 그런 것이 죄가 되어 하나님의 심판과 진노가 임하게 된 것입니다.

1. 멸망의 원인

북이스라엘이 멸망한 이유가 무엇입니까? 구체적으로 생각해 봅시다.

첫째로, 북이스라엘이 멸망한 것은 그들이 자신을 애굽의 바로의 손에서 구원하고 인도하신 여호와께 범죄하고 또 우상을 숭배했기 때문입니다. 우상숭배가 왕과 백성 그리고 나라까지 망하게 하였습니다. 모세의 인도를 따라 애굽에서 구원해 내신 여호와 하나님을 꿈엔들 잊을 수 있겠습니까? 고향 바다도 못 잊는 존재가 사람인데.

구원 받은 하나님의 사람이 어떻게 하나님의 은혜를 잊을 수 있겠습니까? 바울은 "우리가 하나님과 함께 일하는 자로서 너희를 권하노니 하나님의 은혜를 헛되이 받지 말라 … 보라 지금은 은혜 받을 만한 때요 보라 지금은 구원의 날이로다"라고 했습니다.

고린도전서 15장 10절에서는 "내가 나 된 것은 하나님의 은혜로 된 것이니 내게 주신 그의 은혜가 헛되지 아니하여 내가 모든 사도보다 더 많이 수고하였으나 내가 한 것이 아니요 오직 나와 함께 하신 하나님의 은혜로라"라고 고백했습니다.

다윗은 "내 영혼아 여호와를 송축하며 그의 모든 은택을 잊지 말지어다"라고 했습니다. 심지어 내가 하나님의 은혜를 무엇으로 보답할까? 손으로 세어 보았습니다. 사람다운 사람은 사람의 은혜도 잊지 않지만 하나님의 은혜를 잊지 않습니다.

아브라함과 이삭과 야곱과 약속하신 하나님께서 모세를 통하여 이스라엘을 구원하셨는데 그 하나님을 어떻게 잊을 수 있겠습니까? 하나님의 은혜를 날마다 기억하며 사는 성도가 됩시다. 북이스라엘의 멸망의 첫째 요인은 하나님을 잊고 우상을 숭배한 것 때문입니다. 배은망덕입니다.

둘째로, 여호와께서 그들 앞에서 쫓아내신 이방 사람의 규례와 북이스라엘 여러 왕의 잘못된 행실을 따라 행했기 때문입니다. 하나님께서는 이방인의 풍속을 따르거나 배우지 말라고 가르쳐 주셨습니다. '이방 사람의 규례'에서 규례는 돌에 새긴 것처럼 없어지지 않는 법령을 말합니다. 여러 왕의 잘못된 행실은 북이스라엘의 열왕들이 금송아지 우상과 바알신을 숭배한 것을 말합니다. 왕과 백성이 모두 하나님으로부터 멀어지고 우상을 숭배했습니다.

셋째로, 북이스라엘 자손이 하나님 여호와를 배반하는 불의를 가만히 행하여 모든 성읍의 망대로부터 견고한 성에 이르도록 산당을 세웠습니다. 산당을 세운 것이 멸망의 원인이 되었습니다. 불의는 악한 행동을 숨어서 하는 것을 가리킵니다. 북이스라엘은 하나님 몰래 왕과 백성이 타락하여 우상을 숭배하면서 하나님을 섬기는 것이라고 포장했습니다. 마치 금송아지 우상을 섬기면서 애굽에서 인도하여 낸 여호와라고 말했습니다. 그리고 모든 성읍의 망대에서부터 견고한 성에 이르기까지 산당을 세웠습니다.

넷째로, 모든 산 위에 그리고 모든 푸른 나무 아래에 목상과 아세라 상을 세웠습니다. 우상을 전국에 가득하게 만든 것입니다. 곳곳마다 바알 상과 아세라 상을 세운 것이 나라가 망하는 원인이 되었습니다. 이런 곳에 세운 이유는 무엇일까? 미신적인 행위를 하고 신비감과 엄숙함을 주기 위한 목적이었습니다.

다섯째로, 여호와께서 그들 앞에서 물리치신 이방 사람같이 그곳 모든 산당에서 분향하며 악을 행하여 여호와를 격노하게 했습니다. 산당 제사와 분향을 했습니다. 성전이 없을 때는 가능했지만 예루살렘 성전이 아름답고 멋지게 세워져 있는데 무엇 때문에 산당 제사와 분향을 합니까? 애굽, 바벨론, 그리스, 로마와 소아시아, 가나안의 여러 나라에서 분향하는 풍속이 있었습니다. 하나님은 이런 모습을 보시고 격노하셨습니다.

여섯째로, 우상을 섬겼는데 이것은 하나님께서 하지 말라고 명령하신 일이었습니다. 하나님의 명령에 대한 불복종이 죄악이었습니다. 그러니까 총체적으로 북이스라엘은 하나님께 불복종의 범죄를 저질렀습니다. 이것이 멸망의 원인이었습니다. 이스라엘의 멸망의 첫 번째 원인은 우상숭배입니다.

2. 선지자에 대한 불순종

여호와께서는 북이스라엘의 범죄에도 불구하고 선지자와 선견자를 보내셔서 북이스라엘과 남유다를 경계해 주셨습니다. 하나님께서 보낸 선지자와 선견자에게 불순종한 것이 또다른 멸망의 원인이었습니다. 선지자는 먼저 하나님의 계시나 뜻을 받고 전하는 사람입니다. 선견자는 먼저 하나님의 뜻을 보고 전하는 사람입니다. 결국 동일한 사역입니다.

악한 길에서 돌이켜 그들의 조상에게 명하고 여호와의 종 선지자들이 그들에게 전한 명령과 율례를 지켜 행하라고 권고하셨습니다. 그러나 북이스라엘은 여호와를 믿지 않고 조상들과 같이 완고하여 끝내 여호와의 말씀을 듣지 않았습니다.

하나님의 말씀이나 뜻, 계시를 듣거나 보면 어떤 반응이 있어야 할까요? 돌이키는 반응, 회복하는 반응, 거룩한 생활로 돌아가야 합니다. 그런데 북이스라엘과 남유다 백성들은 목을 곧게 했습니다. 완고하게 거절했습니다. 인간적인 고집과 완고, 교만과 불순종의 사람이 되었습니다.

그러므로 하나님을 사랑하고 의지하는 믿음이 없다보니까 여호와의 율례와 조상과 세운 언약과 경계하신 말씀을 버렸습니다. 모세나 선지자들을 통해서 주신 말씀들을 순종하지 않게 되었습니다. 또 그들은 허무한 것을 좇아 허망하며 여호와께서 본받지 말라 명하신 이방 사람을 본받았고 그 하나님 여호와의 모든 명령을 버렸습니다. 버려야 할 것을 좇아갔습니다. 따르지 말아야 할 것을 오히려 따라갔습니다. 무가치하고 허무하게 만드는 것들을 추구했습니다.

그리고 자기를 위하여 두 송아지 형상을 부어 만들고 아세라 목상을 만들고 하늘의 일월성신을 숭배하며 바알을 섬겼습니다. 우상을 만든 근본적인 목적이 나타납니다. 자기 자신을 위한 것이었습니다. 신앙이 하나님을 위한 것이 아니라 자기 자신을 위한 것이 될 때 타락하게 됩

니다. 기독교는 하나님의 영광, 하나님의 이름, 하나님의 뜻, 하나님의
나라가 목적이 되어야 할 종교입니다.

자기의 이익만을 생각하다 보니까 자기 자녀를 불살라 바치고 복술
과 사술을 행했습니다. 인신제사를 드렸습니다. 몰렉 신을 숭배하여 자
기 자녀까지 불에 태웠습니다. 가장 가증스러운 제사입니다.

이렇게 그들은 스스로 팔려 여호와 보시기에 악을 행하고 여호와를
진노하게 만들었습니다. 스스로 파는 것은 자기 자신을 스스로 남에게
종으로 파는 행위입니다. 북이스라엘 백성은 하나님께서 주신 자유가
있었습니다. 그런데 스스로 죄의 노예가 되는 길을 선택했습니다. 하나
님의 백성이 스스로 죄를 범하면서도 회개할 줄을 몰랐습니다. 이것은
불순종과 같습니다. 나라가 쇠퇴하는 길과 마찬가지입니다. 하나님의
심판이 기다리고 있었습니다. 이스라엘의 패망의 두 번째 원인은 선지
자와 선견자에 대한 불순종이었습니다.

3. 북이스라엘과 남유다의 멸망 강조

북이스라엘의 불순종과 우상숭배로 인하여 하나님이 심판하실 것입
니다. 여호와께서 북이스라엘에게 진노하사 그들을 가나안 땅에서 쫓
아내실 것입니다. 그렇게 되면 유다 지파 외에 가나안 땅에 남은 자가
없게 될 것입니다.

북이스라엘 왕들과 백성이 얼마나 하나님을 진노하게 만들었습니
까? 우상숭배와 선지자들의 메시지에 귀를 기울이지 않은 죄가 그렇게
무섭습니다. 선지자가 외칠 때나 보여주었을 때가 회개의 기회가 아닙
니까? 그런데 엘리야와 선지자들을 죽이려고 했습니다. 끝까지 우상숭
배를 했습니다. 허망한 것을 추구했습니다. 그 결과로 국가가 망하게
된 것입니다.

남유다도 하나님 여호와의 명령을 지키지 않고 북이스라엘이 세운

율례를 따라갔습니다. 그러므로 여호와께서 북이스라엘의 온 족속을 버리시고 괴롭게 하실 것입니다. 노략꾼의 손에 붙이시고 심지어 그 앞에서 쫓아내실 것입니다.

이것은 심판의 유예 기간입니다. 하나님께서 남유다에게 은혜와 자비를 베푸셨지만 시간의 흐름에 따라 하나님의 명령과 은혜를 버리고 북이스라엘이 저지른 우상숭배와 불순종을 따라갔습니다. 하나님의 언약 백성이 하나님의 언약을 버리기 시작했습니다. 그리고 하나님보다 우상을 숭배하기 시작했습니다. 이것이 말이나 됩니까? 그렇습니다. 우리도 마찬가지입니다. 처음에는 한 번입니다. 그러나 죄는 습관성을 가집니다.

이것이 이루어진 것은 역사가 증명하고 있습니다. B.C. 722년에 북이스라엘이 멸망 받았습니다. 불과 140여 년 후에 남유다도 멸망 받았습니다. B.C. 586년경입니다. 다윗의 자손들이 통치했던 남유다는 조금 늦게 멸망했습니다.

남유다를 향한 예레미야 선지자의 외침이 무엇이었습니까? 거짓 선지자들은 예레미야 선지자를 반박하고 대적했습니다. 거짓 선지자들은 다윗과의 언약이 있는 남유다만은 망하지 않을 것이고 하나님의 심판이 없을 것이라고 주장했습니다. 이에 대하여 예레미야 선지자는 다윗의 언약이 있는 백성과 나라라 할지라도 시내산 언약이나 모압 평지의 말씀, 즉 시내산 언약과 모압 평지의 언약을 깨뜨린다면 하나님의 심판의 대상이 된다는 주장이었습니다.

그 결과 예레미야 선지자의 외침이 맞았습니다. 거짓 선지자들이 주장한 것이 틀렸습니다. 그리고 다윗의 언약은 훗날 예수 그리스도가 다윗의 혈통에서 출생함으로써 이루어졌습니다. 예수 그리스도는 순종과 왕으로서의 통치를 잘 이루셨습니다. 왕권을 가지신 분으로서 다윗의 언약을 잘 이루셨습니다. 그리고 시내산 언약이나 신명기적 언약을 다 이루셨습니다. 예수 그리스도는 모든 언약을 이루신 분입니다.

하나님의 심판은 점진적입니다. 처음에는 괴롭게 하십니다. 그 다음은 노략군의 손에 붙이십니다. 마지막으로 가나안 땅에서 쫓아내십니다. 그러므로 회개를 하여 하나님의 은총과 복을 받읍시다.

4. 북이스라엘의 멸망의 재진술

북이스라엘을 다윗의 집에서 찢어 나누심으로써 북이스라엘 백성이 느밧의 아들 여로보암을 왕으로 삼았습니다. 여로보암이 북이스라엘을 꾀어 여호와를 떠나고 큰 죄를 범하게 했습니다. 이스라엘은 본래 하나의 나라였습니다. 그런데 남북으로 나뉘었습니다. 분열은 축복이라고 볼 수 없습니다. 성령의 하나 된 것을 힘써 지켜야 할 것입니다.

북이스라엘 자손이 여로보암의 모든 죄를 따라 행하고 그 죄에서 떠나지 않았습니다. 여로보암 1세의 죄는 큰 죄였습니다. 마음대로 절기를 정하거나 제단을 만든 것, 그리고 제사장을 세운 일이 그렇습니다. 심지어 백성들을 바른 길로 인도하지 못했습니다. 다른 왕들도 다 본받게 되었습니다.

그러므로 여호와께서 그 종 선지자를 통해 하신 말씀처럼 북이스라엘을 그 땅에서 쫓아내셨고 그들이 앗수르에 사로잡혀 가서 본서가 기록될 때까지 이르렀습니다. 북이스라엘은 메소포타미아의 북서부 지역에서 살고 있었고, 남유다 백성들은 남동부 지역에 집중적으로 살았습니다. 포로 귀환은 주로 남유다 백성들이 돌아온 것입니다. 하나님의 백성은 하나님 앞에 회개하는 특성이 있는 사람입니다.

제62강
열왕기하 17장 24-41절

앗수르와 사마리아

열왕기하 17장 초반부에서는 북이스라엘의 멸망 원인이 무엇인지 신학적으로 분석해 주었습니다. 하나님의 백성으로서 여호와를 경외하지 않고 우상을 숭배한 죄 때문입니다. 애굽에서 구원해 낸 여호와를 어떻게 잊을 수 있겠습니까? 그런데 이스라엘 백성들은 하나님을 잊었습니다.

또 한가지는 하나님께서 보낸 선지자와 선견자의 메시지를 듣지 않고 듣더라도 불순종했습니다. 이것이 북이스라엘이 멸망 받은 원인입니다. 현시대를 살고 있는 모든 성도들은 하나님을 사랑합시다. 하나님의 말씀에 순종하여 영육간에 은혜와 복을 받읍시다.

1. 앗수르 왕

앗수르 왕은 북이스라엘 백성을 포로로 사로잡아 앗수르로 끌고 갔습니다. 앗수르 왕이 바벨론과 구다와 아와와 하맛과 스발와임에서 사람을 옮겨다가 북이스라엘 자손을 대신해서 사마리아 근경에 두었습니다. 이를테면 이주 정책을 펼친 것입니다. 사마리아 근경에서 이방 사람들과 같이 살게 한 것은 민족적인 혼합정책입니다.

하나님께서 가나안의 일곱 족속을 쫓아내시고 이스라엘 백성을 심어 주셨지만 앗수르 왕은 혼혈 정책과 종교적인 혼합주의 사상을 심어 놓기 시작한 것입니다. 그 결과 거룩한 약속의 땅, 가나안 땅에 이방인들이 거주하게 되었고 종교도 혼합주의 형태로 나타나기 시작했습니다.

북이스라엘을 멸망시킨 사르곤 2세는 북이스라엘 백성을 포로로 사로잡아 갔고, 뒤를 이은 에살핫돈은 사마리아 지역에 이방 나라 민족을 강제로 이주시켰습니다. 민족 혼합주의 정책으로 민족 정체성을 말살하는 정책을 펼쳤던 것입니다.

이주해 온 민족들이 사마리아를 차지하게 되고 근경에서 살면서 여러 성읍에 거주했습니다. 바벨론은 '신들의 문'이라는 뜻으로 문명의 발상지였고, 구다는 '격렬한'이란 뜻입니다. 이와는 유브라데 강변의 하볼 부근에 위치하여 역청의 산지로 유명합니다.

하맛은 하맛 왕국의 수도로 북이스라엘이 멸망한 지 2년 후 B.C. 720년에 사르곤 2세에 의해 정복되었습니다. 스발와임은 북수리아의 성읍으로 보이며 B.C. 725년 살만에셀 5세에 의해 정복되었습니다.

여호수아 시대에 하나님의 인도하심을 따라 가나안 땅의 일곱 족속을 쫓아내고 이스라엘 민족이 차지했었습니다. 당시 아모리 족속을 비롯하여 일곱 족속의 죄악이 관영했기 때문입니다. 그런데 가나안 땅을 차지한 이스라엘 백성은 하나님의 이름과 나라와 영광을 생각하지 않고 이방 나라의 풍속을 받아들여 우상을 숭배하고, 선지자들의 말을 듣지 않고 불순종했습니다.

가나안 땅에는 이스라엘 백성을 대신하여 이방인들이 들어와 거주하기에 이르렀습니다. 선민 이스라엘 백성들이 하나님의 백성답지 않고 하나님의 이름을 더럽혔기에 더 이상 가나안 땅에 거주할 수가 없게 된 것입니다. 앗수르 나라의 왕이 분산 정책을 사용했는데 첫 번째 사용한 사람이 디글랏 빌레셀이었습니다.

그 결과 가나안 땅, 사마리아 지방에는 민족적으로 혼혈족속과 문화적인 타락과 종교적인 혼합주의가 자리잡게 된 것입니다. 이방인들이 사마리아 지역을 차지한 것은 일시적으로 정복한 것이 아니었습니다. 마치 유산으로 상속받은 땅에서 사는 자손처럼 이방인들이 영원한 삶의 터전으로 삼아 살게 되었다는 뜻입니다.

사랑하는 성도들이여! 성도는 영적이어야 합니다. 하나님과의 관계가 제일 중요합니다. 그래야 차지하면서 살 수 있고 하나님의 복을 대대로 누리며 살 수 있습니다.

2. 이방인과 앗수르 왕

사마리아로 이주해 온 이방인들의 이주 초창기에 그들이 여호와를 경외하지 않으므로 여호와께서 사자들을 보내 몇 사람을 죽이셨습니다. 가나안 땅에 들어왔으면 하나님을 경외해야 하는 원리입니다. 가나안 땅에 들어와서 우상을 숭배하니 하나님의 진노가 임하게 되었습니다. 하나님은 온 우주의 지배자요 절대주권자가 되십니다. 살아 계신 하나님이십니다.

어떤 사람이 앗수르 왕에게 이방인들이 가나안 땅 신의 법을 알지 못하여 그 신이 사자들을 보내어 이방인을 죽였다고 보고했습니다. 고대 사회에서는 자기들이 믿는 신이 있다 할지라도 다른 지역으로 이주하면 그곳의 신을 경외해야 한다는 생각을 했습니다. 이것이 지역신(local god) 개념입니다. '종교적 관습'이나 '종교적 규칙'이라고 말할 수 있을 것입니다.

하나님의 진노에 대한 보고를 받은 앗수르 왕이 사마리아에서 사로잡아 온 제사장 하나를 그곳으로 보내서 그 땅의 신의 법을 무리에게 가르치도록 명령했습니다. 신에 대한 제도를 이해하지 못해서 징벌을 받았으니 대책을 내놓은 것입니다.

이에 사마리아에서 잡혀간 제사장 중 하나가 와서 벧엘에서 여호와 경외하는 법을 가르쳤습니다. 이를테면 앗수르 왕은 사마리아에서 사로잡아 온 제사장 한 사람을 보내서 하나님 섬기는 법을 가르치도록 명령했습니다. 물론 수행원은 다수였을 것입니다. 앗수르 왕이 지역신을 인정하여 조치를 취한 것입니다. 나름대로 지혜로운 처사라고 말할 수 있습니다.

앗수르에 잡혀갔던 제사장 한 사람은 돌아와서 율법을 가르치기 시작했습니다. 돌아온 제사장이 벧엘에 거주하였다는 것은 제사장이 무엇을 가르쳤는지를 짐작하게 만듭니다. 벧엘은 여로보암 1세가 제단을 만들고 금송아지 우상을 숭배하던 곳입니다. 여로보암 1세는 자기 마음대로 절기도 지키고 무자격자를 제사장으로 삼았습니다. 그러므로 제사장이 금송아지 우상에 대하여 가르쳤을 것이라고 짐작하게 됩니다. 여호와를 가르쳤으면 얼마나 좋았겠습니까? 여러분은 누구에게 무엇을 배우고 무엇을 가르칩니까?

3. 이방인의 혼합주의

각 민족이 자기들의 거한 성읍에 자기의 신상들을 만들어 사마리아 근처의 여러 산당에 두었습니다. 고대 사회에서 흔히 볼 수 있는 일이었습니다. 북이스라엘에 산재해 있는 산당에 산당을 더하는 결과를 초래하게 된 것입니다. 이것이 종교적 혼합주의에 빠지게 되는 요인입니다. 사마리아인은 이주해 온 이방인에 비교할 때 가나안 땅에 살고 있던 사람을 말하지만 신약에서는 민족의 정체성을 잃어버린 사람, 신앙의 정체성도 없는 사람, 혼혈 족속을 사마리아인이라고 부르게 되었습니다.

사마리아에 거주한 이방들이 숭배한 우상들이 무엇인가?

바벨론 사람들은 숙곳브놋을 만들었습니다. '딸들의 오두막들'이라는 뜻인데 무슨 의미인지를 모릅니다. 암탉의 형상을 한 우상이라고 주장하기도 합니다. 종교적 의식을 수행하는 매춘부들을 위해 지은 집으로 추정하기도 합니다.

굿 사람들은 네르갈을 만들었습니다. 태양신 벨, 전쟁의 신, 지하 세계를 다스리며 모든 재앙을 주관하는 신으로 이해합니다. 사자 혹은 수탉 형상을 가지고 있는 우상입니다.

하맛 사람들은 아시마를 만들었습니다. 아시마를 수리아의 폭풍의 신 하닷의 딸 시마로 보는 견해가 있습니다. 베니게인들의 여덟 신들 중의 하나인 에스문이라고 합니다. 첫 번째가 설득력이 있습니다.

아와 사람들은 닙하스와 다르닥을 만들었습니다. 다르닥은 '어둠의 영웅'이라는 뜻으로 앗타르와 아스다롯과 아낫을 혼합해서 만든 복합적인 형상을 말합니다.

스발와임 사람들은 그 자녀를 불태워 그들의 신 아드람멜렉과 아남멜렉에게 드렸습니다. 자기 자녀를 불태워 제사했습니다. 몰렉 신을 가리키거나 태양신과 관련 있는 것으로 봅니다.

또 이방인들은 여호와도 경외하여 그들 가운데서 아무나 한 사람을 산당의 제사장으로 택하여 자기를 위해 제사드리게 하였습니다.

북이스라엘에 이주해 온 다음에 많은 사람들이 자기의 풍속대로 이방 신을 섬겼습니다. 이처럼 이방인들이 여호와도 경외하고 또 자신의 민족의 풍속대로 자기 신도 섬겼습니다. 여호와를 신들 중의 하나로 생각했던 것입니다.

이방인들은 본서가 기록될 당시까지 이런 풍속대로 행하여 여호와를 경외하지 않았습니다. 사마리아 땅이 종교적인 혼합주의 영향으로 여호와를 경외하지 않게 되었습니다. 그러므로 올바른 신앙관을 확립하는 것이 중요합니다.

또 여호와께서 이스라엘 백성에게 명하신 율례와 법도와 율법과 계명을 준행하지 않았습니다. 이방인들이 여호와의 율법이나 계명을 지

키겠습니까? 하나님께서 주신 계명이나 율법을 사랑하여 지키고 순종
해야 합니다. 선택받은 백성이 그것을 실천하지 않을 때 당하는 고난은
심각합니다.

4. 순수한 언약과 혼합주의

예전에 여호와 하나님께서 야곱의 자손에게 언약을 세우시고 다른
신을 경외하거나 숭배하지 말고 섬기지 말며 제사하지 말 것을 명하셨
습니다. 이스라엘 백성에게 시내산에서 십계명을 비롯하여 여러 가지
계명과 율례를 주셨습니다. 그런데 종교적인 혼합주의에 빠지면서 하
나님으로부터 멀어지기 시작했습니다. 그리고 애굽에서 구원 받기 이
전의 모습으로 되돌아갔습니다.

오직 큰 능력과 편 팔로 이스라엘을 애굽에서 인도하여 낸 여호와만
경외하고 숭배하며 제사를 드리라고 명했습니다. 여호와께서는 애굽에
서 구원받은 이스라엘 민족에게 순종을 요구하셨습니다. 시내산에서
맺은 언약에 근거하여 순종을 요구하셨습니다.

또 이스라엘을 위하여 기록한 율법과 계명을 지키고 언약을 잊지 않
으면서 다른 신들을 경외하지 말 것을 명령했습니다. 그리고 오직 그들
을 모든 원수의 손에서 건져내실 수 있는 유일하신 하나님 여호와만을
경외하라고 명령했습니다. 시내산 언약도 사랑해서 지켜야 했습니다.
그러나 북이스라엘은 하나님의 말씀에 귀를 기울여 듣지 않고 오히려
이전 풍속대로 행했습니다.

앗수르 왕이 사마리아로 강제 이주시킨 여러 민족이 여호와를 경외
한다면서 동시에 자신들의 우상들도 섬겼습니다. 이것이 혼합주의입니
다. 결국 북이스라엘의 멸망의 원인은 우상숭배와 선지자에 대한 불순
종에서 찾을 수 있습니다.

그 후손들이 이런 풍습을 따라 행하여 열왕기하가 저술될 때까지 계

속되고 있었습니다. 이방인들도 가나안 땅에 왔으면 하나님을 경외해야만 했습니다. 그런데 각자 자기의 지역신들을 가지고 와서 섬겼습니다. 바벨론 나라에 포로로 잡혀 온 남유다 백성들도 혼합주의를 버리고 유일하신 여호와만을 섬겨야 할 것을 강조하고 있는 것입니다.

제 3 부
남 유다 왕국 시대

열왕기하 18 - 25장

히스기야 왕

사무엘 때부터 왕정 시대를 세 부분으로 구분하여 설명할 수 있습니다. 통일 왕국시대와 분열 왕국시대 그리고 단독 왕국시대라고 말할 수 있습니다. 열왕기상 1-11장까지는 통일 왕국시대로 사울과 다윗과 솔로몬의 통치를 다루었습니다.

열왕기상 12장부터 열왕기하 17장까지는 분열 왕국시대로 남북 왕국이 분열된 역사를 다룹니다. 그리고 열왕기하 18장부터 25장까지는 북왕국 이스라엘이 앗수르에 의하여 멸망 당하고 난 이후 남아 있는 남유다 왕국이 바벨론에 의하여 멸망하기까지의 역사를 다루고 있습니다.

오늘 말씀부터는 남유다 왕국의 단독 왕국 역사를 다루고 있습니다. 17장까지는 하나님을 멀리하고 배도의 길을 걷고 있을 때 회개를 촉구하며 돌아오기를 원했지만 돌아오지 않자 북이스라엘 왕국은 하나님의 징계를 받아 앗수르 나라에 의해 멸망 당했습니다.

1. 히스기야의 통치

북이스라엘 왕 엘라의 아들 호세아 제삼년에 유다 왕 아하스의 아들 히스기야가 왕이 되었습니다. 남유다의 제13대 왕에 등극한 것입니다. 북이스라엘의 호세아 왕이 통치할 때입니다. 히스기야는 아버지 아하스 왕과 더불어 공동 통치를 했던 것으로 봅니다. 그러다가 히스기야가 이십오 세가 되었을 때 단독으로 통치하게 됩니다.

북이스라엘이 멸망하기 6년 전의 남유다 역사를 언급하고 있습니다. 북이스라엘 나라의 멸망의 원인이 무엇인가? 앗수르 왕 살만에셀이 어떤 방법으로 북이스라엘을 정복했는가? 그 이후 140여 년 동안 남유다 왕국은 어떻게 되었는가?

히스기야가 왕위에 오를 때 이십오 세였고 이십구 년을 통치했습니다. B.C. 687년부터 통치했습니다. 히스기야가 남유다의 왕이 되었을 때 앗수르 왕 산헤립이 여러 민족과 나라를 정복하기 위하여 무수한 전쟁을 감행할 때였습니다.

남유다 왕 중에 가장 탁월했던 왕이 히스기야 왕이었습니다. 중병에 걸렸을 때 기도하여 생명이 15년 연장되는 복도 받았습니다. 국제적으로 복잡하고 혼돈과 위협적인 상황 속에서 남유다를 통치한 왕입니다.

히스기야는 남유다의 제16대 왕 요시야와 더불어 가장 탁월한 왕으로 평가합니다. 두 왕은 여호와 보시기에 정직히 행한 왕이었습니다. 물론 히스기야 왕에게도 약점이 있었습니다. 병문안을 온 바벨론 나라의 사신에게 왕궁과 성전의 주요 시설물을 공개한 것입니다. 이것은 이사야 선지자의 책망은 물론 멸망에 대한 예언이 선포되게 하는 사건이었습니다. 인간은 하나님의 은혜가 아니면 늘 넘어지고 실수하는 존재입니다.

히스기야 왕이 통치할 때 이사야 선지자와 미가 선지자가 활동을 했습니다. 이사야 선지자는 남유다의 제10대 왕 웃시야가 죽던 해인 B.C. 739년부터 제14대 왕 므낫세가 통치하던 B.C. 680년까지 다섯 왕이 다스리던 시기에 하나님의 뜻을 선포한 올곧은 성품의 소유자였습니다. 이사야 선지자는 히스기야 왕이 앗수르를 두려워하여 애굽을 의지하려는 것을 책망했습니다. 이사야 선지자는 히스기야 왕이 잘못했을 때는 책망을 했습니다. 그리고 산헤립이 죽을 것도 예언해 주고 히스기야 왕이 살 것도 예언해 주었습니다. 이사야 선지자는 히스기야 왕에게 지대한 영향을 끼친 선지자였습니다.

히스기야 왕의 어머니 이름은 아비이며 스가랴의 딸이었습니다. 어머니를 밝히는 이유는 다윗 왕조의 혈통과 연속성에 대한 내용입니다. 다윗의 혈통이 남유다의 왕이 되었음을 알리고 있습니다. 역대하 29장 1절에는 아비야로 기록됩니다. '나의 아버지는 여호와시다'라는 뜻입니다. 스가리야는 외할아버지입니다. '기억하다'라는 뜻입니다. 왜 외할아버지를 언급했을까?

아버지 아하스 왕은 다윗과 같지 않았습니다. 자기 자녀를 불태워 우상에게 제사를 드린 왕이었습니다. 히스기야 왕이 아버지가 아니라 어머니와 외할아버지의 영향을 받아 독실한 하나님의 사람이 된 것입니다. 믿음은 보고 배우는 것입니다. 여러분이 부모로서 자녀들에게 좋은 믿음을 보여줄 수 있기를 바랍니다.

2. 히스기야 왕의 통치 평가

히스기야가 그 조상 다윗의 모든 행위와 같이 여호와 보시기에 정직히 행하였습니다. 히스기야 왕은 다윗 왕을 본받았습니다. 선한 왕의 평가 기준은 '다윗의 모든 행위와 같이'이고, 악한 왕의 평가 기준은 '여로보암과 같이'입니다. 그런데 히스기야 왕은 다윗 왕을 본받아 여호와 보시기에 정직히 행한 왕이었습니다. 남유다 왕 이십 명 중에 제10대 왕 아사와 제16대 왕 요시야, 그리고 히스기야에게 주어진 평가입니다.

히스기야 왕은 하나님의 율례와 규례대로 행했습니다. 종교개혁을 단행한 왕입니다. 여러 산당을 제하고 주상을 깨뜨리며 아세라 목상을 찍어 버렸습니다. 산당은 다양한 이방 신상들이 있었던 곳입니다. 통일 왕국시대에는 산당에서 여호와를 섬겼지만 분열 왕국시대에 들어오면서 혼합주의, 이방 종교를 섬기는 곳이었습니다. 히스기야는 중앙 성전 중심적인 예배에 힘썼던 왕입니다.

주상은 '기둥'으로 바알 숭배와 관련하여 세워진 기둥입니다. 아세라도 가나안 땅의 대표적인 우상이었습니다. 시돈의 여신 아스다롯과 모압의 신 그모스와 암몬 자손의 밀곰이 있었는데, 히스기야 왕은 우상의 잔재를 제거한 왕입니다.

또 모세가 만들었던 놋뱀을 이스라엘 자손이 이때까지 분향하고 있었는데, 히스기야가 그것을 부수고 느후스단이라 불렀습니다. 놋뱀은 이스라엘 백성이 원망하다가 불뱀에 물려 죽게 되었을 때 모세가 만든 놋뱀을 쳐다보면 살게 되는 구원책이었습니다. 고대 메소포타미아 지역에는 광범위하게 뱀을 숭상하는 이교적인 악습이 있었습니다. 놋뱀을 척결한 것은 대단한 결단입니다.

히스기야가 전후 유다 왕이 따라올 수 없을 만큼 이스라엘의 하나님 여호와를 의지했습니다. 개인적인 신앙, 믿음을 언급했습니다. 개인적으로 강력한 믿음, 하나님만 신뢰하는 강인한 믿음의 사람이었습니다. 히스기야는 주변 국가를 의지하지 않고 하나님을 의지했습니다. 사람들이 믿고 따르는 우상이나 마술사를 의지하지 않고 천지 만물을 창조하시고 주관하시는 하나님만 의지했습니다. 앗수르의 공격적인 압박 속에서도 더욱 하나님만 믿고 의지했습니다. 이것이 히스기야의 탁월성이었습니다.

히스기야가 여호와께 연합하여 떠나지 않고 여호와께서 모세에게 명하신 계명을 지켰습니다. 히스기야 왕의 놀라운 특징입니다. 여호와와 연합한 사람입니다. '집착하다, 달라붙다, 붙들다'라는 뜻이 연합입니다. 신체에서 일부분을 떼어낼 수 없듯이 하나님과 히스기야는 뗄 수가 없는 관계였습니다. 성경에서는 아내와 남편의 연합, 룻과 나오미의 연합은 인격적이면서 헌신의 연합입니다. 히스기야는 하나님과의 관계가 연합의 터 위에 맺어진 굳건한 믿음의 소유자였습니다. 예수님은 포도나무요 우리는 가지입니다. 생명의 연합 개념입니다.

히스기야 왕은 말로만 연합이 아니었습니다. 연합되어 있었기 때문에 여호와의 명령을 지켜 행했습니다. 계명을 따라 생활했습니다. 십계명은 하나님과의 관계와 사람과의 관계를 형성하는 것인데 히스기야 왕은 그렇게 행하면서 살았습니다.

그 결과가 무엇입니까? 여호와께서 히스기야와 함께하시므로 그가 어디로 가든지 형통했습니다. 이것이 축복입니다. 국내적으로 종교개혁을 단행할 수 있었고, 국외적으로 앗수르의 종속으로부터 벗어나 자유를 차지했고, 블레셋을 정복했습니다. 계명을 지키고 연합한 결과였습니다.

3. 히스기야 왕의 영토 확장

당대 최강대국은 앗수르입니다. 그러나 히스기야 왕은 앗수르 왕을 배척하고 섬기지 않았습니다. 이방의 왕을 섬기지 않고 살아 계신 하나님을 섬겼다는 뜻입니다. 과거 아버지 아하스 왕 때부터 봉신이 되어 조공을 바쳤습니다. 히스기야 왕은 왕위에 오르자마자 반앗수르 정책을 펼쳤습니다. 친애굽 정책도 히스기야가 펼친 것이 아니었습니다. 그는 하나님만 믿었습니다.

때로는 앗수르의 산헤립이 공격해 와서 다시 조공을 바치기도 했지만 그러나 지속적으로 바치지는 않았습니다. 재차 침공했을 때 히스기야는 결사항전의 뜻을 밝히고 하나님만 의지합니다.

그리고 블레셋 사람을 쳐서 가사와 그 사방에 이르고 망대에서부터 견고한 성까지 모두 쳐부수었습니다. 히스기야 왕의 군사적인 업적입니다. 이방 왕을 섬기지 않았던 히스기야가 블레셋과 전쟁하여 승리합니다. 당시 블레셋은 앗수르와 동맹을 맺고 있어서 남유다에게는 거북한 상대였습니다.

또 아버지 아하스 왕 때 남유다를 침공한 것에 대한 보복이기도 하였습니다. 아버지 아하스 때 잃어버린 땅과 성읍을 다시 되찾은 것입니다. 이것이 형통의 내용입니다. 가사 지방은 블레셋의 5대 성읍 중 하나로 역사적으로 오래된 도시로서 교통과 무역의 중심지였습니다. '사막의 항구이며 유목민의 시장' 이라는 별명이 있는 도시였습니다.

또 망대에서 견고한 성까지는 번영과 정복의 역사를 가리킵니다. 앗수르의 공격으로 약해져서 조공을 바치기도 하고 굴욕적인 행동도 하지만 결국 하나님만 의지하여 승리합니다. 북이스라엘과 남유다가 앗수르의 침략이라는 같은 상황에 있었지만 북이스라엘의 호세아는 멸망을 받게 되고, 남유다의 히스기야는 하나님만 의지하여 승리하게 됩니다.

4. 앗수르와 북이스라엘

히스기야가 왕위에 오른 지 제사년 곧 이스라엘 왕 엘라의 아들 호세아가 왕위에 오른 지 제칠년에 앗수르 왕 살만에셀이 사마리아를 공격하여 포위했습니다. 앗수르가 두 나라를 동시에 공격한 것입니다. 그런데 히스기야는 하나님만 신뢰하고 의지하였습니다.

그리고 삼 년 후 곧 히스기야가 왕위에 오른 지 제육년 호세아가 이스라엘 왕위에 오른 지 제구년에 사마리아가 함락되었습니다. 난공불락이라고 말하던 사마리아가 삼 년만에 정복된 것입니다. 오므리와 아합 왕에 의해서 견고하게 건설된 사마리아였습니다. 하지만 앗수르가 총공세를 펼치면서 삼 년만에 함락된 것입니다. 그래서 북이스라엘은 호세아 구년인 B.C. 722년 앗수르 군대에 의해서 멸망하게 됩니다.

앗수르 왕이 이스라엘 백성들을 사로잡아 앗수르 땅 힐라와 고산 하볼 하숫가와 메대의 성읍으로 이주시켰습니다. 앗수르 나라의 곳곳에 흩어지게 만들었습니다. 이렇게 북이스라엘이 멸망 받은 이유가 무엇입니까?

그 이유를 밝히고 있습니다. 북이스라엘이 하나님 여호와의 말씀을 준행하지 않고 그 언약을 배반하여 여호와의 종 모세가 명한 것을 준행하지 않았기 때문입니다. 세 가지 원인입니다.

첫째는, 하나님의 말씀에 대한 불순종입니다. 둘째는, 하나님의 언약 백성으로서 하나님의 언약을 저버린 것입니다. 셋째는, 모세의 율법에 대한 거역입니다. 이런 내용은 남유다의 히스기야 왕과는 너무나 달랐습니다. 히스기야는 계명을 지키고 하나님과 동행했습니다. 그러니까 작고 연약했지만 역사 속에는 오랫동안 존속할 수 있었습니다. 그러므로 하나님의 백성은 시대를 떠나서 항상 하나님을 의지하고 말씀에 순종하며 진실하게 살면 형통할 줄로 믿습니다.

제64강
열왕기하 18장 13-17절

앗수르와 남유다

지금까지 북이스라엘이 멸망한 이유를 밝혀 주었습니다. 하나님의 백성이 여호와를 경외하지 않고 우상을 숭배했습니다. 언약에 신실하지 않고 언약을 파기하였습니다. 그리고 하나님을 의지하지 않고 이웃 나라를 의지하다가 멸망 받은 역사였습니다.

남유다는 어떤 상황이었을까요?

1. 앗수르 왕 산헤립

히스기야 왕 제십사년에 앗수르 왕 산헤립이 남유다를 공격하여 견고한 성읍들을 점령했습니다. 앗수르의 산헤립이 공격해 온 것입니다. 남유다를 침공했습니다. 왜 앗수르가 남유다를 침략했을까요?

성경은 구체적으로 밝히지는 않습니다. 다만 남유다 제12대 왕 아하스의 아들 히스기야가 반앗수르 정책을 펼쳤기 때문일 것입니다. 아버지 아하스는 친앗수르적이었습니다. 아하스 왕은 북이스라엘과 아람 나라가 연합하여 남유다를 공격하자 앗수르 나라에 원군을 요청했습니다. 또 다메섹을 방문하여 그곳에 있는 앗수르 왕의 제단을 보고 예루살렘 성전에도 우상의 제단을 만들어 세우고 제사 제도까지 변경하였습니다. 그리고 앗수르 왕에게 충성심을 보이기 위해 성전에 있던 왕의 안식일 전용 통로와 성전 바깥에 있던 전용 출입구까지 없앴습니다. 이런 행동은 앗수르 왕에게 잘 보이기 위함이었습니다.

히스기야 왕은 아버지 아하스와는 너무 달랐습니다. 모든 것을 다 바꾸었습니다. 히스기야는 아버지 아하스와는 달리 앗수르 나라에 바치던 조공을 거부했습니다. 또 친앗수르 정책을 펼치던 블레셋까지 점령했습니다.

히스기야 왕의 반앗수르 정책과 블레셋 정벌은 블레셋과 동맹하여 애굽을 치려던 앗수르 왕 산헤립의 계획에 많은 차질을 가져오게 했습니다. 그런 이유 때문에 앗수르가 남유다를 침공하여 장애물을 제거하려 한 것입니다.

열왕기하 저자는 이런 이유들을 생략한 상태에서 남유다에 대한 앗수르의 침공만 다루고 있습니다. 그렇게 하는 이유가 무엇일까? 앗수르가 북이스라엘을 공격하여 멸망시켰던 것처럼 똑같은 이유 때문에 침공했다는 논리입니다.

앗수르가 북이스라엘을 침공한 이유는 북이스라엘의 범죄에 대한 심판의 성격입니다. 남유다를 공격한 이유도 그렇다는 의미입니다. 남유다가 하나님 앞에 범죄했기 때문에 앗수르를 통하여 심판하신다는 의미입니다.

그러면 남유다가 무슨 죄를 범하였기에 앗수르가 공격한 것인가? 당시 활동했던 이사야 선지자의 말에서 남유다의 죄가 무엇인지 발견하게 됩니다. 당시 강대국 앗수르로부터 벗어나려는 시도들이 있었습니다. 대표적인 나라가 애굽이었습니다. 그러므로 히스기야 왕도 앗수르로부터 벗어나기 위해 친애굽 정책을 펼쳤습니다. 그 내용이 이사야 30장 27절의 내용입니다.

당시 이사야 선지자는 하나님을 의지하지 않고 애굽을 의지하려는 남유다의 정치 지도자들을 책망했습니다. 남유다의 불신앙입니다. 하나님을 믿지 않고 지혜도 없고 영적이지 않은 이웃 나라만 의지하는 것은 신정 왕국 백성답지 못한 처사였습니다.

신정 왕국 백성의 특징이 무엇입니까? 하나님을 믿는 믿음입니다. 이웃 나라만 의지하는 것은 불신앙적인 인본주의였습니다. 남유다가 이런 자세를 보일 때 하나님이 앗수르로 하여금 남유다를 공격하게 하신 것입니다.

앗수르의 산헤립 왕은 사르곤 2세의 뒤를 이어 18년간 통치한 왕입니다(B.C. 705-681). 사르곤 2세가 앗수르를 통치할 때 전국적으로 반란이 많이 있어 남유다도 반란한 것으로 보입니다. 조공을 바치지 않자 국고에 금은보화가 넘치게 된 것입니다. 병문안차 방문한 바벨론의 사신에게 보물고, 군기고, 내탕고를 보여줄 수 있었던 이유가 여기 있었습니다.

히스기야 왕 사년이나 육년은 아하스 왕과 공동 통치를 한 B.C. 729년부터 계산한 것입니다. 그러므로 각기 다른 기준에서 히스기야 재위 연대를 혼용하여 사용한 것입니다. 특별히 구속사적인 입장에서 기록하기 때문입니다.

2. 히스기야 왕의 반응

첫째로, 항복의 뜻으로 범죄했다고 자백했습니다. 남유다 왕 히스기야가 앗수르 왕이 있는 라기스로 사람을 보내어 "내가 범죄하였나이다 나를 떠나 돌아가소서"라고 시인했습니다. "왕이 내게 지우시는 것을 내가 당하리이다"라고 조공을 약속했습니다.

앗수르의 공격에 대하여 쉽게 인정한 것은 아니고, 히스기야 왕은 예루살렘을 요새화하였고, 적군으로 흘러가는 물공급을 중단하였으며 군사의 사기를 북돋아 주었습니다. 히스기야 왕이 훌륭한 왕이지만 백성을 구원하는 일에 있어서는 무능력함을 드러내고 있습니다. 라기스는 요새화된 성읍으로 남유다에 있어서 두 번째 큰 성읍이었습니다. 르호보암 때 애굽을 대항하기 위하여 건설된 성읍입니다.

히스기야가 범죄라고 말한 내용은 '조준 목표에서 벗어나다'의 뜻으로 종주권 조약을 어긴 책임을 인정하는 말입니다. 히스기야 왕의 정치적인 발언입니다. 이미 이사야 선지자는 히스기야 왕에게 앗수르로부터 전쟁에서 승리할 것을 가르쳐 준 상황이었습니다. 그래도 이렇게 말한 것은 믿음이 약해져서 고백한 말일 것입니다. 반항이나 거부하지 않고 순종하겠다고 약속하고 있기 때문입니다.

둘째로, 일종의 전쟁 배상금을 지불했습니다. 앗수르 왕이 은 삼백 달란트와 금 삼십 달란트를 정하여 유다 왕 히스기야에게 내게 했습니다. 아마도 전쟁 배상금으로 바치게 한 것에 대하여 히스기야 왕이 여호와의 성전과 왕궁 곳간에 있는 은을 다 주었습니다. 금 1,028킬로그램, 은 10,281킬로그램입니다. 히스기야 왕이 하나님보다 앗수르의 군사력을 보고 불신앙적인 행동을 한 것입니다.

역사적으로 제3대 왕 아사는 아람과 조약을 맺어 북이스라엘을 견제하고, 제8대 왕 요아스는 아람의 침공을 두려워하여 같은 방법을 사용했고, 제12대 왕 아하스도 앗수르에게 동일한 방법을 썼습니다. 히스기야도 그렇게 한 것은 여호와 하나님을 절대적으로 신뢰하지 않은 데에서 나온 행동입니다. 인간적인 방법이 아니라 하나님의 방법을 사용했으면 얼마나 좋았겠는가?

셋째로, 여호와의 성전에 있는 것까지 주었습니다. 성전 문의 금과 자신이 입힌 모든 기둥의 금을 벗겨 앗수르 왕에게 주었습니다. 히스기야 왕의 다급한 상황을 엿볼 수 있지만, 성전은 하나님의 임재가 있는 곳인데 그곳의 것까지 이방인에게 준 것은 얼마나 비참한 일입니까? 그러므로 하나님만 의지하는 것이 큰 행복입니다. 진정한 행복은 하나님과 함께하는 삶입니다.

3. 재침략 전쟁

앗수르 왕이 다르단과 랍사리스와 랍사게로 하여금 대군을 거느리고 라기스에서부터 예루살렘으로 가서 히스기야 왕을 치게 하였습니다. 앗수르의 군대가 다시 침략한 것입니다. 앗수르의 공격에 대하여 학자들은 이견이 있습니다.

어떤 학자는 1차 침공 이후 나약한 히스기야 왕의 모습을 보고 곧바로 2차 침공을 했다는 주장입니다. 앗수르 왕의 요구대로 전쟁 배상금을 바치는 히스기야의 나약한 태도를 확인하고 곧바로 침공했다는 주장입니다. 그 증거로 이사야 36장 1-2절을 제시합니다. 1차 침공과 2차 침공의 시간적인 차이가 없다는 점입니다.

그러나 대부분의 학자들은 1차 침공과 2차 침공 사이에 어느 정도의 간격이 있다고 주장합니다. 왜냐하면 2차 침공시 앗수르 왕이 히스기야 왕과 동맹 관계에 있던 구스 왕의 출정 소식을 들었다고 기록되어 있기 때문입니다(왕하19:9). 또 남유다와 애굽과의 동맹 조약은 시간이 필요했기 때문입니다. 따라서 앗수르가 B.C. 701년에 1차 침공을 하였고, 2차 침공은 B.C. 699년에 침공했다고 봅니다.

앗수르 군대가 공격하여 윗못 수도 곁 곧 세탁자의 밭에 있는 큰 길에 이르러 섰습니다. 이를테면 진을 친 것입니다. 왜 앗수르가 남유다를 2차 침공한 것인가? 이유가 분명하지는 않지만 친애굽 정책, 반앗수르 정책을 썼기 때문일 것입니다.

히스기야 왕이 반앗수르 정책을 쓴 것은 애굽의 도움을 요청할 수 있었기 때문일 것입니다. 당시 애굽이 중근동 지역의 반앗수르 정책을 쓰고 있었습니다. 2차 침공 때 히스기야 왕이 반앗수르 정책을 쓴 것은 하나님만 절대적으로 믿었기 때문입니다. 특히 다르단, 랍사리스, 랍사게는 사람의 이름이 아니라 산헤립 왕의 수하에 있는 관직명으로 보입니다. 다르단은 앗수르 최고 사령관의 칭호입니다. 이사야 20장 1절에는 군대장관으로 되어 있습니다. 오늘날의 국무총리직과 같습니다.

랍사리스는 '내시장' 입니다. 고위 관리직이며 군대 사령관이나 대신의 의무를 감당했습니다. 랍사게는 '술잔을 담당하는 관원장' 입니다. 왕의 최측근의 사람입니다. 궁중 내부일을 감당하는 사람입니다. 때로는 원정군에도 참여했습니다. 이런 관직의 사람들을 총동원해서 남유다를 공격한 것은 멸망시키려는 의도가 있었음을 알 수 있습니다.

2차 침공 때는 예루살렘까지 공격해 왔습니다. 윗못 수도 곁 세탁자의 밭에 있는 큰 길까지 왔습니다. 예루살렘 성 밖의 기드론 계곡 남쪽으로 추정됩니다. 역대하 32장 30절에는 '윗못 수도'를 '기혼의 윗샘물' 이라고 기록했습니다. 이는 예루살렘 성 밖 골짜기를 따라 아래로 흘러내려가는 물을 모아 위급한 상황이나 전쟁 때 식수나 생활 용수로 사용하기 위하여 설치한 지하 수로를 가리킵니다.

윗못 수도는 이사야 7장 3절에 이미 아하스 왕 때에도 있었습니다. 예루살렘 성 밖에서 성의 서편을 따라 힌놈의 골짜기 아래로 물이 흘러 내렸는데, 히스기야 때에 이르러 성내로 끌어들여 본래 기능을 수행할 수 있었습니다. 히스기야 왕은 앗수르 군대의 1차 침입 때 앗수르 군대가 사용할 물을 막아버렸습니다.

1886년 독일 기사 콘라드에 의해 히스기야 수로가 발굴되었습니다. 수로의 총길이는 570미터로 S자 모양이고, 높이는 평균 2미터, 폭은 평균 80센티미터입니다. 기혼 샘의 물은 곧바로 수로를 따라 실로암 못으로 흘러 들어가 많은 물을 저장할 수 있었습니다.

곁에는 세탁자의 밭이 있었습니다. 밭은 '평지, 빈터' 입니다. 마전터라고도 합니다. 세탁자는 많은 물과 넓은 공간이 필요했습니다. 이곳에서 이사야 선지자가 히스기야의 아버지 아하스 왕에게 북이스라엘과 아람의 군대가 공격해 올지라도 결코 두려워하지 말고 하나님만 믿으라고 메시지를 전했습니다. 이사야 7장 3-9절의 내용입니다. 유서 깊은 역사적인 장소입니다.

제65강
열왕기하 18장 18-37절

히스기야와 산헤립

앞부분에서는 히스기야 왕이 남유다를 통치할 때 앗수르 왕 산헤립이 침략해서 예루살렘의 윗못 수도 곁 세탁자의 밭에 있는 큰 길에 진을 쳤다고 했습니다. 그 전쟁에서 어느 나라가 이겼을까요? 최강대국인 앗수르가 이겼을까요 아니면 남유다 나라가 이겼을까요?

남유다가 이겼다면 승리한 비결이 무엇이었을까요?

1. 히스기야와 랍사게

앗수르의 랍사게가 남유다의 군사와 외교, 종교를 모두 비난하고 조소하면서 비난의 말을 쏟아냈습니다. 하나님과 히스기야 왕을 비난하면서 항복을 유도하고 있었습니다. 남유다와 앗수르의 전투가 시작되기 이전에 앗수르 진영에서 히스기야 왕을 큰 소리로 불렀습니다. 남유다 왕은 나와서 내 말을 들으라는 의미입니다.

그 말을 들은 히스기야 왕은 직접 나가지 않고 세 명의 대신을 보냈습니다. 궁내 대신과 서기관 그리고 사관이었을 것입니다. 궁내 대신은 궁중의 일을 관장하는 직책입니다. 정승에 해당하는 직책으로 궁전 내의 모든 일을 관할하며 자문에 응하기도 하는 행정 관료입니다. 이사야 22장을 볼 때 셉나가 궁내 대신으로 봉사하다가 파직되고 엘리야김이 그 직위를 맡았습니다.

서기관은 나라와 왕실의 문서에 관한 모든 업무를 관장하는 직책을 말합니다. 사관은 왕의 통치기에 있었던 일들을 기록하고 실록을 만드는 일을 하던 사람입니다. 역사적 사실을 후손들에게 그대로 전달하는 기능을 맡은 사람입니다. 세 사람이 중요한 역할을 감당해야 했습니다. 그러나 오직 전능하신 하나님만이 모든 것을 돕고 문제를 해결하실 수 있습니다.

랍사게가 히스기야에게 한 말이 무엇입니까? 네가 믿는 것이 무엇이냐고 비꼬면서 스스로 싸울 만한 계교와 용력이 있다고 말하나 이는 그저 허풍일 뿐이라고 모욕했습니다. 이 배경은 저자가 히스기야를 비롯하여 많은 남유다 백성과 군사들이 하나님만 더욱 신뢰하고 의지해야 된다는 것을 말해 주고 있습니다. 너희가 무엇을 의지하더라도 앗수르를 이길 수 없다는 랍사게의 조롱의 말입니다.

남유다의 왕이라고 부르지도 않고 히스기야라고 부르면서 당연히 앗수르를 섬기고 조공을 바쳐야 된다는 것이지요. 계교는 전략입니다. 용력은 능력입니다. 아무리 앗수르를 대적할 것 같은 전략과 능력이 있어 보이지만 앗수르를 대항할 수 있는 길은 없다는 지적입니다. 그런데 깊이 생각해 보면 랍사게의 말 속에 남유다와 히스기야 왕이 살 길이 보입니다. 그것은 군사력이나 이웃 나라의 도움이 아니라 만군의 여호와 하나님, 전능하신 하나님을 찾고 만나는 길입니다.

그리고 애굽을 상한 갈대로 비유하면서 히스기야가 애굽을 의지하여 앗수르를 반역하였지만 바로는 자신을 믿는 자를 도리어 배반하는 자라고 평가했습니다. 너희가 앗수르를 배반하고 애굽을 의지했지만 그것에 대한 책임은 히스기야가 져야 한다는 것입니다. 애굽은 상한 갈대 지팡이 같아서 의지할 것이 없다는 것이지요. 도리어 상처만 줄 나라라는 것입니다.

또한 히스기야 왕은 하나님 여호와를 의뢰한다고 하겠지만 남유다 백성들이 오직 예루살렘에서만 여호와를 숭배하도록 하기 위해 히스기야가 여호와의 다른 산당과 제단을 모두 파괴하지 않았느냐고 비꼬았습니다. 종교적 혼합주의를 척결한 것에 대한 비난의 목소리입니다.

앗수르 왕과 대조되는 애굽이나 남유다의 히스기야나 여호와 하나님이라 할지라도 상대가 되지 않으며 전쟁에서 승리할 수 없다는 주장입니다. 여기서 우리가 배울 수 있는 것은 전능하신 하나님만 절대적으로 신뢰해야 한다는 것입니다. 다른 방법이 없습니다. 하나님의 전신갑주를 입고 성령의 검을 가지고 싸우는 길밖에는 승리의 길이 없습니다. 말씀으로 무장해서 영적인 전쟁에서 승리하는 그리스도인들이 다 되기를 바랍니다.

2. 랍사게의 조소

랍사게가 자신의 주 앗수르 왕과 내기를 하라고 하면서 만약 유다에 말을 탈 수 있는 병사가 있다면 말 이천 필을 주겠다고 제의했습니다. 앗수르 왕의 말을 랍사게가 전달한 내용입니다. 간절한 제의로, 제발 내기나 한번 해 보라. 앗수르의 군사력에 비하여 남유다의 군사력은 아무것도 아님을 밝히고 있습니다.

설령 애굽으로부터 병거와 기병을 원조 받는다 할지라도 히스기야의 군대가 앗수르 왕의 군대에 대항하여 지극히 작은 장관 한 명조차 물리칠 수 없다고 조소했습니다. 애굽의 도움을 받는다 할지라도 앗수르의 장관 한 사람도 물리칠 수 없다는 조소입니다. 남유다의 군사력이나 병사로서는 앗수르를 도저히 이길 수 없으니 항복하라는 랍사게의 조롱의 말입니다.

심지어 랍사게가 남유다를 침략하여 멸하러 올라온 것이 여호와 하나님의 뜻이라고 하면서 여호와께서 남유다를 침공하여 멸하라고 하셨다고 주장했습니다. 랍사게의 교만한 말입니다. 거짓과 위선의 말입니다. 하나님의 심판이 앗수르를 통해 남유다에 임하게 하셨다는 주장입니다. 랍사게의 주장은 이사야 선지자의 말을 믿고 따르기 위한 말이라기보다는 남유다를 정복하려는 의도에서 한 말일 뿐입니다. 물론 하나님은 하나님의 백성이 그릇된 길로 갈 때 이방인을 통해서 심판하십니다. 징계도 내리십니다.

히스기야의 대신들의 요청이 무엇입니까? 대신들이 랍사게에게 아람 방언으로 말해도 알아들을 수 있다며 아람 방언으로 말해 줄 것을 요청했습니다. 랍사게가 히브리 방언으로 말을 하니까 남유다 대신들이 아람 방언으로 말하기를 요청한 것입니다.

그래서 성 위에 있는 남유다 백성들이 알아들을 수 있는 유다 방언으로 말하지 말아달라고 요청했습니다. 유다 방언은 셈족 계통의 언어로 앗수르와 아람어와 동족어로서 때로는 가나안 방언이라고 불리웠습니다. 그러자 랍사게가 대신들에게 앗수르 왕이 자신을 통해 하는 말은 대신과 왕에게만 해당되는 것이 아니라고 했습니다. 더 크게 유다 방언으로 소리를 높여 말한 것입니다. 대신들의 어리석음이 드러나고 있습니다. 히스기야의 신하들은 무능한 데 비하여 랍사게는 산헤립 왕에 대해 충성스러운 신하였습니다.

이제 곧 앗수르 사람들의 대변과 소변을 먹게 될 처지에 놓여 있는 모든 백성들에게도 해당되는 내용임을 강조했습니다. 랍사게가 고도의 심리전을 펼치고 있습니다. 예루살렘 성에 갇힌 백성들과 군사들의 마음에 동요가 일어나도록 선동하는 것입니다. 굶주린 나머지 대변과 소변을 먹게 될 것이라.

그러면서 기세가 등등한 랍사게가 일어나 유다 방언으로 크게 말하면서 앗수르 왕의 말을 들으라고 소리쳤습니다. 항복을 요구하는 내용의 말과 자세입니다. 남유다 백성을 앗수르 왕에게서 건질 수 없는 히스기야에게 속지 말라고까지 말했습니다.

또 자신들을 앗수르에게서 건져주시고 성이 함락되지 않게 하실 여호와를 의뢰하라는 히스기야의 말을 믿지 말라고 했습니다. 너희가 항복하고 투항하면 포도와 무화과를 먹고 각각 자기 우물의 물을 마실 것이라고 약속했습니다. 또 유다 백성들을 곡식과 포도주가 있고 떡과 포도원이 있고 기름나는 감람과 꿀이 있는 이스라엘 땅과 같은 지방으로 이주시킬 계획임을 밝혀 주었습니다.

그렇다면 이사야 선지자의 예언은 어떻게 되는 것인가? 역대하 32장 8절과 이사야 31장 4-6절의 메시지는 어떻게 되는 것인가? 여호와 하나님이 도와주실 것이고 회복시켜 주실 것이라는 약속은 어떻게 되는 것인가? 여호와의 손은 어디에 있는 것인가?

3. 앗수르 왕의 말

히스기야가 여호와께서 우리를 건지실 것이라고 설득해도 넘어가지 말라고 거듭 촉구했습니다. 열국의 신들 중에서 앗수르에게서 그 땅을 지킨 신이 없었다고 주장했습니다. 그 증거로 하맛과 아르밧, 스발와임과 헤나와 아와의 신들은 어디 있느냐고 반문했습니다.

또 사마리아의 신들은 어디 있느냐고 하며 그들도 사마리아를 지키지 못했음을 지적했습니다. 세상의 어떤 신도 앗수르에게서 그 땅을 건지지 못했는데 여호와가 예루살렘을 자신의 손에서 구할 수 있겠느냐고 반문했습니다. 항복을 촉구하는 내용의 제안입니다. 과연 항복만이 능사일까? 하나님은 어디에 계신 것인가? 이사야 선지자의 메시지는 허공에 날려버리는 말이었을까? 무장해제를 하고 앗수르와 평화하자! 이전과 같이 조공을 바치면서 평화롭게 지내는 것이 어떠한가?

앗수르가 제공하는 포도와 무화과 그리고 감람나무의 열매를 먹고 마시라. 우물물도 넉넉하다. 대변이나 소변을 먹고 마시는 것보다 더

낫지 않겠느냐? 군사들에게 매혹적인 말들입니다. 랍사게는 협박도 했다가 회유도 했다가, 여러 가지 방법으로 고도의 심리전을 펼치고 있는 상황입니다. 여러분의 마음도 항상 그럴 것입니다. 그럴 때 답은 딱 하나입니다.

포도와 무화과 그리고 물은 신명기 8장과 33장에서 하나님께서 이스라엘 백성에게 약속한 가나안 땅의 풍성한 축복입니다. 그런데 랍사게가 제공하겠다는 것입니다. 이러니까 매혹적일 수 있습니다. 하나님이 제공하시는 것인가 아니면 앗수르가 제공하는 것인가?

항복을 촉구하는 랍사게의 발언에 대한 남유다의 반응이 무엇입니까? 유다 백성이 히스기야 왕의 명령대로 잠잠하여 한마디도 대답하지 않았습니다.

세 대신 곧 엘리야김과 셉나와 요아가 랍사게의 말을 듣고 옷을 찢고 히스기야에게 나가 그 말을 고했습니다. 지금까지 여호와 하나님도 비웃었습니다. 자기들이 섬기는 히스기야 왕도 조롱했습니다. 그리고 남유다의 군사력도 조롱했습니다. 랍사게가 마치 자신이 신인 것처럼 말하면서 모든 행복을 책임질 사람처럼 주장했습니다. 그럴 때 세 대신들의 반응은 옷을 찢고 히스기야 왕 앞으로 나아갔습니다.

옷을 찢는 것은 극도로 슬퍼하는 표현입니다. 비분강개! 분노와 슬픔을 표현한 행동입니다. 랍사게 앞에 대항은 하지 못했지만 모욕당한 초라한 상태로 히스기야 왕 앞으로 나아왔습니다. 이런 상황에서 건져내실 분이 누구입니까? 오직 여호와 하나님! 오직 주님밖에 없어요. 구원자가 누구입니까? 사람입니까 아니면 하나님이십니까?

히스기야 왕은 흔들렸을까요? 한 번 흔들렸으면 됐지 또 흔들립니까? 왕의 불신앙적인 대처가 국가의 장래를 불투명하게 만듭니다. 북이스라엘이 하나님의 은혜를 잊었을 때 앗수르에 의해 멸망 당하듯 남유다도 하나님의 은혜를 기억하지 않으면 멸망하게 된다는 역사적인 교훈을 하고 있는 것입니다.

제66강
열왕기하 19장 1-7절

이사야와 히스기야

열왕기하 18장부터 24장까지는 남유다의 제13대 왕 히스기야의 통치 시대에서부터 남유다가 바벨론에 의해 멸망하기까지 140년의 역사를 다루고 있습니다. 특히 남유다의 탁월한 왕 요시야와 더불어 히스기야의 주요 업적과 실수 그리고 멸망을 예언하는 내용입니다.

히스기야 왕의 놀라운 특징은 왕이 되었어도 여호와 하나님과 연합하여 떠나지 않은 점입니다. 모세에게 주신 하나님의 말씀에 순종하여 형통한 왕이 되었습니다. 히스기야 왕 초기에 앗수르가 남유다를 침공했을 때 성전의 은·금과 왕궁의 은·금을 수거하여 배상금으로 지급했지만, 재차 침략했을 때는 하나님만 의지하고 기도함으로써 전쟁에서 승리하고 다윗의 왕조를 보전하고 유지할 수 있었습니다. 여러분도 하나님을 잘 믿고 기도하여 영적인 전쟁에서 승리하는 성도가 되시기 바랍니다.

1. 히스기야의 반응

앗수르가 재차 침략하여 세 명의 대신을 랍사게에게 보냈을 때 절체

절명의 위기 속에 빠진 히스기야와 남유다입니다. 그런 위기를 어떻게 극복했던가? 그 위기를 무슨 방법으로 극복했을까요?

랍사게가 히스기야 왕이 보낸 세 명의 대신들에게 항복을 요구했습니다. 하나님도 앗수르의 신을 이길 수 없다. 히스기야 왕도 허울만 왕일 뿐이다. 우리의 대소변을 먹고 마시기 전에 항복하는 것이 낫지 아니하냐? 모욕적인 언사를 보고 듣고 돌아온 대신들이 히스기야 왕 앞에서 행한 행동은 옷을 찢고 사실대로 보고하는 것이었습니다.

히스기야 왕이 세 명의 대신들의 돌아와 옷을 찢는 모습을 보았습니다. 그리고 자신도 옷을 찢었습니다. 이것이 히스기야 왕의 첫 번째 반응입니다. 이 첫 번째 반응이 굉장히 중요합니다. 삶의 성공과 실패가 달려 있습니다.

랍사게가 하나님을 모독하는 말, 히스기야 왕을 조롱하는 말, 앗수르를 배반하고 애굽을 의지한 것이 얼마나 어리석은 일인지를 지적하고 조롱하는 말, 예루살렘 성에 갇힌 남유다 백성에게 자기들의 대변과 소변을 먹고 마셔야 된다고 한 말, 앗수르 나라로 이주시켜 포도와 감람나무 열매를 먹게 할 것이라는 말 등등 너무나 어처구니 없는 조롱의 말을 듣고 히스기야 왕도 반응을 보였습니다.

히스기야 왕이 옷을 찢었습니다. 왕이 옷을 찢는 것은 최고의 슬픔이요, 구원은 하나님께 있다는 것을 알고 하나님의 긍휼을 바라보는 자세입니다. 굵은 베옷을 입고 여호와 하나님의 성전에 들어갔습니다. 성전이 성도의 승부처입니다. 성공과 실패가 달려 있습니다. 승리와 패배, 이김과 짐이 달려 있는 승부처입니다.

히스기야 왕이 옷을 찢고 굵은 베옷을 입고 하나님의 성전에 들어간 것은 앗수르가 1차 공격을 해 왔을 때 성전과 왕궁의 은·금을 수거하여 배상금을 지불할 때와는 너무나 다른 자세와 신앙입니다. 불신앙적인 태도를 버리고 신앙인의 자세를 취한 것입니다. 아마도 인간적인 방법으로 어려움을 모면해 보려고 했지만 그것이 아니라 하나님만 의지하고 믿고 기도하는 것이 문제를 해결할 수 있는 유일한 길임을 뒤늦게 깨달아 알게 된 히스기야입니다.

히스기야 왕도 처음에는 인간적인 방법으로 문제를 해결하려고 노력했지만 근본적인 문제 해결 방법이 아니었습니다. 이제는 여호와 하나님만 의지하고 바라보면서 성전으로 올라간 것입니다. 굵은 베옷을 입은 것은 자신의 신분과 직분을 부정하는 자세입니다. 낮아지는 자세를 뜻합니다. 자신과 국가적인 위기의 해결은 하나님께 달려 있음을 믿고 바라보는 것입니다. 군사력이나 이웃 나라의 도움이 아니라 하나님만이 근본적으로 문제를 해결할 수 있다는 믿음의 행동입니다.

2. 이사야에게 기도 요청

히스기야 왕의 두 번째 반응이 무엇입니까? 두 번째 취한 행동입니다. 자기 자신이 하나님 앞에 기도했지만 하나님의 사람, 선지자 이사야에게 기도를 요청한 것입니다. 이것이 믿음입니다. 믿음이 있는 사람은 기도의 사람입니다. 인간은 누구나 믿는 곳을 바라보기 때문입니다.

히스기야가 궁내 대신 엘리야김과 서기관 셉나와 제사장 중 장로들에게 굵은 베옷을 입혀 아모스의 아들 이사야에게로 보냈습니다. 기도를 부탁하기 위하여 궁내 대신과 서기관과 장로들을 동원했습니다. 한 사람만 가도 되는 것이 아닐까요? 그만큼 하나님의 사람의 기도가 중요하기에, 선지자의 축복된 기도가 그렇게 소중하기에 기도를 부탁하는 데에 여러 사람을 보냈습니다. 그것도 굵은 베옷을 입혀서 보냈습니다. 자신의 생명과 국가적인 위기를 인식하고, 믿음이 있었기에 취한 행동입니다.

히스기야 왕의 파송을 받은 대신들, 정치 지도자와 종교 지도자들이 이사야 선지자에게 이르러 히스기야 왕의 말을 전했습니다. 왕뿐만 아니라 정치 지도자들과 종교 지도자들이 모두 하나같이 굵은 베옷을 입었습니다. 국가적인 위기이기 때문에 그런 행동을 취한 것입니다. 이사야 선지자의 기도가 절실히 필요한 상황이었습니다.

솔로몬 왕이 하나님의 성전을 건축하고 봉헌 기도를 올릴 때 무슨 기도를 드렸습니까? 만약 이스라엘 백성이 하나님께 불순종하거나 범죄하여 일곱 가지 환난과 핍박이 있을 때(왕상8:27-53) 하나님의 백성이 죄악을 깨닫고 성전에서 여호와의 얼굴을 구하고 기도, 중보 기도를 하라고 가르쳤습니다.

일곱 가지 환난 가운데 네 번째와 내용이 비슷합니다. 적국이 와서 성읍을 에워쌀 때 죄를 깨닫고 하나님을 향하여 기도하면 신실하신 하나님께서 기도를 들으시고 응답해 달라고 기도해 놓았습니다. 히스기야 왕이 대신들을 동원하여 이사야 선지자까지 기도에 동참시키는 것은 그 언약을 믿는 믿음에서 나온 행동입니다. '여호와는 구원이십니다.' '여호와는 구원자이십니다.' 이사야 그 이름 자체가 '여호와는 구원자'입니다.

오늘은 곤란과 책벌과 능욕의 날로서 아이를 낳으려 하나 해산할 힘이 없는 것에 비유했습니다. 히스기야 왕은 자기가 당면한 과제를 '곤란과 책벌과 능욕'이라는 말로 정의했습니다. '곤란'은 참기 어려운 고통과 내적인 혼란과 적에게 포위된 상황임을 알리고 있습니다. '책벌'은 여호와께서 앗수르를 통해 내리시는 징계, 형벌로 이해하고 있습니다. 또 '능욕'은 경멸, 모욕입니다. 자신과 남유다 백성들이 하나님께 불순종하여 당하는, 앗수르가 안겨주는 모독을 말합니다. 풍전등화! 그 말이 맞을 것입니다. 그러나 그 속에서 기도하는 것이 믿음입니다.

여인이 임신하여 아이를 낳을 능력이 없어 아이의 생명만이 아니라 어머니의 생명까지 위험한 상황이라고 히스기야 왕은 진단했습니다. 왕과 백성의 멸망이 눈 앞에 와 있다는 선언입니다. 긴박한 상황인 줄은 누구나 다 아는데 헤쳐나갈 힘이 없는 상황에서 히스기야 왕은 하나님의 사람을 찾았습니다. 이것은 박수쳐 줄 만한 일입니다. 히스기야가 믿고 있는 것은 애굽에서 구원하신 하나님의 능력입니다. 이사야 선지자에게 그 능력이 임하기를 기도해 달라는 요청입니다. 얼마나 위대한 결단입니까?

앗수르 왕이 보낸 랍사게가 와서 하나님을 훼방하였는데 여호와께서 들으시고 앗수르를 심판하실 것이라고 신앙고백을 하였습니다. 그러면서 이사야 선지자에게 남아 있는 자들의 구원을 위해 기도해 줄 것을 요청했습니다.

히스기야가 사용한 하나님의 이름은 '엘로힘' 입니다. 하나님의 이름이 여러 가지인데, 엘로힘이란 천지만물을 창조하신 하나님입니다. 엘로힘의 하나님, 전지 · 전능하신 하나님을 믿고 찾았습니다. 무소부재하신 하나님을 의지하면서 바라보았습니다. 이사야 선지자여! 엘로힘의 하나님께 기도해 주소서! 하나님의 명예, 이름을 랍사게 이방인이 모독하는 것을 더 이상 들을 수 없습니다. 하나님의 나라가 곤난 중에 있는 상황을 더 이상 바라만 볼 수가 없어요. 유다와 베냐민 지파도 기도할 때 이사야 선지자여, 기도합시다.

하나님의 교회는 하나님 앞에 기도할 때 세워지는 나라입니다. 기도할 때 악령도 물러가고 성령이 역사합니다. 사람도 변화되고 넉넉해지는 복도 임하게 됩니다. 기도합시다.

3. 하나님의 예언

히스기야의 신복들이 왕의 명령을 따라 이사야 선지자에게 나아갔습니다. 이사야 선지자는 남유다의 상황을 잘 알고 있었습니다. 정치 지도자와 종교 지도자들이 당도하기 이전부터 기도하고 있었고 하나님의 뜻을 이미 다 알고 있었습니다. 그래서 하나님의 사람이고 선지자입니다.

이사야 선지자가 히스기야 왕에게 전할 말을 대신들에게 일러 주었습니다. 첫째로, 두려워하지 말라. 히스기야 왕이여! 앗수르의 랍사게가 여호와 하나님을 욕보인 말로 인하여 두려워하지 마십시오. 먼저 이사야 선지자는 위로와 격려의 말을 전했습니다. 하찮은 랍사게는 몸종에 불과한 존재야. 두려워할 필요가 없느니라.

둘째로, 여호와께서 한 영을 앗수르 가운데 두어 그들이 소문을 듣고 본국으로 돌아가게 하실 것이라고 가르쳐 주었습니다. 여호와의 방법은 쉽습니다. 한 영을 앗수르 군대에 보내시는 것이 다입니다. 풍문을 듣고 심리적인 혼란에 빠지든지 아니면 크게 낙담하여 고국으로 돌아갈 것입니다. 하나님은 순결한 영이십니다. 단순하십니다. 복잡하지 않습니다. 간단합니다. 앗수르는 전쟁도 해보지 못하고 본국으로 되돌아갈 존재야.

셋째로, 앗수르의 산헤립 왕이 본국에서 칼에 죽임을 당하리라. 산헤립의 죽음을 예언해 주었습니다. 앗수르에 대한 하나님의 심판입니다. '칼을 쓰는 자는 칼로 망하느니라.' 예수님이 베드로에게 말씀하셨습니다. 이방인이라 할지라도 하나님의 이름을 모독하고 하나님의 백성을 조롱했을 때 하나님의 심판이 임하게 된 것입니다. 산헤립은 우상 니스록을 경배하다가 죽임을 당했습니다.

히스기야 왕은 여호와의 전에 들어가서 구원을 받았지만 산헤립 왕은 자기가 믿던 앗수르의 신을 섬기다가 비참한 죽음을 맞이하게 되었습니다. 여호와와 우상을 대조하여 설명하고 있습니다. 이스라엘의 하나님, 아브라함과 이삭과 야곱의 하나님이 나의 하나님이요 구원의 하나님이십니다.

성도는 고난 속에서도 하나님만 의지하는 법을 배워야 합니다. 고난은 우리를 성장시키는 선생과 같습니다. 기도하십시오. 하나님의 도움은 넓고 한이 없습니다. 죄를 뉘우치면서 눈물로 회개하면 하나님은 돕는 자가 있게 하셨습니다. 그리고 하나님의 사람을 찾으십시오. 하나님의 응답이 기다리고 있습니다. 하나님은 구원자이십니다. 영원한 구원자는 하나님이십니다.

제67강
열왕기하 19장 8-19절

편지와 기도

초반부에서는 남유다 왕 히스기야가 신복들로부터 앗수르 왕 산헤립의 신하 랍사게의 모독과 항복 요구를 듣고 크게 슬퍼한 장면을 기록했습니다. 히스기야는 왕으로서 기도하고 정치 지도자와 종교 지도자들을 이사야 선지자에게 파송하여 기도해 줄 것을 요청했습니다. 남유다의 국가적인 운명의 문제를 해결하기 위한 마지막 몸부림이었습니다.

그런데 이게 웬일입니까? 이사야 선지자는 이미 하나님의 계시를 받았습니다. 하나님께서 산헤립을 퇴각시키고 남유다를 구원해 주실 것이라는 약속이 있었습니다. 하나님은 우리가 애타게 부르짖고 구하기 이전에 응답해 주실 때가 있습니다. 기도의 멋입니다.

1. 랍사게와 앗수르 왕

랍사게가 앗수르 왕이 라기스에서 떠나 립나로 가서 싸운다는 말을 듣고 립나로 가서 왕을 만났습니다. 라기스는 예루살렘 남서쪽 48킬로미터에 위치한 요새화 된 성읍이며 남유다에서 두 번째로 큰 성읍이었습니다.

라기스는 성벽과 제방 그리고 해자와 해자 외벽을 갖춘 성읍이었습니다. 라기스를 건축한 왕은 북이스라엘 초대 왕 르호보암입니다. 애굽의 침입을 막기 위해 건축한 것입니다.

앗수르 왕이 라기스까지 와 있는 이유가 무엇일까? 당시 앗수르의 가장 큰 적은 애굽과 애굽 나라와 동맹을 맺은 작은 나라들이었습니다. 앗수르는 애굽과 전쟁을 하던 사이에 라기스를 점령하여 교두보로 삼으려 했던 것입니다. 그 다음에 예루살렘을 점령하려는 계획이었습니다.

그런데 산헤립이 라기스를 떠난 이유가 무엇인가? 두 가지 이론이 있습니다. 예루살렘에 이은 남유다 제2의 거점인 라기스가 이미 산헤립의 손에 넘어간 상태였고 라기스 성에는 왕의 본진이 주둔하고 있었다는 견해입니다.

또 다른 견해는 라기스가 아직 점령되지 않았다는 주장입니다. 랍사게의 군대는 예루살렘을 포위하고 있었고, 산헤립은 유다 제2의 성읍인 라기스를 포위하고 전투를 벌이고 있었을 뿐 그들 모두 유다의 주요 거점을 점령하지 못했다는 것입니다. 다 일리가 있으나 첫 번째 견해가 더 지지를 받고 있습니다. 앗수르 왕 산헤립이 라기스를 떠났다는 사실을 보고하는 것은 새로운 국면으로의 전환을 말해 주고 있습니다.

7절에서 약속하신 앗수르 군대의 퇴각을 위하여 여호와께서 활동하고 계심을 말해 주고 있습니다. 산헤립 왕이 라기스를 떠나 립나로 가서 전쟁을 하고 있을 때 랍사게가 립나로 찾아왔습니다. 그 전쟁터가 밝혀지고 있지는 않지만 애굽 정벌에 있어서 중요한 전쟁이었기 때문에 산헤립이 직접 나선 것으로 보입니다.

아마도 구스 왕 디르하가와 싸우기 위함이었을 것입니다. 산헤립 왕이 직접 출전한 것을 볼 때 남유다 왕 히스기야와 구스 왕 디르하가가 협공을 한다면 앗수르가 적잖은 타격을 받을까봐 히스기야에게는 편지로 항복을 유도했던 것으로 보이고, 본인은 직접 구스와 전쟁하기 위하여 전쟁터로 나간 것입니다.

성도는 믿음의 용사입니다. 교회는 그리스도 예수의 군사들이 모인 군대와 같습니다. 하나님의 전신갑주를 입고 주님의 명령을 따라 일사 불란하게 움직이는 믿음의 용사들입니다. 영적인 전쟁에서 승리하는 그리스도인들이 다 됩시다. 주님의 이름과 뜻과 나라를 위하여 승리하면서 살아가는 성도가 됩시다.

2. 앗수르 왕의 편지

앗수르 왕 산헤립이 구스 왕 디르하가의 출병 소식을 듣게 됩니다. 애굽의 남방에 위치한 에디오피아가 구스입니다. 구스는 에디오피아와 애굽까지 통치했던 누비아 왕조가 있었습니다. 이에 산헤립은 다시 히스기야 왕에게 사자를 보냅니다. 앗수르 왕이 히스기야 왕에게 항복을 종용하며 협박했습니다. 무슨 내용으로 협박하며 항복을 종용했습니까?

첫째로, 네가 의지하는 네 하나님이 예루살렘을 앗수르 왕의 손에 붙이지 않겠다는 말에 속지 말라. 먼저 랍사게는 남유다 백성을 속이는 히스기야 왕의 말에 속지 말라고 외쳤습니다. 그런데 산헤립은 히스기야 왕을 속이는 여호와를 믿지 말라고 주장한 편지를 보내왔습니다. 산헤립 왕의 말은 모세 당시 하나님의 능력과 기적을 부정하던 바로의 말과 비슷합니다. 이것은 애굽의 바로 왕이 하나님 앞에서 심판과 징벌을 받았던 것처럼 앗수르 왕도 하나님의 심판과 징벌을 받을 것임을 미루어 알 수 있게 합니다. 산헤립은 하나님의 말씀을 속이는 말씀으로, 교만하여 하나님을 속이는 분으로 말하고 있습니다. 히스기야 왕의 믿음도 헛된 믿음이라고 주장한 것입니다.

둘째로, 앗수르의 여러 왕이 열방에 행한 것, 모든 나라를 전멸한 일을 네가 들었을텐데 네가 어찌 구원을 얻을 수 있겠는가? 산헤립은 스스로를 신적인 존재로 주장하여서 하나님의 진노의 징벌의 대상이 되고 있습니다. 그러면서 여호와 하나님보다는 산헤립이 믿는 신이 더 위대하다고 주장하고 있습니다. 그러나 히스기야 왕의 믿음이 이겼습니다.

셋째로, 내 열조가 멸하신 고산과 하란과 레셉과 들라살에 있는 에덴 족속도 그 나라의 신들이 구하지 못했음을 알아야 할 것이다. 고대 근동 지역의 나라와 신들이 앗수르의 왕과 신의 손에서 건져내지 못했다는 주장입니다. 고산, 하란, 레셈, 들라살 등등 모두 패전했듯이 남유다도 마찬가지라는 뜻입니다. 여호와도 이방 신과 다를 바가 없다는 주장입니다. 그러나 산헤립은 교만하다가 하나님의 섭리 가운데 군대는 몰살당하고 고국으로 돌아가 자기 신에게 제사하는 중에 죽음을 맞이하게 됩니다.

넷째로, 하맛 왕과 아르밧 왕과 스발와임 성의 왕과 헤나와 아와의 왕들도 다 진멸되었다. 주변 민족을 사마리아에 이주시켰잖는가? 주변 국가들도 앗수르 왕 산헤립을 대항하다가 역사 속으로 사라졌는데 남유다도 마찬가지라고 주장했습니다. 산헤립은 이처럼 교만하고 당당했지만 마침내 군대는 몰살당하고 그가 섬기던 니스록 신에게 제사하다가 아들들에게 암살당했습니다.

사람은 겸손해야 합니다. 성도는 겸손해야 합니다. 주님을 닮아야 합니다. 바울의 교훈처럼 다른 사람을 존중히 여겨야 합니다. 하나님은 교만한 사람을 대적하십니다. 하나님이 대적하면 죽음입니다. 멸망입니다. 겸손히 낮아져서 주님을 바라보는 성도가 됩시다. 그러면 주님이 높여주실 것입니다.

3. 히스기야의 기도

앗수르 왕 산헤립이 보내온 편지 한 통이 있었습니다. 남유다 왕 히스기야는 앗수르 왕의 편지를 받아보고 어떤 반응을 보였을까요? 그것이 우리에게 주는 교훈은 무엇일까요?

히스기야 왕의 첫 번째 반응이 무엇입니까? 히스기야 왕이 사자의 손에서 편지를 받아 보고 여호와의 성전에 올라가 그 편지를 여호와 앞에 펴 놓았습니다. 이것이 히스기야 왕이 취한 첫 번째 반응입니다.

히스기야 왕의 기도는 기도의 전형이라고 말할 수 있습니다. 하나님의 마음을 움직여서 남유다를 구원하고 자신도 사는 복을 받게 되었기 때문입니다. 하나님을 향하는 마음이 생겼습니다. 히스기야 왕의 믿음이요 신앙심입니다. 사적인 편지가 아니라 외교 문서와 같은 공식적인 편지였습니다. 히스기야 왕은 여호와 앞에 편지를 펴 놓았습니다. 히스기야 왕은 여호와께 편지를 드린 것이 아니라 펴 놓은 것입니다.

왜 하나님 앞에 편지를 펼쳐 놓았을까요? 산헤립의 협박과 항복을 요구하는 내용을 하나님께서 보십시오. 하나님을 모독하는 글자 한 자 한 자를 보시고 심판하시옵소서! 히스기야 왕의 이 행동을 주석가 델리취는 '말 없는 기도이며 행동하는 기도'라는 말로 표현했습니다. 전능하신 하나님, 살아 계신 하나님을 확신했기 때문에 취한 행동입니다.

두 번째는, 여호와의 성전에서 그룹들 위에 계신 하나님 여호와는 천하 만국에 홀로 하나님이시며 창조자라고 고백했습니다. 기도의 대상은 '그룹들 위에 계신 하나님 여호와'였습니다. 하나님은 초월하신 분으로서 다윗과의 언약을 지키시는 분이심을 믿는 히스기야 왕의 기도입니다.

하나님은 천하 만국을 다스리는 유일하신 하나님이십니다. 유일신임을 고백합니다. '나 외에 다른 신을 네게 두지 말지니라.' '우상을 만들지 말지니라.' 그리하면 천 대까지 은혜와 복을 주시는 유일하신 하나님이십니다. 히스기야 왕의 신앙고백으로 천지를 창조하신 하나님임을 믿습니다.

세 번째는, '여호와여 귀기울여 들으시고 눈을 떠서 보시며.' 산헤립이 살아 계신 하나님을 훼방하러 보낸 말을 들으시라고 간구했습니다. 기도했습니다. 히스기야의 슬픔과 탄원의 시적인 표현입니다. '귀를 기울여'는 당신의 귀를 내미시오. 뻗치시오. 그런 의미입니다. 간곡한 청원입니다. 애원입니다. 눈을 떠서 보시옵소서. 그런 사역은 예수 그리스도를 통해서 증명되었습니다. 예수님은 늘 기도하셨습니다. 오만한 말과 행동을 심판하옵소서!

네 번째는, 앗수르의 여러 왕이 주변의 나라를 진멸하고 그 신들을 불에 던졌지만 그 신들은 사람의 손으로 지은 나무나 돌에 불과한 것임을 고백했습니다. 열국을 칼로 황폐시켰으니 이제는 여호와께서 산헤립을 칼로 처단하실 때가 되었다는 고백입니다. 간절히 그리고 절실하게 매달리는 기도였습니다. 아무것도 아닌 우상을 불태우면서 하나님도 그런 분으로 생각하고 있습니다. 여호와여!

다섯 번째, 기도의 결론입니다. '이제 여호와께서 남유다를 앗수르 손에서 구원하셔서 천하 만국으로 주 여호와만이 하나님인 것을 알게 해주옵소서.' 하나님의 이름을 위한 간구, 하나님 나라를 위한 간구, 하나님의 영광을 위한 간구가 마지막 기도였습니다.

히스기야 왕은 다시 한번 더 하나님의 이름을 부릅니다. 4절에서는 당신(이사야 선지자)의 하나님으로, 15절에서는 '그룹들 위에 계신 여호와 하나님'으로 변화됩니다. 태초부터 영원토록 영광의 보좌에 앉으셔서 천하를 다스리고 계시는 초월성을 지니신 분임을 강조합니다. 또 '이스라엘의 하나님 여호와여!' 이스라엘과 언약을 맺으신 하나님이라는 개념입니다.

19절에서는 "우리 하나님 여호와여." 마지막으로 하나님과 자신, 여호와와 남유다는 불가분의 관계임을 선언하고 인정하는 말입니다. 히스기야 왕은 시간의 흐름 속에 하나님을 가까이 섬기고 사랑한 왕입니다.

살아 계신 하나님, 전능하신 하나님께서 하나님의 언약 백성, 남유다 백성을 구원해 달라는 애원입니다. 그러면 천하 만국에 여호와가 유일한 하나님으로 알려질 것이라고 고백했습니다. 이스라엘의 하나님에서 열국의 하나님으로, 유일하신 구원자로 알려지실 것입니다. 갈멜산에서도 하나님이 하나님이심을 드러내고, 출애굽 사건을 통해서도 드러내셨습니다. 지금도 드러내시옵소서! 아멘.

제68강
열왕기하 19장 20-37절

이사야의 책망과 퇴각

앗수르 왕 산헤립의 협박 편지에 대하여 히스기야 왕은 여호와 앞에 펼쳐 놓고 하나님의 구원을 바라보며 기도했습니다. 개인적인 생사화복과 국가의 흥망성쇠가 하나님께 달려 있기 때문입니다. 히스기야 왕과 이사야 선지자의 기도에 대하여 하나님은 어떤 응답을 주셨을까요?

기도는 하나님을 믿는 자의 믿음의 표현이요, 하나님을 사랑하는 자의 사랑의 표현입니다. 하나님의 이름과 나라와 뜻을 위하여 간구할 때 응답이 있을 줄로 믿습니다.

1. 하나님의 계시

아모스의 아들인 선지자 이사야가 히스기야 왕에게 사람을 보냈습니다. 국가적인 위기에 처해 있지만 사람을 보냄으로써 모든 문제가 해결되고 있습니다. 내용은 하나님의 계시를 전달하는 예언입니다. 애굽에서 이스라엘 백성을 구원하신 하나님께서 이번에는 남유다를 앗수르의 공격으로부터 구원하실 것을 전달해 주었습니다.

히스기야의 기도가 끝나자마자 곧바로 계시가 주어졌습니다. 역대하 32장 20절에 "이러므로 히스기야 왕이 아모스의 아들 선지자 이사야와 더불어 하늘을 향하여 부르짖어 기도하였더니"라고 했습니다. 여호와께서 국가적인 위기 속에서 히스기야 왕의 기도를 들으셨음을 밝히는 것으로 여호와께서 앗수르를 향한 책망과 퇴각 예언을 전했습니다. 모든 일들이 극적으로 이루어지고 있습니다.

히스기야 왕은 앗수르로부터 남유다 백성의 구원만이 아니라 산헤립 왕까지 처벌해 달라고 기도했습니다. 히스기야 왕의 마음과 하나님의 마음이 일치했습니다. 구원만이 아니라 앗수르 왕 산헤립의 교만한 말과 행동에 대한 처벌까지 생각하신 하나님이십니다.

그래서 여호와의 책망의 메시지가 전달되었습니다. 여호와께서 앗수르 왕을 향해 얼마 안 있어 처녀 딸 시온이 너를 멸시하며 너를 비웃을 것이고 딸 예루살렘이 너를 향해 조롱할 것이라고 예언했습니다. 예루살렘 전체의 백성을 딸과 처녀로 표현했습니다. 처녀 딸은 예루살렘 성이 이방인들에 의해서 짓밟히면 안 된다는 교훈을 의미하고 있습니다. 어떠한 환난과 핍박 속에서도 순결을 유지하고 보호를 받아야 할 성읍입니다.

지금까지는 앗수르 왕이 남유다를 꾸짖고 훼방하고 소리를 높이고 눈을 부릅뜨고 큰소리를 쳤지만 교만한 앗수르를 향한 하나님의 심판이 임할 때 남유다 백성들이 앗수르를 보고 비웃고 조소하게 될 것입니다.

하나님은 하늘에서 앗수르 왕이 사자를 보내 여호와를 조롱하며 했던 말을 열거하였습니다. '내가 많은 병거를 거느리고 여러 산꼭대기, 즉 레바논의 가장 높은 곳까지 올라가며 높은 백향목과 잣나무를 베어버렸다'는 내용도 들었습니다. 산헤립을 향한 하나님의 말씀은 변함이 없습니다. 산헤립과 히스기야의 전쟁이 변하여 산헤립과 하나님과의 전쟁이 되었습니다. 그 원인은 산헤립의 교만 때문이고, 히스기야와 이사야 선지자의 기도 때문입니다.

앗수르 왕은 군대만 믿고 하나님과 하나님의 백성을 조롱했습니다.

전능하신 하나님을 우상과 똑같이 생각했습니다. 이것이 무서운 죄가
된 것입니다. '국경을 넘어 지경의 끝까지 들어갔고 동산의 무성한 수
풀에 이르렀다. 땅을 파서 이방의 물을 마시고, 내 발바닥으로 애굽의
모든 하수를 말렸다'고 했습니다.

그러나 이 모든 일들은 여호와께서 오래 전 계획하고 정한 것이었으
며 그 계획을 지금 앗수르 왕을 통해 이루고 계신 것일 뿐임을 밝히셨
습니다. 산헤립이 무엇을 행하는 것 같아도 하나님의 계획 속에서 하나
님이 행하신 일입니다. 산헤립의 교만을 꺾어 버리는 말씀입니다.

그러므로 앗수르의 피점령지 백성들이 약하고 두려워하고 놀라며
들의 풀 같고 나물 같고 지붕의 풀 같고 자라기 전의 마른 곡초 같게 되
었던 것임을 밝히셨습니다. 앗수르를 사용하여 열방을 징벌하신 하나
님임을 밝히고 있습니다.

앗수르의 퇴각입니다. 앗수르 왕의 출입과 거처를 알고 계시며 또
여호와께 대한 분노도 알고 계십니다. 앗수르 왕이 영적으로 무지하여
오만불손했습니다. 하나님은 전지전능하셔서 앗수르 왕과 군대가 행한
일을 다 알고 계셨습니다. 세상을 주관하시고 이끌어 가시는 분은 하나
님이십니다.

앗수르 왕이 여호와를 향한 분노와 교만하여 말한 것들이 다 하나님
의 귀에 들렸습니다. 산헤립이나 랍사게가 한 말을 다 들으셨습니다.
눈으로 보셨습니다. 히스기야 왕도 그런 기도를 올렸습니다.

그러므로 '내가 갈고리를 네 코에 꿰고 입에 재갈을 물려 앗수르 왕
을 오던 길로 끌어 돌이킬 것이다.' 하나님이 앗수르에게 향한 심판과
저주에 대한 말씀입니다. 갈고리나 재갈은 맹수나 짐승을 다룰 때 사용
하는 도구들입니다. 하나님께서 강제적으로 산헤립을 앗수르로 돌려보
낼 것을 말씀하십니다. 악인이 완고한 고집이 있더라도 반드시 성취될
것입니다. 지금까지 앗수르 왕 산헤립의 오만과 불손에 대한 징벌을 예
언해 주었습니다.

2. 남유다의 회복

앗수르의 공격으로 남유다가 풍전등화와 같은 입장에서 회복할 것을 예언한 내용입니다. 남유다의 회복에 관한 말씀입니다. 이 모든 것들을 여호와께서 말씀의 성취에 대한 징조로 보여주셨습니다. "또 네게 보일 징조가 이러하니"라고 했습니다. 징조는 '표, 표징, 이적'의 의미가 있습니다. 하나님은 종종 징표를 보여주셨습니다. 홉니와 비느하스가 한 날에 죽은 것은 엘리 제사장 가문의 몰락을 의미합니다. 또 사무엘 시절에 왕을 구한 장로들의 잘못을 깨닫게 하기 위해 비와 우레가 있게 하셨습니다.

'너희가 그 해와 그 이듬 해에는 밭에서 스스로 자라난 것을 먹을 것이다. 그렇지만 제삼년에는 심고 거두며, 포도원을 가꾸어 그 열매를 먹을 것이다.' 남유다 백성들이 첫 해와 이듬 해에는 저절로 생겨난 것을 먹을 것입니다. 세 번째 해에는 경작하여 식물을 먹을 것입니다. 전쟁의 상흔을 씻고 경작지를 경영하여 먹고 마시는 회복의 예언입니다.

'남유다 족속의 살아 남은 자는 다시 아래로 뿌리를 내리고 위로 열매를 맺을 것이다.' 이것은 남유다의 번영에 대한 말씀입니다. 요시야 왕 치세 때처럼 종교개혁이 단행되어 영적으로 살아 움직이는 성도가 될 것입니다. 포로 생활을 하더라도 어느 곳에서나 영적인 전쟁에서 승리할 것입니다.

살아 남은 자가 예루살렘에서 나오고 환난을 피한 자가 시온산에서부터 나올 것인데 여호와의 열심이 이 일을 이룰 것입니다. 산헤립이 남유다를 1차 침략했을 때 약 20만 명을 포로로 잡아갔습니다. 2차 원정에서도 상당수가 끌려갔습니다. 피한 자와 남은 자가 구원받을 수 있는 것은 전적으로 하나님의 은혜입니다. 백성을 향한 뜨거운 사랑과 신실하심이 구원을 이루시는 것입니다. 여호와의 열심은 다른 곳에서는 시기이지만 여기서는 뜨거운 사랑입니다. 언약에 신실하신 하나님께서 약속대로 구원을 이루십니다.

앗수르가 예루살렘에 이르지 못하고 회군할 것임을 예고하셨습니다. 앗수르 왕이 예루살렘에 이르지 못할 것입니다. 예루살렘 성을 향해 화살을 쏘지 못하고 방패를 성을 향해 세우지 못하고 토성도 쌓지 못할 것입니다. 여호와께서 예루살렘을 지키고 계시기 때문입니다. 활도 쏘지 못합니다. 방패도 사용할 수 없습니다. 토성을 쌓는 것은 더군다나 할 수 없습니다.

앗수르 왕과 군대는 오던 길로 돌아가고 예루살렘 성에 이르지 못할 것입니다. 그 이유가 무엇입니까? 여호와께서 자신과 자신의 종 다윗을 위해 예루살렘을 보호하여 구원하십니다. 하나님께서 하나님의 영광을 드러내십니다. 또 다윗과의 언약을 지키실 것입니다. 견고한 왕권을 약속하셨기 때문입니다. 우리 하나님은 언약의 하나님이십니다.

3. 예언 성취

하나님께서 이사야 선지자에게 주신 계시의 말씀대로 성취하신 내용입니다. 어떻게 이루셨을까요? 예언은 어떤 방법으로 이루어졌을까요? 하나님의 개입입니다. 사람으로서는 측량할 수 없는 방법으로 개입하셨습니다. 이사야 선지자가 히스기야 왕에게 메시지를 전달한 그 밤에 이루어졌습니다. 기도는 위대합니다. 말씀은 위대합니다. 역사를 바꾸어 놓습니다. 사람도 바꿉니다.

하나님은 지체하지 않고 언약을 이루십니다. 그래서 밤에 여호와의 사자가 나와 앗수르 진에서 군사 십팔만 오천 명을 치셔서 아침에 보니 다 시체가 되어 버렸습니다. 이렇게 간단한 전쟁입니다. 그래서 성도의 해야 할 일은 기도입니다. 기도하면 하나님께서 해결해 주십니다.

출애굽에서 마지막 재앙이 무엇이었습니까? 장자를 죽이는 재앙! 여러 가지 이적과 능력을 보여주면서 바로의 마음이 변하기를 원했지만 변하지 않자 마지막 재앙으로 장자를 죽였습니다. 앗수르 군대도 그렇습니다. 겸손이 보이지 않고 교만한 말만 쏟아냈습니다. 하나님이 다 들으시고 징벌을 내리시니 하룻밤에 십팔만 오천 명이 전멸했습니다.

자연적인 현상으로 죽은 것이 아닙니다. 이웃 군대가 공격해서 죽은 것도 아닙니다. 초자연적인 능력의 소유자 하나님, 전능하신 하나님께서 초자연적인 방법으로 죽이신 것입니다. 모든 사람이 완전히 죽었습니다. 부상자가 있는 것도 아닙니다. 완전히 송장만 있었을 뿐입니다. 역사의 주인은 누구일까요? 역사를 주관하시는 하나님이십니다.

하나님의 심판대 앞에서 정죄 받은 다음에 행한 일이 무엇입니까? 하나님의 예언대로 성취하셨습니다. 그 광경을 목격한 앗수르 왕 산헤립이 예루살렘을 떠나 앗수르로 돌아가서 니느웨에 거했습니다. 앗수르의 수도가 니느웨입니다. B.C. 612년 바벨론인과 스구디아인, 메대인들의 연합군에 의해 함락되면서 앗수르의 역사는 막을 내리게 되었습니다.

니느웨와 예루살렘, 산헤립과 히스기야는 대조적입니다. 한 곳은 하나님의 심판을 받고 다른 곳은 축복을 받으며, 한 사람은 죽고 다른 사람은 살았습니다. 내용은 기도의 사람은 삽니다. 믿음의 사람은 복을 받습니다. 그러나 교만한 사람은 하나님이 대적하십니다.

산헤립이 그의 신 니스록의 묘에 경배할 때에 두 아들 아드람멜렉과 사레셀이 그를 칼로 죽이고 아라랏 땅으로 도망쳤습니다. 니스록은 앗수르의 주요 우상으로 독수리 머리를 한 날개 있는 사람의 형상으로 추정합니다. 니스록은 전쟁의 신으로 앗수르의 최고의 신으로 보입니다.

산헤립이 하나님의 심판으로 죽고 그 아들 에살핫돈이 대신하여 왕이 되었습니다. 아버지를 죽인 자들을 내쫓고 왕이 된 사람입니다. 믿음으로 기도합시다. 하나님의 응답이 있습니다.

제69강
열왕기하 20장 1-11절

생명 연장과 일영표 후진

히스기야 왕은 남유다의 왕으로서 남과 북으로 갈라진 이스라엘 역사에 가장 위대한 왕으로 평가받는 왕이었습니다. 히스기야 왕의 주요 업적과 남유다가 어느 나라에게 왜 멸망하게 되었는지를 자세히 가르쳐 주고 있습니다.

앗수르가 남유다를 공격하지만 히스기야 왕의 기도와 이사야 선지자의 기도 때문에 하나님이 개입하셔서 앗수르 군대가 몰살 당하고 산혜립 왕은 고국으로 돌아가지만 니스록 우상을 섬기다가 아들들에게 살해 당했습니다.

1. 이사야와 히스기야

앗수르가 남유다를 침공했던 때에 히스기야 왕이 병들어 죽게 되었습니다. 앗수르의 제1차 침공을 말합니다. 그 이유로는 앗수르의 공격과 히스기야 왕의 발병 연대가 히스기야 왕 14년이기 때문입니다 (18:13).

또 한가지는 왕궁의 창고에 많은 보물이 쌓여 있었던 점으로 미루어 볼 때 히스기야가 여호와의 성전과 왕궁 곳간에 있는 은과 금을 조공으로 바치기 이전이기 때문입니다. 히스기야가 무슨 질병인지는 모르겠지만 죽을 병에 걸렸던 것입니다.

그 결과로 아모스의 아들 선지자 이사야가 히스기야 왕에게 와서 왕이 죽을 것이므로 집안일을 정리하라는 여호와의 말씀을 전해 주었습니다. 집안일을 정리하라. 구체적인 내용은 히스기야 왕이여! 왕이 죽은 다음에 왕위 계승 쟁탈전이 벌어지지 않도록 죽기 전에 왕의 권한으로 후계자를 지명하라는 것입니다. 그 이유는 네가 죽고 살지 못할 것이기 때문입니다. 히스기야 왕의 질병이 치명적이어서 인간적인 방법으로는 안 되고 하나님의 기적적인 도움으로만 해결될 수 있다는 것을 암시해 줍니다.

열왕기서가 구체적으로 말하고 있지는 않지만 '신앙적으로 신실한 왕은 장수하고 악한 왕은 단명한다. 선한 왕은 복을 많이 받고 악한 왕은 벌을 받는다' 라는 도식이 있습니다. 그렇다면 히스기야 왕이 일찍 죽는다는 것은 하나님의 징벌을 받고 있다는 의미가 됩니다. 히스기야 왕이 왕위에 즉위하자마자 종교개혁을 단행했음에도 불구하고 통치 14년 만에 질병으로 인한 사망 선고를 받게 된 것입니다.

히스기야 왕이 질병 가운데 있는 것은 내부적으로 다윗 왕국의 불안한 요소이고, 앗수르의 공격이 있는 상황에서 더욱 어려운 일입니다. 영적으로나 국가적으로, 히스기야 왕 개인적으로 모두 위기 중의 위기였습니다. 히스기야 왕은 위기를 어떻게 극복했는가?

이사야 선지자의 말을 들은 히스기야 왕은 어떤 반응을 보였습니까? 하나님과 선지자를 원망했을까요 아니면 자기 자신의 인생이 허무하다고 술로 세월을 보냈을까요? 그것도 저것도 아니면 어떻게 대처했을까요? 전국을 누비며 명의라는 의사를 찾아다녔을까요?

히스기야는 일반적인 사람과 달리 기도했습니다. 살아 계신 하나님,

전능하신 하나님께 기도했습니다. 여호와께 기도하기 시작했습니다. 기도는 성도의 생명줄입니다. 하나님의 것을 얻는 유일한 통로입니다. 구하라 찾으라 문을 두드리라. 낙심하지 말고 항상 기도하라. 쉬지 말고 기도하라. 이것이 하나님의 뜻입니다.

무슨 내용으로 기도를 했을까요? 히스기야는 살아 계신 하나님 앞에 기도하기를 시작했습니다. 문제 해결은 왕에게 있는 것이 아니라 생명의 문제나 국가적인 문제가 모두 하나님께 달려 있음을 알았습니다. 그래서 낯, 얼굴을 벽으로 향하고 기도했습니다. 세상을 뒤로하고 오직 하나님을 향한 기도입니다. 인생의 생사화복이 하나님께 달려 있음을 인정하고 오직 하나님만 바라보는 기도입니다. 성숙한 기도자의 모습입니다.

기도의 내용은요? 진실과 전심으로 주 앞에 행하며 주 보시기에 선하게 행한 것을 기억해 달라고 심히 통곡했습니다. 이사야 38장 3절에도 나오는 기도문입니다. 이 말은 자화자찬의 기도 내용일까요? 구약의 율법의 말씀을 따라 살아온 삶을 말하는 것입니다. 의로운 생애를 말합니다. 공로를 내세우는 기도가 아니라 하나님의 은혜와 믿음으로 살아온 생애를 말하는 것입니다.

다윗과의 언약을 생각하면서 올린 기도입니다. 응답에 '다윗을 위하여'(20:6)라고 말씀하신 것으로 보아 더욱 다윗과의 언약을 굳게 의지하면서 기도했던 히스기야입니다. 히스기야는 간절히 그리고 하나님만 향하는 기도를 올렸습니다. 그리고 히스기야는 통곡했습니다. 절망적인 다급함 속에서 통곡했습니다.

그 이유가 무엇일까? 왕자가 없었습니다. 히스기야가 15년 더 산 다음에 므낫세가 왕위에 오를 때가 12살이었습니다. 또 한가지는 장수를 축복으로 여겼는데 40세였던 히스기야는 억울하게 느껴졌습니다. 개인적인 문제나 남유다 왕국의 문제 그리고 전쟁의 문제까지 기도로 해결한 왕이 히스기야입니다. 여러분은 무엇으로 문제를 해결합니까?

2. 기도의 응답

이사야 선지자가 궁전 안뜰을 막 벗어나려고 할 때였습니다. 여호와의 말씀이 이사야 선지자에게 임했습니다. 기도의 응답입니다. 무슨 내용으로 응답하셨을까요? 이사야야! 돌아가서 히스기야에게 그의 조상 다윗의 하나님 여호와의 말씀을 전하라는 것이었습니다. 편지를 여호와 앞에 펴 놓을 때나 죽음의 선고 앞에서 히스기야가 할 수 있었던 것은 기도였습니다. 절대주권자, 다윗의 하나님 되시는 여호와께 기도하는 것이었습니다.

먼저 히스기야 왕 개인에 대한 여호와의 계시 내용입니다. 무슨 응답을 주셨을까요?

첫째로, '내가 네 기도를 들었고 네 눈물을 보았노라.' 내가 네 기도를 들었노라. 네 눈물도 보았노라. 히스기야가 청원한 내용을 그대로 접수한 하나님이십니다. 들었고 보았노라. 작은 신음에도 응답하시는 하나님이십니다.

둘째로, '내가 너를 낫게 하리니 네가 삼 일 만에 여호와의 전에 올라갈 것이다.' 치료의 주체가 나인데 내가 낫게 하리니 네가 삼 일 만에 여호와의 전에 올라갈 것이야! 완전한 치료가 삼 일입니다. 당시 왕이라 할지라도 완전히 성결하지 않으면 여호와의 성전에 들어갈 수 없었습니다. 이것은 예배하는 삶의 회복을 말해 줍니다. 사람이 예배할 수 있다는 것이 얼마나 큰 행복인지 아십니까? 질병이나 전쟁이 일어나면 예배하고 싶어도 할 수 없습니다.

셋째로, '내가 네 날을 십오 년을 더할 것이다.' 생명의 연장입니다. 이것은 더해 주시는 은혜로운 응답입니다. 질병으로부터의 치료만 기도했는데 십오 년의 생명을 연장해 주신다고 하셨습니다. 이것은 덤입니다. 더해 주시는 은혜입니다.

예루살렘 성에 대한 구원의 말씀, 여호와의 계시 내용입니다. 이것도 더해 주신 은혜입니다. '그의 나라와 의를 구하라 그리하면 먹는 것, 마시는 것, 입는 것을 더해 주시리라.'

첫째로, '히스기야와 예루살렘 성을 앗수르 왕의 손에서 구원할 것이다.' 남유다와 예루살렘을 보호해 주시겠다. 하나님은 구한 것만 주시지 않습니다. 더해 주시는 은혜로운 하나님이십니다. 국가적인 재난으로부터 보호해 주실 것이다. 앗수르로부터 구원해 주실 것이다. 물론 역대하 32장 25절에서는 히스기야 왕이 하나님의 은혜와 복을 받고 나서 인간적인 방법을 사용한 것은 '받은 은혜에 보답하지 않은 교만'이라고 지적했습니다.

둘째로, '나와 내 종 다윗을 위하여 이 성을 보호할 것이다.' 하나님께서 예루살렘 성을 보호해 주셨습니다. 그런데 히스기야는 약해졌습니다. 그렇습니다. 인간은 하나님의 은혜를 잘 잊습니다. 그렇지 않으면 훌륭한 사람이지요. 히스기야도 인간적으로 앗수르에게 금과 은을 바쳤습니다. 군사력과 물질, 세속적인 힘을 의지했습니다. 하나님의 약속보다 세속적인 것을 추구하기도 했습니다.

3. 어떤 방법으로 고쳤는가?

히스기야 왕의 질병을 어떤 방법으로 치료했는가? 이사야 선지자가 무화과 반죽을 가져오라고 했습니다. 병을 치료하는 과정입니다. 무슨 질병인지는 모릅니다. 종처라는 말은 염증이나 종기로 학자들은 세균 감염에 의한 급성 피부병으로 보았습니다. 급성 패혈증을 일으키며 코나 입술 주변에 부스럼을 발병시키고 세균이 뇌막으로 침투하여 사망에 이르게 하는 치명적인 병으로 이해합니다.

무화과 잎에는 일종의 항생제 역할을 하는 기능이 있지만 하나님의 기적을 바라보고 사용한 도구일 뿐입니다. 엘리사가 소금으로 물을 치료하고, 가루로 국의 해독을 했던 것처럼 하나님의 기적을 기대하고 행한 일입니다. 이사야의 요구대로 무화과 반죽을 히스기야 왕의 종처에 바르니 그의 병이 치료되었습니다.

히스기야 왕이 이사야 선지자에게 병의 치유 및 삼 일 만에 성전에 올라가게 하실 약속의 징조가 무엇인지 물었습니다. 무슨 징조가 있나이까? 히스기야 왕은 치유의 보증을 요구했습니다. 그러나 하나님께서 히스기야 왕의 심적 고통을 이해하시고 증거를 보여주신 것입니다. 그렇다면 왜 히스기야 왕이 증거를 요구한 것으로 말했는가? 그렇게 전개되어야 히스기야 왕이 앗수르 나라에 은과 금을 바친 것이 이해가 되는 것입니다. 히스기야 왕도 자신이 질병에서 일어난다는 기적을 쉽게 믿지 못했던 것입니다.

이사야 선지자가 여호와의 말씀이 응할 징조로 해 그림자가 십 도를 나아가게 할지 뒤로 물러가게 할지 선택하라고 했습니다. 둘 중의 하나를 선택하라는 말입니다. 히스기야가 그림자가 십 도 나아가기는 쉽기 때문에 십 도 물러가게 할 것을 요청했습니다. 더 어려운 것, 그림자가 짧아지는 쪽을 선택했습니다.

선지자 이사야가 여호와께 일영표 위에 해 그림자가 십 도 물러가도록 간구하매 그대로 이루어졌습니다. 십 도나 물러나는 놀라운 이적이 일어났습니다. 일영표는 '시간에 따른 해 그림자의 변화를 이용해서 시간을 측정하는 기구' 입니다. 앗수르나 바벨론도 B.C. 2500년 전부터 열두 등급으로 된 기구를 사용했습니다. 남유다 제12대 왕 아하스의 일영표 구조와 시간 측정 방법은 궁전 내부에 하루의 시간을 표시하는 12계단을 만들고 기둥이나 물체 위로 해가 지나갈 때 생기는 그림자로 시간의 추이를 알았습니다.

이사야 선지자의 간구로 히스기야 왕의 요구대로 하나님의 징표가 나타났습니다. 십 도나 물러났습니다. 물러나는 것은 '물러서다, 뒤돌아가다, 회복하다' 등의 뜻이 있습니다. 이 사건은 아하스의 일영표에 비추는 태양 광선을 굴절시켜 당일에 예루살렘의 시간 계산에 영향을 준 것으로 보입니다. 의미는 두 가지로 앗수르의 세력권에서 히스기야를 구원하고 예루살렘을 보호하실 것입니다. 또 하나는 하나님은 그렇게까지 행하셨는데 히스기야 왕의 불신앙을 책망하고 있는 것입니다.

오늘 말씀의 핵심은 '기도와 응답'입니다. 남유다와 히스기야 왕의 위기 속에서 왕도 기도하고 선지자도 기도했을 때 생명의 연장과 국가적인 위기에서 탈출할 수 있었습니다. 이스라엘 백성들은 이방나라에서 포로 생활을 하고 있을 때 기도하면서 나라의 회복을 기대했습니다.

제70강
열왕기하 20장 12-21절

히스기야 왕의 약점

　　인간은 누구나 허물과 죄가 있습니다. 타락한 인생이 거듭나고 구원을 받아 새사람이 되었다 할지라도 여전히 약점과 결점이 많습니다. 그런데 약점으로 인해 하나님의 은혜와 복을 받을 수도 있지만, 사탄이 역사하는 통로가 될 수도 있습니다.

　　히스기야 왕은 어떤 약점과 결점이 있었을까요? 히스기야 왕은 이사야 선지자로부터 죽음, 사망을 통고받았습니다. 히스기야 왕은 살아 계신 하나님께 기도드렸습니다. 하나님은 히스기야 왕의 질병을 치료해 주셨을 뿐 아니라 생명도 십오 년을 연장해 주셨습니다. 예루살렘 성을 보호하고 구원해 주실 것도 약속하셨습니다. 그 증거로 일영표를 뒤로 후진하는 이적까지 보여주셨습니다. 이런 이적과 기적과 능력을 체험한 히스기야 왕이 무슨 잘못을 범할까요?

1. 히스기야 왕과 바벨론 사신

　　히스기야 왕이 생명을 위협하는 질병에 걸렸을 때 히스기야 왕과 이사야 선지자가 기도하여 왕의 생명이 연장되는 복을 받게 되었습니다.

그때에 바벨론 왕 브로닥발라단이 히스기야 왕이 병들었다는 소식을 듣고 사신에게 편지와 예물을 보냈습니다.

사신들이 히스기야 왕의 병문안을 온 것처럼 꾸몄지만 사실은 죽음의 자리에서 일어난 히스기야 왕을 축하하러 온 것으로 보여집니다. 그런 설명은 역대하 32장 31절에서 증명이 됩니다. "하나님이 히스기야를 떠나시고 그의 심중에 있는 것을 다 알고자 하사 시험하셨더라"라고 기록하고 있습니다. 히스기야 왕을 시험하셨습니다. 하나님께서는 욥도 아브라함도 시험하셨습니다. 그러니까 히스기야가 살아난 것을 축하하면서 하나님의 이적과 기적을 알고 싶었던 것입니다.

바벨론 왕의 이름이 브로닥발라단이라고 나오는데 이사야 39장 1절에 나오는 '므로닥발라단'과 동일한 인물입니다. 브로닥발라단을 통한 하나님의 시험이 히스기야 왕에게 있었습니다.

히스기야 왕은 바벨론의 사신이 너무 고마운 나머지 하지 않아도 될 일을 행하게 됩니다. 지나친 친절을 베풀게 되는 것이지요. 아마도 자랑하거나 과시하는 행동을 한 것으로 보입니다. 부와 귀만 자랑한 것이 아닙니다. 남유다의 부와 귀, 권세와 영광을 다 보여주면서 속으로는 바벨론과 국교를 맺으려고 했던 모양입니다.

히스기야 왕이 바벨론 왕이 보낸 사자의 말을 듣고 그들에게 남유다의 보물고와 군기고와 내탕고의 모든 것을 다 공개했습니다. 금과 은 그리고 향기로운 기름 창고, 갑옷이나 전쟁용 무기를 보관하는 곳, 왕의 개인적인 보물 창고까지 다 보여주었습니다. 바벨론 왕의 사자들이 궁전과 나라 안에서 보지 못한 것이 없었습니다. 모든 것을 다 보았습니다.

히스기야 왕의 이 행동은 그릇된 행동입니다. 왜 그릇된 행동입니까? 무엇이 그렇게 그릇된 것입니까? 히스기야는 하나님의 절대주권을 인정해야 하는 신정 국가, 신정 정치를 하는 남유다의 왕으로서 해서는 안 될 일을 자행한 것입니다. 남유다를 앗수르로부터 구원해 주실 것이라고 약속하셨음에도 불구하고 히스기야 왕은 국가의 보물창고와 성전 곳간과 왕궁 곳간을 보여주면서 바벨론과 동맹을 맺어 앗수르를 대적하려고 했던 것입니다. 이것이 히스기야 왕의 불신앙적인 요소입니다. 하나님을 무시하고 멸시하는 것이지요.

지금도 그렇습니다. 하나님의 교회는 주인이 목사나 장로가 아닙니다. 교인도 주인이 아닙니다. 진정한 주인은 주님이십니다. 머리도 주님이시고 왕도 주님이십니다. 그래서 성경 말씀대로 행하고 지켜야 할 의무와 책임이 있고 성령 하나님의 인도를 받아야 할 책무가 있는 단체가 교회입니다.

히스기야 왕은 자기가 주인인 것처럼 모든 부귀영화를 바벨론 사신에게 다 보여주었습니다. 히스기야 왕의 이러한 망령된 행동이 얼마나 무서운 결과를 가져오는지 생각해 봅시다. 정말 무서운 결과를 가져오게 됩니다. 사랑하는 성도님들이여! 여러분은 영적인 전쟁을 하고 있습니다. 영적으로 깨어 있기를 바랍니다. 기도하고 성경대로 믿으며 성령의 인도를 받는 성도가 됩시다.

2. 이사야의 질문

선지자 이사야가 히스기야 왕에게 나아와서 첫 번째 물은 것이 바벨론의 사신들이 무슨 말을 하였으며, 둘째는 어디서 온 사람들인지 물었습니다. 히스기야 왕이 병들었을 때는 위로의 사자였으나 범죄했을 때는 심판의 사자로 나타난 사람이 선지자 이사야입니다. 하나님의 사람은 위로와 축복도 하지만 때로는 책망과 심판도 선언하는 사람입니다. 이사야 선지자는 요담과 아하스 그리고 히스기야 왕 시대에 선지자 역할을 감당했습니다.

선지자의 사명이 무엇입니까? 하나님의 말씀을 왕과 백성에게 전하여 하나님이 다스리는 나라를 세우고 잘 다스리고 이끌어 가기 위한 목적으로 세운 사람이 선지자입니다. 그래서 때로는 위로하고 때로는 책망하고, 때로는 교훈하고 가르치는 것입니다. 그런데 남유다의 왕들을 보면 점점 하나님의 백성을 이웃 나라와 연합하게 하고 하나님을 버리고 우상을 숭배하며 언약 백성으로서 하나님의 언약을 깨뜨리는 자들이 되도록 하였습니다.

히스기야 왕은 이사야 선지자에게 바벨론에서 자기를 병문안하러 온 사람들이라고 대답했습니다. 하나님을 가까이 하고 이방 나라를 멀리해야 할 왕이 자랑삼아 대답한 말입니다. 그 결과 바벨론이 남유다와의 조약을 깨고 바벨론 나라로 포로로 잡아가게 됩니다.

또 이사야 선지자가 바벨론의 사신들이 왕궁에서 무엇을 보았는지 물었습니다. 히스기야 왕의 궁전과 내탕고, 성전의 모든 것을 다 보았다고 대답했습니다. 그것도 강조하여 대답했습니다. 보이지 않은 것이 하나도 없나이다. 이사야 선지자가 묻고 있는 의미를 모르는 히스기야 왕의 대답입니다. 자랑스럽게 대답했습니다. 보여준 모든 것이 다 바벨론으로 갈 것을 모르고 있으니 그렇게 대답하고 있는 것입니다. 하나님을 믿지 않고 인간을 의지하는 모든 자의 똑같은 결과일 것입니다.

이사야 선지자가 히스기야 왕에게 '여호와의 말씀을 들으소서' 라고 하면서 책망했습니다. 당신의 어리석음을 깨달으라는 뜻입니다. 이사야 선지자의 말이 아니라 여호와 하나님의 말씀이라는 것입니다. 하나님의 말씀은 시대를 초월하여 절대적이고 권위가 있는 말씀입니다.

본장에는 여호와의 말씀이 세 번 임했습니다. 첫 번째는, 히스기야의 사망 선고, 두 번째는, 히스기야의 눈물을 보시고 치유의 역사와 남유다를 지키실 것, 그리고 세 번째는, 히스기야 왕이 하나님을 믿지 않고 사람을 믿었을 때 심판이 선언되는 내용입니다.

왕의 열조들이 지금까지 쌓아두었던 왕궁의 모든 것이 남김없이 바벨론으로 옮겨질 것이라고 선언했습니다. 왕궁의 모든 것은 금은보화만을 말하는 것이 아니라 왕궁에 거하는 왕족들까지를 말합니다. 남유다가 바벨론의 침공으로 멸망을 받게 될 것이고 금은보화뿐만 아니라 왕의 아들 중에서 더러는 바벨론으로 끌려가 왕궁의 환관이 될 것이라고 전해 주었습니다.

히스기야 왕은 바벨론이 강자로서 앗수르 나라로부터 벗어날 수 있는 좋은 나라, 최대의 협력 국가로 생각했지만, 하나님은 바벨론이 남유다를 멸망시킬 것이고 금은보화와 사람까지 다 사로잡아 포로로 끌고 갈 것이라고 지적했습니다. 물론 단순히 히스기야 왕의 한번의 실수 때문에 그렇게 된 것은 아닙니다. 역대적으로 모든 왕들이 하나님보다 우상을, 하나님의 언약보다 세상 나라와의 약조를 더 귀중히 여긴 죄악 때문이지만 결정적으로는 히스기야의 망령된 행동 때문인 것입니다.

역사를 보면 히스기야 왕의 후손들이 어떻게 되었을까요? 므낫세, 여호야긴, 시드기야 등입니다. 환관은 내시, 시종입니다. 왕족이 바벨론으로 끌려가서 섬기는 종이 될 것을 가르쳐 줍니다. 여러분도 후손들이 복을 받기 원한다면 성실하게 믿으세요. 하나님을 사랑하여 맡은 직분에 충성하세요. 천 대까지 복이 약속되어 있습니다.

3. 히스기야 왕의 회개

히스기야 왕은 어리석게도 바벨론 사신들에게 성전과 왕궁의 모든 것을 다 보여준 것에 대한 책망을 이사야 선지자를 통하여 하나님으로부터 듣게 되었습니다. 히스기야 왕의 반응이 무엇입니까? "여호와의 말씀은 선하다." 이것이었습니다.

그리고 히스기야 왕은 자기 자신의 잘못을 깨닫고 여호와의 뜻이 지당하다고 인정했습니다. 여호와의 말씀에 순복하는 자세입니다. 교만한 마음을 가지다가 회개하여 겸손해졌습니다. 하나님의 뜻에 따르기로 작정했습니다. 실수했지만 곧바로 회개했습니다.

또 자신의 때에 태평과 진실을 주시면 그것만으로도 다행이라고 고백했습니다. 자신이 심판을 받아 마땅하지만 그렇게 하지 않는 하나님께 감사하고 있습니다. 진정으로 회개한 자에게 베푸시는 하나님의 은총입니다. 하나님은 신실한 자를 보호하십니다. 회개할 줄 아는 자가 신실한 자요 천국 백성입니다. 하나님의 은혜는 회개하는 자에게 임하는 법입니다.

히스기야 왕의 남은 사적과 그가 누린 권력과 저수지를 만들고 수로를 놓아 물을 성읍으로 끌어들인 일들은 유다 왕조실록에 기록되었습니다. 히스기야 왕은 남유다를 29년 동안 통치한 왕입니다. 처음에는 병들어 고생을 했지만 하나님의 은혜로 고침받은 다음에 후반기 15년은 정말 축복을 받은 통치를 했습니다.

앗수르가 공격해 오다가 물러갔고, 경제적으로나 사회적으로 큰 번영과 축복이 임했습니다. 그것을 역대하 32장 27-33절이 증거해 줍니다. 남유다가 태평성대를 누렸던 시대였습니다. 그런데 열왕기서 저자는 세속적인 번영에 관심을 가진 것보다 왕의 올바른 믿음 상태, 신앙 상태에 더 큰 관심을 가지고 성경을 기록한 것입니다.

히스기야는 업적이 많은 왕입니다. '못'과 '수도', 후손들에게까지 소중한 역할을 했던 것이 물이었습니다. 예루살렘 성에 지하 수로를 건설하였습니다. 히스기야 왕의 아버지 아하스 왕은 친앗수르 정책을 폈지만 히스기야 왕은 반앗수르 정책을 폈습니다. 그 증거 중 하나가 수로를 만든 것입니다. 히스기야 왕은 기혼 샘의 물을 예루살렘 성 안으로 끌어들이고 실로암 못에 저수 시설을 갖춘 왕이었습니다.

히스기야 왕이 죽고 그 아들 므낫세가 대신하여 남유다 제14대 왕이 되었습니다. 왕은 '즉위 공식'과 '죽음 공식'이 적용되고 있습니다. 므낫세는 히스기야 왕의 아들로 남유다의 제14대 왕이 되었습니다. 남유다 왕 중에 최장기간 통치하게 됩니다. 55년간을 통치했습니다. 그러나 므낫세는 우상숭배와 온갖 악한 일을 행하고 경건한 하나님의 사람을 박해하여 하나님의 진노를 받게 됩니다. 남유다를 최악의 길로 인도한 왕입니다.

우리의 진정한 왕은 예수 그리스도뿐이심을 알게 됩니다. 우리의 구세주로서 길과 진리와 생명이 되십니다. 예수를 잘 믿어 자신이 구원받고 후손이 복을 받도록 합시다.

제71강
열왕기하 21장 1-18절

므낫세와 남유다

히스기야 왕은 남유다의 제13대 왕으로 다윗 왕의 모든 행위와 같이 여호와 보시기에 정직히 행했습니다. 남유다 왕 중에 그렇게 정직하고 하나님을 믿는 왕이 없다 할 정도로 칭찬받은 왕입니다. 기도하여 응답도 받은 왕입니다.

그럼에도 불구하고 히스기야 왕이 앗수르의 공격을 두려워하여 바벨론과 동맹을 맺으려 하였고, 그런 과정 속에서 바벨론 나라의 사절단에게 보물고와 군기고와 내탕고를 공개함으로써 하나님께서 이사야 선지자를 통하여 책망하셨습니다.

남유다가 바벨론 나라에 의해서 멸망을 받을 것이고 모든 보물은 다 넘겨주게 되며 백성과 자녀들은 포로로 사로잡혀 갈 것을 예언해 주셨습니다. 제14대 왕 므낫세를 비롯하여 제15대 왕 아몬이 여호와께 불순종하고 우상을 숭배하며 악한 정치를 함으로써 남유다 나라의 멸망이 앞당겨지게 되었습니다.

1. 므낫세 왕의 통치

므낫세가 남유다의 왕위에 오를 때 나이 십이 세였고 예루살렘에서 오십오 년을 치리했습니다. B.C. 697-642년까지 악정과 우상숭배의 범죄를 저질렀습니다. 므낫세는 '잊어버리다' 라는 뜻입니다. 첫 자녀를 잃어버린 자에 대한 위로나 아이를 해산하는 여인들의 고통을 아이로 인하여 잊는다는 의미입니다. 그런데 므낫세의 아버지 히스기야 왕의 좋은 점을 잊지 않을까 조바심을 가진 것으로 설명하고 있습니다.

물론 오십오 년의 통치에 대해서도 히스기야 왕이 질병에 걸렸을 때부터 십여 년간 섭정했을 것이라고 말합니다. 므낫세는 히스기야와는 달리 친앗수르 정책을 펼쳤습니다. 이런 외교적인 노력 때문에 장기간 통치할 수 있었습니다.

므낫세의 어머니의 이름은 헵시바였습니다. 헵시바는 '나의 기쁨은 그녀에게 있다, 나는 그녀 안에서 기쁨을 누린다' 라는 뜻입니다. 므낫세 왕의 어머니를 밝히는 것은 다윗의 혈통을 이어 받은 남유다 왕조의 혈통의 연속성을 말하고자 함입니다.

므낫세가 여호와 보시기에 악을 행하여 여호와께서 이스라엘 앞에서 쫓아내신 이방 사람의 가증한 일을 본받았습니다. 므낫세가 장기간 통치하지만 선조들의 유업을 파괴하고, 백성들을 미혹하며, 하나님께서 주신 가나안 땅을 더럽히고 심지어 성전까지 더럽힌 왕으로 묘사되고 있습니다.

역대기에는 므낫세가 회개하고 겸비할 때는 다시 예루살렘으로 돌아오게 되었고 종교개혁까지 단행하였지만, 하나님 대신 우상을 숭배하고 앗수르만 의지할 때는 결과적으로는 앗수르의 도움은 없었습니다. 하나님만 의지할 때 진정한 부흥과 회복이 있었음을 말해 주었습니다. 결국 남유다 백성들은 하나님의 은혜와 복으로 세움을 입었으므로 의로운 길을 걸어야 했습니다. 그런데 그 길을 신속히 떠났을 때 하나님의 진노와 징벌이 따라왔던 것입니다.

므낫세 왕의 구체적인 죄악이 무엇일까요? 첫째로, 아버지 히스기야가 헐어버린 산당을 다시 세웠습니다. 아버지 히스기야 왕이 종교개혁을 단행했지만 수포로 돌아가게 만들었습니다. 남유다 왕들을 보면 산당을 세운 왕, 산당을 그냥 둔 왕, 산당을 제거한 왕의 경우가 있는데 므낫세는 산당을 세운 왕입니다.

둘째로, 북이스라엘 왕 아합처럼 바알을 위하여 단을 쌓고 아세라 목상을 만들고 하늘의 일월성신을 숭배하여 섬겼습니다. 바알과 아세라와 일월성신을 섬겼습니다. 남북을 합하여 가장 악한 왕이 아합인데 하필이면 아버지를 닮은 것이 아니라 아합 왕을 닮았습니다.

셋째로, 여호와께서 내가 내 이름을 예루살렘에 두리라 하신 성전에도 제단을 쌓고 두 마당에 하늘의 일월성신을 위한 단을 쌓았습니다. 바알은 블레셋이나 가나안 사람들 그리고 시돈 사람들이 믿던 토속 종교입니다. 그 제단을 성전에 가져다 놓았습니다. 하나님만 섬겨야 할 성전에서 우상을 숭배했습니다.

넷째로, 그 아들을 우상에게 불살라 바치고 점쟁이, 술객, 무당과 박수를 두었습니다. 불 가운데로 자식이 지나가게 하는 우상입니다. 암몬 사람들의 신으로 밀곰, 밀감으로 알려진 몰렉 종교의식입니다. 인신제사는 하나님께서 금하신 망령된 행실의 제사였습니다.

심지어 점쟁이, 술객, 무당과 박수까지 동원하여 섬겼습니다. 남유다가 완전히 세속적인 나라로 전락한 것입니다. 하나님만 믿어야 할 나라가 이렇게 되어서야 되겠습니까? 생각 좀 하면서 살아야 합니다.

다섯째로, 므낫세가 여호와 보시기에 악을 행하여 여호와의 진노를 격발하게 하였습니다. 하나님을 화나게 만들었다는 뜻입니다. 하나님의 은혜를 잊은 사람입니다. 하나님의 언약도 깨버린 사람입니다. 하나님의 자비와 긍휼도 무시해 버린 사람입니다.

여섯째로, 자신이 손수 새겨 만든 아세라 목상을 성전 안에 세웠습니다. 아세라는 여성의 형태로 조각한 우상입니다. 여호와 종교를 말살하는 정책이었습니다. 하나님의 거룩을 깨뜨리고 여호와를 믿는 종교를 보편화시키려는 므낫세의 범죄 행위였습니다.

사람에게 있어서 중요한 것은 세속적인 신분이나 업적이 아닙니다. 영적으로 하나님과의 관계입니다. 영적으로 맑고 깨끗할 때 하나님의 은총과 복이 따라오는 것입니다. 여러분도 영적으로 맑고 깨끗한, 성숙한 그리스도인이 되기 바랍니다.

2. 성전을 통한 축복

예루살렘 성전은 여호와께서 다윗과 솔로몬에게 그 이름을 위하여 영원히 둘 것이라고 말씀하셨던 곳입니다. 여호와의 이름을 두는 곳이었습니다. 성전은 여호와께서 함께하시는 곳이면서 축복의 장소였습니다. 신성한 장소였습니다.

므낫세 왕은 반대 방향으로 갔으니 어떻게 축복을 받겠습니까? 므낫세 왕의 범죄는 심각한 범죄였습니다. 우상을 끌어들여 여호와의 성전에 세운 것이 범죄였습니다. 여호와의 성전을 지었을 때 영광의 구름이 임하고 축복의 말씀을 주셨지만 경고의 말씀도 하셨습니다. 나의 준 땅에서 이스라엘을 끊어버릴 것이고 성전이라도 던져버릴 것이라(왕상 9:6). 역사를 보면 이방인의 손에 의해서 성전이 파괴되었습니다. 축복의 땅을 빼앗기고 포로로 끌려갔습니다.

또 이스라엘이 여호와의 명령과 모세에게 명한 율법을 지켜 행하면 조상들에게 준 땅에서 떠나 방황하지 않을 것이라고 약속했습니다. 하나님께서 율법을 주셨습니다. 축복의 약속도 함께 하셨습니다. 결국 하나님을 섬기는 것과 율법을 지키는 것과는 별개의 문제가 아닙니다. 하나같이 연결되어 있는 말씀입니다. 하나님의 법에 순종할 때 가나안 땅의 축복이 임하게 되어 있습니다.

나의 계명을 지키는 자라야 나를 사랑하는 자라고 주님도 언급하셨습니다. 여러분이 어렵고 힘이 들더라도 하나님을 진심으로 사랑한다면 계명도 사랑하여 지킬 것입니다. 구원받기 위하여 지키는 것이 아니라 하나님을 사랑하기 때문에 지키는 것입니다. 그리고 자기 자신은 물론 다른 사람까지 사랑하기 때문에 지키는 것입니다.

그러나 백성들이 여호와의 말씀을 듣지 않고 므낫세의 꾀임을 받아 악을 행한 것이 여호와께서 그들 앞에서 멸하신 열방보다 더욱 심했습니다. 여러분에게는 어떤 왕이 진실한 왕입니까? 하나님입니까 아니면 므낫세입니까? 남유다 백성이 므낫세 왕의 말과 행동에 속았습니다. 그래서 하나님보다 왕을 더 의지하고 따르게 된 것입니다.

가나안에 살고 있던 일곱 족속들은 우상을 숭배하다가 범죄하게 되었고 하나님의 백성인 이스라엘에게 모든 땅과 농지와 좋은 경작지를 빼앗기고 쫓겨났습니다. 남유다 백성은 하나님을 아는 백성입니다. 율법과 계명도 알고 있는 백성입니다. 그런데 하나님을 버리고 우상을 숭배하니까 가나안 족속들보다 더 나쁘지 않습니까? 결국 가나안 땅에서 쫓겨나게 된 것입니다.

지금 한국교회의 상황도 비슷합니다. 하나님을 모르는 백성이 아닙니다. 성경이 무슨 책인지 모르는 사람이 없습니다. 다만 사랑해서 행하고 지키는 사람이 적어 성령이 슬퍼하시고 있습니다. 불행한 것은 사람입니다. 하나님의 백성입니다. 회개하면 삽니다.

3. 남유다의 멸망 예언

여호와께서 그 종 선지자들을 통해 므낫세를 책망하셨습니다. 남유다의 멸망의 원인도 북이스라엘이 범죄하다가 멸망 받은 것과 크게 다르지 않았습니다. 그 결과 남유다도 멸망하게 됩니다. 물론 하나님께서 하나님의 백성을 심판하실 때 멸망시켜 지옥으로 던지기 위한 심판이라기보다는 회개하고 새 사람으로 살리기 위한 징계의 심판입니다.

여호와께서 그 종 모든 선지자들을 통해 말씀하셨습니다. 가나안 땅에 살던 아모리 족속보다 므낫세가 더 가증한 일을 행하고 악을 행함이

심했기 때문입니다. 이럴 수가 있습니까? 하나님의 백성이고 언약이 있는 백성인데. 그런데 목회를 해 보면 이런 말씀이 충분히 이해가 됩니다. 은혜가 메마르고 성령이 역사하지 않으면 더 악한 줄 모릅니다.

므낫세의 죄로 인하여 남유다 왕국의 멸망을 예언하게 되었습니다. 역사적으로 바벨론 왕 느부갓네살에 의해서 예루살렘 성이 함락되고 성전이 완전히 파괴되었습니다. 남유다는 이방 나라에 포로로 끌려가게 된 것입니다. 그래서 이제 듣는 사람마다 가슴이 내려앉을 재앙을 예루살렘과 유다에 내릴 것이라고 예언했습니다.

또 사마리아를 잰 줄과 아합의 집을 달 때 쓴 추로 예루살렘을 심판할 것입니다. 북이스라엘을 잰 줄과 추로 남유다도 재고 달아 본다는 뜻입니다. 인간을 달아보는 줄과 추는 하나님의 율법과 말씀입니다. 하나님은 아브라함과 이삭과 야곱과의 언약 때문에 이스라엘을 멸망시키는 것을 즐겨하지 않으셨습니다. 그러나 줄로 재어 보면 너무나 모자랍니다. 추로 달아보면 너무나 가볍습니다.

그래서 사람이 그릇을 씻어 엎음같이 예루살렘을 씻어버릴 것입니다. 예루살렘에 대한 강력한 심판의 메시지입니다. 예루살렘을 완전히 엎어버릴 것입니다. 심지어 내가 내 기업의 살아 남은 자들을 대적의 손에 붙여 저희로 모든 대적에게 노략과 겁탈을 당하게 할 것이라고 하셨습니다. 예루살렘에 대한 징계의 구체적인 양상을 설명하셨습니다. 유다 지파와 베냐민 지파만 남았는데 그 조차도 버리겠다는 의지의 표현입니다.

왜 남유다가 버림을 당할까요? 그 이유가 무엇입니까? 애굽에서 나온 열조 때부터 오늘까지 여호와 보시기에 악을 행하여 여호와의 노를 격발하였기 때문입니다. 심판의 원인입니다. 출애굽 시대부터 므낫세 왕까지 사람들이 원망하고 불평하며 불순종하고 거역하는 것을 일삼았습니다. 원인은 그것입니다.

또 므낫세의 악행입니다. 므낫세가 여호와 보시기에 악을 행하여 남유다로 하여금 범죄하게 하였습니다. 그 외에 무고한 사람을 죽여 예루살렘이 피바다가 되게 했습니다. 몰렉 신을 섬겼습니다. 인신 제사를 드렸습니다. 가난하고 약한 백성들을 억울하게 하고 착취했습니다.

므낫세의 남은 사적과 행적과 악행은 유다 왕조실록에 기록되어 있습니다. 구원 역사 속에 므낫세는 길게 통치했지만 악한 왕이었습니다. 므낫세가 죽어 궁궐 동산 곧 웃사의 동산에 장사되었습니다. 므낫세의 아들 아몬이 대신하여 남유다 제15대 왕이 되었습니다.

므낫세 왕은 바벨론 나라에 끌려간 후 회개하고 예루살렘으로 귀환한 후에는 남은 생애를 종교개혁과 우상 척결에 전념한 것으로 전해지고 있습니다(대하33:10-19).

사랑하는 성도 여러분! 잘 믿읍시다. 주님만 의지하고 사랑합시다. 하나님을 사랑하여 계명에 순종하고 충성합시다. 그리하면 하나님께서 많은 것으로 더해 주실 것입니다.

제72강
열왕기하 21장 19-26절

아몬의 악행

열왕기하 21장의 전반부는 남유다의 제14대 왕 므낫세의 치세를 중심으로 악행과 그로 인한 남유다의 멸망 예언에 대하여 기술하였습니다. 후반부는 므낫세의 아들 아몬이 남유다의 제15대 왕에 등극하여 행한 일을 기록해 주고 있습니다.

아몬은 어떤 왕이었을까요? 다윗을 닮았을까요 아니면 여로보암 1세를 닮았을까요? 하나님 보시기에 선하고 정직한 왕이었을까요 아니면 악한 왕이었을까요? 여러분도 어떤 사람인가를 생각하면서 말씀을 들어야 할 것입니다.

1. 아몬의 통치

히스기야 왕의 뒤를 이어 왕이 된 므낫세는 아버지를 닮거나 본받은 것이 아니라 여로보암 1세와 같이 여호와를 떠나서 많은 우상을 숭배하였습니다. 므낫세 왕의 악행은 아버지 히스기야 왕의 경건한 신앙의 업적들과 종교개혁의 시도를 완전히 잠식시켰습니다.

그리고 자기 자신은 물론 남유다 백성들로 하여금 우상에게로 돌아가게 했습니다. 므낫세 왕은 역사적으로 가장 악한 왕이 되었고 결국 남유다 왕국의 멸망까지 예언하는 책망을 들어야만 했습니다.

아몬 왕이 깨달음이 있었을까요? 우상을 버리고 하나님께로 돌아왔을까요? 남유다 제15대 왕은 아몬으로 왕위에 오를 때 이십이 세였고, 예루살렘에서 이 년을 통치했습니다. 슬프게도 아몬 왕은 종교적인 문제에 있어서 아버지를 그대로 답습했습니다. 므낫세보다 더욱 악하게 범죄했습니다. 어떤 면에서 더욱 악했을까요?

아버지 므낫세는 오십오 년 동안 통치하면서 우상을 숭배하다가 앗수르에 포로로 끌려갔었습니다. 앗수르 나라에서 포로 생활을 하면서 하나님 앞에 회개했습니다. 그리고 진심으로 하나님께로 돌아왔습니다.

그런데 므낫세 왕이 오십오 년을 통치한 것에 비해서 짧은 기간, 아몬 왕은 겨우 이 년을 통치하면서 우상을 숭배한 것이 더욱 악함을 증명하는 일이었습니다. 왕위에 즉위하여 겨우 이 년 정도 통치했지만 하나님께로 돌아간 것이 아니라 우상에게 마음을 쏟아 바쳤습니다. 그것이 더욱 악하다고 평가하게 되었습니다.

아몬 왕의 어머니는 므술레멧이며 욧바 하루스의 딸이었습니다. 남유다 왕을 소개할 때는 반드시 어머니를 언급합니다. 북이스라엘의 왕들과는 달리 어머니를 언급하는 것은 다윗의 혈통을 이어받은 남유다 왕조의 정통성과 연속성에 대한 관심 때문입니다.

어머니의 이름은 므술레멧으로 '보상하다, 화평하다, 평화롭다' 라는 뜻입니다. 어머니의 아버지는 하루스로 '부지런함, 금' 이라는 뜻입니다. 이름들은 정말 아름답습니다. 뜻도 깊고 의미도 있습니다. 그러나 허울 좋은 이름뿐입니다. 실제적으로 이름에 걸맞는 사람이 별로 없습니다.

그래서 남유다 왕 아몬의 통치에 대한 기본적인 평가가 무엇입니까? 아몬이 아버지 므낫세의 행함같이 여호와 보시기에 악을 행했으니다. 더욱 악을 행했습니다. 이것이 그에 대한 하나님의 평가였습니다. 여러분은 하나님의 평가가 있을 때 칭찬과 영광이 있기를 바랍니다.

아버지 므낫세가 행한 모든 악한 길로 행하여 아버지가 섬기던 우상을 섬겨 경배했습니다. '아버지가 행한 모든 악한 길로 행하여.' 이 말씀이 아몬 왕에 대한 평가입니다. 전체적인 면에서 부정적인 평가입니다. 하나님과의 관계와 종교적인 평가가 기준선입니다. 성경은 구원 역사 속에서 기록한 책이기 때문에 직업이 무엇인지, 무슨 공로가 있는지 등 그런 것에는 관심을 두지 않습니다. 북이스라엘 왕들에게는 '여로보암이 행함같이', 아몬에게는 '므낫세가 행함같이' 똑같은 평가 기준입니다.

결론적으로는 22절에 "그의 조상들의 하나님 여호와를 버리고 그 길로 행하지 아니하더니"라고 했습니다. 여로보암의 길과는 대조되는 여호와의 길입니다. 사람의 행위와 활동에 대한 윤리적이고 종교적인 노선을 말합니다. 시편 1편에서는 의인의 길과 악인의 길을 대조하듯 열왕기서에도 대조하고 있습니다. 부모가 그릇된 길로 걷더니 아들도 그대로 답습했습니다. 이것이 부모의 책임입니다.

이제 새벽을 깨우는 성도가 됩시다. 후손들도 새벽을 깨우게 될 것입니다. 하나님은 그런 자의 기도에 응답해 주십니다.

2. 반란과 처벌

아몬 왕의 신복들이 반란을 일으켜 왕을 궁중에서 살해했습니다. 왜 죽였는지를 밝히고 있지 않고 반란으로 죽었음을 언급했습니다. 아몬 왕이 신복, 종들에 의해서 살해되었습니다. 신하들의 손에 의해서 죽임을 당했습니다. 여러 가지 학설이 있지만 아몬 왕이 하나님을 거역하고 우상을 숭배하다가 하나님의 징벌, 심판을 받아 살해된 것으로 보입니다.

재위 이 년만에 반란군에 의해서 살해당했습니다. 반란은 '끈으로 서로를 묶는다'는 의미입니다. 다윗과 요나단은 우정으로 굳게 묶인 관계이지만, 아몬 왕을 살해할 때는 반란군들이 굳은 결심으로 목숨을 걸고 거사를 진행했다는 뜻입니다. 아몬 왕은 비참한 최후를 맞이하게 된 것입니다.

반란군들은 어떻게 되었을까요? 남유다 나라에서 일어난 사건이기 때문에 깊이 생각해 보아야 할 것입니다. 남유다 국민이 아몬 왕을 반역한 사람들을 다 죽였습니다. 국민이란 '그 땅의 백성'이라는 뜻입니다. 단순한 백성이 아니라 바알의 신전과 우상을 훼파하던 열렬한 여호와 하나님을 믿는 신앙을 가진 사람들을 말합니다.

여호야다 대제사장 때 아달랴 왕후를 몰아내고 아하스 왕을 옹립하던 유다 각처에서 모여든 믿음의 사람들과 같은 사람들입니다. 남유다 나라에서 신실하게 여호와를 섬기는 사람들이거나 다윗과의 언약을 기억하면서 경건하게 살고 있는 믿음의 용사들입니다.

전국에서 믿음의 용사들이 모여서 반란군을 제압하고 그리고 아몬 왕의 아들 요시야를 왕으로 삼았습니다. 그나마 천만다행한 일입니다. 요시야가 왕이 된 것은 은혜 중의 은혜입니다. 기적 중의 기적일 것입니다. 하나님이 남유다를 버리지 않으셨기 때문입니다.

이것은 과거에 하나님께서 다윗과의 언약 때문에 여전히 남유다를 보호하시고 인도하시기 때문에 다윗의 후손 중에 요시야가 왕이 된 것입니다. 정말 놀라운 기적입니다. 하나님의 역사는 항상 그렇습니다. 꺼져가는 등불을 끄지 않으시고 상한 갈대도 꺾지 않으시는 분입니다.

요시야 왕이 나이는 어리지만 다윗 가문의 후손으로서 다윗 왕국의 정통성을 이을 수 있는 인물이었습니다. 그러므로 그 국민은 여호와 중심적이고 언약 중심적인 신앙인들이었음을 알 수 있습니다. 신앙은 항상 정통성과 역사성을 가져야 합니다. 물론 보편성과 사도성도 갖추어야겠지요.

요시야 왕은 선한 왕이었습니다. 팔 세에 왕위에 올랐지만 하나님으로부터 칭찬을 받은 왕입니다. 아마도 어린 나이였기 때문에 아버지 영향을 덜 받은 것으로 보입니다. 여호와 중심적이고 다윗과의 언약 중심적인 신앙의 인물들이 협력하고 좋은 영향을 끼친 것으로 평가합니다. 어려서부터 여호와를 사랑하고 의지하는 신앙 교육을 받은 점이 역대하 34장 1-7절에 드러나고 있습니다.

"요시야가 왕위에 오를 때에 나이가 팔 세라 예루살렘에서 삼십일 년 동안 다스리며 여호와 보시기에 정직하게 행하여 그의 조상 다윗의 길로 걸으며 좌우로 치우치지 아니하고 아직도 어렸을 때 곧 왕위에 있은 지 팔년에 그의 조상 다윗의 하나님을 비로소 찾고 제십이년에 유다와 예루살렘을 비로소 정결하게 하여 그 산당들과 아세라 목상들과 아로새긴 우상들과 부어 만든 우상들을 제거하여 버리매 … 모든 태양상을 찍고 예루살렘으로 돌아왔더라"라고 했습니다.

사람은 주변 사람들이 중요합니다. 돕는 자도 중요하고 믿음 있는 사람들이 주변에 있을 때 나도 믿음이 좋아질 수 있습니다. 나태하고 게으르고 세속적인 사람이 주변에 있으면 물들어버리는 경우가 많습니다. 여러분은 다른 사람의 믿음에 좋은 영향을 끼치는 성도가 되기 바랍니다.

3. 아몬의 행적

아몬 왕이 행한 남은 사적은 유다 왕조실록에 기록되었습니다. 아몬 왕이 일반적으로 행한 일들은 왕조실록에 기록되어 있습니다. 지금으로 말하면 대통령 기록물이라고 표현할 수 있겠지요.

아몬 왕의 죽음과 아들 요시야의 즉위입니다. 저자는 왕의 '즉위 공식'과 '죽음 공식'을 적용하고 있습니다. 인간은 누구나 태어났다가 돌아가는 시간이 있습니다. 죽음이 눈앞에 다가오기 전에 하나님 앞에 성실하고 정직해야 할 것입니다. 사람에게 한 번 죽는 것은 정해진 것이 요 그 후에는 심판이 있으리라.

아몬 왕이 웃시야의 동산에 장사되었습니다. 웃시야 왕은 제사장만 드릴 수 있는 제사 행위를 하다가 심판을 받아 평생 나병 환자로 살았습니다. 죽어서도 유다의 왕들이 묻힌 묘지에 장사하지 않고 격리된 곳에 장사지냈습니다. 그런데 아몬 왕도 웃시야의 동산에 묻혔습니다.

사랑하는 여러분! 믿음 생활을 영적으로 잘하는 사람에게는 살아서도 영광이지만 죽어서도 영광입니다. 그런데 믿음이 없어서 늘 시험에 들고 부정적이고 비판적인 사람은 살았을 때도 아무 존재도 아니고 죽어서도 영광스럽지 못한 법입니다.

그래서 집사 일을 잘한 자들은 믿음의 큰 담력과 아름다운 지위를 차지한다고 가르쳐 준 것입니다. 여러분은 믿음이 있습니까? 성숙한 믿음의 사람이 되기를 바랍니다. 큰 믿음을 주옵소서! 강하고 담대한 믿음의 사람이 되게 하옵소서!

그 아들 요시야가 대신하여 남유다 제16대 왕이 되었습니다. 요시야는 '여호와께서 기초를 놓으신다'라는 뜻입니다. 아버지 아몬 왕은 스물네 살에 살해 당했습니다. 요시야 왕은 아몬 왕이 십육 세 때에 태어난 아들입니다. 어려서부터 경건한 사람들 아래서 하나님을 경외하고 사랑하며 의지하는 법을 배운 것으로 보입니다. 훗날 성전을 보수하다가 율법책을 발견하고 종교개혁을 주도했던 남유다 나라의 위대한 믿음의 사람입니다.

진리는 적극적으로 가르쳐야 깨닫게 됩니다. 요시야 왕은 경건한 사람들이 열심히 가르쳤습니다. 그 결과 남유다 나라를 정금과 같이 빛나게 만든 왕이 되었습니다. 여러분은 세상을 다 살고 떠날 때 어떤 발자취를 남기겠습니까? 돈을 쌓아놓은 발자취? 아니면 공부를 잘해서 세워놓은 학문의 발자취? 다 중요하지만 믿음의 발자취를 남길 수 있기를 바랍니다.

제73강
열왕기하 22장 1-11절

요시야와 여호와의 성전

이스라엘이 남유다와 북이스라엘로 분열되었습니다. 북방 이스라엘은 여로보암 1세로부터 시작하여 앗수르에 의해 멸망 받기까지 정직하거나 의로운 왕이 한 사람도 없었습니다.

여러 왕들이 어떻게 했습니까? 벧엘과 단에 금송아지 우상을 만들고 그것을 섬겼습니다. 레위인이 아닌 일반 사람으로 제사장을 삼았습니다. 하나님께서 정해 주신 절기도 자기들 마음대로 변경했습니다. 예루살렘 성전을 찾지 못하게 국경을 봉쇄했습니다. 이런 것들을 추종했던 모든 왕들과 북이스라엘 백성들은 연약했던 남유다보다 훨씬 일찍 멸망했습니다.

1. 요시야 왕의 통치

요시야 왕은 남유다의 제16대 왕입니다. 요시야 왕은 북이스라엘의 열아홉 명의 왕들과 무엇이 달랐을까요? 또 남방의 여러 왕들과 어떤 면이 달랐을까요? 요시야 왕은 히스기야 왕과 더불어 선한 왕으로 평가받고 있습니다.

남유다 왕들을 보면 긍정적인 평가를 받은 왕이 있는 반면, 부분적으로 긍정적인 왕과 부정적인 평가를 받은 왕으로 구분할 수 있습니다. 긍정적인 평가를 받은 히스기야 왕과 요시야 왕에 대해서는 다른 왕보다 길게 기록하고 있음을 발견하게 됩니다.

요시야 왕은 아몬 왕의 뒤를 이어 B.C. 640년에 즉위하여 B.C. 609년까지 통치한 왕입니다. 요시야가 왕위에 오를 때 나이가 팔 세였고 예루살렘에서 삼십일 년을 통치했습니다. 요시야 왕이 남유다를 통치할 때는 초강대국 앗수르가 쇠퇴할 때이고 메대와 바벨론 나라가 급부상할 때였습니다. 국제 정세가 비교적 안정적일 때 요시야 왕은 종교개혁을 힘있게 단행할 수 있었습니다.

요시야라는 이름은 '여호와께서 기초를 놓는다' 라는 뜻입니다. 아버지 아몬 왕이 스물네 살 때 살해 당했고, 당시 요시야는 여덟 살에 불과했습니다. 어린 나이에 왕위에 올랐기 때문에 아하스 왕이 여호야다 제사장의 도움을 받아 통치했던 것처럼 요시야 왕도 주변 인물들의 도움을 받아 통치했습니다.

스바냐 선지자가 우상 종교를 심판하는 예언을 했습니다. 스바냐 선지자는 왕족으로 요시야 왕의 조카뻘이지만 요시야 왕보다 연상이었기 때문에 많은 도움을 주었을 것으로 추측하게 됩니다.

어머니의 이름은 여디다이며 보스갓 아다야의 딸이었습니다. 어머니를 밝히는 이유는 다윗의 정통적인 혈통을 밝힘으로써 정체성을 드러내고 있는 것입니다. 여디다는 '사랑을 입다, 사랑스럽다' 라는 뜻으로 사랑하는 자 혹은 사랑스러운 자입니다. 여러분도 하나님 보시기에 사랑스럽고 다른 사람들이 볼 때도 사랑스러운 성도가 되기 바랍니다.

요시야 왕이 여호와 보시기에 정직히 행하여 조상 다윗의 모든 길로 행하고 좌우로 치우치지 않았습니다. 요시야 왕은 여호와 하나님이 보실 때 정직한 왕이었습니다. 이렇게 정직했던 왕들이 누구였습니까? 제3대 왕 아사, 제4대 왕 여호사밧, 제8대 왕 요아스, 제9대 왕 아마샤, 제10대 왕 아사랴, 제11대 왕 요담, 제13대 왕 히스기야 등등입니

다. 북방 이스라엘은 열아홉 명의 왕 중에 한 사람도 없었는데 남유다
에는 그래도 여러 왕들이 하나님 앞에 정직하게 행했습니다.

하나님의 평가 기준은 공로나 업적 중심이 아닙니다. 순전히 종교적
이고 윤리적인 입장입니다. 그것은 구속사, 구원 역사적인 입장에서 성
경을 기록해 주고 있기 때문입니다. 요시야 왕이 정직할 때 다른 왕들
과 다른 점이 무엇이었을까요? 하나님의 성전을 수리한 것과 하나님의
율법책을 발견하고 회개한 점입니다. 요시야 왕은 남유다 백성들이 하
나님과의 언약 관계를 회복하도록 헌신했습니다. 여러분은 하나님과
어떤 관계에 있습니까?

요시야 왕은 다윗의 길로 행했습니다. 극진한 찬사입니다. 최고의
영광이요 칭찬입니다. 다른 왕들은 여로보암 1세를 닮았는데 요시야 왕
은 다윗을 닮았습니다. 남유다 왕들 중에 다윗의 길로 행한 사람은 '아
사, 히스기야, 요시야' 뿐입니다.

좌우로 치우치지 않았습니다. 왼쪽이나 오른쪽이 아니라 하나님의
말씀이 기준이었습니다. 믿음의 기준도 하나님의 말씀, 삶의 기준도 하
나님의 말씀, 생각이나 말의 기준도 하나님의 말씀이었습니다.

요시야 왕이 이렇게 종교개혁을 할 수 있었던 이유는 당시 공의와
심판을 외치면서 활동한 나훔 선지자, 우상숭배를 질타하며 심판과 구
원을 선포한 스바냐 선지자, 눈물의 선지자 예레미야, 오직 의인은 믿
음으로 살리라고 외친 하박국 선지자가 활동하면서 도왔기 때문입니
다. 요시야 왕은 정말 하나님 중심적인 신정 정치, 신정 국가를 만들어
갔습니다. 여러분도 사람이 아닌 하나님이 통치하는 가정과 교회로 세
워가십시오.

2. 성전 보수

요시야 왕이 왕위에 오른 지 열여덟째 해에 므술람의 손자 아살리야

의 아들 서기관 사반을 성전에 보냈습니다. 요시야 왕이 왕위에 오른 지 팔 년째 되던 해에 다윗의 하나님을 구하였습니다. 열두 해가 되던 해에 우상을 제거했습니다. 열여덟째 해가 되어서 여호와의 성전을 보수하기 위해서 보낸 것입니다. 요시야 왕의 생애에서 가장 빛나는 공로는 성전 공사라고 할 수 있습니다. 요시야 왕은 종교개혁을 단계적으로 시작했음을 알 수 있습니다.

요시야 왕은 대제사장 힐기야가 성전 보수 중에 발견한 율법책을 왕 앞에서 낭독하게 하였으며, 여선지자 훌다의 예언과 언약 갱신을 위하여 백성들 앞에서 율법책을 낭독하게 하고 우상을 타파한 것은 모든 종교개혁이 연결되어 있음을 알 수 있습니다.

성전 보수를 위하여 일을 시작한 것은 요시야 왕이 이십육 세쯤 되었을 때입니다. 서기관 사반은 왕실의 공문서 작성과 보관을 위한 중요한 직분자였습니다. 사반과 마아세아 그리고 요아는 요시야의 종교개혁을 함께 이끈 지도자들이었습니다.

사반으로 하여금 대제사장 힐기야에게 올라가서 백성이 여호와의 전에 드린 은 곧 문지기가 수납한 은을 계수하라고 지시했습니다. 성전이나 국가적인 재정을 맡길 정도로 신임을 받은 사람이 사반입니다. 힐기야는 '여호와의 분깃'이라는 신앙적인 이름을 가진 사람입니다. 여기서 힐기야는 사독 계열의 제사장으로서 살룸의 아들로 에스라 족보에 나오는 사람으로 추정합니다.

힐기야 제사장이 할 일은 계수한 은을 성전 공사 감독관에게 맡기면 그 감독관이 각 담당자에게 나누어주어 파손된 곳을 수리하게 하는 일이었습니다. 담당자는 목수와 건축자와 미장이에게 은을 주어 나무와 돌을 사서 성전을 수리하도록 하는 사람입니다.

일반적으로 성전 보수 작업은 제사장이 하는 일이지만 요시야 왕은 왕이 직접 지시했습니다. 왜 그랬을까요? 지금까지 아달랴가 바알을 숭배하고, 아하스 왕이 몰렉 신을 숭배할 정도로 영적으로 타락해서 제사장들이 힘을 잃고 영향력을 상실했기 때문이라고 분석합니다.

은에 대해서는 세 가지입니다. 사람이 통용하는 은, 각 사람의 몸값으로 드리는 은, 자원하여 여호와의 전에 드리는 은 등으로 구분할 수 있습니다. 이렇게 바쳐진 헌금을 계수하여 성전을 보수하게 했습니다. 성전을 지키는 일은 본래 레위인의 임무였으며 약 4천 명 정도가 있었습니다. 24반열로 구성되어 돌아가며 성전을 지켰습니다. 하나님의 임재의 상징인 성전을 거룩하게 보전해야 하기 때문이었습니다.

특이한 점을 발견하게 됩니다. 일꾼들이 정직히 행하였기에 그들에게 준 은에 대하여 회계하지 않았습니다. 정말 놀라운 일입니다. 목수나 석수 그리고 미장이에게 지급한 돈에 대하여 계수하지 않았습니다. 회계 감사도 하지 않았습니다. 모두가 하나님 앞에 정직하고 신실했기 때문입니다.

갈라진 틈이나 파괴된 곳이나 부서지고 깨진 것을 다 수리했습니다. 레위인도 회계에 대한 감사를 하지 않았고, 요시야 왕도 회계에 대한 감사를 하지 않았습니다. 이것이 성령이 충만한 아름다운 신정 정치, 신정 국가가 아니겠습니까? 요시야 왕의 영적인 힘과 당시의 레위인들, 제사장들의 영적인 각성이 있었기 때문입니다.

3. 요시야 왕과 사반의 보고

고대인들은 양피지에 문서를 기록하여 두루마리 형태로 보관하였습니다. 하나님의 성전을 보수하다가 대제사장 힐기야가 율법책을 발견하고 사반이 확인했습니다. 모세오경의 발견입니다. 역사가 요세푸스나 유대인들도 모세오경이라고 믿고 있습니다.

율법책을 어디서 발견한 것인가? 역대하 34장 14절에 "무리가 여호와의 전에 헌금한 돈을 꺼낼 때에 제사장 힐기야가 모세가 전한 여호와의 율법책을 발견하고"라고 했습니다. 연보궤 앞에서 발견한 것으로 보입니다. 이 율법책은 언약궤 옆에 두었던 성전 비치용 율법서로서 제사장들이 사용했던 책이었습니다(신31:26).

므낫세 왕이나 아몬 왕이 우상을 숭배하니까 누군가가 하나님의 율법책, 모세 오경의 훼손을 막기 위하여 연보궤 옆에 숨겨 놓은 것으로 보입니다. 사반이 힐기야로부터 넘겨받자마자 읽었습니다. 소리내어 읽고 또 읽었습니다. 유대인들의 전통입니다.

서기관 사반이 왕에게 들어가 왕의 명령대로 성전의 은을 계수하여 성전 감독관에게 주었음을 보고했습니다. 성전 중수를 위한 재원 관리와 왕의 명령대로 제사장 힐기야에게 성전을 수리하고 지시한 내용을 사반이 보고했습니다.

또 서기관 사반은 돈에 대한 이야기의 보고가 아니라 요시야 왕에게 제사장 힐기야가 준 율법책을 보이면서 왕 앞에서 율법책을 읽었습니다. 왜 그랬을까요? 헌금보다 중요한 것이 율법책입니다. 하나님의 말씀, 하나님의 음성이었기 때문입니다.

모세오경 중 어떤 내용을 읽었는지 모릅니다. 창세기, 출애굽기, 레위기, 민수기, 신명기 중에서 어떤 책인지 어떤 내용을 읽었는지 모릅니다. 다만 왕의 반응을 봅시다. 요시야 왕이 율법책의 말씀을 듣고 그 옷을 찢었습니다. 그리고 회개했습니다. 이것이 요시야 왕의 자세입니다. 신명기 28장일지도 모릅니다. 하나님을 가까이 하면 복을 받고 멀리하면 저주와 심판이 있다는 내용일 수도 있습니다.

여러분은 하나님의 말씀을 들으면 어떤 반응을 보이는 사람입니까? 그리고 어떤 자세를 취합니까? 예레미야 선지자가 하나님의 말씀을 전했을 때 여호야김 왕은 두루마리를 칼로 베어 화롯불에 태워버렸습니다. 그러나 요시야 왕은 사반이 여호와의 율법을 낭독할 때 왕복을 찢고 회개했습니다. 눈물로 받았습니다. 사랑하는 성도들이여! 좋은 밭이 됩시다.

제74강
열왕기하 22장 12-20절

요시야 왕과 훌다 선지자

전반부에서는 남유다의 제16대 왕 요시야가 하나님 앞에 정직할 뿐만 아니라 선한 통치를 한 내용입니다. 왕위에 오른 지 십팔 년만에 성전을 보수하고 율법책을 발견하였으며, 사반이 율법책을 읽을 때 요시야 왕이 옷을 찢고 회개를 하였습니다. 그 다음에 무슨 일이 발생했을까요?

1. 율법책과 요시야 왕

요시야 왕이 제사장 힐기야와 사반의 아들 아히감과 미가야의 아들 악볼과 서기관 사반과 시종 아사야에게 자신과 백성과 온 유다를 위하여 발견한 율법책의 말씀에 관하여 여호와께 물으라고 명령했습니다. 요시야 왕이 보낸 사신들의 이름을 보면 먼저 율법책을 발견한 힐기야가 나오고 다음으로 사반의 아들 아히감이 나옵니다. 그 다음은 악볼인데 '들쥐' 라는 뜻입니다. 사반이 '너구리', 훌다가 '두더지' 입니다. 동물 이름을 가지고 사람의 이름을 지었던 시대로 보여집니다.

미가야는 '누가 여호와와 같은가?' 라는 뜻이고, 아사야는 '여호와께서 만드셨다' 라는 의미입니다. 시종은 왕의 종과 같이 수종드는 사람입니다. 다섯 명의 대신들을 보내면서 '너희는 가서 물으라' 라고 명령했습니다. 무엇을 물을까요? 율법책을 볼 때 남유다 나라가 하나님의 뜻과는 거리가 먼 나라였는데 앞으로 어떻게 될 것인지를 물으라는 명령입니다. '나와 백성과 유다를 위하여' 물으라.

율법책을 발견하고 그 내용을 들은 요시야 왕은 하나님 앞에 겸손해졌습니다. 이스라엘의 역사를 보면 모세 이후로부터 사사 시대까지 제사장이 하나님의 뜻을 물을 때 우림과 둠밈을 가지고 물었습니다. 왕정 시대 이후로는 주로 선지자가 여호와의 뜻을 물었습니다.

요시야 왕도 율법책의 내용을 안 다음에는 남유다와 자신 그리고 백성에 대한 하나님의 진노에 대하여 묻도록 지시한 것입니다. '이 책의 말씀대로 우리 조상들이 섬기지 않았으므로', 과거로부터 지금까지 그리고 앞으로도 하나님의 진노와 재앙과 심판이 임할 것을 알고 있었기 때문에 물은 것입니다.

당시 예레미야나 스바냐 같은 선지자가 활동하고 있었지만 사신들이 여선지자 훌다를 찾아가 남유다 나라와 요시야 왕과 백성을 위하여 하나님의 진노를 묻게 되었습니다. 예레미야는 베냐민 지파 출신이고, 스바냐는 시므온 지파 출신이다 보니까 예루살렘에 있지 않아 가까운 데 있는 여선지자 훌다에게 물은 것으로 보입니다.

또 조상들이 율법책의 말씀을 듣지 않고 자신들을 위해 기록된 모든 것을 준행하지 않으므로 여호와께서 발하신 진노가 크다고 말했습니다.

2. 대신과 훌다

다섯 명 대신들이 사신으로서 여선지자 훌다에게로 갔습니다. 훌다는 할하스의 손자 디과의 아들로서 예복 담당관인 살룸의 아내이며, 예루살렘 둘째 구역에 거하였습니다. 훌다의 남편은 살룸으로 예복을 주관하는 사람 즉, 제사장의 옷을 관리하는 사람이었습니다.

훌다가 거주하는 지역도 소개했습니다. 둘째 구역은 어느 지역일까? 다윗 시대까지 거슬러 올라가야 합니다. 다윗 왕은 통일 왕국의 왕으로서 여부스로부터 예루살렘을 빼앗고 새 수도를 예루살렘으로 정했습니다. 밀로에서부터 안으로 성을 쌓았습니다. 그후 히스기야 왕이 예루살렘의 퇴락한 곳을 중수하고 밀로를 견고하게 했습니다. 히스기야 왕 때 다른 성벽을 세웠는데 인구의 증가로 생겨난 문제였고 다윗 때 건설한 예루살렘이 첫째 구역, 히스기야 시대 때 새롭게 확장한 예루살렘 지역을 둘째 구역이라고 불렀습니다. 혹은 낮은 지역이라고 부르기도 했습니다.

요시야 왕이 파송한 사신들이 훌다와 함께 이야기를 나누었습니다. 남유다 전체에 대한 하나님의 진노의 말씀과 요시야 왕 개인의 미래에 대한 하나님의 말씀을 전달하게 되었습니다. 훌다는 대언자에 불과합니다. 말씀하시는 분은 하나님이십니다. 훌다가 하나님의 말씀을 전할 때 분명하게 전해야 하는 것처럼 사신들도 잘 듣고 요시야 왕에게 전달해야 하는 책임이 있는 사람들이었습니다.

훌다가 사신들을 보낸 남유다 왕 요시야에게 고할 여호와의 말씀을 시작했습니다. 예언하는 주체가 사람이 아니라 하나님이십니다. 남유다의 운명에 관한 말씀이었습니다. 메시지의 출처가 여호와 하나님이십니다. 이것은 예언의 성취의 확실성과 예언의 권위를 나타내는 말씀입니다. 예언의 주체가 하나님이시고 재앙을 내리실 분도 하나님이십니다.

여호와께서 남유다와 그 거민에게 유다 왕의 읽은 책의 모든 말대로 재앙을 내릴 것이라고 했습니다. 이미 남유다에 내리셨지만 앞으로도 내리실 것이라는 예언입니다. 불순종하는 자에게는 항상 하나님의 진노와 재앙이 뒤따르게 되어 있습니다.

그 이유가 무엇입니까? 왜 남유다에게 하나님은 재앙을 내리시는 것입니까? 왜냐하면 남유다 백성이 여호와를 버리고 다른 신에게 분향하며 그 손의 모든 행위로 여호와의 진노를 격발했기 때문입니다.

하나님을 버리고 우상을 숭배했기 때문입니다. 언약 백성으로서 언약을 어겼기 때문이지요. 남유다 백성들이 하나님의 마음에 분노와 고통과 슬픔을 안겨주었기 때문입니다. 모세를 통하여 율법을 주었지만 그 율법대로 순종하지 않았습니다. 언약을 깨뜨렸습니다.

그러므로 남유다를 향한 여호와의 진노가 꺼지지 않을 것입니다. 남유다의 왕과 백성이 하나님을 버리고 우상을 숭배하여 하나님을 화나게 만들었으니 진노가 임하지 않겠습니까?

회개하고 돌아오기를 얼마나 많이 외치셨습니까? 그리고 많은 선지자들을 통하여 하나님이 살아 계신 분, 하나님의 말씀이 생명과 능력의 말씀인 것과 그 선지자들이 하나님이 보낸 사람이라는 것을 여러 번 증거했습니다. 그러나 회개하지 않았습니다. 그러므로 하나님의 진노가 임하게 된 것입니다.

3. 훌다 선지자와 요시야 왕

요시야 왕에게 고할 또 다른 여호와의 말씀을 말하기 시작했습니다. 요시야 왕 개인에게 주시는 말씀입니다.

먼저 하나님께서 모세로 기록하게 한 모세오경의 말씀을 사반이 요시야 왕 앞에서 읽었을 때 요시야가 율법책에서 들은 말씀을 수용했습니다. 받아들였습니다. 수긍하고 인정했습니다. 이 자세가 말씀을 듣는 자의 자세입니다. 남유다에 계속적으로 하나님의 진노가 임하고 있음을 깨닫게 된 것입니다.

요시야가 율법책의 말씀을 듣고 여호와 앞에서 회개하고 옷을 찢고 통곡하였으므로 여호와께서도 그의 말 즉 그의 기도를 들어주겠다고 말씀하셨습니다. 요시야 왕의 태도에 감동하신 하나님이십니다. 요시야 왕이 살아 있는 동안에는 진노를 내리지 않겠다는 약속입니다.

만약 요시야 왕이 서기관 사반이 율법책을 읽을 때 '내가 왕인데' 이런 마음으로 비판을 했다든지 부정을 했다든지 '그만해라 그만해' 라고 고함을 쳤다면 하나님의 자비와 긍휼과 용서는 내리지 않았을 것입니다.

하나님께서는 요시야 왕이 죽어서 평안히 묻힐 것이고, 여호와께서 남유다 땅에 내릴 재앙을 그가 보지 않을 것이라고 약속하셨습니다. 이 얼마나 큰 복입니까? 얼마나 큰 은혜입니까? 율법책을 읽을 때 하나님의 음성을 들었습니다. 옷을 찢었습니다. 통곡하며 회개했습니다. 하나님께서 요시야 왕의 눈물을 보셨습니다. 겸손한 마음으로 회개하는 것도 보셨습니다.

요시야 왕이 하나님의 말씀을 들었을 때 하나님도 요시야 왕의 말을 들었습니다. '나도 네 말을 들었노라.' 인간이 하나님의 말씀을 듣고 하나님은 인간의 말을 듣는 것, 이것이 기도의 법칙일 것입니다.

요한계시록 3장 10절에 "네가 나의 인내의 말씀을 지켰은즉 내가 또한 너를 지켜 시험의 때를 면하게 하리니 이는 장차 온 세상에 임하여 땅에 거하는 자들을 시험할 때라"라고 했습니다. 하나님은 보상하시는 하나님이십니다. 대가를 지불하십니다. 우리가 선악간에 행한 대로 갚아주시는 원리도 있습니다. 우리가 하나님의 말씀을 귀담아 들을 때 하나님도 내 말을 들으십니다.

훗날 남유다가 다른 나라의 침공을 받아 황폐하게 될 것을 들었습니다. 놀랄 정도로 텅 빈 곳이 될 것입니다. 하나님의 엄정한 심판에 대해 요시야 왕은 회개밖에는 다른 방법이 없었습니다. 빈터가 된다는 말씀에 어찌 놀라지 않겠습니까?

요시야 왕의 마음이 겸비해졌습니다. 하나님의 말씀을 들은 자의 변화입니다. 하나님 앞에 한없이 약하고 두려워했던 요시야 왕입니다. 그래서 하나님의 자비만 바라보게 된 것입니다. 요시야 왕은 하나님의 긍휼과 용서만 기다렸습니다. 내적으로는 겸손한 마음입니다. 외적으로는 옷을 찢습니다. 통곡합니다. 슬퍼했습니다. 고통스러워했습니다. 남유다의 역사를 생각하면서 너무나 송구스럽고 죄스러웠습니다.

사신들이 이 모든 여호와의 말씀을 듣고 요시야 왕에게 가서 그 말씀을 전했습니다. 요시야 왕은 여선지자 훌다의 말, 사신들이 가감없이 전해 준 말씀을 듣고 통곡했습니다. 회개했습니다. 그리고 겸손해졌습니다.

하나님의 응답이 있습니다. '나를 보라.' 요시야 왕을 위하여 하나님이 행하시는 일을 주목하여 보라. '너로 열조로 평안하게 돌아가게 하리라.' 아브라함과 이삭과 야곱과 요셉과 다윗과 솔로몬과 같은 열조에게로 평안히 돌아가리라. 큰 축복입니다.

'남유다 나라가 멸망하는 참상을 보지 않을 것이다.' 왕으로서 나라가 망하는 것을 본다는 것이 얼마나 불행한 일입니까? 남유다의 마지막 왕은 시드기야입니다. 바벨론이 침공하여 남유다가 멸망 당하는 장면을 다 보았습니다. 예루살렘 성이 함락되고 성전이 불타는 것도 보았습니다. 왕자들 곧 자기의 아들들이 처형 당하는 것도 목격했습니다. 그리고 자기의 두 눈이 뽑히고 쇠사슬에 결박되어 바벨론으로 끌려갔습니다.

요시야 왕은 율법책의 말씀을 듣고 열조의 죄와 자기의 죄 그리고 백성들의 죄를 뉘우치며 통곡하고 회개하여서 나라의 참담한 광경을 보지 않게 되었습니다. 이것이 복이 아닙니까? 회개하는 자의 복입니다. 그러므로 진정한 종교개혁은 외적인 것이 아니라 말씀을 듣고 회개하는 데서부터 시작하는 것입니다. 우리 모두 성경 말씀으로 돌아갑시다.

제75강
열왕기하 23장 1-7절

요시야 왕의 종교개혁 ⑴

여러분은 16세기에 일어났던 종교개혁을 아십니까? 종교개혁의 위대한 유산들을 정리해 보면, '오직 은혜, 오직 성경, 오직 믿음, 오직 예수, 오직 하나님께 영광'과 같은 신앙적인 유산들입니다.

종교개혁은 16세기에만 있었던 것이 아니라 요시야 왕과 같은 이들이 이미 오래 전부터 시작했던 신앙 운동입니다. 요시야 왕은 어떤 면에서 종교개혁을 실현하였는가? 여러분도 스스로 종교개혁을 일으켜서 영육간에 살아 움직이는 그리스도인들이 되기를 바랍니다.

1. 왕과 백성

북이스라엘이 앗수르에 의해서 멸망 받았을 때 남유다에는 제13대 왕 히스기야로부터 제20대 왕 시드기야까지 총 여덟 명의 왕이 더 통치했습니다. 그 가운데 제16대 왕이 요시야 왕입니다. 요시야 왕에 대해서는 22장 1절부터 23장 30절까지 길게 기록했습니다. 그 이유가 무엇이겠습니까? 종교개혁과 관련이 많습니다. 종교개혁을 하여 하나님의 심판을 유보시킬 수 있었습니다. 새로운 회개의 기회를 만들어 하나님의 뜻대로 사는 삶이 있었습니다.

요시야 왕과 남유다 백성들이 다 여호와의 성전에 모였습니다. 요시야 왕은 유다와 예루살렘에 있는 모든 장로들을 여호와의 성전으로 불러 모았습니다. 백성의 지도자들을 소집한 것입니다. 유다의 모든 사람과 예루살렘의 주민과 제사장들과 선지자들과 모든 백성이 남녀노소를 막론하고 다 왕과 함께했습니다.

이것이 아주 위대한 일입니다. 히브리서 10장 24-25절을 봅시다. "서로 돌아보아 사랑과 선행을 격려하며 모이기를 폐하는 어떤 사람들의 습관과 같이 하지 말고 오직 권하여 그 날이 가까움을 볼수록 더욱 그리하자"라고 했습니다.

초대 교회를 봅시다. 사도행전 사건을 기억합니다. 사도행전 2장 46절에 "날마다 마음을 같이하여 성전에 모이기를 힘쓰고 집에서 떡을 떼며 기쁨과 순전한 마음으로 음식을 먹고 하나님을 찬미하며 또 온 백성에게 칭송을 받으니 주께서 구원 받는 사람을 날마다 더하게 하시니라"라고 했습니다.

요시야 왕 시대나 초대 예루살렘 교회나 그리고 신약 초기의 교회들은 날마다 여호와의 성전에 모였습니다. 이 모임이 먹고 마시는 것보다는 믿음과 성령을 체험하게 되고 위대한 종교개혁을 이루게 되는 원동력이 된 것입니다.

요시야 왕 시대에 성전을 수리하다가 율법책을 발견했습니다. 그리고 훌다라는 여선지자의 예언이 요시야 왕의 마음을 움직였습니다. 남유다를 향한 하나님의 심판을 알고 있었기 때문입니다. 그래서 요시야 왕은 종교개혁을 결심하게 되었고 모든 장로와 제사장 그리고 백성들을 여호와의 성전으로 불러모은 것입니다.

본래 세례 교인의 첫 번째 의무, 임무가 무엇인지 아십니까? 교회의 모든 집회에 출석하는 것입니다. 이것이 가장 중요한 임무요 의무입니다. 요즘은 정말 철없는 교인들이 너무나 많은 세상입니다. 정말 바쁜 사람도 있지만 대부분은 핑계입니다. 불충성에 재미를 붙인 것이지요. 그것이 하나님 앞에서도 통할 수 있을까요?

주님 오실 때까지 모이기를 즐겨하기를 바랍니다. 예수님이 무슨 약속을 하셨지요? 마태복음 18장 19-20절에 "진실로 다시 너희에게 이르노니 너희 중의 두 사람이 땅에서 합심하여 무엇이든지 구하면 하늘에 계신 내 아버지께서 그들을 위하여 이루게 하시리라 두세 사람이 내 이름으로 모인 곳에는 나도 그들 중에 있느니라"라고 했습니다. 그래서 개인주의는 가짜 신앙인입니다. 진짜 신앙인은 교회 중심적인 신자입니다. 두세 사람이 모인 곳에 주님이 함께하시고, 오순절의 성령도 교회 위에 임하셨기 때문입니다.

2. 율법책과 언약 갱신

왜 요시야 왕은 여호와의 성전으로 모이게 했을까요? 하나님과 이스라엘 백성이 맺은 언약을 읽어 주거나 언약을 갱신하는 데 가장 적합한 장소가 성전이었기 때문입니다.

요시야 왕이 여호와의 성전 안에서 발견한 언약책의 모든 말씀을 읽어 무리로 듣게 하였습니다. 언약 갱신을 위하여 읽은 것입니다. 역사적으로 시내산 언약을 여호수아 시대에도 갱신했습니다.

여호수아 24장 1절에 "여호수아가 이스라엘 모든 지파를 세겜에 모으고 이스라엘 장로들과 그들의 수령들과 재판장들과 관리들을 부르매 그들이 하나님 앞에 나와 선지라"라고 했습니다. 언약 갱신을 위하여 선 것입니다.

또 솔로몬 왕이 여호와의 성전을 다 건축한 다음에 언약궤를 안치할 때도 백성들을 다 불러 모았습니다. 열왕기상 8장 1절에 "이에 솔로몬이 여호와의 언약궤를 다윗 성 곧 시온에서 메어 올리고자 하여 이스라엘 장로와 모든 지파의 우두 머리 곧 이스라엘 자손의 족장들을 예루살렘에 있는 자기에게로 소집하니"라고 했습니다.

요시야 왕이 기둥 곁에 서서 마음을 다하고 성품을 다하여 여호와를 순종하고 그 계명과 법도와 율례를 지키기로 다짐했습니다. 요시야 왕이 백성들이 들을 수 있도록 큰 소리로 낭독하고 율법대로 순종할 것을 다짐하는 내용입니다.

또 이로 말미암아 자신이 읽은 율법책의 언약의 말씀이 이루어지게 할 것임을 여호와 앞에서 언약을 했습니다. 율법과 언약이 하나입니다. 자꾸 신앙의 초보자들은 율법과 복음을 구분하고 구약과 신약을 구분합니다.

그리고 믿기만 하면 아무렇게나 살아도 되는 것처럼 주장합니다. 이것이 얼마나 위험한 사상입니까? 우리는 율법을 지켜야 구원받는다는 율법주의자가 아닙니다. 그렇다고 믿음만 필요하고 율법은 필요없다는 반율법주의자도 아닙니다. 믿음으로 구원받았으면 하나님을 사랑하여 율법과 계명을 지켜나갑니다.

요시야 왕이 율법책을 낭독하고 언약을 갱신할 때 모든 남유다 백성들이 그 언약을 따르기로 작정했습니다. 이것이 종교개혁입니다. 듣기만 하고 지키지 않는 것은 자기 자신을 자기가 속이는 것입니다. 인간은 참으로 어리석습니다. 자기가 자기를 속이니까요.

기독교의 언약은 쌍방간의 언약의 성격보다 일방적인 언약의 성격이 강하고 많이 나타납니다. 하나님께서 구원 사역을 위하여 인간에게 요구하는 사항들입니다.

언약은 '자르다'에서 나온 말입니다. 고대 사회에서는 동맹이나 조약을 맺은 다음에 짐승을 잡고 당사자들이 짐승을 밟고 지나갔습니다. 언약을 깨뜨릴 경우에는 짐승과 같이 죽임을 당할 것이라는 뜻입니다.

또 다른 의미도 있습니다. '족쇄를 채우다'라는 뜻입니다. 언약이 그 당사자의 모든 삶을 지배한다는 의미입니다. 여하튼 언약은 엄정한 것입니다. 하나님의 언약을 깨뜨릴 경우에는 죽어야 하기 때문입니다.

언약의 종류를 보면 '동등 언약'이 있습니다. 다윗과 요나단의 언약이나 야곱과 라반의 언약은 동등 언약입니다. 그러나 '종주권 언약'도 있습니다. 쌍방이 동등한 위치에 있지 않을 때 우월한 쪽에서 언약의 조치를 부과하거나 보장하는 언약입니다. 강대국과 약소국의 언약이나 하나님과 인간의 언약이 그런 의미의 언약입니다. 요시야 왕은 이미 체결된 언약을 확인하고 지키며, 수행하기를 결심하도록 유도한 것입니다. 언약의 중보자는 요시야 왕이었습니다. 우리에게 새 언약의 중보자는 예수 그리스도이십니다.

다만 율법이나 언약을 지키는 기본적인 마음 자세는 다하는 자세입니다. 마음을 다하여 순종할 때 은혜와 복이 넘치게 되어 있습니다. 형식적인 순종이 아니라 인격을 다하는 것을 말합니다. 전폭적인 순종이겠지요. 하나님의 백성의 정체성이 바로 이것입니다.

3. 성전 숙정 작업

요시야 왕은 남유다 백성들 앞에서 하나님의 율법책을 크게 낭독하고 하나님과 백성 사이에 언약을 갱신하는 작업을 진행했습니다. 그 다음으로 본격적인 종교개혁을 단행했습니다. 언약의 말씀을 이루는 작업입니다.

제일 먼저 실천한 것이 여호와의 성전 안의 우상 기명들을 제거했습니다. 성전 숙정 작업입니다. 성전을 정결하게 하는 작업의 주된 역할은 왕이 대제사장 힐기야와 모든 부제사장들과 문을 지키는 자들에게 명령했습니다. 이 사람들은 하나님의 임재의 상징인 성전을 성결하고 거룩하게 지키는 중요한 사람들이었습니다.

바알과 아세라와 일월성신을 위하여 모든 기명을 성전 밖으로 가져가 예루살렘 바깥 기드론 밭에서 불사르고 그 재를 벧엘로 가져가도록 지시했습니다. 이것이 종교개혁입니다. 여호와의 성전의 기능을 회복하는 일입니다. 보이는 건물을 관리하는 것도 중요하지만 보이지 않는 몸된 성전을 거룩하게 만드는 것은 더욱 중요합니다. 그것이 우리의 몸입니다.

몸에서 기도와 찬송이 나오도록 예배의 자리로 인도해야 할 책임이 본인에게 있습니다. 그리고 말씀과 함께 역사하는 성령을 자꾸 자신에게 듣게 하거나 들려주어야 거룩한 성전이 이루어집니다. 여러분도 몸에 자꾸 돈독이 들지 않게 하고 성령이 역사하도록 인도하십시오.

둘째로, 남유다의 각 지방마다 우상을 섬기는 제사장과 분향 책임자들을 척결했습니다. 예전 유다 왕들이 유다 모든 고을과 예루살렘 사면 산당에서 분향하고 우상을 섬기도록 하기 위해 세운 제사장들을 폐했습니다. 과거의 왕들이 거짓된 우상을 숭배하고 많은 제사장들을 세운 것을 볼 때 얼마나 망령되고 타락한 나라였는지를 알 수 있습니다.

또한 바알과 해와 달과 열두 궁성과 하늘의 모든 별에게 분향하는 자들을 폐했습니다. 고대 사회에서는 천체 숭배 사상이 만연했습니다. 열두 궁성은 별자리를 말합니다. 숫양 자리, 황소 자리, 전갈 자리, 게 자리, 사자 자리, 처녀 자리, 염소 자리, 물병 자리, 물고기 자리 등등이 있었습니다.

요시야 왕은 단호하고 완전하게 마무리를 지었습니다. 요시야 왕의 종교개혁은 강력했습니다. 민주주의 원리가 아닙니다. 하나님 중심의 원리를 따라 우상과 제사장과 산당을 파해 버렸습니다.

셋째로, 아세라 우상을 파쇄하고 남창의 집을 제거했습니다. 성전에서 아세라 상을 내려 예루살렘 바깥 기드론 시내로 가져가 불사르고 빻아서 가루를 만들어 평민의 묘지에 뿌리게 했습니다. 당시 아세라 신을 가장 많이 숭배한 것으로 보입니다. 아세라는 '가나안의 어머니 신'입니다. 므낫세 왕이 아세라를 성전 안에 가져다 놓았습니다. 여호와를 남자 신으로 보고 아세라를 여자 신으로 믿었습니다. 불태우고 가루로 만들었습니다. 모세도 그랬지요(출32:20). 아사 왕도 그랬습니다(왕상

15:13). 여자 신을 숭배한 사람들이 남창이나 남색하는 자를 찾아가서 성 관계를 가진 것은 극심한 종교적인 혼합주의에 빠진 모습입니다.

요시야 왕의 종교개혁은 말로만의 종교개혁이 아닙니다. 율법책, 언 약책에 기록된 대로 하나님을 사랑하는 마음으로 일으킨 개혁 운동이 었습니다. 하나님의 말씀만이 사람과 교회의 참된 개혁의 기초가 되고 모든 사람과 단체의 변화를 가져다 줄 수 있기 때문입니다.

제76강
금요일 특강

하나님의 사역

지금까지 하나님의 존재에 대하여 연구했고 이제는 하나님의 사역에 대하여 연구할 것입니다. 하나님의 사역을 말할 때 제일 먼저 하나님의 작정을 말합니다. 물론 조직신학적인 입장입니다.

1. 신적 작정

1) 하나님의 작정의 성질이란 무엇인가? 하나님께서 장차 발생될 일체의 사건들을 미리 정하시는 그 영원하신 계획 혹은 목적을 말합니다. 창조와 섭리와 구속에 있어서 영원한 계획과 목적을 가지고 일합니다.
2) 신적 작정의 특성이 무엇인가?
① 신적 지혜를 기초로 합니다(엡1:11 "마음의 원대로 역사하시는 자의 뜻을 따라"). ② 영원적인 것입니다. 시간의 시작 이전에 세워졌음을 뜻할 뿐만 아니라 역사의 과정 속에서 일어나는 사물들과 권련되어 있고, 작정의 형식이 하나님의 존재의 행동이며, 행동은 변함없이 지속하는 데 있습니다.
③ 신적 작정은 효과적입니다. 하나님의 결정은 확실히 실현됩니다.

그리고 ④ 불변적입니다. 인간은 계획을 변경하지만 하나님은 지혜로우셔서 계획의 변화가 없습니다. ⑤ 무조건적이고, 외부의 조건에 의존하지 않습니다. 장차 발생할 것을 결정하실 뿐만 아니라 그것이 앞으로 실현되는 조건에도 결정적이십니다.

⑥ 전포괄적이고, 인간의 선한 행위와 악한 행위, 우발적인 사건들, 목적과 수단들, 인명의 기간, 인간의 거처 등을 포함합니다. ⑦ 죄에 관해서는 허용적입니다. 신적 작정에 죄는 허용적입니다. 피조물의 자기 결정의 죄행을 방해하지 않으시고 결과를 조정, 관할하기로 작정하셨습니다. 시편 78편 29절, 106편 15절이 증거 구절입니다.

다음으로 하나님께서 행하시는 일에 대하여 말할 때 예정을 말합니다.

2. 예정

예정이란 하나님의 도덕적인 피조물에 대한 그의 목적입니다.
1) 예정의 대상
예정의 대상은 누구인가? 이성적 피조물과 관련된 교리입니다. 선인과 악인, 집단과 개인, 온 인류와 관련을 맺고 있습니다. 사도행전 4장 28절, 로마서 8장 29-30절이 참조 구절입니다.

신적 예정에는 선한 천사와 악한 천사들을 포함합니다. 마가복음 8장 38절과 누가복음 9장 26절, 악한 천사로 베드로후서 2장 4절과 유다서 1장 6절이 증거입니다. 그러므로 천사에 대한 예정이란 하나님께서 자신을 충분한 이유 때문에 어떤 천사에게는 창조 때 주신 은혜에 대하여, 거룩을 보존할 수 있는 능력과 은혜에 대하여, 견인의 특별은총을 주셨고, 또 다른 천사에게는 주지 않기로 작정하셨습니다.

또 예정 속에는 중보자 그리스도 역시 신적 예정의 대상이었습니다.

중보자이신 그리스도가 하나님의 선하신 기쁨의 특별한 대상이었습니다. 베드로전서 1장 20절, 2장 4절을 봅시다.

2) 예정의 두 부분

예정은 선택(Election)과 유기(Reprobation)로 구분합니다.

선택은 몇 가지 의미가 있습니다. 특별 봉사를 하며 특권을 가진 한 민족으로서의 이스라엘의 선택입니다. 신명기 4장 37절, 7장 6-8절, 10장 15절, 호세아 13장 5절이 그것입니다.

직무와 특별 봉사를 하도록 결정된 개인의 선택입니다. 신명기 18장 5절, 사무엘상 10장 24절, 요한복음 6장 70절이 참조 구절입니다.

하나님의 자녀와 영원한 영광의 후사입니다. 마태복음 22장 14절, 로마서 11장 5절, 고린도전서 1장 27-28절입니다. 그러므로 선택이란 인류의 얼마를 예수 그리스도 안에서 구원하시기로 하신 하나님의 영원한 목적이라고 할 수 있습니다.

유기란 하나님께서 그의 특별은혜의 공작으로 어떤 사람들을 간과하기로 결정하시고 그의 공의의 현현을 위하여 그들의 죄를 벌하기로 결정하시는 작정입니다. 유기의 목적은 두 가지로, 중생과 구원의 은혜를 주심에 있어서 어떤 사람들을 간과하신다와 그들의 죄 때문에 그들을 하나님의 수치와 분노에 임하게 하십니다.

타락전 선택파와 타락후 선택파가 병존합니다. 중요한 것은 하나님의 결정은 동시성을 가지고 있습니다. 다만 타락전 선택파의 주장은 이상적인 반면에, 타락후 선택파는 역사적이라고 말할 수 있습니다. 이것은 돌트회의에서 개혁파 교회가 공적으로 채용한 것입니다.

3. 창조(Creation)

하나님의 사역을 말할 때 세 번째는 창조입니다. 창조의 관념이 무엇인가? 다양한 견해가 있지만 하나님의 영광의 현현을 위하여 세계와 만물을 창출하여 내신 하나님의 행위입니다. 성부 하나님의 사역이지만 삼위일체 하나님의 사역입니다. 창세기 1장 2절이나 요한복음 1장 3절을 볼 때 증명이 됩니다.

창조는 하나님의 자유 행위이지 필연적인 것은 아니었습니다. 주권적인 의지에 자발적 결단에 의한 것이었습니다. 에베소서 1장 11절, 요한계시록 4장 11절이 증거가 됩니다.

창조의 시기는 언제인가? 창세기 1장 1절, 태초는 모든 일시적인 사물의 시초와 시간 자체의 시초를 의미합니다. 창조는 시간 속에서 창조된 것이 아니라 시간과 함께 창조된 것입니다. 태초라는 말의 배후에는 시작이 없는 영원이 깔려져 있는 말입니다.

창조의 방법은 무엇인가? 무에서부터 무엇을 산출한다는 것, 기존 자료를 사용하지 않고 창조하는 것을 의미합니다. 때로는 기존 질서에서 다른 것을 창조하셨습니다. 아담의 갈비뼈로 하와를 창조하셨습니다.

창조의 궁극적인 목적이 무엇인가? 인간의 행복인가? 고대 희랍과 로마 철학자들, 종교개혁 시대의 인문주의자들과 18세기 합리주의자들은 창조의 목적을 인간의 행복이라고 주장했습니다. 그 이유로 하나님은 자충족자이시며 피조물을 필요로 하지 않는 분이시기 때문에 하나님 자신일 수 없다는 이론입니다. 그러나 피조물 자체를 위하여 모든 피조물이 존재한다는 것은 너무나 모순된 이론입니다.

하나님의 영광이라는 주장입니다. 하나님은 피조물에게 경배와 찬송으로 영광을 받으시려고 창조하신 것보다 하나님의 영광을 나타내시는 창조를 하셨습니다.

다양한 견해가 있습니다.

① 이원론은 주된 취지가 하나님과 물질은 다같이 영원하다는 데서부터 출발합니다. 그러나 물질은 영원한 것이 아닙니다.

② 유출론은 하나님과 세계는 본질적으로 하나인데, 세계는 신적 존

재로부터 필연적으로 유출된 것으로 보는 견해입니다. 이 관념은 범신론의 모든 특징들을 가지고 있습니다. 이 이론의 결정적인 약점은 변화, 성장, 발전을 하나님에게도 적용하는 약점이 있습니다.

③ 진화론은 물질이 영원하다는 전제 아래 전개되는 이론입니다. 그러나 물질은 영원한 것이 아닙니다.

영적 세계의 창조는 무엇인가? 하나님은 물질 세계만이 아니라 영적인 세계도 창조하셨습니다. 그런 의미에서 천사의 존재와 성질에 대하여 알아봅시다. 성경은 천사의 존재를 인정합니다. 인격성까지 부여하고 있습니다. 지성이 있습니다(삼하14:20, 마24:36). 사랑합니다(눅15:10). 예배드립니다(히1:6). 오고 갑니다(창19:1, 눅9:20).

천사의 계급 문제입니다. 그룹 천사는 낙원의 입구를 지킵니다(창3:24). 속죄소를 덮습니다(출25:18). 하나님의 거룩을 지킵니다. 하나님의 권능과 위엄과 영광을 계시하고, 에덴 동산과 성막과 성전과 하나님의 지상 강림에 있어서 거룩을 지키는 천사입니다.

스랍 천사는 하나님의 보좌 주위에서 하나님께 수종들며 하나님을 찬양하고 하나님의 명령을 준행하기 위하여 항상 준비되어 있는 천사입니다. 그룹 천사가 강한 자, 무사형이라면 스랍 천사는 귀족형입니다. 그룹이 하나님의 거룩을 지킨다면 스랍은 화목하게 하는 천사로 하나님에게 가까이 가도록 돕습니다.

가브리엘과 미가엘 천사가 있습니다. 가브리엘 천사는 신적 계시를 인간에게 전달하고 해석합니다. 누가복음 1장 19절과 26절을 볼 때 증거가 됩니다. 미가엘은 유다서 1장 9절에서 천사장으로 이스라엘의 대적과 악한 영적 세계와 대결하는 용감한 전사입니다.

다음으로 천사의 봉사가 무엇인가?

① 하나님을 찬양하는 존재입니다. 욥기 38장 7절, 이사야 6장, 시

편 103편 20절, 요한계시록 5장 11절을 봅시다.

② 구원 받은 후사들을 섬기라고 보낸 존재입니다. 히브리서 1장 14절입니다.

③ 죄인이 회개하면 기뻐합니다. 누가복음 15장 10절이 증거 구절입니다.

④ 신자들을 지킵니다. 시편 34편 7절, 91편 11절을 봅시다.

⑤ 교회에 임재합니다. 고린도전서 11장 10절, 디모데전서 5장 21절에 나타납니다.

⑥ 성도들을 아브라함의 품으로 안내합니다. 누가복음 16장 22절입니다.

⑦ 하나님의 백성에게 축복을 전달합니다. 시편 91편 11-12절, 사도행전 5장 19절입니다.

⑧ 하나님의 원수들을 심판합니다. 창세기 19장 1절, 13절이나, 마태복음 13장 41절입니다.

물질 세계의 창조입니다. 영적 세계와 물질 세계를 창조하셨습니다. 우리는 6일 창조를 믿습니다. '저녁이 되며 아침이 되니라'라고 밝히고 있습니다. 출애굽기 20장 9-11절에, 엿새 동안 일할 것이고 이레째날에는 쉴 것입니다. 매일의 창조 내용이 다릅니다.

4. 섭리(Providence)

섭리는 하나님께서 통치의 목적을 달성하기 위하여 세우신 규정, 또는 모든 피조물을 위하여 나타내신 돌보심을 말합니다. 섭리 속에는 보존과 협력과 통치가 들어 있습니다. 보존은 만물의 존재, 협력은 활동, 통치는 지도와 관련되어 있습니다.

보존은 하나님께서 만물을 후원하시는 그의 계속적인 사역을 말합니다. 시편 63편 8절, 골로새서 1장 17절, 히브리서 1장 3절이 증거 구절입니다.

협력이란 하나님께서 그의 모든 창조물과 합력하시며 그들로 하여금 일을 정확히 하게 하시는 하나님의 사역을 말합니다. 시편 104편 20-21절, 아모스 3장 6절, 마태복음 5장 45절, 사도행전 14장 17절입니다.

통치는 만물이 존재의 목적에 응할 수 있도록 다스리시는 하나님의 계속적인 활동입니다. 마태복음 6장 33절, 디모데전서 1장 17절, 요한계시록 19장 6절입니다.

비상적인 섭리가 있는데 이적입니다. 특별 섭리라고도 표현합니다.

제77강
열왕기하 23장 8-20절

요시야 왕의 종교개혁(2)

요시야 왕의 종교개혁은 율법책, 언약책이 중심이었습니다. 그리고 하나님을 사랑하는 마음이 바탕이 되어 실천에 옮긴 개혁이었습니다. 물론 하나님의 성전으로 시작하여 각종 바알과 아세라 그리고 남창과 여자 창녀들을 없애는 작업을 했습니다.

요시야 왕의 종교개혁은 그것만이 아니었습니다. 또 무엇이 있었습니까?

1. 남유다 전역으로

유다 각 성읍에서 흩어져 있던 모든 제사장을 소집하고 게바에서부터 브엘세바까지 그들이 분향하던 산당을 부정하게 하였습니다. 요시야 왕의 종교개혁은 전국적인 종교개혁이었습니다. 광범위한 종교개혁이고 전인격적인 종교개혁으로, 일부분만 개혁한 종교개혁이 아니었습니다.

1) 요시야 왕은 전국적인 종교개혁을 위하여 산당에 있는 모든 제사장들을 불러 모았습니다. 그리고 산당 개혁의 정당성을 주장하여 우상

을 제거하고 예루살렘 중심적인 예배 생활을 강조했습니다. 성전 중심적인 신앙 생활을 강조한 것입니다. 게바에서부터 브엘세바까지 종교개혁을 단행했는데 게바는 벧엘 근방입니다. 브엘세바는 최남단으로 역시 우상숭배가 성행했던 곳이었습니다. 요시야 왕의 종교개혁은 예루살렘으로부터 시작하여 북단과 남단까지 전개된 것입니다.

요시야 왕은 산당을 부정하게 만들었습니다. 더럽게 만들었습니다. 여기서 부정은 레위기와 민수기에 집중적으로 사용된 용어입니다. 사람들이 찾을 수 없도록 부정하게 만드는 방법을 사용했습니다. 어떤 방법을 썼을까? 아마도 해골을 채우는 방법이었을 것이라고 추정합니다. 과거 예후가 바알의 신당을 변소로 만들었던 것처럼 그렇게 만들어서 종교개혁을 단행했습니다. 요시야 왕 이후 산당은 큰 역할을 하지 못했습니다.

산당과 관련하여 가장 악한 왕으로 평가 받는 사람은 누구일까? 북이스라엘에서는 여로보암 1세이고 남유다 왕 중에는 므낫세입니다. 므낫세는 남유다가 종교적인 타락의 길을 걷게 한 장본인입니다. 산당 제거에 공이 있는 왕은 히스기야와 요시야 왕입니다. 히스기야 왕은 산당을 완전히 제거하지 못한 이유가 아들 므낫세가 다시 재건하였기 때문이고, 요시야 왕은 철저하게 산당을 파괴했습니다.

2) 성문 왼편 즉 부윤 여호수아의 대문 앞에 있던 서문의 산당들을 헐어버렸습니다. 예루살렘에 있는 산당도 제거했습니다. 당시 성문에는 시장이 형성되기도 하고 재판을 열기도 하였습니다. 그런데 그렇게 사람이 많이 모이는 곳에 산당이 있었습니다. 이 한가지만 보아도 당시 남유다 나라가 종교적으로 얼마나 부패가 심하였는지를 생각하게 만듭니다. 예루살렘에 있던 산당을 산산조각이 나도록 파괴했습니다.

3) 산당의 제사장들은 예루살렘 성전 제단에 올라가지 못하게 하되 다른 제사장들과 무교병은 함께 먹을 수 있도록 조치했습니다. 산당 제사장들은 여호와 하나님을 섬기는 제사장의 역할을 하지 못하게 하였

습니다. 여호와의 단에 올라가는 것을 금지했습니다. 과거에는 서로 왕래하면서 직분을 감당한 것으로 보이는데 요시야 왕은 그렇게 하지 못하도록 만들었습니다.

다만 무교병으로 표현된 누룩이나 다른 효모를 넣지 않고 구운 빵이나 과자는 먹을 수 있도록 했습니다. 유대인들은 급할 때나 유월절이나 소제의 제물을 드릴 때 무교병을 사용하였습니다. 제사에서 하나님께 불살라 드리고 남은 것은 제사장의 몫이었기 때문에 나눠먹도록 지도한 것으로 보입니다. 남유다의 산당 제사장들은 북이스라엘의 평민 제사장과는 달리 레위인들이었던 것으로 추정합니다. 이것은 레위기 21장에 나타난 제사장 직분을 잃은 사람들에게 내려지는 조치와 똑같았습니다. 과거의 죄악을 회개하고 여호와께 돌아온 제사장들에게 생계의 수단이 되었을 것이고 모든 백성을 통합하는 기틀을 마련했다고 볼 수 있습니다.

4) 몰록의 제단과 제사도 근절시켰습니다. 암몬 족속의 신 밀곰, 밀감으로 알려진 인신 제사를 드리는 종교 행상, 아들을 불 가운데로 지나가게 하는 행위를 금지시켰습니다.

요시야 왕이 힌놈의 아들 골짜기의 도벳을 더럽게 했습니다. 이는 사람들이 자녀들을 몰록에게 불태워 바치지 못하게 하려는 것이었습니다. 전쟁이나 기근이 신의 노여움 때문이라고 믿던 사상입니다. 힌놈의 골짜기는 지옥을 뜻합니다. 모든 악의 온상지였습니다. 유다의 여러 왕들이 세운 우상 제단과 우상을 파괴했습니다.

5) 유다의 열왕들이 태양신에게 바친 성전 어귀 내시 나단멜렉의 집 곁에 있던 말들을 제거하였고 태양 수레를 불살랐습니다. 태양신은 가나안과 메소포타미아와 이집트 등 고대 근동 지역에서 널리 퍼져 있는 우상이었습니다. 이것은 신명기 4장 19절이나 17장 3절에서 금지된 것입니다. 말과 수레를 바쳤습니다. 요시야 왕이 금지시킴으로써 남유다 백성들이 영적인 안식의 평안을 누리게 되었습니다.

6) 요시야 왕은 아하스의 다락 지붕에 세운 제단과 므낫세가 성전 두 마당에 세운 제단들을 다 헐고 그것을 빻아 가루를 만들어 기드론 시내에 쏟아버렸습니다. 아하스 왕은 다락 지붕에 제단도 놓았습니다. 또 므낫세는 성전 두 마당에 우상의 제단을 만들었습니다. 요시야 왕이 모두 빻아 가루로 만들었고 기드론 시내에 가져다가 뿌렸습니다.

7) 예루살렘 앞 멸망산 우편에 솔로몬이 시돈 사람의 가증한 아스다롯과 모압 사람의 그모스와 암몬 자손의 밀곰을 위하여 세운 산당을 더럽게 하였습니다. 감람산은 기름 부음의 산이라는 뜻으로 감람나무가 많아 열매를 많이 맺었지만 멸망산은 어디일까요?

감람산은 세 봉우리가 있는데 예수께서 지상 명령을 주신 곳, 승천하신 곳, 바람과 모태의 봉우리입니다. 이중에 바람과 모태의 산을 말합니다. 왜 멸망산일까? 솔로몬이 우상의 산당을 만들어 하나님의 심판이 임할 것이라고 생각했기 때문입니다. 훗날 죽은 자의 뼈를 버리는 곳이었습니다.

아마도 가나안 신 아스다롯으로 풍요와 다산과 쾌락의 여신입니다. 모압의 가증한 그모스로 전쟁의 신입니다. 암몬 자손의 밀곰 혹은 밀감입니다. 인신 제사를 드렸습니다. 불과 번개와 전쟁을 주관하는 신으로 여겨왔습니다.

8) 요시야 왕은 석상들을 깨뜨리고 아세라 목상을 부수고 사람의 해골로 그곳을 채웠습니다. 멸망산에 세워진 우상을 척결하고 아세라 목상을 찍었습니다. 사람의 해골로 채운 이유는 고대인들은 사람의 뼈에 닿으면 부정하다고 생각했기 때문입니다. 이렇게 요시야 왕의 종교개혁은 부분적인 것이 아니라 전면적이고 전국적인 종교개혁이었습니다.

2. 벧엘의 산당

북이스라엘로 하여금 범죄하게 한 느밧의 아들 여로보암 1세가 벧엘에 세운 제단과 산당을 헐고 불사르며 빻아서 가루를 만들었습니다. 요시야 왕은 남유다만이 아니라 북이스라엘까지 종교개혁을 펼쳐나갔습니다. 벧엘의 산당을 파괴했습니다. 우상을 섬기던 제단을 불살랐습니다. 해골이 있게 하여 제단을 부정하게 만들었습니다. 이것은 요시야 왕의 종교개혁에 있어서 새로운 국면입니다.

정치적으로 말하자면 북이스라엘까지 종교개혁을 단행한 것은 북이스라엘이 앗수르에 의해 멸망을 당했지만 마찰을 빚을 수 있는 사건이었습니다. 여호와 중심적인 요시야 왕은 사람들의 권모술수를 두려워하지 않았습니다. 철저하게 헐고, 불사르고, 빻아서 불살랐습니다. 요시야 왕은 하나님께서 주신 가나안 땅을 정화시키는 작업을 수행했습니다.

요시야 왕은 아세라 목상을 불살랐습니다. 산에 있는 무덤에 사람을 보내어 해골을 가져다가 제단 위에 불사름으로써 단을 더럽게 하였습니다. 벧엘의 제단이 화장터같이 변했습니다. 우상숭배가 얼마나 어리석은 일인지를 드러냈습니다. 하나님만이 영원히 섬겨야 할 분입니다.

요시야 왕이 종교개혁을 단행했을 때 이것은 이미 300여 년 전에 예언된 일입니다. 벧엘의 제단이 무너질 것을 300여 년 전에 하나님의 사람이 예언했고, 그것이 이루어진 것입니다.

열왕기상 13장 1-2절에 "보라 그 때에 하나님의 사람이 여호와의 말씀으로 말미암아 유다에서부터 벧엘에 이르니 마침 여로보암이 제단 곁에 서서 분향하는지라 하나님의 사람이 제단을 향하여 여호와의 말씀으로 외쳐 이르되 제단아 제단아 여호와께서 이와 같이 말씀하시기를 다윗의 집에 요시야라 이름하는 아들을 낳으리니 그가 네 위에 분향하는 산당 제사장을 네 위에서 제물로 바칠 것이요 또 사람의 뼈를 네 위에서 사르리라"라고 했습니다.

3. 선지자의 무덤

요시야 왕이 행할 일들은 이미 하나님의 사람이 예언하였고 그가 전한 여호와의 말씀대로 이루어졌습니다. 요시야 왕이 종교개혁을 단행할 때 한 비석을 발견했습니다. 요시야 왕이 발견한 비석이 무슨 비석인지 물었습니다.

왕의 질문에 대하여 성읍 사람들이 요시야가 벧엘의 단에 할 일을 이미 예언하였던 유다 출신 하나님의 사람의 무덤이라고 대답했습니다. 무명 선지자의 무덤입니다. 여로보암 1세 때 예언한 선지자의 무덤입니다. 하나님의 사람이라는 명칭은 스마야에게 한 번, 엘리야에게 일곱 번, 엘리사에게 스물네 번, 익명의 두 선지자에게 사용했습니다. 이 무명의 선지자는 여로보암 1세에게는 꿋꿋하게 예언했으나 벧엘의 늙은 선지자의 꾀임에 빠져서 먹고 마시고 쉬는 죄 때문에 죽임을 당한 사람입니다.

그 사실을 안 요시야 왕이 그 무덤은 파헤치지 말고 그 뼈를 그대로 보존할 것을 명령했습니다. 이에 무리가 하나님의 사람의 뼈와 사마리아에서 온 선지자의 뼈는 그대로 두었습니다. 벌써 300년 전에 하나님께서 예언하신 내용대로 쓰임받고 있는 자신을 생각하면서 하나님의 절대주권을 인정했습니다. 하나님은 역사의 주인이십니다. 유다에서 왔든 사마리아에서 왔든 선지자의 무덤은 손대지 않은 요시야 왕입니다.

사마리아 지역에서는 어떻게 종교개혁을 했을까요?

요시야 왕이 예전에 이스라엘 왕들이 사마리아 각 성읍에 지어 여호와의 진노를 산 산당을 벧엘의 경우와 같이 다 없앴습니다. 벧엘에서 종교개혁을 실현했습니다. 요시야 왕은 지역을 가리지 않고 종교개혁을 단행했습니다. 북이스라엘은 이미 앗수르에 포로가 되어 있었습니다. 앗수르가 바벨론에 의해 약해지고 있는 상황일 때 요시야 왕은 종교개혁을 단행했습니다. 남유다만이 아니라 북이스라엘까지 종교를 개혁했습니다.

또 사마리아에 있는 산당의 제사장들을 그 제단 위에서 죽이고 사람의 해골을 단 위에 불사르고 예루살렘으로 돌아왔습니다. 남유다의 산당을 개혁한 것과는 달리 북이스라엘의 산당 제사장들은 죽였습니다. 차별이 아니라 근본이 달랐기 때문입니다. 율법의 규정을 따라 죽인 것입니다(출22:20, 신17:25). 공의의 심판입니다.

제78강
열왕기하 23장 21-30절

요시야와 바로 느고

요시야 왕은 하나님과 남유다 백성과의 관계에 있어서 언약을 갱신했습니다. 언약 갱신의 조치로 성전을 깨끗이 숙정했습니다. 요시야 왕의 종교개혁은 남유다만이 아니라 북이스라엘까지 영향을 끼쳤습니다. 지역에 매이지 않고 넓은 지역으로 종교개혁을 단행한 왕입니다.

요시야 왕의 종교개혁에 따른 평가입니다. 평가는 자신의 평가가 있고 다른 사람의 평가가 있으며 진정한 평가는 하나님의 평가일 것입니다.

1. 요시야와 유월절

요시야 왕이 온 백성에게 율법책에 기록된 대로 하나님 여호와를 위하여 유월절을 지킬 것을 명령했습니다. 요시야 왕의 종교개혁은 무엇보다도 하나님의 율법책에 기록된 대로 준행한 종교개혁이었습니다. 먼저 '유월절을 지키라' 였습니다.

유월절이란 '지나가다, 넘어가다' 에서 유래된 '넘어감' 입니다. 출애굽기 12장 13절에 "내가 애굽 땅을 칠 때에 그 피가 너희가 사는 집에 있어서 너희를 위하여 표적이 될지라 내가 피를 볼 때에 너희를 넘어가리니 재앙이 너희에게 내려 멸하지 아니하리라"라고 했습니다. 그러므로 '내가 너희를 넘어가리라'에서 유래된 말입니다.

과거에 이스라엘 민족이 애굽에서 종노릇 하고 살 때 애굽의 마지막 재앙이 장자 재앙이었습니다. 장자를 치실 때 쓴 나물과 무교병의 떡과 함께 양을 잡아 먹었는데 양의 피를 문설주와 인방에 바른 집은 심판하는 천사가 그냥 넘어간 것을 기념하여 제정된 절기가 유월절입니다.

그러므로 유월절은 한 해의 첫 달인 아빕월 십사일로, 태양력으로 3-4월 14일에 거행했습니다. 유월절 의식은 아빕월 십일이 되면 각 가정은 흠없는 1년된 어린 숫양을 취하고 그 어린양을 14일이 시작되는 황혼 때 잡아 고기는 먹고 피는 문설주와 인방에 뿌리는 예식이었습니다.

사사가 이스라엘을 다스리던 시대부터 그 어느 때에도 요시야 왕 때처럼 유월절을 지킨 일이 없었습니다. 그러므로 요시야 왕의 종교개혁 중에 가장 중요한 부분이 유월절을 지킨 것이었습니다. 사사 시대로부터 열왕들이 지킨 유월절 중에 가장 성대하고 성경적으로 지킨 왕이 요시야 왕이었습니다.

요시야 왕 제십팔년에 예루살렘에서 유월절을 지켰습니다. 진실로 유월절을 복원하여 지켰습니다. 역대하 35장을 보면 세밀하게 기록해 주는 가운데 남유다만이 아니라 북이스라엘 백성들 가운데서도 모두 참석했다는 데 큰 의미를 부여할 수 있습니다.

역대하 35장을 볼 때 히스기야 왕도 유월절을 지켰으나 율법대로 다 지키지는 못했습니다. 첫째 달에 드리지 못하고 둘째 달에 드렸고, 제사장들이 자신들을 정결하게 하지 못했을 뿐만 아니라 백성들도 예루살렘에 다 모이지 않았으며, 정결 의식을 행하지 않아도 유월절 음식을 먹었기 때문입니다.

그러나 요시야 왕은 하나님께서 원하시는 대로 율법책에 기록된 대로 다 지켰습니다. 사사 시대로부터 이스라엘을 통치했던 여러 명의 왕들보다 요시야 왕은 범국가적으로 철저하게 유월절을 준수해서 지켰습니다.

요시야 왕이 통치한 지 십팔 년만의 일입니다. 이것은 역사적으로 기억될 만한 위대한 일로 생각합니다. 지금까지 성전을 수리하고, 율법책을 발견하여, 율법책을 낭독하고, 여선지자 훌다의 예언과 언약 갱신도 큰 사건인데 우상을 철거하고 유월절을 준수한 것은 대단한 역사, 위대한 과업이었습니다. 이전부터 종교개혁은 시작했지만 요시야 왕 십팔 년에 와서야 가장 성대하고 율법책대로 지켰다는 뜻입니다.

2. 요시야 왕과 종교개혁

요시야 왕의 종교개혁에 대한 평가는 무엇인가? 지금까지 산당과 성전의 개혁과 같은 제도화된 대규모의 종교개혁을 단행했다면, 개인과 각 가정에서 섬기던 모든 우상을 다 버리게 되었습니다.

그래서 요시야 왕이 대제사장 힐기야가 성전에서 발견한 율법책에 기록된 말씀을 지키기 위하여 유다와 예루살렘에 보이는 신접한 자와 박수와 드라빔과 우상과 모든 가증한 것을 다 제거했습니다. 신접한 자나 악령에 이끌려 활동하는 박수, 가족마다 섬기는 수호신과 같은 드라빔, 가증한 우상들을 다 청산했습니다.

요시야 왕의 종교개혁은 개인적인 철학이나 사상이 아니라 하나님의 율법책이라는 표준을 가지고 준행했습니다. '말씀대로, 말씀과 함께' 임하시는 성령의 역사를 경험한 사람의 놀라운 특징이 있습니다. 요시야 왕의 종교개혁의 평가는 말씀대로 행하는 종교개혁이었습니다.

'대제사장 힐기야가 여호와의 전에서 발견한 책에 기록된 율법 말씀'이라고 기록했습니다. 정확한 표현입니다. 그릇된 말씀도 세상에는 많이 있습니다. 혼합주의 사상입니다. 그러나 요시야 왕은 하나님께서 주신 율법의 말씀대로 세상의 사상을 정리했습니다.

그래서 성경 저자는 뭐라고 언급했습니까? 요시야 왕과 같이 마음을 다하고 성품을 다하며 힘을 다하여 여호와를 향하여 모세의 모든 율법을 온전히 지킨 왕은 이스라엘의 남북 왕국이 세워진 역사 이래로 아무도 없었습니다. 이것이 요시야 왕에 대한 전체적인 평가입니다.

요시야 왕의 마음은 오로지 '모세의 모든 율법'이었습니다. 그런데 똑같은 칭찬이 히스기야 왕에게도 적용됩니다. 히스기야 왕은 여호와를 의지하는 면에서 탁월했고, 요시야 왕은 모세의 율법의 엄격한 준수에 초점이 맞추어져 있습니다. 요시야 왕의 신앙심과 종교개혁의 탁월함을 강조한 것입니다.

성도들이여! 우리 모두 말씀으로 돌아갑시다. 마음도 성품도 다 하나님의 말씀을 사랑하고 지키는 데 힘을 써서 영육간에 하나님의 은총이 충만하기를 바랍니다.

3. 여호와와 남유다

요시야 왕이 전심을 다하여 하나님을 사랑하고 종교개혁을 단행했습니다. 그러나 여호와께서 므낫세가 여호와를 격노하게 한 일로 남유다를 향한 진노를 돌이키지 않으셨습니다. 북이스라엘을 멸망시키신 것처럼 남유다도 멸망의 대상에서 제외될 수는 없었습니다. 남유다를 멸망시키는 요인은 요시야 왕 때문이 아니라 므낫세 왕 때문이었습니다.

요시야 왕 시대에는 하나님으로부터 재앙이 내리지 않았습니다. 남유다는 형통한 축복을 받았습니다. 요시야 왕 시대에 종교개혁과 유월절 회복이 있었습니다. 요시야 왕이 세상을 떠난 다음에 여러 왕들과 므낫세 왕은 그릇된 신앙 노선을 선택했습니다. 하나님을 격노케 하였습니다.

여호와께서 내가 북이스라엘을 물리친 것같이 남유다도 내 앞에서 물리칠 것이라고 말씀하셨습니다. 므낫세의 범죄와 남유다 왕들의 죄가 같았습니다. 선지자 스바냐와 예레미야가 눈물을 흘리면서 외치지만 왕도 백성도 듣지 않았습니다.

므낫세 왕은 우상숭배와 불의로 인하여 남유다와 예루살렘에 피할 수 없는 멸망을 초래했습니다. 므낫세 개인적인 범죄만이 아닙니다. 남유다 전체의 범죄입니다. 북이스라엘이 여로보암 1세의 죄 때문에 멸망당한 것처럼 남방 유다도 므낫세의 범죄 때문에 멸망 당하게 되었습니다. 므낫세는 히스기야 왕이 헐었던 산당을 다시 세웠습니다. 아합의 행위를 본받아 바알과 아세라 목상을 숭배했습니다. 여호와의 성전에 우상숭배를 위한 단을 세운 행위, 자식을 몰록 신에게 바치는 행위를 하였기 때문입니다. 므낫세 왕은 종교적으로 타락한 왕이었습니다. 그러므로 공의의 하나님 앞에 통과될 수 없는 멸망의 대상이 되었습니다. '내가 북이스라엘을 물리친 것처럼 남유다도 물리치리라.'

또 여호와께서 선택하신 성 예루살렘과 내 이름을 두리라 한 성전을 버릴 것임을 말씀하셨습니다. 성전이 있는 예루살렘 성도 버리겠노라. 하나님의 은혜와 복으로 평화의 도시였고, 하나님의 이름이 있던 도시였고 성전이 있던 곳이었는데 버리시겠다고 선언했습니다. 결국 역사를 보면 B.C. 586년 바벨론에 의해서 남유다 왕국은 멸망하였습니다.

사랑하는 성도 여러분! 한 사람의 순종이 많은 사람을 의인으로 만듭니다. 믿음으로 순종해서 영육간에 하나님의 은총이 임하며 거룩한 교회를 잘 세우는 종들이 됩시다.

4. 요시야의 전사

요시야 왕의 남은 사적과 모든 행한 일은 남유다 왕조실록에 기록되었습니다. 요시야 왕이 므깃도 전투에서 전사하게 되었습니다. 요시야 왕 당시에 애굽 왕의 이름은 바로 느고입니다. 요시야 왕에 대하여는 역대하 35장 20-27절에 자세히 기록하고 있습니다.

애굽왕 바로 느고가 앗수르 왕을 치고자 유브라데 하수로 올라왔습니다. 이에 요시야 왕이 애굽 왕을 맞아 싸우려고 므깃도로 올라갔지만 바로 느고에게 죽임을 당했습니다. 바로 느고는 애굽의 제26왕조(B.C. 610-595)의 두 번째 왕인 느고 2세입니다. 호전적인 인물이었습니다.

역대하 35장 20-25절을 보면 요시야는 유브라데강 상류 지역으로서 전략상 요충지인 갈그미스로 나아가는 바로 느고를 저지하기 위하여 나갔습니다. 이때 바로 느고는 사자를 보내어 요시야와 싸울 뜻이 없고 단지 바벨론과 싸울 것임을 밝혔지만, 요시야는 물러나지 않고 바로 느고의 군대와 므깃도 골짜기에서 싸우다가 활에 맞아 전사했습니다.

왜 요시야 왕은 바로 느고의 진군을 막았을까? 첫째로, 앗수르의 재기를 두려워했기 때문입니다. 애굽이 앗수르를 도와서 바벨론을 이긴다면 남유다에게는 악재입니다. 둘째로, 애굽의 영향력이 커지는 것이 싫었습니다. 바로 느고는 호전적이라서 앗수르를 도와서 승리한다면 바벨론은 물론 메소포타미아 지역의 새로운 강자로 나타날 수 있기 때문입니다. 셋째로, 애굽 군대가 갈그미스로 가기 위해서는 남유다 땅을 통과해야 하기 때문에 주권 국가로서 애굽 군대를 저지하려 하였습니다. 이와 같은 이유가 있어서 막았는데 전사하고 말았습니다.

요시야 왕의 신복들이 그 시체를 병거에 싣고 므깃도에서 예루살렘으로 돌아와 장사했습니다. 역대하 35장 23-24절에서는 치명적인 부상을 입었지만 죽지는 않았고, 예루살렘에 돌아와서 죽은 것으로 묘사했습니다. 어느 것이 맞는지는 모릅니다. 다만 요시야 왕은 다윗의 왕손들이 묻히는 곳에 장사되었습니다.

남유다 백성들이 요시야 왕의 아들 여호아하스를 데려다가 그에게 기름을 붓고 요시야를 대신하여 왕을 삼았습니다. 여호아하스는 요시야 왕의 네 번째 아들로 막내였습니다. 요시야 왕의 종교개혁을 이어갈 사람이 네 번째 아들이었기 때문일 것입니다.

제79강
열왕기하 23장 31-37절

여호아하스와 여호야김

요시야 왕은 남유다의 제16대 왕이었습니다. 애굽 왕 바로 느고와의 전쟁에서 전사했지만 삼십일 년간 통치하면서 종교개혁을 이루었던 위대한 왕이었습니다. 우상을 제거하여 성전을 청결하게 하였고 남유다의 산당은 물론 북이스라엘까지 종교개혁에 동참할 수 있도록 했습니다. 특별히 유월절을 회복하여 하나님께 구원의 감격으로 예배했습니다.

그러면 요시야 왕의 아들들이 통치할 때는 어떤 결과를 가져왔을까요?

1. 여호아하스 왕

여호아하스 왕이 왕위에 오를 때 나이가 이십삼 세였고, 예루살렘에서 석 달을 다스렸습니다. 여호아하스 왕은 남유다의 제17대 왕이었습니다. 여호아하스 왕이 남유다를 통치할 때부터 다시 급격하게 쇠퇴기를 맞이하게 되었습니다. 남유다의 암흑기가 찾아왔습니다.

여호아하스는 '여호와께서 붙드시다' 라는 좋은 이름입니다. 별명은 살룸이고 요시야 왕의 넷째 아들입니다(렘22:10-12). 세 명의 형들이 있었음에도 불구하고 왕으로 추대된 것은 주변 사람들은 물론 백성들의 기대가 있었기 때문에 가능한 일이었습니다. 특별히 애굽의 바로 느고가 남유다를 위협했기 때문에 애굽의 위협으로부터 벗어나게 할 인물로 생각했었습니다. 그러나 기대와는 달리 포악한 폭군이 된 사람이 여호아하스입니다.

에스겔 19장에 애굽으로 끌고 간 젊은 사자로 비유해서 설명했습니다. 바로 느고가 메소포타미아에서 전쟁 후 여호아하스를 포로로 잡아 애굽으로 끌고 갔고 여호아하스는 애굽에서 최후를 맞았습니다.

여호아하스 왕의 어머니의 이름은 하무달이며 립나 예레미야의 딸이었습니다. 하무달은 '이슬의 시아버지'라는 뜻입니다. 립나는 블레셋과 국경 지대인 라기스와 막게다 사이에 위치한 성읍입니다.

여호아하스 왕은 그 열조의 모든 행위대로 여호와 보시기에 악을 행하였습니다. 남유다 백성들의 기대와는 달리 악을 행하는 왕이 되었습니다. 재위 기간이 3개월밖에 되지 않았음에도 불구하고 열조의 모든 악한 행위를 본받아 행했습니다. 여호와 하나님 보시기에 악을 행하는 왕이었습니다.

짧은 기간 동안 왕위에 올라 재직하면서 악을 행했습니다. 이것은 남유다 나라의 국운과도 관련이 있는 말입니다. 아버지 요시야 왕에 의해서 어느 정도는 종교개혁이 완성되었지만 종교개혁의 결과와는 반대로 애굽의 바로 느고의 손에 붙여지는 징벌이 임하기 시작했습니다.

인간은 내일을 알 수 없는 존재입니다. 시간과 공간의 한계 속에 머물러 살다가 죽는 존재입니다. 야고보서 4장 14절에 "내일 일을 너희가 알지 못하는도다 너희 생명이 무엇이냐 너희는 잠깐 보이다가 없어지는 안개니라"라고 했습니다.

시편 39편 6절에 "진실로 각 사람은 그림자같이 다니고 헛된 일로 소란하며 재물을 쌓으나 누가 거둘는지 알지 못하나이다"라고 했습니다. 누가복음 12장 19-20절 한 어리석은 부자 비유에서 하신 말씀입니다. "내가 내 영혼에게 이르되 영혼아 여러 해 쓸 물건을 많이 쌓아 두었으니 평안히 쉬고 먹고 마시고 즐거워하자 하리라 하되 하나님은 이르시되 어리석은 자여 오늘 밤에 네 영혼을 도로 찾으리니 그러면 네 준비한 것이 누구의 것이 되겠느냐?"

2. 애굽 왕 바로 느고

애굽의 바로 느고가 남유다의 왕 여호아하스를 감금하고 전쟁 배상금을 요구했습니다. 왜 여호아하스를 폐위했는지는 알 수 없습니다. 아마도 므깃도 전투에서 승리한 바로 느고는 남유다 백성들의 지지 속에 왕이 된 여호아하스를 폐위하고 남유다의 내정을 간섭하여 자신이 선택한 사람을 왕으로 세우려고 했던 것으로 보입니다.

그래서 애굽 왕 바로 느고가 여호아하스를 하맛 땅 립나에 가두고 예루살렘에서 왕이 되지 못하게 했습니다. 여기 립나는 팔레스틴 북동부에 위치한 성읍입니다. 하맛은 소아시아와 남방 사이의 주요 무역로가 통과하는 수리아의 오른테스 강변에 있습니다. 여호아하스는 예루살렘에 머물지 못하고 이방인의 땅에 구금된 상황이었습니다. 이것은 하나님 보시기에 악을 행한 것에 대한 공의롭고 엄중한 심판을 의미합니다.

또 남유다에게 은 일백 달란트와 금 한 달란트를 전쟁 배상금으로 바치도록 요구했습니다. 벌로 가해지는 배상금입니다. 요시야 왕 때 평화를 거절하고 전쟁을 선택하였기에 그에 대한 배상금을 요구한 것입니다.

은 일백 달란트와 금 한 달란트는 산헤립이 히스기야 왕에게 요구한 액수의 삼분의 일 수준입니다. 왜 적은 액수를 요구했을까? 당시 애굽은 급부상하고 있는 바벨론을 견제하기 위하여 유다의 환심을 사야 했기 때문입니다.

애굽 왕 바로 느고가 여호아하스를 폐위하고 엘리아김을 왕으로 세우는 장면입니다. 바로 느고에 의한 엘리아김의 왕위 즉위와 여호야김으로 이름을 개명할 것도 요구했습니다. 애굽 왕 바로 느고가 남유다 왕 여호아하스를 폐위하여 구금하고 새로운 왕으로 엘리아김을 세워서 내정을 간섭하게 되었습니다.

바로 느고가 요시야의 아들 엘리아김을 요시야를 대신하여 왕으로 삼았습니다. 엘리아김은 '하나님이 세우셨다' 라는 뜻입니다. 이름과는 달리 악한 사람으로 나타납니다. 과거 일본 사람들이 창씨 개명을 했듯이 바로 느고가 엘리아김의 이름을 고쳐 여호야김이라고 불렀습니다.

그런데 엘리아김이나 여호야김이나 똑같이 '하나님이 세우셨다' 는 뜻인데 왜 고쳐 불렀을까? 고대 사회에서 이름을 부여하는 것은 완전한 지배권을 갖는 것을 의미하기 때문입니다. 바로 느고는 남유다가 애굽에 예속된 봉신 국가임을 천명한 것입니다.

여호아하스는 애굽으로 잡혀갔고 남유다에 아무런 영향을 끼치지 못하게 되었으며, 거기서 죽음을 맞이하게 되었습니다. 이것은 비참한 현실인데 지금까지 여러 왕들이 여호와 보시기에 악을 행했기 때문에 내려지는 징벌임을 알게 됩니다.

새로운 왕 여호야김이 애굽 왕 바로 느고가 요구하는 액수대로 배상금을 바쳤습니다. 배상금을 어떻게 마련했을까요? 여호야김이 바로 느고가 요구하는 배상금을 바치기 위해 나라의 국민에게 재산의 정도에 따라 세금을 부과하는 방법을 사용했습니다. 호되게 독촉하는 방법, 괴롭게 하는 방법을 사용했습니다.

여호야김 왕이 세금을 많이 거둬들인 것은 배상금 때문만은 아니었습니다. 그는 자신의 호화스러운 궁전을 짓고 개인적인 욕망을 충족시키고자 한 폭군이었기 때문입니다. 과거 북이스라엘 왕 므나헴이 앗수르 왕 디글랏 빌레셀에게 조공을 바칠 때 부자들에게만 세금을 부과한 것과는 달리 모든 국민에게 세금을 부과했다는 점에서 차이가 있습니다.

3. 여호야김의 통치

여호야김이 왕위에 오를 때 나이가 이십오 세였고 예루살렘에서 십일 년을 통치했습니다. 여호야김이 왕위에 오를 때 국제 정세는 어떠했는가? 앗수르가 쇠퇴하고 있고 바벨론이 급부상하는 상황이었습니다. 남유다에 탁월한 리더십을 가진 왕이 필요했는데 여호야김 왕은 그런 인물이 아니었습니다. 여호아하스의 형임에도 남유다 백성들의 지지를 받지 못하여 동생에게 왕위를 넘겨준 것을 보면 알 수 있습니다. 정치력이나 인격적인 면에서 동생보다 못했던 것으로 보입니다.

남유다의 국운은 어떻게 될 것인가? 열왕기하 22장 16-20절의 여선지자 훌다가 예언한 대로 이루어질 것입니다. "여호와의 말씀이 내가 이곳과 그 주민에게 재앙을 내리되 곧 유다 왕이 읽은 책의 모든 말대로 하리니 이는 이 백성이 나를 버리고 다른 신에게 분향하며 그들의 손의 모든 행위로 나를 격노하게 하였음이라 그러므로 내가 이곳을 향하여 내린 진노가 꺼지지 아니하리라 ..."라고 했습니다.

여호야김 왕의 어머니의 이름은 스비다이며 루마 브다야의 딸이었습니다. 스비다는 '선물을 주다' 라는 뜻입니다. 브다야는 '여호와께서 구속하다' 라는 뜻입니다.

여호야김이 열조의 모든 행한 일을 본받아 여호와 보시기에 악을 행하였습니다. 여호야김의 악이 무엇인가? 예레미야 22장 13절에 "불의로 그 집을 세우며 부정하게 그 다락방을 지으며 자기의 이웃을 고용하고 그의 품삯을 주지 아니하는 자에게 화 있을진저"라고 했습니다. 이것이 그 시대적인 상황입니다.

예레미야 26장 20-23절에는 여호와의 이름으로 예언하는 사람이 있었습니다. 이름은 스마야의 아들 우리야였습니다. 예레미야와 같이 남유다에 대하여 경고했습니다. 그랬더니 여호야김 왕이 죽이려고 했습니다. 어쩔 수 없이 애굽으로 도망쳤습니다. 여호야김 왕이 몇 사람을 애굽으로 보내서 잡아오게 했고 왕이 직접 칼로 그 참된 예언자를 죽였습니다. 예레미야 36장 9-26절에는 여호야김 왕이 두루마리 성경책을 다 태우는 장면이 나옵니다.

여호야김 왕은 남유다 백성을 위한 정치를 할 수가 없었습니다. 애굽 나라의 지시를 따라 움직이는 왕이었기 때문입니다. 그러면서도 자기 정권을 유지하기 위하여 수단과 방법을 가리지 않았던 왕입니다. 백성들의 혈세로 궁궐을 짓고 선지자와 의인들을 핍박하거나 죽였던 왕입니다.

또한 그는 예레미야 선지자가 하나님의 말씀을 기록한 두루마리 책까지 칼로 찢고 불살랐습니다. 하나님을 두려워하지 않던 왕입니다. 여호야김이 통치할 때 예레미야 선지자와 하박국 선지자 그리고 다니엘과 같은 믿음의 용사들이 있었습니다.

특별히 예레미야 선지자는 남유다 제16대 왕 요시야 시대로부터 제20대 마지막 왕 시드기야 시대에 이르기까지 40여 년간 회개를 외쳤던 눈물의 선지자였습니다. 여호야김 왕도 예레미야 선지자의 심판 선언과 회개를 촉구하는 음성을 들었습니다. 그러나 눈물의 선지자가 울면서 메시지를 대언하고 피를 토하는 외침 속에서도 회개하지 않았습니다.

하박국 선지자는 남유다에 횡행하는 악에 대하여 하나님께서 바벨론 나라의 손을 빌어 심판하실 것을 예언했습니다. 불의와 강포 속에서도 오직 의인은 믿음으로 말미암아 살리라고 외쳤습니다. 그러나 여호야김 왕은 열조와 같이 악을 행했습니다. 하나님께로 마음을 돌이키지 않았습니다.

사랑하는 성도 여러분! 회개가 죽은 교인은 영적인 생명이 없는 사람입니다. 죄를 지적받을 때마다 회개해서 영적으로 맑고 깨끗하며 성령이 충만한 그리스도인들이 다 됩시다.

제80강
열왕기하 24장 1-7절

남유다와 바벨론

북이스라엘은 앗수르 나라에 의해서 멸망을 받았습니다. 남유다만 남은 상황에서 남유다도 바벨론 나라에 의해 멸망하기까지 열왕들이 활동한 내용을 기록해 주고 있습니다. 그 열왕들을 보면 제13대 왕 히스기야로부터 시작하여 20대 왕 시드기야까지입니다. 모두 여덟 명의 왕들이 활동한 기록입니다. 제18대 왕이 여호야김, 제19대 왕이 여호야긴, 제20대 왕이 시드기야입니다.

오늘 말씀은 역대하 36장 5-8절과 예레미야 25장 1-14절과 관련을 맺고 있습니다. 어떤 내용일까요?

1. 바벨론의 침공과 여호야김

여호야김 왕 때입니다. B.C. 605년에 바벨론 왕 느부갓네살이 남유다를 첫 번째 쳐들어왔습니다. 당시 국제 정세를 살펴봅시다. 애굽과 앗수르가 동맹을 맺고 바벨론을 대적했습니다. B.C. 605년 애굽이 앗수르를 돕기 위하여 올라올 때에 바벨론 왕 느부갓네살이 애굽 왕 바로느고를 갈그미스 전투에서 대승하였고, 이어서 앗수르를 공격하여 바벨론이 승리한 상황입니다.

그러니까 바벨론 나라가 최강대국이 되면서 메소포타미아 지역을 독차지하는 결과를 가져오게 되었습니다. 바벨론이 남하하면서 남유다까지 침략하게 된 것입니다. 이것이 바벨론의 제1차 침공입니다. 이러한 국제 정세 속에 바벨론은 주변국들을 모두 봉신국으로 만들기 위하여 침략했습니다.

그 결과 남유다의 여호야김 왕이 항복하고 바벨론의 신하가 되어 삼 년을 섬기게 되었습니다. 역대하 36장 6절을 볼 때 쇠사슬로 결박하고 바벨론으로 잡아갔다고 했습니다. 여러 가지 이론이 있지만 여호야김 왕이 쇠사슬에 묶여서 끌려 간 것은 비극이 아닐 수 없습니다.

역대하 36장 7절과 다니엘서 1장 1-7절을 볼 때 성전의 기물도 다 탈취당했습니다. 다니엘과 세 친구도 이때 잡혀갔습니다. 왕족과 귀족들을 포로로 사로잡아간 것입니다. 이것이 바벨론의 제1차 포수입니다. 남유다는 바벨론의 봉신 국가가 되었습니다.

그러나 삼 년이 지나서 여호야김 왕이 바벨론의 느부갓네살 왕을 배반했습니다. B.C. 602년입니다. 여호야김 왕은 바벨론과 애굽과의 전쟁이 있을 때 애굽의 원조를 기대하면서 바벨론을 배반합니다. 그 전쟁에서 애굽이 바벨론의 공격을 막아내기는 하였지만 남유다를 도울 수 있는 여력은 없는 상황이었습니다. 결국 남유다의 멸망이 점점 더 확실해지고 있는 상황이었습니다.

여호야김 왕은 애굽의 바로 느고에 의해서 세워진 왕이기 때문에 바벨론을 반대하고 애굽편에 설 수밖에 없었습니다. 느부갓네살이란 '신이신 나부가 나의 재산을 보호했다' 라는 뜻입니다. 바벨론의 창건자 나보폴라살의 아들입니다. 바벨론 나라의 전성기를 이끌었던 왕입니다.

아버지의 대를 이은 느부갓네살 왕은 B.C. 605년 9월 6일에 왕위에 오르게 되었고 다음해 2월까지 군사 원정을 하여 수리아 지역을 비롯하여 가나안 지역과 남유다까지 공격했던 것입니다.

남유다 왕 여호야김은 마음의 변화 때문에 바벨론을 배반한 것이 아니라 국제 정세 때문에 배반한 것입니다. 애굽 왕이 남유다의 왕으로 만들어 주었고, 바벨론 왕에게 종노릇 하다가 애굽의 도움을 받아보려고 바벨론을 배반한 것입니다. 여기서 배반은 사람에 대한 반역이나 하나님께 대한 반역이나 똑같이 배반이라는 말로 표현합니다.

역사의 주관자는 하나님이십니다. 하나님께 순종하는 자에게는 은혜와 복이, 불순종하는 자에게는 심판과 재앙이 있음을 가르칩니다. 이것을 신명기적 역사관이라고 말합니다.

2. 바벨론의 침공과 예언 성취

바벨론이 두 번째 남유다를 공격했습니다. 재침공입니다. 우연한 일일까요? 아닙니다. 이것은 우연한 일이 아니었습니다. 하나님의 섭리 가운데서 이루어진 일이었습니다. 어떤 섭리입니까?

여호와께서 그 종 선지자들에게 하신 말씀처럼 갈대아의 부대와 아람의 부대와 모압의 부대와 암몬 자손의 부대를 여호야김 왕에게 보내 남유다를 쳐서 멸하려 했습니다. 남유다의 멸망에 대하여 말한 선지자가 누구입니까? 이사야, 미가, 하박국, 예레미야, 스바냐, 훌다 등입니다.

과거 므낫세 왕이 지은 모든 죄로 인하여 남유다 백성을 자기 앞에서 쫓아내시겠다고 말씀하신 것이 이루어진 것입니다. 예언의 성취였습니다. 제16대 왕 요시야가 일어나서 종교개혁을 단행했지만 이미 제14대 왕 므낫세 때 남유다에 대하여 하나님께서 선포하신 예언이 있었습니다. 그 예언은 취소되지 않았습니다. 성취되었습니다.

남유다 나라의 멸망에 대하여 선지자를 통한 예언이 있었습니다. 그리고 하나님의 심판이 있을 것도 하나님께서 직접 계시로 보여주셨습니다. 열왕기하 24장 2절에 "여호와께서 그의 종 선지자들을 통하여 하신 말씀과 같이"라고 지적했습니다. 하나님은 갑자기 심판하시지 않습니다. 기회를 주고 또 주십니다. 회개하라고 하나님의 사람들을 통하여 외치고 또 외치십니다.

3절도 봅시다. "이 일이 유다에 임함은 곧 여호와의 말씀대로 그들을 자기 앞에서 물리치고자 하심이니 이는 므낫세의 지은 모든 죄 때문이며"라고 했습니다. 하나님이 이미 말씀하셨습니다. 남유다를 내 앞에서 물리치리라.

13절도 봅시다. "그가 여호와의 성전의 모든 보물과 왕궁 보물을 집어내고 또 이스라엘의 왕 솔로몬이 만든 것 곧 여호와의 성전의 금 그릇을 다 파괴하였으니 여호와의 말씀과 같이 되었더라"라고 했습니다. 하나님의 거룩한 성전까지 모두 파괴했습니다. 그 이유가 무엇입니까? 하나님께서 이미 므낫세의 죄에 대하여 심판하시겠다고 말씀하셨기 때문입니다.

20절도 그랬습니다. "여호와께서 예루살렘과 유다를 진노하심이 그들을 그 앞에서 쫓아내실 때까지 이르렀더라"라고 했습니다. 하나님께서 남유다 백성을 거룩한 땅, 가나안 땅, 아브라함과 이삭과 야곱에게 맹세하고 주신 땅에서 쫓아내시기로 작정하셨습니다.

하나님은 변함이 없는 분이십니다. 천지는 변해도 하나님의 말씀은 변함없이 이루어집니다. 하나님 자신이 불변성을 가진 분입니다. 피조물은 다 변하고 인간이 변심을 하여도 하나님은 변하지 않는 분이십니다. 언약의 말씀도 그렇습니다. 시간 문제이지 반드시 이루어질 줄로 믿습니다.

바벨론의 2차 침공은 갈대아, 아람, 모압, 암몬의 연합군으로 이루어진 공격이었습니다. 여호와께서 연합군을 남유다로 보내신 것입니다. 바벨론 나라도 하나님이 사용하시는 심판의 도구였습니다. 남유다가 하나님의 얼굴 앞에서 떠나게 하기 위해서 바벨론으로 하여금 공격하게 만든 것입니다. 남유다가 약속의 땅, 가나안 땅에서 떠날 때 이방인의 포로가 되어 끌려갔습니다. 언약 백성의 면모는 없어졌습니다. 완전히 버리기 위함이 아니라 포로 생활을 통하여 하나님의 사랑과 은혜를 깨닫게 하기 위함입니다.

특별히 므낫세 왕이 죄 없는 자의 피를 흘려 예루살렘을 피바다로 만들었으므로 여호와께서 용서하실 수 없기 때문이었습니다. 므낫세는 히스기야 왕이 헐어버린 산당을 다시 세웠습니다. 우상숭배를 하였습니다. 아합 왕의 행위를 본받았습니다. 천체 숭배도 했습니다. 자식을 제물로 바쳤습니다. 아달랴나 아하스보다 더 타락한 왕이었습니다. 결국 하나님의 진노를 샀습니다. 남유다 전체가 거의 다 그랬습니다. 왕과 백성 모두의 책임입니다.

특별히 므낫세 왕은 자기를 비판하는 신실한 믿음의 사람들을 죽였습니다. 톱으로 켜서 죽였습니다. 경건한 자와 선지자들을 죽인 왕이었습니다. 그 결과는 하나님의 심판이었습니다.

3. 여호야김 왕

여호야김 왕의 남은 사적과 행적은 남유다 왕조실록에 기록되어 있습니다. 여호야김에 대하여는 역대하와 예레미야서 그리고 에스겔서와 열왕기서에 자세히 기록되어 있습니다. 예레미야 26장에서는 스마야의 아들 우리야가 하나님이 심판하실 것이라고 말하자 그를 죽였습니다.

예레미야 36장에서는 예레미야의 두루마리 성경을 칼로 찢고 불에 태우고 예레미야와 바룩을 잡으려고 했던 왕입니다. 에스겔 19장에서는 바벨론의 포로가 되어 잡혀간 것으로 묘사하고 있습니다. 예레미야와 하박국 선지자가 회개를 촉구하지만, 회개하지 않았습니다.

여호야김이 죽고 그 아들 여호야긴이 대신하여 왕이 되었습니다. 여호야김은 어떻게 죽었을까? 역대하 36장에서 쇠사슬에 매여 바벨론으로 끌려갔다고 기록하고 있습니다. 예레미야 22장 19절에는 여호야김이 예루살렘 문 밖에 던지우고 나귀같이 매장 당했다고 했습니다. 예레미야 36장 30절에는 그 시체는 버림을 입어서 낮에는 더위, 밤에는 추위를 당하리라고 예언했습니다.

그 당시 국제 정세는 어떠했습니까? 애굽 왕이 다시는 자기 나라 국경 밖으로 나오지 못했습니다. 아마도 B.C. 601년에 있었던 바벨론 왕 느부갓네살과 애굽 왕 바로 느고 2세와의 전투로 추정됩니다. 이 전쟁에서 애굽은 치명적인 타격을 입고 팔레스틴과 메소포타미아 지역의 패권을 바벨론에게 넘겨주었습니다.

아마도 바벨론 왕이 애굽의 하수에서부터 유브라데 하수까지 애굽 왕에게 속한 땅을 다 빼앗았기 때문입니다. 애굽 왕은 자기의 나라에서 나올 수 없었습니다. 바벨론이 모든 땅을 빼앗아갔기 때문입니다. 애굽의 도움을 바라보았던 남유다는 바벨론이 강대국으로 부상하자 멸망의 길로 갈 수밖에 없게 되었습니다.

그래서 이사야 선지자의 외침이 무엇이었습니까? "도움을 구하러 애굽으로 내려가는 자들은 화 있을진저 그들은 말을 의지하며 병거의 많음과 마병의 심히 강함을 의지하고 이스라엘의 거룩하신 이를 앙모하지 아니하며 여호와를 구하지 아니하나니"라고 지적했습니다.

역사를 보면 바벨론 나라가 남유다를 네 번이나 공격했습니다. 하나님의 언약에는 변함이 없었습니다. 남유다 왕과 백성들은 회개의 기회를 여러 번 주었지만 회개하지 않았습니다. 그리고 선지자들도 예언해 주었지만 하나님께로 돌아오지 않았습니다. 오히려 선지자를 죽였습니다. 그 결과가 남유다의 멸망으로 이어지고 말았습니다.

하나님만 믿고 의지해야 할 남유다 백성들이 이웃 나라를 의지한 것이 무서운 죄악인 줄 아시고 우리 성도들은 살아 계신 하나님을 절대적으로 신뢰하고 의지합시다.

제81강
열왕기하 24장 8-17절

여호야긴 왕과 바벨론

남유다의 제18대 왕은 여호야김입니다. 여호야김이 통치할 때 바벨론 나라가 두 번이나 남유다를 침공했습니다. 이 사건이 우리에게 전해주는 의미가 무엇입니까? 남유다에 대한 여호와 하나님의 최종적인 심판이 다가오고 있음을 알려주고 있는 것입니다.

지금도 영적인 눈을 떠서 세상에서 일어나고 있는 사건들을 보십시오. 주님의 재림이 다가오고 있음을 느끼게 합니다. 온 세상에 지진이 이렇게 많이 일어난 적이 있습니까? 전쟁과 기근이 심하겠다고 하더니 이런 적이 없습니다. 저수지가 바닥이 드러나고 지구상의 이곳과 저곳에서 태풍과 폭설과 기근과 가뭄과 지진이 일어나고 있습니다.

1. 여호야긴 왕의 통치

남유다의 제19대 왕은 여호야긴입니다. 여호야긴 왕이 왕위에 오를 때 나이가 십팔 세였고 예루살렘에서 석 달을 통치했습니다. 열왕기하에는 십팔 세인데 역대하 36장 9절에는 팔 세로 기록되었습니다. 아마 이것은 필사자의 실수로 십 자를 빠뜨린 것으로 추정하고 있습니다.

여호야긴 왕의 어머니의 이름은 느후스다이며 예루살렘 엘라단의 딸이었습니다. 느후스다는 '놋뱀'을 뜻하고, 아달랴처럼 아들이 젊기 때문에 왕의 후광을 힘입어 많은 정치를 했을 것으로 추정합니다. 외할 아버지는 여호야김 때에 방백 중의 한 사람으로 여호야김의 악정에 대하여 많은 영향을 끼친 것으로 보입니다.

이렇게 어머니의 이름까지 밝히는 것은 다윗 왕국의 정통성을 강조하기 위함이고 혈통적으로 모순이 없는 사람이 통치했다는 것을 강조합니다. 하지만 언약 백성이 언약에 신실해야 더 좋은 것이 아닙니까? 하나님의 언약 백성이 언약에 관심을 가지지 않는다면 어떻게 언약 백성이라고 말할 수 있겠습니까?

여호야긴 왕이 아버지 여호야김 왕의 모든 행위를 본받아 여호와 보시기에 악을 행하였습니다. 한마디로 평가절하했습니다. 짧은 기간 동안 통치하면서 악한 행위를 했다는 것이 쉽게 납득되지 않는 부분입니다.

바벨론 나라의 느부갓네살 왕이 남유다를 침략하는 것은 하나님 보시기에 악을 행한 것에 대한 하나님의 징계였습니다. 에스겔 19장 5-7절에 나타나는 암사자의 새끼에 대하여 제18대 왕 여호야김으로 보는 견해도 있고, 제19대 왕 여호야긴으로 보는 견해도 있습니다.

만약 아들 여호야긴으로 본다면 여호아하스처럼 식물 움키기를 배워 사람을 삼키는 사자일 뿐만 아니라 그들을 능욕하고 성읍을 파괴하는 자입니다. 개인에게 포학한 행위를 할 뿐만 아니라 유가족들과 소유에까지 해를 끼치는 자였기 때문입니다. 여호야긴에 대하여 선지자 예레미야는 '쓸모없어 버려진 질그릇'에 비유했습니다(렘22:28).

여호야긴 왕은 석 달 동안 남유다의 왕노릇을 하지만 왕이 되기 이전부터 선지자 예레미야(B.C. 627-586)와 선지자 하박국(B.C. 612-605)의 심판과 회개의 메시지를 충분히 들을 수 있었습니다. 그럼에도 불구하고 자기 아버지 여호야김을 닮아서 여호와 보시기에 악을 행했습니다.

생각해 봅시다. 만약 여러분이 석 달 동안 직분을 감당해야 한다면 잘 감당하지 않겠습니까? 그런데 어쩌자고 그릇된 부모를 닮아서 하나님 보시기에 악을 행합니까? 정직하고 여호와를 경외하는 다윗 왕을 닮을 수는 없는 것일까요?

2. 바벨론의 3차 침공

바벨론 왕 느부갓네살의 신복들이 예루살렘을 공격하여 포위하게 되었습니다. 바벨론이 세 번째 침략을 한 것입니다. B.C. 597년으로 봅니다. 여호야긴이 왕으로 등극한 그 때입니다. 첫 번째는 느부갓네살 왕까지 전쟁터에 임했지만 이제는 신복들만 보내도 되는 상황입니다. 이것은 바벨론 나라가 강해졌다는 것과 남유다는 약해졌다는 것을 가르칩니다.

아버지 여호야김 왕은 바벨론에 대하여 반기를 들었다가 쇠사슬에 매여 바벨론으로 끌려갔었습니다. 그 아들 여호야긴이 왕위에 올랐을 때 세 번째 침략을 했습니다. 마치 여호아하스 왕이 왕위에 오른 지 석 달만에 애굽 왕 바로 느고에 의해서 폐위된 것처럼, 여호야긴 왕도 바벨론 왕 느부갓네살에 의해 석 달 열흘만에 폐위되고 말았습니다. 여호야긴도 바벨론보다 애굽을 의지하는 정책을 펼쳤기 때문으로 보입니다.

바벨론이 세 번째 침략을 했을 때 여호야긴 왕을 비롯하여 에스겔 선지자와 모르드개 등 남유다의 귀족들을 포로로 사로잡아 끌고 갔습니다. 대규모 공사 활동에 동원될 만한 모든 기술자들도 함께 잡혀갔습니다. 이것이 바로 제2차 바벨론 포수입니다.

여호야긴은 '여호와께서 세우신다'라는 뜻입니다. 바벨론 왕궁의 기록에는 '여호와의 맡은 자', '여호와께서 창조하심'이라는 뜻으로 '여고냐 혹은 고니야'라고 불렀습니다.

신복들이 예루살렘을 포위할 무렵 느부갓네살 왕도 예루살렘 성에 이르렀습니다. 바벨론의 선발대가 예루살렘 성을 장기간 포위하여 성 내의 식량과 식수 부족 현상을 유발시킨 다음에 남유다 왕 여호야긴이 스스로 항복하도록 유도한 것입니다. 남유다는 더 이상 애굽의 원조를 기대할 수 없는 상황이었습니다.

유다 왕 여호야긴이 어머니와 신복과 방백들과 내시들과 함께 바벨론 왕에게 투항하여 사로잡혔습니다. 더 이상 버틸 힘도 능력도 없는 상황에 이른 것입니다. 그렇습니다. 하나님 보시기에 정직히 행하는 것이 사는 길입니다. 하나님 앞에 충성하는 것이 자녀들이 복을 받는 길입니다. 그런데 대충 믿고 싶으면 여러분 당대와 자녀 시대가 어떻게 되겠습니까? 천 대까지 복을 약속하신 하나님이십니다. 잘 믿어서 자신도 복을 받고 자손 만대에 하나님의 복이 임하기를 바랍니다.

예레미야 선지자가 예언한 대로 이루어진 것입니다. 예레미야 22장 24-30절을 봅시다. "여호와의 말씀이니라 나의 삶으로 맹세하노니 유다 왕 여호야김의 아들 고니야가 나의 오른손의 인장반지라 할지라도 내가 **빼어** 네 생명을 찾는 자의 손과 네가 두려워하는 자의 손 곧 바벨론의 왕 느부갓네살의 손과 갈대아인의 손에 줄 것이라 내가 너와 너를 낳은 어머니를 너희가 나지 아니한 다른 지방으로 쫓아내리니 너희가 거기에서 죽으리라 그들이 그들의 마음에 돌아오기를 사모하는 땅에 돌아오지 못하리라 ..."라고 했습니다.

이때는 바벨론 왕이 왕위에 오른 지 팔 년째 되는 해였습니다. 바벨론 왕은 왕이지만 남유다 왕은 포로였습니다. 왕과 왕의 관계가 아닙니다. 왕과 포로와의 관계입니다. 귀한 자가 천한 자가 된 것입니다. 하나님 앞에 충성합시다. 하나님의 아들과 딸답게 삽시다. 그것이 자신을 존귀하게 만드는 길입니다.

바벨론 왕이 거룩한 하나님의 성전의 모든 보물과 왕궁 보물을 약탈하였습니다. 전쟁의 승리자는 항상 약탈자가 됩니다. 성전의 금은보화와 왕궁에 있는 모든 좋은 것이 다 바벨론 왕의 것이 되었습니다. 성전이나 왕궁에서 좋은 것은 모두 다 바벨론 나라로 옮겼습니다.

또 여호와의 말씀처럼 이스라엘 왕 솔로몬이 만든 성전의 금기명을 다 부숴버렸습니다. 솔로몬이 만든 금방패도 다 **빼앗아갔습니다.** 이렇게까지 멸망하는데 하나님은 왜 가만히 계셨을까요?

옛 질서, 온전하지 못한 질서는 다 파괴하고 다윗의 언약 위에 세워질 하나님의 통치가 있는 신정 국가, 신정 정치를 하시기 위한 목적이었습니다. 다시 새롭게 시작하시는 하나님이십니다. 말씀 위에 교회가 세워집니다. 거룩한 교회는 성령의 은혜로 세워집니다.

3. 남유다 백성들

바벨론 왕이 또 예루살렘의 모든 백성과 모든 방백과 모든 용사 도합 일만 명과 모든 공장과 대장장이를 사로잡아갔습니다. 주요 인물들은 물론 사람이 가장 큰 재산인데 쓸만한 사람을 다 사로잡아 바벨론으로 끌고 갔습니다. 옷이 벗겨진 노예처럼 포로로 사로잡아 갔습니다. 방백과 용사들을 모두 사로잡아 끌고 갔습니다.

높은 계급의 사람들, 사령관이나 두령, 총독이나 용사들을 모두 끌고 갔습니다. 심지어 기술이 있는 사람들도 사로잡아 갔습니다. 패전국에게 조공만 바치는 것이 아니라 배상금도 요구했습니다. 잔혹한 방법으로 모두 사로잡아 갔습니다. 저항할 수 없도록 정치적인 의도도 있고, 경제적인 목적도 있는데 바벨론 나라가 영토가 넓어 여러 가지를 개척하고 개발해야 하기 때문에 끌고 간 것입니다.

제1차 포로는 여호야김의 재위 3년(B.C 605)경에 이루어졌습니다. 다니엘과 세 친구도 이때에 포로가 되어 끌려 간 것입니다.

제2차 포로는 B.C. 598년 오늘 말씀에 상세하게 기록된 내용들입니다. 여호야긴과 어머니 그리고 내시들이 다 바벨론 땅으로 끌려갔으며 성전과 왕궁의 보물들도 다 **빼앗겼습니다.**

제3차 포로는 시드기야 왕과 남유다의 멸망과 관련해서 25장 8-21절에 기록되어 있습니다. 귀족들과 부자들은 모두 끌려 가고 평민들만 남유다 땅에 남게 되었습니다. 바벨론 나라에 맞설 수 없는 사람들만 남겨 놓은 것입니다. 이런 정책 때문에 가난한 자 외에는 예루살렘에 남은 자가 없었습니다.

바벨론 왕이 여호야긴을 바벨론으로 잡아가고 왕의 어머니와 아내와 내시와 권력층 인사들도 끌고 갔습니다. 바벨론 왕과 남유다 왕과 대조해서 생각해 봅시다. 왜 남유다 왕은 그렇게 무기력하고 무능력하고 초라해 보입니까? 그렇습니다. 하나님의 백성은 하나님을 만나 예배하고 기도할 때 존귀해지는 법입니다. 가치도 최상입니다. 높여주시는 분은 하나님이십니다.

또 용맹스럽고 싸움에 능한 용사 칠천 명과 공장과 대장장이 일천 명도 바벨론 나라의 포로로 끌려 갔습니다. 싸움에 능한 사람도 다 사로잡아 갔습니다. 전쟁 때마다 선봉에 서서 싸우던 사람들도 다 사로잡혀 갔습니다.

바벨론 왕이 여호야긴 왕 대신에 그의 삼촌 맛다니야를 왕으로 세우고 그 이름을 시드기야라고 불렀습니다. 바벨론 왕 느부갓네살이 여호야긴을 포로로 잡아가면서 맛다니야를 왕으로 세웠습니다. 왕의 임명 정책을 펼친 것입니다. 남유다의 마지막 왕이 시드기야입니다. 제20대 왕입니다. 포로로 사로잡혀 가는 와중에도 다윗의 후손으로 왕위를 세운 것은 하나님의 약속이었습니다. 사무엘하 7장 15절에 "사울에게서 내 은총을 빼앗은 것처럼 그에게서 빼앗지는 아니하리라"라고 한 언약의 성취입니다. 맛다니야는 '여호와의 선물'인데, 시드기야는 '여호와는 나의 의'입니다. 유대인들은 포로 생활 이후에도 시드기야 정권을 인정하지 않았습니다.

제82강
열왕기하 24장 18-25장 7절

시드기야 왕과 바벨론⑴

남유다의 마지막 왕은 시드기야입니다. 바벨론의 3차 침공으로 포로가 되어 끌려간 여호야긴 왕을 대신하여 요시야의 아들 시드기야가 유다의 제20대 왕으로 등극한 것입니다. 시드기야 왕은 남유다 백성들의 환영과 축복 속에서 왕이 된 것이 아니라 바벨론 왕 느부갓네살의 뜻에 의하여 세워진 명목상의 왕이었습니다.

시드기야의 본명은 '맛다니야'입니다. 바벨론 왕 느부갓네살에 의해 시드기야로 개명하여 불렀습니다. 사랑하는 성도 여러분! 명분만 아들과 딸이 아니라 실제적인 아들과 딸이 됩시다. 우리는 영원하신 하나님의 아들과 딸입니다. 삶이 있고 실천이 있으며 행동이 있는 믿음의 사람이 됩시다.

1. 시드기야 왕

시드기야 왕은 남유다의 제20대 왕으로 왕위에 오를 때 나이가 이십일 세였고 예루살렘에서 십일 년을 통치했습니다. 당시 활동했던 하나님의 사람은 눈물의 선지자 예레미야였습니다. 예레미야는 생명을 내놓고 남유다와 시드기야 왕과 백성을 위하여 예언하면서 맨발로 외치고 또 외쳤던 선지자입니다.

시드기야 왕은 예레미야 선지자의 충고를 무시한 채 바벨론을 배반하고 친애굽 정책을 펼쳤습니다. 그 결과 바벨론이 네 번째 침공하여 남유다를 완전히 멸망시킨 것입니다. 겉으로는 잘못된 외교 정책 때문에 남유다의 왕과 백성이 비참한 최후를 맞이하게 되었습니다.

당대 진실을 예언한 예레미야 같은 선지자가 있었던 반면 거짓된 선지자들의 활동이 활발하여 백성과 왕을 속였던 것으로 추정됩니다. 거짓 선지자들은 하나님의 이름을 빙자하여 다윗의 후예가 통치하는 남유다는 망하지 않을 것이라고 말하여 시드기야 왕의 영적인 판단력을 흐리게 하였습니다.

시드기야 왕은 요시야의 아들로서 B.C. 597년부터 B.C. 586년까지 십일 년을 통치한 남유다의 마지막 왕이었습니다. 시드기야 왕은 국제 정세에 밝지 못했고, 거짓 선지자의 유혹에 넘어가 바벨론에 반역함으로써 남유다의 멸망을 초래한 장본인이 되었습니다.

그 어머니의 이름은 하무달이며 립나 예레미야의 딸이었습니다. 하무달은 제17대 왕으로 석 달 동안 통치했던 여호아하스 왕의 어머니와 이름이 동일합니다. 시드기야 왕은 여호아하스와 동복 형제임을 알 수 있습니다.

남유다의 결정적인 멸망의 원인을 지적하고 있습니다. 시드기야가 여호야김의 모든 행위를 본받아 여호와 보시기에 악을 행했습니다. 남유다가 하나님께서 내리신 진노 때문에 멸망을 당하였다는 것입니다. 마지막 왕 시드기야를 비롯하여 역대 왕들이 저지른 죄악이 무엇입니까?

역대하 36장 12-16절과 예레미야 27-39장을 연구해 보면 남유다 왕들이 바알과 아스다롯 우상을 섬겼습니다. 거룩한 하나님의 성전 안에 우상의 제단도 만들어 놓았습니다. 일월성신을 숭배했습니다. 산당 제사와 심지어 인신 제사까지 허용했습니다. 이게 하나님을 믿는 나라에서 있을 수 있는 사건입니까?

여호야김 왕이나 시드기야 왕, 왕들이 교체되어도 변함이 없었습니다. 남유다는 달라진 것이 거의 없었습니다. 북이스라엘이 걸어갔던 그 길을 걸었습니다. 그 결과가 무엇일까요? 하나님의 심판이었습니다. 여호와께서 예루살렘과 유다에게 진노하심으로써 그들을 여호와 앞에서 쫓아내시는 지경에까지 이르게 되었습니다.

당시 활동했던 선지자가 예레미야만이 아니라 에스겔, 다니엘, 오바댜 등도 있었습니다. 이들도 모두 남유다의 영적인 죄악과 도덕적인 죄악 그리고 하나님의 심판을 외치면서 회개를 촉구했지만 돌아서지 않았습니다. 물론 에스겔과 다니엘은 포로로 잡혀간 땅에서 하나님의 말씀을 전했고, 오바댜는 예루살렘이 당한 재난을 기뻐하였기 때문에 심판을 외친 선지자입니다.

남유다에 대한 하나님의 진노는 므낫세 왕 때에 정해진 것이었습니다. 하나님께서 약속의 땅, 축복의 땅에서 쫓아내실 때가 다가오고 있었습니다. 자연스럽게 연결된 사건이 시드기야 왕이 바벨론 왕을 배반한 것입니다. 예레미야 선지자는 시드기야 왕이 바벨론을 배반함으로써 남유다가 멸망할 것을 예언했던 선지자였습니다(렘21:1-10; 34:1-3; 37:6-10).

당시 국제 정세로 보면 암몬과 모압, 에돔 나라들이 연합하여 바벨론을 대적했는데 거짓 선지자가 시드기야 왕에게 바벨론을 배반하고 애굽을 의지하라고 예언했습니다. 그래서 결정적으로 바벨론의 진노를 사게 되었고 하나님의 뜻이 실현되게 된 것입니다. 역사의 주인은 하나님이십니다. 진정한 왕은 예수 그리스도이시므로 예수님만 믿고 바라보게 만듭니다.

2. 바벨론의 제4차 침공

시드기야 왕이 왕위에 오른 지 구년 시월 십일에 바벨론 왕 느부갓네살이 예루살렘을 침공하여 진을 치고 성을 둘러 토성을 쌓았습니다. 바벨론의 제4차 침공입니다. 특별한 기록은 시드기야 왕이 통치한 연월일을 자세히 기록했다는 사실입니다. 남유다 역사에 있어서 영원히 잊을 수 없는 사건이 벌어졌기 때문에 그렇게 기록한 것입니다.

시드기야 구년은 B.C. 588년으로 남유다가 바벨론 나라의 4차 침공을 받은 때입니다. 남유다가 완전히 멸망하기 시작한 때를 정확하게 기록하고 있습니다. 그 당시의 전쟁은 예루살렘 성을 완전히 함락시키려고 활을 쏘고 방패를 세우고 토성을 쌓은 방법이었습니다.

화살을 쏘는 것은 성벽 위로 적들이 머리를 들지 못하게 하기 위한 방법이고, 방패를 세우는 것은 성벽에 불을 지르거나 성벽에 사다리를 설치하여 성 안으로 진입하기 위한 수단이었습니다. 토성을 쌓는 것은 성벽을 효과적으로 부수기 위한 공성퇴를 설치하기 위한 수단입니다. 아니면 상대방의 성을 내려다 볼 수 있는 망대를 설치했습니다.

시드기야 왕 십일년까지 바벨론의 군대가 예루살렘 성을 계속하여 포위하였습니다. 그 해 사월 구일에 기근이 심하여 남유다 백성들의 양식이 떨어져 갔습니다. 남유다 백성들은 바벨론 군대를 상대로 19개월을 버텼습니다. 당시 바벨론은 남유다만 공격한 것이 아니라 레바논에서 발생한 지역 항쟁에 대처하고 또 아프리카 원정에 대비하고 있었기 때문에 군사력이 분산될 수밖에 없었던 것입니다.

하나님을 절대적으로 의지해야 할 하나님의 백성이 애굽의 도움이나 요청하고 있으니 그것이 어떤 결과를 가져오겠습니까? 하나님의 율법의 말씀을 생명같이 지켜야 할 민족이 형식과 외식적으로 흐를 뿐만 아니라 우상을 숭배했으니 어떤 징벌이 임할까요? 영적인 힘과 능력이 없이 외적인 성벽이 무슨 능력이 있으며, 어떤 결과를 가져오겠습니까?

그래서 시편 기자가 뭐라고 했습니까? "여호와께서 집을 세우지 아니하시면 세우는 자의 수고가 헛되며 여호와께서 성을 지키지 아니하시면 파수꾼의 깨어 있음이 헛되도다 너희가 일찍이 일어나고 늦게 누우며 수고의 떡을 먹음이 헛되도다"라고 했습니다.

여기서 기근은 '부족, 결핍'을 의미합니다. 천재지변에 의한 기근도 기근이지만 때로는 인위적인 사건에 의한 결핍도 기근입니다. 바벨론이 포위하고 있을 때 예루살렘은 비참했습니다. 곡식은 약탈 당하고 성은 출입이 차단되고 아람이 침략했을 때 자녀를 잡아먹기까지 한 사마리아 성과 비슷했습니다. 이 기근이 누구로부터 온 것입니까? 하나님으로부터 온 것입니다. 해결하실 분도 하나님이십니다. 그런데 남유다는 하나님께로 돌아가지 않았습니다. 애굽의 원조만 기다리고 있었습니다. 예레미야 선지자는 시드기야 왕에게 바벨론에게 항복하는 길이 남유다를 그나마 살릴 수 있는 길이라고 했지만 이것마저 거절했습니다. 망하는 사람은 망하는 이유가 있고 복 받는 사람은 복받는 이유가 있는 것입니다.

3. 예루살렘 공격과 시드기야 체포

바벨론 군대가 예루살렘 성을 포위하고 예루살렘 성벽을 뚫었습니다. 그때 남유다의 군사들은 살기 위하여 예루살렘을 싸고 있는 바벨론 군대를 뚫고 밤중에 아라바 길로 도망쳤습니다.

바벨론 군대가 시드기야 왕을 뒤쫓아서 여리고 평지에서 왕을 사로잡았습니다. 시드기야 왕이 체포된 것입니다. 아마도 아라바 길, 요단 계곡 길이라고 불리는 데서 체포된 것으로 보입니다. 이 길은 갈릴리 바다로부터 남쪽으로 요단 계곡과 사해를 포함하여 멀리 아카바 만까지 이르는 대계곡으로 난 길이기 때문입니다. 여하튼 시드기야 왕은 체포되고 병사들은 흩어졌습니다.

이 사건이 겉보기에는 바벨론 군사에 의해 체포된 것이지만 그 배후는 하나님께서 하신 일입니다. 인간은 하나님을 피할 수 없습니다. 하나님 앞에 범죄한 것 때문에 임하는 징벌을 무슨 수로 피할 수 있겠습니까? 시드기야 왕이 요단 평지로 도망친 것은 모압이나 암몬 족속의 도움을 받아 신변의 보호와 군사적인 원조를 기대했던 것으로 보입니다.

이에 왕을 따르던 모든 군사가 바벨론 군사들에게 발각된 것을 알고 시드기야 왕을 버리고 다 흩어졌습니다. 이것은 에스겔 선지자의 예언대로 이루어진 일입니다. 에스겔 12장 14절에 "내가 그 호위하는 자와 부대들을 다 사방으로 흩고 또 그 뒤를 따라 칼을 빼리라"라고 예언했습니다.

바벨론 군사가 왕을 잡아 립나에 있는 바벨론 왕에게로 끌고 가니 왕이 저를 심문했습니다. 바벨론의 군사들이 시드기야 왕을 잡아 자기 나라의 왕 느부갓네살 왕에게 끌고 갔습니다. 바벨론 나라의 규례, 법과 공의를 따라 심판을 했습니다. 바벨론 나라를 반역한 죄를 묻게 된 것입니다.

바벨론 왕 느부갓네살이 시드기야의 아들들을 시드기야 왕 앞에서 죽였습니다. 맨 처음으로 내린 형벌은 왕자들을 죽이는 형벌이었습니다. 반역자의 종말, 언약을 깨뜨린 자의 최후가 무엇인지를 가르쳐 주고 있습니다. 왕자들을 죽이는 방법이 짐승을 도살할 때 사용하는 방법이었습니다. 예레미야 선지자가 무슨 예언을 했습니까? 시드기야 왕이여! 바벨론에게 복종하라고 예언했습니다(렘52:10-11).

또 무슨 형벌을 내렸습니까? 시드기야 왕의 눈을 빼고 쇠사슬로 결박하여 바벨론으로 끌고 갔습니다. 두 눈을 뽑는 것은 고대 근동에서는 일반적인 형벌이었으나 앗수르와 바벨론 왕이 봉신국의 왕에게 이렇게 행했습니다. 고대 페르시아에서도 역모를 꾀한 자에게 그렇게 행했습니다.

두 눈이 뽑힌 시드기야 왕은 쇠사슬에 묶인 채 바벨론으로 끌려갔습니다. 예레미야 52장 11절에는 "그를 바벨론으로 끌고 가서 그가 죽는 날까지 옥에 가두었더라"라고 기록했습니다. 고국에 돌아오지 못하고 바벨론 나라의 옥에서 죽었습니다.

사랑하는 성도 여러분 잘 믿읍시다. 잘 살다가 잘 죽읍시다. 주님과 교회를 위하여.

제83강
열왕기하 25장 8-21절

시드기야 왕과 바벨론(2)

바벨론 나라가 남유다를 네 번째 침공하였습니다. 남유다는 바벨론의 포로가 되었습니다. 왕자들이 바벨론 나라의 즉결재판에 따라 목숨을 잃었습니다. 시드기야 왕은 왕자들의 죽음을 눈 뜨고 지켜보아야만 했습니다. 그리고 시드기야 왕도 두 눈이 뽑히고 쇠사슬에 매여 바벨론으로 끌려갔습니다.

그 다음에 무슨 일이 발생했을까요?

1. 예루살렘 성 파괴와 포로

바벨론 왕 느부갓네살 왕 제십구년 오월 칠일에 바벨론 왕의 친위대장 느부사라단이 예루살렘에 진입했습니다. 예루살렘 성을 완전히 장악한 느부사라단은 예루살렘의 성전과 왕궁을 불사르고 주요 건물들을 불태웠습니다. 성전과 왕궁을 훼파하는 사건이 벌어졌습니다.

바벨론 왕 느부갓네살 제십구년에 남유다가 역사 속에서 완전히 사라졌다는 것을 의미합니다. 남유다가 바벨론 나라에 귀속된 날이기도 합니다. 연도와 월과 일까지 자세히 명시한 이유가 무엇일까요?

주께서 택하신 성읍이 불타고, 남유다의 도성인 예루살렘이 함락되던 날, 여호와의 임재의 상징인 성전이 불타던 날입니다. 가장 충격적인 사건이 일어났습니다. 하나님의 백성들에게 있어서는 안 될 일이 일어났습니다. 생각해 봅시다. 예루살렘이 함락된 날, 성전과 왕궁이 불타던 날, 시드기야 왕과 왕자들이 죽임을 당하던 날, 남유다가 멸망 받던 날을 어떻게 잊을 수 잊겠습니까?

하나님의 언약 백성들인 남유다에 있어서 최고의 영광이 무엇이었습니까? 하나님의 성전을 건축한 일입니다. 그래서 성전을 건축한 연도와 월과 일을 기록한 저자가 하나님의 성전이 불탄 날의 연도와 월과 일도 기록한 것입니다.

이스라엘 백성에게 있어서 성전 건축은 하나님의 임재를 경험함과 더불어 영광과 축복이었습니다. 구원 역사 속에서 성전 건축은 언약의 성취였습니다. 그러나 성전의 파괴, 훼파는 하나님을 배반하고 언약을 배신한 결과입니다. 남유다에게는 수치와 부끄러움과 하나님의 징계를 받는 표시였습니다.

시위대 장관 느부사라단이 느부갓네살 왕의 명령을 받아 바벨론 온 군대를 이끌고 와서 예루살렘의 모든 성벽을 헐어버렸습니다. 짐승을 잡듯 무자비하게 성전에 불을 지르고 왕궁을 불태웠습니다. 성전은 솔로몬 왕 십일년째 되던 해인 B.C. 959년경에 완공되었고 솔로몬의 왕궁은 이십사년째 되던 해인 B.C. 946년경에 완공된 것이었는데, B.C. 586년경 느부사라단에 의해 소각되고 말았습니다. 성전은 건축된 지 373년, 왕궁은 369년 만에 파괴된 것입니다.

이와 같은 성전과 왕궁의 파괴는 역대하 7장 20절을 볼 때 하나님께서 솔로몬 왕에게 경고하신 내용이고, 열왕기하 23장 27절에서 요시야 왕에게 예언한 말씀의 성취인 것입니다. 결국 성전과 왕궁이 불 탄 것은 하나님의 언약을 배반한 남유다 백성에게 선언한 형벌 중의 형벌인 것입니다. 그러므로 기독교는 언약의 종교입니다. 언약에 신실할 때에는 하나님께서 보호하고 인도해 주시지만 언약을 깨뜨리면 징벌과 심판의 대상이 되는 것입니다.

또 시위대장 느부사라단이 성중에 남아 있는 백성과 투항자들과 나머지 모든 사람들을 다 사로잡아 갔습니다. 그들은 아마도 목숨을 걸고 예루살렘 성을 사수하려는 사람들이었을 것입니다. 대항하여 싸우다가 사로잡힌 자일 수도 있습니다. 포로가 되어 바벨론으로 끌려 간 것입니다. 또 무기를 만드는 사람들도 있었을 것입니다. 남유다의 멸망은 군사적인 열세 때문이지만 신학적인 입장에서 보면 바벨론에 대항하지 말라는 예레미야 선지자의 말을 거절했던 시드기야 왕의 교만 때문이었습니다.

다만 가난하고 천한 백성들만 예루살렘에 남겨두어 포도원을 가꾸고 농사를 짓게 했습니다. 농업과 경제적인 활동을 위하여 비천한 사람들만 남겨 놓았습니다. 이렇게 자세히 기록한 목적이 무엇입니까? 지금이라도 각성하라는 하나님의 음성입니다. 회개하면 길이 있습니다. 회개하여 천국을 차지하는 성도가 됩시다.

2. 바벨론 군대와 성물 약탈

갈대아 사람이 성전의 두 놋기둥과 받침들과 성전의 놋바다를 깨뜨려 그 놋들을 바벨론으로 가져갔습니다. 성전에서 사용하던 기물들을 다 가져갔습니다. 또 가마들과 부삽들과 불집게들과 숟가락들과 제사 때 쓰는 놋그릇까지 다 가져갔습니다. 여호야긴 왕 시대에는 금 종류를 이미 다 가져갔습니다. 시드기야 왕 때에 마저 가져 간 것입니다.

또한 친위대장이 불 옮기는 그릇과 주발들 곧 순금으로 만든 주발들과 순은으로 만든 주발들을 가져갔습니다. 이처럼 이방인들이 성전과 왕궁의 보물들을 다 약탈한 것은 열왕기서에서 여러 번 언급하신 말씀과 관련이 있습니다. 하나님의 백성이라고 하면서 하나님의 권고를 무시한 왕들의 어리석음과 남유다 백성들의 불순종의 결과인 것입니다.

열왕기하 12장 18절에 "유다의 왕 요아스가 그의 조상들 유다 왕 여호사밧과 여호람과 아하시야가 구별하여 드린 모든 성물과 자기가 구별하여 드린 성물과 여호와의 성전 곳간과 왕궁에 있는 금을 다 가져다가 아람 왕 하사엘에게 보냈더니 하사엘이 예루살렘에서 떠나갔더라"라고 했습니다.

열왕기상 14장 25-26절을 보면 "르호보암 왕 제오년에 애굽의 왕 시삭이 올라와서 예루살렘을 치고 여호와의 성전의 보물과 왕궁의 보물을 모두 빼앗고 또 솔로몬이 만든 금 방패를 다 빼앗은지라"라고 했습니다. 남유다가 성전과 왕궁의 모든 것을 빼앗긴 것은 신앙적인 유린은 물론 언약 백성으로서 지켜야 할 것을 모두 빼앗겼음을 말해 주고 있습니다.

바벨론 사람들은 솔로몬 성전의 두 기둥과 한 바다와 받침 등 모든 기구의 놋 중수는 헤아릴 수 없을 정도로 많았습니다. 한 기둥의 높이가 십팔 규빗이며 그 꼭대기에 놋머리가 있어 높이가 삼 규빗이며 머리에 둘린 그물과 석류도 다 놋으로 만든 것이었습니다.

남유다는 언약 백성입니다. 하나님과의 관계에 있어서 생명을 걸고 지켜야 할 것이 언약이었습니다. 그러나 언약 백성답지 않게 우상을 숭배했습니다. 그 결과는 성전이 불타고 왕궁이 불탄 것은 물론이고 좋은 물건은 모두 빼앗겼습니다. 사람들은 포로가 되어 끌려 갔습니다. 이것은 하나님의 영광까지 훼손하는 일이었습니다.

놋제단에서 사용하는 여러 가지 기물들도 가져 갔습니다. 남유다에서 하나님의 백성의 상징인 성전이 불탔습니다. 왕궁도 사라졌습니다. 왕은 두 눈이 빠진 채 바벨론 나라의 포로가 되었습니다. 왕자도 없어 대가 끊어졌습니다. 백성은 포로가 되어 끌려 갔습니다. 금은보화는 물론이거니와 놋까지 다 가져 갔습니다.

예루살렘 성전의 금을 빼앗긴 후 놋으로 대신하여 사용했는데 이제는 눈까지 빼앗겼습니다. 영적인 황폐입니다. 불신앙이 얼마나 무서운 적인지 압니까? 불순종이 얼마나 무서운 결과를 가져오는지 알고 있습니까? 남유다가 군사력의 열세 때문에 바벨론에게 망한 것이 아니라 영적인 황폐, 불신앙과 불순종 때문에 망한 것입니다.

솔로몬 왕이 당대 최고의 지혜와 재능과 총명이 있는 자들을 불러모았습니다. 두로 왕 히람의 도움도 받았습니다. 엄청난 양의 금과 은이 사용되었고 외적인 화려함과 정교함도 뛰어났습니다. 그때 왕과 백성의 헌신은 대단했습니다.

하지만 점점 하나님의 말씀에서 멀어진 믿음 생활을 하였습니다. 마음을 하나님께 바치는 것이 아니라 가치 없는 우상이나 여인에게 바쳤습니다. 그 결과가 무엇입니까? 모든 것이 바벨론으로 옮겨지는 심판이 임했습니다. 여호와의 성전이 철저하게 파괴되는 심판을 받았습니다. 여러분의 성전은 깨끗합니까? 성령이 임재하십니까? 믿음이 충만하고 기도와 찬송 소리가 들려옵니까?

3. 체포와 처형

시위대장이 대제사장 스라야와 부제사장 스바냐와 성전 문지기 세 사람을 붙잡았습니다. 하맛 땅 리블라에서 처형했습니다. 이 상황은 정말 비극적인 상황입니다. 종교 지도자들과 정치 지도자들을 모두 처형했습니다. 지도자가 없는 사회가 얼마나 불쌍합니까?

대제사장 스라야는 '여호와께서 통치하신다'의 뜻입니다. 스라야는 여호사닥과 에스라의 아버지이며, 제1차 바벨론의 포로에서 귀환 후 대제사장 직무를 수행한 예수아 즉 여호수아의 할아버지입니다.

부제사장은 대제사장 유고시 대행하는 사람으로 스바냐는 '여호와께서 숨겨주는 자' 라는 뜻입니다. 예레미야 21장 1절을 보면 마아세야의 아들이고 시드기야 왕이 두 번에 걸쳐 중보 기도를 요청하기 위하여 선지자 예레미야에게 파견했던 두 제사장 중의 한 사람입니다.

문지기는 단순한 문지기가 아니라 불경스러운 자가 출입하지 못하게 하며 침입을 금지하던 레위인을 가리킵니다. 예레미야 52장 24절을 볼 때 문지기의 사명은 막중했습니다. 세 명이 근무했는데 그중에 가장 충실한 사람이었습니다.

예루살렘 성전이 불탔습니다. 기명들은 모두 바벨론으로 옮겨졌습니다. 사람들은 죽임을 당했습니다. 문제가 무엇입니까? 하나님께 인간이 드릴 수 있는 최고의 영광인 예배를 드릴 수 없게 된 것입니다. 이것이 가장 큰 아픔이며 슬픔입니다.

또 성중에서 군사를 거느린 내시 하나와 성중에서 만난 왕의 시종 다섯과 군대를 징집하는 장관의 서기관 하나와 그 당의 백성 육십 명을 붙잡았습니다. 반란의 소지가 있는 자들을 붙잡은 것입니다. 군대를 거느릴 수 있는 장관, 고위 장성급입니다. 정치적인 반란자들을 모두 숙정했습니다. 먼저는 종교적인 지도자들을 숙정하더니 이제는 정치적이고 군사적인 지도자들을 숙정했습니다.

그 사건을 이렇게 기록해 주었습니다. 시위대장 느부사라단이 그들을 립나에 있는 바벨론 왕에게로 끌고 갔습니다. 바벨론 왕이 립나에서 그들을 다 쳐 죽였습니다. 느부사라단은 종교 지도자와 정치 지도자들을 모두 느부갓네살 왕에게 넘겨주었습니다. 남유다 나라의 모습을 점점 감추었습니다. 바벨론의 통치에 반하는 사람들은 모두 죽었습니다.

유다 백성들의 바벨론 포로를 재강조했습니다. 남유다의 왕과 대제사장, 군대장관들과 정치 지도자들이 모두 처형당했습니다. 남아 있는 자는 비천한 사람들뿐이었습니다.

하나님의 백성은 언약의 말씀을 듣고 보고 배운 다음에 실천하는 삶을 살아야 합니다. 반석 위에 세운 지혜로운 사람은 그렇게 삽니다. 지켜 행하지 않는다면 거울로 보고 고치지 않는 미련한 사람과 같습니다. 왜냐하면 성도에게 하나님만이 유일한 상급이요 방패이기 때문입니다.

제84강
열왕기하 25장 22-30절

그달리야 총독과 여호야긴의 석방

바벨론이 남유다를 네 번째 침공하여 예루살렘 성전을 불태우고 왕궁도 불질렀습니다. 정치 지도자나 종교 지도자들을 모두 죽였습니다. 남유다 백성들을 포로로 사로잡아 바벨론 나라로 이주시켰습니다.

바벨론 왕 느부갓네살이 남유다에 남아 있는 비천한 자들을 식민지로 삼고 통치 책임자로 그달리야를 임명했습니다. 그달리야는 총독이 되어 남유다를 다스리게 되었습니다. 어떤 결과를 가져왔을까요?

1. 그달리야의 회유

모든 군대장관과 부하들이 바벨론 왕이 그달리야를 유다 총독으로 삼았다는 소식을 들었습니다. 과거 앗수르 나라가 북방 이스라엘을 멸망시킬 때 백성들을 이주시키는 정책을 펼쳤습니다. 그 정책이 실패한 것을 거울삼아 강압적인 정책을 펼치지 않고 식민지 정책을 펼쳤습니다. 식민지 국가로서 농업이나 목축업을 경영하게 하면서 세금을 징수하는 정책이었습니다. 이 정책은 비교적 온건한 정책 중의 하나입니다.

그달리야는 바벨론 왕 사반의 손자 아히감의 아들입니다. 그달리야의 할아버지인 사반은 서기관 출신으로 요시야 왕 때에 큰 명성을 얻은 사람입니다. 아버지 아히감도 요시야 왕의 사절단으로 이사야 선지자를 방문했던 사람입니다. 그달리야는 예레미야 선지자에 대해서도 호의적인 사람이었습니다. 그러므로 명문 가정 출신인 그달리야를 총독으로 임명하는 것이 적당하다고 바벨론 왕은 생각한 것입니다. 그 결과가 어떻게 되었을까요?

바벨론 왕의 정책은 반란을 최소화하고 세금과 조공을 바치는 일에 관심을 가지게 된 것입니다. 그달리야는 당시 예레미야 선지자의 충고에 따라 친바벨론 정책을 일관되게 유지하고 있었으며 남유다에 대한 공로가 인정되어 총독의 자리까지 오르게 된 것입니다.

바벨론 나라의 포로가 될 때 유다 각 지역에 상당수의 상류층 사람들이 숨어 지냈습니다. 예레미야를 비롯하여 왕족들도 있었습니다. 예레미야 43장 6절이 증언합니다. 그러므로 예레미야나 비천한 자들은 바벨론을 지지했지만 상류층 사람들과 반바벨론 성향을 가진 사람들은 끊임없이 그달리야를 위협하는 세력이 되었습니다.

소규모의 지휘관은 계속하여 남유다에 머물고 있었습니다. 그달리야가 총독으로 부임했을 때 군부의 잔존 세력들이 미스바로 가서 그달리야에게 나아갔습니다. 재결집하게 된 것입니다. 아마도 숨어서 지내던 지휘관들도 많았을 것으로 보입니다. 팔레스틴 남동부의 광야나 동굴뿐만 아니라 모압이나 암몬까지 도망가서 은신하다가 동족 그달리야가 총독으로 부임했다는 소식을 듣고 몰려 올라 온 것입니다.

아마도 사령부가 미스바에 있었을 것입니다. 미스바는 '망대' 라는 의미로 예루살렘에서 북쪽으로 13킬로미터 떨어진 곳에 있습니다. 그달리야가 총독이 되었다는 것은 무슨 의미가 있는 것일까요? 다윗 왕조의 끝을 의미합니다. 다윗 시대부터 정치와 종교의 중심지가 예루살렘이었는데 예루살렘 시대도 끝이 났다는 것을 의미합니다.

그달리야가 잔존 군부 세력들에게 한 말이 무엇입니까? 이 땅에서 바벨론 왕을 섬긴다면 평안할 수 있을 것이라고 맹세하면서 말했습니다. 바벨론 왕을 섬기라. 그리하면 평안하리라. 이것이 그달리야의 중요한 메시지입니다. 남유다의 살아 있는 상류층 사람들을 향한 회유의 말입니다.

맹세까지 했습니다. 언약을 세우는 형식까지 취하면서 말했습니다. 그달리야는 총독보다는 바벨론의 봉신과 같은 입장에서 말한 것입니다. 그달리야가 왕처럼 행동하고 있지만 봉신왕이었습니다. 그러나 신명기적 율법관을 가졌거나 다윗 왕조를 중심으로 하는 역사관을 가진 사람에게는 용납할 수 없는 말이었습니다. 바벨론 왕을 섬기라. 그리하면 평안하리라. 자기 자신에게 복종을 요구하는 말이었습니다. 어떻게 되었을까요?

남유다의 숨어 지내는 상류층 사람들은 그달리야의 맹세에 동조하거나 서약하지 않았습니다. 오히려 분노한 나머지 그달리야를 살해했습니다. 다윗의 후손도 아닌 그달리야가 왕처럼 행동하는 것을 용납해 주지 않았습니다. 그달리야를 매국노로 보았습니다. 여호와를 의지하라는 예레미야의 말을 거절하고 민족주의자들은 남유다를 구원하려고 시도하다가 더 큰 화를 당하게 된 것입니다.

2. 그달리야 살해와 애굽으로 도주

칠월에 왕족 엘리사마의 손자 느다니야의 아들 이스마엘이 열 명을 거느니고 와서 그달리야를 쳐서 죽였습니다. 바벨론 왕 느부갓네살이 유다 총독으로 임명한 그달리야가 남유다 내부의 반란으로 암살되었음을 기록해 주었습니다. 유다의 왕족인 이스마엘에게 살해 당한 것입니다.

칠월은 언제인가? 남유다가 멸망 당한 해 B.C. 586년 칠월을 가리킵니다. 예루살렘이 멸망한 그 해 오월이었으므로 그달리야는 총독이 된 지 불과 두 달만에 살해 당한 것입니다. 그달리야는 친바벨론 정책과 기존의 고위 지도자들로부터 지지를 받지 못했던 것입니다.

이스마엘은 누구인가? 엘리사마의 손자 느다니야의 아들입니다. 왕족이었습니다. 이스마엘은 다윗 왕조의 회복을 명분으로 그달리야를 살해한 것입니다. 또 개인적인 시기심도 작용했을 것입니다. 이스마엘이 암몬의 사주를 받았으며 거사 후에 암몬으로 망명했기 때문입니다.

예레미야 40장 13-15절을 볼 때 가레아의 아들 요하난과 들에 있는 군대장관들이 이스마엘의 반역의 징후를 감지하고 미스바에까지 찾아가서 그달리야에게 미리 경고해 주었습니다. 요하난이 먼저 이스마엘을 죽이겠다고 제안했지만 그달리야가 그것을 믿지 않고 제안을 거부했습니다. 그달리야는 바벨론의 세력만 믿고 아무런 방비를 하지 않았습니다.

그달리야와 함께 미스바에 있던 유다 사람과 갈대아 사람들도 죽였습니다. 이스마엘의 군대가 그달리야만 죽인 것이 아니라 남유다 사람들도 죽이고 갈대아, 바벨론 사람들도 죽였습니다.

그러자 높고 낮은 사람 할 것 없이 모든 사람과 군대장관들이 갈대아 사람을 두려워하여 다 일어나 애굽으로 도주했습니다. 이것이 하나님의 시험이었습니다. 바벨론의 통치가 시작되었을 때 회개하면서 하나님의 통치를 원해야만 했습니다. 그러나 남유다 백성들은 끝까지 회개하지 않다가 애굽으로 도주하는 행동까지 했습니다.

이것이 무슨 결과를 가져온 것일까요? 하나님의 구속 역사 자체를 남유다 백성들 스스로가 포기한 것입니다. 바벨론 나라를 의지하는 마음을 가진 자들도 있었지만 마음은 하나님께로 돌이켜야만 했습니다.

여러분은 하나님께서 이루어 가시는 구원 역사에서 무슨 일을 감당하고 있습니까? 예배로 영광을 돌립니까? 사람의 영혼을 귀하게 여겨서 전도를 합니까? 아니면 하나님의 백성들의 영적인 성숙을 위하여 기도하며 말씀으로 봉사를 합니까?

하나님께서 나를 구원하신 목적은 선한 일을 하라고 구원해 주신 것입니다. 하나님의 일은 모두 다 선한 일입니다. 믿는 일도 선한 일이고 전도하여 구원하는 일도 선한 일입니다. 선한 사업에 부자가 됩시다.

3. 여호야긴의 석방

유다 제19대 왕 여호야긴이 사로잡혀 간 지 삼십칠 년 곧 바벨론 왕 에윌므로닥이 즉위한 원년 십이월 이십칠일에 유다 왕 여호야긴을 친절히 대하고 그의 위치를 바벨론에 있던 다른 모든 왕들보다 높게 했습니다. 여호야긴이 감옥에서 풀려나 죄수의 신분을 벗고 왕족으로서의 대우를 받게 되었습니다. 이것은 하나님의 은혜가 완전히 사라지지 않았음을 말해 주는 사건입니다.

바벨론으로 끌려간 지 삼십칠 년 후에 일어난 일입니다. 시드기야와 그달리야가 바벨론의 정치로 말미암아 세워진 봉신이었다면 여호야긴은 다윗의 후손으로서 정통성 있는 왕이었습니다. 시드기야가 왕위에 올랐을 때도 유대인들은 여호야긴을 통치 연대로 사용했습니다. 느부갓네살이 죽고 그의 아들 에윌므로닥이 바벨론 왕으로 즉위했을 때입니다.

여호야긴이 입었던 죄수의 옷을 바꾸게 하고 평생을 왕과 함께 한 상에서 먹게 했습니다. 에윌므로닥이 식민지 국민들의 지지를 얻기 위하여 여호야긴을 해방시키고 좋은 식탁을 준비해 주었습니다. 지위와 권세를 주었습니다. 느부갓네살이 강경책을 썼다면 에윌므로닥은 유화책을 썼던 것입니다.

역사가 요세푸스는 예루살렘 왕 여호야긴을 감옥에서 풀어주고 자신의 가장 친한 친구로 대하여 주면서 많은 선물도 주고 바벨론에 있는 여러 왕들보다 위에 두었다고 기록했습니다. 그 이유는 자기 아버지가 여호야긴에게 말한 약속을 지키지 못하고 죽었기 때문이라고 했습니다.

특별히 느부갓네살은 여호야긴 왕이 투항했음에도 불구하고 바벨론까지 포로로 끌고 와서 감옥에 가둔 것에 대한 미안한 마음이 컸다고 증언합니다. 여호야긴 왕이 회복되는 것은 앞으로 남유다가 포로 생활의 기간이 끝나면 회복될 것을 예언해 주는 내용입니다. 일평생 왕 앞에서 식사할 수 있는 권한을 주었습니다.

또 바벨론 왕이 여호야긴 왕에게 평생토록 매일 필요한 모든 것을 제공해 주었습니다. 마지막 절이 무엇을 말하는가? 여호야긴에 대한 마지막 말이기도 합니다. 왕위를 유지하면서 필요한 물품들이나 비용을 모두 바벨론 왕이 충당해 주었습니다. 이 얼마나 영광스러운 일인가? 꿈에도 생각할 수 없는 일이 아닌가?

생필품과 필요한 생계 유지비를 모두 책임진 것입니다. 매일 주어지는 일정한 양식입니다. 종신토록 끊어지지 않았습니다. 여호야긴이 바벨론 나라에 포로로 끌려가서 옥고 생활을 겪으면서 어려움이 많이 있었지만 하나님의 은혜로 회복되고 있음을 암시해 주고 있습니다.

남유다가 여러 가지 이유 때문에 하나님의 징벌을 받아 이방 나라에 포로로 잡혀가 있지만 일정한 기간이 끝나면 회개할 것이고, 여호와의 구원의 날이 임할 것을 암시해 주고 있습니다. 예레미야 선지자는 칠십년 포로 생활 이후에 돌아올 것을 예언했습니다. 역대하 36장 21절에 "이에 토지가 황폐하여 땅이 안식년을 누림 같이 안식하여 칠십 년을 지냈으니 여호와께서 예레미야의 입으로 하신 말씀이 이루어졌더라"라고 했습니다.

남유다의 회복은 왕과 백성의 노력으로 이루어질 것이 아니라 하나님의 징벌을 잘 감당하고 나면 하나님께서 구원하실 것을 예견해 주신 말씀입니다. 하나님은 다윗과의 언약을 기억하고 소망의 문을 활짝 열어놓으신 것입니다.